高职高专汽车三融合新型教材
汽车故障诊断与维修

汽车机械基础

主　编　卢晓春
副主编　谢少芳　伍文艳
参　编　王力夫　陈连云
主　审　翟敬梅

机械工业出版社

本书以机械基础知识应用能力和职业素质能力培养为重点，以汽车（机械）的组成及传动路线为主线，共设四个学习单元。

单元一　汽车机械总体构造分析。引导学生学会分析判断机器与机构及基本组成部分，认识机器基本组成及功能，掌握零件、构件、机构和机器等基本概念及相互之间的关系，了解汽车材料的分类及应用。

单元二　汽车动力装置机构分析与应用。通过对汽车动力装置认识活动，掌握动力传递常用机构：连杆机构、凸轮机构、带传动和链传动等传动的组成、原理、类型、力学分析、传动特点及应用，能够正确选用、维护汽车常用机械传动机构。

单元三　汽车传动装置零部件分析与应用。通过对汽车轮系传动应用认识活动，能够选用轮系类型、正确安装、调试、维护轮系传动，能够根据汽车轴系零部件的功用、类型、结构、受力、失效形式、材料及应用、互换性与技术测量、工艺、规范或标准等知识进行零部件的选用与维护。

单元四　汽车行驶装置工作分析与应用。通过对汽车行驶系统的认识与分析，了解汽车行驶原理，能判断汽车车架、车桥、车轮与轮胎、悬架材料、工作能力及正确保养，能分析汽车行驶系统的组成与承载能力。

学习本书要综合运用高等数学、机械制图、计算机等基本知识，具有较强的综合性、实践性。

本书为高职高专院校汽车类专业的教材，也可供有关专业技术人员、汽车维修技师和汽车维修工参考。

图书在版编目（CIP）数据

汽车机械基础/卢晓春主编. —北京：机械工业出版社，2018.7
（2023.1重印）
高职高专汽车三融合新型教材
ISBN 978-7-111-60095-4

Ⅰ.①汽…　Ⅱ.①卢…　Ⅲ.①汽车-机械学-高等职业教育-教材
Ⅳ.①U463

中国版本图书馆CIP数据核字（2018）第137317号

机械工业出版社（北京市百万庄大街22号　邮政编码100037）
策划编辑：蓝伙金　危苿振　责任编辑：蓝伙金　葛晓慧
责任校对：刘　岚　　　　　封面设计：鞠　杨
责任印制：单爱军
北京虎彩文化传播有限公司印刷
2023年1月第1版第5次印刷
184mm×260mm・24.5印张・588千字
标准书号：ISBN 978-7-111-60095-4
定价：59.80元

凡购本书，如有缺页、倒页、脱页，由本社发行部调换

电话服务　　　　　　　　　　网络服务
服务咨询热线：010-88379833　机工官网：www.cmpbook.com
读者购书热线：010-88379649　机工官博：weibo.com/cmp1952
　　　　　　　　　　　　　　教育服务网：www.cmpedu.com
封面无防伪标均为盗版　　　　金　书　网：www.golden-book.com

高职高专汽车三融合新型教材
编审委员会

主　　任：刘越琪（广东交通职业技术学院）
副主任：欧阳惠芳（广州汽车集团股份有限公司）
　　　　贺　萍（深圳职业技术学院）
　　　　毛　峰（东莞职业技术学院）
　　　　蔡兴旺（韶关学院）
秘书长：蓝伙金（机械工业出版社职教分社）
委　　员：（按姓氏汉语拼音排序）
　　　　曹晓光（广州科技职业技术学院）
　　　　邓志君（深圳职业技术学院）
　　　　黄　伟（广东机电职业技术学院）
　　　　林锡彬（广州汽车集团乘用车有限公司）
　　　　潘伟荣（广东交通职业技术学院）
　　　　孙龙林（深圳职业技术学院）
　　　　王玉彪（风向标教育资源公司）
　　　　王章杰（风向标教育资源公司）
　　　　王兆海（深圳职业技术学院）
　　　　夏长明（广州珠江职业技术学院）
　　　　杨玉久（广州科技职业技术学院）

高职高专汽车三融合新型教材编写委员会

主　　任：蔡兴旺（韶关学院）

副主任：欧阳惠芳（广州汽车集团股份有限公司）

　　　　曹晓光（广州科技职业技术学院）

　　　　毛　峰（东莞职业技术学院）

　　　　潘伟荣（广东交通职业技术学院）

　　　　王兆海（深圳职业技术学院）

　　　　黄　伟（广东机电职业技术学院）

　　　　夏长明（广州珠江职业技术学院）

　　　　王玉彪（深圳风向标教育资源股份有限公司）

委　　员：（按姓氏汉语拼音排序）

　　　　邓志君（深圳职业技术学院）

　　　　郭海龙（广东交通职业技术学院）

　　　　刘奕贯（南京交通职业技术学院）

　　　　欧阳思（广州汽车集团零部件有限公司）

　　　　邱今胜（深圳信息职业技术学院）

　　　　孙龙林（广东交通职业技术学院）

　　　　王丽丽（广州汽车集团股份有限公司）

　　　　王庆坚（广东交通职业技术学院）

　　　　王章杰（深圳风向标教育资源股份有限公司）

　　　　谢少芳（广东交通职业技术学院）

　　　　许睿奇（广州汽车集团零部件有限公司）

　　　　杨庭霞（广州松田职业技术学院）

　　　　叶冰雪（华南理工大学）

　　　　张永栋（广东交通职业技术学院）

　　　　郑锦汤（广州华商职业学院）

　　　　周　逊（广州珠江职业技术学院）

序

为坚决贯彻落实中华人民共和国教育部《国家中长期教育改革和发展规划纲要（2010—2020年）》《关于全面提高高等职业教育教学质量的若干意见》《教育部关于十二五职业教育教材建设的若干意见》和国家教材委员会等一系列文件精神，服务汽车产业升级需要，在市场调研和专家论证的基础上列出了"高职高专汽车三融合新型教材（学材）"选题21种，并组建一流的编写队伍，在一线行业专家和院校名师组成的编审委员会的指导下编写了本套教材。

一、编写的指导思想和原则

本套教材以高职汽车检测与维修技术专业为主，兼顾汽车运用技术、汽车电子技术等专业教学需要，包括汽车各专业诸多平台课（汽车企业文化、汽车机械识图、汽车机械基础、汽车电工电子技术基础等）、核心专业课（汽车维修接待、沟通与管理以及汽车维护、车载网络系统的故障诊断与维修、汽车发动机管理系统的故障诊断与维修、电动汽车与燃气汽车故障诊断与维修等12门课程）和典型品牌汽车维修案例等大量教学资源。

1. 编写指导思想

以就业为导向，以岗位需求为核心，努力将职业素养、专业技能与企业文化深度融合（三融合），使学生在学习专业知识和技能的同时，接受职业素养和企业文化的熏陶，培养学生爱国爱岗、敬业守信、精益求精的人格和良好的素养。

2. 编写原则

以"必需、够用"为编写原则，一是以企业需求为基本依据，以培养职业素养、专业技能与企业文化深度融合为主线。二是兼顾行业升级需要和降低城市雾霾等环境保护的新要求，突出新能源汽车等新知识、新技术、新工艺和新方法。三是教材资源包括主教材和学习工作页，为教学组织提供较大的选择空间。

二、教材特色

从企业实际出发，以培养技术应用型技术人才为主，在总结多年教学经验和已有教材的基础上，充分吸取先进职教理念和方法，形成如下特点：

1. 吸收国内外先进职教经验，体现国内示范院校、骨干院校的最新教学成果

认真吸取了中德职业教育汽车机电合作项目（SGAVE），国家示范性院校、骨干院校专业建设项目等近年来国内外的最新教学改革成果，认真总结借鉴了参加教材编写院校的许多成功经验，有效提升了教材的思想性、科学性和时代性。

2. 以"项目引领、任务驱动"为主线，实现"知行合一"

教材立足以客户要求和汽车维修过程为导向，以实际任务为驱动，实际职业要求为目标，模拟企业流程，从任务接受、任务接待、任务准备（含信息资料收集与学习、任务分析、维修计划制订、设备材料准备等）、任务实施（含故障检测、使用维修、安全环保、任

务检查等）和任务交付的完整的行动过程。有些教材直接由企业（广州汽车集团股份有限公司）主编（如《汽车企业文化》和《汽车维修接待、沟通与管理》）。结合国内保有量较大的汽车车型，按照学生认识规律，从感性到理性，由浅入深，将汽车的结构、原理、运用、维护、故障检测与维修有机融合，其间插入《学习工作页》，促进学、做结合，理论紧密联系实际，着力提高学生实践技能、综合素质和就业能力。教材注重科学性和时代性。

3. 内容上力求反映行业最新技术发展动态

为了尽可能满足行业升级需要，降低城市雾霾等环境保护的新要求，教材引入了车载网络系统、电控管理系统和新能源汽车等汽车新技术，突出汽车新知识、新技术、新工艺和新方法。

4. 体现中高职的有效衔接，避免重复或空白

本套教材从课程体系上既考虑普遍性，又考虑针对性，以适应不同层次、不同起点的教学需要。

5. 教材形式活泼，教学资源丰富

教材适应高职学生特点，除了主教材外，还配以《学习工作页》和大量的教学资源（含PPT、微课视频、动画、学习工作页题解、教学文件等），方便教师授课和学生课外学习。

三、教材编写队伍

本系列教材由机械工业出版社、广东交通职业技术学院、深圳职业技术学院、南京交通职业技术学院等十多所职业院校和广州汽车集团股份有限公司、深圳风向标教育资源股份有限公司等组织编写，并成立了教材编审委员会和教材编写委员会。编写团队包括企业高管、企业专家、技术骨干和院校院/校长、专业名师、学科带头人、骨干教师，结合优质院校、一流专业等建设项目，充分体现了"产教结合，校企合作"的开发特色，有利于教材反映最新的技术和最新的教学成果，为保证教材的质量、水平提供了丰富的资源支持。

教材编写大纲、体例和样章是保证高质量书稿的关键。在教材编审委员会的指导下，参考中德职业教育汽车机电合作项目（SGAVE）课程大纲要求，结合企业需要，列出选题计划，并统一教材编写的指导思想、原则和体例等。通过自荐或他荐方式，拟订了十多名教授任主编，并要求主编拟订各自负责的教材编写大纲、体例和样章。每一本教材编写大纲、体例和样章都经过3名专家主审，以便集思广益，许多教材大纲为了精益求精，几经修改，最后由蔡兴旺教授统稿，为保证教材的质量、水平奠定了良好基础。

"高职高专汽车三融合新型教材"编审委员会
"高职高专汽车三融合新型教材"编写委员会

出版说明

教材是教学过程的主要载体,加强教材建设是深化教学改革的有效途径,推进人才培养模式改革的重要条件,也是保障教学基本质量、培养高端技能型人才和技术应用型人才的重要基础。

1. 培养目标说明

从职业分析入手,对职业岗位进行能力分解(包括倾听客户抱怨、技术咨询、接修检测、专业工具和仪器设备操作、故障诊断、维修保养),确定高职汽车检测与维修专业的培养目标,即面向汽车"后市场",培养具有与本专业相适应的水平和良好的职业素养,掌握一定的专业理论知识,具备本专业的理论知识、实践技能以及较强的实际工作能力和经营管理能力,德、智、体、美、劳等方面全面发展的高等技术应用型人才。

(1) 专业能力

1) 一般专业能力,即应用能力、汽车阅读能力、汽车驾驶能力。

2) 核心专业能力,即汽车拆装、检查、修理能力、汽车故障诊断能力、汽车性能检测能力、汽车维修企业管理能力。

(2) 方法能力

1) 能独立学习新知识、新技术。

2) 具有解决实际问题的思路。

3) 能独立制订工作计划并实施。

4) 能够查找资料与文献,以获得知识。

(3) 社会能力

1) 具有团队意识和相互协作精神。

2) 具有较强的沟通能力、人际交往能力。

3) 注重事故保护和工作安全。

4) 遵守职业道德。

5) 注意环境保护的意识。

2. 资源说明

本套教材围绕职业教育"教、学、做"3个服务维度开发。每本教材由课堂教材和学习工作页两部分组成。课堂教材部分主要由构造、原理和检修内容组成,项目训练包括填空题、选择题、判断题和简答题以及工作任务步骤题,以此评价学习结果;学习工作页部分则注重流程和方法。

本套教材在内容选材、编写、呈现方式等多方面加强精品化建设。本套书采用双色印刷,同时配有教学课件、微视频/动画、习题答案等教学资源,为教、学、练、考提供了便利。

(1) 纸质教材 包括课堂教材和学习工作页,融"教、学、做"于一体。学习工作页包含项目活动工作页和实训工作页,大多采用通用设备和车型,以适应更多的学校使用。项目训练结合课堂教材和学习工作页的内容对学生进行进一步的知识扩展和强化。

(2) 教学资源包 供教师上课使用，学生课前预习和课后复习，可以登录机械工业出版社教育服务网 www.cmpedu.com 注册下载。咨询邮箱 cmpgaozhi@sina.com。咨询电话 010-88379375。

(3) 微视频/动画 对于课本中的部分重点难点，以视频形式给予讲解，用二维码形式链接。

机械工业出版社

前　言

本教材以学校国家骨干院校建设以来开展的汽车专业群公共专业基础课程体系改革的研究与实践成果为基础，将传统的机械基础系列课程工程材料、机械原理、机械设计、工程力学、金属工艺学、互换性与技术测量等六门课程内容进行融合优化，重构为汽车机械基础一门主干技术基础课程，力求实现基础理论知识与专业技术训练有机结合、职业素养和专业基础能力相融合。

在高职汽车专业群"基本、综合、特色"技术技能教育平台的课程体系中，汽车机械基础课程属于"专业基本技术技能教育平台"的学习领域，是学生接触的第一门与汽车专业紧密相关的课程，也是汽车维修高技能人才综合职业能力培养和职业素养养成的第一阶段。本教材内容开发设计的思路：以"必需、适度、够用"为指导思想，以机械基础知识应用能力和职业素质能力培养为重点，以汽车（机械）的组成及传动路线为主线，按汽车机械总体构造分析、汽车动力装置机构分析与应用、汽车传动装置零部件应用与失效分析、汽车行驶装置工作分析与应用等工作任务设计教学单元；以学生认识汽车结构项目活动为引导，以汽车动力、传动、行驶的典型机构或装置为载体，针对汽车机械维修工作选取教学内容和实训项目，组织教学过程，通过线上线下教学活动，开展自主学习，培养学生的职业能力。*阅读及拓展知识部分为选修内容。

本教材主要特点：采取"工作任务驱动，结构认识导入，项目教学引领，理论实践结合，过程评价考核，能力逐步提升"的行动导向教学模式，理论与实训并重，基础知识与拓展训练相结合，在内容和作业编排上具有一定的深度和广度，使读者掌握必要的基本理论、基本知识和基本方法，但并不要求读者具备进行复杂设计计算的能力。

本书由广东交通职业技术学院卢晓春任主编，谢少芳、伍文艳任副主编。全书共分八个项目，其中项目一、项目四由卢晓春编写，项目二、项目三由伍文艳编写，项目五、项目八由谢少芳编写，项目六由陈连云编写，项目七由王力夫编写。

本书由华南理工大学翟敬梅教授主审，在此深表感谢。在本书编写的过程中，参考了大量资料和文献，在此，对原作者一并深表感谢。

在编写过程中，由于受作者实践经历、对知识体系理解的限制，加上时间仓促和水平有限，书中难免有缺点甚至错误，欢迎读者批评指正。

编　者

目 录

序
出版说明
前　言
单元一　汽车机械总体构造分析 1
　　任务描述 1
　　学习目标 1
　项目一　汽车机械构造总体认识 2
　　案例导入 2
　　学习指导 2
　　项目活动 2
　任务一　汽车机械总体认识 2
　　基础知识 3
　　　一、机器的组成及相关概念 3
　　　二、本课程的任务、学习目标及学习内容 4
　　　三、机器的组成及相关概念 5
　　　四、汽车应用材料的认识 7
　　*阅读及拓展知识 10
　　　一、汽车机械设计基本要求 10
　　　二、材料的性能 11
　　拓展训练 18
　　项目小结 18
　　项目训练 18
单元二　汽车动力装置机构分析与应用 20
　　任务描述 20
　　学习目标 21
　项目二　连杆机构工作分析与应用 21
　　案例导入 21
　　学习指导 21
　　项目活动 21
　任务二　机构简图绘制 21
　　基础知识 22
　　　一、机构的组成与相关概念 22
　　　二、运动副的分类及相关概念 22
　　　三、机构简图的绘制方法及步骤 23
　　*阅读及拓展知识 26
　　平面机构具有确定运动的条件 26

目 录

  拓展训练 … 28
 任务三 汽车发动机连杆机构传动分析 … 28
  基础知识 … 29
   一、平面连杆机构的类型与应用 … 29
   二、连杆机构的受力分析 … 35
   三、连杆机构的基本特性及应用 … 45
   四、四杆机构的设计 … 48
  *阅读及拓展知识 … 50
   一、平面力系的简化 … 50
   二、平面力系的平衡 … 53
  拓展训练 … 57
  项目小结 … 57
  项目训练 … 58

项目三 连杆机构失效分析 … 62
 案例导入 … 62
 学习指导 … 62
 项目活动 … 63
 任务四 汽车发动机连杆机构失效认识 … 63
  基础知识 … 63
   一、发动机连杆拉伸与压缩变形分析 … 63
   二、材料在拉伸和压缩时的力学性能（实训二）… 70
   三、连杆轴向拉伸和压缩时的强度计算 … 73
  *阅读及拓展知识 … 76
   压杆稳定的概念 … 76
  拓展训练 … 77
 任务五 零部件材料的应用认识 … 77
  基础知识 … 77
   一、钢铁材料基础知识 … 77
   二、常用钢铁材料分类及牌号 … 81
   三、金属材料在汽车发动机中的应用 … 95
  *阅读及拓展知识 … 98
   一、特殊性能钢 … 98
   二、铸铁的热处理 … 101
   三、汽车零件的选材原则 … 102
  拓展训练 … 104
  项目小结 … 104
  项目训练 … 105

项目四 凸轮机构工作分析与应用 … 107
 案例导入 … 107
 学习指导 … 108
 项目活动 … 108
 任务六 汽车发动机凸轮配气机构的认识 … 108
  基础知识 … 108

汽车机械基础

  一、凸轮传动基础知识 ··· 108
  二、凸轮轴的结构及凸轮的受力分析 ·· 115
  三、凸轮机构设计与凸轮结构尺寸确定 ·· 118
  四、凸轮的失效分析和热处理工艺 ·· 122
 *阅读及拓展知识 ··· 124
  其他常用间歇运动机构（棘轮、槽轮、不完全齿轮）简介 ················· 124
 拓展训练 ··· 128
 项目小结 ··· 128
 项目训练 ··· 129
项目五　带传动和链传动工作分析与应用 ·· 130
 案例导入 ··· 130
 学习指导 ··· 131
 项目活动 ··· 131
任务七　汽车带传动、链传动装置的拆装与认识 ····································· 131
 基础知识 ··· 131
  一、带传动基础知识 ··· 131
  二、汽车带传动的工作分析与使用维护 ·· 140
  三、汽车链传动的认识 ··· 144
 拓展训练 ··· 147
 项目小结 ··· 147
 项目训练 ··· 147

单元三　汽车传动装置零部件分析与应用 ·· 150
 任务描述 ··· 150
 学习目标 ··· 151
项目六　轮系传动应用与失效分析 ·· 151
 案例导入 ··· 151
 学习指导 ··· 152
 项目活动 ··· 152
任务八　汽车机械式变速器（差速器）的认识 ······································· 152
 基础知识 ··· 152
  一、齿轮传动的类型与功用 ·· 152
  二、齿轮传动基本知识 ·· 156
  三、渐开线直齿圆柱齿轮传动 ··· 158
  四、斜齿圆柱齿轮传动 ·· 162
  五、锥齿轮传动 ··· 165
  六、蜗杆传动简介 ·· 167
  七、轮系传动比计算 ··· 169
 *阅读及拓展知识 ··· 175
  一、齿轮的加工方法及变位齿轮的概念 ·· 175
  二、圆弧齿轮传动简介 ·· 176
 拓展训练 ··· 178
任务九　齿轮性能检测及失效分析 ·· 178

目 录

  基础知识 ·········· 179
   一、齿轮传动的失效形式、材料应用及结构 ·········· 179
   二、齿轮结构检测 ·········· 182
   三、齿轮传动的润滑和效率 ·········· 186
  *阅读及拓展知识 ·········· 187
   一、齿轮的强度校核 ·········· 187
   二、汽车齿轮润滑材料的应用 ·········· 190
  拓展训练 ·········· 194
  项目小结 ·········· 194
  项目训练 ·········· 195

项目七　轴系零部件结构分析与应用 ·········· 197
  案例导入 ·········· 197
  学习指导 ·········· 198
  项目活动 ·········· 198

任务十　汽车轴系结构分析 ·········· 198
  基础知识 ·········· 199
   一、轴的功用、类型及材料应用 ·········· 199
   二、轴的结构及工艺分析 ·········· 202
  *阅读及拓展知识 ·········· 205
   一、轴的变形分析 ·········· 205
   二、轴的强度及刚度校核 ·········· 209
  拓展训练 ·········· 215

任务十一　轴承结构认识 ·········· 216
  基础知识 ·········· 216
   一、滑动轴承的类型与应用 ·········· 216
   二、滚动轴承的类型与应用 ·········· 226
  *阅读及拓展知识 ·········· 233
   一、滚动轴承的组合设计 ·········· 233
   二、滑动轴承与滚动轴承的选用 ·········· 235
  拓展训练 ·········· 236

任务十二　汽车联轴器、离合器的认识与装配 ·········· 236
  基础知识 ·········· 237
   一、联轴器类型与应用 ·········· 237
   二、万向节类型与应用 ·········· 241
   三、离合器类型与应用 ·········· 245
  *阅读及拓展知识 ·········· 248
   挠性万向节 ·········· 248

任务十三　常用联接件的认识与应用 ·········· 249
  基础知识 ·········· 249
   一、键联接的类型与应用 ·········· 249
   二、花键联接的类型与应用 ·········· 252
   三、螺纹联接类型与应用 ·········· 253
   四、紧固联接 ·········· 261

　　*阅读及拓展知识 ……………………………………………………………… 264
　　　一、平键联接的选择和强度计算 ……………………………………… 264
　　　二、螺栓联接的结构设计 ……………………………………………… 267
　　拓展训练 …………………………………………………………………… 270
　　项目小结 …………………………………………………………………… 270
　　项目训练 …………………………………………………………………… 271

单元四　汽车行驶装置工作分析与应用 …………………………………… 274
　　任务描述 …………………………………………………………………… 274
　　学习目标 …………………………………………………………………… 275

项目八　行驶装置力学分析与应用 ………………………………………… 275
　　案例导入 …………………………………………………………………… 275
　　学习指导 …………………………………………………………………… 276
　　项目活动 …………………………………………………………………… 276

任务十四　汽车行驶系统的认识与分析 …………………………………… 276
　　基础知识 …………………………………………………………………… 277
　　　一、汽车行驶系统结构受力分析 ……………………………………… 277
　　　二、车轮滚动摩擦分析 ………………………………………………… 281
　　　三、弹簧的类型及应用 ………………………………………………… 282
　　　四、汽车常用高分子材料的应用 ……………………………………… 286
　　*阅读及拓展知识 ……………………………………………………… 294
　　　汽车常用复合材料的应用 ……………………………………………… 294
　　拓展训练 …………………………………………………………………… 297
　　项目小结 …………………………………………………………………… 297
　　项目训练 …………………………………………………………………… 298

参考文献 …………………………………………………………………………… 299

单元一
汽车机械总体构造分析

 **任务描述**

  汽车是人类重要的交通工具，汽车机械是机械工业的重要组成部分。在一些发达国家，汽车工业产值占国民经济总产值的 8%，占机械工业产值的 30%，其实力足以控制整个国民经济的动向。可见，汽车工业是国民经济的支柱产业。
  什么是机械？有关机械的基本理论问题包括哪些具体内容？汽车是一个什么样的机械系统？它是怎样组成的？如何表示、如何分析探讨汽车机械传动？进入汽车机械专业的学习，必须掌握汽车机械总体认识及有关基本概念，明确本课程学习目标。

 **学习目标**

通过本单元的探讨学习，要求学生具备以下知识和能力：
1）认识汽车的组成，掌握机器、机构、构件、零件的基本概念及正确识别能力。

2) 了解组成机器零部件的材料类型及性能指标。

3) 明确本课程学习目标，初步了解本课程学习内容，以及在汽车专业人才培养中的地位及作用。

项目一　汽车机械构造总体认识

案例导入

汽车是一个机械系统，是由许多相对独立的机构和构件组成的，如图1-1所示典型轿车的整体结构。一般汽车由发动机、底盘传动系统、车身及电气系统组成，以实现汽车基本的安全行驶功能，使人们以车代步，也可以增加复杂系统进行安全行驶的强化。那么汽车机械系统是如何组成、如何协调运动、如何保证安全行驶？作为汽车专业技术人员，应该对汽车各组成系统及其功能有清楚的认识，掌握汽车机械组成相关基本知识。

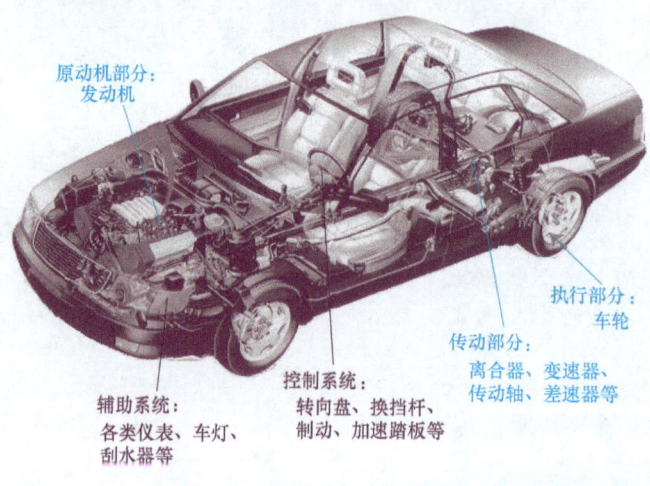

图1-1　典型轿车的整体结构

学习指导

通过"汽车机械总体认识"项目活动，对汽车结构组成认识，明确本课程的定位、任务、主要内容和学习目标，掌握汽车机械组成及基本特征，理解掌握机械、机器、机构、零件等基本概念，了解汽车零部件材料的应用知识，加深对汽车专业认识。

项目活动

任务一　汽车机械总体认识

1. 任务要点

1) 认识及观察整车各总成的整体结构组成，分析工作传动路线及观察如何传动。

单元一 汽车机械总体构造分析

2) 通过汽车结构组成认识,掌握机器、机构、构件、零件等机械有关的基本概念。
3) 了解汽车车身、发动机组成零部件各用了什么材料。

2. 任务安排

请通过学习工作页(任务一)了解本项目活动任务并按计划要求实施,完成学习工作页相关内容的填写。

 基础知识

一、机器的组成及相关概念

本课程的学习对象是汽车机械。

机械也常称为机器,是人类在长期生产实践中为满足自身生活需要而创造出来的。机械工业已经成为现代工业的基础,因此机械的发展水平是衡量一个国家技术水平和现代化程度的重要标志。机器的种类繁多,应用广泛,其结构、功用各异,但从组成来分析,机器有共同之处。

图 1-2 所示为典型的轿车总体构造图。一般汽车机械结构由发动机、底盘和车身三大部分组成。发动机是使输送进来的燃料燃烧而产生动力的部件,由曲柄连杆机构、凸轮配气机构、燃料供给系统、冷却系统、润滑系统、点火系统和起动系统组成,燃料燃烧一般采用内燃机。底盘是将发动机输出的动力转换成汽车的运动,使汽车按驾驶人的操纵而正常行驶的部件,由传动系统、行驶系统、转向系统和制动系统组成。传动系统由离合器、变速器、传动轴、主减速器及差速器、半轴等传递动力的部分组成;行驶系统对全车起支承作用,以保证汽车正常行驶,包括车架、前悬架和后悬架、前车轮和后车轮等部分;转向系统使汽车按

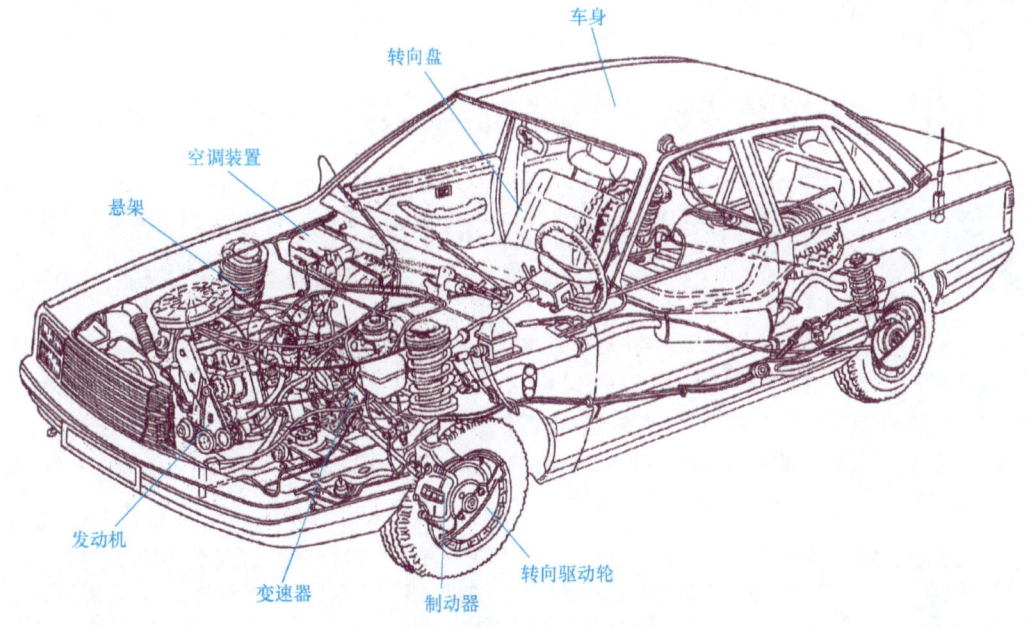

图 1-2 典型的轿车总体构造

选定方向行驶，包括转向器、转向传动装置等；制动系统是汽车可靠停驻、停车和减速，包括前后轮制动器、控制、传动等装置。车身是驾驶人工作及容纳乘客和货物的场所。汽车是一个机械系统，通过这三大部分实现汽车安全的行驶功能，使人类以车代步。

二、本课程的任务、学习目标及学习内容

汽车机械基础课程（含汽车机械维修基本技能实训）属于汽车运用技术专业课程体系中"专业基本技能教育平台"的汽车机械基础技术学习领域，是学生接触的第一门与汽车专业紧密相关的课程，也是汽车维修高技能人才职业能力培养和职业素养养成的第一阶段。本课程技能、知识的掌握及职业素养的建立直接影响后续课程、甚至影响学生一生的职业生涯，课程的任务是对从事汽车维护、检测、诊断、修理、营销及专项技术服务等工作任务的汽车技术服务与管理应用型高技能人才的基本职业能力培养，使学生初步能够安全操作常用机械加工设备，正确使用常用维修工具、量具进行汽车维护生产；掌握汽车机械机构传动特点，能够正确判断、选用汽车常用机械机构；能正确使用机械手册（标准），进行汽车零部件选用、组合拆装和调试；初步掌握汽车修理基础技能；养成安全意识和团队协作能力、应用工具书和学会学习的能力、分析问题解决问题的能力，为专业学习及今后的职业生涯打下坚实的基础。

本课程的目标是培养学生能够完成汽车机械基本维修工作任务而具备的职业能力，包括职业技术能力、知识能力和职业素养能力目标。汽车机械基础技术应用课程能力目标见表1-1。

表1-1 汽车机械基础技术应用课程能力目标

学习领域：汽车机械基础技术应用	
职业技术能力目标	1）能够正确判断、选用汽车常用机械机构 2）能正确使用机械手册（标准），进行汽车常用零部件选用、组合拆装和调试 3）使学生初步能安全操作各种常用机械加工设备，正确使用常用维修工具、量具进行汽车维护操作 4）初步掌握汽车修理基础技能
知识能力目标	1）认识汽车机械的组成，掌握汽车机械机构传动特性，能够进行汽车机械机构受力分析及简单计算 2）能够根据汽车轴系零部件的功用、类型、结构、受力、失效形式、材料及应用、互换性与技术测量、工艺、规范或标准等知识进行零部件的选用 3）初步能够根据汽车典型液压、液力元件的工作原理、结构组成及技术分析、典型液压系统分析等知识进行汽车液压系统分析和选用 4）能够使用汽车修理基础操作要领、机加工和钳工等基本知识进行汽车机械基本维修，而且能进行职业延展和职业迁移
职业素质能力目标	1）具有良好的学习能力：掌握获取汽车相关信息、将汽车复杂结构简单化、应用分析标准零部件等方法；触类旁通，掌握新技术、新设备、新工艺的应用能力 2）具有良好的适应能力：适应新环境能力、协调与沟通能力、团队合作能力、安全操作意识、环境品质管理意识 3）具有良好的创新思维和创新能力：学习中能提出不同见解的能力；工作中能提出多种解决问题的思路、完成任务的方案和途径等方面的能力等

单元一 汽车机械总体构造分析

本课程内容体系开发设计的思路是以汽车机械基本维修职业能力培养为重点,确定教学内容;以汽车(机械)的组成及传动路线为主线,按汽车机械总体构造分析、汽车动力装置机构分析与应用、汽车传动装置零部件失效认识与分析、汽车行驶装置工作分析与应用等工作任务,设计教学单;以学生认识汽车结构实训项目为引导,开展自主学习,培养职业技能;以汽车结构(构造)的典型机构或装置为载体,组织教学过程。课程开发设计思路如图 1-3 所示。

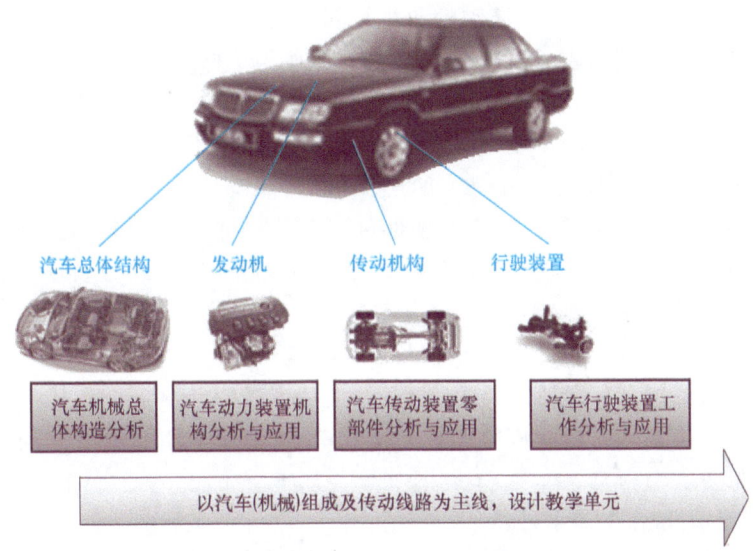

图 1-3 课程开发设计思路

课程主要内容:

单元一、汽车机械总体构造分析。汽车机械构造组成认识,机器、机构、零件的概念、汽车零部件材料的应用。

单元二、汽车动力装置机构分析与应用。汽车机械中常用的机械传动机构(连杆机构、凸轮机构、带传动和链传动)的工作原理和类型、运动特点和设计方法、选用原则和方法、一般使用维护知识,并简单介绍力学的有关知识。

单元三、汽车传动装置零部件分析与应用。汽车机械中齿轮传动及轴系零部件,汽车机械通用零部件的类型、结构特点失效分析、零部件的材料和型号选用原则、方法及应用,扼要地介绍通用零部件的有关国家标准和规范。

单元四、汽车行驶装置工作分析与应用。车辆行驶装置结构认识、力学分析与应用。

三、机器的组成及相关概念

图 1-4 所示为单缸内燃机的构造,它是由气缸体、活塞、进气阀、排气阀、推杆、凸轮、连杆、曲柄和大小齿轮等组成的。内燃机工作时,气缸燃气推动活塞运动。活塞的上下往复移动通过连杆转变为曲轴的连续转动。凸轮和推杆是用来打开或关闭进气阀和排气阀的。为了保证曲轴每转两周,进、排气阀各开闭一次,在曲轴和凸轮之间安装了齿数比为 1:2 的一对齿轮。这样,当燃气推动活塞运动时,进、排气阀有规律地开闭,加上供给、点火系等装置的配合,这样燃气的热能就转换为曲轴转动的机械能了。

从以上例子分析，可以归纳为以下几点：

（1）一部机器就其功能来讲，一般都由下面三大基本组成部分。

1）动力部分。它是驱动整个机器完成预定功能的动力源，如汽车的发动机。各种机器广泛使用的动力源有电力、热力、液力、压缩气体、风力等。

2）执行部分。它是机器中直接完成工作任务的组成部分，如汽车的行驶系统、内燃机的活塞、起重机的吊钩、机床的刀架等。

3）传动部分。它是机器中介于原动机和执行部分之间，用来完成运动形式、运动和动力参数转换的组成部分。利用它可以减速、增速、调速、改变转矩以及改变运动形式等，从而满足执行部分的各种要求，如汽车的传动系统、内燃机的连杆、齿轮机构。常用的传动形式有机械传动、液压传动、气压传动、电动传动等。其中机械传动应用最广。

机械传动通常是通过各种传动机构（如连杆机构、凸轮机构、带传动、齿轮传动、间歇运动机构、起停和换向等装置）与各种零部件（如轴、轴承、联轴器、螺栓及弹簧等）配合完成传动任务的。其运动特性通常用转速、速比、变速范围等参数表示；动力特性通常用功率、转矩、效率等表示。

以上三大部分中执行部分和传动部分是机器的主体。

此外，一部完整的机器一般还需要控制部分。它是使上述三大基本组成部分彼此协调运作，并准确、安全、可靠地完成整机功能的组成部分，如汽车的转向系统、制动系统、内燃机的凸轮配气机构等。

（2）**任何机器都是由许多零件组合而成的** 根据机器的功能和结构要求，某些零件需刚性联结成一个整体，成为机器中运动的基本单元体，通常称为构件。零件是机器中最小的制造单元。为了结构和工艺的需要，构件既可以由若干个零件组成，也可以是独立运动的零件。

（3）机器不仅能传递运动和动力，还能变换或传递能量、物料和信息如图1-4所示，内燃机除运动外，还能把热能转换成机械能。可见，**机器具有以下三个特征：**

1）机器是由多个构件组成的。

2）各构件间具有确定的相对运动，能够实现预期的机械运动。

3）机器能够完成有效的机械功或进行能量转换。

具有机器前两个特征的多构件组合体，称为机构。机构能实现一定规律的运动，是机器中执行机械运动的

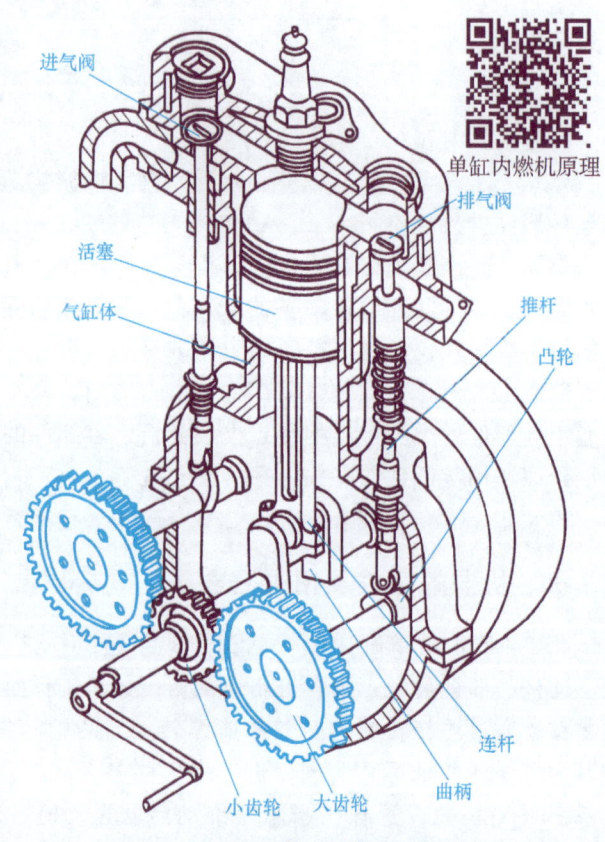

图1-4 单缸内燃机构造

装置。例如，图1-4中，曲柄、连杆、活塞和气缸所组成的曲柄连杆机构可以把往复直线运动转变为连续转动；由大小齿轮和气缸体所组成的齿轮机构可以改变转速的大小和方向；由凸轮、推杆和气缸体所组成的凸轮机构可以将连续转动变为有规律的往复运动。

如果仅研究构件的运动和受力情况，机构与机器之间并无区别。因此，机械可以看作机器和机构的总称。

（4）机器一般由常用机构、通用零部件和元件组成　机器的各组成部分随其用途不同而各异，但在不同的机器组成中常包括齿轮、带轮、凸轮、连杆、液压、气压等传动机构，轴、轴承、联轴器、离合器、键、螺栓、销和弹簧等零部件，还包括机械、电气等传动及控制元件和机构。它们在不同的机器中所起的作用和工作原理基本相同，是各种机器共同的、重要的组成部分。对这些常见机构、零部件和元件，一般称为常用机构、通用零部件和元件。

四、汽车应用材料的认识

材料是汽车工业的基础。汽车应用材料包括了制造汽车结构各种零部件及工具使用的汽车工程材料，以及汽车在使用过程中使用的燃料和工作液等汽车运行材料。通常，一辆汽车由约三万个零部件组装而成，汽车上每个零件的生产制造都涉及材料问题。据统计，汽车上的零部件采用了四千余种不同的材料加工制造。从汽车的设计、选材、加工制造，到汽车的使用、维修和养护无一不涉及材料。以现代轿车用材为例，按照重量来换算，钢材占汽车自重的55%～60%，铸铁占5%～12%，有色金属占6%～10%，塑料占8%～12%，橡胶占4%，玻璃占3%，其他材料（油漆、各种液体等）占6%～12%。为了满足汽车的使用性能和零件所需的各项技术要求，在汽车运用技术中要合理地选择和使用材料。

1. 汽车工程材料

汽车工程材料是指用于制造汽车零部件的材料。参照工程材料的分类，汽车工程材料可分为金属材料、高分子材料、复合材料和陶瓷材料等四大类。常用汽车工程材料的分类如图1-5所示。

（1）金属材料　金属材料是目前汽车上应用最广泛的工程材料。工业上，一般把金属材料分为两大部分：黑色金属和有色金属。

1）黑色金属指铁、锰、铬及其合金，以钢铁材料的应用最为广泛（钢铁材料分类及应用详见本书项目三）；钢铁材料在我国汽车工业生产中仍占主流地位。一部中型载货汽车上钢铁材料约占汽车总重量的3/4，轿车上钢铁材料则超过总重的2/3。钢铁材料最大的特点是价格低廉，比强度（强度/密度）高，便于加工，因而得到广泛使用。汽车用钢铁材料主要用于制造车架、车轴、车身、齿轮、发动

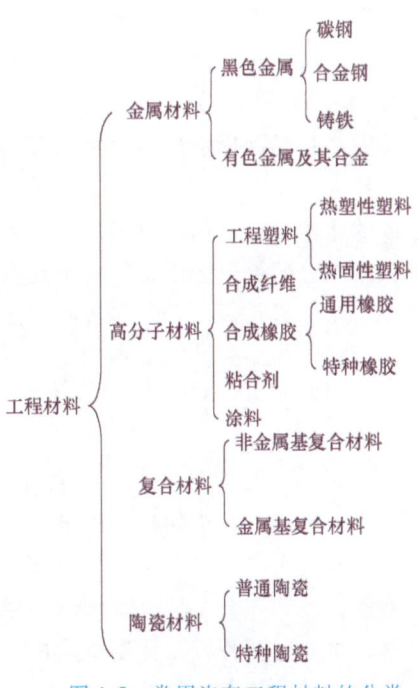

图1-5　常用汽车工程材料的分类

机曲轴、气缸体、罩板、外壳等零件。

2) 有色金属是指除黑色金属以外的金属及其合金，如铝、铜、镁及其合金。按照特性来分，有色金属又可分为轻金属、重金属、贵金属、稀有金属和放射性金属等多个种类。有色金属因具有质轻、导电性好等钢铁材料所不及的特性，在汽车上的用量呈逐年增加的趋势。例如：铝合金材料具有密度低、强度高和耐蚀性好的特性，轻质铝合金不但已广泛应用于铸造发动机和底盘各种壳体和车轮，而且广泛应用于车身零件，全铝车身也已投入批量生产；采用新型镁合金制造的凸轮轴盖、制动器等零部件，可以减轻重量和降低噪声。在汽车制造行业，采用铝、镁、钛等轻金属来替代钢铁材料来减轻汽车自重，已成为汽车轻量化的一个重要手段。

(2) 高分子材料

1) 高分子材料属于有机合成材料，也称聚合物。高分子材料可分为天然高分子材料（如蚕丝、羊毛、油脂、纤维素等）和人工合成高分子材料。后者因具有较高的强度、良好的塑性、较强的耐蚀性、很好的绝缘性和质轻的特点，很快成为工程上发展最快、应用最广的一类新型结构材料。根据高分子材料的力学性能和使用状态，工程上，一般将其划分为塑料、橡胶、合成纤维、粘合剂和涂料等种类。

2) 塑料具有价廉、耐蚀、降噪、美观、质轻等特点，用于制造某些零部件的工程塑料强度、韧性和耐磨性较好。塑料正式应用于汽车始于20世纪60年代石化工业的兴盛期。目前汽车上许多构件如汽车保险杠、汽车内饰件、高档车用安全玻璃、仪表面板等零部件，均采用工程塑料制造，比用钢铁材料更具有安全性，并可降低造价，较大地改善了汽车的安全性、舒适性和经济性。

3) 其他高分子材料在汽车上也有着广泛的应用。汽车的坐垫、安全带、内饰等多数是由合成纤维制造的，如常见的尼龙、聚酯等。橡胶则通常用来制造汽车的轮胎、防震橡胶、软管、密封带、带等零部件；各种粘合剂起到黏结、密封和防松等作用，并可简化制造工艺；各种车用涂料对车身的防锈、美化及商品价值有不可忽视的作用。

(3) 陶瓷材料　陶瓷材料属于无机非金属材料，主要为金属氧化物和非金属氧化物。陶瓷材料是人类最早利用自然界提供的原料进行加工制造而成的材料，具有耐高温、耐蚀、硬度高、脆性大等特点。传统的陶瓷多采用黏土等天然矿物质原料烧制，而现代陶瓷则多采用人工合成的化学原料烧制。典型的工业用陶瓷材料有普通陶瓷、玻璃和特种陶瓷。

陶瓷在汽车上的最早应用是制造火花塞。现代汽车中，陶瓷的用途得到大大的拓展：一部分陶瓷作为功能材料被用于制作各种传感器，如爆燃传感器、氧传感器、温度传感器等部件；另一部分陶瓷则作为结构材料用于替代金属材料制作发动机和换热器零件。近年来，一些特种陶瓷用于制造发动机部件或整机、气体涡轮部件等，可以达到提高热效率、降低能耗、减轻自重的目的。

(4) 复合材料　复合材料是指由两种或两种以上不同材料组合而成的材料。由于它是由不同性质或不同组织结构的材料以微观或宏观的形式组合形成的，不仅保留了组成材料各自的优点，而且具有单一材料所没有的优异性能，在强度、刚度、耐蚀性等方面比单纯的金属材料、陶瓷材料和高分子材料都优越。原则上来说，复合材料可以由金属材料、高分子材料和陶瓷材料中任意两种或几种制备而成。按基体材料的种类来分，复合材料可分为非金属基复合材料和金属基复合材料两大类。

单元一 汽车机械总体构造分析

复合材料是一种新型的、具有很大发展前途的工程材料。起初主要应用于航天工业，近年来在汽车工业中也逐步得到应用。对于汽车车顶导流板、风窗框等车身外装板件，采用纤维增强复合材料（FRP）制造具有质轻、耐冲击、便于加工异形面、美观等优点；汽车柴油发动机的活塞顶、连杆、气缸体等零件，则采用纤维增强金属（FRM）来制造，可显著提高零件的耐磨性、热传导性、耐热性，并减小热膨胀。

2. 汽车运行材料

汽车运行材料是指汽车在运行过程中所消耗的材料。它包括燃料、润滑剂、工作液和轮胎等。这些材料大多属于石油产品。据统计，全球石油产品的46%为汽车及相关工业所消耗。汽车运行材料的分类如图1-6所示。

（1）燃料 燃料通常指能够将自身储存的化学能通过化学反应（燃烧）转变为热能的物质。汽车燃料主要指汽油和轻柴油。

汽油作为点燃式发动机（汽油机）的主要燃料，其使用性能的好坏对发动机工作的可靠性、经济性以及使用寿命有极大影响。汽油是从石油提炼出来的，密度小、易于挥发。对于汽油的使用性能，主要从蒸发性、抗爆性、化学安定性、腐蚀性、清洁性等方面考虑，从而保证了发动机在各种工况下的可靠起动、正常燃烧和平稳运转。

轻柴油（简称柴油）是车用高速柴油机的燃料。与汽油相比，轻柴油的密度较大，易自燃。由于柴油机与汽油机的工作方式不同，对于柴油，主要从低温流动性、燃烧性、蒸发性、黏度、腐蚀性和清洁性等方面要求其使用性能。

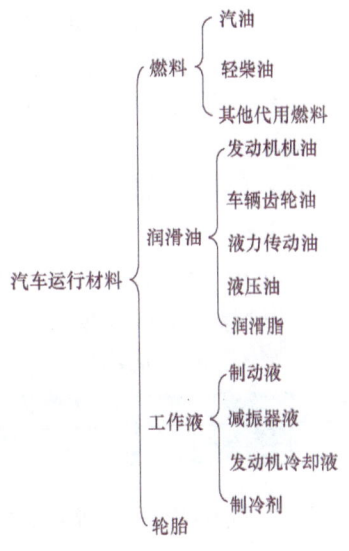

图1-6 汽车运行材料的分类

进入21世纪以来，针对环境和能源形势的日趋恶化，世界范围内的环保呼声也越来越高，开发使用被称为"绿色能源"的清洁代用燃料也成为汽车燃料发展的趋势。目前，较普遍使用的汽车清洁代用燃料有天然气、液化石油气、电能、氢、太阳能、醇类、醚类和合成燃料等。与柴油相比，天然气、液化石油气、醇类、醚类和合成燃料更容易与空气混合、燃烧，其尾气排放CO、HC、CO_2等污染比汽油、柴油低得多。同时，人们还利用无污染的太阳能、电能驱动汽车。

（2）车用润滑油 汽车用润滑油主要包括发动机润滑油、汽车齿轮油和汽车润滑脂、液力传动油、液压油等。由于汽车可运行的地域辽阔，各地区的气候条件相差很大，因而对于汽车润滑油的要求比一般的润滑油更高。

发动机润滑油的主要功用是对汽车摩擦件间（曲轴、连杆、活塞、气缸壁、凸轮轴、气门）进行润滑，除此以外，性能优良的发动机润滑油还应具有冷却、洗涤、密封、防锈和消除冲击负荷的作用。

车辆齿轮油是用于变速器、后桥齿轮传动机构及传动器等传动装置机件摩擦处的润滑油。它可以降低齿轮及其他部件的摩擦、磨损，分散热量，防止腐蚀和生锈，对保证齿轮装置正常传动和齿轮寿命十分重要。

润滑脂是指稠化了的润滑油。与润滑油相比，润滑脂蒸发损失小，高温高速下的润滑性

好，附着能力强，还可起到密封作用。

（3）汽车工作液　汽车用制动液、减振器液、冷却液及制冷剂等，统称为汽车用工作液。

制动液是汽车液压制动系统中传递压力的工作介质，是液压油中的一个特殊品种。减振器油是汽车减振器的工作介质。它利用液体流动通过节流阀时产生的阻力起到减震作用。

发动机冷却液是发动机冷却系统的冷却介质。其中防冻冷却液不仅具有防止散热器冻裂的功能，而且具有防腐蚀、防锈、防垢和高沸点（防开锅）的功能，可以有效地保护散热器，改善散热效果，提高发动机效率，保障汽车安全行驶。

制冷剂是汽车空调器的工作介质。它在空调器的系统中循环，达到制冷的目的。

（4）轮胎　轮胎的主要作用是支承全车重量，与汽车悬架共同减缓汽车行驶中产生的振荡和冲击，支持汽车的侧向稳定性，保证车轮与路面有良好的附着性能。

汽车轮胎以橡胶为原料制成。世界上生产的橡胶约80%用于制造轮胎。轮胎的费用占整个汽车运输成本的25%左右。轮胎使用性能的好坏，直接影响着车辆的安全性、行驶稳定性和经济性。随着车辆行驶速度的不断提高，对轮胎的技术和安全要求也越高。掌握轮胎特征，正确地使用养护轮胎，可以延长轮胎的使用寿命，降低汽车的运行成本。

不同类型的轮胎有不同的结构特点和使用性能。按汽车轮胎组成结构，可分为有内胎轮胎和无内胎轮胎；按胎面花纹不同，又可分为普通花纹轮胎、越野花纹轮胎和混合花纹轮胎；按胎体帘布层的结构不同，又可分为斜交轮胎和子午线轮胎。

*阅读及拓展知识

一、汽车机械设计基本要求

汽车是数量最多、最普及、活动范围最广泛、运输量最大的现代化交通工具之一，是对社会产生广泛而深远影响的机械产品。它遵行一般机械产品设计的基本要求和方法。

机械的类型很多，但其设计的基本要求大致相同，主要有以下几方面：

1. 功能性要求

功能性要求是指被设计机器的功用和性能指标。一般包括：运动性能、动力性能、基本技术指标及外形结构等方面。

机器必须具有预定的功能要求，这是设计机器的基本出发点，如汽车要求安全、快捷地行驶。为此，必须正确选择机器的工作原理，正确设计或选用原动机、传动机构和执行机构，以及合理配置辅助系统来保证。

2. 安全可靠性要求

机器在预定工作期限内必须具有一定的可靠性，这是机器正常工作的必要条件。为此，应使所设计的机器零件结构合理并满足强度、刚度、耐磨性、耐热性、振动稳定性及其寿命等方面的要求。

提高机器可靠度的关键是提高其组成零部件的可靠度。此外从机器设计的角度，确定适当的可靠性水平，力求结构简单，减少零件数目，尽可能选用标准件及等可靠度零件，合理设计机器中的组件和部件，以及选取较大安全系数等，对提高机器可靠度也是十分有效的。

单元一 汽车机械总体构造分析

3. 经济性要求

设计机器时，应考虑在实现预定功能和保证安全可靠的前提下，最大限度地考虑其经济性，尽可能做到经济合理。

机器的经济性体现在设计、制造和使用的全过程中，包括设计制造经济性和使用经济性。设计制造经济性表现为机器的成本低；使用经济性表现为高生产率、高效率，较低的能源与材料消耗，以及低的管理和维护费用等。

提高设计制造经济性的主要途径有：

1) 尽量采用先进的现代设计理论和方法，力求参数最优化，以及应用 CAD 技术，加快设计进度，降低设计成本。

2) 合理地组织设计和制造过程。

3) 最大限度地采用标准化、系列化及通用化的零部件。

4) 合理地选用材料，努力改善零件的结构工艺性，尽可能采用新材料、新结构、新工艺和新技术，使其用料少、质量轻、加工费用少。

5) 尽力注意机器的造型设计，以扩大销售量。

提高机器使用经济性的主要途径有：

1) 提高机械化、自动化水平。

2) 选用高效率的传动系统和支承装置。

3) 注意采用适当的防护、润滑和密封装置等，以提高生产率，降低能源消耗和延长机器使用寿命等。

4. 劳动保护要求

设计机器时应对劳动保护要求给予极大的重视。设计的机器应力求操作方便，注意操作者的操作安全，减轻操作时的劳动强度，改善操作者及机器的环境，降低机器工作时的振动与噪声，防止有毒、有害介质渗漏，治理废水、废气和废液，美化机器的外形及外部色彩。总之，所设计的机器应符合劳动保护法规的要求。

5. 其他特殊要求

对不同的机器，还有一些为该机器所特有的要求。例如：对汽车机械有节约燃料要求；对食品机械有保持清洁、不能污染产品的要求；对机床有长期保持精度的要求；设计机器时，不仅要满足前述共同的基本要求，还应满足其特殊要求。

具体设计时，必须根据所设计机器的实际情况，分清各项设计要求的主、次程度，确定最优设计方案。

二、材料的性能

材料的性能包括使用性能和工艺性能。

材料的使用性能是指零部件在正常使用条件下材料所表现出来的性能。主要包括力学性能、物理性能和化学性能。材料的使用性能决定了材料的使用范围、安全可靠性和使用寿命。

材料的工艺性能是指材料在被制成各种零部件的过程中适应加工的性能。对于金属材料来讲，工艺性能主要包括了铸造性能、可锻性、焊接性、可加工性和热处理工艺性能。材料的工艺性能直接影响着零部件的质量，是零部件选材和制订加工工艺路线时必须考虑的因素之一。

1. 材料的力学性能

汽车是采用各种材料制成各种零部件并组装而成的，在使用过程中，各零部件会受到各种外加载荷作用，这就要求材料具有抵抗外力作用的能力。材料的力学性能是指材料在外加载荷作用下所表现出来的性能。

材料的力学性能主要包括强度、塑性、硬度、韧性、疲劳强度等。用来表征材料力学性能的各种临界值或规定值，统称为力学性能指标。材料的力学性能的优劣就是用这些指标的具体数值来衡量的。

材料的力学性能主要决定于材料的化学成分、组织结构、冶金质量、表面和内部的缺陷等内在因素，但一些外在因素如载荷性质、温度、环境介质等也会影响材料的力学性能。外加载荷按照性质来分，一般分为静载荷、冲击载荷和交变载荷。根据加载形式的不同，外加载荷（图1-7）也可分为拉伸载荷、压缩载荷、弯曲载荷、剪切载荷和扭转载荷等。

受到载荷作用时，承载物所发生的尺寸和形状的变化称为变形。一般分为弹性变形和塑性变形。所谓弹性变形，是指材料受到载荷作用时产生变形，载荷卸除后恢复原状的变形。而塑性变形则是指材料在载荷作用下产生变形，且当载荷卸除后不能恢复原状的变形，也称为永久变形。

力学性能不仅是验收、鉴定材料性能的重要依据，且是零件设计和选择材料的重要依据。

(1) 强度与塑性 强度与塑性是材料最重要的两个力学性能指标。

强度是指材料抵抗塑性变形或断裂的能力。根据外加载荷形式的不同，强度可分为抗拉强度、抗压强度、抗弯强度、抗剪强度和抗扭强度等。材料的塑性是指材料在断裂前产生永久变形的能力，通常用断后伸长率和断面收缩率两个指标来表示。

通常，采用拉伸试验来测定材料的强度与塑性的各种力学性能指标（详见本书项目三）。

(2) 硬度 硬度是衡量材料软硬程度的力学性能指标。材料抵抗其他硬物压入其表面的能力称为硬度。一般情况下，强度越高，硬度也越高。硬度试验已成为产品设计、质量检查、制订合理工艺的重要试验方法之一。

最常用的硬度为布氏硬度（HBW）和洛氏硬度（HRC）。

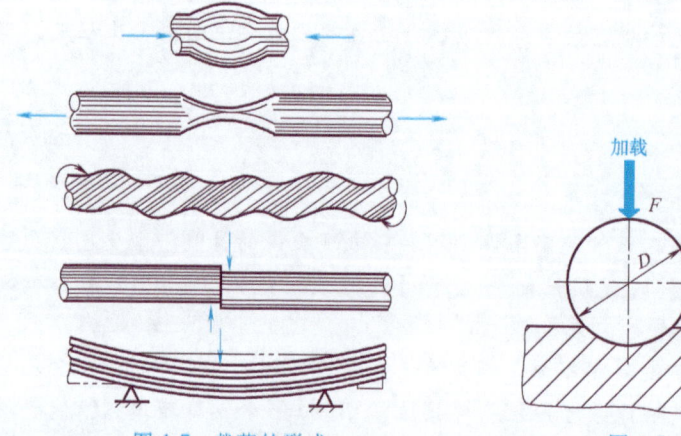

图1-7 载荷的形式　　　　图1-8 布氏硬度试验原理

单元一 汽车机械总体构造分析

1) 布氏硬度。布氏硬度试验是用一定大小的载荷 F,把直径为 D 的硬质合金球压入被测试样表面,如图 1-8 所示。保持规定时间后卸除载荷,移去压头,用读数显微镜测出压痕平均直径 d,用载荷 F 除以压痕的表面积所得的商,即为被测材料的布氏硬度值。在实际测试时,布氏硬度值一般不用计算,而是在测出 d 值之后,根据 d 值查表得到硬度值。

用硬质合金球作为压头所测得的布氏硬度用符号 HBW 表示,适用于测量退火、正火、调质钢件、铸铁及有色金属等硬度值不超过 650 的材料。布氏硬度试验结果较精确,但因压痕偏大,一般不宜测试成品或薄片金属的硬度。

布氏硬度的表示方法如图 1-9 所示。

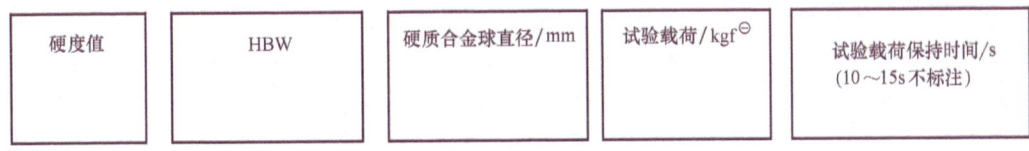

| 硬度值 | HBW | 硬质合金球直径/mm | 试验载荷/kgf⊖ | 试验载荷保持时间/s (10~15s 不标注) |

图 1-9 布氏硬度的表示方法

例如 500HBW5/750:表示用直径 5mm 的硬质合金球在 750kg·f(7355N 的载荷下保持 10~15s,测得的布氏硬度值为 500);可简单表示为 500HBW。

2) 洛氏硬度。洛氏硬度是目前应用最广泛的硬度力学性能试验方法之一,它是采用直接测量压痕深度来确定硬度值的。洛氏硬度试验原理如图 1-10 所示。洛氏硬度可以测量范围宽,操作简便迅速,压痕很小,几乎不损伤工件表面,故在钢件中间加工环节的质量检查中应用最多。

1—在初试验力 F_0 下的压入深度;
2—由主试验力 F_1 引起的压入深度;
3—卸除主试验力 F_1 后的弹性回复深度;
4—残余压入深度 h;
5—试样表面;
6—测量基准面;
7—压头位置。

图 1-10 洛氏硬度试验原理

洛氏硬度是用金刚石圆锥或硬质合金球作为压头,先施加初试验力 F_0(98.07N),再施加主试验力 F_1。总试验力 $F=F_0+F_1$。总试验力分为 588.4N、980.7N 和 1471N 三种。常用洛氏硬度的试验条件及应用范围见表 1-2。

表 1-2 常用洛氏硬度的试验条件及应用范围(GB/T 230.1—2009)

硬度符号	压头类型	总试验力/N	硬度值的有效范围	应用范围
HRA	金刚石圆锥	588.4	20~88	硬质合金、碳化物、表面淬火钢等
HRB	φ1.5875mm 球	980.7	20~100	有色金属、正火钢、退火钢等
HRC	金刚石圆锥	1471	20~70	一般淬火钢、调质钢等

洛氏硬度值的表示方法规定为:A、C 标尺洛氏硬度用硬度值、硬度符号和使用标尺字母表示,如 52HRC、70HRA;B 标尺洛氏硬度用硬度值、硬度符号和使用标尺字母和球压

⊖ 1kgf=9.8N。

头代号（硬质合金球用W）表示，如60HRBW。

由于各种硬度试验条件不同，因此各硬度试验值之间不能直接进行比较。但根据试验结果，可以按如下经验公式粗略换算布氏硬度和洛氏硬度：硬度在200~600HBW范围内，1HRC=1/10HBW。

(3) 韧性　一些汽车零部件如内燃机的活塞销、连杆、变速器齿轮等，在工作过程中往往受到以一定速度作用于机件上的冲击载荷。冲击载荷的加速度高，作用时间短，使材料在受冲击时，应力分布和变形很不均匀，易产生损坏。因此，在设计和制造工作中应考虑材料在冲击载荷下的力学性能。

材料抵抗冲击载荷的能力称为韧性。通常采用冲击韧度（a_K）、多冲抗力衡量材料的冲击性能。

1）冲击韧度。实际生产中，有些零件在承受了一次或数次大能量冲击后便导致断裂，采用冲击韧度a_K表征。对材料的品质、宏观缺陷及显微组织等十分敏感，冲击韧度可反映材料的内在质量，很容易提示出材料中的某些质量问题，生产中常用冲击试验来检验冶炼、热处理及各种热加工工艺和产品的质量。

通常采用夏比摆锤冲击试验来测定材料的冲击韧度，如图1-11所示。

材料的冲击韧度a_K计算为

$$a_K = \frac{K}{A}$$

式中，a_K为材料的冲击韧度（J/cm²），K为冲击吸收能量（J），A为试样缺口处的截面积（cm²）

根据试样缺口形式的不同，U型缺口试样测得的冲击韧度用KU表示，V型缺口测得的冲击韧度用KV表示。

K值或a_K值越大，材料的韧性越好，并据此可将材料分为脆性材料和韧性材料。脆性材料在断裂前无明显的塑性变形，断口较平整、呈晶状或瓷状，有金属光泽；韧性材料在断裂前有明显的塑性变形，断口呈纤维状、无光泽。

2）多冲抗力。实际生产中发现，对于一些承受小能量多次冲击的零件，未达到a_K值却发生了失效损坏，这种情况下，一般采用多冲抗力来表征其韧性。

多冲抗力一般采用小能量多冲试验进行测定。图1-12所示为落锤式多次冲击弯曲试验示意图，将材料制成标准试样放在试验机上，使其受到锤头的小能量（小于1500J）多次冲

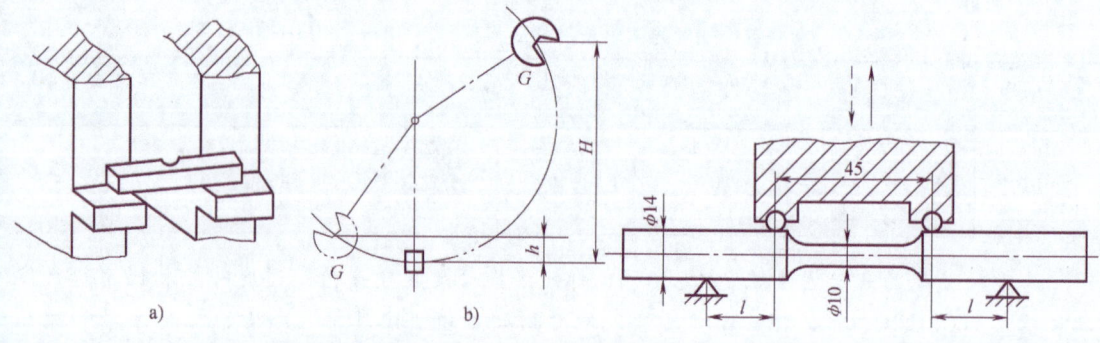

图1-11　夏比摆锤冲击试验　　　　图1-12　落锤式多次冲击弯曲试验示意图
a) 试样安装位置　b) 冲击试验原理图

击。测定在一定冲击吸收能量下试样断裂前的冲击次数,并以此作为多冲抗力的指标。

试验表明,材料抵抗大能量一次冲击的能力主要取决于材料的塑性,而抵抗小能量多次冲击的能力主要取决于材料的强度。

此外,材料的韧性还与环境温度直接关联。有些材料在室温下并不显示脆性,而在较低温度下则可能发生脆断,这一现象称为冷脆。试验测定,在某个温度下材料将由韧性状态变为脆性状态,该温度T_K称为该材料的脆性转变温度。脆性转变温度越低,材料的低温冲击性能就越好。对于在低温下或寒冷地区工作的车辆和工程结构及机械设备来说,由于它们的工作环境温度可能在-50~50℃之间变化,必须具有更低的脆性转变温度,才能保证正常工作。

(4) 疲劳强度 汽车发动机曲轴、齿轮、弹簧及轴承等许多零件,都是在交变载荷下工作的。承受交变应力的零件,在工作应力低于材料的屈服强度的情况下长时间工作时,会产生裂纹或突然断裂,这种现象称为疲劳失效或疲劳破坏。

疲劳失效具有隐蔽性和突发性,无论何种材料,在失效前都不会出现明显的塑性变形,不易觉察,而且引起疲劳失效的应力很低,故疲劳失效的危险性很大,特别是对于重要零件如汽车半轴、发动机曲轴等,往往会造成灾难性事故。据统计,机械零件失效中有80%以上属于疲劳破坏,疲劳失效也是汽车零件中最常见的一种失效形式。因此,对材料疲劳失效的预防是十分必要的。

材料抵抗疲劳断裂的能力称为疲劳强度,它可以通过疲劳试验,绘制疲劳曲线进行测定。

为了提高零件的疲劳强度,防止疲劳断裂的发生,要从三个方面考虑。

1) 在进行零件设计时应尽量避免尖角、缺口和截面突变,以免应力集中引起疲劳裂纹。

2) 提高零件表面加工质量,尽量减少可成为疲劳源的各种表面缺陷和表面损伤。

3) 采用各种表面强化处理工艺,如化学热处理、表面淬火、喷丸、滚压等,以形成表面残余压应力,提高疲劳强度。

2. 材料的理化性能

材料的理化性能指其物理性能和化学性能。

(1) 材料的物理性能 材料的物理性能是指材料的固有属性,如密度、熔点、导热性、导电性、热膨胀性、磁性等。

1) 密度。材料的密度是指单位体积物质的质量,用符号ρ表示,单位为kg/m^3。实际生产中,汽车零部件的选材必须首先考虑材料的密度,如汽车发动机中要求采用质量轻、运动时惯性小的活塞,多采用低密度的铝合金制成。

对于金属材料,按照密度的大小可分为轻金属和重金属。一般地,密度小于$5×10^3 kg/m^3$的金属称为轻金属,如铝(Al)、镁(Mg)、钛(Ti)及其合金;密度大于$5×10^3 kg/m^3$的金属称为重金属,如铁(Fe)、铅(Pb)、钨(W)等。

2) 熔点。熔点是指材料由固态向液态转变的温度。熔点是制订冶炼、铸造、锻造和焊接等热加工工艺规范的重要参数。纯金属及其合金都具有固定的熔点,而高分子材料、复合材料一般没有固定的熔点。

3) 导热性。材料的导热性是指材料传导热量的能力。常用热导率(也称导热系数)λ表示,单位为W/(m·K)。材料的热导率越大,导热性就越好。导热性是金属材料的重要性能之一，在金属热加工和热处理时，必须考虑金属材料的导热性。

一般来说，金属越纯，其导热性就越好；合金的导热性比纯金属的差，但金属与合金的导热性远好于非金属，塑料的热导率只有金属的1%左右。纯金属的导热性以银为最好，铜（Cu）、铝（Al）次之。导热性好并耐蚀性好的材料（如铝）常用作汽车的换热器或散热器中的零件。

4) 导电性。材料传导电流的能力称为导电性。常用电阻率ρ和电导率γ表示。电阻率ρ的单位为$\Omega \cdot m$，电导率γ的单位为$1/(\Omega \cdot m)$，γ与ρ互为倒数。电导率大的金属，其电阻率小，适于制造电热元件。

5) 热膨胀性。材料的热膨胀性是指材料随着温度的变化产生膨胀、收缩的特性。常用线膨胀系数α_l和体膨胀系数α_V来表示。

一般来说，陶瓷的线膨胀系数最低，金属次之，高分子材料最高。用膨胀系数大的材料制造的零件，在温度变化时尺寸和形状变化较大。生产中，在热加工和热处理时要考虑材料的热膨胀性的影响，可减少工件的变形和开裂。量具或精密配合的零件对其都有严格要求。

6) 磁性。材料能被磁场吸引或被磁化的性能称为磁性或导磁性。常用磁导率μ来表示，单位为H/m。具备显著磁性的材料称为磁性材料，目前生产中应用较多的磁性材料有金属和陶瓷两类。

磁性只存在于一定的温度内，在高于一定温度时，磁性就会消失。如铁在770℃以上就会失去磁性，这一温度称为居里点。

常用金属材料的物理性能见表1-3。

表1-3 常用金属材料的物理性能

金属	元素符号	密度/$(kg/m^3) \times 10^3$	熔点/℃	热导率/$W/(m \cdot K)$	线胀系数/$(K^{-1} \times 10^{-6})$	电阻率/$(\Omega \cdot m) \times 10^{-6}$	磁导率/(H/m)
银	Ag	10.49	960.8	418.6	19.7	1.5	抗磁
铝	Al	2.6894	660.1	221.9	23.6	2.655	21
铜	Cu	8.96	1083	393.5	17.0	1.67~1.68	抗磁
铬	Cr	7.19	1903	67	6.2	12.9	顺磁
铁	Fe	7.84	1538	75.4	11.76	9.7	铁磁
镁	Mg	1.74	650	153.4	24.3	4.47	12
锰	Mn	7.43	1244	4.98(-192℃)	37	185	顺磁
镍	Ni	8.90	1453	92.1	13.4	6.48	铁磁
钛	Ti	4.508	1677	15.1	8.2	42.1~47.8	182
锡	Sn	7.298	231.91	62.8	2.3	11.5	2
钨	W	19.3	3380	166.2	4.6(20℃)	5.1	
铅	Pb	11.34	327	/	29	7	抗磁

(2) 材料的化学性能　材料的化学性能是指材料抵抗周围介质侵蚀的能力。

对于金属材料来说，化学性能一般指耐蚀性和抗氧化性；对于非金属材料，还存在着化学稳定性、抗老化能力和耐热性等问题。

1) 耐蚀性。材料在常温下抵抗周围介质（如大气、燃气、水、酸、碱、盐等）腐蚀的能力称为耐蚀性。

金属材料在介质中一般会因发生化学反应而产生化学腐蚀或原电池反应而产生电化学腐蚀。因此，对金属制品的腐蚀防护十分重要。对于汽车上易腐蚀的零部件，一方面要采用耐蚀性好的不锈钢、铝合金等材料制造;另一方面,也要采用适当的涂料进行涂覆,起到防腐蚀、填平锈斑的作用。

非金属材料如陶瓷、塑料等一般具有优良的耐蚀性。被誉为塑料王的聚四氟乙烯,不仅耐强酸、强碱等强腐蚀剂,甚至在沸腾的王水中也很稳定。

2) 抗氧化性。材料在高温下抵抗氧化的能力称为抗氧化性,又称为热稳定性。在钢中加入 Cr、Si 等元素,可大大提高钢的抗氧化性。在高温下工作的发动机气门、内燃机排气阀等轿车零部件,就是采用抗氧化性好的 42Cr9Si2 等材料来制造的。

3. 材料的工艺性能

汽车上使用的大多数零件是采用金属材料制造的。金属材料的工艺性能是指金属材料在加工过程中所具有和表现出来的性能。它与金属的物理性能、化学性能和力学性能有关,也与温度、受力状态和成形条件等工艺条件有关。

金属材料的工艺性能包括铸造性能、可锻性、焊接性、可加工性和热处理工艺性。

(1) 铸造性能 铸造俗称翻砂,金属材料可以通过铸造工艺制成各种形状的零件。轿车上的曲轴、凸轮轴、转向器壳体、气缸套等均是由铸造而成的。

铸造性能是指金属在铸造成型过程中所表现出来的性能,包括液态金属的流动性、凝固过程的收缩率、吸气性和成分偏析倾向等。材料的铸造性能好,可以铸造出形状准确、结构复杂、强度较高的铸件,并可简化工艺过程,提高成品率。

(2) 可锻性 锻造即为压力加工,是对坯料施加外力,使其产生塑性变形,改变其尺寸、形状及改善性能,目的是使金属材料在冷热状态下压力加工成形。按重量比率计,汽车上 70% 的零件均是由锻造而成的,如轿车的车体外板就是冷轧钢板经过压力加工而成形。

金属的可锻性是指材料对采用压力加工方法成形的适应能力,是衡量材料通过塑性加工获得优质零件难易程度的工艺性能。金属的可锻性好,表明该金属适于塑性加工成形;可锻性差,说明该金属不宜选用塑性加工方法成形。

可锻性的优劣常用金属的塑性和变形抗力来综合衡量。塑性越高,变形抗力越小,则可以认为该金属的可锻性好,反之则差。

(3) 焊接性 焊接是指通过加热或加压,或两者并用,并且用或不用填充材料,使工件达到结合的一种方法。

焊接性是指金属材料在一定的焊接工艺条件下,获得优质焊接接头的难易程度。

焊接性包括工艺焊接性和使用焊接性两个方面。前者主要是指焊接接头产生工艺缺陷的倾向,尤其是出现各种裂纹的可能性;后者主要是指焊接接头在使用中的可靠性,包括焊接接头的力学性能及其他特殊性能(如耐热、耐蚀性等)。

(4) 可加工性 切削加工是指通过机械切削加工设备加工工件的工艺。主要有车削、铣削、刨削、磨削等。

可加工性是指对材料进行切削加工的难易程度和切削加工后的表面质量的好坏程度。可加工性通常由四个方面来衡量:切削时消耗的动力、刀具的磨损、表面粗糙度、切屑的形态。可加工性的高低常用"切削加工性能指数"来表示,该指数越高可加工性越好。各种材料的切削加工性能指数见表 1-4。

(5) 热处理工艺性能 热处理工艺是指对材料进行加热、保温、冷却,改变其材料内部结构和性能的工艺。热处理工艺性包括淬透性、变形开裂倾向、过热敏感性、回火脆性

汽车机械基础

表1-4 各种材料的切削加工性能指数

材料	切削加工性能指数	材料	切削加工性能指数
Y12	100	18-8不锈钢	25
Y12Pb	152	18-8易切削不锈钢	45
Y45	95	灰铸铁	50~80
45（退火）	60	可锻铸铁	70~120
30CrMo	65	铝	1000
40CrNiMoA	45	硬铝 Al-Cu	1000
50CrV	45	铜	60
GCr15	30	黄铜	80
W18Cr4V（退火）	25	磷青铜	40

氧化脱碳倾向等。零件设计时，设计者应根据零件的使用要求，提出热处理的技术条件并标注在图纸上。技术条件包括热处理工艺名称、硬度要求、表面热处理要求等。对于某些要求性能较高的零件还需标注要求的金相组织或其他力学性能指标。

拓展训练

1）讨论分析汽车上采用的传动机构名称，其各起什么作用？

2）本单元认识了汽车机械的组成，日常生活接触的和工业中的机械（如缝纫机、洗衣机、机床、起重机、纺织机、机器人等）都是机器，请选择两种最熟悉的机器分析认识其组成、结构与功能。

项目小结

1）本课程的研究对象是汽车机械，包括机械、机器、机构、构件、零件等概念。

2）机器的组成及特征。

① 组成。动力部分、执行部分、传动部分和辅助控制部分。

② 三个特征。

a. 机器是由多个构件组成的。

b. 各构件间具有确定的相对运动，能够实现预期的机械运动。

c. 能够完成有效的机械功或进行能量转换（如内燃机把热能转换成机械能）。

3）汽车的总体组成部分：发动机、底盘传动系统、车身及电气系统。

4）汽车材料的类型：工程材料和运行材料。

5）本课程的内容是汽车机械的基本技能与知识，包括汽车常用机构及轴系零部件的类型、工作原理、结构特点、设计方法和一般使用维护知识等。

6）本课程的学习目标是掌握汽车机械基础知识，达到基本职业技术能力和素质的技术应用型人才培养目标。

项目训练

一、填空题

1. 一部完整的机器一般由_____、_____、_____和_____四部分组成。

单元一 汽车机械总体构造分析

2. 组成机器中运动的最小单元称为_____。_____是机器最小的制造单元。

3. 汽车的动力部分是_____。汽车的车身结构属于_____。

4. 机器是由多个_____组成的；各构件间具有_____相对运动，能够实现预期的机械运动。

5. 构件既可由若干个_____组成，又可以是有独立运动的_____。

6. 金属材料的使用性能包括_____、_____、_____。

7. 金属材料的力学性能包括_____、_____、_____、_____和_____。

二、选择题

1. 下列六种机械零件，其中_____是专用件，_____是通用件。
   A. 汽车发动机的气门弹簧　　　　　　B. 起重机的抓斗
   C. 车床变速箱中的齿轮　　　　　　　D. 飞机的螺旋桨
   E. 柴油机的曲轴　　　　　　　　　　F. 自行车的链条

2. 汽车的变速器齿轮系统是_____。
   A. 动力装置　　　B. 传动装置　　　C. 执行装置　　　D. 控制装置

3. 汽车的发动机是_____。
   A. 机器　　　　　B. 机构　　　　　C. 构件　　　　　D. 零件

4. 对于汽车而言，汽车的发动机是汽车的_____。
   A. 动力装置　　　B. 传动装置　　　C. 执行装置　　　D. 控制装置

三、判断题

1. 机器是构件之间具有确定的相对运动，并能完成有效的机械功或实现能量转换的构件的组合。（　　）

2. 汽车发动机是一台机器，属于汽车的动力部分。（　　）

3. 汽车行驶装置是汽车的执行部分。（　　）

4. 汽车转向器是汽车的执行部分。（　　）

5. 零件是机器最小的制造单元。（　　）

6. 一般地，材料在使用过程中是不允许发生塑性变形的。（　　）

四、简答题

1. 自行车、电动自行车是否是机器？说明理由。

2. 在汽车行驶中，是如何把发动机运动和动力传递到车轮的？

单元二
汽车动力装置机构分析与应用

 **任务描述**

汽车的动力来源于内燃机（俗称发动机），发动机是将燃料的化学能转变为机械能的机器。从机械学的角度上来说，发动机的主要传动机构有曲柄连杆机构、凸轮配气机构和气门正时机构。

曲柄连杆机构的任务是将燃料燃烧时产生的热能转变为活塞往复运动的机械能，再通过连杆将活塞的往复运动变为曲轴的旋转运动而对外输出动力；而凸轮配气机构和气门正时机构则负责按照发动机每个气缸内所进行的工作循环和发火次序的要求，定时开启和关闭气缸的进、排气门，使新鲜可燃混合气（汽油机）或空气（柴油机）得以及时进入气缸，废气得以及时从气缸排出。

本单元的任务是研究汽车动力装置（发动机）主要传动机构组成的一些基本原理、运

单元二 汽车动力装置机构分析与应用

动规律和零部件的选材与失效分析，以及常用传动机构的工作原理、运动特性和结构特点、使用维护知识、基本设计理论和机器动力学等问题。同时，扼要地介绍有关国家标准和规范，常用标准件的选用原则和方法等知识。

通过本单元的探讨学习，要求学生具备以下知识和能力：

1) 通过学习汽车动力装置传动机构的结构组成、运动规律和材料选用等相关知识，能够运用相关国家标准和规范，解决机构运动故障分析、零部件失效分析和使用维护等方面的问题。

2) 根据正确的作业要求规范完成发动机机械传动机构的拆装作业。

3) 通过汽车动力装置机构分析的任务学习，能够具备汽车维修的基本职业能力素质。

项目二 连杆机构工作分析与应用

案例导入

有一辆本田雅阁 2.4LX 轿车在暴雨中急驶，冲过水洼路不久，突然听到轰的一声，发动机熄火，并无法再次起动。送到维修厂后检验员根据车主自述，初步诊断为发动机发生机械故障，遂进行如下检查：拆开火花塞，火花塞孔溢出水；敲击消声器，溢出水。诊断发动机发生淹缸事故。剖检发动机，发现该发动机淹缸后，一缸活塞破损，缸壁已被连杆捣穿，连杆体挤弯；另一缸喷油器芯杆折断。试分析该事故的原因，并对车辆进行检修。

学习指导

通过"机构简图绘制""汽车发动机连杆机构传动分析"等项目活动，对汽车发动机连杆机构运动分析及结构认识，掌握汽车发动机连杆机构简图的绘制、连杆机构分类、传动原理及传动特性、连杆的受力分析、连杆失效分析及选材的关系，理解掌握运动副、平面连杆机构、受力分析、拉（压）变形等基本概念，了解汽车零部件常用材料的类型、牌号及力学性能等知识和内容。

项目活动

任务二 机构简图绘制

1. 任务要点

1) 在仿真教学实训室，利用汽车技术模拟仿真实训平台、网络，模拟拆装发动机。

2) 在示教发动机实物上，认识及观察发动机各传动机构的整体结构，分析工作传动路线及观察如何传动。

2. 任务安排

请通过学习工作页（任务二，实训一）了解本项目活动任务并按计划要求实施活动，完成活动任务卡相关内容的填写。

基础知识

在车辆维修故障分析等实际工作中，需要判断传动机构的结构和运动与哪些因素有关，以及它是否具有确定的相对运动，这是对机构进行结构分析的基本任务。有时只需要了解机构运动的传递情况和构造特征，而不要求全面反映机构的真实情况。因此，在机构分析过程中，可以仅用一些简单线条和规定的符号绘制出图形来表示机构的成组，说明机件间相互关系的图形。图 2-1 所示为汽车发动机曲柄连杆机构简图。

图 2-1 汽车发动机曲柄连杆机构简图

一、机构的组成与相关概念

如图 2-2a 所示，内燃机曲柄连杆机构中包含滑块（活塞）、连杆、曲轴（曲柄）和气缸等构件，原动件活塞的直线往复移动，通过连杆带动曲轴做连续转动。其中，连杆构件是由连杆体、连杆盖、螺栓和螺母等零件刚性联接所组成的，如图 2-2b 所示。

在组成机构的所有构件中，必须以一个相对固定的构件作为支承，以便安装其他活动构件，该构件称为机架，如图 2-2 中的气缸。一般取机架作为研究机构运动的静参考系。在活动构件中，输入已知运动规律的构件称为原动件，其他的活动构件称为从动件。

机构运动时，若所有构件都在相互平行的平面内运动，则该机构称为平面机构，否则称为空间机构。一般机械中的机构大多属于平面机构。

二、运动副的分类及相关概念

在机构中，组成机构的各构件都应具有确定的相对运动。为此，各构件之间必须以某种

单元二 汽车动力装置机构分析与应用

方式联接起来。若两个构件之间既相互直接接触，又具有一定的相对运动，形成一种可动的联接称为运动副。机构中各个构件之间的运动和力的传递，都是通过运动副来实现的。因此，机构也是由运动副联接而成的具有确定相对运动的构件系统。

两构件组成运动副的接触元素——点、线和面，称为运动副元素。凡是通过面接触而构成的运动副称为低副。根据组成平面低副的两构件之间的相对运动的性质，低副又可分为转动副（图2-3a）和移动副（图2-3b）。在图2-2中，曲柄与连杆、连杆与滑块构成转动副；滑块与机架构成移动副。凡是通过点或线接触而构成的运动副称为高副

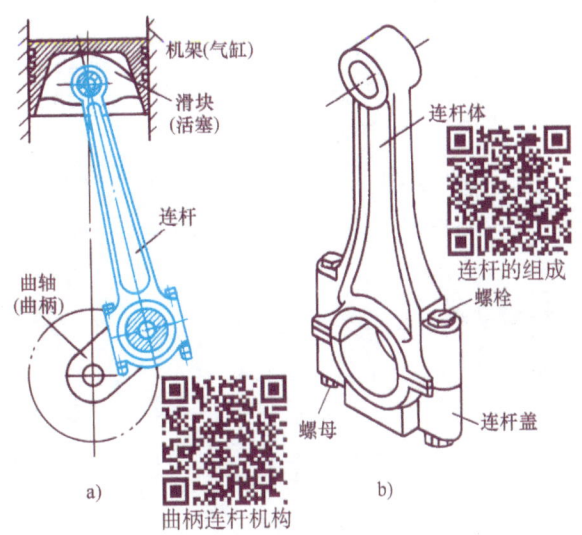

图2-2 内燃机曲柄连杆机构和连杆
a) 曲柄连杆机构 b) 连杆2的组成

（图2-3c、d）。此外，组成运动副的两构件之间做相对空间运动，称为空间运动副（图2-4），在此不详细讨论。

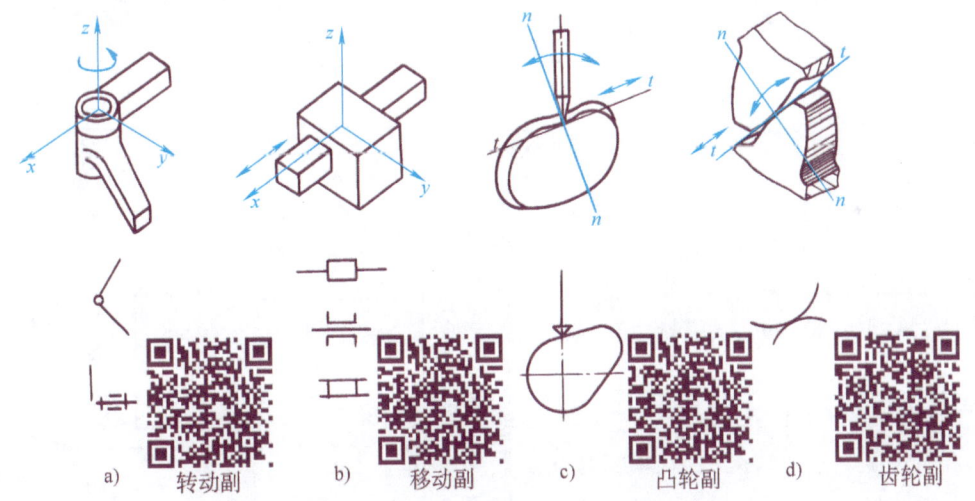

图2-3 平面运动副及其符号
a) 转动副 b) 移动副 c) 高副（点接触） d) 高副（线接触）

三、机构简图的绘制方法及步骤

由于机构的运动仅与机构中运动副的性质（低副或高副）、运动副的数目及相对位置（转动副中心、移动副的中心线、高副接触点的位置等）、构件数目等有关，而与构件的外形、截面尺寸、组成构件的零件数目、运动副的具体构造无关。因此，为简化问题，便于研究，常常可不考虑与运动无关的因素，而用规定的构件和运动副符号及简单线条，按一定的长度比例尺确定运动副的位置，绘制出简单图形，这种表示机构运动特性的简单图形称为机

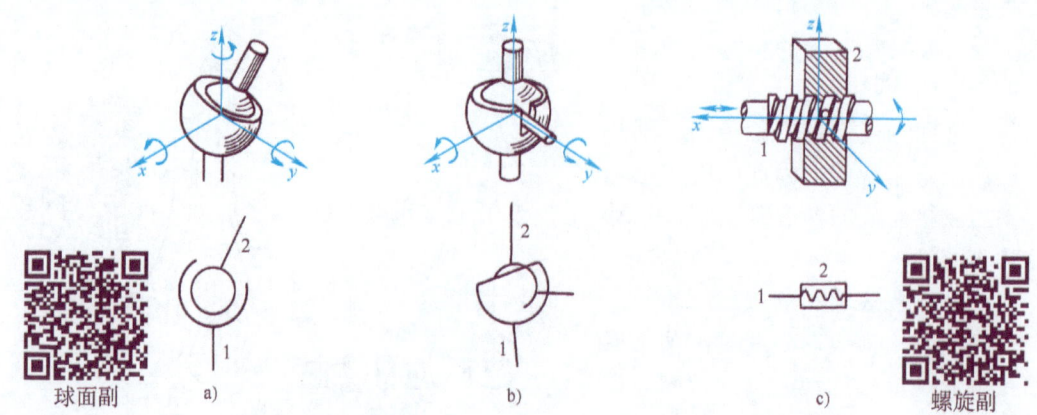

图 2-4 空间运动副及其符号
a) 球面副 b) 球销副 c) 螺旋副

构运动简图。

常用机构和运动副的表示方法见表 2-1。

表 2-1 常用机构运动简图符号（摘自 GB/T 4460—2013）

名称		代表符号		名称	代表符号
杆的固定连接				链传动	
零件与轴的固定				外啮合圆柱齿轮机构	
轴承	向心轴承	滑动轴承	滚动轴承	内啮合圆柱齿轮机构	
	推力轴承	单向推力 双向推力	推力滚动轴承		
	向心推力轴承	单向向心推力 双向向心推力	向心推力滚动轴承	齿轮齿条传动	
联轴器		可移式联轴器 弹性联轴器		锥齿轮机构	
离合器		啮合式 摩擦式		蜗杆传动	
制动器					

单元二 汽车动力装置机构分析与应用

机构运动简图不仅简明地表达了实际机构的运动情况和运动特征，而且可通过该图进行机构的运动分析和动力分析。

实际工作中，有时只需要表明机构运动的传递情况和构造特征，而不要求机构的真实运动情况。因此，不必严格地按比例确定机构中各运动副的相对位置及其尺寸，这样的简图称机构简图（或称为机构示意图）。在进行新机器设计分析时，常用机构简图进行方案比较。

机构运动简图的绘制方法和步骤如下：
1) 分析机构的组成。
2) 分析构件间的相对运动和接触情况，确定运动副的类型和数目。
3) 选择能清楚地表达各构件间运动关系的视图平面。
4) 选择比例尺，绘制机构运动简图。

例 2-1 绘制图 2-5 所示内燃机的机构运动简图。

解：（1）曲柄连杆机构

1) 由于气缸体与内燃机机体可视为固定联接，故对整个机构而言是相对静止的固定件，即为机架；活塞在燃气的推动下运动，是原动件；其余的构件是从动件。

2) 活塞与气缸体之间的相对运动是移动，从而组成移动副；活塞与连杆、连杆与曲轴、曲轴与机体之间的相对运动是转动，所以组成转动副。

上述四个构件中，用了一个移动副和三个转动副，从固定件开始，经原动件到从动件按一定顺序相联，又回到固定件，从而形成一个独立的封闭构件组合体，即组成一个独立的机构，称为曲柄连杆机构。

3) 选择平行于四杆机构运动的平面作为视图平面。

4) 当活塞（原动件）相对气缸的位置确定后，选取适当的比例尺，用相应的构件和运动副的符号即可绘出机构运动简图。

（2）平面齿轮机构 齿轮 1 与曲轴固联，因曲轴运动已知，所以齿轮 1 是原动件，齿轮 2 是从动件。齿轮 1、2 分别通过曲轴、凸轮轴，由气缸支持，故气缸是机架。

齿轮 1、2 分别相对机架做转动，所以组成转动副；齿轮 1、2 之间的接触是线接触，组成高副。因此，三个构件用两个转动副和一个高副按一定顺序相联，形成一个独立的封闭的构件组合体，即平面齿轮机构。

选择齿轮的运动平面作为视图平面，并选用与曲柄连杆机构相同的比例尺，用相应的构件和运动副的符号绘制出机构运动简图。

需要指出，因齿轮只转动，由齿轮轮廓接触组成的高副（又称为齿轮副）常用其节圆（点画线表示）相切来表示。

（3）平面凸轮机构 平板凸轮与机架组成转动副，并与进气门推杆组成高副，形成一个独立封闭的构件组合体，即为平面凸轮机构。选择其视图平面，并用与曲柄连杆机构相同的比例尺，绘制出机构运动简图。

以上三个内燃机机构的运动简图如图 2-6 所示。

由上述可知，内燃机的原动件是活塞，齿轮 1 与凸轮轴的运动均取决于活塞。当活塞的位置一定时，齿轮 1 与凸轮轴的位置也就确定，不可任意变动，随着活塞位置的改变，则可画出一系列相应的机构运动简图。

汽车机械基础

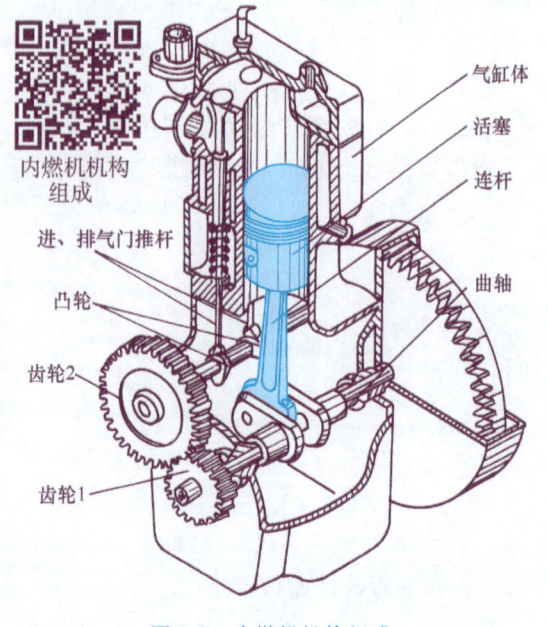

图 2-5　内燃机机构组成　　　　　图 2-6　内燃机机构运动简图

绘制机构运动简图应注意的一些问题：
1）简图上应按规定符号画出全部构件，并标明主动件，必要时将各构件编号并注明。
2）简图上应按规定符号画出全部运动副。
3）简图上应能够真实反映各构件之间的位置和关系。

*阅读及拓展知识

平面机构具有确定运动的条件

机构中必有一个或多个主动件。主动件的运动规律是已知的，当主动件被电动机驱动时做匀速转动；被液压缸驱动时做匀速直线运动。当主动件做独立运动时，各从动件均随其做确定的运动，即各从动件的位置均由主动件的位置确定。这一性质称为机构的运动确定性，它是机构必须具备的性质。运动不确定的构件系统，不能成为机构。

1. 自由度与约束

自由度是构件可能出现的独立运动。任何一个构件在空间自由运动时都有六个自由度，即在直角坐标系内沿 x 轴、y 轴和 z 轴的移动以及绕 x 轴、y 轴和 z 轴的转动，共计六个独立运动。而对于一个做平面运动的构件，则只有三个自由度，如图 2-7 所示，自由构件 M 可以在 Oxy 平面内绕任一点 A 转动，也可以沿 x 轴或 y 轴方向移动。

当一个构件与其他构件组成运动副后，构件的某些独立运动就要受到限制，自由度减少。这种对构件独立运动的限制称为约束。两个构件之间相对约束的数目和性质取

图 2-7　构件的自由度

决于其构成运动副的形式。

可见，平面机构中低副引入两个约束，仅保留一个自由度；高副引入一个约束，而保留两个自由度。

2. 平面机构自由度的计算

机构的自由度是指机构相对于机架所具有的独立运动参数的数量，它取决于组成机构的活动构件的数目、运动副的类型和数目。

假设某平面机构由 n 个活动构件、P_L 个低副和 P_H 个高副所组成，由于一个不受约束构件的平面运动有三个自由度，而一个低副有两个约束条件，一个高副有一个约束条件。因此，平面机构自由度的计算公式为

$$F = 3n - 2P_L - P_H \tag{2-1}$$

例 2-2 计算图 2-6 所示内燃机机构的自由度。

解：图中曲轴与齿轮 1、齿轮 2 与凸轮固连在一起，故可分别视为一个构件。因此可得：$n=5$，$P_L=6$（其中有两个移动副、四个转动副），$P_H=2$。所以，该机构自由度为

$$F = 3 \times 5 - 2 \times 6 - 2 = 1$$

(1) 机构自由度计算中特殊情况的处理　在计算平面机构自由度的时候，有些特殊情况需要进行分析处理。

1) 复合铰链。复合铰链是指 $k(\geq 2)$ 个构件在同一处构成同轴线的转动副。复合铰链处的转动副数目应为 $k-1$。如图 2-8 所示，三个构件在 C 处构成复合铰链，其转动副的数目为 2。

2) 局部自由度。局部自由度是指机构中某些构件的局部独立运动，它并不影响其他构件的运动。因此，计算机构自由度时不考虑其局部自由度。

如图 2-9 所示的滚子从动件凸轮机构中，滚子相对于从动件的转动，从机构运动学的角度来看是局部自由度，它并不影响其他机构的运动。因此，计算机构自由度时不予考虑，即将滚子 2 与构件 3 固联。但是，滚子能将从动件与凸轮轮廓之间的滑动摩擦变为滚动摩擦，减少凸轮轮廓与从动件之间的摩擦。

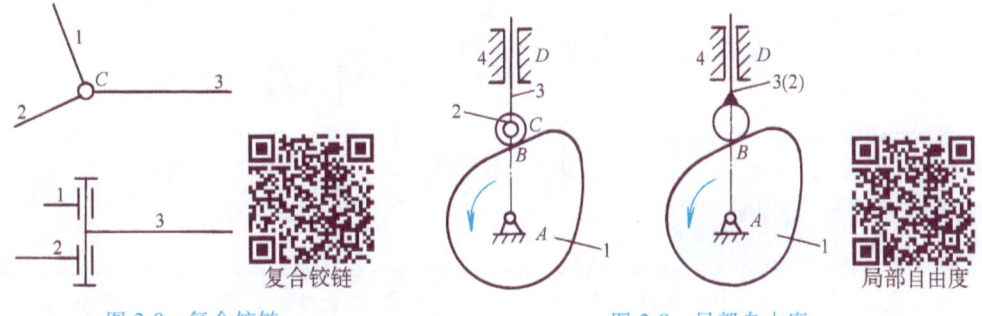

图 2-8　复合铰链　　　　图 2-9　局部自由度

3) 虚约束。虚约束是指在机构运动分析中不产生实际约束效果的重复约束。常见虚约束的识别和处理见表 2-2。

应当指出，虚约束是在特定的几何条件下形成的，它的存在虽然对机构的运动没有影响，但它可以改善机构的受力状况，增强机构工作的稳定性。若这些特定的几何条件不能满足，则虚约束将会变成实际约束，使机构不能运动。因此，在采用虚约束的机构中，对它的制造和装配精度都有严格的要求。

表 2-2 常见虚约束的识别和处理

序号	识别	处理	图例
1	重复移动副（两个构件构成导路平行的多个移动副）	只有一个移动副起约束作用，其余的移动副是虚约束	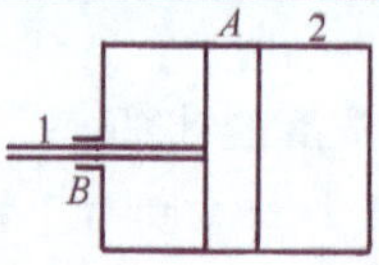 重复移动副-虚约束1
2	重复转动副（两个构件构成轴线重合的多个转动副）	只有一个转动副起约束作用，其余的转动副是虚约束	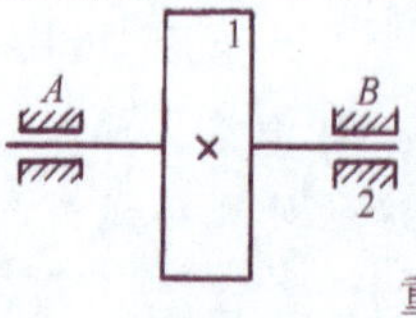 重复转动副-虚约束2
3	重复结构（机构中与不起独立传递运动作用的结构相同的对称部分）	只有一个构件参与运动的传递，其余的对称结构不计（如右图中行星轮2′与2″）	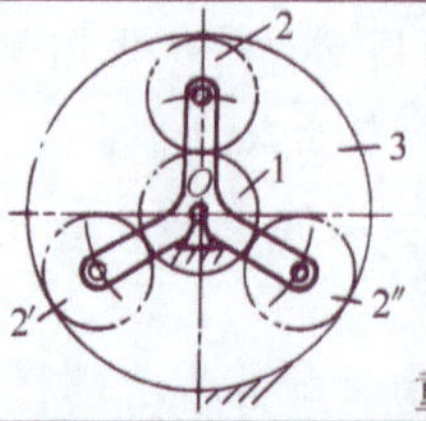 重复结构-虚约束3
4	重复轨迹（机构中某构件连接点的轨迹与另一构件被连接点的轨迹重合）	除去重复的构件及其引入的运动副（如右图中构件5及转动副E与F）	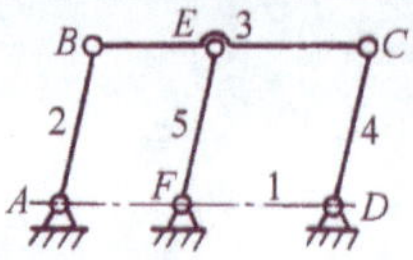 重复轨迹-虚约束4

（2）平面机构具有确定运动的条件　根据平面机构的自由度计算公式，当机构的自由度 $F>0$ 时，机构相对于机架是可以运动的。由于平面机构的原动件通常都是用低副与机架相联接，它们相对于机架的独立运动数目为1，即每个原动件只能输入一个独立运动。由此可见，机构自由度的数目就为所需原动件的数目，即独立运动或输入运动的数目。当输入机构的独立运动数目小于机构的自由度时，机构的运动状态是不确定的；当输入机构的独立运动数目大于机构的自由度时，机构将会卡死或损坏。因此，平面机构具有确定运动的充要条件为：机构自由度大于0，且原动件数目等于机构的自由度。

通过平面机构的结构组成分析，根据自由度与实际机构的原动件数是否相等，判断其运动的确定性和所绘制机构运动简图是否确定，也可以判定机构运动设计方案是否合理，并对运动不确定的设计方案进行改进，使其具有确定的运动。

拓展训练

本单元认识了机构简图的画法及规范，请观察日常生活接触的和工业中的机械如缝纫机、风扇、汽车、机床、起重机、纺织机、机器人等都是机器，请选择两三种最熟悉的机器分析认识其组成、结构与功能，并画出其传动机构的机构简图。

任务三　汽车发动机连杆机构传动分析

1. 任务要点

1）在仿真教学实训室，利用汽车技术模拟仿真实训平台、网络，模拟拆装发动机。

单元二 汽车动力装置机构分析与应用

2）在示教发动机实物上，认识及观察发动机曲柄连杆机构中各组成零部件的结构和材料选用，结合曲柄连杆机构的运动特性及连杆的受力特点，对汽车发动机连杆机构进行的失效分析。

2. 任务安排

请通过学习工作页（任务三）了解本项目活动任务并按计划要求实施活动，完成活动任务卡相关内容的填写。

 基础知识

一、平面连杆机构的类型与应用

平面连杆机构是由一些刚性构件采用低副（转动副或移动副）连接组成的平面机构。其类型很多，但构件的形状大多数是杆状的（称为杆），其中最简单、应用最广的是由四个构件（杆）组成的平面四杆机构。四杆机构包括铰链四杆机构和滑块四杆机构。目前，平面连杆传动机构已广泛应用于汽车和其他各种机械、仪表及操纵机构中，如汽车发动机中的活塞—连杆机构、汽车前轮的转向机构、发动机回转式柱塞泵和刮水器等。

1. 铰链四杆机构的基本形式

铰链四杆机构中的所有运动副都是转动副，如图2-10所示，杆4是固定不动的，称为机架。不与机架直接连接的杆2，称为连杆。与机架用转动副相连接的杆1和杆3，称为连架杆。

当机构中的杆1（或杆3）能绕铰链A（或D）做整周的连续旋转时，则此杆称为曲柄。如果不能做整周的连续旋转，只能在小于360°的某一角度内摆动，则此杆就称为摇杆。由于机构中的两个连架杆（杆1和杆3），可以有一个是曲柄，而另一个是摇杆；也可以两个都是曲柄或都是摇杆。因此，按

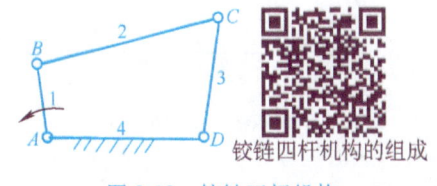

图2-10 铰链四杆机构

两连架杆运动形式的不同，铰链四杆机构分为三种基本形式，即曲柄摇杆机构、双曲柄机构和双摇杆机构。

（1）曲柄摇杆机构　如图2-10所示铰链四杆机构中，若两个连架杆（杆1和杆3），一个为曲柄，另一个为摇杆，则称该机构为曲柄摇杆机构。通常曲柄1为原动件，并做匀速转动；而摇杆3为从动件，做变速往复摆动。曲柄摇杆机构主要用途如下：

1）将转动变为摆动，以曲柄为原动件时，则摇杆做摆动。

2）将摆动变为转动，以摇杆为原动件时，则曲柄做转动。

图2-11所示为曲柄摇杆机构在汽车刮水器中的应用。

（2）双曲柄机构　如图2-12所示，若铰连四杆机构的两连架杆均为曲柄时，称为双曲柄机构。双曲柄机构的运动特点是：当主动曲柄做匀速转动时，从动曲柄做周期性的变速转动，以满足机器的工作要求。

如图2-13所示，在双曲柄机构中，若相对的两杆长度分别相等时，则称为平行双曲柄机构。它有正平行双曲柄与反平行双曲柄两种形式。前者的运动特点是两曲柄的转向相同且

汽车机械基础

a) 曲柄摇杆机构　　　b) 汽车刮水器

图 2-11　曲柄摇杆机构在汽车刮水器中的应用

角速度相等，连杆做平动；后者的运动特点是两曲柄的转向相反且角速度不等。正平行四边形机构的特点是两曲柄转向相同时，它们的角速度始终相等，连杆也始终与机架平行，四根杆形成一平行四边形，如图 2-14 所示的机车车轮联动机构。反平行四边形机构的特点是两曲柄转向相反，如图 2-15 所示为车门启闭机构，当主动曲柄 1 转动时，从动曲柄 3 做相反方向转动，从而使两扇门同时开启或关闭。

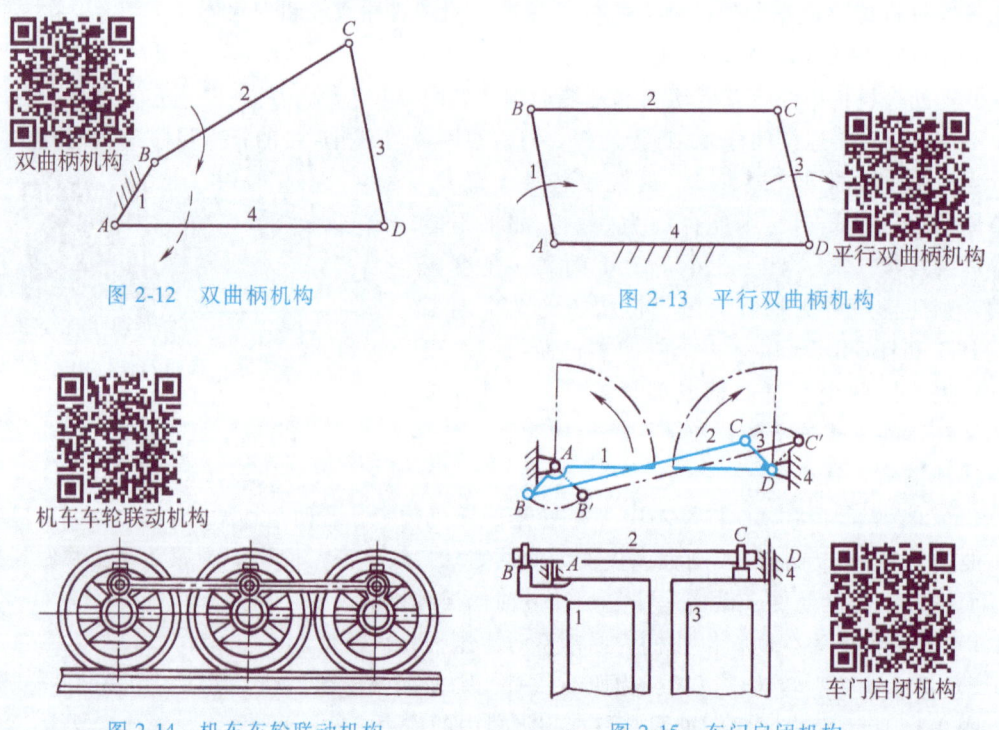

图 2-12　双曲柄机构　　　　　图 2-13　平行双曲柄机构

图 2-14　机车车轮联动机构　　图 2-15　车门启闭机构

（3）双摇杆机构　如图 2-16 所示，若铰链四杆机构的两个连架杆均为摇杆，则称为双摇杆机构。图 2-17 所示的汽车前轮转向机构中，它是具有等长摇杆的机构，又称等腰梯形机构。当车辆转弯时，它能使与两摇杆固接的两前轮轴转过不同的角度，不论在任何位置，都能使两前轮轴线的交点 P 落在后轮轴线的延长线上。当整个车身绕 P 点转弯时，四个车轮都能在地面上做纯滚动，从而避免了轮胎在地面上滑动所引起的磨损。

单元二 汽车动力装置机构分析与应用

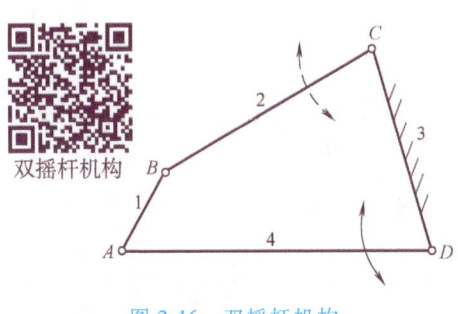

图 2-16 双摇杆机构

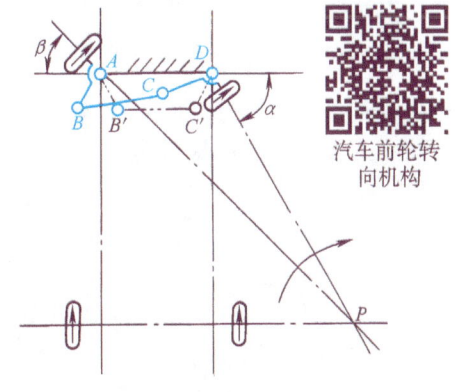

图 2-17 汽车前轮转向机构

2. 铰链四杆机构类型的判别

铰链四杆机构作为平面机构，它的三种基本形式的主要区别在于连架杆是否为曲柄。而机构有无曲柄存在，则取决于机构中各构件的相对长度及最短杆所处的位置。根据运动分析可知：

1）当铰链四杆机构中有最短杆存在，且最短杆的长度 L_{min} 与最长杆的长度 L_{max} 之和小于或等于其他两杆件长度 L'、L'' 之和，即 $L_{min}+L_{max} \leqslant L'+L''$ 时

① 若最短构件为连架杆，则该机构一定是曲柄摇杆机构（图 2-18a）。

② 若最短构件为机架，则该机构一定是双曲柄机构（图 2-18b）。

③ 若最短构件为连杆，则该机构一定是双摇杆机构（图 2-18c）。

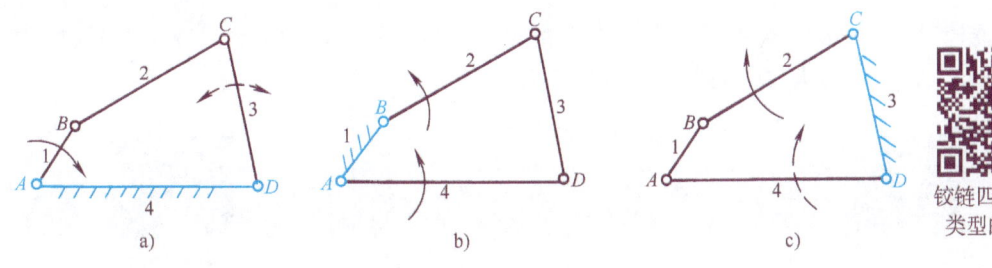

图 2-18 铰链四杆机构类型的判别
a）最短构件为连架杆　b）最短构件为机架　c）最短构件为连杆

2）当铰链四杆机构中最短杆的长度 L_{min} 与最长杆的长度 L_{max} 之和，大于其他两杆件长度 L'、L'' 之和，即 $L_{min}+L_{max} > L'+L''$ 时 则不论取哪一个构件为机架，都无曲柄存在，机构只能是双摇杆机构。

3. 铰链四杆机构的演化形式

（1）曲柄滑块机构　如图 2-19a 所示的曲柄摇杆机构中，摇杆 3 上 C 点的轨迹是以 D 为圆心、杆 3 的长度 L_3 为半径的圆弧 $\overset{\frown}{mm}$。如将转动副 D 的半径扩大，使其半径等于 L_3 并在机架上按 C 点的近似轨迹 $\overset{\frown}{mm}$ 做成一弧形槽，摇杆 3 做成与弧形槽相配的弧形块，如图 2-19b 所示。此时，虽然转动副 D 的外形改变，但机构的运动特性并没有改变。若将弧形槽的半径增至无穷长，则转动副 D 的中心移至无穷远处，弧形槽变为直槽，转动副 D 则转化为移

31

动副，构件 3 由摇杆变为滑块，于是曲柄摇杆机构就演化为曲柄滑块机构，如图 2-19c 所示。此时移动方位线 $\overline{mm}$ 不通过曲柄回转中心，故称为偏置曲柄滑块机构。曲柄回转中心至其移动方位线 $\overline{mm}$ 的垂直距离称为偏心距 e；当移动方位线 $\overline{mm}$ 通过曲柄回转中心 A 时（即 $e=0$），则称为对心曲柄滑块机构，如图 2-19d 所示。

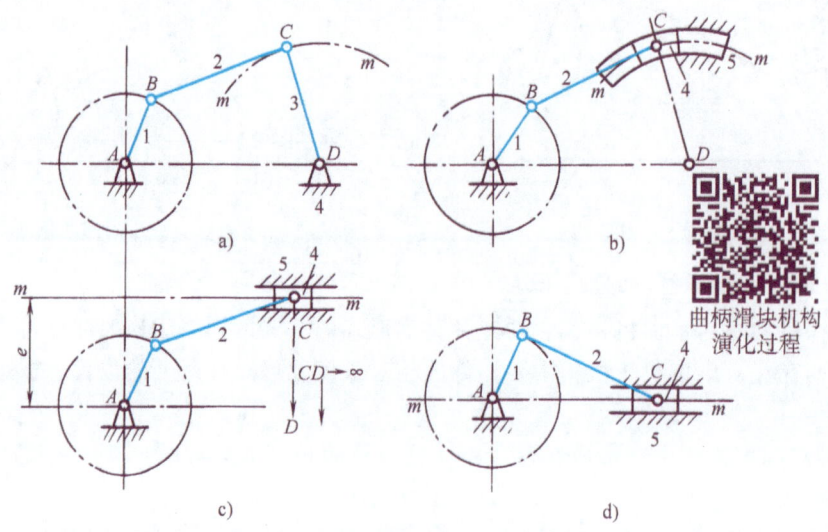

图 2-19 曲柄滑块机构

1—曲柄 2—连架杆 3—摇杆 4—滑块 5—滑道

按机构中滑块的数目，曲柄滑块机构可分为单滑块机构（图 2-20）和双滑块机构（图 2-21）。曲柄滑块机构的用途很广，主要用于将转动变为往复移动的场合，或将往复移动变为转动的场合，如内燃机曲柄连杆机构（图 2-2）等。

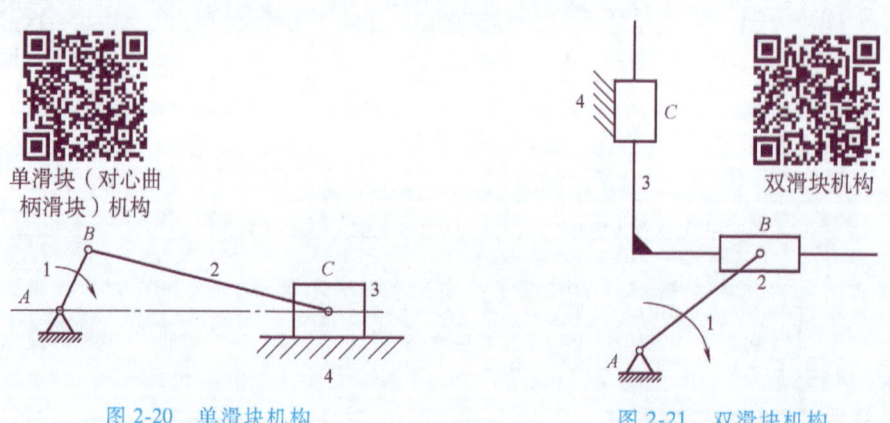

图 2-20 单滑块机构　　图 2-21 双滑块机构

（2）转动导杆机构　如图 2-22 所示，当改变曲柄滑块机构中的固定构件时，可得到各种形式的导杆构件。如图 2-22a 所示为曲柄滑块机构，若改选杆 1 为机架，如图 2-22b 所示，杆 2、4 就成为连架杆，分别以 A、B 两点为回转中心做整周转动，而滑块 3 则以杆 4 为导轨并沿着它做相对移动。由于杆 4 是滑块 3 的导轨，故称杆 4 为导杆，图 2-22b 所示的机构称为转动导杆机构。

单元二　汽车动力装置机构分析与应用

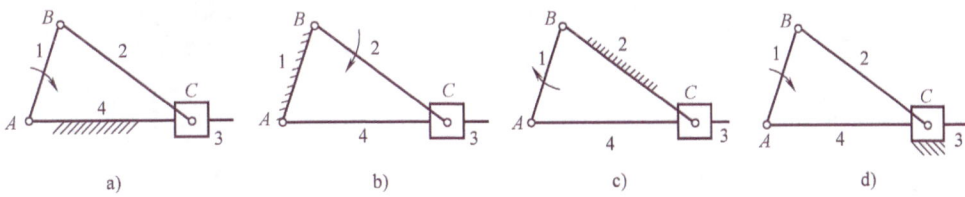

图 2-22　铰链四杆机构的演化形式

a) 曲柄滑块机构　b) 转动导杆机构　c) 摇块机构　d) 直动导杆机构

转动导杆机构在机械中应用广泛，简易刨床的主运动就是利用了转动导杆机构（图 2-23）。牛头刨床中的主运动机构利用了摆动导杆机构（图 2-24）。

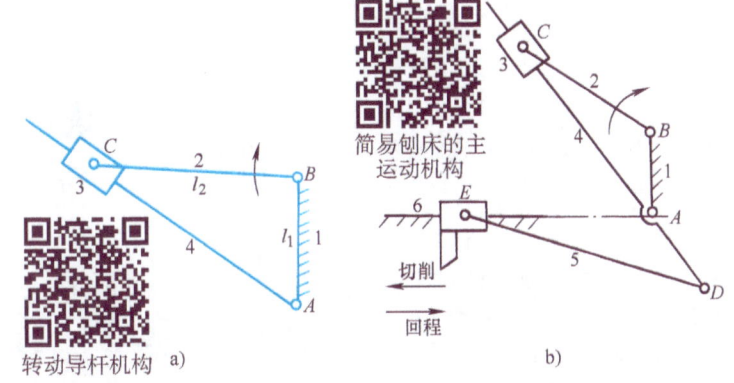

图 2-23　转动导杆机构

a) 运动简图　b) 简易刨床的主运动机构

（3）曲柄摇块机构　若改选杆 2 为机架，如图 2-22c 所示，则杆 1 和滑块 3 与机架相连，此时滑块 3 将以 C 点为回转中心做摆动运动，所以该机构又称为曲柄摇块机构。图 2-25a 所示为曲柄摇块机构运动简图。

曲柄摇块机构常用于摆动液压泵（图 2-25b）和液压驱动装置中。图 2-25c 所示自卸汽车的翻斗机构，也是曲柄摇块机构的实际应用，当液压缸 3 的压力推动活塞 2 运动时，车斗 1 便绕转动副中心 A 倾斜，当达到一定角度时，物料就自动卸下。

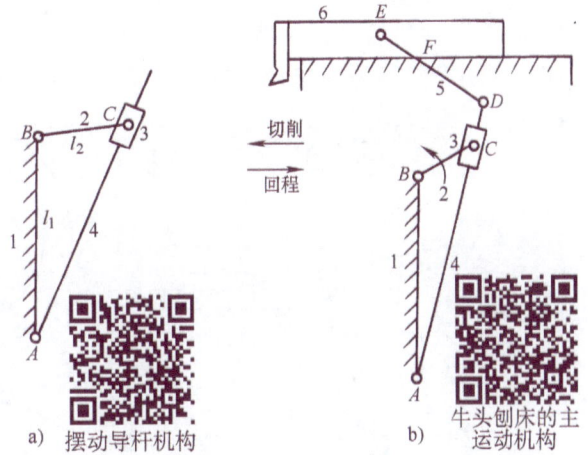

图 2-24　摆动导杆机构

a) 运动简图　b) 牛头刨床的主运动机构

（4）直动导杆机构　若改选滑块 3 为机架，如图 2-22d、图 2-26a 所示，则杆 2 和杆 4 与机架相连，以杆 1 为主动件此时杆 2 将以 C 点为中心转动，杆 4 则沿着滑块 3 做往复移动。所以该机构称为直动导杆机构或定块机构。

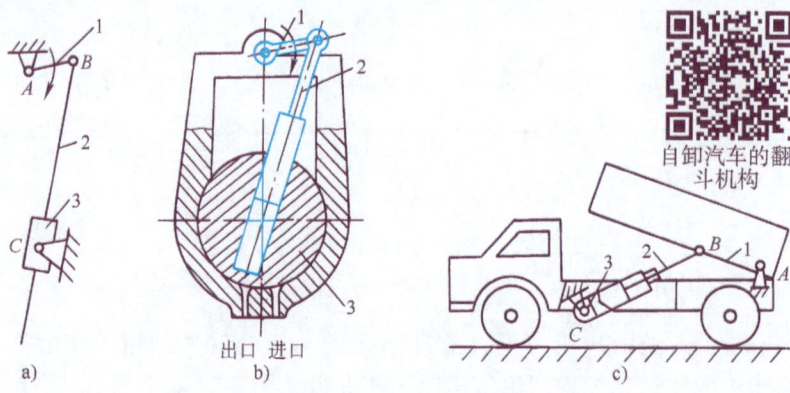

图 2-25 曲柄摇块机构
a) 运动简图　b) 摆动液压泵　c) 自卸汽车的翻斗机构

图 2-26b 所示的手动压水机是直动导杆机构的应用实例。

(5) 偏心轮机构　如图 2-27a 所示的曲柄滑块机构中，当曲柄 AB（杆 2）的尺寸较小时，由于结构和强度的需要常常将曲柄 AB 做成图 2-27b 所示的一个几何中心与其回转中心不重合的圆盘，此盘称为偏心轮，回转中心 A 与几何中心 B 之间的距离等于曲柄长度，这种机构则称为偏心轮机构。显然，演化后的偏心轮机构与曲柄滑块机构的运动特性是完全一致的，这种机构通常应用在曲柄长度很短和需要利用偏心轮惯性的场合，在剪板机、压力机、内燃机、颚式破碎机等机械设备中广泛应用。

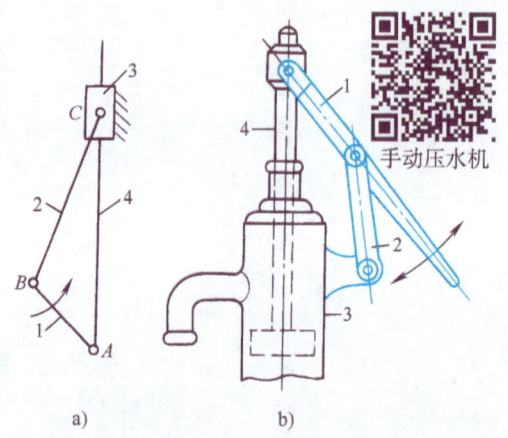

图 2-26 直动导杆机构
a) 运动简图　b) 手动压水机

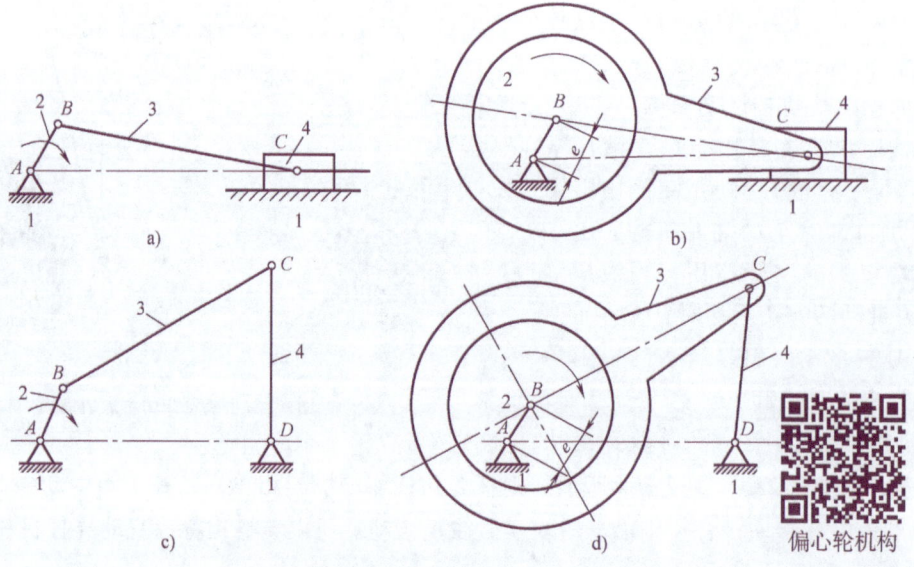

图 2-27 偏心轮机构

单元二 汽车动力装置机构分析与应用

综上所述,铰链四杆机构的各种演化形式都是以铰链四杆机构中的曲柄摇杆机构、含有一个移动副的曲柄滑块机构以及含有两个移动副的四杆机构为基础,或曲柄构件演化的偏心轮,通过分别选取此三种机构中的不同构件为机架而获得的。四杆机构及其演化机构见表2-3。

表2-3 四杆机构及其演化机构

铰链四杆机构	含有一个移动副的四杆机构	含有两个移动副的四杆机构	曲柄构件演化的偏心轮机构
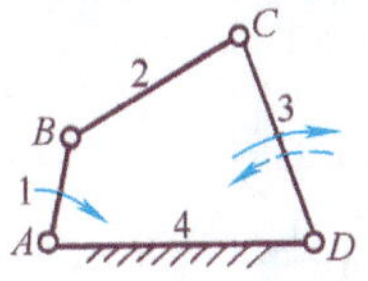 a) 曲柄摇杆机构	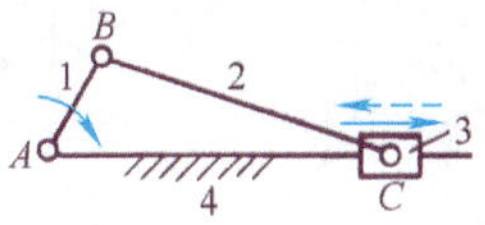 e) 曲柄滑块机构	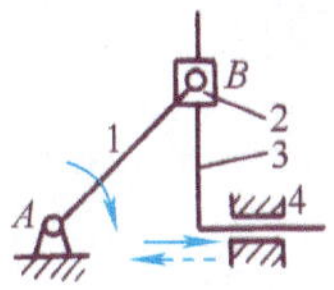 i) 移动导杆机构	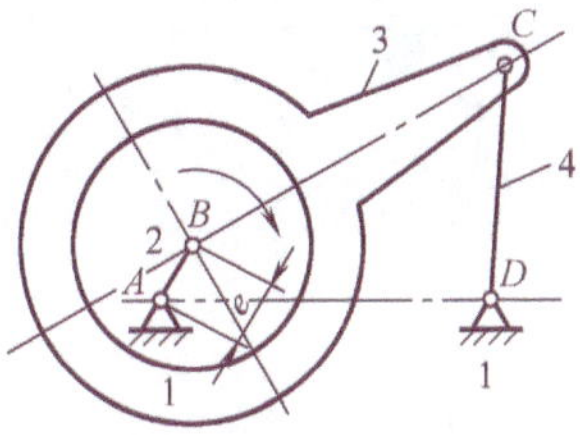
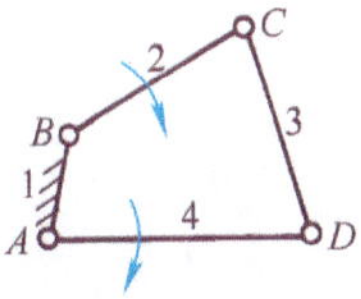 b) 双曲柄机构	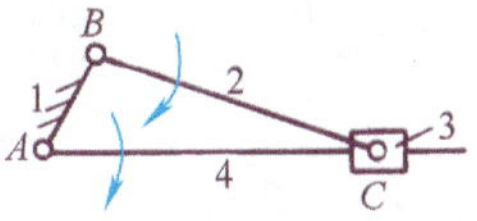 f) 转动导杆机构 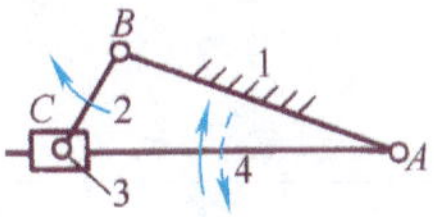 / f') 摆动导杆机构	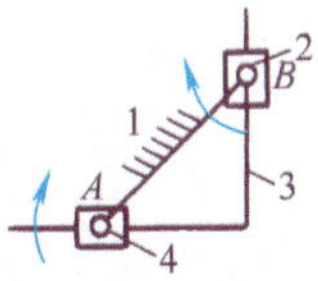 j) 双转块机构	m) 偏心轮摇杆机构
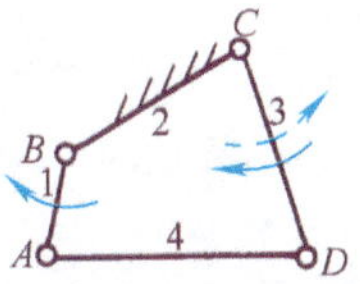 c) 曲柄摇杆机构	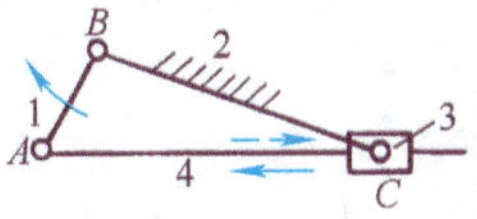 g) 曲柄摇块机构	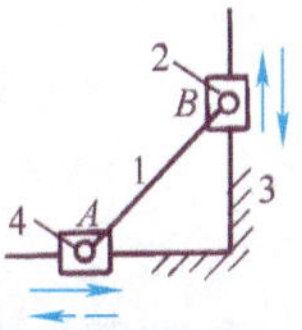 k) 双滑块机构	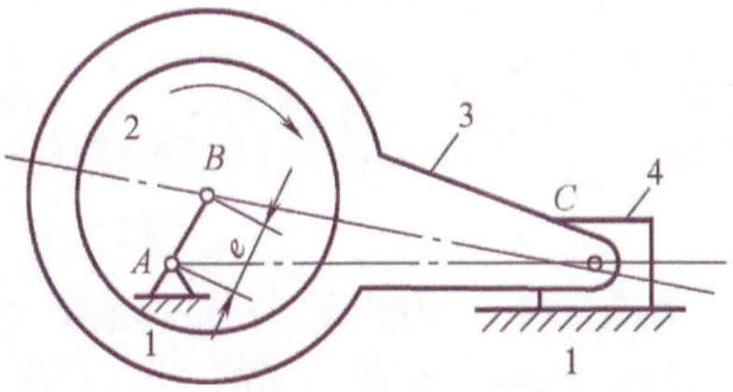
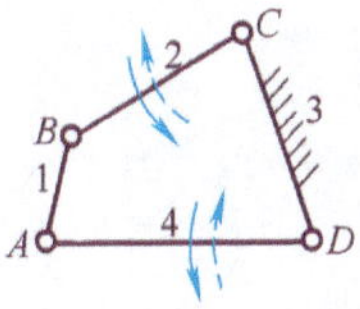 d) 双摇杆机构	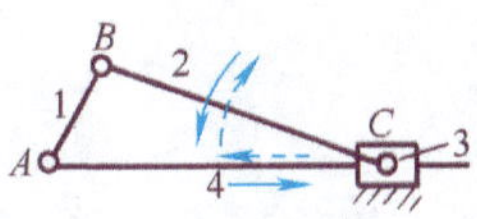 h) 直动导杆机构	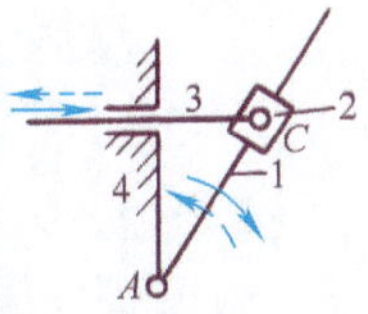 l) 摆动导杆滑块机构	n) 偏心轮滑块机械

二、连杆机构的受力分析

发动机的曲柄滑块机构是将气缸内燃气作用在活塞顶上的压力转变为推动曲轴做旋转运动的力矩,从而对外输出机械能。如图2-28所示,现代汽车发动机做功时,气缸内的最高温度可达2500K以上,最高压力可达5~9MPa,最高转速可达3000~6000r/min,即活塞每秒要完成100~200个行程。可见,曲柄滑块机构是在高压、高速下做变速运动,因此它在工作中构件的受力情况很复杂，其中有气体作用力、运动质量惯性力、摩擦力及外界阻力等。这些力作用在曲柄连杆机构和机体的各有关零件上，使它们受到压缩、拉伸、弯曲和扭转等不同形式的变形，严重时会使零件发生失效。

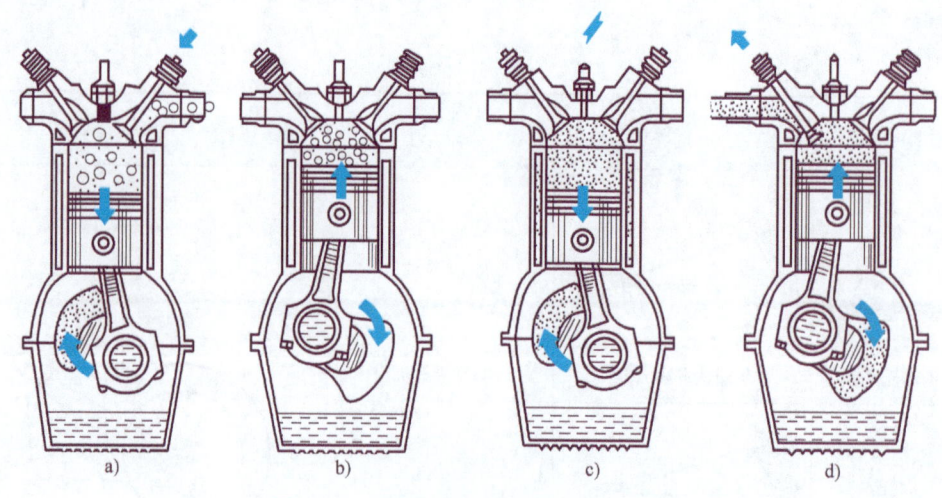

图2-28 四冲程发动机工作循环示意图
a) 进气行程 b) 压缩行程 c) 做功行程 d) 排气行程

1. 静力学基本概念

常用构件及机构的力学分析是力学与现代工程科学技术交叉发展的一门力学分支学科，力学分析是研究物体的机械运动和构件承载能力的基础知识。而静力分析主要研究力系的简化以及刚体在力系作用下平衡的普遍规律。刚体是指在力作用下不变形的物体。

(1) 力的概念 力是物体间相互的机械作用，这种作用能使物体的运动状态或形态发生改变。其中，运动状态改变为外效应，即运动效应；形态发生变化为内效应，即变形效应。力是不能脱离周围的物体而存在的，在分析物体的受力情况时，必须分清哪个是受力物体，哪个是施力物体。

(2) 力的三要素 力对物体的作用效应取决于力的三要素。

1) 力的大小（在国际单位制中力的单位是牛顿，简称牛，记作 N。牛单位较小，工程上常以千牛作为力的单位，记作 kN）。

2) 力的方向。

3) 力的作用点位置。

这三个要素中的任何一个发生改变，则力对物体的作用效应也就随着改变。

(3) 力的表示方法 力是矢量，既有大小又有方向。力矢用黑体字母"F"表示，相应的白体字母"F"则表示力矢的大小。力的三要素也可用有向线段来表示，如图2-29a 所示，线段的长度（按一定比例量取）表示力的大小，线段的箭头指向表示力的方向，线段的起点或终点表示力的作用点，力的

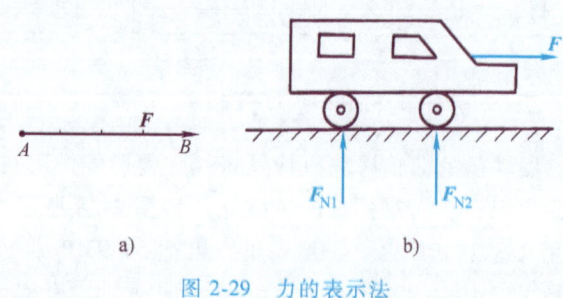

图2-29 力的表示法

这种表示方法称为力的图示法。图 2-29b 所示是行驶于路上的汽车所受的驱动力 F 和地面支承力 F_{N1}、F_{N2} 的表示法。

（4）力系的概念

1）力系。同时作用于物体上的一群力。

2）平面力系。力系中各个力的作用线均在同一平面内。

3）空间力系。力系各个力的作用线不在同一平面内。

4）等效力系。如果一个力系对物体的作用效果和另一个力系对该物体的作用效果相同，那么这两个力系是等效力系，等效力系可以互相替代。

5）合力和分力。如果一个力和另一个力系等效，那么这个力就称为这个力系的合力；反之，力系中的各个力就称为这个力的分力。

6）力的合成和分解。由已知力系求合力的过程称为力的合成；反之，称为力的分解。

（5）力矩　力对点的矩，简称力矩，是力使物体产生的转动效应的度量，是个代数量。如图 2-30 所示扳手拧螺母，当在扳手上施加力 F 时，扳手与螺母一起绕轴心转动，转动的效应与力 F 大小、转动中心 O 至力 F 的作用线的垂直距离以及力作用的方向有关。由此可知，力使物体产生的转动效应取决于三个因素：①力 F 的大小；②转动中心 O 至力 F 的作用线的垂直距离；③力 F 使物体绕 O 点转动的方向。这三个因素可用代数量 $\pm Fd$ 表示，称为力 F 对 O 点之距，记为

$$M_O(F) = \pm Fd \tag{2-2}$$

式中，O 点称为力矩中心（简称矩心）；O 点到力 F 作用线的距离 d 称为力臂。应注意的是：当力的作用线通过矩心时，力臂等于零，则力矩等于零，力不能使物体绕矩心转动。

力矩的正负号规定：力使物体绕矩心逆时针转动时的力矩为正，反之为负。

力矩的法定计量单位是 N·m 或 kN·m。

力矩广泛应用在汽车各种操控机构中，如汽车操纵系统的脚踏板装置（图 2-31）、凸轮配气机构的摇臂和调速器的调速机构等。

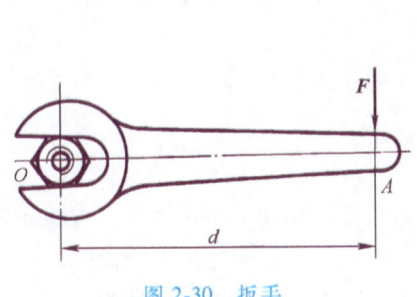

图 2-30　扳手

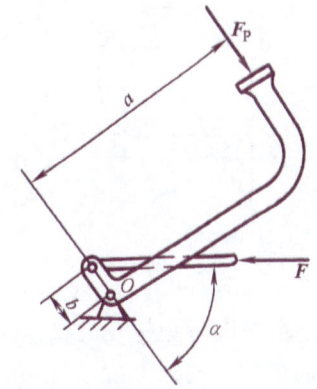

图 2-31　汽车操纵系统的脚踏板装置

（6）力偶和力偶矩　力偶是指作用于物体上大小相等、方向相反且不共线的两个力组成的力系。例如，日常生活中驾驶人开车时，用双手转动转向盘（图2-32a）、维修工装卸车轮（图 2-32b）、两个手指拧水龙头等，都是力偶的作用。力偶用符号 (F, F') 表示，F 和

F' 分别是力偶中的两个力。力偶的图示法如图 2-33 所示。

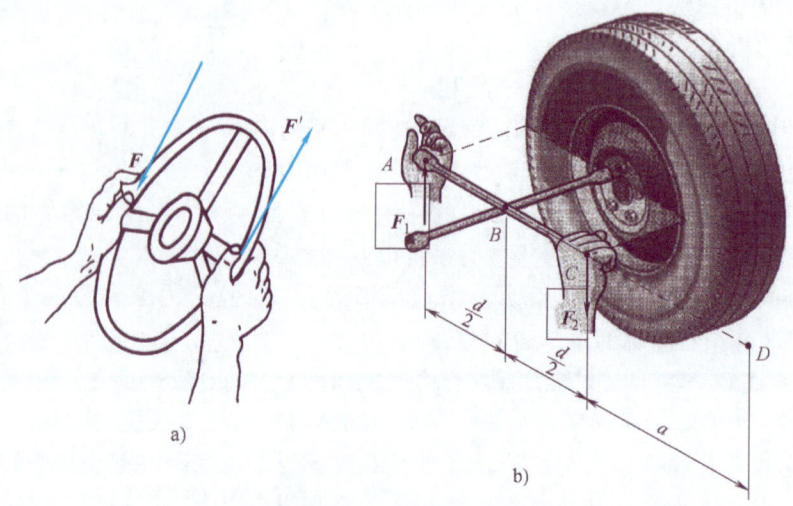

图 2-32 力偶应用实例
a) 转动转向盘　b) 维修工装卸车轮

实践证明，力偶只能使物体产生转动效应，不能产生移动效应。另外还应注意，组成力偶的两个力虽然等值、反向，但不共线，不是一对平衡力，也不能互相抵消。

力偶使刚体产生的转动效应可以用力偶矩来度量。力偶矩等于力偶中力的大小与力偶臂的乘积，表示为

$$M(F,F')= \pm Fd \tag{2-3}$$

式中，d 为力偶臂，指力偶中两个力之间的垂直距离，如图 2-34a 所示。

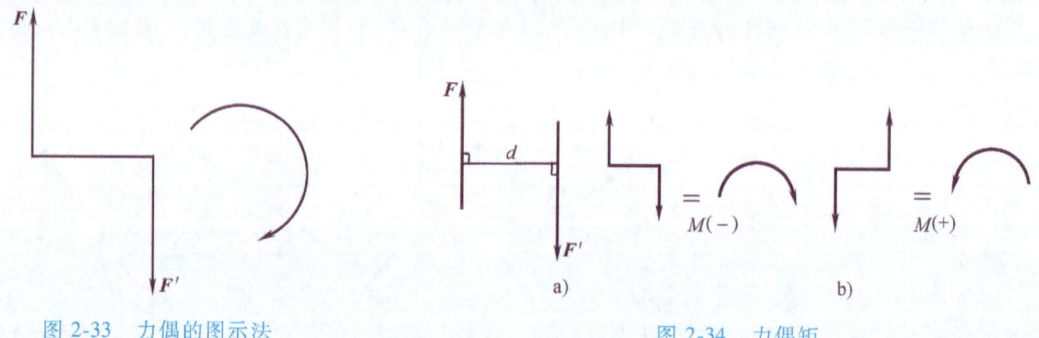

图 2-33 力偶的图示法

图 2-34 力偶矩
a) 力偶臂　b) 力偶的正负号

力偶矩的正负号规定：力偶逆时针转动为正，反之为负，如图 2-34b 所示。力偶矩的单位与力矩的单位相同。

力偶对物体的转动效应取决于力偶的三要素：力偶矩的大小、力偶的转向和力偶作用面的方位。

（7）平衡的概念　平衡是指当物体受到一个力系作用而相对于地球做匀速直线运动或静止的状态，即平衡状态。作用于该物体上的力系，称为平衡力系。而使物体平衡的力系所应满足的条件则称为力系的平衡条件。

单元二 汽车动力装置机构分析与应用

平衡是相对的，物体的平衡是物体机械运动的特殊形式，物体的平衡规律远比一般运动规律简单。在工程中往往会遇到很多零部件等物体的平衡问题，需要进行静力分析计算，因此平衡规律的应用很广泛。

2. 静力分析的基本公理

静力学的四个基本公理是进行静力分析计算的基础，是人类通过长期广泛的实践证明和经验总结的智慧结晶，它们揭示了有关力的基本规律。

公理一　二力平衡公理

作用在同一物体上的两个力，要使该物体平衡的必要和充分的条件是：这两个力的大小相等，方向相反，且作用于同一直线上，简称"等值、反向、共线"。

二力平衡公理揭示了作用于物体上最简单的力系平衡时所应满足的条件，如图 2-35 所示。矢量等式为 $F_1 = -F_2$。

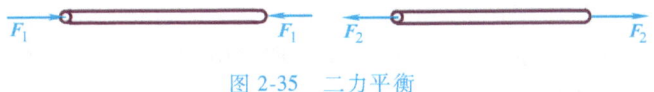

图 2-35　二力平衡

工程上受两个力作用而平衡的物体称为"二力构件"或"二力体"。二力构件平衡时，其所受的两个力必沿着两个力作用点的连线，而且两个力大小相等，方向相反。如图 2-36 所示，当支架中的杆 AC、BC 自重不计时，即属二力构件，受力如图所示。又如图 2-37 所示，构件 CD 在自重不计时也是二力构件。由此可知，两个作用力 F_C、F_D 的方向应沿 C、D 的连线。

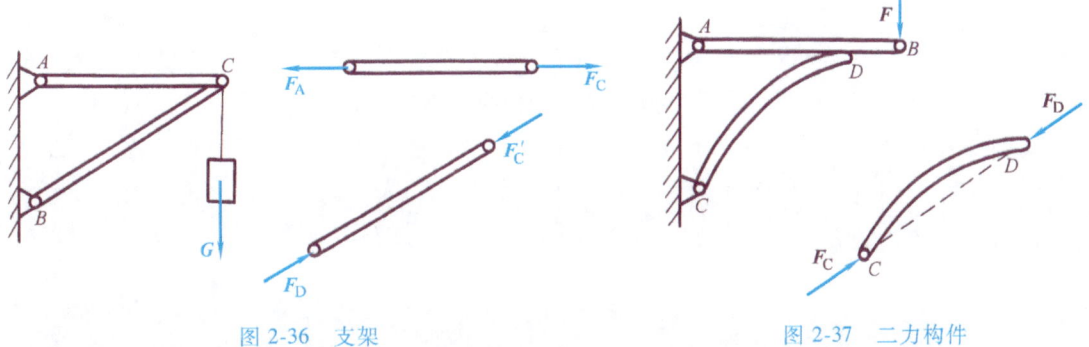

图 2-36　支架　　　　　　　　图 2-37　二力构件

在进行构件受力分析时，应注意判断其是否为二力构件，使问题顺利解决。

公理二　加减平衡力系公理

在作用于刚体上的任意力系中，加上或减去任何一个平衡力系，并不改变原力系对该物体的作用效应。这一公理是研究力系等效变换的理论基础。由此，可以得到以下的推论。

力的可传性原理：作用于刚体上的力可沿其作用线移动，而不改变该力对刚体的作用效应。

可以用一个实例加以验证：如图 2-38 所示刚体上 A 点作用力 F，在力 F 作用线上任取一点 B，在 B 点沿力 F 的作用线加上一对平衡力 F_1 和 F_1'，且令 $F_1 = F_1' = F$，则由公理二可知，加上 F_1、F_1' 后，并不影响刚体的效应。

另由公理一可知，物体上力 F 和 F_1' 等值、反向且共线，构成一对平衡力系，这时再减去这一平衡力系，同样也不影响物体的效应，最后只剩下作用于 B 点的力 $F_1 = F$，就相当于把力 F 由 A 点沿着作用线移至了 B 点，而该物体的运动效应不变，即推论得以证明。

由图 2-39 不难看出，在小车的 A 点与 B 点施加相同方向的力，运动效应是一样的。

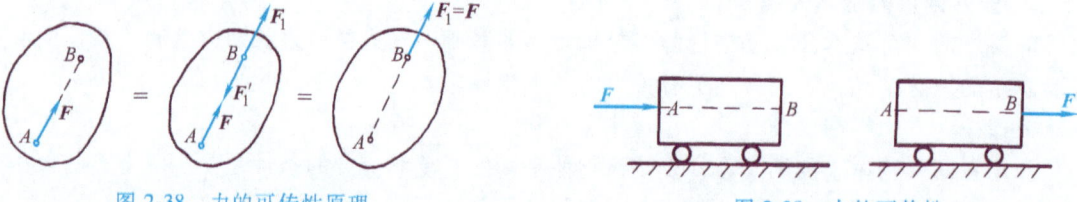

图 2-38 力的可传性原理　　　　　图 2-39 力的可传性

应该指出，在静力学中，由力的可传性原理可知，力的作用点已不是决定力对物体作用效果的要素。因此，当研究力对物体的运动效应时，力矢可沿其作用线滑动，即可以看作"滑动矢量"。但应注意，当研究物体的变形效应时，力的可传性原理不适用，这时的力应看作"固定矢量"。如图 2-40a 所示，在压力 F、F' 作用下直杆变短、变粗；若将 F' 移至 B 点、将 F 移至 A 点后，如图 2-40b 所示，则直杆受拉，这时杆件会变细、变长，变形效应完全相反。

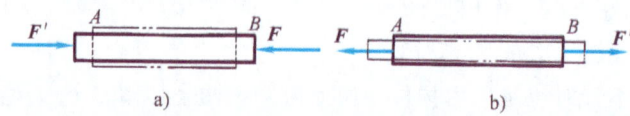

图 2-40 拉杆和压杆

公理三　平行四边形定则

作用于物体上同一个点（汇交点）的两个力可以合成为一个合力，且合力也作用于汇交点上。合力的大小和方向由这两个力为邻边所构成的平行四边形的对角线来表示。

如图 2-41 所示，作用于刚体上 A 点的两个力 F_1、F_2 的合力，可用平行四边形 ABCD 的对角线 AD 表示，合力矢 F_R 等于两个力 F_1、F_2 的矢量和，表达式为

$$F_R = F_1 + F_2 \qquad (2-4)$$

合力 F_R 的大小可用余弦定理求出

$$F_R = \sqrt{F_1^2 + F_2^2 + 2F_1 F_2 \cos\alpha} \qquad (2-5)$$

式中，α 为两个力 F_1、F_2 的夹角。

值得注意的是，在静力分析中，平行四边形定则不仅适用于两个力的合成，还可以推广到更多力的合成。

推论：三力平衡汇交定理。

刚体受同一平面内三个互不平行的力作用而平衡时，此三个力的作用线必汇交于一点。

证明：如图 2-42 所示，刚体上 A、B、C 三点分别作用有同平面内的不平行的力 F_1、F_2、F_3 而平衡。由力的可传性原理可得，其中两个不平衡的力 F_1、F_2 交点为 O，则可用平行四边形定则将其合成得合力 F_R，只有 F_R 与第三个力 F_3 平衡，刚体才会平衡。由二力平衡公理可知，F_R 与 F_3 必须等值、反向、共线，即 F_3 也经过 F_1、F_2 汇交点 O。

应注意：三力平衡汇交定理是刚体受不平行的三个力作用而平衡的必要条件，而非充分

单元二　汽车动力装置机构分析与应用

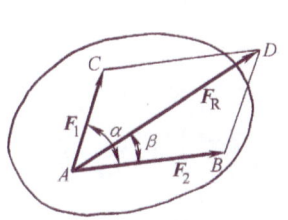

图 2-41　平行四边形定则

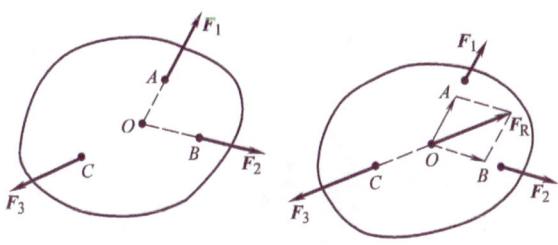

图 2-42　三力平衡汇交定理

条件。如图 2-43 所示，当刚体受三个在同一平面但不平行的力作用时，可用此推论确定未知力的方向。

公理四　作用力与反作用力公理

两个物体间的作用力与反作用力总是<u>大小相等、方向相反、沿着同一直线，但分别作用在这两个物体上</u>。

如图 2-44 所示，悬挂在顶棚上的两个球 A 和 B，球 A 给予球 B 的作用力 F_N' 和球 B 给予球 A 的作用力 F_N 构成了一对作用力与反作用力。

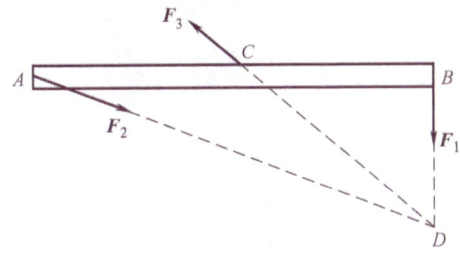

图 2-43　三力平衡汇交定理在求未知力中的应用

作用力与反作用力公理揭示了自然界中物体之间相互作用的关系。所有力都是成对出现的，有作用力就必然有反作用力，任何一方都不能独立存在。这在研究物体系统的受力分析时经常要注意。

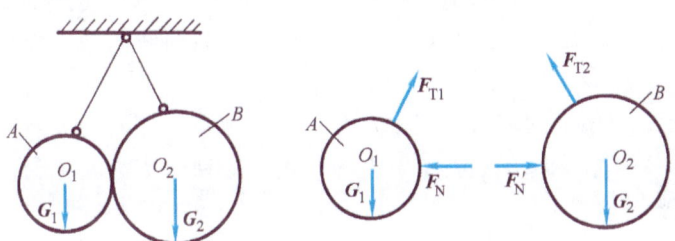

图 2-44　作用力与反作用力

同时应指出：作用力和反作用力虽等值、反向、共线，但分别作用于不同物体上，故不能互相抵消，互成平衡。这与二力平衡公理中的"一对平衡力"是不同的，不能相互混淆。

3. 约束与约束力

凡是能在空间做任意运动的物体称为自由体。反之，如果物体受到其他物体对它的限制，在某些方向不能自由运动，则称为非自由体。如图 2-45 所示，安装在发动机气缸内的活塞，受到气缸壁的限制，只能沿着气缸壁往复运动，因此属于非自由体。

而对非自由体的某些方向上的运动（或位移）起限制作用的周围物体称为<u>约束</u>。约束总是阻碍物体的运动，那么物体必在其受阻的方向上对约束产生作用力。根据作用力与反作用力公理，约束将对被约束的物体产生反作用力，这种反作用力称为<u>约束力</u>。因此，约束力的方向总是和该约束所阻止的运动方向相反。

41

汽车机械基础

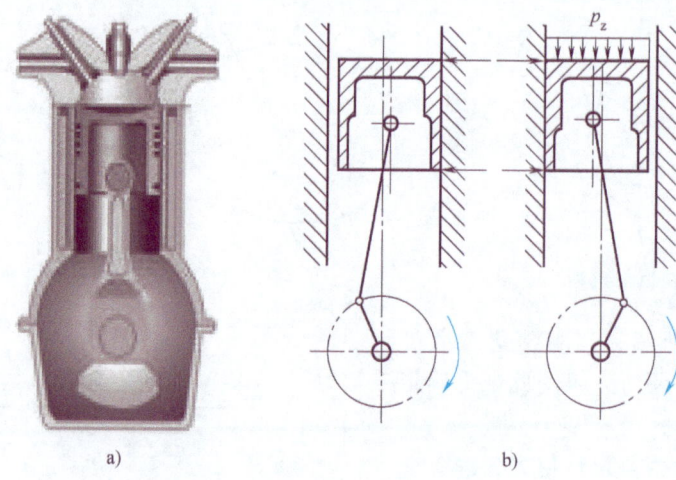

a)   b)

图 2-45 发动机气缸内的活塞运动

一般来说，物体的受力可分为两类，一类是使物体产生运动或运动趋势的力，称为主动力，如物体受到的重力、外界加在物体上的载荷等；另一类是阻碍物体运动的力，称为约束力（即被动力）。主动力和约束力都是作用在物体上的外力。通常主动力的大小和方向是已知的，约束力的大小和方向是未知的。在静力分析中，约束力和已知的主动力总是组成一个平衡力系，因此可用平衡条件来求出约束力。通常约束力的作用点就是约束与被约束物体的相互接触点，约束力的方向可根据约束类型来确定。下面介绍工程上常见的约束类型及约束力的确定。

（1）光滑面约束　所谓光滑面约束，就是指如果两个物体间的接触表面非常光滑，与其他作用力相比摩擦力很小可以忽略不计的约束。汽车中的各个零部件间的接触表面由于有润滑油等减摩材料，因此在进行受力分析时它们的接触表面间的摩擦力往往可以忽略不计（除非需特别指出），可看作光滑面。

如图 2-46 所示，光滑面约束的作用力总是通过接触点，方向沿着接触表面的公法线指向被约束的物体，使物体受到一个法向压力的作用。这种约束力又称为法向反力，通常用

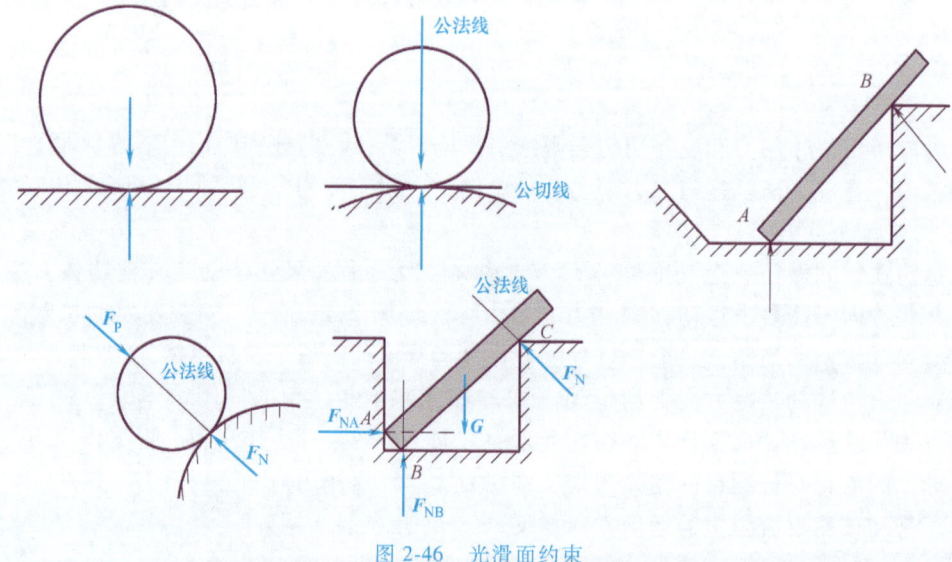

图 2-46 光滑面约束

单元二 汽车动力装置机构分析与应用

F_N 表示。光滑面可以是平面，如导轨、滑块等，也可以是曲面，如汽车发动机凸轮与气门挺杆之间的接触（图2-47）。

（2）光滑铰链约束　工程上铰链的常见结构是：用圆柱销将两个开有销孔的零件联接起来，形成一种可动的联接，如图2-48a所示。这时，圆柱销只能限制两物体的相对移动而不能限制它们的相对转动。若圆柱销与零件之间接触面摩擦很小，可忽略不计时，则称为光滑铰链。

工程上常见的光滑铰链有如下几种形式：

1) 中间铰链。其结构如图2-48a所示，是用圆柱销穿过两个可动零件的圆柱孔，将它们联接起来，使两个零件可绕圆柱销轴线相对转动。圆柱销与两个被约束零件之间实际上

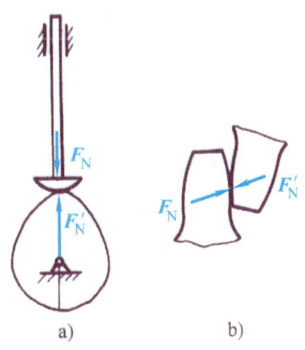

图 2-47　凸轮和齿轮
a) 凸轮　b) 齿轮

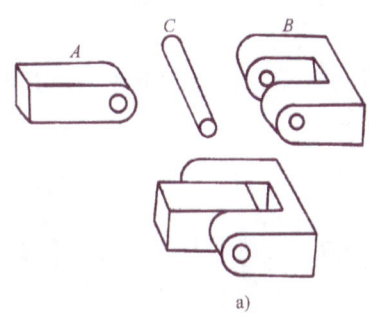 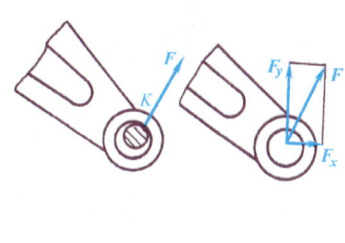 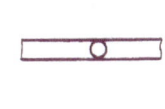

图 2-48　光滑铰链

以光滑圆柱面接触。因此，按照光滑面约束力的特点，圆柱销对零件的约束力 F 应沿圆柱面接触点 K 的公法线，即过 K 点的半径方向，如图2-48b所示。但由于接触点 K 的位置会随主动力方向不同而改变，F 的方向不能预先确定下来，在未知约束力确切方向的情况下，一般可假设用两个正交反力 F_x 和 F_y 来表示。图2-48c是这种约束的简图。汽车发动机曲柄连杆机构中，连杆与活塞、连杆与曲柄的连接就为中间铰链，如图2-49所示。

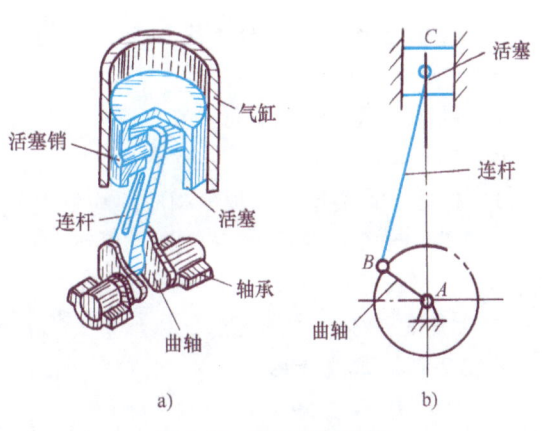

图 2-49　曲柄连杆机构

2) 固定铰链支座。这是一种工程中常见的约束形式，如图2-50a、b所示。用圆柱销把某构件与固定机架或固定支承面连接，构件只能绕销钉轴线转动，不能相对移动，圆柱销与构件的接触面同样为光滑圆柱面。因此，约束力与中间铰链的类似，在未知确切方向的情况下，用经过圆柱销中心的两个正交分力 F_x 和 F_y 表示，如图2-50c所示。

3) 活动铰链支座。工程上有时为了适应某些构件变形的需要，在铰链支座下面安装辊轴，成为活动铰链支座，如图2-51a所示。这时候约束只能限制构件离开和趋向支承面的运动，不能限制构件绕圆柱销轴线的转动以及沿支座面的移动。因此，约束力通过圆柱销中心

垂直于支承面，如图 2-51b 所示。

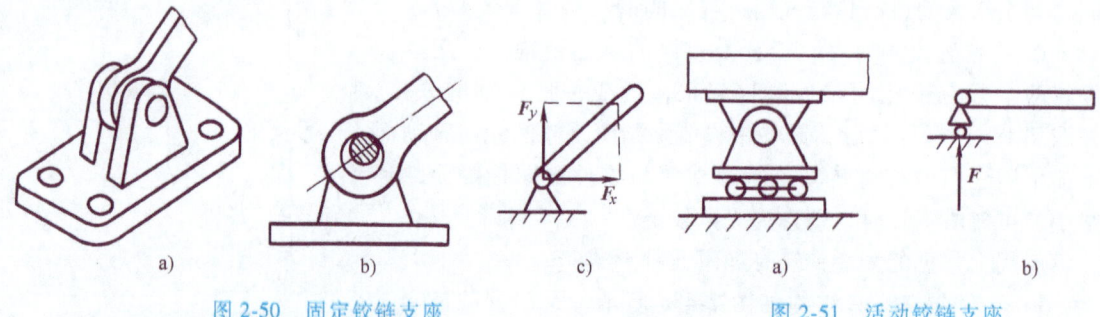

图 2-50　固定铰链支座　　　　　图 2-51　活动铰链支座

4. 构件的受力分析与受力图的绘制

构件的受力分析和绘制受力图目的是清楚地表示构件的受力情况，因此首先要弄清两个关键问题：

1) 哪个是研究对象？研究对象需要根据题意或已知条件去确定。研究对象可以是单个物体、几个物体的组合甚至是整个系统。

2) 研究对象上受哪些力作用？即进行研究对象的受力分析，明确各个力的性质、方向、是否已知等。

由于研究对象往往是非自由体，受到各种各样的约束，为了清楚地表示研究对象的受力情况，需把研究对象所受的约束解除，将其从周围物体的联系中分离出来单独画出，这一过程称为"取分离体"。分离体指解除了约束后的物体。取分离体后，要用相应的力代替原来的约束对物体的作用，以维持原有的平衡状态，这一过程称为"受力分析"，并用图表示出来。这种表示分离体及其所受各个力（主动力、约束力）的图，称为"受力图"。

画分离体受力图的步骤如下：

1) 根据题意，确定研究对象，取分离体并单独画出。
2) 在分离体上画出所有主动力。
3) 根据约束类型正确画出相应的约束力。

例 2-3　如图 2-52a 所示圆柱形工件搁置于 V 形块上，圆柱形工件与 V 形块之间接触面的摩擦忽略不计，试分析圆柱形工件的受力并画出其受力图。

解： 1) 取圆柱形工件为研究对象，将其约束解除并画出其分离体，如图 2-52b 所示。

2) 对圆柱形工件进行受力分析。圆柱形工件受到主动力为重力 G，其方向竖

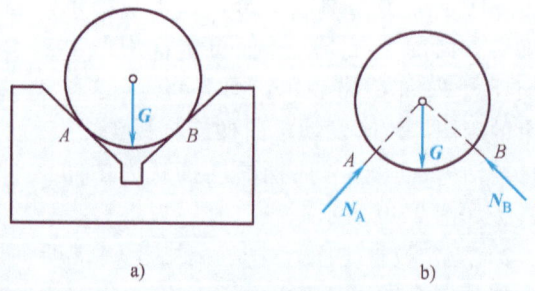

图 2-52　V 形块上圆柱形工件的受力图

直向下；V 形块与圆柱形工件在 A、B 两点的约束为光滑面约束，其约束力分别过接触点 A、B，并沿着接触点处公法线指向球心，如图 2-52b 所示。

例 2-4　如图 2-53a 所示内燃机曲柄连杆机构中，由曲柄 AB、连杆 BC 和滑块组成，设各构件重量不计，试分析图示位置时滑块的受力情况并画出其受力图。

解: 1) 取滑块为研究对象，将其约束解除并画出分离体。

2) 对滑块进行受力分析。滑块受到主动力 F 的作用，有向下运动的趋势，铰链 C 处约束力可通过 BC 杆的受力来分析。由于杆重量不计，只在 B、C 两点受力而平衡，因此 BC 杆属二力构件，受力如图 2-53b 所示。滑块上 C 点所受的力与 BC 杆上 C 点的受力是作用力与反作用力关系，由此可知，滑块上 C 点受力与 F_C 等值、反向。另外，由于滑块在 F_C' 作用下，有往左运动的趋势，因此受到与机架的光滑面约束，约束力方向垂直支承面指向滑块，其受力图如图 2-53c 所示。

例 2-5 图 2-54a 所示为发动机凸轮配气机构，各零件接触面间的摩擦均忽略不计，试对气门挺杆进行受力分析并画出其受力图。

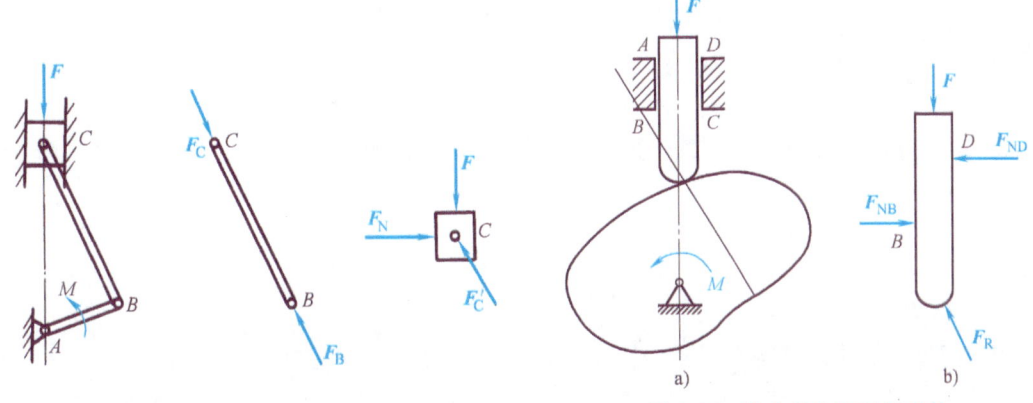

图 2-53 曲柄连杆机构受力图   图 2-54 发动机凸轮配气机构

解: 1) 取图 2-54a 中的气门挺杆为研究对象，将其约束解除并画出其分离体如图 2-54b 所示。

2) 对气门挺杆进行受力分析：气门挺杆所受的主动力为 F，在凸轮主动力矩 M 的作用下，对气门挺杆产生光滑面约束力 F_R，其方向沿接触点处公法线指向气门挺杆。此外，主动力 F 和约束力 F_R 的合力使气门挺杆倾斜从而导致在 B、D 两点产生光滑面约束，其约束力分别为 F_{NB}、F_{ND}，方向分别过 B、D 两点并沿着接触点处公法线指向气门挺杆，如图 2-54 所示。

通过以上各例题的分析，可将受力分析和画分离体受力图应注意的问题总结如下：

1) 力是物体间相互的机械作用。因此，对研究对象所受的每个力均应清楚何为施力物体，以免多画或漏画力。

2) 分析约束力时应严格区分约束类型，确定相应的约束力。

3) 分析两物体间相互机械作用时应该注意运用作用力与反作用力定理来判断和检查。

4) 善于运用二力构件来帮助受力分析，正确运用三力平衡汇交定理。

三、连杆机构的基本特性及应用

1. 急回特性

(1) 极位夹角 θ　如图 2-55 所示的曲柄摇杆机构，原动件曲柄 1 在转动一周的过程中，有两次与连杆 2 共线（即为 AB_1C_1、AB_2C_2）。此时，摇杆 3 分别处于 C_1D 和 C_2D 两个极限位置。摇杆在两个极限位置间的夹角称为摇杆的摆角 ψ；而曲柄与连杆两共线位置间所夹的锐角，称为极位夹角 θ。

(2) 急回特性 当曲柄1以等角速度顺时针方向由位置 AB_1 转到 AB_2 位置时,转角为 $\varphi_1 = 180°+\theta$,此时摇杆3由 C_1D 位置摆到 C_2D,摇杆摆角为 ψ,设所需时间为 t_1;当曲柄继续由 AB_2 顺时针转到 AB_1 时,转角为 $\varphi_2 = 180°-\theta$,此时摇杆也由 C_2D 摆回 C_1D,摇杆摆角为 ψ,所需时间为 t_2。由 $\varphi_1 > \varphi_2$,得 $t_1 > t_2$,说明摇杆往返时间不同。机构的这种性质,称为机构的急回特性。许多机械常利用机构的急回特性来缩短空回行程的时间,以提高劳动生产率,如在往复工作的机械中(如插床、插齿机、刨床、搓丝机等)就常利用此特性。

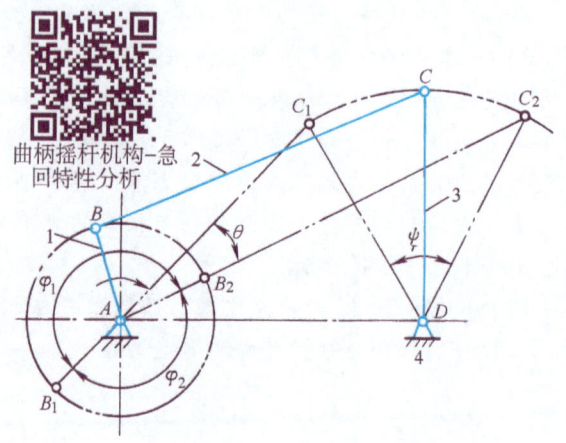

图 2-55 曲柄摇杆机构急回特性分析

(3) 行程速比系数 工程上常用从动件往返时间的比值来表示机构急回特性的大小,即

$$K = \frac{t_1}{t_2} = \frac{\varphi_1}{\varphi_2} = \frac{180°+\theta}{180°-\theta} \tag{2-6}$$

式中,K 称为行程速比系数。

式(2-6)表明,机构有无急回特性,取决于机构的极位夹角 θ 是否为零。当 $\theta = 0°$ 时,$K = 1$,机构没有急回特性;当 $\theta > 0°$ 时,$K > 1$,则机构有急回特性;θ 越大,K 也越大,急回作用越显著。

当需要设计有急回特性的机构时,通常根据工作要求,选定 K 值,然后根据 K 值求出角 θ,其公式为

$$\theta = 180° \times \frac{K-1}{K+1} \tag{2-7}$$

然后,根据 θ 值来确定各构件的尺寸。

除曲柄摇杆机构外,摆动导杆(图 2-56)、偏置曲柄滑块机构(图 2-57)等也具有急回特性。

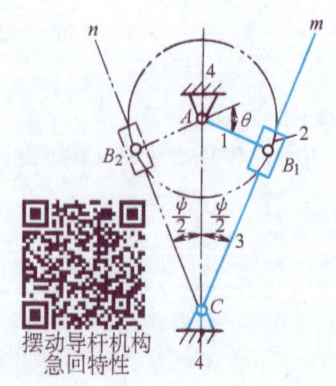

图 2-56 摆动导杆机构急回特性

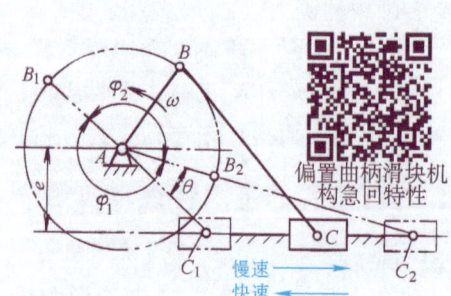

图 2-57 偏置曲柄滑块机构急回特性

2. 压力角

设计平面连杆机构时,不仅要满足机器的运动要求,还应具有良好的传力性能,以提高

单元二 汽车动力装置机构分析与应用

机械的效率。因此要分析机构的传力特性,体现这方面性能的特性参数就是压力角。

(1) 压力角和传动角的概念 图 2-58 所示的铰链四杆机构运动时,若不考虑构件的惯性力、运动副中的摩擦力及构件本身的重力,则原动件 1 通过连杆 2 作用于从动件 3 上的力 F 是沿连杆 BC 的方向;力 F 的方向线与力作用点 C 的速度 v_C 方向线之间所夹的锐角,称为压力角,用 α 表示。力 F 在 v_C 方向上的分力 $F_t = F\cos\alpha$,是推动从动件运动的力,为有效分力;而摇杆轴线方向的分力 $F_n = F\sin\alpha$,只能增大铰链中的摩擦和磨损,故为有害分力;显然,压力角 α 越小,有效分力 F_t 越大,有害分力 F_n 越小,对提高机构效率越有利。可见,压力角是表示机构传力性能好坏的标志。

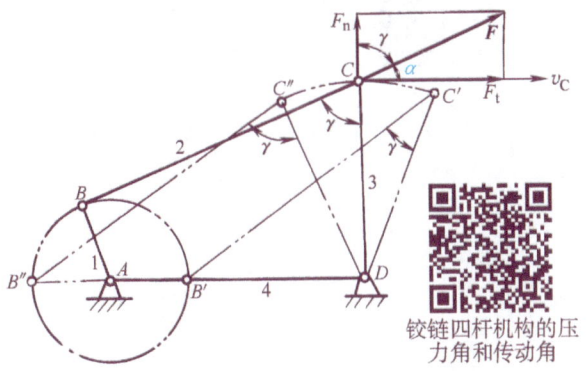

铰链四杆机构的压力角和传动角

图 2-58 铰链四杆机构的压力角和传动

在工程上,为了度量方便,也常用压力角 α 的余角 γ(称为传动角),它等于连杆与摇杆所夹的锐角,用它来判断机构的传力性能比较直观。显然,因 $\alpha = 90° - \gamma$,故 γ 越大,机构的传力性能就越好;反之,机构的传力性能就差。当 γ 过小时,机构会自锁。

(2) 保证机构具有良好传力性能的条件 由图 2-58 可知,在机构运动过程中,传动角 γ 是随机构的位置而变化的。为了保证机构有良好的传力性能,设计时,对一般机械,最小传动角 $\gamma_{min} > 40°$;传递大功率时,$\gamma_{min} > 50°$。

(3) 最小传动角的确定 对于以曲柄为原动件的曲柄摇杆机构,经研究表明,最小传动角一定出现在曲柄与机架二次共线位置($AB'D$、$AB''D$)之一处(图 2-58)。比较两个位置的 γ 角,取其中较小值作为最小传动角。

对于以曲柄为原动件的曲柄滑块机构,最小传动角 γ_{min} 出现在曲柄垂直导路时的位置。偏置式曲柄滑块机构的 γ_{min},出现在曲柄垂直导路的位置位于与偏距相反方向一侧时的位置(图 2-59a)。对于以曲柄为原动件的摆动导杆机构,因对导杆的作用力 F 始终垂直于导杆,并与作用点的速度方向相一致,故其压力角 α 恒为零,即 $\gamma = 90°$,如图 2-59b 所示,说明导杆机构具有很好的传力性能。

如果变换以上机构的原动件,机构的 γ_{min} 如何变化,读者可自行验证。

3. 死点位置

图 2-60 所示缝纫机踏板机构(曲柄摇杆机构)在工作时,是以摇杆(脚踏板)为原动件,曲柄为从动件。当曲柄 AB 与连杆 BC 共线时(图 2-61),连杆作用于曲柄上的力 F 正好通过曲柄的回转中心 A(此时压

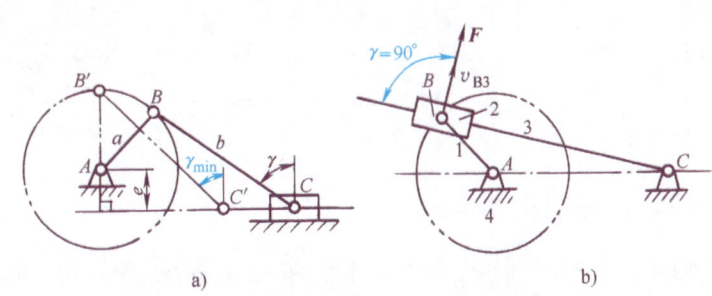

图 2-59 γ_{min} 的位置

a) 曲柄滑块机构 γ_{min} 的位置 b) 导杆机构 γ_{min} 的位置

力角 $\alpha=90°$，$\gamma=0$），该力对 A 点不产生力矩，因而曲柄不能转动，机构所处的这种位置，称为**死点位置**。

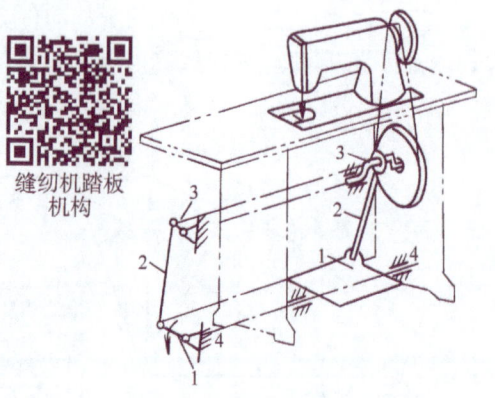

图 2-60　缝纫机踏板机构

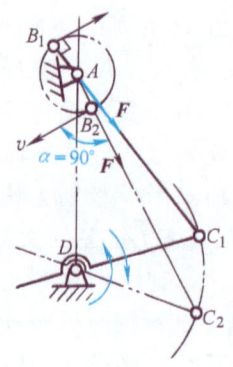

图 2-61　机构的死点位置

显然，只要从动件与连杆存在共线位置（即有极限位置）时，该机构就存在死点位置。因此，以滑块为原动件时的曲柄滑块机构、以导杆为原动件的摆动导杆机构及平行双曲柄机构等，都存在死点位置。发动机曲柄连杆机构中，当活塞处于最上或最下位置，曲柄与连杆处于同一直线，作用力通过曲轴的回转中心时，处于死点位置，分别称活塞处于"上止点"和"下止点"。

对于机械的运动，死点位置会使从动件处于静止或运动方向不定的状态，因而需设法加以克服。工程上常借助飞轮惯性，将机构带过死点位置。例如发动机曲轴上安

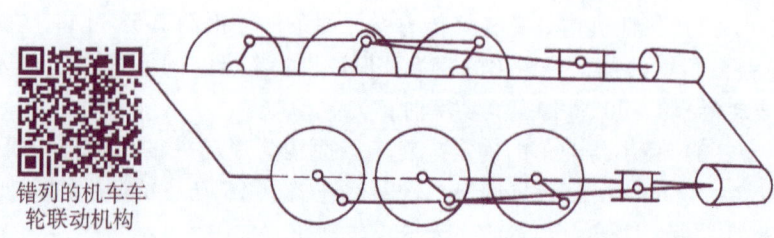

图 2-62　错列的机动车车轮联动机构

装飞轮，能使曲轴保持连续转动；也可采用相同机构错位排列的方法来渡过死点位置，如图 2-62 所示机车两边的车轮联动机构，就是利用错位排列的方法，使两边机构的死点位置互相错开，即利用位置差来顺利通过各自机构的死点位置。

除此之外，工程上也常利用机构的死点位置，来实现一定的工作要求。如图 2-63 所示的铣床快动夹具，当工件被夹紧后，无论反力 F_N 多大，因夹具 BCD 成一直线，机构（夹具）处于死点位置，不会使夹具自动松脱，从而保证了夹紧工件的牢固性，提高了工作的可靠性。

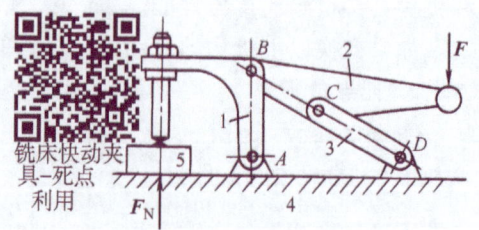

图 2-63　铣床快动夹具

四、四杆机构的设计

四杆机构设计的任务，主要是根据给定条件选择四杆机构的形式，并确定机构的尺寸参数。

四杆机构的设计方法有解析法、图解法和实验法三种。解析法精确度较高，虽计算繁复，但随着计算机的普及和应用，计算机辅助设计四杆机构已成为必然趋势。实验法烦琐、

费时且不精确。本节只介绍比较直观、简明,易于操作的图解法。在计算机辅助设计中,由各参数的函数式,用 Matlab 软件计算出机构的轨迹点的坐标,拟合出机构的轨迹,从而画出相应的四杆机构。

1. 按给定的行程速比系数设计四杆机构

给定的行程速比系数 K,就是给定了四杆机构急回运动的条件,从而确定了极位夹角;根据其他限制条件及极位夹角,可用作图法方便地做出该四杆机构。

设已知摇杆长度 L_{CD}、摆角 Ψ 和行程速比系数 K。试设计该曲柄摇杆机构。

设计分析:如图 2-64a 所示,显然在已知摇杆长度 L_{CD}、摆角 Ψ 的情况下,只要能确定 A 铰链的位置,则在量得 L_{AC1} 和 L_{AC2} 后,可求得曲柄长度 L_{AB} 和连杆长度 L_{BC}

$$L_{AB} = \frac{L_{AC2} - L_{AC1}}{2}, \quad L_{BC} = \frac{L_{AC1} + L_{AC2}}{2}$$

L_{AD} 可直接量得。如图 2-64b 所示,由于 A 点是极位夹角的顶点,即 $\angle C_1AC_2 = \theta$,如过 AC_1C_2 三点作辅助圆,由几何知识可知,在该圆上任取一点 A 为顶点,其圆周角也是 θ,且过辅助圆心 O 的圆心角 $\angle C_1OC_2 = 2\theta$。显然,当求得极位夹角 θ 后,用图解法容易作出辅助圆并得到圆心 O,则问题迎刃而解。

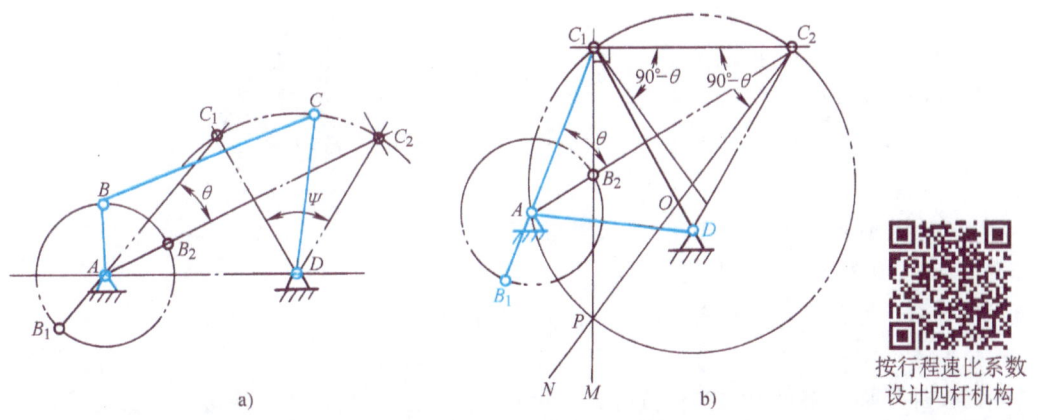

图 2-64 按行程速比系数 K 设计
a) 设计分析图 b) 图解法

设计步骤:

1) 计算。按式(2-7)求得 θ

$$\theta = 180° \times \frac{K-1}{K+1}$$

2) 作摇杆的两极限位置。任选摇杆回转中心 D 的位置,按一定的比例尺 μ_L。根据已知的 L_{CD} 及摆角 Ψ 作出摇杆的两个极限位置 C_1D 和 C_2D(图 2-64b)。

3) 作辅助圆。连接 C_1、C_2,并作与 C_1C_2 成 $90°-\theta$ 的两直线,设交于 O 点,则 $\angle C_1OC_2 = 2\theta$。以 O 点为圆心,以 OC_1(或 OC_2)为半径作辅助圆。

4) 在上任取一点 A 为铰链中心,并连接 AC_1 和 AC_2,量得 L_{AC1} 和 L_{AC2} 的长度,据此可求出曲柄和连杆的长度

$$L_{AB} = \mu_L \frac{L_{AC2} - L_{AC1}}{2} \qquad L_{BC} = \mu_L \frac{L_{AC2} + L_{AC1}}{2}$$

5）求其他杆的长度。机架 L_{AD} 可直接量得，乘比例尺 μ_L 即为实际尺寸。

注意，由于 A 点是在辅助圆上任选的一点，所以实际可有无穷解。若能给定其他条件，如曲柄长度 L_{AB}、机架长度 L_{AD} 或最小传动角 $\gamma_{\min}$ 等，则可有唯一的解。实际设计时，多数均有相应的辅助条件。

与上述方法相似，可在已知滑块行程 s、偏距 e 和行程速比系数 K 的情况下，设计偏置曲柄连杆机构，或在已知机架长度和行程速比系数 K 的情况下，设计摆动导杆机构，具体设计步骤读者可自行导出。

2. 按给定的连杆位置设计四杆机构

设已知连杆 BC 的长度 L_{BC} 及其两个位置 B_1C_1、B_2C_2。

设计分析：由图 2-65 可知，若能确定固定铰链 A、D 的中心位置，则可确定各构件的长度。由于连杆上 B、C 两点的轨迹分别在以 A、D 为圆心的圆周上，所以 A、D 两点必然分别位于 B_1B_2、C_1C_2 和中垂线 b_{12} 和 c_{12} 上。据此，可得设计方法和步骤如下：

1）选比例尺 μ_L，根据已知条件画出连杆的两个位置 B_1C_1、B_2C_2。

2）分别连接 B_1、B_2 和 C_1、C_2 点，并作它们的中垂线 b_{12} 和 c_{12}。

3）在 b_{12} 上任取一点 A，在 c_{12} 上任取一点 D，连接 AB_1C_1D，则 AB_1C_1D 即为所求的四杆机构。各杆长度分别为：$L_{AB} = \mu_L L_{AB1}$，$L_{CD} = \mu_L L_{CD1}$，$L_{AD} = \mu_L L_{AD}$。

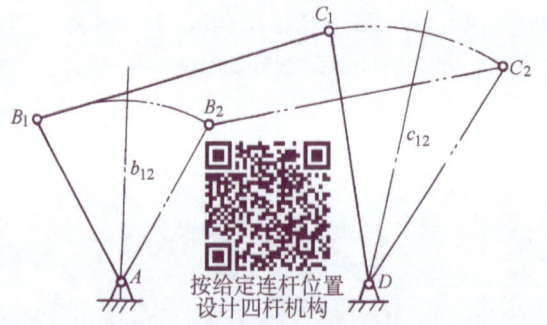

图 2-65 按给定的连杆位置设计四杆机构

注意：在已知构件两个位置的情况下，由于 A、D 两点是任取的，故有无数解。若给出其他辅助条件，如机架长度及其位置等，就可得出唯一解。此外，若给定连杆长度及其三个位置，则答案就是唯一的，读者可自行推出。

*阅读及拓展知识

一、平面力系的简化

在构件受力分析过程中，为了便于了解各力间的相互关系和作用效应，往往需要对作用于物体上的力进行移动、简化、合成、分解和投射。

（1）力的合成与分解 根据平行四边形定则可将两个汇交力合成为一个合力，反过来，作用在物体上的一个力也可以分解为两个或两个以上的分力。两个汇交力合成的结果是唯一的，而力的分解可以有无数结果。如图 2-66 所示，以合力 F_R 为对角线可作出多个平行四边形，因此须事先确定分

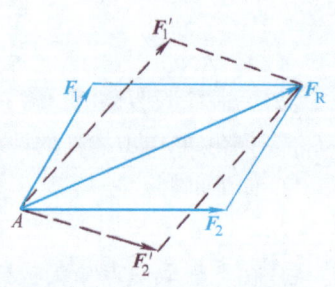

图 2-66 力的合成与分解

解合力的作用线方位。

通常将一个力分解为沿两个互相垂直的坐标轴的正交分力 F_x、F_y。如图 2-67 所示，过力 F 的末端作 x、y 轴的垂线，交 x、y 轴于 A、B 两点，则力矢 $\mathbf{OA}$、$\mathbf{OB}$ 即为分力 F_x、F_y。

（2）力在坐标轴上的投影　如图 2-68 所示，在直角坐标系 Oxy 平面内有一已知力 F，此力与 x 轴所夹的锐角为 α。从力 F 的两端 A 和 B 分别向 x、y 轴作垂线，得线段 ab 和 $a'b'$。其中 ab 称为力 F 在 x 轴上的投影，以 F_x 表示；$a'b'$ 称为力 F 在 y 轴上的投影，以 F_y 表示。

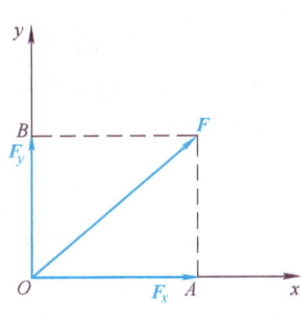

图 2-67　力沿 x、y 轴分解

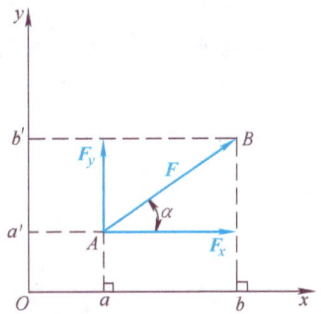

图 2-68　力在坐标轴上的投影

力在坐标轴上的投影是代数量，有正、负号的区别，当投影的指向与坐标轴的正向一致时，规定为正号，反之为负号

$$F_x = \pm F\cos\alpha$$
$$F_y = \pm F\sin\alpha \tag{2-8}$$

（3）合力投影定理　合力在某一直角坐标轴上的投影，等于各分力在同轴上投影的代数和。据此定理可知，由 n 个力组成的力系，各分力和合力之间有如下关系

$$\begin{aligned} F_{Rx} &= F_{x1} + F_{x2} + \cdots + F_{xn} = \sum F_x \\ F_{Ry} &= F_{y1} + F_{y2} + \cdots + F_{yn} = \sum F_y \end{aligned} \tag{2-9}$$

即合力 F_R 在 x、y 轴上的投影等于力系中各分力在同轴上投影的代数和。
即合力的大小和方向为

$$F_R = \sqrt{\sum F_x^2 + \sum F_y^2} \tag{2-10}$$

$$\tan\alpha = \left|\frac{\sum F_x}{\sum F_y}\right| \tag{2-11}$$

求出合力与 x 轴夹角 α，从而确定合力 F_R 的方向。

若该力系作用于物体上，使物体处于平衡状态，则其合力等于零，即 $F_R = 0$。由式（2-10）可知

$$\begin{aligned} \sum F_x &= F_{x1} + F_{x2} + \cdots + F_{xn} = 0 \\ \sum F_y &= F_{y1} + F_{y2} + \cdots + F_{yn} = 0 \end{aligned} \tag{2-12}$$

（4）力的平移定理　将作用于物体上某点的力矢平移到物体上的任一点后，将产生一附加力偶，其力偶矩等于该力对新作用点之矩。

根据力的可传性原理可知，作用于刚体上的力可沿其作用线移至任何一点而不改变它对刚体的效应。但力的平移使力离开了原作用线，效果将会发生变化。力的平移定理就是关于这一问题的解答，同时也是平面任意力系简化的理论依据。

如图2-69所示,设作用于物体上A点的力F,为将其平移至物体上B点,可根据加减平衡力系原理,在点B加上一对平衡力F'和F",且令:$F'=-F''=F$,$F'//F$。此时,由于F"与F等值、反向,作用线平行,构成一对力偶,其矩为$M(F,F'')=Fd=M_B(F)$。即将力F移至B点,同时产生了一对附加力偶。

由此可知,平移前的一个力与平移后的一个力及一个力偶等效。

力的平移定理揭示了力可以转换为同平面内的一个力和力偶。反之,同平面的一个力和力偶也可以合成为一个力。这不但是力系简化的理论基础,同时对分析和解决工程力学及日常生活中一些实际的力学问题也具有指导意义。如图2-70所示,一对齿轮传动,作用在轮齿上的力F_t可以使齿轮转动,这是因为作用于轮齿上的力不通过齿轮的回转中心,将力向齿轮中心平移,会得到一个作用于轴心的力及一个附加力偶M,M使齿轮转动。

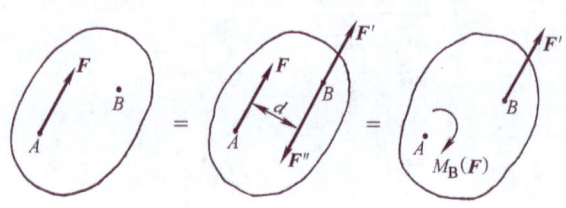

图2-69 力的平移定理

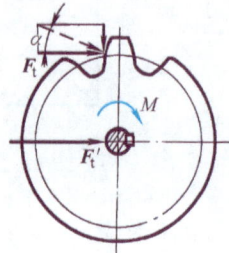

图2-70 齿轮的受力

(5) 力偶及力偶系的合成

1) 力偶的基本性质。

性质1:只要保持力偶矩大小和力偶的转向不变,作用于刚体上的力偶可以在其作用面内任意移动或转动,或同时改变力和力偶臂的大小而它对刚体的效应不变。

如图2-71所示的转向盘,只要保持力偶矩大小不变,加在A、B两点的力偶(F,F')可以移到C、D点或E、F点。

性质2:力偶在同一刚体上可以移到与其作用面相平行的平面内,而不改变其对刚体的效应。图2-72所示轴上力偶M作用于A和B的效果是一样的。

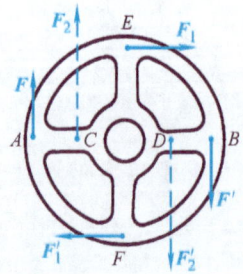

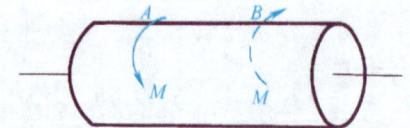

图2-71 转向盘受力　　　　　　　图2-72 轴的受力

2) 平面力偶系的合成。两个或两个以上力偶组成的力系称为力偶系。力偶系合成的结果只能是力偶而不是力,这个力偶称为合力偶。

根据力偶的等效变换可将平面力偶系合成为一个合力偶,合力偶矩等于各分力偶矩的代数和

$$M = M_1 + M_2 + M_3 = \sum M_i \tag{2-13}$$

(6) 平面任意力系的简化　平面任意力系简化的方法是:应用力的平移定理,将平面

任意力系的各力平移到作用面内任意点 O（称为简化中心），从而将平面任意力系转化为一个平面汇交力系和一个附加力偶系，把一般力系问题转化为简单力系问题来解决。

设刚体上作用有一平面力系 F_1，F_2，$\cdots$，F_n，各力作用点分别为 A_1，A_2，$\cdots$，A_n，如图 2-73 所示。在刚体上力系所在平面内取点 O 作为简化中心，将各力向 O 点平移，得到两个基本力系：

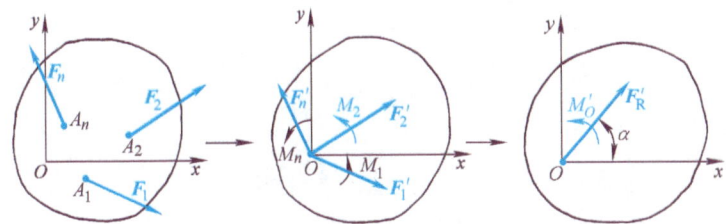

图 2-73 平面任意力系的简化

1) 汇交于 O 点的平面汇交力系：F_1'，F_2'，$\cdots$，F_n'。
2) 附加力偶系：$M_1 = M_O(F_1)$，$M_2 = M_O(F_2)$，$\cdots$，$M_n = M_O(F_n)$。

其中，平面汇交力系可以合成为一个合力 F_R' 作用于 O 点，称为主矢

$$F_R' = F_1' + F_2' + \cdots + F_n' = F_1 + F_2 + \cdots + F_n = \sum F$$

若以 O 点为原点建立直角坐标系，则主矢在 x、y 轴上投影为

$$\sum F_x = F_{x1} + F_{x2} + \cdots + F_{xn} \tag{2-14}$$

$$\sum F_y = F_{y1} + F_{y2} + \cdots + F_{yn} \tag{2-15}$$

利用式（2-9）~式（2-11），可以进一步求出主矢的大小与方向

$$F_R' = \sqrt{(\sum F_x)^2 + (\sum F_y)^2}$$

$$\tan\alpha = \left|\frac{\sum F_y}{\sum F_x}\right| \tag{2-16}$$

式中，α 为 F_R' 与 x 轴的夹角。

附加力偶系也可以合成为同平面内的一个合力偶 M_O'，称为主矩

$$M_O' = M_O(F_1) + M_O(F_2) + \cdots + M_O(F_n) = \sum M_O(F) \tag{2-17}$$

由式（2-16）、式（2-17）可见，主矢取决于原力系中各力的大小和方向，与简化中心 O 的位置无关；主矩的大小及转向取决于简化中心 O 的位置。

综上所述，平面任意力系向其作用面内一点简化，可得到一个作用线通过简化中心的力，即主矢 F_R'，以及一个附加力偶，即主矩 M_O'。主矢等于原力系中各力的矢量和，大小与简化中心 O 的位置无关；主矩等于原力系中各力对简化中心之矩的代数和，与简化中心 O 的位置有关。

应注意：主矢 F_R' 不是原力系的合力 F_R，也就不能代替原力系对物体的作用。

二、平面力系的平衡

1. 平面任意力系的平衡

根据前面的分析，平面任意力系向一点简化后，得到一个合力 F_R' 和一个合力偶 M_O'。力和力偶不能互相平衡，因此要使力系平衡，应使主矢和主矩分别平衡。当主矢 $F_R' = 0$ 时，

力系对物体无移动效应；当主矩 $M'_O = 0$ 时，力系对物体无转动效应。因此，当主矢、主矩同时为零时，则力系平衡。即平面力系平衡的充要条件是：力系简化所得主矢 F'_R 和主矩 M'_O 都等于零。也就是

$$F'_R = \sqrt{(\sum F_x)^2 + (\sum F_y)^2} = 0$$
$$M'_O = \sum M_O(F) = 0 \tag{2-18}$$

由此得到平面任意力系的平衡方程为

$$\left. \begin{aligned} \sum F_x &= 0 \\ \sum F_y &= 0 \\ \sum M_O(F) &= 0 \end{aligned} \right\} \tag{2-19}$$

平面任意力系平衡的解析条件是：力系中各力在两个任选的直角坐标轴上的投影代数和分别为零，以及各力对任一点之矩的代数和为零。

式（2-19）中，前两个为投影方程，最后一个为力矩方程。平面任意力系的平衡方程还可以有以下不同的形式：

（1）两矩式平衡方程

$$\left. \begin{aligned} \sum F_x &= 0 \\ \sum M_A(F) &= 0 \\ \sum M_B(F) &= 0 \end{aligned} \right\} (A、B 连线不能垂直于 x 轴) \tag{2-20}$$

（2）三矩式平衡方程

$$\left. \begin{aligned} \sum M_A(F) &= 0 \\ \sum M_B(F) &= 0 \\ \sum M_C(F) &= 0 \end{aligned} \right\} (A、B、C 三点不能共线) \tag{2-21}$$

可以证明：当平面任意力系满足两矩式、三矩式平衡方程时，有 $F'_R = 0$，$M'_O = 0$。

不论何种形式的平面力系平衡方程，均只有三个独立方程，可求解三个未知量。在实际应用中选用哪种形式，主要取决于解题的方便。

2. 几种特殊平面力系的平衡方程

平面任意力系的平衡方程是各种力系的一般形式，其他特殊平面力系平衡方程可根据一般形式推导出来。

（1）平面汇交力系的平衡方程 根据前面的分析可知，平面汇交力系可以合成为一个合力 F_R，不可能有力偶。因此，一般方程中的 $\sum M_O = 0$，平衡方程只有两个，即

$$\left. \begin{aligned} \sum F_x &= 0 \\ \sum F_y &= 0 \end{aligned} \right\} \tag{2-22}$$

可见，平面汇交力系平衡的解析条件是：力系中各分力在直角坐标轴上投影的代数和分别为零。

（2）平面力偶系的平衡方程 根据前面的分析知道，平面力偶系合成的结果是一个合力偶，则一般方程中 $\sum F_x = 0$，$\sum F_y = 0$。因而，平衡方程只有一个，即

$$\sum M_O(F) = 0 \tag{2-23}$$

因此，平面力偶系平衡的充要条件是：力偶系中各分力偶矩的代数和为零。

（3）平面平行力系 由于平面平行力系中各力均平行，所以建立直角坐标系时，可选

择某坐标轴与各力平行，则另一坐标轴与各力垂直。如图 2-74 中，令 y 轴平行于各力，则各力在 x 轴上的投影均为零，因而有 $\sum F_x = 0$，且 $\sum F_y = \sum F$。因此，一般方程中只余下两个

$$\left.\begin{array}{l}\sum F = 0 \\ \sum M_O(F) = 0\end{array}\right\} \tag{2-24}$$

即为平面平行力系的平衡方程。

3. 平面力系平衡方程的应用

应用平面力系的平衡方程来解决工程上的平衡问题，是静力学的主要任务之一。对于平面力系来说，一般形式的平衡方程是三个，最多可以求解三个未知量。若是平面力系的特殊形式，则平衡方程数以及可求解的未知量数目相应减少。未知量可以是力的大小或方向，但一般不把力的方向作为未知量。在力的方向不能判明时，可先任意假设，再根据平衡方程计算结果来判断：若计算结果为正，则假设的力的方向与实际相符；若计算结果为负，则说明假设的方向与实际相反。

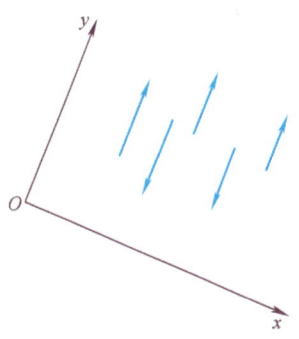

图 2-74 平面平行力系

例 2-6 重力 $G = 2kN$ 的球搁在光滑的斜面上，用绳拉住，如图 2-75a 所示。已知 $\alpha = 30°$，$\beta = 15°$，求绳子的拉力和斜面对球的约束力。

解： 1) 根据题目要求，所要求的绳子拉力、斜面对球的约束力均作用于球上，故选取球为研究对象，并画出分离体。

2) 对球进行受力分析，画出受力图如图 2-75b 所示。球受三个力作用，其中重力方向竖直向下（已知），绳子拉力 F_T 沿绳子背离球，斜面的约束力沿过接触点的接触面公法线指向球，这三个力的延长线均通过球心，因此球受平面汇交力系的作用。

3) 以球的中心为原点建立直角坐标系，根据平面汇交力系的平衡条件，列出平衡方程并求解如下

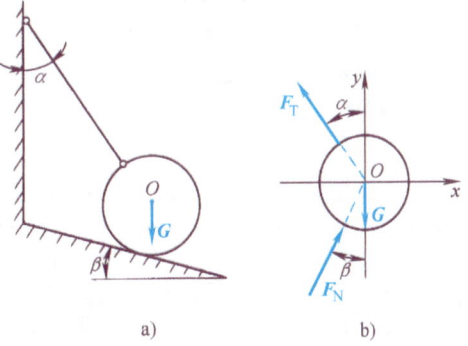

图 2-75 求球的约束力

$$\sum F_x = 0 \qquad F_N \sin\beta - F_T \sin\alpha = 0$$
$$\sum F_y = 0 \qquad F_N \cos\beta + F_T \cos\alpha - G = 0$$

代入 $\alpha = 30°$、$\beta = 15°$，并解联立方程得

$$F_N = 1.414N$$
$$F_T = 0.732N$$

方向如图 2-75 所示。

4. 物系的平衡问题分析与实例

物系是指几个物体（如结构构件、机械零部件等）通过一定的约束联系在一起的物体系统。研究物系的平衡时，既要考虑整个系统的平衡，还要研究系统内单个物体的平衡。因此，必须选择合适的研究对象。在分析物系的平衡问题时，采取的基本原则和方法与前面介绍的单个刚体的平衡问题相一致。

系统以外的物体作用在系统上的力称为物系的外力,系统内各物体之间相互的作用力称为物系的内力。所谓外力与内力,是视所取的研究对象而定的。

如图2-76所示,一货车拉一拖车,当以单独的货车或拖车为研究对象时,F、F'为外力,而以整个拖车系统为研究对象时,F、F'则为内力。

当以整个系统为研究对象时,物系的内力总是成对出现,作用于系统的两个相连的物体上的力是作用力与反作用力关系,在任意轴上的投影和对任意点的矩均为零,故不必考虑。但以单一物体为研究对象时,则应考虑。

由于物系由多个物体组成,因此研究对象的选择对于能否求解以及求解的简繁有着密切关系。可以单独或分别选取整个系统、局部系统或单个物体为研究对象,列出平衡方程求解。选取研究对象的原则是:

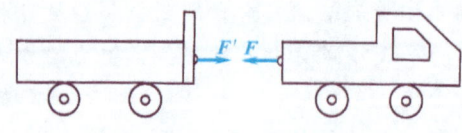

图2-76 货车与拖车

1)选取与已知量有关的物体。
2)研究对象中要反映出未知量。
3)所列平衡方程中包含的未知量数目最少。

例2-7 如图2-77所示,汽车发动机中曲柄连杆机构在图示位置时处于平衡。若工作阻力$F_Q = 0.4$kN,不计各构件自重,试求作用于曲柄上的力偶矩M和支座O处的约束力。

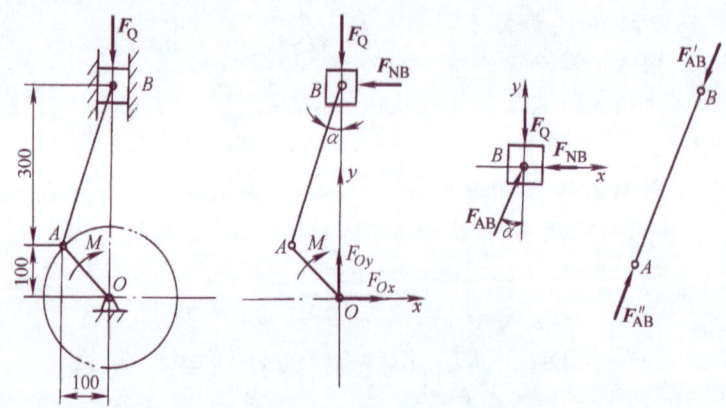

图2-77 曲柄连杆机构受力分析

解: 1)取滑块B为研究对象,画其受力图。其中F_Q为主动力,F_{NB}为气缸壁的约束力。由于AB为二力构件,可知F'_{AB}、F''_{AB}沿AB方向。又滑块上所受AB杆的作用力F_{AB}与F'_{AB}等值、反向,则可判断F_{AB}的受力。滑块上各力组成平面汇交力系,根据平衡条件列出平衡方程如下:

$\sum F_y = 0$ $\qquad$ $F_{AB}\cos\alpha - F_Q = 0$ $\qquad$ (1)

$\sum F_x = 0$ $\qquad$ $F_{AB}\sin\alpha - F_{NB} = 0$ $\qquad$ (2)

解得

$$F_{AB} = \frac{F_Q}{\cos\alpha}, \quad F_{NB} = F_Q \tan\alpha$$

其中 $\tan\alpha = 1/3$，则 $F_{NB} = 0.133\text{kN}$。

2) 以整个物系为研究对象，画其受力图如图2-77所示。其中，O 点的固定铰链约束力以正交的 F_{Ox}、F_{Oy} 表示。各力组成平面任意力系，根据平衡条件列出平衡方程如下

$$\sum F_x = 0 \qquad F_{Ox} - F_{NB} = 0 \tag{3}$$

$$\sum F_y = 0 \qquad F_{Oy} - F_Q = 0 \tag{4}$$

$$\sum M_O(F) = 0 \qquad F_{NB} OB - M = 0 \tag{5}$$

解方程得

$$F_{Ox} = F_{NB} = 0.133\text{kN}$$

$$F_{Oy} = F_Q = 0.4\text{kN}$$

$$M = F_{NB} \times 400 = 53.2\text{N}\cdot\text{m}$$

拓展训练

1) 除了发动机曲柄连杆机构，找出汽车上另外一些连杆机构传动的应用。

2) 通过拆装曲轴飞轮组，观察曲柄连杆机构各构件的相互装配关系，该机构如何克服死点位置？

项目小结

1) 运动副的概念及分类。

运动副的概念：若两个构件之间既相互直接接触，又具有一定的相对运动，形成一种可动的连接，则称为运动副。

运动副的分类：按接触形式分为高副（点线接触）和低副（面接触，包括转动副和移动副）。

2) 机构运动简图的绘制方法和步骤。

① 分析机构的组成。

② 分析构件间的相对运动和接触情况，确定运动副的类型和数目。

③ 选择能清楚地表达各构件间运动关系的视图平面。

④ 选择比例尺，绘制机构运动简图。

3) 平面连杆机构是由一些刚性构件采用低副（转动副和移动副）连接组成的平面机构。

4) 铰链四杆机构的三种基本形式：曲柄摇杆机构、双曲柄机构和双摇杆机构。

5) 铰链四杆机构的演化形式：曲柄滑块机构、转动（或摆动）导杆机构、曲柄摇块机构、直动导杆机构、偏心轮机构。

6) 力的三要素：大小、方向、作用点位置。

7) 平衡：当物体受到一个力系作用而相对于地球做匀速直线运动或静止的状态。

8) 机构的急回特性：从动件往返时间不同的性质，许多机械常利用机构的急回特性来缩短空回行程的时间，以提高劳动生产率。

9) 压力角：从动件所受力 F 的方向线与力作用点的速度方向线之间所夹的锐角。

10) 死点：从动件所受力通过其转动中心不产生力矩，使其不能转动的位置。

汽车机械基础

项目训练

一、填空题

1. 由于组成运动副中两构件之间的_____形式不同，平面运动副可分为_____和_____。
2. 两构件之间做_____接触的运动副，称为低副。
3. 两构件之间做_____或_____接触的运动副，称为高副。
4. 平面连杆机构是由一些刚性构件用_____副和_____副相互连接而组成的机构。
5. 铰链四杆机构由机架、连杆和_____组成。能做整周旋转的连架杆称为_____；只能往复摇摆某一角度的连架杆称为_____；与两连架杆相连接，借以传递运动和动力的构件称为_____。
6. 铰链四杆机构有三种基本形式，即_____机构、_____机构和_____机构。
7. 在铰链四杆机构中，存在曲柄的充要条件是_____和_____。
8. 机构从动件所受力方向与该力作用点速度方向所夹的锐角，称为_____角，用它来衡量机构的_____性能。
9. 在实际生产中，常常利用连杆机构急回特性来缩短_____时间，从而提高_____。
10. 通常利用机构中构件运动时_____的惯性，或依靠增设在曲柄上_____的惯性来渡过"死点"位置。
11. 力是物体间相互的机械作用，作用的效果是使物体的_____发生改变，或使物体的_____改变。
12. 力对物体的效应决定于力的大小、方向和_____三要素。
13. 受二力作用的刚体处于平衡的充要条件是：这二力等值、反向且_____；在两个力作用下处于平衡的刚体称为_____构件。
14. 所谓平衡是指物体相对于_____处于_____或_____的状态。
15. 在平面力系中，若各力的作用线全部_____，则称为平面汇交力系。

二、选择题

1. 在曲柄摇杆机构中，当曲柄为原动件、摇杆为从动件时，运动形式是（   ）。
   A. 转动变为往复移动　　　　　　　　B. 往复移动变为连续转动
   C. 连续转动变为往复摆动　　　　　　D. 往复摆动变为连续转动
2. 杆长不等的铰链四杆机构，若以最短杆为机架，则是（   ）。
   A. 曲柄摇杆机构　　　　　　　　　　B. 双曲柄机构
   C. 双摇杆机构　　　　　　　　　　　D. 双曲柄机构或双摇杆机构
3. 发动机中的连杆机构属于（   ）。
   A. 曲柄摇杆机构　　　　　　　　　　B. 双曲柄机构
   C. 曲柄滑块机构　　　　　　　　　　D. 双摇杆机构
4. 车轮联动机构是（   ）。
   A. 以曲柄为原动件的曲柄摇杆机构　　B. 以连杆为原动件的双曲柄机构

单元二　汽车动力装置机构分析与应用

C. 双摇杆机构　　　　　　　　　　　D. 以曲柄为原动件的双曲柄机构

5. 缝纫机的踏板机构属于（　　）。
   A. 以曲柄为原动件的曲柄摇杆机构　　B. 以摇杆为原动件的曲柄摇杆机构
   C. 以连杆为原动件的连杆机构　　　　D. 导杆机构

6. 内燃机中的曲柄连杆机构工作时是以（　　）为主动件。
   A. 连杆　　　　　　　　　　　　　　B. 曲柄
   C. 滑块　　　　　　　　　　　　　　D. 摇杆

7. 曲柄滑块机构是由（　　）演化而来的。
   A. 曲柄摇杆机构　　　　　　　　　　B. 双曲柄机构
   C. 双摇杆机构

8. 下列哪个不是力的三要素之一（　　）。
   A. 力的大小　　　　　　　　　　　　B. 力的方向
   C. 力的作用点　　　　　　　　　　　D. 力的数量

9. 分力（　　）合力。
   A. 大于　　　　B. 等于　　　　C. 小于　　　　D. 不一定小于

10. 平面汇交力系的合力的作用线通过（　　）。
    A. 刚体的质心　　　　　　　　　　　B. 刚体的中心
    C. 力系的汇交点　　　　　　　　　　D. 力系的分布中心

三、判断题

1. 当机构的极位夹角 $\theta = 0°$ 时，机构无急回特性。　　　　　　　　　　　　　（　　）
2. 对曲柄摇杆机构，当取摇杆为主动件时，机构有死点位置。　　　　　　　　　（　　）
3. 压力角就是主动件所受驱动力的方向线与该点速度的方向线之间的夹角。　　（　　）
4. 压力角是衡量机构传力性能的重要指标。　　　　　　　　　　　　　　　　　（　　）
5. 压力角越大，则机构传力性能越差。　　　　　　　　　　　　　　　　　　　（　　）
6. 静止的物体都是平衡的。　　　　　　　　　　　　　　　　　　　　　　　　（　　）
7. 力偶是最简单的力系，其合力为零。　　　　　　　　　　　　　　　　　　　（　　）
8. 力可以沿其作用线在刚体内任意平移而不改变力对刚体的作用效应。　　　　（　　）
9. 若平面汇交力系平衡，则此力系的合力必为零。　　　　　　　　　　　　　　（　　）
10. 有急回特性的铰链四杆机构的行程速比系数 K 一定大于或等于1。　　　　　（　　）
11. 平面四杆机构中，当曲柄和连杆共线时，机构即处于死点位置。　　　　　　（　　）
12. 铰链四杆机构，若极位夹角为零，则机构没有急回特性。　　　　　　　　　（　　）
13. 平面四杆机构的主要缺点是较易磨损且加工较复杂。　　　　　　　　　　　（　　）
14. 两构件间凡直接接触，而又互相连接的都称为运动副。　　　　　　　　　　（　　）

四、简答题

1. 什么是运动副？运动副有哪几种类型？
2. 试绘制图2-78所示机构运动简图。
3. 平面连杆机构有哪几种类型？简述平面连杆机构的特点。
4. 铰链四杆机构的演化机构有哪几种？
5. 什么是机构的死点？试述死点对机构的利弊。

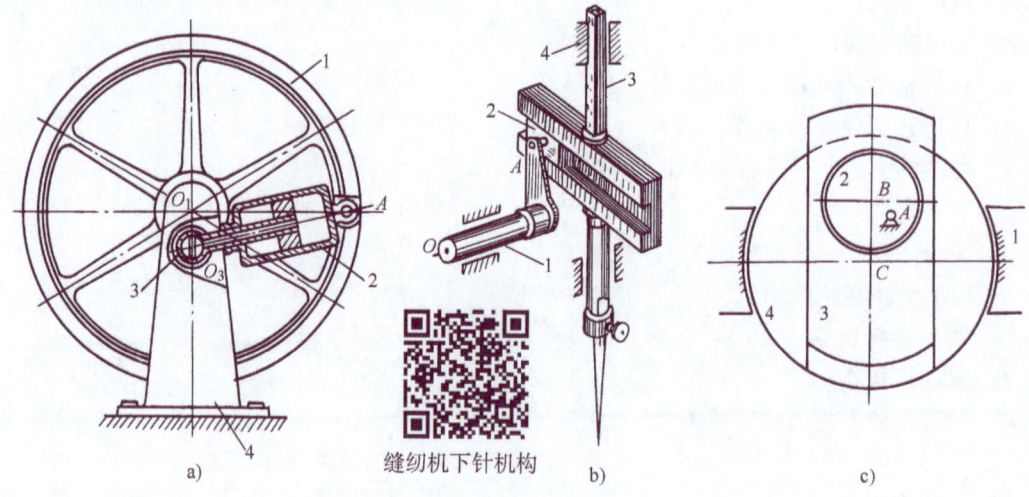

图 2-78 绘制机构运动简图

a) 回转柱塞泵 b) 缝纫机下针机构 c) 偏心轮机构

6. 什么是急回特性？试述急回特性对机构的影响。

7. 什么是二力构件？其有何特点？静力学有哪些公理？内容如何？

8. 工程上常见的约束类型有哪些？如何确定约束力的方向？

9. 任何力系都能简化为一个合力吗？合力一定大于分力吗？为什么？

10. "力偶""二力平衡"和"作用力和反作用力"中的两个力均等值、反向，它们有何不同？

11. 将力沿力的作用线移动时，力对点之矩有无变化？

12. 一个平面任意力系向某点简化得到一个合力，现将力向另一点简化，有没有可能简化为一个合力偶？

五、受力分析及计算

1. 画出图 2-79 中各球的受力图。

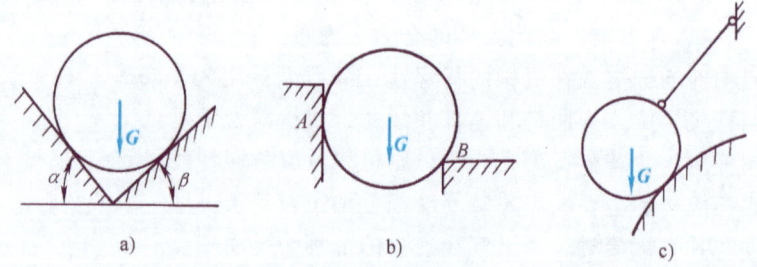

图 2-79 球的受力

2. 画出图 2-80 中各杆的受力图（接触面假设为光滑的）。

3. 图 2-81 所示汽车起重机，重力 $G = 35kN$，试求在保证起重机安全操作而又不会使汽车翘起时的最大起重量所产生的重力 W。

4. 四杆机构在图 2-82 所示位置时平衡。已知 $OA = 60cm$，$BC = 40cm$，$AB = 80cm$，作用

单元二 汽车动力装置机构分析与应用

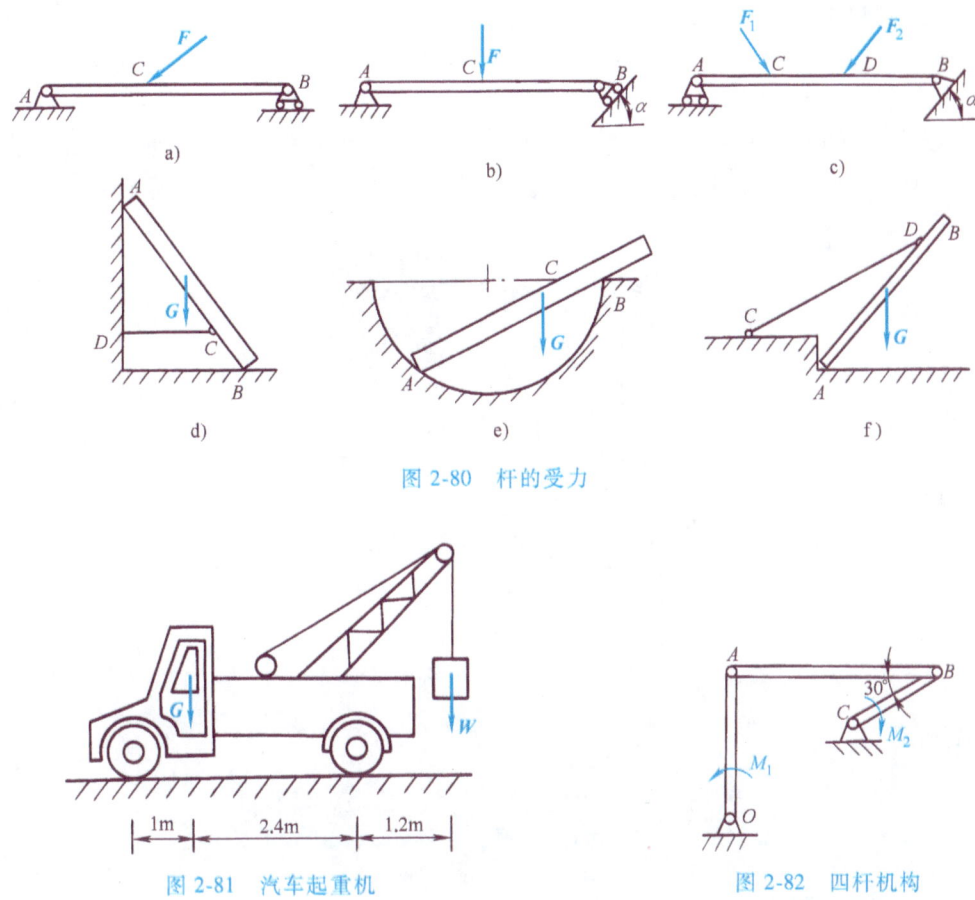

图 2-80 杆的受力

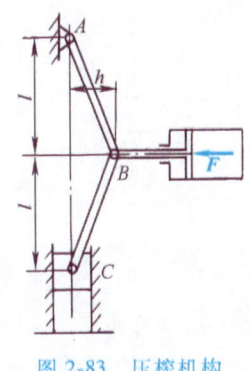

图 2-81 汽车起重机

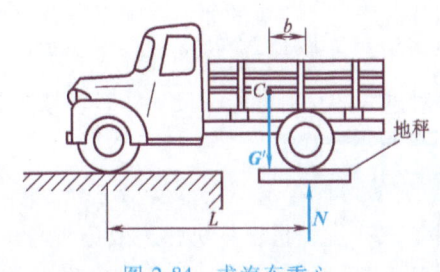

图 2-82 四杆机构

在 BC 上的力偶矩为 $M_2 = 1\text{N} \cdot \text{m}$，求作用在 OA 上的力偶矩 M_1 和 AB 杆的受力 F_{AB}（各杆重不计）。

5. 压榨机构如图 2-83 所示，A、B、C 为铰链连接，液压缸压力 $F = 3\text{kN}$，方向水平向左，$h = 20\text{mm}$，$l = 150\text{mm}$。各杆重不计，试求滑块施加于工件上的压力。

6. 如图 2-84 所示，为了测汽车的重心位置，可将汽车驶到地秤上，秤得汽车总重的大小为 G'，再将后轮驶到地秤上，秤得后轮的压力 N，即可求得重心的位置。已知 $G' = 34.3\text{kN}$，$N = 19.6\text{kN}$，前后两轮之间的距离 $L = 3.1\text{m}$，试求重心 C 到后轴的距离 b。

图 2-83 压榨机构

图 2-84 求汽车重心

61

六、连杆机构设计

1. 设计一曲柄摇杆机构。已知摇杆长度 $L_{CD} = 600$mm，摆角 $\psi = 75°$，行程速比系数 $K = 1.32$，机架长 $L_{AD} = 850$mm。
2. 设计一加热炉炉门的启闭机构。已知炉门上两活动铰链的中心距为 500mm，炉门打开后，门面水平向上，设固定铰链装在 $y—y$ 线上，其相关尺寸如图 2-85 所示。

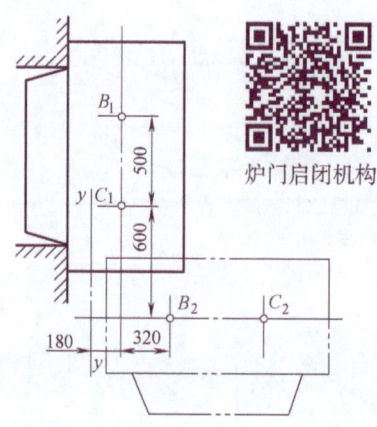

图 2-85 加热炉炉门的启闭机构设计

项目三 连杆机构失效分析

案例导入

连杆的功用是将活塞承受的力传给曲轴，并将活塞的往复运动转变为曲轴的旋转运动。它承受燃气压力、自身摆动和往复惯性力所产生的交变载荷，力的大小和方向都是周期性变化的，使连杆产生压缩、拉伸和弯曲变形。因此，连杆在这种工作条件下容易发生断裂、弯曲和扭转变形而失效。尤其是当发动机超速运转、低速超负荷运转或发生烧瓦抱轴、活塞胀死故障时，连杆更容易发生弯曲和扭转。图 3-1 所示为发动机连杆常见的失效形式。

连杆的变形会对发动机造成严重的危害，如连杆弯曲或扭转都会使活塞在气缸内偏斜，对气缸壁的压力增大，摩擦力也相应增大，两者的磨损加剧，严重时会产生拉缸。另外，活塞在气缸中的偏斜还会使密封性能和润滑条件变坏。连杆的变形会使发动机动力下降、磨损加剧、使用寿命降低。严重的如连杆断裂会导致连杆与曲轴的碎裂和连杆轴承盖上的紧固螺栓剪断，由于惯性，断裂的连杆会将发动机缸体打破。因此，为了保证连杆能够安全、可靠地工作，必须对连杆的材料性能、尺寸、形状等提出相应的要求，使其具备足够的承载能力。

学习指导

通过"汽车发动机连杆机构失效分析与认识""汽车发动机结构零部件材料的应用认识"等项目活动，掌握常用构件失效特点及分析方法，拉压杆件变形特点及强度计算方法，

单元二　汽车动力装置机构分析与应用

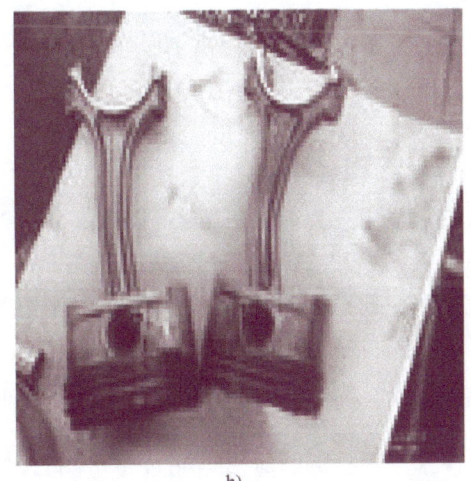

图 3-1　发动机连杆常见的失效形式
a）连杆断裂　b）连杆的弯曲和扭转变形

从而解决构件的强度或刚度等校核、截面设计、承载能力确定等问题，了解金属材料的类型、性能特点及应用，结构零件的选材原则与方法，正确地选择和使用汽车材料。

项目活动

任务四　汽车发动机连杆机构失效认识

1. 任务要点

1）在仿真教学实训室，利用汽车技术模拟仿真实训平台、网络，模拟拆装发动机。

2）在示教发动机实物上，认识及观察发动机曲柄连杆机构中各组成零部件的结构和材料选用，结合曲柄连杆机构的运动特性及连杆的受力特点，对汽车发动机连杆机构进行失效分析。

2. 任务安排

请通过学习工作页（任务四、实训二）了解本项目活动任务并按计划要求实施活动，完成学习工作页相关内容的填写。

基础知识

一、发动机连杆拉伸与压缩变形分析

在发动机故障分析中，常发现因发动机连杆变形而失效。在外力作用下，如何保证构件正常地工作而不致在使用寿命期限内失效，是构件承载能力分析所要研究的内容。如何分析构件的变形特点，并做出正确的强度计算，分析构件承载能力，是保证汽车及其他机器安全工作的重要问题。

63

汽车机械基础

足够的强度、刚度和稳定性是确保连杆具有足够承载能力的**三个基本要求**。构件在外力作用下的变形、失效破坏的规律、内力、应力和强度、刚度、稳定性计算等是承载能力分析计算的基本理论和方法。

1. 构件承载能力分析基础知识

（1）强度、刚度、稳定性

1）强度。构件抵抗破坏的能力称为强度。构件强度不够，会在工作中出现过大的塑性变形或断裂等现象，导致失效。

2）刚度。构件抵抗变形的能力称为刚度。刚度不足的构件在工作中会出现过大的弹性变形，从而影响机械设备的正常运行。

3）稳定性。构件保持原有平衡状态的能力称为稳定性。一些受压的细长杆，如果稳定性不够，在工作中将不能始终保持原有的直线平衡状态而失控，如活塞连杆组中的连杆。

足够的强度、刚度和稳定性是对构件提出的三个基本要求。使用好的材料和增大构件截面尺寸，可以满足构件承载能力的要求；但太好的材料和过大的构件截面尺寸势必造成构件成本的提高和重量的增加，使经济性下降。因此，构件安全性和经济性是一对矛盾，如何协调好这对矛盾，使设计出来的构件既安全实用又经济合理，正是构件承载能力分析要解决的关键问题。

（2）变形固体及其基本假设　任何研究对象均有多方面的性质。就某一问题而言，这些性质中又有主、次之分，一些次要因素对所研究的问题影响甚微，则可不必考虑。因此，对不同学科需建立不同的理想模型，对研究对象的属性进行概括。在静力分析中，为使问题简化，将研究对象抽象简化为"刚体"，忽略其变形因素。但在研究构件承载能力时，需要考察物体的受力、变形、失效的现象和规律，变形是主要因素。因此，应将研究对象看作变形固体。

实际变形固体的结构、形态很复杂，当考察宏观变形时，同样也应忽略其次要因素，对其做适当抽象，即做出以下基本假设：

1）连续性假设。组成物体的物质毫无间隙地充满物体的几何容积。

2）均匀性假设。物体各处的力学性能是完全相同的。

3）各向同性假设。物体沿各个方向的力学性能是相同的。

4）小变形假设。假设构件的变形量与其原来尺寸相比是很小的。

根据这些假设，从宏观和统计学的角度来看，更能反映物体的主要性质。有了这些假设，在解决问题时，如求物体的变形、位移等物理量时，可以用连续函数、微积分等数学工具解题。实践证明，经过这样的假设得出的理论和计算结果是足够精确的。但应指出，上述假设并不适用于所有材料。例如某些高强度、超高强度钢材，对缺陷有强敏感性，不能适用连续性假设等。

（3）杆件变形的基本形式　工程中构件的几何形状多种多样，但归纳起来大致可分为杆件、板件和箱体类零件。其中，杆件是指某一方向的尺寸远大于其余两方向尺寸的构件。在研究问题时，往往忽略构件外形因素，对其抽象、简化为计算简图，使问题简化。大量的工程构件可简化为杆件，如汽车传动轴、发动机中的连杆等。对轴线是直线，且各横截面都相等的杆件，称为等截面直杆（简称等直杆），它是构件承载能力的主要研究对象。

当杆件受力形式不同时，发生的变形也各异，**其基本形式**可归纳为以下四种：**轴向拉伸**

单元二 汽车动力装置机构分析与应用

或压缩、剪切、扭转、弯曲。这几种基本变形相应的受力及变形特征如图3-2所示。其他复杂的变形可归结为基本变形的组合,常见的组合变形有:拉(压)弯组合、弯扭组合、拉(压)扭组合变形,将在讨论基本变形的基础上进一步研究。

(4) 内力、截面法和应力

1) 内力。构件工作中受到其他物体对它的作用力称为外力,包括主动力和约束力。在外力的作用下,会引起物体内部各质点之间的相对位置以及相互作用力发生改变,表现出来就是构件发生了变形,构件内部质点之间相互作用力(固有内力)的改变量称为附加内力,简称内力。内力随外力的大小而变化,当内力达到某一极限值时,构件即发生破坏。因此,构件的内力大小及其分布方式与其承载能力之间有密切的关系,研究和分析内力是解决强度、刚度等问题的基础。

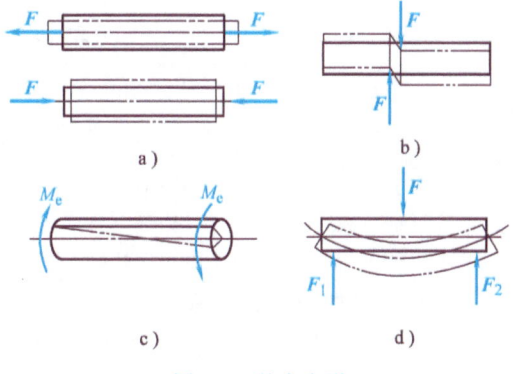

图3-2 基本变形
a) 轴向拉伸或压缩 b) 剪切 c) 扭转 d) 弯曲

2) 截面法。截面法是分析、计算内力的方法,就是假想用一截面把构件截为两部分,取其中一部分为研究对象,并以内力代替另一部分对研究部分的作用,根据研究部分内力与外力的平衡以确定内力的大小和方向。

如图3-3所示,杆件在外力 F_1、F_2、F_3、F_4 的作用下平衡,欲求杆件的内力。可用一假想的截面 m—m 将杆件一分为二,任取其中一段来研究。由于杆件处于平衡状态,因此其中任一段也应平衡,这时可利用静力平衡条件来列出平衡方程,求出截面 m—m 上的内力。

3) 应力。截面法可以确定杆件截面上内力的合力,但不能确定内力在截面上的分布密度,由此需引入应力的概念。

如图3-4a所示,在杆件截面上任一点 K 周围,取一微面积 ΔA,ΔA 上内力的合力为 ΔF,则它们的比值为

$$p_m = \frac{\Delta F}{\Delta A} \tag{3-1}$$

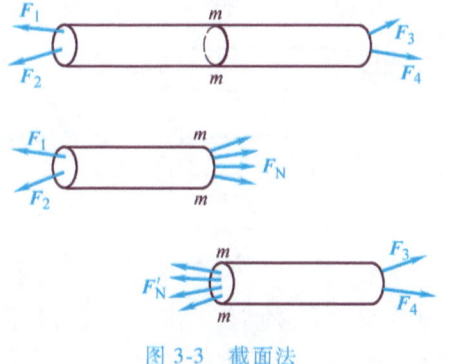

图3-3 截面法

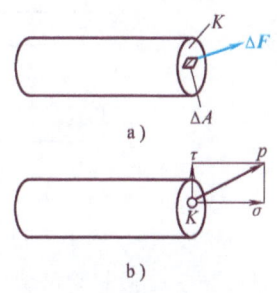

图3-4 应力概念

式中，p_m 称为 ΔA 平均应力。一般内力不是均匀分布的，这时平均应力 p_m 随 ΔA 的大小而变化，它不能反映内力分布的真实情况。为确切地反映 K 点处的内力集度，将 ΔA 减小，当 ΔA 趋于零时，得

$$p = \lim_{\Delta A \to 0} \frac{\Delta F}{\Delta A} = \frac{dF}{dA} \tag{3-2}$$

式中，p 称为 K 点的全应力，它表明了内力系在 K 点的集度。p 是一个矢量，通常把 p 分解为两个正交的分量：垂直于截面的分量 R 称为正应力，切于截面的分量 τ 称为切应力，如图 3-4b 所示。

应力的单位是 Pa（帕），$1\text{Pa} = \text{N/m}^2$。另外，在工程实际中还常用 MPa 和 GPa，其换算关系为 $1\text{MPa} = 10^6 \text{Pa}$，$1\text{GPa} = 10^9 \text{Pa}$。

2. 杆件的轴向拉伸或压缩

当杆件所受外力的作用线与杆件轴线重合时，杆件将沿轴线伸长或缩短，称为轴向拉伸或压缩。这类杆件称为拉压杆。如汽车发动机中的活塞连杆组（图 3-5），按简化力学模型分析，所受外力的合力与轴线重合，杆件发生拉伸或压缩变形。工程实际中，气缸体与气缸盖的联接螺栓（图 3-6）、螺旋千斤顶的螺杆（图 3-7）等，都可以简化为轴向拉伸或压缩计算简图。

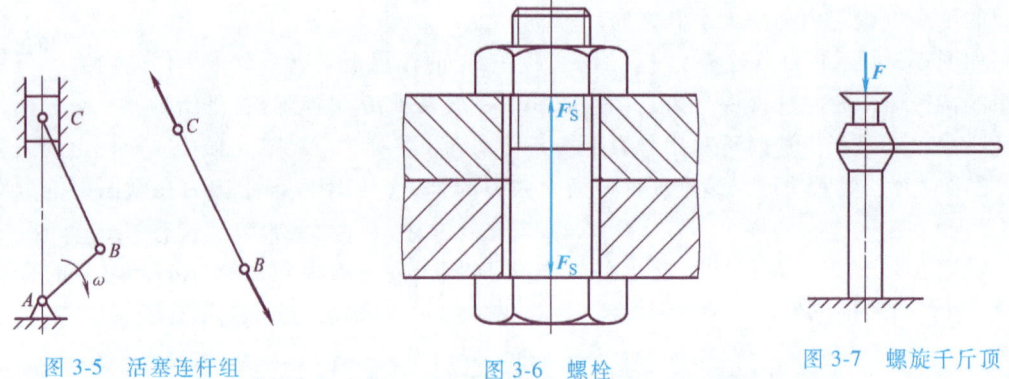

图 3-5 活塞连杆组　　图 3-6 螺栓　　图 3-7 螺旋千斤顶

（1）拉压杆的内力计算、轴力图

1）内力的计算。图 3-8a 所示的拉杆受两个力 F 作用，现用截面法求其内力。

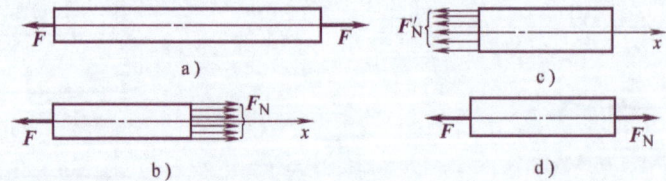

图 3-8 拉杆内力

用截面 m—m 假想将杆截为两段，取左段为研究对象，并单独画出。同时，用内力 F_N 表示右段对左段的作用，如图 3-8b 所示。根据平衡条件列出平衡方程如下

单元二 汽车动力装置机构分析与应用

$$\sum F_x = 0 \quad F_N - F = 0$$

求得
$$F_N = F$$

如果取右段为研究对象，如图 3-8c 所示，所得结果相同，即

$$F'_N = F \tag{3-3}$$

F_N 和 F'_N 是作用力与反作用力关系，即对同一截面来说，选取不同部分为研究对象，所得内力必等值、反向。

由于外力 F 沿杆轴线方向，内力的合力 F_N 也作用于轴线，称为轴力，如图 3-8d 所示。

轴力的正负号规定如下：轴力的正负号由杆件的变形确定，当轴力沿轴线离开截面，即与横截面外法线方向一致时为正，这时杆件受拉；反之轴力为负，杆件受压。一般未知指向的轴力可假设为正向，由计算结果判断其正负。

2) 轴力图。工程上受拉、压的杆件往往同时受多个外力作用，称为多力杆。这时，杆上不同轴段的轴力将不同，为了清楚地表达轴力随截面的位置变化的情况，可以用轴力图来表示。轴力图的画法如下：

用平行于杆件轴线的坐标表示杆件截面位置，用垂直于杆件轴线的另一坐标表示轴力数值的大小，正轴力画在坐标轴正向，反之画在负向。

下面以例题来说明杆件内力的分析计算及轴力图的画法。

例 3-1　汽车上某液压缸活塞杆受力如图 3-9 所示，设 $F > F_1 > F_2$，试求截面 1—1、2—2 的轴力并画轴力图。

解：1) 在活塞杆上以假想截面 1—1 将杆一分为二，取截面以右的一段为研究对象，并画其受力图，截面上轴力为 F_{N1}，如图 3-9 所示，根据平衡条件得

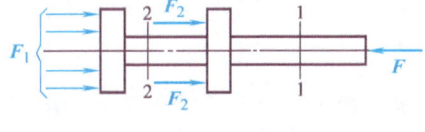

$$\sum F_x = 0 \quad F_{N1} - F = 0$$
$$F_{N1} = F$$

2) 在杆上取截面 2—2，以截面以左的一段为研究对象，画其受力图如图 3-9 所示，根据静力平衡条件得

$$\sum F_x = 0 \quad F_{N2} - F_1 = 0$$
$$F_{N2} = F_1$$

3) 画轴力图。以 x 轴表示杆上截面的位置，以纵轴表示轴力大小，F_{N1}、F_{N2} 均为压力，画在坐标轴负向，如图 3-9 所示。

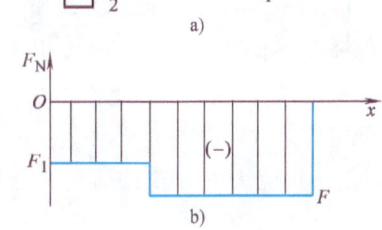

图 3-9　活塞杆轴力图

例 3-2　汽车上某拉杆经简化后，受力及其大小分别如图 3-10a 所示，试作此杆轴力图。

解：1) 杆上作用有五个力，应将其分为四段来考虑，分别求出 1—1、2—2、3—3 和 4—4 截面的轴力如下：

1—1 截面	$F_{N1} = 2$ kN（压力）
2—2 截面	$F_{N2} = 2$ kN $-$ 2 kN $= 0$
3—3 截面	$F_{N3} = 8$ kN $-$ 6 kN $= 2$ kN（压力）
4—4 截面	$F_{N4} = 6$ kN（拉力）

67

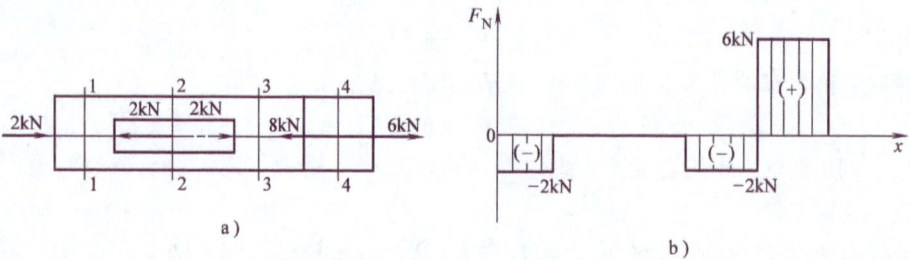

图 3-10 汽车拉杆及受力图

2）根据求出的各截面的轴力画轴力图，如图 3-10b 所示。

（2）拉、压杆横截面上的应力　根据前面的分析可知，利用截面法可以计算出杆件截面的内力大小，但是还不足以解决拉、压杆的强度问题。因为相同大小的内力作用于相同材料不同面积的截面上，效果是不一样的，杆件越细即截面面积越小，内力分布集度越大，越易拉断。因此，衡量杆件拉、压强度的，不是内力大小，而是应力大小。为了求出杆件横截面上任意一点的应力，必须了解内力在截面上的分布规律。任意一点的应力可以通过以下的拉伸试验观察、研究和推断。

取一等截面直杆，在杆件表面上作两条垂直于杆件轴线的直线 ab 和 cd，如图 3-11 所示，然后在杆两端施加力 **F** 使其产生拉伸变形后发现，ab、cd 分别平移至 a'b' 和 c'd'，但仍保持为直线，且仍垂直于轴线。

根据以上观察到的现象以及由表及里的分析，可做如下假设：变形前是平面的横截面；变形后仍为平面；变形时横截面只是沿轴线产生了相对平移。这一假设称为平面截面假设。设想杆件由许多纵向纤维组成，那么这一假设

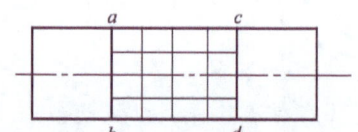

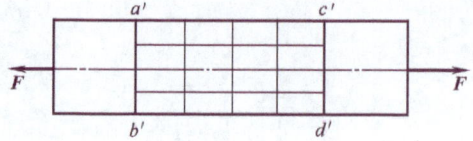

图 3-11　拉伸试验

意味着杆件所有纵向纤维的伸长相等，由材料的均匀性假设可推断，各纵向纤维的受力也相等，也就是说，杆件横截面上内力的分布是均匀的。由此得出结论：拉压杆横截面上各处应力大小相等，方向与内力 F_N 方向一致，也就是说拉压杆横截面上只有正应力 R，而无切应力 τ。由于正应力 R 在横截面上的分布是均匀的，因此其计算公式为

$$R = F_N / A \tag{3-4}$$

式中，A 为横截面面积；F_N 为杆件横截面上的内力；R 为横截面上的正应力。

正应力的正负号随轴力的正负号而定，即拉应力为正，压应力为负。

例 3-3　如图 3-12a 所示的圆截面杆件 AC，已知 $d_1 = 20$mm，$d_2 = 30$mm，$F_1 = 20$kN，$F_2 = 50$kN，试画出轴力图并计算 AB、BC 段杆件截面上的应力。

解：1）在杆件 AB 段任取截面 1—1，并取截面以左的一段为研究对象，画出受力图，如图 3-12b 所示，根据平衡条件求内力 F_{N1}

$$\Sigma F_x = 0 \qquad F_{N1} - F_1 = 0$$
$$F_{N1} = F_1 = 20\text{kN}$$

单元二 汽车动力装置机构分析与应用

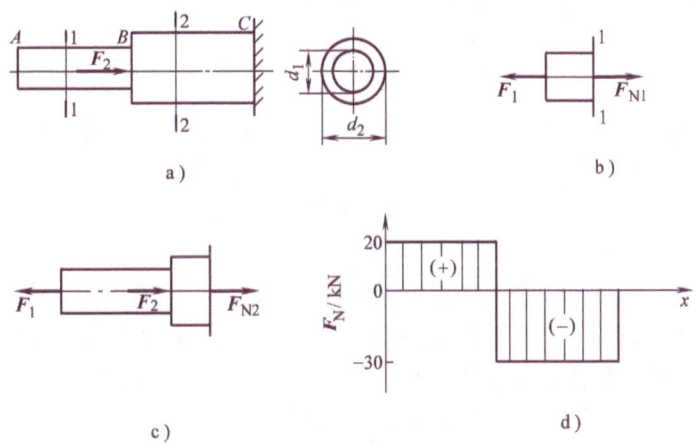

图 3-12 求杆件截面应力

2）在杆件上 BC 段取截面 2—2，并取截面以左一段为研究对象，画出受力图如图 3-12c 所示，根据平衡条件求内力 F_{N2}

$$\Sigma F_x = 0 \qquad F_{N2} + F_2 - F_1 = 0$$
$$F_{N2} = F_1 - F_2 = (20-50)\text{kN} = -30\text{kN}$$

3）画轴力图如图 3-12d 所示。

4）计算各段应力

AB 段应力 $\qquad R_1 = \dfrac{F_{N1}}{A_1} = \dfrac{20\times 10^3}{\dfrac{1}{4}\pi d_1^2} = \dfrac{20\times 10^3 \times 4}{\pi 20^2}\text{MPa} = 63.7\text{MPa}$

BC 段应力 $\qquad R_2 = \dfrac{F_{N2}}{A_2} = \dfrac{-30\times 10^3}{\dfrac{1}{4}\pi d_2^2} = \dfrac{-30\times 10^3 \times 4}{\pi 30^2}\text{MPa} = -42.4\text{MPa}$

3. 拉、压杆的变形

（1）变形与应变　杆件受拉或受压的同时将发生横向和纵向变形。受拉时杆件将沿纵向伸长，横向尺寸减小；受压时沿纵向缩短，横向尺寸增加。

如图 3-13 所示杆件，原长为 l，横向尺寸为 b。当受轴向力 F 作用后，变形如图中双点画线所示，长度变为 l_1，横向尺寸变为 b_1，则杆的实际变形量 $\Delta l = l_1 - l$ 和 $\Delta b = b_1 - b$ 称为杆件的绝对变形。杆件受拉时 Δl 为正，受压时为负。

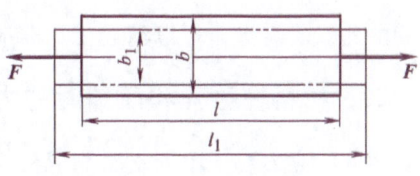

图 3-13 拉杆的变形

经试验可知，杆的绝对变形量与杆的原尺寸 l 和 b 有关。为了度量杆的变形程度，用单位尺寸内的变形，即线应变来衡量

纵向线应变 $\qquad \varepsilon = \dfrac{\Delta l}{l} = \dfrac{l_1 - l}{l}$ （3-5）

横向线应变 $\qquad \varepsilon' = \dfrac{\Delta b}{b} = \dfrac{b_1 - b}{b}$ （3-6）

69

线应变表示杆件的相对变形,是一个无量纲的量。当杆件受拉时 ε 为正,受压时 ε 为负。

(2) 泊松比　杆件受拉时纵向线应变 $\varepsilon = \dfrac{\Delta l}{l}$ 为正,则横向线应变 $\varepsilon' = \dfrac{\Delta b}{b}$ 为负;受压时 ε 为负,ε' 为正,即无论受拉或受压,纵向线应变与横向线应变符号总是相反,它们两者比值的绝对值用符号 ν 表示,称为泊松比,即

$$\nu = \left|\dfrac{\varepsilon'}{\varepsilon}\right| = -\dfrac{\varepsilon'}{\varepsilon} \tag{3-7}$$

试验证明,对于同一种材料,当应力不超过某一限度时,泊松比 ν 为常数。

(3) 胡克定律　试验研究表明,受轴向拉伸或压缩的杆件,当其横截面上的正应力 R 不超过某一限度(规定塑性延伸强度,其意义见后述)时,其绝对变形量 Δl 和轴力 F_N、杆件原长 l 成正比,与杆件横截面面积 A 成反比,即

$$\Delta l \propto \dfrac{F_N l}{A} \tag{3-8}$$

引进比例系数 E 后,得

$$\Delta l = \dfrac{F_N l}{EA} \tag{3-9}$$

式(3-9)称为胡克定律。式中,E 为材料的弹性模量(GPa)(1GPa = 10^3MPa),其数值随材料的不同而异,可通过试验方法测出。常用材料的 E、ν 值见表3-1。

表 3-1　常用材料的 E、ν 值

材料名称	$E/10^2$GPa	ν	材料名称	$E/10^2$GPa	ν
低碳钢	2~2.2	0.25~0.33	铜及其合金	0.74~1.3	0.31~0.42
合金结构钢	1.9~2.2	0.24~0.33	橡胶	0.00008	0.47
灰铸铁	1.15~1.6	0.23~0.27			

由式(3-9)可看出,当其他条件不变时,弹性模量 E 越大,杆件的绝对变形量 Δl 越小,所以 E 值表征了材料抗拉、压变形的能力,是材料的刚度指标。EA 反映了杆件抵抗拉(压)变形的能力,所以称 EA 为杆的抗拉(压)刚度。

由于 $R = F_N/A$,$\varepsilon = \Delta l/l$,因此式(3-9)可变换得到另一种表达式

$$R = E\varepsilon \tag{3-10}$$

由此,胡克定律可以简述为:若应力未超过某极限值,则应力与应变成正比。

二、材料在拉伸和压缩时的力学性能(实训二)

相同的应力对于不同材料制成的构件来说,会由于其抵抗破坏的能力不同而出现不同的效果。在一定的应力作用下,构件是否会破坏与构件所用材料的性能有关。材料在外力作用下所表现出来的规律性和特征,称为材料的力学性能,如弹性、塑性、强度、韧性、硬度等。为了进行构件承载能力的计算,必须研究材料的力学性能。

材料的力学性能是通过试验测出来的,通常是做静载荷拉伸或压缩试验,这个试验可以较明显地表现出材料的各种力学性能。试验通常在常温下进行,选用具有代表性的常用材料低碳钢或铸铁做成标准试件,在万能材料试验机上进行。请通过学习工作页(实训二)了解本实训目的、要求和设备,完成相关实训,并填写实训报告。

单元二 汽车动力装置机构分析与应用

1. 低碳钢拉伸时的力学性能

通过拉伸试验来研究材料在拉伸时的力学性能。试验时采用国家标准（GB/T 228.1—2010）所规定的标准试件，如图 3-14 所示为金属材料的圆形截面试件，试件中间等截面部分的工作长度 L_o 称为标距，标距 L_o 与直径 d 有两种不同比例：

5 倍试件（断后伸长率为 A）　　　　　$L_o = 5d_o$　　　　　　　　　　　　(3-11)

10 倍试件（断后伸长率为 $A_{11.3}$）　　$L_o = 10d_o$　　　　　　　　　　　(3-12)

试验时，将试件两端夹在试验机上，如图 3-15 所示，然后起动试验机，在试件上缓慢施加拉力 F，直至试件被拉断为止。在拉伸过程中，试验机上的微机控制系统能自动记录数据，并绘出所加载荷 F 和标距内伸长变形量 ΔL 之间的关系曲线，称为拉伸图或 F-ΔL 曲线，如图 3-16a 所示。由于拉伸图与试件几何尺寸有关，为消除试件几何尺寸的影响，将拉伸图纵坐标除以试件横截面面积 A_o，横坐标除以标距 L_o，得到能反映材料力学性能的应力-应变曲线，如图 3-16b 所示，也称为应力应变图或 R-ε 曲线。

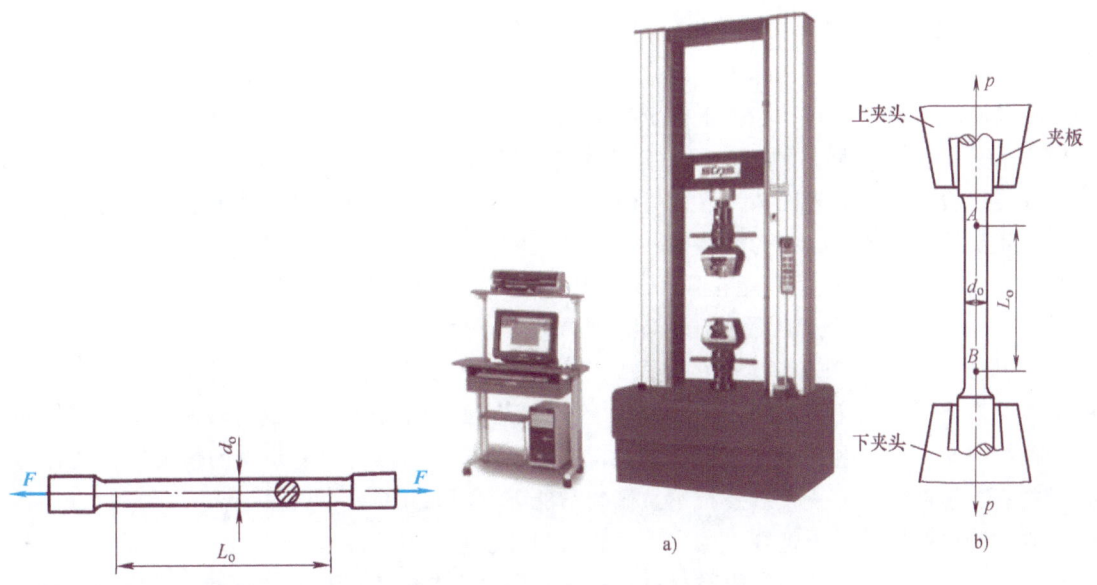

图 3-14　金属材料的圆形截面试件

图 3-15　材料的拉伸试验

a) 万能材料试验机　b) 试件装夹

低碳钢是工程上广泛使用的材料，据统计，汽车 40% 左右的零部件都由其制成。图 3-16b 所示为低碳钢拉伸时的 R-ε 曲线，低碳钢的力学性能具有代表性，从图中可看出低碳钢的整个拉伸过程大致可分为**四个阶段**：

（1）**弹性阶段**（图 3-16b 中 OA' 段）　图中 OA 为直线段，在此阶段，应力 R 与应变 ε 成正比关系，即胡克定律成立，有 $R = E\varepsilon$。与 A 点对应的应力是 R_p，称为规定塑性延伸强度，是 R 与 ε 成正比的最高极限。低碳钢的 $R_p \approx 200\text{MPa}$。直线 OA 的倾角 α，$\tan\alpha = R/\varepsilon = E$，$E$ 即为材料的弹性模量。

OA' 段内，材料发生的是弹性变形，当应力 R 小于 A' 点对应应力 R_e 时，如卸去外力，则相应的应变 ε 将随之完全消失，R_e 称为弹性极限。由于 R_p 和 R_e 很接近，应用时可认为 R_e =

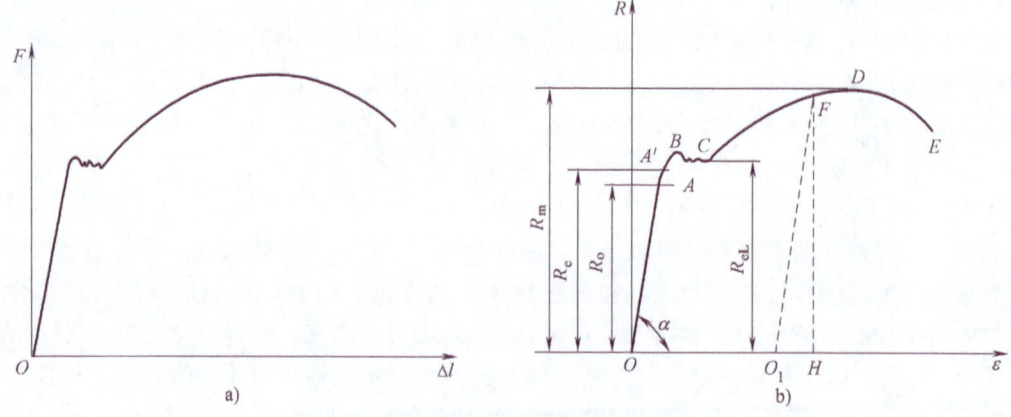

图 3-16 低碳钢的 F-Δl 和 R-ε 曲线
a) F-Δl 曲线 b) R-ε 曲线

R_p、A 和 A' 可以认为是同一点。

(2) 屈服阶段（图 3-16b 中 BC 段） 当应力 $R>R_e$ 后，图上曲线出现接近水平的有微小波动的锯齿线段，说明在此阶段内应力虽有微小的波动，但基本不变，而应变 ε 却迅速增加，表明此时材料暂时几乎失去抵抗变形的能力，这种现象称为材料的屈服。屈服阶段的最低应力值 R_{eL} 称为材料的屈服强度。低碳钢的屈服强度为 $R_{eL}=220\sim240\mathrm{MPa}$。

在屈服阶段，经磨光的试件表面可看到与试件轴线成 45°的条纹，是由于材料内部晶格之间产生滑移而形成的，称为滑移线。在这一阶段，材料发生明显的塑性变形。工程中绝大多数构件出现塑性变形后不能正常工作，因此屈服强度常作为衡量材料是否破坏的强度指标。

(3) 强化阶段（图 3-16b 中 CD 段） 过了屈服阶段后，图上曲线又开始逐渐上升，表明材料又恢复了抵抗变形的能力，要使它继续变形就必须增加拉力，这种现象称为材料的强化。曲线的最高点 D 所对应的应力值 R_m 称为抗拉强度。它是材料能承受的最大应力值，是衡量材料力学性能的另一个重要指标。低碳钢的 $R_m\approx400\mathrm{MPa}$。

强化阶段如卸载后再加载，则出现材料的弹性极限提高而塑性降低的现象，称为冷作硬化。工程上常利用这一性质来提高材料在弹性阶段的承载能力，如冷拉钢筋、冷拔钢丝等。

(4) 缩颈断裂阶段（图 3-16b 中 DE 段） 在强度极限之前，试件的变形是均匀的，过了抗拉强度之后，即曲线上的 DE 段，变形就集中在试件的某一局部区域内，截面尺寸显著减小，出现缩颈现象，如图 3-17 所示，最后试件在缩颈处被拉断。

试件被拉断后，弹性变形消失了，但塑性变形保留下来，使试件标距由原长 L_o 变为 L_u。两者之差 L_u-L_o 称为残余伸长，它与 L_o 之比的百分率称为断后伸长率，用 A 表示

$$A=\frac{L_u-L_o}{L_o}\times100\% \tag{3-13}$$

断后伸长率 A 表征材料塑性变形的程度，是衡量材料塑性大小的指标。

工程上通常将 $A\geq5\%$ 的材料称为塑性材料，如钢材、铝、铜等；把 $A<5\%$ 的材料称为脆性材料，如铸铁、砖石、混凝土等。低碳钢的 $A=20\%\sim30\%$，是典型的塑性材料。

衡量材料塑性的另一个指标是断面收缩率 Z

$$Z = \frac{S_o - S_u}{S_o} \times 100\% \tag{3-14}$$

式中，S_o 为原始横截面积；S_u 为断后最小横截面积。

低碳钢的 $Z = 60\% \sim 70\%$。

2. 灰铸铁拉伸时的力学性能

灰铸铁（简称铸铁）是汽车上广泛应用的一种材料，如发动机缸体、飞轮、前桥、后桥等总成都是由铸铁制成的。铸铁拉伸时的应力-应变曲线如图 3-18 所示。

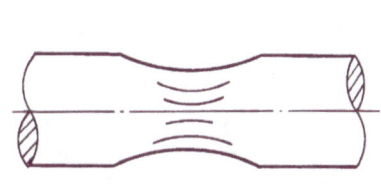

图 3-17 缩颈现象

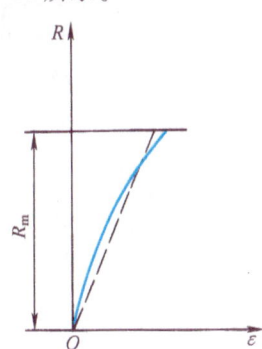

图 3-18 铸铁拉伸时的应力-应变曲线

图 3-18 中无明显的直线部分，说明不符合胡克定律，工程中通常近似地用直线（图中虚线部分）代替。从曲线可知，铸铁在拉伸过程的变形不明显，没有屈服阶段和缩颈现象，断裂是突然出现的；直至拉断，塑性变形都很小，是典型的脆性材料，其断后伸长率 $A<1\%$。抗拉强度 R_m 是铸铁唯一衡量其强度的指标。铸铁的抗拉强度很低，不宜用作受拉构件。

3. 材料在压缩时的力学性能

金属材料的压缩试件一般做成粗短圆柱状，圆柱高度与直径之比在 1~3 范围内选取；也有采用方形试件的，如混凝土。

（1）低碳钢的压缩力学性能　图 3-19 所示为低碳钢的应力-应变曲线（实线部分），虚线部分为拉伸时的应力-应变曲线。

从图中可以看出，屈服阶段以前，两曲线重合，材料压缩时的规定塑性延伸强度、屈服强度、弹性模量等与拉伸时是相同的；过了屈服阶段后，曲线一直呈上升趋势，这是因为低碳钢塑性好，可以发生很大的塑性变形，使试件越压越扁而不断裂，因此不存在屈服强度。

（2）铸铁压缩时的力学性能　图 3-20 所示为铸铁的应力-应变曲线。

与拉伸时一样，铸铁在压缩时没有明显的直线部分，也不存在屈服强度。压缩时随压力的增加，试件略成鼓形，最后在很小的变形下断裂。值得注意的是，灰铸铁的抗压强度比抗拉强度高得多，是拉伸时的 3~5 倍。其他脆性材料与铸铁相似，拉伸时强度低，塑性差，但抗压强度高，因此脆性材料的压缩试验更具有实用意义，脆性材料是很好的耐压、减振件的材料。

三、连杆轴向拉伸和压缩时的强度计算

1. 许用应力

根据前面的分析，可由 $R = F/A$ 求出构件横截面上的应力，称为工作应力。但这仍不足

以判断构件是否安全可靠,因为构件的强度与其材料的性能有关。

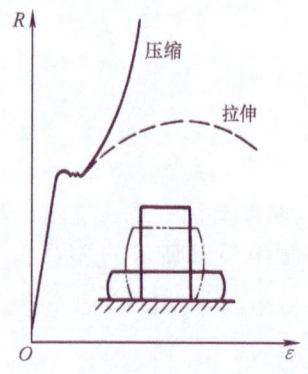

图3-19 低碳钢的应力-应变曲线

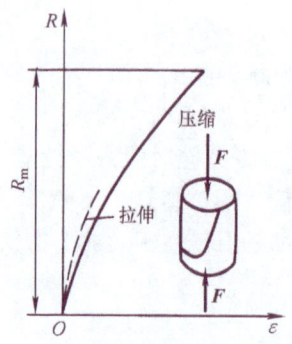

图3-20 铸铁的应力-应变曲线

从拉伸试验结果可知,当材料的应力达到屈服强度R_{eL}时,材料出现显著塑性变形;当应力达到抗拉强度R_m时,会引起断裂。显然,这两种情况都是不允许出现的。也就是说,构件工作时,其工作应力R必须小于R_{eL}或R_m,这两个应力统称为极限应力,用R_0表示。对于塑性材料,一般$R_{eL}<R_m$,因此$R_0=R_{eL}$;而对于脆性材料,则无R_{eL},因此$R_0=R_m$。

在理想情况下,为了保证构件能安全可靠工作而又能充分利用材料的强度潜能,最好使所设计的构件工作应力R小于且接近极限应力R_0,但实际上很难做到这点。因为在设计构件时,作用在构件上的载荷难以估计,应力计算不完全准确,有一定近似性,同时材料不像假设的那样完全均匀,另外还要考虑构件磨损和各个构件重要程度的差异等因素。所以,必须使构件留有一定的安全储备,对材料的极限应力打个折扣,使构件工作应力的最大允许值等于材料极限应力的$\dfrac{1}{n}$,这个允许值称为许用应力,用符号$[R]$表示,即

$$[R]=\dfrac{R_0}{n} \tag{3-15}$$

式中,n为大于1的系数,称为安全系数,用以表示构件安全储备的程度或强度的富余程度,因此得到不同材料的许用应力为

$$\text{塑性材料} \quad [R]=\dfrac{R_{eL}}{n_s} \qquad \text{脆性材料} \quad [R]=\dfrac{R_m}{n_b} \tag{3-16}$$

式中,安全系数n_s、n_b在常温和一般条件下的取值范围分别为$n_s=1.4\sim1.8$,$n_b=2.0\sim3.5$。特殊情况下的n_s、n_b,可查阅有关资料手册。

正确选用合适的安全系数,可以设计出安全经济、尺寸合理的构件。

2. 强度条件及其应用

为了保证拉、压杆能安全工作,必须使杆件横截面上的工作应力不超过材料在拉、压时的许用应力,即

$$R=\dfrac{F_N}{S_0}\leqslant[R] \tag{3-17}$$

式中,F_N为杆件危险截面(产生最大工作应力的截面)上的轴力;S_0为危险截面初始面积。

式(3-17)称为拉、压杆的强度条件。在进行强度计算之前,须通过内力计算和画出轴力图,正确找出危险截面。如果危险截面强度足够,则其他截面也能安全工作。应用拉、压

杆的强度条件可以解决工程中的以下三类问题：

（1）**强度校核** 当已知杆件横截面尺寸、杆件材料的许用应力 $[R]$ 以及杆件所受载荷时，可根据算出的工作应力 $R=F_N/S_0$ 的大小与许用应力 $[R]$ 比较，若满足 $R \leq [R]$，则杆件强度足够。

（2）**截面设计** 若已知杆件所受载荷和材料的许用应力，可由式 $S_0 \geq F_N/[R]$ 确定所需横截面面积，然后根据其他工程要求确定截面形状，进而确定截面的几何尺寸。

（3）**确定承载能力** 当已知杆件横截面尺寸和材料的许用应力，可根据 $F_N \leq S_0[R]$ 确定杆件所能承受的最大轴力，进而计算杆件所受外力的大小。

例3-4 汽车离合器踏板如图3-21所示。已知踏板受到压力 $F_1=400\text{N}$，拉杆 AB 直径 $d=9\text{mm}$，杠杆臂长 $L=330\text{mm}$，$l=56\text{mm}$，拉杆材料的许用应力 $[R]=50\text{MPa}$，试校核拉杆的强度。

解： 1）以杠杆 AC 为研究对象，画出受力图如图3-21所示，根据平衡条件求拉力 F_2'

$$\sum M_O(F)=0 \qquad F_1 L - F_2' l = 0$$

$$F_2' = \frac{F_1 L}{l} = \frac{400 \times 330}{56}\text{N} = 2357\text{N}$$

2）校核拉杆强度。根据作用力与反作用力定律可知，拉杆所受拉力为 $F_2 = F_2'$，而且其轴力 $F_N = F_2 = 2357\text{N}$，则其截面上正应力为

$$R = \frac{F_N}{S_0} = \frac{2357}{\pi d^2/4} = \frac{4 \times 2357}{3.14 \times 9^2}\text{MPa} = 37\text{MPa}$$

由于工作应力 $R=37\text{MPa}<[R]=50\text{MPa}$，所以拉杆的强度是足够的。

例3-5 汽车发动机活塞连杆组简图如图3-22所示。活塞上所受压力 $F=3.78 \times 10^3 \text{kN}$，假设连杆 BC 横截面为矩形，高宽比为 $h:b=1.4$，$b \geq 173\text{mm}$，材料许用应力 $[R]=90\text{MPa}$，连杆上所受压力 F' 近似等于 F_N，试设计连杆 BC 的截面尺寸 h 和 b。

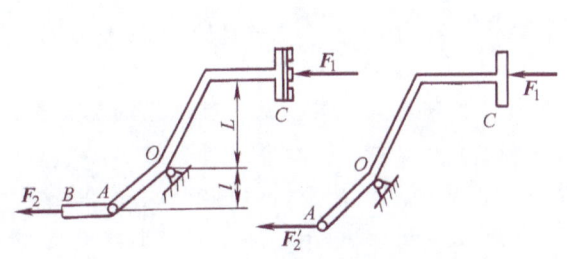

图3-21 汽车离合器踏板

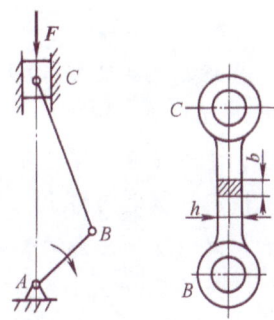

图3-22 求连杆截面尺寸

解 连杆上最大轴力等于活塞所受压力 F，即有

$$F_N = F = 3.78 \times 10^3 \text{kN}$$

由强度条件得

$$S \geq \frac{F_N}{[R]} = \frac{3.78 \times 10^3 \times 10^3}{90}\text{mm}^2 = 42 \times 10^3 \text{mm}^2$$

因为 $S=hb$，且 $h/b=1.4$，所以

$1.4b^2 \geq 42 \times 10^3 \text{ mm}^2$

取 $b = 173$ mm，则

$h = 1.4b = 173 \times 1.4 \text{ mm} = 242 \text{ mm}$

*阅读及拓展知识

压杆稳定的概念

前面讨论杆件轴向压缩问题时，认为直杆在外力作用下，其轴线直到破坏始终保持为直线，在这种稳定的平衡形式下，杆件的破坏是强度不足引起的。而实际上，这个结论只适用于粗短压杆。对于细长压杆，如发动机连杆、汽车发动机上气门挺杆（图3-23），往往在载荷远未达到强度破坏的数值时，就因为不能维持其轴线的直线形状而被压弯，以致丧失承载能力。这种不能维持原有平衡状态而丧失稳定性的现象，称为失稳。

如图3-24所示的木杆受压试验，取一根截面尺寸为30mm×5mm，高为30mm的松木短杆，对其施加轴向压力 F，当 $F = 6$kN 时，才能使压杆破坏。这个试验结果与强度条件计算结果是一致的。

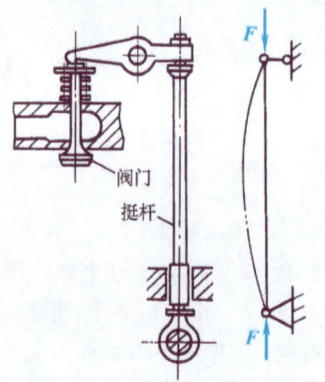

图3-23 压杆失稳

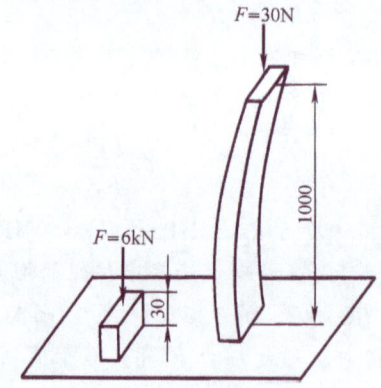

图3-24 木杆受压试验

另外再取一根截面尺寸相同，长为1m的细长松木长杆，同样施加轴向压力 F，但 F 还未达到30N时，此杆就突然产生显著弯曲变形。可见，压杆失稳破坏是由于平衡状态突变所致，它与强度破坏迥异。因此，对于细长压杆还需研究保证其直线平衡状态的稳定条件，即所谓压杆稳定问题。

由试验可知，当细长杆所受轴向力 F 较小时，压杆可保持平衡的稳定状态；但当 F 增大到某一界限值 F_{cr} 时，杆件就出现失稳，F_{cr} 称为临界力。当 $F = F_{cr}$ 时，是压杆从稳定到不稳定的过渡期，称为临界状态。因此，对压杆稳定问题，临界力 F_{cr} 的确定是一个关键，其计算方法可参考有关资料。

要提高压杆的稳定性，可从以下几个方面考虑。

1. 合理选用压杆材料

细长杆的临界应力与材料的弹性模量成正比，选用弹性模量值高的材料可以提高压杆的稳定性。

2. 合理选择截面形状

在截面面积一定的情况下，尽可能将材料分布在远离形心处，可提高压杆的稳定性，如

单元二　汽车动力装置机构分析与应用

选择空心截面、型钢等，如图3-25所示，都是有效的措施。

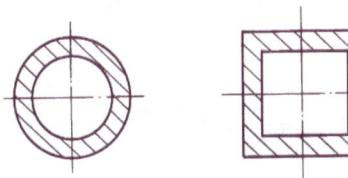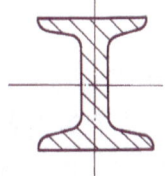

图 3-25　型钢截面

3. 减小压杆的长度

在条件允许的情况下，尽可能减小压杆的长度，以提高其稳定性。

4. 改善约束条件

压杆的临界力与压杆约束形式有关，压杆两端的支承越稳定，其稳定性越好。因此，对于细长杆，尽可能选用刚性连接或较紧密的配合。

拓展训练

除了连杆机构请观察汽车上的其他零部件，根据其运动特性及受力特点，试分析其承载能力。

任务五　零部件材料的应用认识

1. 任务要点

1）通过汽车技术模拟仿真实训平台、图书馆和网络等，了解发动机各个组成零部件的材料选用及性能要求。

2）在示教汽车结构上，仔细观察钢铁材料在汽车零部件上的应用，并比较分析各种零部件上材料特点。

2. 任务安排

请通过学习工作页（任务五）了解本项目活动任务并按计划要求实施活动，完成活动任务卡相关内容的填写。

基础知识

通过对发动机及活塞连杆组的观察与认识，可以发现，其结构零件的材料以金属材料为主，每一个零件的材料都是不同的，不同的结构零件是如何考虑选材的？零部件的选材、加工、使用性能及维护，都与材料密切相关，必须了解汽车常用金属材料的性能、分类、特点及应用。

一、钢铁材料基础知识

钢铁材料是指以铁（Fe）为主要元素、碳（C）的质量分数（w_C，一般称为含碳量）一般在4%以下且含有一些其他元素的铁碳合金。其中 w_C 在2.11%以下的称为碳素钢，w_C

为 2.11%～6.69% 的称为铸铁。所谓合金就是指由一种金属元素和其他金属或非金属熔合而成的、具有金属特性的物质。钢铁材料是汽车工业用材的主体，它们占汽车用材总量的 65%～70%。

1. 常见杂质元素对钢铁材料性能的影响

所谓杂质元素是指钢铁冶炼后残留在金属中、不是有意加入或保留的元素。在实际生产中使用的钢铁材料，不单纯是铁碳合金，还有一些杂质元素，其中常规的杂质元素主要有硫、磷、锰、硅四种，它们对钢铁材料的性能有一定的影响。

（1）硫的影响　硫是钢中的有害元素，是在炼钢时由矿石和燃料带入钢中的。硫在钢中常以 FeS 的形式存在，并分布在晶粒的晶界上，当钢加热到 1000～1200℃ 进行热加工时，FeS 会熔化而使钢材变得极脆，这种现象称为热脆性。对于铸钢件和钢铁焊件，硫的质量分数高时，也会产生热裂现象。此外，对于铸铁来说硫是强烈阻碍石墨化的元素，不利于石墨化。因此必须严格控制钢中硫的含量，一般 $w_S<0.065\%$。

但是，硫的存在可改善钢的可加工性。所以，在制造一些低强度要求的零件时，可采用硫的质量分数相对较高的易切削钢。

（2）磷的影响　磷是钢中的有害元素，也是在炼钢时由矿石带入钢中的。室温下，钢中的磷能使钢的强度、硬度增加，但也使其室温特别是低温时塑性和韧性大大下降，这种现象称为冷脆。同时，磷的存在对铸铁的性能也有不利影响，因此应严格控制其含量，一般 $w_P<0.045\%$。

有时也可以利用磷的冷脆性。例如在钢中适当提高磷的质量分数，可改善其可加工性；在钢中加入较多的磷，可使炮弹爆炸时的碎片增多，提高杀伤力。

（3）锰的影响　锰是钢中的有益元素，由于炼钢时用锰铁脱氧而残留在钢中的。锰对钢的力学性能起到强化作用；同时锰与硫结合可形成高熔点（1620℃）的 MnS，从而消除硫的有害作用，避免热脆性；但当锰的质量分数较小时，对钢的性能影响不明显。w_{Mn} 一般在 0.25%～0.8%。但对于铸铁，锰是阻碍石墨化的元素，不利于石墨的生成。

（4）硅的影响　硅是钢中的有益元素，由于炼钢时用硅铁脱氧而残留在钢中的。在碳素钢中，w_{Si} 一般在 0.17%～0.37%。硅在钢中可以提高钢的强度，但同时也降低钢的韧性和塑性。当硅的质量分数较小时，对钢的性能影响不明显。此外，硅是在铸铁中起强烈促进石墨化的元素，铸铁中硅的质量分数越高，石墨化程度就越充分。

2. 钢的常用热处理方法

热处理是指对固态金属或合金进行适当方式的加热、保温和冷却，使其获得所需要的内部组织和性能的加工工艺方法。金属材料经过热处理对其性能影响很大。在汽车零部件制造中，绝大多数零件都需要进行热处理。

（1）退火　退火是指把钢件加热到一定温度，保温一定时间，然后缓慢冷却（一般随炉冷却）的一种热处理工艺。退火的主要目的是：降低硬度以利于切削加工；提高塑性以利于塑性加工成形；细化晶粒以提高力学性能，消除应力以防工件变形或开裂。由于退火冷却速度缓慢，接近于平衡状态，故退火组织可视为平衡组织。因而，退火一般作为改善工艺性能的预备热处理。

根据钢的成分和退火目的的不同，常用的退火工艺有以下几种：完全退火、等温退火、球化退火、均匀化退火和去应力退火（低温退火或人工时效）等。常用退火工艺的特点见表 3-2。

单元二 汽车动力装置机构分析与应用

表 3-2 常用退火工艺的特点

类型	加热温度/℃	冷却方式	目的	适用范围
完全退火	$Ac_3+30\sim50$	随炉冷却到600℃以下,出炉空冷	消除上述工件的残余应力、降低硬度、提高韧性,均匀组织,为后续加工和塑性变形做准备	亚共析钢的铸、锻、焊件的毛坯或半成品零件的预备热处理
等温退火	$Ac_3+30\sim50$	快冷到Ar_1以下某一规定温度,等温一定时间,出炉空冷	与完全退火相同,但可缩短转变时间,提高生产率	合金结构钢零件
球化退火	$Ac_1+30\sim50$	经充分保温后缓冷到600℃出炉空冷	降低硬度,提高韧性,改善可加工性,为后续热处理做组织准备	过共析钢零件
均匀化退火	$Ac_3+150\sim300$ 或 $Ac_{cm}+150\sim300$	长时间保温后随炉冷却	消除铸件中的偏析,使钢的化学成分和组织均匀化	多用于合金结构钢
去应力退火	Ar_1以下某一温度(一般为600℃)	保温后随炉冷却	加热保温时不发生组织转变,只有残余应力通过保温和缓冷过程而消除。目的是消除铸、锻、焊件、冷成形件以及切削加工件中的残余应力	所有钢件

(2) 正火 将钢加热到临界温度以上,保温一定时间,出炉后在空气中自然冷却的热处理工艺称为正火。钢的正火由于冷却速度比退火快,所以得到的组织是非平衡组织。

对不同成分的钢正火后其性能有很大不同。对于普通结构钢中的低碳钢、低碳合金结构钢钢件,正火目的是消除铸、锻、焊加工过程引起的过热组织,细化晶粒,提高硬度,改善可加工性;对于力学性能要求不高的或尺寸较大的结构件,常用正火作为最终热处理,以提高其强度、硬度;对于中碳结构钢件,正火可消除成形工艺过程中产生的缺陷,保证合适的切削加工硬度,为后续热处理做好组织准备。

与退火相比,正火冷却速度快,其组织较细、硬度、强度与同成分的退火材料相比要高一些,而且正火生产周期短,节约能源,操作简便,所以生产中常优先采用正火。

(3) 淬火 淬火工艺是强化钢材的重要方法。淬火时,将钢件加热到临界温度以上,保温一定时间,然后以大于临界冷却速度进行快速冷却。其目的是使钢件具有高强度、高硬度、高的耐磨性及疲劳强度。实际生产中,常用的淬火冷却介质有水、盐水或碱水、油等,并配以不同的淬火方法,以求最好的淬火效果。常用的淬火方法有单液淬火、双液淬火、分级淬火和等温淬火等。常用淬火方法的比较见表3-3。

表 3-3 常用淬火方法的比较

淬火方法	冷却方式	特点
单液淬火	放入一种淬火冷却介质中连续冷却到室温	操作简便,易于实现机械化和自动化,但易产生淬火缺陷
双液淬火(双介质淬火)	先淬入一种具有较强冷却能力的淬火冷却介质中,当冷却到550℃后,再立即转入冷却能力较弱的介质中进行淬火	淬火工件产生的内应力小,不易变形和开裂。但操作难度大
分级淬火	将加热的工件先淬入230℃左右的盐浴或碱浴槽中,短时保温后取出空冷,获得马氏体	工件内外温差小,内应力小,可有效防止变形和开裂的产生 适合于形状复杂,截面面积小的碳素钢及合金结构钢件的淬火

(续)

淬火方法	冷却方式	特点
等温淬火	将加热后的工件淬入230°左右的盐浴或碱浴槽中，保温足够时间，使其完成下贝氏体转变，而后出炉空冷到室温	内应力很小、工件不易变形和开裂，而且有良好的综合力学性能 用于处理形状复杂，尺寸精度要求高，且硬度和韧性要求也较高的工件。例如冷、热作模具、成形刀形等

钢件在淬火后得到的淬硬层深度的能力称为钢的淬透性。如图3-26所示，钢的淬透性越好，淬火后由表及里的淬硬层越厚。

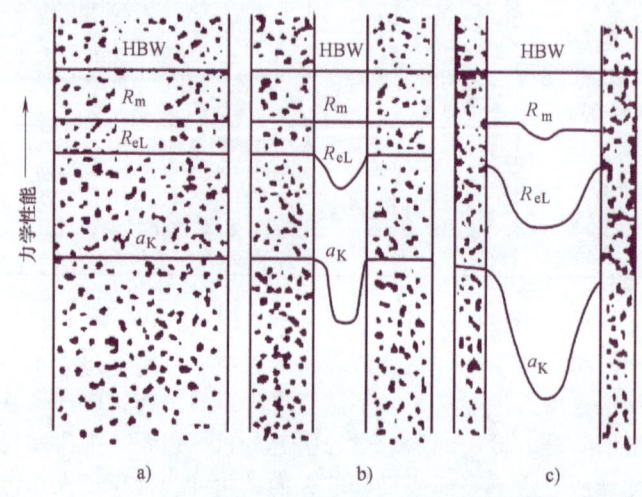

图3-26 钢的淬透性比较
a）完全淬透 b）淬透较大厚度 c）淬透较小厚度

除低碳钢以外，一般情况下淬火后工件的内应力很大，脆性高、易变形或开裂，不能直接使用，必须辅以回火工艺改善其使用性能。

（4）回火、调质处理 回火工艺是将淬火后的钢加热到临界点以下某一温度，保温一定时间后出炉空冷到室温的一种热处理工艺。回火是淬火的后续工序，目的是减少或消除淬火后的脆性和内应力，防止工件变形与开裂、稳定工件尺寸及获得所需的力学性能。

根据钢件性能要求，实际生产中一般按回火温度的不同将钢的回火分为低温回火、中温回火和高温回火三类。常见回火工艺特点及应用见表3-4。

表3-4 常见回火工艺特点及应用

回火工艺	回火温度/℃	特点	应用
低温回火	<250	保持了淬火马氏体的高硬度和高耐磨性，内应力和脆性有所降低	主要用于工具、滚动轴承、表面处理件
中温回火	250~500	具有较高的弹性和韧性以及一定的硬度和韧性	主要用于各种弹性零件，如弹簧和模具
高温回火（调质）	>500	具有较好的综合力学性能，即强度、硬度、塑性、韧性都比较好	广泛用于汽车、拖拉机轴类零件、齿轮和高强度螺栓及连杆等

通常将淬火后又高温回火的热处理工艺称为调质,其目的是提高工件的综合力学性能。重要零件一般需要进行调质。

(5) 表面淬火 为了使某些零件(如齿轮、轴等)满足既耐磨又耐冲击的工作要求,应使其工作表面层有较高的硬度、强度和耐磨性而心部仍保持原有的强度和韧性,可采用某些加热方式使工件的表面迅速达到淬火温度而心部温度还很低时对其进行快速淬火的方法,这种工艺称为表面淬火。常用的表面淬火方法有:感应淬火、火焰淬火、电子束淬火和激光淬火等。

(6) 渗碳 为了增加零件表层的含碳量和一定的碳浓度梯度,将工件在渗碳介质中加热并保温使碳原子渗入工件表面层的化学热处理工艺称为渗碳。

渗碳可以使得零件表面的硬度高、强度高、耐磨性好而保持心部原有的韧性和强度,多用于受冲击载荷的低碳钢、低碳合金结构钢或中碳钢零件。

(7) 渗氮 渗氮也是一种化学热处理工艺,其工艺方法与渗碳类似。由于氮的特殊作用,使得工件表面硬度更高,热硬性、耐磨性、耐蚀性和疲劳强度更好。渗氮多用于耐磨性零件(钢件或铸铁件),特别是在潮湿、碱性或燃烧气体介质中工作的零件(如发动机燃烧室、气缸等)。

(8) 时效处理 时效处理是指先将工件加热至不大于 120~130℃,长时间保温后再让其随炉冷却或在空气中冷却并长期放置的工艺。时效处理常用来消除或减少工件的内应力,以防止其变形和开裂,稳定工件的形状和尺寸。

二、常用钢铁材料分类及牌号

钢铁材料是现代机械制造应用的最主要材料,种类很多,应用广泛,钢铁材料的分类如图 3-27 所示。本节内容将从常用的钢铁材料类型、牌号、性能特点及应用进行介绍。

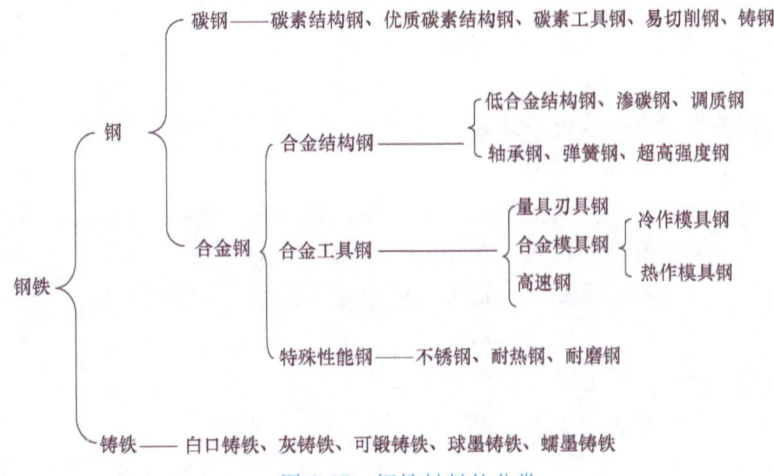

图 3-27 钢铁材料的分类

1. 碳钢

碳钢,又称碳素钢,通常指 $w_C<2.11\%$ 的铁碳合金。实际使用的碳钢,其 w_C 一般不超过 1.4%。碳钢冶炼方便,加工容易,价格便宜,性能可以满足一般工程使用要求,所以是制造各种机器、工程结构和量具、刀具等最主要的材料。

(1) 碳钢的分类　碳钢的类型繁多，应用广泛，为便于生产、管理、选用和研究，将钢加以分类和统一编号，常用的分类方法如下。

1) 按碳的质量分数分。

① 低碳钢。w_C≤0.25%的钢，其塑性好，多用作冲压、焊接和渗碳零件。

② 中碳钢。0.25%<w_C≤0.60%的钢，强度和韧性均较高，热处理后具有良好的综合力学性能，多用作要求良好的韧性的各种重要零件。

③ 高碳钢。w_C>0.60%的钢，强度、硬度较高，多用作工具、模具、量具等工件。

2) 按品质（主要根据碳钢中杂质硫、磷的质量分数）分。

① 普通碳素钢。w_S≤0.055%，w_P≤0.045%。

② 优质碳素钢。w_S≤0.040%，w_P≤0.040%。

③ 高级优质碳素钢。w_S≤0.030%，w_P≤0.035%。

④ 特级优质碳素钢。w_S≤0.025%，w_P≤0.030%。

3) 按用途分。

① 碳素结构钢。主要用于制造各种机器零件和工程结构件，多为低碳钢和中碳钢。

② 碳素工具钢。主要用于制造各种刀具、量具和模具，多为高碳钢。

另外，工业用钢按冶炼方法的不同，可分为平炉钢、转炉钢和电炉钢等；按炼钢的脱氧程度又可分为沸腾钢（脱氧不完全）、镇静钢（脱氧较完全）和半镇静钢（脱氧程度介于沸腾钢与镇静钢之间）。

(2) 碳钢的牌号、性能和用途　我国钢铁材料的牌号是用化学元素符号、汉语拼音字母和阿拉伯数字相结合的方法来表示的。

1) 普通碳素结构钢（GB/T 700—2006）。根据 GB/T 700—2006《碳素结构钢》的规定，普通碳素结构钢的牌号由代表屈服强度的汉语拼音首位字母 Q、屈服强度 R_{eL} 的数值（单位 MPa）、质量等级（A、B、C、D）和脱氧方法符号四个部分按顺序排列组成。其中：

① 质量等级符号含义。A 级的硫、磷的质量分数最高，D 级的硫、磷的质量分数最低。

② 脱氧方法符号含义。F—沸腾钢，b—半镇静钢，Z—镇静钢，TZ—特殊镇静钢。通常用镇静钢，故其符号 Z 一般省略不表示。

普通碳素结构钢的规定牌号有 Q195、Q215、Q235 和 Q275 四种。这类钢的碳的质量分数较低，而硫、磷等有害元素和其他杂质含量较多，故强度不够高，但塑性、韧性好，焊接性优良，冶炼简便，成本低，使用时一般不进行热处理。如图 3-28 所示，普通碳素结构钢一般作为工程用钢，如钢板、钢筋、型钢等，广泛用作桥梁、建筑等构件。碳素结构钢也可作为机器用钢，但用于制造不重要的机器零件，如螺钉、铆钉等。

普通碳素结构钢的化学成分及力学性能见表 3-5。

2) 优质碳素结构钢（GB/T 699—2015）。按照 GB/T 699—2015《优质碳素结构钢》优质碳素结构钢的 w_C 一般在 0.05%~0.9% 之间。与普通碳素结构钢相比，其硫、磷及其他有害杂质含量较少，因而强度较高，塑性和韧性较好，通常还经过热处理来进一步调整和改善其性能，因此应用最为广泛，适用于制造较重要的零件。

优质碳素结构钢的牌号用两位数字表示，该数字表示钢的平均碳的质量分数的万分数，如牌号 45 表示其平均碳的质量分数为 0.45%。对于较高锰的质量分数（0.7%~1.2%）的优质碳素结构钢，则在对应牌号后加"Mn"表示，如 45Mn、65Mn 等。

单元二　汽车动力装置机构分析与应用

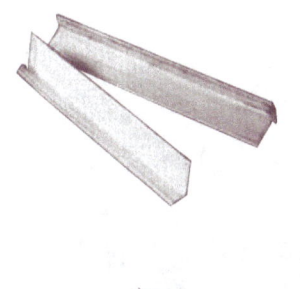
a)

b)

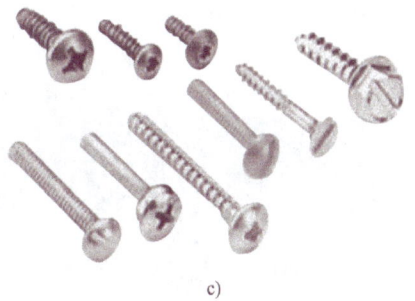
c)

图 3-28　普通碳素结构钢的用途

a) 型钢　b) 钢筋　c) 螺钉

表 3-5　普通碳素结构钢的化学成分及力学性能（摘自 GB/T 700—2006）

牌号	等级	化学成分(%)					力学性能									
		C	Mn	Si	S	P	R_{eL}/MPa 钢材厚度(直径)/mm					R_m/MPa	A(%) 钢材厚度(直径)/mm			
				不大于			≤16	>16~40	>40~60	>60~100	>100~150	>150~200		≤40	>40~60	>60~100	>100~150	>150~200

牌号	等级	C	Mn	Si	S	P	≤16	>16~40	>40~60	>60~100	>100~150	>150~200	R_m/MPa	≤40	>40~60	>60~100	>100~150	>150~200
Q195	—	0.12	0.50	0.30	0.040	0.035	195	185	—	—	—	—	315~430	33	32	—	—	—
Q215	A	0.15	1.2	0.35	0.050	0.045	215	205	195	185	175	165	335~450	31	30	29	27	26
	B				0.045													
Q235	A	0.22	1.4	0.35	0.050	0.045	235	225	215	215	195	185	370~500	26	25	24	22	21
	B	0.20			0.045													
	C	0.17			0.040	0.040												
	D				0.035	0.35												
Q275	A	0.24	1.5	0.35	0.050	0.045	275	265	255	245	235	225	490~610	22	21	20	18	17
	B	0.21																
	C	0.22																
	D	0.2																

图 3-29 所示为优质碳素结构钢的应用：08 钢应用于驾驶室、油箱、离合器等；20 钢应用于离合器分离杠杆、风扇叶片、驻车制动杆等；45 钢应用于凸轮轴、曲轴、万向节主销、离合器踏板轴等；65Mn 应用于气门摇臂复位弹簧、活塞油环簧片、离合器压板盘弹簧、活塞销卡簧等。

常用优质碳素结构钢的牌号、化学成分和力学性能见表 3-6。

根据碳的质量分数、热处理方法和用途的不同，优质碳素结构钢还可分为以下三类，见表 3-7。

3）碳素工具钢（GB/T 1299—2014）。碳素工具钢是用来制造各种刃具、量具和模具的材料。它应满足刀具在硬度、耐磨性、强度和韧性等方面的要求。例如，在金属切削过程中，随温度的升高，机床刀具不仅要求在常温时具有高的硬度，而且要求在高温时仍保持切削所需硬度的性能，即热硬性。

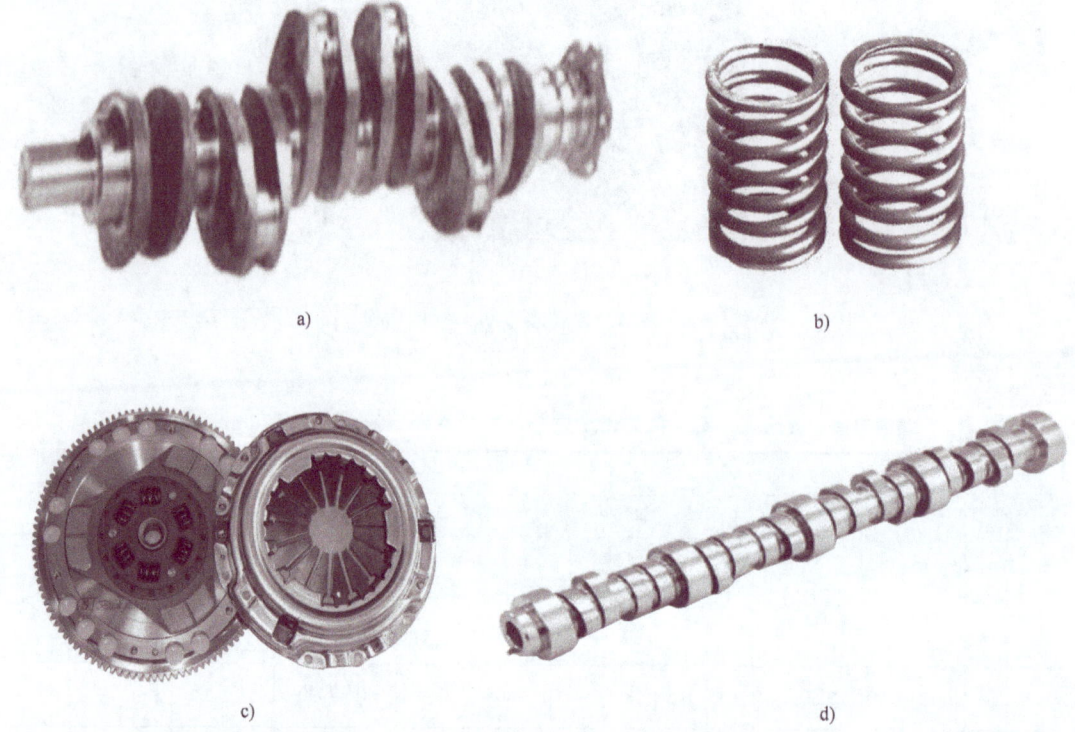

图 3-29 优质碳素结构钢的应用

a) 曲轴 b) 气门弹簧 c) 离合器 d) 凸轮轴

表 3-6 常用优质碳素结构钢的牌号、化学成分和力学性能（GB/T 699—2015）

牌号	化学成分（%）					力学性能					
	C	Si	Mn	P	S	R_{eL} /MPa	R_m /MPa	A (%)	Z (%)	硬度 HBW ≤	
						不小于				未热处理钢	退火钢
08	0.05~0.11	≤0.03	0.25~0.50	≤0.040	≤0.040	180	300	35	60	131	—
10	0.07~0.14	0.17~0.37	0.35~0.65	≤0.035	≤0.040	210	340	31	55	137	—
20	0.17~0.24	0.17~0.37	0.35~0.65	≤0.040	≤0.040	250	420	25	55	156	—
30	0.27~0.35	0.17~0.37	0.50~0.80	≤0.040	≤0.040	300	500	21	50	179	—
35	0.32~0.40	0.17~0.37	0.50~0.80	≤0.040	≤0.040	320	540	20	45	187	—
40	0.37~0.45	0.17~0.37	0.50~0.80	≤0.040	≤0.040	340	580	19	45	217	187
45	0.42~0.50	0.17~0.37	0.50~0.80	≤0.040	≤0.040	360	610	16	40	241	197
50	0.47~0.55	0.17~0.37	0.50~0.80	≤0.040	≤0.040	380	640	14	40	241	207
60	0.57~0.65	0.17~0.37	0.50~0.80	≤0.040	≤0.040	410	690	12	35	255	229
65	0.62~0.70	0.17~0.37	0.50~0.80	≤0.040	≤0.040	420	710	10	30	255	229

单元二 汽车动力装置机构分析与应用

表3-7 优质碳素结构钢的分类及应用

名称	碳的质量分数（w_C）	常用牌号	热处理方法	性能	用途
渗碳钢	0.15%~0.25%（低碳钢）	20	表面渗碳、淬火和低温回火	强度较低，但塑性、韧性较好，可加工性和焊接性优良，热处理后可获得表面高硬度、高耐磨性，而心部具有良好韧性的"表硬里韧"的性能	适用于承受一定的冲击载荷和有摩擦、磨损的机器零件，如凸轮、齿轮、滑块和活塞销等
调质钢	0.25%~0.50%（中碳钢）	35、45	调质处理（淬火和高温回火）	具有良好的综合力学性能（强度、塑性、韧性的良好配合）	用于制作较重要的机器零件，如凸轮轴、曲轴、连杆、齿轮等
弹簧钢	0.55%~0.9%（高碳钢）	65Mn	淬火和中温回火	热处理后可获得高的弹性极限，具有能量储存、自动控制、缓冲平衡、固定复位、安全减振等作用	用于悬架、发动机、离合器、制动器等重要部位的弹簧。例如：悬架弹簧（如板簧、扭杆弹簧和螺旋弹簧）、座椅弹簧、膜片弹簧等

　　碳素工具钢是指 w_C 为 0.7%~1.3% 的高碳钢。牌号中用"T"表示钢的种类，后面的数字表示含碳的平均质量分数，用千分之几表示。常用的碳素工具钢有T8、T10、T10A、T12A（A表示高级优质钢）等。如图3-30所示，由于碳素工具钢的热硬性较差，热处理变形较大，仅适用于制造不太精密的模具、木工工具和金属切削的低速手用刀具（锉刀、锯条、手用丝锥）等。

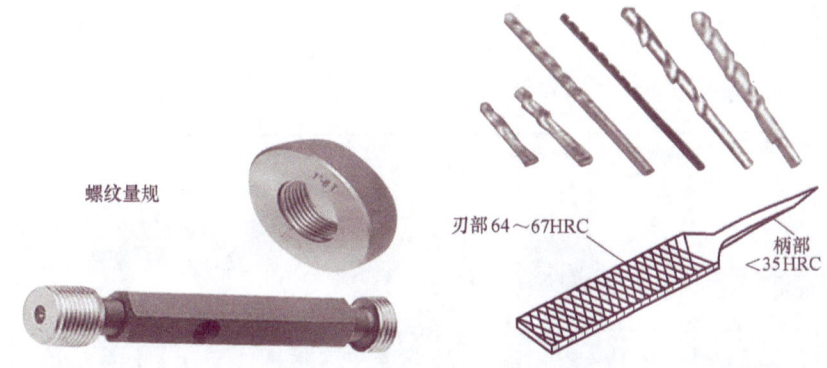

图3-30 碳素工具钢的应用

　　碳素工具钢的牌号、化学成分及用途见表3-8。

　　4）铸钢（GB/T 11352—2009）。铸钢是指 w_C 在 0.2%~0.6% 之间的中碳钢。其牌号由"ZG"和两组数字组成，其中"ZG"为铸钢的代号，代号后面的两组数字分别表示屈服强度 R_{eH}（MPa）和抗拉强度 R_m（MPa）。例如：ZG 270-500 表示屈服强度为270MPa，抗拉强度为500MPa的铸钢。

　　铸钢是将熔化的钢液直接浇注到铸型中，冷却后即获得零件毛坯（或零件）的一种钢材。其铸造性比铸铁稍差，但力学性能和焊接性却远远优于铸铁。铸钢的应用如图3-31所示。汽车及其他机械设备中许多形状复杂或尺寸比很大的批量生产零件都可以用铸钢来制造。

表 3-8 碳素工具钢的牌号、化学成分及用途（GB/T 1299—2014）

牌号	化学成分(%)			硬度			用途举例
				交货状态 HBW(不大于)		淬火后① HRC (不小于)	
	C	Si	Mn	退火	退火后冷拉		
T7 T7A	0.65~0.74	≤0.35	≤0.40	187	241	62	承受冲击，韧性较好，硬度适当的工具，如扁铲、手钳、锤子、螺钉旋具、木工工具等
T8 T8A	0.75~0.84			187			承受冲击，要求较高硬度的工具，如冲头、压缩空气工具、木工工具等
T8Mn T8MnA	0.80~0.90		0.40~0.60				淬透性较大，可制造截面较大的工具
T9 T9A	0.85~0.94		≤0.40	192			韧性中等，硬度要求较高的工具，如冲头、木工工具、凿岩工具等
T10 T10A	0.95~1.04			197			不受剧烈冲击，要求高硬度、高耐磨性的工具，如车刀、刨刀、丝锥、钻头、手锯条等
T11 T11A	1.05~1.14			207			
T12 T12A	1.15~1.24						不受冲击，要求高硬度、高耐磨性的工具，如锉刀、刮刀、精车刀、丝锥、量具等
T13 T13A	1.25~1.35			217			要求更耐磨的工具，如刮刀、剃刀等

① 淬火后硬度不是指用途举例中各种工具的硬度，而是碳素工具钢材料在淬火后的最低硬度。

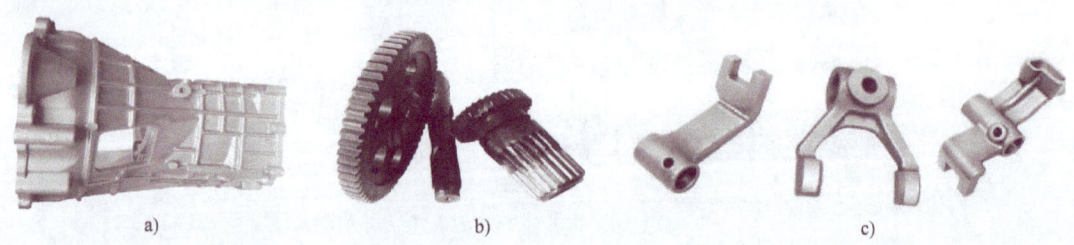

图 3-31 铸钢的应用
a) 自动变速器壳　b) 齿轮轴　c) 万向节臂

常用铸钢的牌号、化学成分和力学性能见表 3-9。

2. 合金钢

合金钢是指在碳钢的基础上，有目的地加入一些合金元素后而得到的钢种，常用的合金元素有 Si、Mn、Cr、Ni、Mo、W、Ti 和稀土元素等。与碳素钢相比，合金钢的热处理工艺性较好，力学性能指标更高，还能满足某些特殊性能要求。

（1）合金钢的分类　合金钢的种类繁多，分类方法也很多。常用的分类方法有：

单元二 汽车动力装置机构分析与应用

表3-9 常用铸钢的牌号、化学成分和力学性能（GB/T 11352—2009）

牌号	化学成分(%)					力学性能					用途举例
	C	Si	Mn	P	S	屈服强度 $R_{eH}(R_{p0.2})$ /MPa	抗拉强度 R_m /MPa	伸长率 A_5/%	断面收缩率 Z/%	冲击吸收能量 A_{KV}/J	冲击吸收能量 A_{KU}/J	
ZG 200-400	0.20	0.80		0.035	0.035	200	400	25	40	30	47	具有良好的塑性、韧性和焊接性，适用于受力不大，要求一定韧性的机械零件，如机座、变速器壳等
ZG 230-450	0.30					230	450	22	32	25	35	用于受力不大、要求韧性好的零件，如车挂钩、壳体、轴承盖、底板、阀体等
ZG 270-500	0.40	0.60	0.90			270	500	18	25	22	27	用于机油管法兰、操作杆活接头等
ZG 310-570	0.50					310	570	15	21	15	24	用于CA1092的进排气歧管压板、前减振器下支架、二档、四档、五档变速叉、起动爪等
ZG 340-640	0.60					340	640	10	18	10	16	具有高的强度、硬度和耐磨性,焊接性较差,常用于制造齿轮类零件

1）按合金元素含量分。

① 低合金钢 合金元素的质量分数<5%。

② 中合金钢 合金元素的质量分数=5%~10%。

③ 高合金钢 合金元素的质量分数>10%。

2）按用途分。可分为合金结构钢、合金工具钢和特殊性能钢三类，本节重点介绍合金结构钢，合金工具钢和特殊性能钢作为阅读及拓展知识。

（2）合金结构钢的牌号、性能和用途 按国家标准的规定，合金钢的牌号采用"数字+合金元素符号+数字"的方法来表示。合金结构钢主要用于制造机器零件及工程结构件，是应用非常广泛的一类合金钢。其牌号的前两位数字表示钢中碳的平均质量分数，以万分数计。合金元素符号后的数字表示该元素的平均质量分数，若合金元素的质量分数小于1.5%，一般不标出。

常用的合金结构钢有以下几种。

1）低合金高强度结构钢（GB/T 1591—2008）。低合金高强度结构钢的成分特点为低碳、低合金，所加入的合金元素主要有锰、钒、钛等。具有高强度、高韧性、良好的焊接性和冷成型等性能特点，强度比普通碳素钢高30%~50%。这类钢一般在热轧空冷状态下使用，广泛用于汽车大梁、船舶、车辆、压力容器和建筑结构、桥梁等方面，以减轻重量，节约钢材。常用的牌号有Q345、Q390、Q420、Q460等。

如图3-32所示，低合金高强度结构钢常用于汽车上，如Q345用于纵梁前加强板、横梁、角撑、保险杠等；Q420用于车架纵横梁、蓄电池固定框后板、油箱托架等。

常用低合金高强度结构钢的牌号、性能及用途见表3-10。

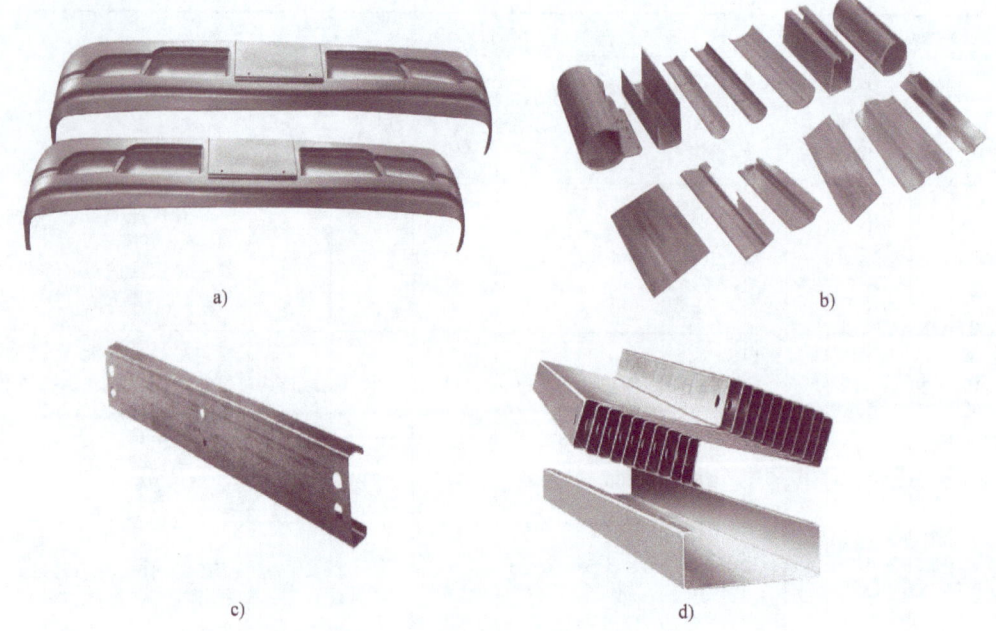

图 3-32 低合金高强度结构钢的应用
a) 保险杠 b) 角撑 c) 车架纵横梁 d) 蓄电池固定框后板

表 3-10 常用低合金高强度结构钢的牌号、性能及用途（GB/T 1591—2008）

牌号	R_{eL}/MPa	R_m/MPa	$A(\%)$	用 途 举 例
Q345	265~345	450~630	17~21	桥梁、车辆、船舶、建筑结构
Q390	310~390	470~650	18~20	桥梁、船舶、起重机、压力容器
Q420	340~420	500~680	18~19	车架横梁、高压容器、船舶、电站设备
Q460	380~460	530~720	16~17	中温高压容器、锅炉、压力容器

2）渗碳钢（GB/T 3077—2015）。渗碳钢是在渗碳钢的基础上，加入一定量的合金元素（如铬、镍、锰、硼、钨、钼、钒、钛等）而形成的。渗碳钢属于低碳合金钢，要经过渗碳、淬火、低温回火后才能使用。渗碳钢表层经渗碳后硬度高而耐磨（可达 58~64HRC），心部有较高的强度和韧性，可加工性好，适合制造工作时受强烈冲击和摩擦的零件。常用的牌号有 15Cr、20Cr、20CrMnTi 等。

如图 3-33 所示，渗碳钢常用于制造汽车上的重要零件：15Cr 用于制造活塞销、气门弹簧座、气门挺杆等；20CrMnTi 用于制造各类重要齿轮、万向节和差速器十字轴等；20MnVB 用于制造传动轴十字轴、万向节十字轴、差速器十字轴、后桥减速器齿轮等。

常用渗碳钢的牌号、性能及用途见表 3-11。

3）调质钢（GB/T 3077—2015）。调质钢是在调质钢中加入一定量的合金元素而形成的。调质钢是中碳合金钢，要经过调质才能使用，调质后还可进行表面淬火或化学处理。调质钢的综合力学性能好、淬透性好、可加工性好，更适合工作时受力大、易出现严重磨损的重要零件。常用的牌号有 40Cr、40CrNiMo 等。

图 3-34 所示为调质钢的应用：40Cr 用于减振器销、水泵轴、连杆等；40MnB 用于半轴、万向节、转向臂、传动轴花键等；45Mn2 用于进气门、半轴套、板簧 U 形螺栓等。

单元二 汽车动力装置机构分析与应用

a)

b)

c)

图 3-33 渗碳钢的应用

a) 齿轮　b) 万向节和差速器十字轴　c) 气门弹簧座

表 3-11　常用渗碳钢的牌号、性能及用途（GB/T 3077—2015）

牌号	R_{eL}/MPa	R_m/MPa	A(%)	Z(%)	KU_2/J	用途举例
20Mn2	590	785	10	40	47	代替 20Cr 等
20Cr	540	830	10	40	60	机床齿轮、蜗杆、活塞销等
20CrMnTi	850	1080	10	45	55	汽车齿轮、凸轮等
20MnVB	885	1080	10	45	55	代替 20CrMnTi 等
20Cr2Ni4	1080	1180	10	45	63	大齿轮、轴、飞机发动机齿轮等

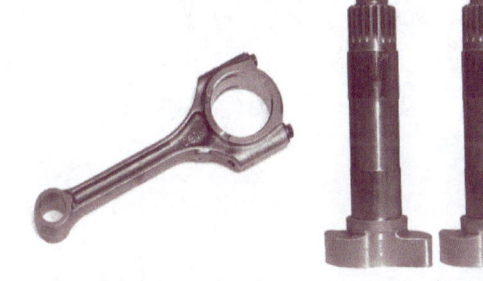
a)　　　　　　b)

c)

d)

图 3-34 调质钢的应用

a) 连杆　b) 传动轴花键　c) 进气门　d) 板簧U形螺栓

常用调质钢的牌号、性能及用途见表 3-12。

表 3-12　常用调质钢的牌号、性能及用途（GB/T 3077—2015）

牌号	R_{eL}/MPa	R_m/MPa	A(%)	Z(%)	KU_2/J	用途举例
45Mn2	735	885	10	45	47	轴、蜗杆、连杆等
40Cr	785	980	9	45	47	重要调质件如主轴、曲轴、齿轮、连杆等
30CrMnSi	835	1080	10	45	39	高压鼓风机叶片、联轴器、飞机零件等

(续)

牌号	R_{eL} /MPa	R_m /MPa	A (%)	Z (%)	KU_2 /J	用途举例
38CrMoAl	835	980	14	50	71	渗氮件如镗杆、蜗杆、高压阀门等
40CrNiMo	835	980	12	55	78	受冲击载荷的高强度件，如锻压机的偏心轴、压力机曲轴等

4) 弹簧钢（GB/T 1222—2016）。在弹簧钢中加入合金元素即形成了弹簧钢。相对于弹簧钢，它具有更高强度和疲劳极限，以及更好的塑性和韧性。常用的弹簧钢有 65Mn、60Si2Mn、50CrVA 等。

弹簧钢的应用如图 3-35 所示：55SiMnVB 用于板簧；65Mn 用于气门弹簧、制动室复位弹簧、离合器压紧弹簧等；60Si2Mn 用于牵引钩弹簧、板簧等。

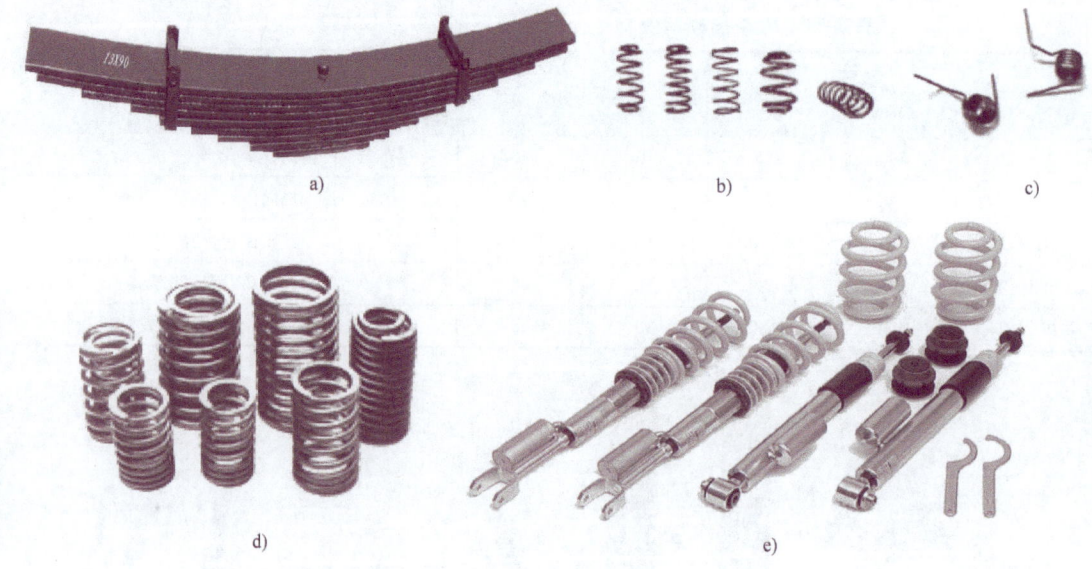

图 3-35 弹簧钢的应用
a) 板簧 b) 制动室复位弹簧 c) 离合器压紧弹簧 d) 气门弹簧 e) 牵引钩弹簧

5) 超高强度钢。超高强度钢是指屈服强度大于 1400MPa，抗拉强度大于 1500MPa，兼有较好韧性的合金钢，它是在调质钢的基础上加入多种合金元素而发展起来的。

常用的超高强度钢有 30CrMnTiNi2A、4Cr5MoVSi（碳的平均质量分数为千分数）等。主要用作航空、航天工业的结构材料，也用于制造汽车车身结构零件和发动机结构零件等，如图 3-36 所示。

3. 铸铁

铸铁是一系列主要由铁、碳、硅组成的合金，其 w_C 为 2.11% ~ 6.69%。根据碳的存在形式不同，常将铸铁分为白口铸铁和灰铸铁两大类。

白口铸铁中的碳主要以碳化铁（Fe_3C）的形式出现，其断口呈亮白色。白口铸铁的硬度高、脆性大、难加工，多用来炼钢或制造可锻铸铁件的毛坯。

灰铸铁中的碳主要是以石墨的形式出现的，其断口呈灰色。在灰铸铁中，石墨大部分为层片状的称为灰铸铁，形状为球状的称为球墨铸铁，形状为蠕虫状的称为蠕墨铸铁，形状为

单元二 汽车动力装置机构分析与应用

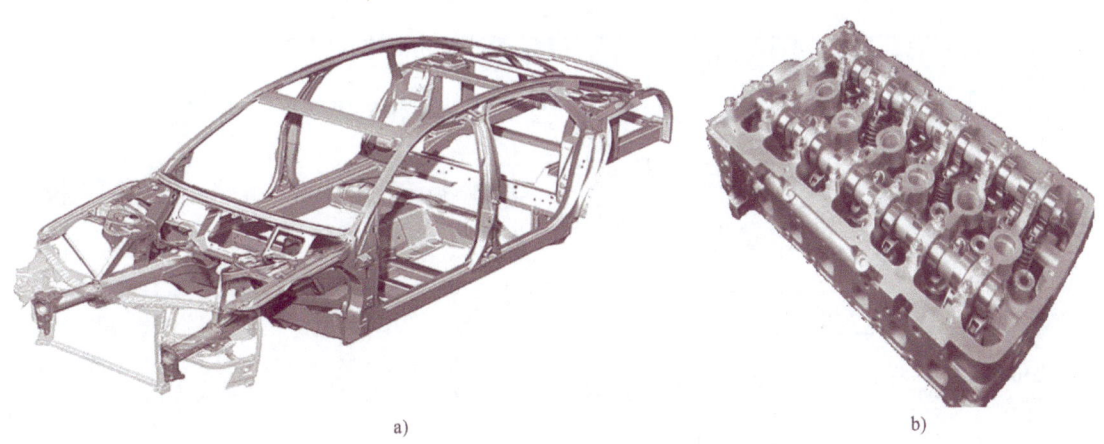

图 3-36 超高强度钢的应用
a) 汽车车身结构零件 b) 发动机结构零件

团絮状的称为可锻铸铁。

（1）铸铁的性能

1）力学性能较差。这是由于石墨的强度、韧性极低，减小钢基体的有效截面，并引起应力集中，其抗拉强度、塑韧性等力学性能比钢低，但铸铁的抗压强度很高，可于钢相近或更高。

2）耐磨性好。这是由于石墨有利于润滑、储油，提高了铸件的耐磨性。

3）消振性好（是钢的十倍）。这是由于石墨组织松软，能吸收振动能量，提高了铸铁的消振能力。

4）铸造性好。这是由于铸铁中硅的含量高，且成分接近共晶成分，熔点低、流动性好、凝固收缩小。

5）可加工性好。石墨使切屑易断，还可润滑刀具。

6）缺口敏感性低。石墨的存在使表面粗糙，对外加的缺口不再敏感，对疲劳极限的影响不明显。

（2）铸铁的分类牌号及用途

1）灰铸铁（GB/T 9439—2010）。按国家标准的规定，灰铸铁的牌号由"HT"和一组数字组成。其中"HT"为灰铸铁的代号，代号后面的数字表示其抗拉强度值（MPa）。例如 HT150 表示抗拉强度为 150MPa 的灰铸铁。灰铸铁的牌号、力学性能及用途见表 3-13。

表 3-13 灰铸铁的牌号、力学性能及用途（GB/T 9439—2010）

牌号	铸件壁厚/mm		抗拉强度 R_m/MPa	用途举例
	大于	至		
HT100	5	40	100	适用于载荷小，对摩擦、磨损无特殊要求的零件，如盖、外罩、油底壳、手轮、支架、底板、重锤等
HT150	5	10	155	适用于承受中等应力的零件，如普通机床上的支柱、底座、齿轮箱、刀架、床身、轴承座、工作台、带轮等
	10	20	130	
	20	40	110	
	40	80	95	

(续)

牌号	铸件壁厚/mm 大于	铸件壁厚/mm 至	抗拉强度 R_m/MPa	用 途 举 例
HT200	5	10	205	适用于承受大载荷的重要零件,如汽车、拖拉机的气缸体、气缸盖、制动轮等
	10	20	180	
	20	40	155	
	40	80	130	
HT250	5	10	250	适用于承受大应力和重要的零件,如联轴器盘、液压缸、阀体、泵体、圆周速度12~20m/s的带轮、压力容器、泵壳及活塞等
	10	20	225	
	20	40	195	
	40	80	170	
HT300	10	20	270	适用于承受高载荷、要求高耐磨和高气密性的重要零件,如受力较大的齿轮、凸轮、衬套、大型发动机的气缸体、缸盖、气缸盖、液压缸、泵体、阀体及剪板机、压力机等重型机床的床身、机座、机架等
	20	40	240	
	40	80	210	
HT350	10	20	315	
	20	40	280	
	40	80	250	

灰铸铁的铸造性能好、可加工性好、减振性好、减摩性好、价格低廉,但也存在着塑性差、韧性差、抗拉强度低、焊接性较差等缺点,多用来制造机床床身、机架、箱体、壳体以及承受摩擦的导轨、缸体等零件。如图3-37所示,在汽车上多用于不镶缸套的整体缸体、缸盖等零件的制造,还可用于制造飞轮、飞轮壳、变速器壳及盖、离合器壳及压板、进排气歧管、制动鼓以及液压制动总泵和分泵的缸体等。

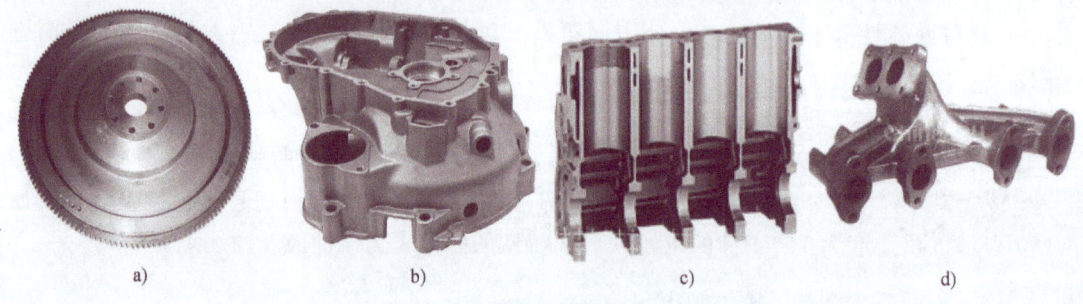

图3-37 灰铸铁的应用
a) 飞轮 b) 飞轮壳 c) 缸体 d) 进排气歧管

2) 球墨铸铁(GB/T 1348—2009)。球墨铸铁是在灰铸铁的铁液中加入球化剂(稀土镁合金等)和孕育剂(硅铁)进行球化-孕育处理后,得到具有球状石墨的铸铁。

球墨铸铁的牌号由"QT"和两组数字组成,其中"QT"为球墨铸铁的代号,代号后面的两组数字分别表示抗拉强度 R_m(MPa)和伸长率 A(%)。例如:QT450-10表示抗拉强度为450MPa,伸长率为10%的球墨铸铁。球墨铸铁的牌号、力学性能及用途见表3-14。

表 3-14　球墨铸铁的牌号、力学性能及用途（GB/T 1348—2009）

牌号	力学性能				用途举例
	抗拉强度 R_m/MPa	屈服强度 $R_{p0.2}$/MPa	伸长率 A/%	硬度 HBW	
QT400-18	400	250	18	120~175	汽车拖拉机的牵引框、轮毂、离合器、减速器等的壳体及高压阀门的阀体、阀盖等
QT450-10	450	310	10	160~210	
QT500-7	500	320	7	170~230	内燃机油泵齿轮、水轮机的阀体、机车车轴的轴瓦等
QT600-3	600	370	3	190~270	柴油机和汽油机的曲轴、连杆及凸轮轴、气缸套，空压机、气压机泵的曲轴、缸体、缸套，球磨机齿轮等
QT700-2	700	420	2	225~305	
QT800-2	800	480	2	245~335	

由于石墨呈球状，其对基体的割裂作用较小，因此球墨铸铁的力学性能较高，在抗拉强度、屈服比、屈强比（$R_{p0.2}/R_m$）、疲劳强度等方面都可以与钢媲美（冲击韧度则不如钢）。同时，球墨铸铁具有灰铸铁的许多优点，如良好的减振性、耐磨性、低的缺口敏感性等，都是钢所不及的，而且价格比钢便宜。如图 3-38 所示，球墨铸铁常用来代替部分铸钢和锻钢（以铁代钢、以铸代锻）制造曲轴、机床主轴、汽车拖拉机底盘零件以及齿轮、阀体等重要零件。

曲轴是球墨铸铁在汽车上应用最成功的典型零件之一。东风 5t 载货汽车的 6100 汽油机采用球墨铸铁曲轴已有 20 多年。此外，汽车上的驱动桥壳体、发动机齿轮等重要零件也常采用球墨铸铁制造。汽车工业是球墨铸铁的主要用户，在发达的工业化国家中，球墨铸铁件产量中有 20%~40% 用于汽车。

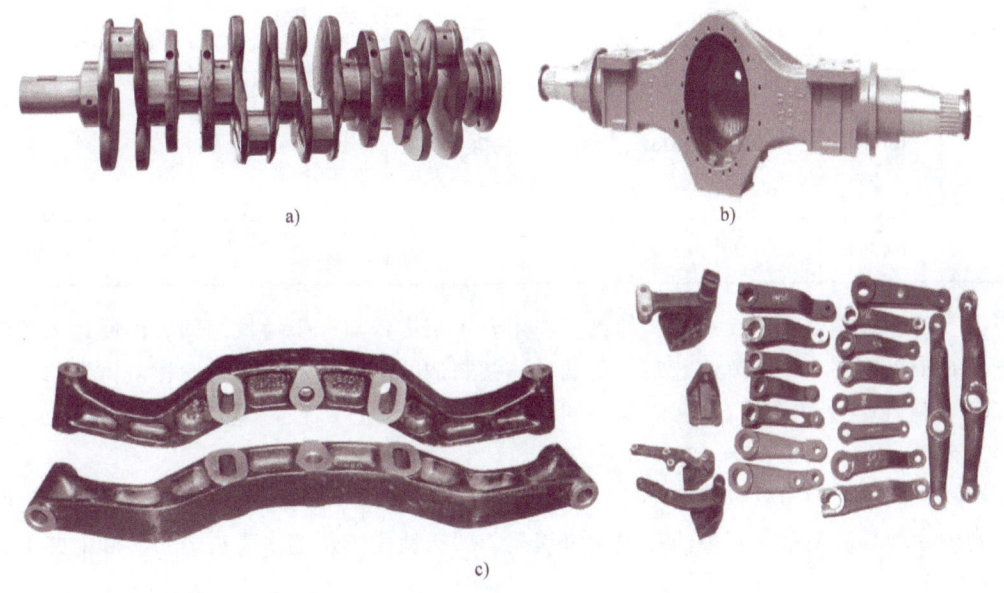

图 3-38　球墨铸铁的应用
a）曲轴　b）驱动桥壳体　c）底盘零件

3）蠕墨铸铁。蠕墨铸铁是在灰铸铁的铁液中加入蠕化剂（镁钛合金等）和孕育剂（硅铁）进行蠕化-孕育处理后，得到具有蠕虫状石墨的铸铁。这类铸铁的石墨短而厚，头部较圆，呈蠕虫状。

蠕墨铸铁的牌号由"RuT"和一组数字组成，其中"RuT"为蠕墨铸铁的代号，代号后面的一组数字表示抗拉强度 R_m（MPa）。例如：RuT300 表示抗拉强度为 300 MPa 的蠕墨铸铁。蠕墨铸铁的牌号、力学性能及用途见表 3-15。

表 3-15 蠕墨铸铁的牌号、力学性能及用途（GB/T 26655—2011）

基体类型	牌号	力学性能（不小于）			硬度 HBW	用途举例
		R_m /MPa	$R_{p0.2}$ /MPa	A /%		
铁素体	RuT300	300	210	2.0	140~210	排气歧管 大功率船用、机车、汽车和固定式内燃机缸盖 增压器壳体 纺织机、农机零件
铁素体+珠光体	RuT350	350	245	1.5	160~220	机床底座 托架和联轴器 大功率船用、机车、汽车和固定式内燃机缸盖 钢锭模、铝锭模 焦炉炉门、门框、保护板、桥管阀体、装煤孔盖座 变速器体 液压件
	RuT400	400	280	1.0	180~240	内燃机的缸体和缸盖 机床底座、托架和联轴器 货车制动鼓、机车车辆制动盘 泵壳和液压件 钢锭模、铝锭模、玻璃模具
珠光体	RuT450	450	315	1.0	200~250	汽车内燃机缸体和缸盖 气缸套 货车制动盘泵壳和液压件 玻璃模具 活塞环
	RuT500	500	350	0.5	220~260	高负荷内燃机缸体 气缸套

由于石墨呈蠕虫状，其对基体的割裂作用介于灰铸铁与球墨铸铁之间，因此蠕墨铸铁的性能也介于灰铸铁和球墨铸铁之间。用蠕墨铸铁制造的制动鼓的使用寿命比灰铸铁的高 3 倍多。6100 汽油机排气歧管、6100 柴油机缸盖也常用蠕墨铸铁制造。蠕墨铸铁的应用如图 3-39 所示。

4）可锻铸铁（GB/T 9440—2010）。可锻铸铁是由白口铸铁经长时间的高温石墨化退火而得到的一种具有团絮状石墨的高强度铸铁。其因塑性优于灰铸铁而得名，实际上并不能进行锻造。

可锻铸铁的牌号是由"KTH"（或"KTZ""KTB"）和两组数字组成。其中"KT"是可锻铸铁的代号，"H"表示黑心可锻铸铁，"Z"表示珠光体可锻铸铁，"B"表示白心可锻铸铁；代号后面的两组数字分别表示抗拉强度 R_m（MPa）和伸长率 A（%）。例如：KTH

单元二 汽车动力装置机构分析与应用

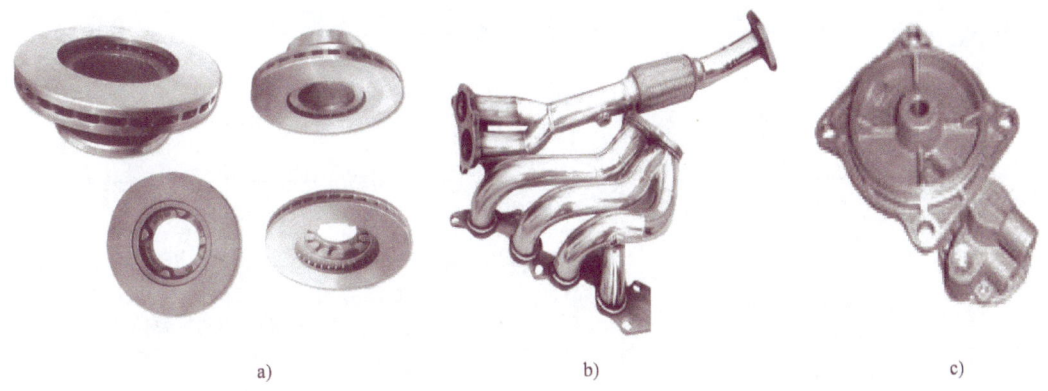

图 3-39 蠕墨铸铁的应用
a) 制动鼓 b) 汽油机排气歧管 c) 柴油机缸盖

370-12 表示抗拉强度为 370MPa,收缩率为 12% 的黑心可锻铸铁。可锻铸铁的牌号、力学性能及用途见表 3-16。

表 3-16 可锻铸铁的牌号、力学性能及用途（GB/T 9440—2010）

类型	牌号	力学性能			用 途 举 例
		R_m /MPa	$R_{p0.2}$ /MPa	A (%)	
黑心可锻铸铁和珠光体可锻铸铁	KTH 300-06	300	—	6	用于承受低动载荷、要求气密性好的零件,如管道配件、中低压阀门等
	KTH 330-08	330	—	8	用于承受中等动载荷和静载荷的零件,如犁刀、犁柱、轮辋、机床用扳手等
	KTH 350-10	350	200	10	用于承受较大冲击、振动及扭转载荷的零件,如汽车、拖拉机后轮辋、差速器壳、万向节壳、制动器壳等,铁道零件、冷暖器接头、船用电动机壳、犁刀、犁柱等
	KTH 370-12	370	—	12	
	KTZ 450-06	450	270	6	可用于代替低、中碳钢、低合金钢及有色金属制作的承受较高载荷、要求耐磨和具有韧性的重要零件,如曲轴、凸轮轴、连杆、齿轮、摇臂、轴承、活塞环、犁刀、耙片、万向接头、棘轮、扳手、传动链条、矿车轮等
	KTZ 550-04	550	340	4	
	KTZ 650-02	650	430	2	
	KTZ 700-02	700	530	2	
白心可锻铸铁	KTB 350-04	350	—	4	在机械工业中很少使用,适宜制作厚度在 15mm 以下的薄壁铸件和焊接后不需进行热处理的零件
	KTB 360-12	360	190	12	
	KTB 400-05	400	220	5	
	KTB 450-07	450	260	7	

三、金属材料在汽车发动机中的应用

目前,金属材料在汽车上的应用占主导地位。汽车发动机主要零件的用材情况见表 3-17。

表 3-17 汽车发动机主要零件的用材情况

主要零件	材料种类及牌号	使用性能要求	主要失效方式	热处理及其他方式
缸体、缸盖、飞轮、正时齿轮	灰铸铁：HT200	刚度、强度、尺寸稳定性	产生裂纹、孔壁磨损、翘曲变形	不处理或去应力退火。也可用 ZL104 铸造铝合金作为缸体、缸盖，固溶处理后时效
缸套、排气门座等	合金铸铁：B 铸铁、VTi 铸铁、N 铸铁	耐磨性、耐热性	过量磨损	铸造状态
曲轴等	球墨铸铁：QT600-3	刚度、强度、耐磨性	过量磨损、断裂	表面淬火、圆角滚压、渗氮，也可以用锻钢件
活塞销等	渗碳钢：20、20Cr、20CrMnTi、12Cr2Ni4	强度、冲击韧度、耐磨性	磨损、变形、断裂	渗碳、淬火、回火
连杆、连杆螺栓、曲轴等	调质钢：45、40Cr、40MnB	强度、疲劳强度、冲击韧度	过量变形、断裂	调质、探伤
各种轴承、轴瓦	轴承钢：GCr15 轴承合金：ZCuSn10P1、ZCuPb30	耐磨性、疲劳强度	磨损、剥落、烧蚀破裂	不热处理（外购）
排气门	高铬耐热钢：40Cr10Si2Mo、45Cr14Ni14W2Mo	耐热性、耐磨性	起槽、变宽、氧化烧蚀	淬火、回火
气门弹簧	弹簧钢：65Mn、50CrVA	疲劳强度	变形、断裂	淬火、中温回火
活塞	高硅铝合金：ZL108、ZL110	耐热性	烧蚀、变形、断裂	固溶处理及时效
支架、盖、罩、挡板、油底壳等	钢板：Q235、08、20、Q345	刚度、强度	变形	不热处理

1. 发动机缸体和缸套材料

发动机缸体是发动机的骨架和外壳，在缸体内外安装着发动机主要的零部件。

发动机的工作循环是在气缸内完成的。缸体在工作时要承受燃气压力的拉伸和燃气压力与惯性力联合作用下的扭转和弯曲，以及螺栓预紧力的综合作用，会使缸体产生横向和纵向的变形，超过许用值时将影响与机座相连部件的可靠性和工作能力，尤其是活塞、连杆和曲轴等零件的可靠性和耐磨性会受到严重影响，并导致发动机不能正常运转。因此，缸体材料必须具有良好的铸造性、可加工性、价格低廉。

缸体常用的材料有灰铸铁和铝合金两种。铝合金的密度小，但刚度差、强度低、价格贵。所以，除了某些发动机为减轻重量而采用铝合金外，一般缸体材料均采用灰铸铁。

气缸内与活塞接触的内壁面，由于直接承受燃气的冲刷，并与活塞存在着具有一定压力的高速相对运动，使气缸内壁受到强烈的摩擦，造成磨损，气缸内壁的过量磨损是造成发动机大修的主要原因之一。因此，气缸的缸体一般采用普通铸铁或铝合金，而气缸工作面则用耐磨材料，制成缸套镶入气缸。

常用缸套材料为耐磨铸铁，主要有高磷铸铁、硼铸铁、合金铸铁。为了提高缸套的耐磨性，可以用镀铬、表面淬火、喷镀金属钼或其他耐磨合金等办法对缸套进行表面处理。

单元二 汽车动力装置机构分析与应用

2. 发动机缸盖

缸盖主要用来封闭气缸构成燃烧室。缸盖承受着燃气的高温、高压作用。由于温度高、形状复杂、受热不均匀使缸盖上的热应力很大，严重时可造成缸盖变形其至出现裂纹。根据上述工作条件，缸盖应用导热性好、高温强度高、能承受交变应力、铸造性能良好的材料来制造。

目前使用的缸盖材料有两种：一种是灰铸铁或合金铸铁；另一种是铝合金。铸铁发动机缸盖具有高温强度、铸造性能好、价格低等优点，但其导热性差；铸铝发动机缸盖重量轻，但其高温强度低，使用中容易变形、成本较高。

3. 活塞组

活塞、活塞销、挡圈和活塞环（包括气环和油环）等零件组成活塞组，与气缸体、缸盖配合形成一个容积变化的密闭空间，以完成内燃机的工作过程，如图 3-40 所示；同时，它还承受燃气作用力并通过连杆把力传给曲轴输出。活塞组工作条件十分苛刻，在工作中受到周期性变化的高温、高压燃气（工作温度最高可达 2000℃，压力可达 13~15MPa），并在气缸内做高速往复运动，产生很大的惯性载荷。活塞在传力给连杆时，还承受着交变的侧压力。活塞组最常见的失效形式有磨损、塑性变形和断裂等。

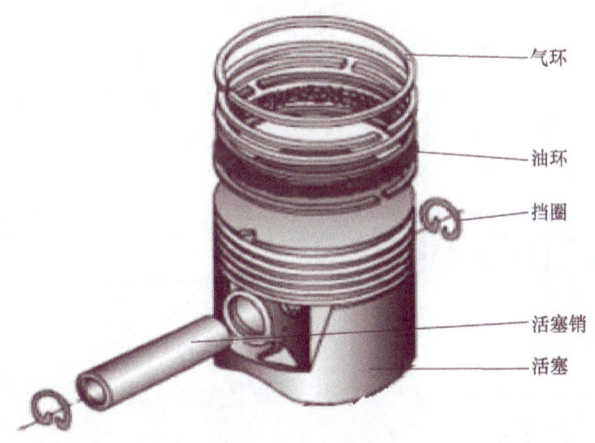

图 3-40 活塞组

对活塞用材料的要求是热强度高、导热性好、吸热性差、膨胀系数小、减摩性、耐磨性、耐蚀性和工艺性好等。常用的活塞材料是铝硅合金，其性能特点是导热性好、密度小、膨胀系数减小、耐磨性、耐蚀性、硬度、刚度和强度提高。铝硅合金活塞需进行固溶处理及人工时效处理，以提高表面硬度。

活塞销承受交变载荷，传递的力最高达数万牛顿。这就要求活塞销材料应有足够的强度和刚度及耐磨性，同时具有较高的疲劳强度和冲击韧度。活塞销材料一般用 20、20Cr、20CrMnTi 等合金结构钢，表面进行渗碳或碳氮共渗处理，以满足材料外表面硬而耐磨、内部韧而耐冲击的要求。

活塞环材料应具有耐磨性、易磨合、韧性好以及良好的耐热性、导热性和易加工性等性能特点。目前一般用珠光体基体的灰铸铁或在灰铸铁基础上添加一定量的铜、铬、钼及钨等合金元素的合金铸铁，也有的采用球墨铸铁或可锻铸铁。为了改善活塞环的工作性能，活塞环宜进行表面处理。目前应用最广泛的是镀铬，可使活塞环的寿命提高 2~3 倍。其他表面处理的方法还有喷钼、磷化、氧化、涂敷合成树脂等。

4. 连杆

连杆连接活塞和曲轴，其作用是将活塞的往复运动转变为曲轴的旋转运动，并把作用在活塞上的力传给曲轴以输出功率。连杆组结构如图3-41所示。连杆在工作中，除承受燃烧室燃气产生的压力外，还要承受纵向和横向的惯性力。因此，连杆在一个很复杂的应力状态下工作。连杆的主要失效形式是疲劳断裂和过量变形。连杆的工作条件既要求连杆具有较高的强度和疲劳强度；又要求具有足够的刚性和韧性。

连杆材料一般采用40Cr或40MnB等调质钢。合金钢虽具有很高强度，但对应力集中很敏感。所以，在连杆外形、过渡圆角等方面需严格要求，还应注意表面加工质量以提高疲劳强度，否则高强度合金钢的应用并不能达到预期效果。

5. 气门

气门的主要作用是开、闭进、排气道。气门在工作时，需要承受较高的机械负荷和热负荷，尤其是排气门工作温度高达650~850℃；另外，气门头部还承受气压力及落座时因惯性力而产生的相当大的冲击。因此，对气门的主要要求是保证燃烧室的气密性。

气门材料应选用耐热、耐蚀、耐磨的材料。进、排气门工作条件不同，材料的选择也就不同。进气门一般可用40Cr、38CrSi等合金钢制造；而排气门则要求用高铬耐热钢制造，采用40Cr10Si2Mo作为气门材料时工作温度可达550~650℃。

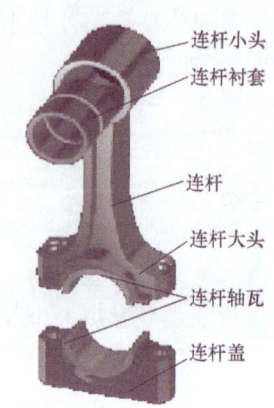

图3-41 连杆组

(连杆小头、连杆衬套、连杆、连杆大头、连杆轴瓦、连杆盖)

*阅读及拓展知识

一、特殊性能钢

特殊性能钢是一种含有较多合金元素，并具有某些特殊理化性能或其他性能的钢。常用的有易切削钢、不锈钢、耐热钢、耐磨钢。

1. 易切削钢（GB/T 8731—2008）

易切削钢是在钢中加入硫、铅、磷、钙等一种或几种合金元素，以改善钢材的切削性能。常用易切削钢的牌号、化学成分及力学性能见表3-18。

表3-18 常用易切削钢的牌号、化学成分及力学性能（GB/T 8731—2008）

牌号	化学成分(%)					热轧钢力学性能				冷拉钢力学性能				
	C	Mn	Si	S	P	R_m/MPa	A(%) 不小于	Z(%) 不小于	HBW (不大于)	R_m/MPa 钢材公称尺寸/mm			A(%) 不小于	HBW
										8~20	>20~30	>30		
Y12	0.08~0.16	0.70~1.00	0.15~0.35	0.10~0.20	0.08~0.15	390~540	22	36	170	530~755	510~735	490~685	7	152~217
Y15	0.10~0.18	0.80~1.20	≤0.15	0.23~0.33	0.05~0.10	390~540	22	36	170	530~755	510~735	490~685	7	152~217

(续)

牌号	化学成分(%)					热轧钢力学性能				冷拉钢力学性能				
	C	Mn	Si	S	P	R_m /MPa 不小于	A (%) 不小于	Z (%) 不小于	HBW (不大于)	R_m/MPa			A (%) 不小于	HBW
										钢材公称尺寸/mm				
										8~20	>20~30	>30		
Y20	0.17~0.25	0.70~1.00	0.15~0.35	0.08~0.15	≤0.06	450~600	20	30	175	570~785	530~745	510~705	7	167~217
Y30	0.27~0.35	0.70~1.00	0.15~0.35	0.08~0.15	≤0.06	510~655	15	25	187	600~825	560~765	540~735	6	174~223
Y40Mn	0.37~0.45	1.20~1.55	0.15~0.35	0.20~0.30	≤0.05	590~850	14	20	229					

过去应用的易切削钢主要是碳素易切钢,随着汽车工业的发展,合金易切钢的应用日益广泛,如图3-42所示,常用来制造承受载荷大的齿轮和轴类零件。除表中所列常用牌号之外,还有Y12Pb、Y15Pb、Y35、Y45Ca等易切削钢。

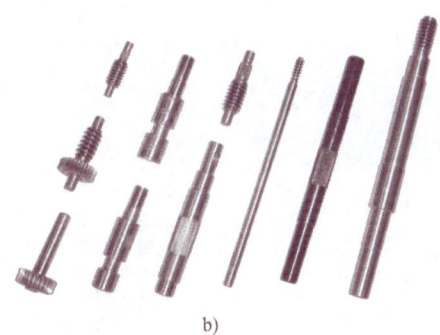

a)

b)

图3-42 易切削钢的应用

a) 齿轮 b) 轴

2. 不锈钢(GB/T 1220—2007)

不锈钢具有抵抗大气或弱腐蚀介质侵蚀作用的能力。不锈钢中主要的合金元素是铬和镍,铬能在钢的表面形成一层致密的氧化膜,使钢具有良好的耐蚀性。而且当铬的质量分数超过12%之后,钢基体的电极电位大大提高,从而使基体金属受到保护。常用不锈钢有铁素体不锈钢、马氏体不锈钢、奥氏体不锈钢和奥氏体-铁素体不锈钢四类,如10Cr17、12Cr13、12Cr18Ni9、14Cr18Ni11Si4AlTi等。

不锈钢的应用如图3-43所示。

3. 耐热钢(GB/T 1221—2007)

耐热钢是在高温下具有较高抗氧化性和强度的钢,用于制造在高温条件下工作的零件,如内燃机气阀等。耐热钢可分为抗氧化钢和热强钢两类。

(1) 抗氧化钢 在钢中加入适量的合金元素铬、硅、铝元素,在高温下与氧生成一层致密而牢固的高熔点氧化膜(Cr_2O_5、SiO_2、Al_2O_3),将钢与外界的高温氧化性气体隔绝,从而保证了钢不被氧化。应用较多的抗氧化钢有22Cr20Mn10Ni2Si2N和26Cr18Mn12Si2N、

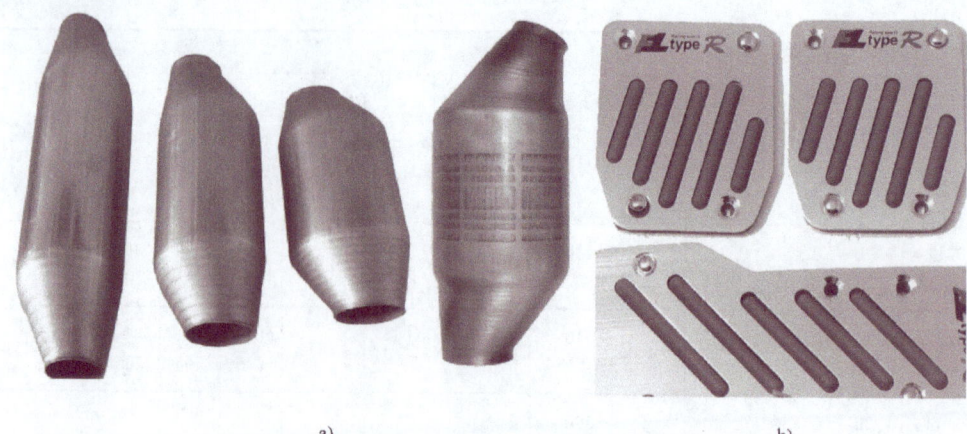

图 3-43 不锈钢的应用
a) 消声器外壳　b) 装饰用的耐蚀不锈钢

这类钢不仅抗氧化，而且铸、锻、焊性能较好。

常用抗氧化钢的牌号、化学成分及用途见表 3-19。

表 3-19 常用抗氧化钢的牌号、化学成分及用途（GB/T 1221—2007）

数字代号	牌号	力学性能					退火后的硬度 HBW 不大于	用途举例
		$R_{p0.2}$ /MPa	R_m /MPa	A (%)	Z (%)	A_k /J		
S41010	12Cr13	345	540	22	55	78	200	作 800℃ 以下耐氧化用部件
S11348	06Cr13Al	175	410	20	60		183	燃气透平压缩机叶片，退火箱、淬火台架等
S35850	22Cr20Mn10Ni2Si2N	390	635	35	45		248	加热炉管道等
S35750	26Cr18Mn12Si2N	390	685	35	45		248	制造渗碳炉构件、加热炉传送带、料盘等
S35650	53Cr21Mn9Ni4N	560	885	8	—		320	汽油机、柴油机排气阀等

（2）热强钢　在钢中加入钨、钼等合金元素，能提高其再结晶温度，从而阻碍蠕变的发展；加入铌、钒、钨、钼等碳化物形成元素，所形成的碳化物既产生了弥散强化，又阻碍了位错的移动，因而提高了抗蠕变能力，在高温下保持高强度的能力。

常用热强钢的牌号、热处理、使用温度及用途见表 3-20。

表 3-20 常用热强钢的牌号、热处理、使用温度及用途（GB/T 1221—2007）

数字代号	牌号	热处理		最高使用温度/℃		用途举例
		淬火/℃	回火/℃	抗氧化性	热强性	
S41010	12Cr13	950~1000 油冷	700~750 空冷	750	500	作 800℃ 以下耐氧化部件
S47010	15Cr12WMoV	1000~1050 油冷	680~700 空冷	750	580	耐高温减振部件

单元二 汽车动力装置机构分析与应用

（续）

数字代号	牌 号	热 处 理		最高使用温度/℃		用途举例
		淬火/℃	回火/℃	抗氧化性	热强性	
S48140	40Cr10Si2Mo	1010~1040 油冷	720~760 空冷	850	650	进、排气阀门
S32590	45Cr14Ni14W2Mo	退火 820~850,快冷		850	750	700℃以下工作的内燃机,柴油机重负荷进、排气阀和紧固件

如图 3-44 所示，汽车上用耐热钢制造的零部件有发动机的进排气门、涡流室镶块、涡轮增压器转子、排气净化装置等。国产汽车的气门用钢主要有：40Cr10Si2Mo、45Cr9Si3、80Cr20Si2Ni 等。

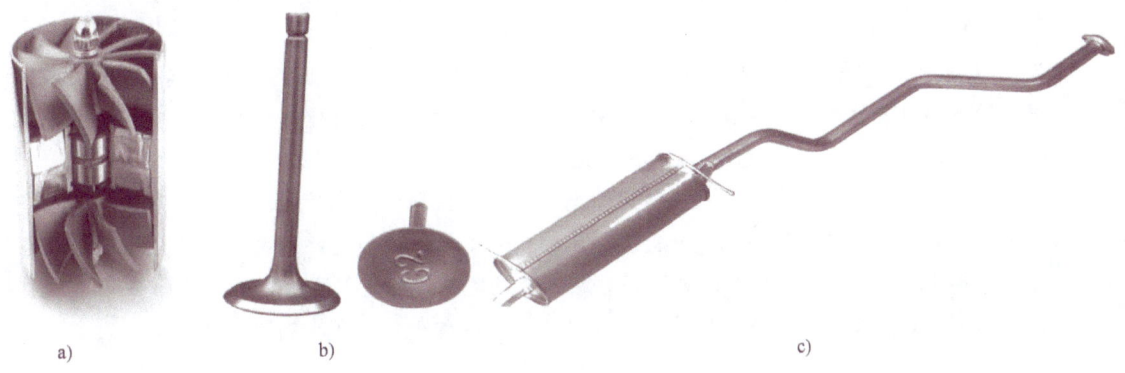

图 3-44 耐热钢的应用

a) 涡轮增压器转子　b) 进排气门　c) 排气净化装置

二、铸铁的热处理

1. 灰铸铁的变质处理（孕育处理）

在灰铸铁浇注前往铁液中加入少量变质剂（硅铁、硅钙铁等），改变铁液的结晶条件，使其获得细小珠光体和细小均匀分布的片状石墨组织，这种处理称为变质处理（孕育处理）。变质处理后的灰铸铁称为变质铸铁（或孕育铸铁）。灰铸铁经变质处理后，强度有较大的提高，韧性和塑性也得到改善，常用于铸造力学性能要求较高、截面尺寸较大的铸件。

2. 灰铸铁的热处理

灰铸铁的力学性能不高，热处理强化的效果也不明显。所以，灰铸铁的热处理一般用于消除应力和白口组织，稳定尺寸和提高工作表面的硬度和耐磨性。

1）去应力退火。对于大型、复杂的铸件或精密铸件，在切削加工前要进行去应力退火。去应力退火是将铸件缓慢加热到 500~600℃，保温一段时间，然后随炉冷却。这种方法也称人工时效处理。此外，还可将铸件长期放置在露天下，让其应力自然消失，这种方法也称自然时效处理，但因其处理时间长，效果不佳，较少应用。

2）消除白口组织退火。铸件冷却时，在薄壁部位及表层处，由于冷却速度较快，容易形成白口组织，使铸件的硬度和脆性增加，造成加工困难并影响正常使用。消除白口组织的方法是将铸件加热到 850~950℃，保温 2~4h，然后随炉冷却至 400~500℃，出炉后空冷。

3）表面淬火热处理。为了提高灰铸铁件的表面硬度和耐磨性，可选择采用火焰淬火、高频、中频感应淬火和化学热处理等，机床导轨表面可采用接触电阻加热淬火。

3. 球墨铸铁的热处理

由于球状石墨对基体的割裂作用不大，因此球墨铸铁可通过热处理进行强化。常用的热处理方法有退火、正火、调质、等温淬火等，还可进行表面热处理，如表面淬火、渗氮等。其工艺过程可参考热处理有关资料。

三、汽车零件的选材原则

零件的合理选材，对产品有着重要的意义。汽车零件材料的选择必须遵循一般的工程材料选择原则。选择适合的材料是设计和制造产品的必要条件。由于材料的种类繁多，性能、作用和应用场合也各不相同，因此工程材料的选择一般遵循以下三个原则。

1. 使用性能原则

使用性能原则：采用所选材料制造的零件在使用过程中具有良好的工作性能。

零件的使用性能主要指零件在使用状态下应具有的力学性能、物理性能和化学性能。满足使用性能是保证零件完成规定功能的必要条件。在大多数情况下，它是选材首先要考虑的问题。

零件的使用性能的要求中，零件在使用状态下的力学性能要求是对零件的最重要的要求，是保证零件经久耐用的决定性条件。它一般是在分析零件工作条件和失效形式的基础上提出的。因此，通过对零件工作条件和失效形式的全面分析，可确定零件对使用性能的具体要求。

由于工况不同，零件的工作条件是复杂的。从载荷性质来分，有静载荷、动载荷；从受力状态来分析，有拉、压、弯、扭应力，有交变应力；从工作温度来分，有低温、室温、高温、交变温度等；从环境介质来看，有加润滑剂的，有接触酸、碱、盐、海水、粉尘的等。此外，有时还要考虑物理性能方面的要求，如电导性、磁导性、热导性、热膨胀性、辐射等。

进行选材前，应通过零件工作条件和失效形式的全面分析，确定零件对使用性能的具体要求。

如上节所述，材料各项力学性能指标可满足零件不同的使用要求。例如，材料的刚性和屈服强度是保证零件在使用时不产生过量变形的前提；材料的硬度是满足耐磨性的重要指标。耐磨零件应选择具有较高硬度的材料；为防止零件的疲劳破坏，材料应具有较高的强度和韧性。对于一些零件，还会以一些特殊的物理、化学性能作为零件的使用要求。在确定了零件的具体力学性能指标和数值以后，即可利用各种机械手册进行选材。

应当指出，当以强度为主要依据选材时，还应考虑构件所承受的载荷与其重量之比。此时选材的参数为比强度 R_{eL}/ρ，当 A_s/ρ 比值最大时，构件重量最小。所以，在给定外载条件时，当材料的密度接近时，应选用屈服强度高的材料。目前生产中，作为高强度结构零件的较理想的材料还是钢铁材料。此外，强度对材料的组织很敏感。因此，在选材时既要按强度要求选用合适的材料，又必须确定材料的热处理工艺。

2. 工艺性能原则

工艺性能原则：所选用材料能够确保零件便于加工。

材料的工艺性能表示材料加工的难易程度。在选材时，同使用性能相比较，材料的工艺性能一般处于次要地位，但在某些特殊情况下，工艺性能也可成为选材考虑的主要依据。例如在大批量切削加工生产中，为保证材料的可加工性，往往选用易切削钢。因此，选材时必须考虑材料的工艺性能，使所选材料的工艺性能满足生产工艺的要求。有时，尽管某一可选材料的性能很理想，但极难加工或加工成本很高，在这种情况下，选用该种材料是不现实的。选材时应当尽量使材料所要求的工艺性能与零件生产的加工工艺路线相适应。

3. 经济性原则

经济性原则：所选用的材料能使产品具有较低的总成本。

材料的经济性是选材的根本原则。采用便宜的材料，把总成本控制至最低，取得最大的经济效益，使产品在市场上具有竞争力，始终是零件设计的重要任务之一。

材料的经济性一般从材料的成本、零件的总成本和资源等方面综合考虑。

材料的成本为直接成本，在产品的总成本中占有相当的分量。在以强度为主要指标进行选材时，常常根据强度和成本来比较材料。例如，在轿车零件选材时，要求重量轻、强度高，可根据材料的比强度来比较候选材料。在满足使用要求的前提下，尽量选用成本低的材料，并把必须使用的贵金属材料减少到最低限度。值得一提的是，许多优异性能的高分子材料，在一些场合可以替代金属材料，既降低了成本，又减轻了重量。例如利用高密度聚乙烯替代钢板制造油箱；又如采用SMC片状玻璃纤维增强塑料替代钢板制造车身外板件，具有相当的竞争力；再如采用聚甲醛替代轴承钢制造的4t载重汽车用底盘衬套轴承，可在10000km以上不用加油保养。

零件的总成本与其使用寿命、重量、加工费用、研究费用、维修费用和材料的价格有关。若能准确地知道零件总成本与上述因素之间的关系，则可以将其对材料选材的影响做出比较精确的判断。但在大多数情况下，要做出完整详尽的分析是比较困难的，尽可能利用一切可能得到的资料进行金相分析，来保证零件的总成本尽可能降低。

此外，选材时还要立足于国家的资源，考虑材料的来源是否丰富，生产所用材料所用的能耗的高低，是否利于环保等。

下面介绍汽车发动机曲轴零件的选材和工艺路线的选择，了解汽车零件选材的一般方法步骤和工艺路线的选择。

曲轴是汽车发动机中的形状复杂的重要零件之一，结构如图3-45所示。

图3-45　汽车发动机曲轴

（1）汽车发动机曲轴的工作条件　汽车发动机曲轴的作用是输出动力，并带动其他部件运动。曲轴在工作中受到弯曲、扭转、剪切、拉压、冲击等交变应力。而且，曲轴的形状极不规则，其上的应力分布极不均匀；曲轴颈与轴承还发生滑动摩擦。

（2）曲轴的主要失效形式　由上述工作条件及受力情况可知，曲轴的主要失效形式是疲劳断裂和轴颈严重磨损两种。

(3) 对曲轴的性能要求　根据曲轴的失效形式，可以对曲轴材料提出如下性能要求：

1) 高的强度。

2) 一定的冲击韧度。

3) 足够的弯曲、扭转疲劳强度。

4) 足够的刚度；轴颈表面有高的硬度和耐磨性。

(4) 典型曲轴的选材　实际生产中，按照制造工艺，将汽车发动机曲轴分为锻钢曲轴和铸造曲轴。锻钢曲轴一般采用优质中碳钢和中碳合金钢制造，如30、45、35Mn2、40Cr、35CrMo等。铸造曲轴主要由铸钢、球墨铸铁、珠光体可锻铸铁及合金铸铁等制造，如ZG 230-450、QT600-3、QT700-2、KTZ 450-06、KTZ 500-05等。

(5) 曲轴典型的工艺路线　可根据材质不同分为两类：

1) 铸造曲轴的典型工艺路线。铸造→正火→高温回火→切削加工→轴颈气体渗碳。

2) 锻钢曲轴的典型工艺路线。下料→模锻→调质→切削加工→轴颈表面淬火。

拓展训练

本单元认识了各种汽车常用金属材料的组成、特性和应用，请结合日常生活接触的和工业中的机器和设备，试分析其材料的选用及性能。

项目小结

1) 足够的强度、刚度和稳定性是确保连杆具有足够承载能力的三个基本要求。

2) 杆件变形的基本形式：轴向拉伸或压缩、剪切、扭转、弯曲。

3) 分析、计算内力的方法：截面法。

4) 应力：内力在截面上的集度。

5) 杆件轴向拉伸或压缩的分析包括：轴力、应力、应变的计算、泊松比、弹性模量、胡克定律的分析。

6) 低碳钢的拉伸过程分为四个阶段：弹性阶段、屈服阶段、强化阶段、缩颈断裂阶段。

7) 拉、压杆的强度条件：$R = \dfrac{F_N}{S_0} \leq [R]$。

8) 应用拉、压杆的强度条件可以解决工程中的三类问题：强度校核、截面设计、确定承载能力。

9) 常用钢铁材料分类：

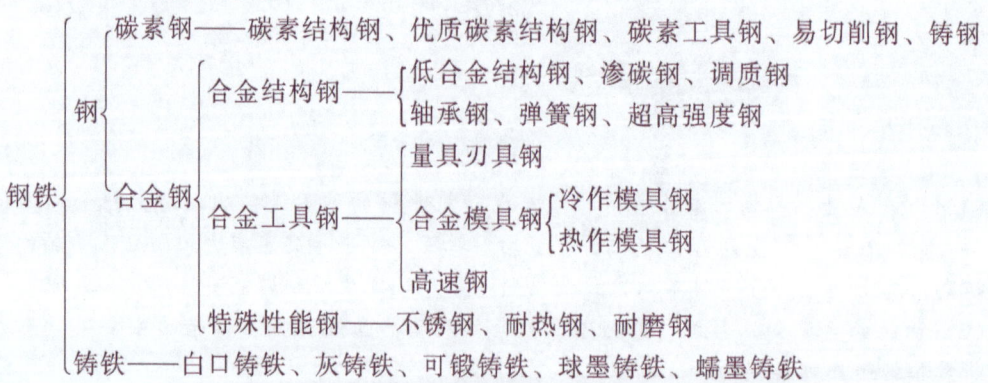

单元二 汽车动力装置机构分析与应用

10）汽车发动机主要零件的用材情况见表3-17。

项目训练

一、填空题

1. 杆件轴向拉伸或压缩时，其受力特点是：作用于杆件外力的合力的作用线与杆件轴线相_____。

2. 杆件的弹性模量 E 表征了杆件材料抵抗弹性变形的能力，这说明杆件材料的弹性模量 E 值越大，其变形就越_____。

3. 金属拉伸试样在屈服时会表现出明显的_____变形，若金属零件有了这种变形则必然会影响机器正常工作。

4. 低碳钢试样拉伸时，在初始阶段应力和应变成_____关系，变形是弹性变形；在卸载后能完全消失的变形称为_____。

5. 渗碳钢属于_____碳钢，强度低，但塑性、韧性较好；通常进行_____、_____和_____处理，获得"表硬里韧"的性能。

6. 碳钢中常规的杂质元素主要有 S、P、Mn、Si 四种。其中硫对钢会造成_____影响；磷对钢会造成_____影响；锰对钢有_____作用；硅对钢有_____作用。

7. 球墨铸铁的强度、塑性和韧性均较灰铸铁高，这是因为_____。

8. HT200 牌号中"HT"表示_____，数字"200"表示_____。

9. 发动机连杆常见的失效形式有_____和_____两种。

二、选择题

1. 汽车发动机中要求采用质量轻、运动时惯性小的活塞，多采用（　　）材料制成。
   A. 铸铁　　　　　　B. 铝合金　　　　　　C. 陶瓷　　　　　　D. 塑料

2. 完全退火主要用于（　　）。
   A. 亚共析钢　　　　B. 共析钢　　　　　　C. 过共析钢　　　　D. 过共晶钢

3. QT400-18 是（　　）。
   A. 球墨铸铁　　　　B. 灰铸铁　　　　　　C. 铸钢　　　　　　D. 合金钢

4. 调质是指（　　）。
   A. 淬火+退火　　　B. 铸造+退火　　　　C. 淬火+高温回火　D. 正火+回火

5. 渗碳是（　　）。
   A. 化学处理　　　　B. 表面热处理　　　　C. 制造合金　　　　D. 炼钢

6. 危险截面是（　　）所在的截面。
   A. 最大面积　　　　B. 最小面积　　　　　C. 最大应力　　　　D. 最大内力

三、判断题

1. 表面淬火既能改变钢的表面组织，又能改善心部的组织和性能。（　　）
2. 可锻铸铁在高温时可以进行锻造加工。（　　）
3. 可以通过球化退火使灰铸铁变成球墨铸铁。（　　）
4. 铸铁可通过热处理改变基体组织。（　　）
5. 铸铁可通过热处理改变石墨的形态。（　　）

6. 应力公式 $R = \dfrac{F_N}{S_0}$ 的使用条件是，外力沿杆件轴线，且材料服从胡克定律。（　　）

7. 在各种受力情况下，脆性材料都将发生脆性断裂而破坏。（　　）

8. "表面淬火+低温回火"的目的是使工件获得高硬度高耐磨的使用性能。（　　）

四、简答题

1. 压缩和拉伸有何不同？请指出图 3-46 中各杆，哪些属于轴向拉（压）杆？

2. 三种不同材料的试件尺寸相同，它们的应力-应变曲线如图 3-47 所示，哪一种材料强度高？在弹性阶段内，哪一种材料的弹性模量大？哪一种材料的塑性好？

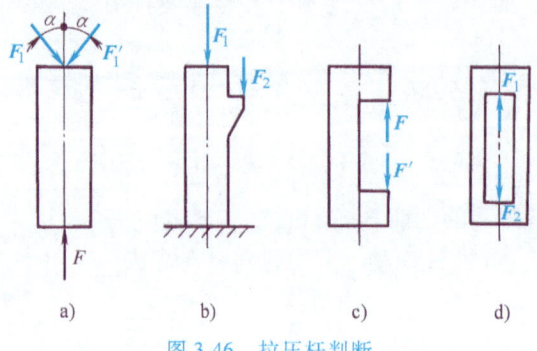

图 3-46　拉压杆判断

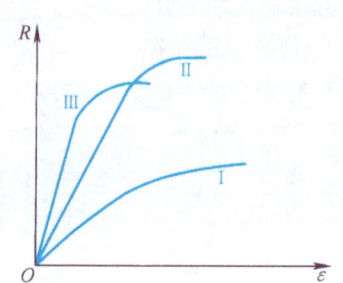

图 3-47　三种材料的应力-应变曲线

3. 由拉伸试验可得出材料哪些力学性能？

4. 退火的主要目的是什么？退火与正火的主要区别是什么？

5. 淬火的目的是什么？常用的淬火方法有哪几种？说明它们的主要特点及应用范围。

6. 什么是碳素钢？碳素钢中常存在的杂质有哪些？对钢的性能有何主要影响？

7. 试判定下列钢种的类别，并指出其主要性能、牌号的含义及应用举例：42CrMo、60Si2Mn、20CrMnTi、GCr15、50CrVA、GSiMnMoV、38CrMoAlA、20Cr2Ni4A。

8. 与钢相比，铸铁性能有什么优缺点？

9. 球墨铸铁与灰铸铁除了具有一般铸铁的优点外，它们各自还具有什么特点？

五、受力分析及计算

1. 求图 3-48 所示各杆指定截面上的轴力并作轴力图。

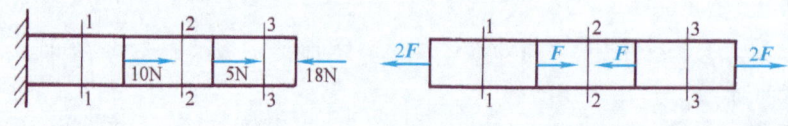

图 3-48　画杆的轴力图

2. 如图 3-49 所示，试求圆钢不同直径的两段轴上截面的应力和杆的总伸长量，钢的弹性模量 $E = 200\text{GPa}$。

3. 如图 3-50 所示，气缸内径 $D = 560\text{mm}$，内压 $p = 2.5\text{MPa}$，活塞杆直径 $d = 100\text{mm}$，材料的屈服强度 $R_{eL} = 300\text{MPa}$，气缸盖螺栓小径 $d_1 = 30\text{mm}$，材料的许用应力 $[R] = 60\text{MPa}$。试求：①校核活塞杆的强度；②所需气缸盖联接螺栓的个数。

单元二 汽车动力装置机构分析与应用

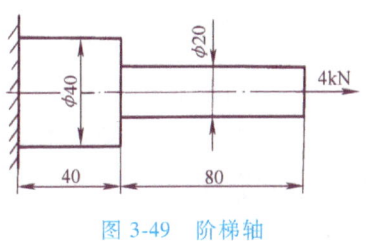

图 3-49 阶梯轴

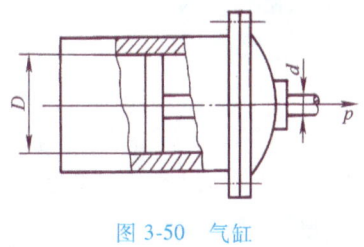

图 3-50 气缸

项目四　凸轮机构工作分析与应用

案例导入

有一辆东风风行商务车在行驶到六万多公里时，发动机动力不足，排气管发出有节奏的"隆隆"声，凸轮配气机构有较沉重的敲击声（类似气门脚的响声，但比该响声沉重）。送到维修厂后检查表明，气门间隙正常。技术员在逐缸做断火试验时发现：第1缸不工作，该缸的气缸压力低于正常值（200kPa），但其油、电路无故障。在拆下气缸盖，对气门进行研磨和仔细检验，并更换活塞环后进行试车时故障依旧。因此，技术员拆下第1缸的气门室罩对凸轮的升程进行了检测，如图4-1所示，测得该缸进气门凸轮的升程为6.88mm，小于原厂规定的允许最小升程6.90mm。在拆检凸轮轴时发现，第1缸进气门凸轮的尖端磨损严重，并有剥落现象。

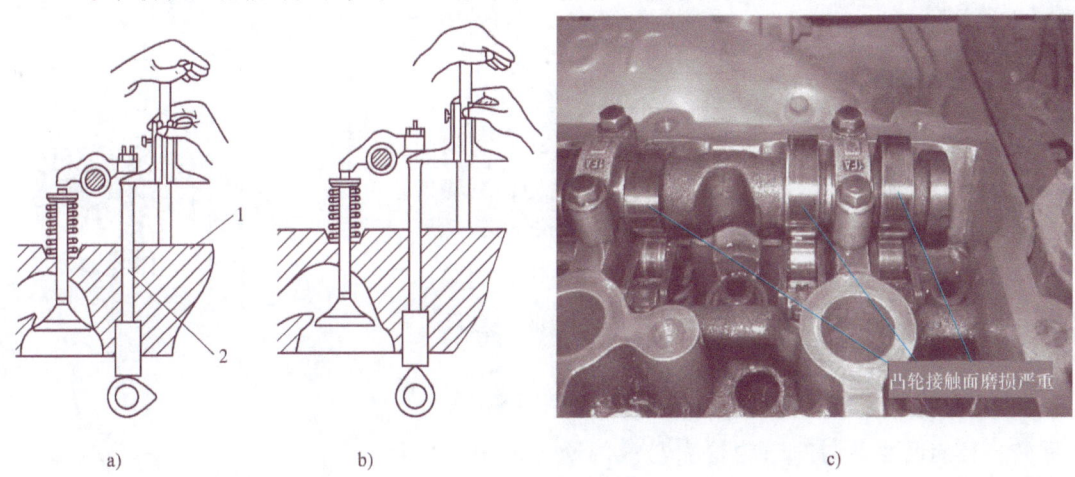

图 4-1 凸轮的检测

a) 测量推杆顶端至气缸盖上平面的最小高度　b) 测量推杆顶端至气缸盖上平面的最大高度　c) 实路图
1—气缸盖　2—推杆

故障分析认为：因为第1缸进气门凸轮的尖端磨损严重，造成进气门凸轮升程过小，使进气通道截面积减小，进入气缸内的可燃混合气减少，以致该缸的压力降低而产生气缸不工作的症状，更换凸轮轴后故障也随之排除。请借此案例对汽车发动机凸轮配气机构进行认识，并对车辆进行检修。

汽车机械基础

学习指导

通过对汽车发动机凸轮配气机构运动分析及结构认识，掌握凸轮传动机构的组成、分类及其在汽车上的应用，了解凸轮结构及从动件常用运动规律的特点和选择原则等知识和内容，并能够对汽车运动构件间的摩擦、失效、材料选用及工艺进行分析。

项目活动

任务六 汽车发动机凸轮配气机构的认识

1. 任务要点

1）在仿真教学实训室，利用汽车技术模拟仿真实训平台、网络，模拟拆装发动机。

2）在示教发动机实物上，认识及观察发动机各传动机构的整体结构，分析工作传动路线及观察如何传动，认识凸轮配气机构组成及结构。

2. 任务安排

请通过学习工作页（任务六、实训三）了解本项目活动任务并按计划要求实施活动，完成学习工作页相关内容的填写。

基础知识

一、凸轮传动基础知识

如图4-2所示，凸轮传动是通过凸轮与从动件之间的接触来传递运动和动力的，是一种常用的高副机构，只要做出适当的凸轮轮廓，就可以使从动件得到预定的复杂运动规律，设计简单。因此，在各种机械设备中很常用，尤其在汽车及其他自动化、半自动化机器的控制机构中应用更广。

1. 凸轮传动机构的组成和应用

图4-3所示发动机气门凸轮传动机构。当凸轮以等角速度回转，径向尺寸不同的凸轮轮廓与气门阀杆的平底接触时，驱动气门阀杆产生上、下往复运动，从而实现气门按预定的运动规律开启或闭合的控制。凸轮轮廓的形状决定了阀门开启或闭合的时刻、开度的大小和开启的持续时间等规律。不同的车型采用不同的凸轮轮廓实现气门控制。

图4-4所示为汽车快怠速机构，图中节气门联动臂拨动快怠速凸轮顺时针方向转动，并带动联动杆和阻风门摆臂使阻风门打开。

图4-5所示为自动车床中的凸轮组。它由两个凸轮机构组成，用于控制前、后刀架的

图 4-2 凸轮机构

1—凸轮 2—从动件

单元二 汽车动力装置机构分析与应用

进、退和停歇的动作,从而实现自动车削的目的。

图4-6所示为自动送料机构,当凸轮等速转动时,其上的沟槽经滚子迫使从动件按一定运动规律做往复移动,从动件即从储料器中推出坯料,送到加工位置。

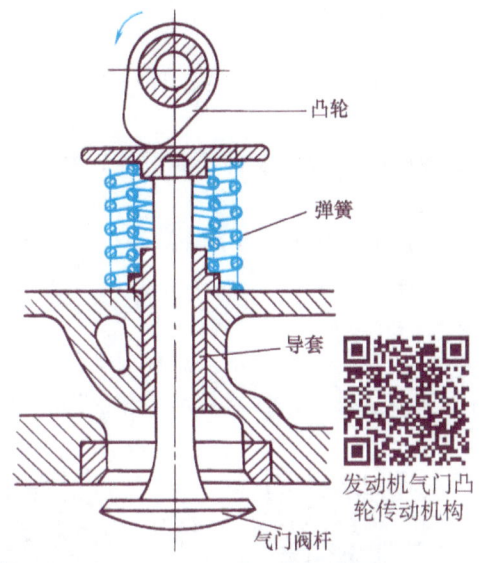

图4-3 发动机气门凸轮传动机构

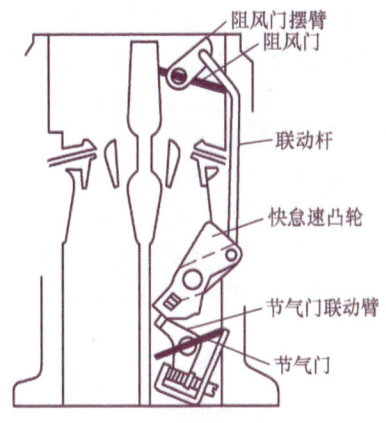

图4-4 汽车快急速机构(底盘)

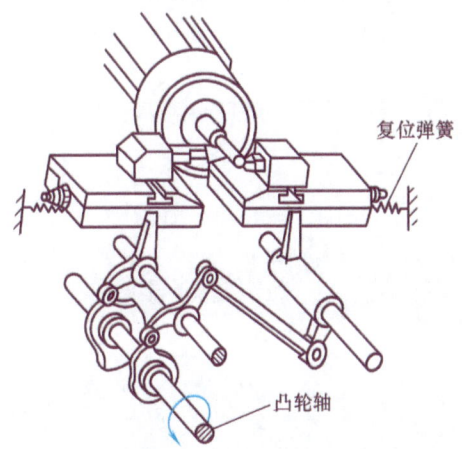

图4-5 自动车床中的凸轮组

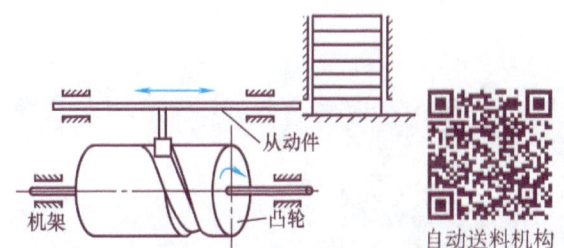

图4-6 自动送料机构

由以上例子可见:凸轮传动机构是由凸轮、从动件和机架三个基本构件组成的高副机构(图4-7),它将凸轮的转动(或移动)变换成从动件的移动或摆动,并在其运动转换中,实现从动件不同的运动规律,完成力的传递。

与平面连杆传动机构相比,凸轮传动机构的特点是:结构简单、紧凑,工作可靠,容易设计;但是,由于从动件

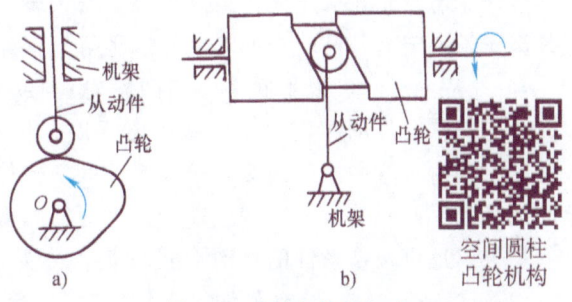

图4-7 凸轮机构的组成
a) 平面凸轮机构 b) 圆柱凸轮机构

109

与凸轮间为高副接触，易磨损。因而凸轮机构只宜用于传力不大的控制机构和调节机构中。上述汽车内燃机气门凸轮传动机构就是利用凸轮廓线控制气门开闭时间的。

2. 凸轮传动机构的类型

凸轮传动机构的类型很多，可按如下方法分类。

（1）按凸轮的形状和运动分类

1）**盘形回转凸轮**。这种凸轮是能绕固定轴线转动并具有变化向径的盘形零件，如图4-2中的构件1，这是凸轮的最基本形式。

2）**平板移动凸轮**。这种凸轮是相对机架做直线运动的平板状零件，如图4-8中的主动件。可看作是当转动中心位于无穷远时的盘形回转凸轮演化而成。

3）**圆柱回转凸轮**。这种凸轮是轮廓曲线位于圆柱上并绕其轴线旋转的凸轮。可看作是平板移动凸轮卷绕在圆柱上演化而成，如图4-6中的凸轮。

（2）按从动件的形状分类

1）**尖顶从动件**。以尖顶与凸轮轮廓接触的从动件，如图4-9a所示。这种从动件结构最简单，其尖顶能与任意复杂的凸轮轮廓保持接触，以实现从动件的任意运动规律。但尖顶易磨损，仅适用于作用力很小的低速凸轮传动。

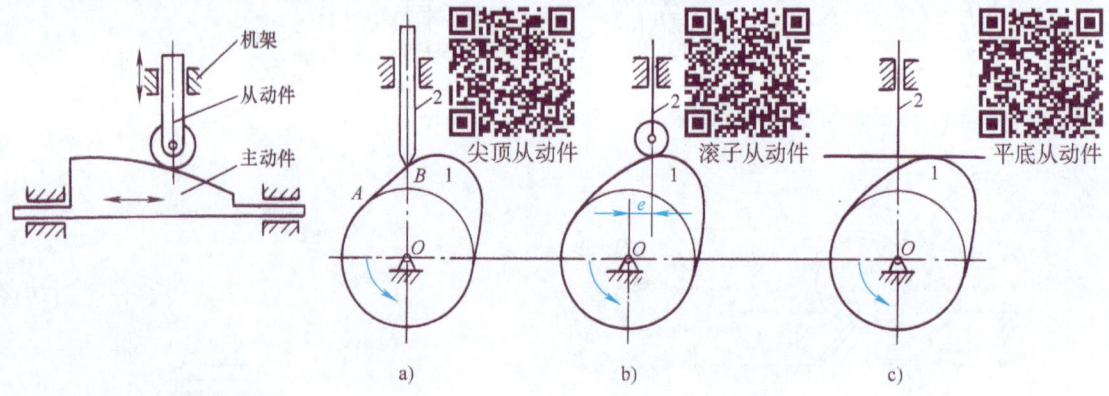

图 4-8 平板移动凸轮机构

图 4-9 从动件的形状
a）尖顶从动件 b）滚子从动件 c）平底从动件

平板移动凸轮机构

2）**滚子从动件**。以铰接的滚子与凸轮轮廓接触的从动件，如图4-9b所示。这种从动件因其上滚子与凸轮轮廓之间为滚动摩擦，磨损较小，可承受较大的载荷，故应用最普遍。缺点是滚子不一定能与凸轮上凹陷的轮廓很好地接触，从而影响实现预期的运动规律。

3）**平底从动件**。以平底平面与凸轮轮廓接触的从动件，如图4-9c所示。若不考虑摩擦，凸轮对从动件的作用力始终垂直于平底，传动效率高，且平底与凸轮轮廓间易形成油膜，利于润滑，故常用于高速和较大载荷的凸轮传动；但平底从动件不能与具有内凹或凹槽轮廓的凸轮很好地接触，影响预期的运动规律的实现。

另外，还可按从动件的运动形式分类，分为**移动从动件**（图4-3）和**摆动从动件**（图4-5）。前述三种形式的从动件均可用作移动和摆动从动件。各种形式的从动件和各种形式的凸轮可以组成不同形式的凸轮传动。凸轮机构的主要类型见表4-1。

单元二　汽车动力装置机构分析与应用

表 4-1　凸轮机构的主要类型

类型		直动从动件		摆动从动件
	从动件	对心	偏置	
盘形凸轮机构	尖顶从动件	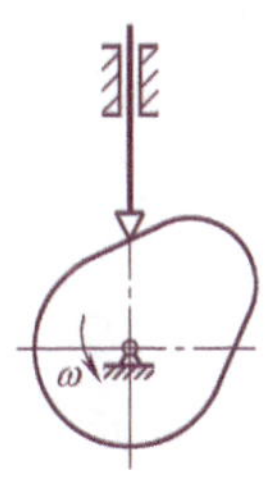	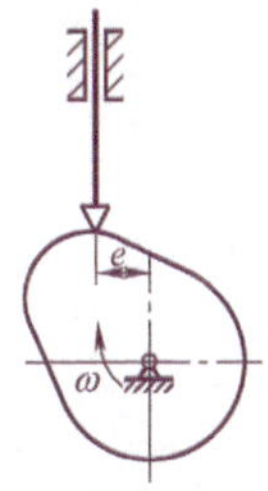	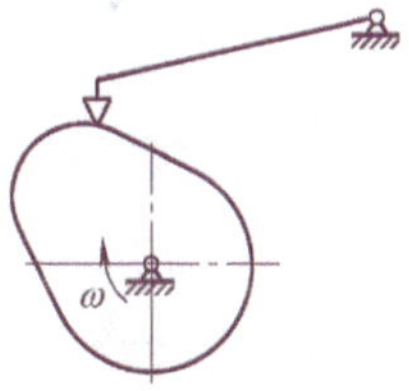
	滚子从动件	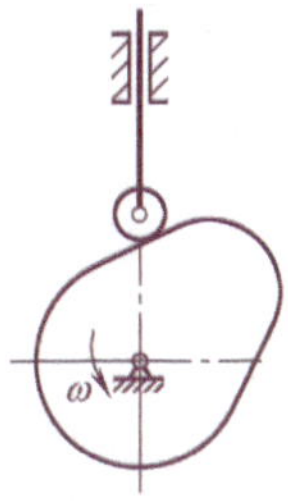	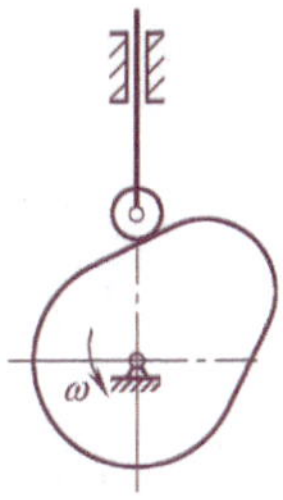	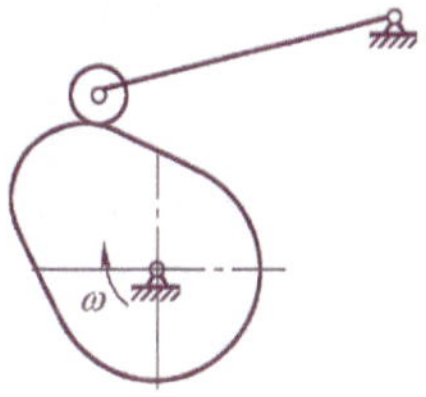
	平底从动件	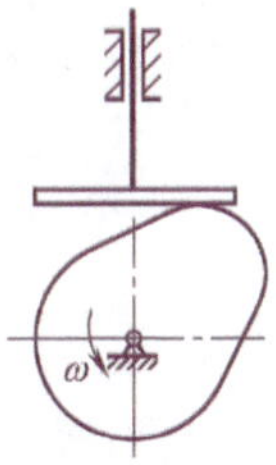	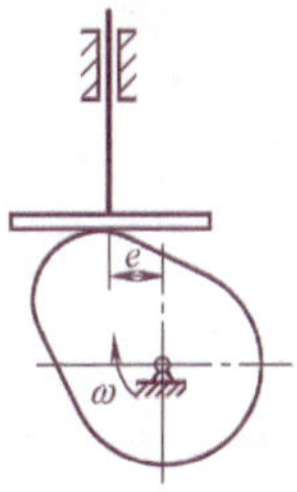	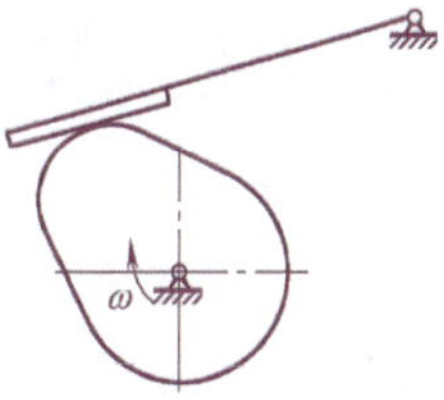
移动凸轮机构		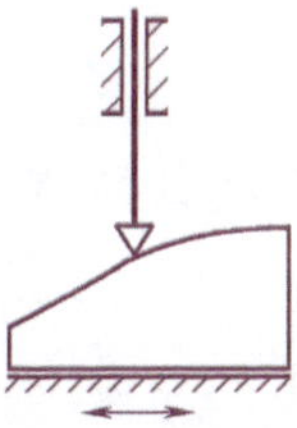	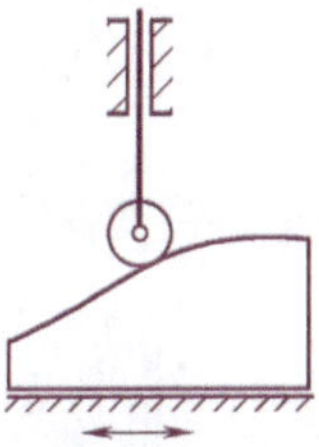	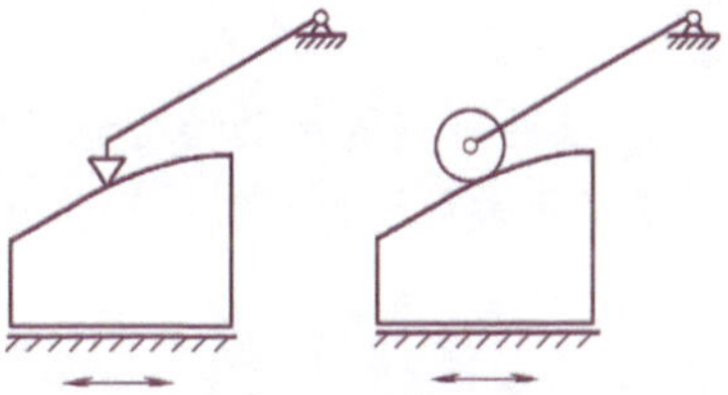
圆柱凸轮机构		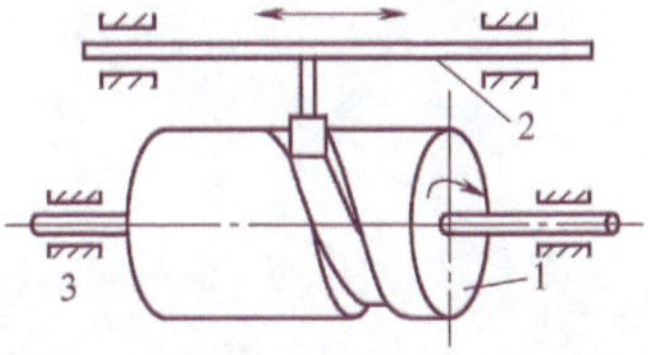		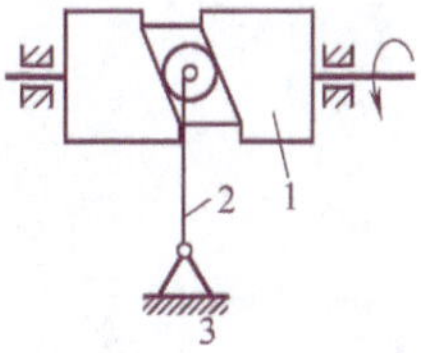

凸轮传动中，应使从动件与凸轮轮廓始终保持接触。凸轮轮廓接触可利用力的锁合与形的锁合。力的锁合凸轮是依靠凸轮的重力、弹簧力（图 4-3）来实现。形的锁合是依靠特殊的几何形状来实现，如图 4-6、图 4-7 中的凹槽沟。几何锁合凸轮机构可以避免弹簧附加的阻力，从而降低驱动力和提高效率，缺点是机构外廓尺寸大，设计也复杂。

111

3. 凸轮和从动件的结构

（1）从动件的结构　从动件的结构形式前已叙述，现仅讨论其导路结构。应用较多的是从动件的导路在凸轮的一侧，如图 4-10a 所示。从动件悬臂长度 L_1 不宜过长，一般应小于导路长度 L 的一半。为了改善从动件的运动灵活性，还可将导路分设在凸轮的两侧，如图 4-10b 所示。图 4-10c 所示为双侧导路的另一种结构形式，这种结构将凸轮轴当成导路的一端。

（2）凸轮的结构　最简单、最常见的是整体式凸轮。不需要经常更换的凸轮、较小的凸轮一般采用这种结构。

图 4-11 所示的镶块式凸轮，其凸轮廓线由若干镶块拼接、固定在鼓轮上组合而成。鼓轮上加工出许多螺纹孔，供固定镶块用。这种凸轮可以更换镶块，改变凸轮廓线形状，以适应工况变化，常用于需要经常更换凸轮的场合，如自动机。

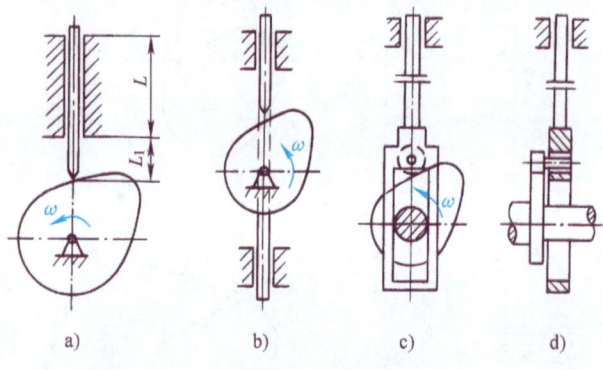
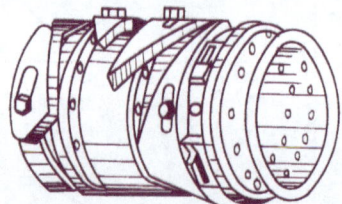

图 4-10　导路的结构形式　　　　图 4-11　镶块式凸轮

图 4-12 所示为组合式凸轮，盘状凸轮与轮毂是分离的，用螺栓将它们紧固成整体。盘状凸轮上螺栓的通过孔开成长圆弧槽，这样便于调节凸轮与轴的周向相对位置，因而使从动件的起始位置与轴的相对位置可以根据需要进行调节。

4. 凸轮机构的传动特性分析

图 4-13a 所示为对心移动尖顶从动件盘形凸轮机构，其工作过程如下：

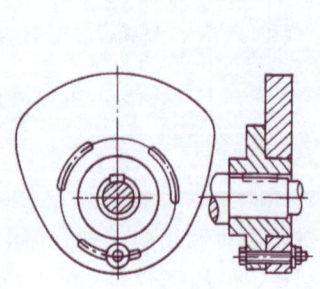
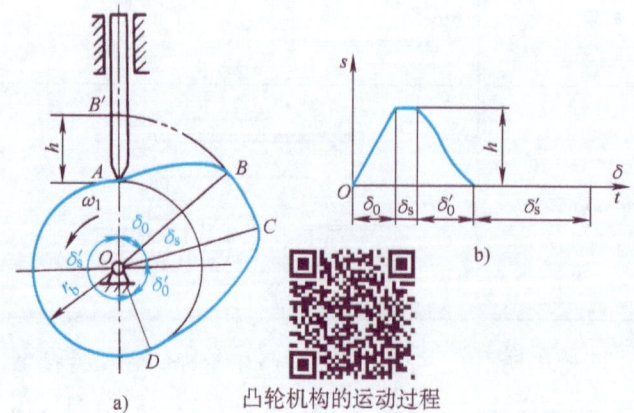

图 4-12　组合式凸轮　　　　图 4-13　凸轮机构的运动过程
　　　　　　　　　　　　　　a）对心移动尖顶从动件盘形凸轮机构　b）位移曲线图

单元二 汽车动力装置机构分析与应用

在凸轮上,以凸轮的最小向径 r_b 为半径所作的圆称为基圆,r_b 称为基圆半径。点 A 为凸轮轮廓曲线的起点。当凸轮与从动件在 A 点接触时,从动件处于距凸轮轴心 O 最近的位置。当凸轮以匀角速度 ω_1 逆时针转动 δ_0 时,凸轮轮廓 AB 段的向径逐渐增加,推动从动件以一定的运动规律达到最远位置 B',这个过程称为推程。这时从动件移动的距离 h 称为升程,对应的凸轮转角 δ_0 称为推程运动角。当凸轮继续转动 δ_s 时,凸轮轮廓 BC 段的向径不变,此时从动件处于最远位置停留不动,这个过程称为远停程,对应的凸轮转角 δ_s 称为远休止角。当凸轮继续转动 δ'_0 时,凸轮轮廓 CD 段的向径逐渐减小,从动件在重力或弹力的作用下,以一定的运动规律回到最低位置,这个过程称为回程,对应的凸轮转角 δ'_0 称为回程运动角。当凸轮继续转动 δ'_s 时,凸轮轮廓 DA 段的向径不变,此时从动件处于最低位置停留不动,这个过程称为近停程,对应的凸轮转角 δ'_s 称为近休止角。当凸轮继续转动时,从动件重复上述规律循环运动。一般情况下,推程是凸轮机构的工作行程。

以从动件的位移 s 为纵坐标,对应的凸轮转角 δ(或时间 t)为横坐标,依据上述凸轮与从动件的运动关系,可逐点画出从动件的位移 s(等于从动件与凸轮轮廓接触点到基圆上的向径长)与凸轮转角 δ(或时间 t)间的关系曲线,如图 4-13 所示,称为从动件位移曲线。根据从动件位移曲线,可作出其速度曲线和加速度曲线。

(1)常用凸轮从动件运动规律 从动件运动规律即是从动件的位移、速度和加速度随时间(或凸轮转角)的变化规律。常用的从动件运动规律见表 4-2。

表 4-2 常用的从动件运动规律

项目名称	位移线图	速度线图	加速度线图	运动特性和适用范围
等速运动规律	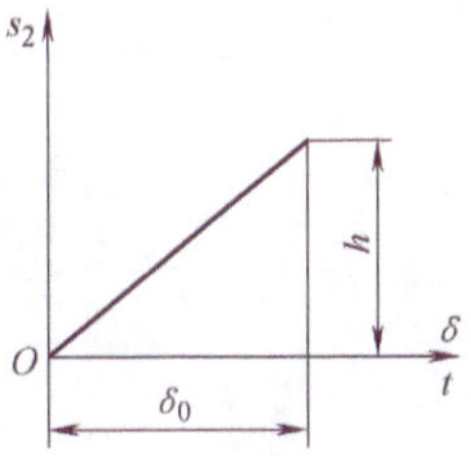 斜直线 运动方程: $s_2 = \dfrac{h}{\delta_0}\delta$	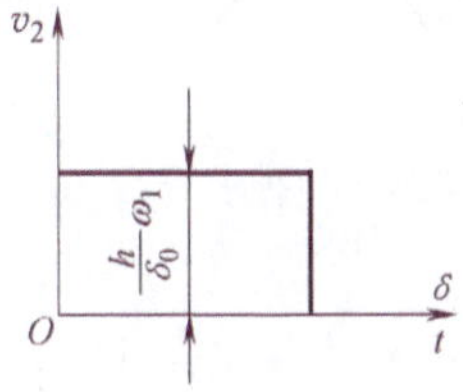 水平直线 运动方程: $v_2 = \dfrac{h}{\delta_0}\omega_1 = $ 常数	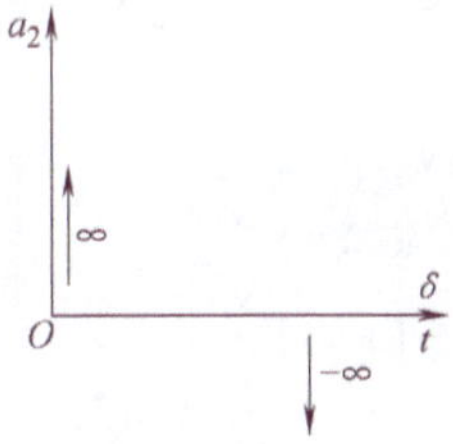 运动方程: $a_2 = 0$	产生刚性冲击 当从动件运动时,其加速度为零。但在推程运动开始和终止的瞬时,因有速度突变,故这一瞬时的加速度理论上为由零突变为无穷大,导致从动件理论上产生无穷大的惯性力,使凸轮机构受到极大冲击。若必须采用等速运动规律,则必须在其运动的开始和终止阶段拼接上其他运动规律作为过渡,以缓和冲击 适用于低速和从动件质量较小的凸轮传动

（续）

项目名称	位移线图	速度线图	加速度线图	运动特性和适用范围
等加速等减速运动规律	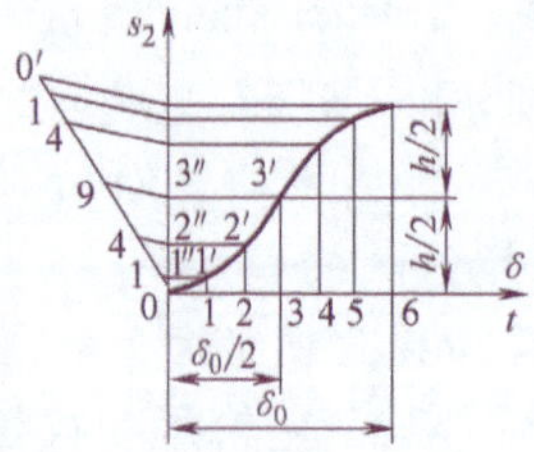 抛物线 运动方程： $s_2 = \dfrac{2h}{\delta_0^2}\delta^2$	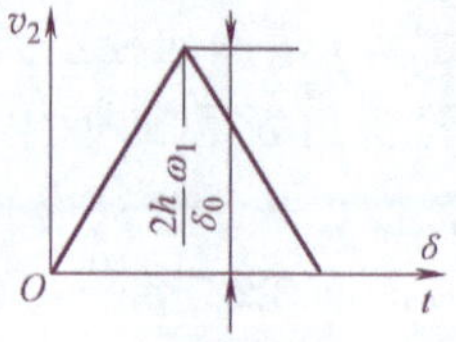 斜直线 运动方程： $v_2 = \dfrac{4h\omega_1}{\delta_0^2}\delta$	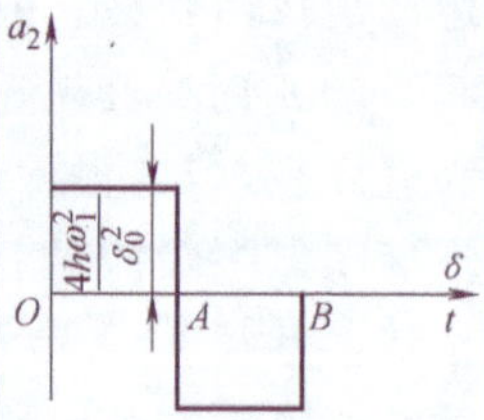 水平直线 运动方程： $a_2 = \dfrac{4h\omega_1^2}{\delta_0^2}$	产生柔性冲击 通常从动件在前半个推程中做等加速运动，后半个推程中做等减速运动。这种运动规律虽然加速度 a_2 为常数，但在 O、A、B 诸点处加速度出现有限值突变，由此而产生的惯性力的变化也为有限值。这种由加速度和惯性力的有限变化对机构所造成的冲击、振动和噪声要较刚性冲击小 适用于中速、轻载的场合，不适用于高速凸轮传动
简谐运动规律	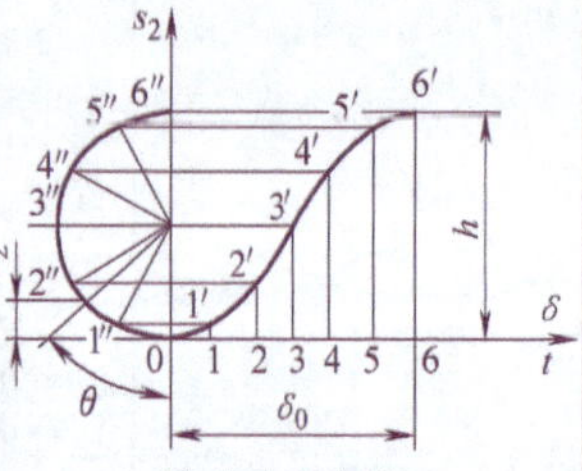 简谐运动曲线 运动方程： $s_2 = \dfrac{h}{2}\left[1-\cos\left(\dfrac{\pi}{\delta_0}\delta\right)\right]$	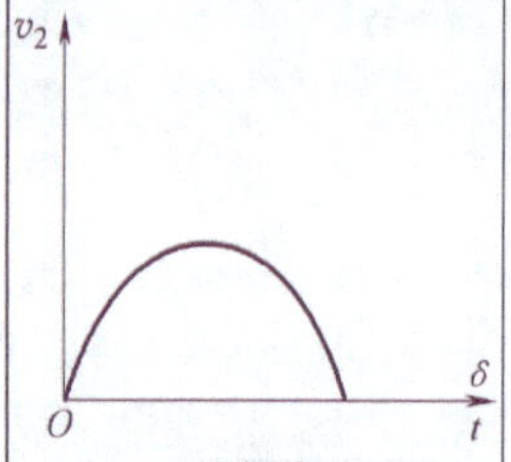 抛物线 运动方程： $v_2 = \dfrac{\pi h\omega_1}{2\delta_0}\sin\left(\dfrac{\pi}{\delta_0}\delta\right)$	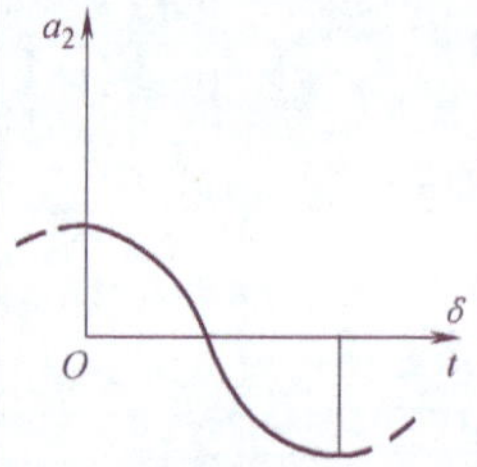 余弦曲线 运动方程： $a_2 = \dfrac{\pi^2 h\omega_1^2}{2\delta_0^2}\cos\left(\dfrac{\pi}{\delta_0}\delta\right)$	产生柔性冲击 从动件在推程做简谐运动，这种运动规律在从动件推程的起点和终点 O、A 两点处，从动件的加速度也出现有限数值的突变，故也有柔性冲击，只有当加速度曲线保持连续时，才能避免冲击。适用于中速的场合

（2）从动件运动规律的选择 选择从动件运动规律时需考虑凸轮传动机构的使用场合、工作条件等。所选的运动规律首先应满足凸轮在机械中执行工作的要求，同时还应使凸轮机构具有良好的动力特性，便于制造等。因此，必须综合考虑确定选择的主要依据。

1）对于只要求从动件实现一定的位移，而对行程中的运动规律无严格要求的低速凸轮传动，如图4-14所示的夹紧工件凸轮机构，以及变速箱中使滑移齿轮做轴向滑移的凸轮，只需保证从动件的位移达到要求即可。运动规律的确定应从便于凸轮加工来考虑，如选用等速运动规律。因为直动从动件做等速运动时,对于盘形凸轮,其廓线是阿基米德螺旋线;对于圆柱凸轮,其廓线是普通螺旋线,制造简便,也可采用易于加工的圆弧和直线作为凸轮廓线。

2)对从动件的运动规律有特殊要求的凸轮传动,应按其要求确定运动规律。图 4-15 所示的控制刀架进给的凸轮传动,为使加工表面光洁,要求刀具(即从动件)做等速进给,所以宜选用等速运动规律。

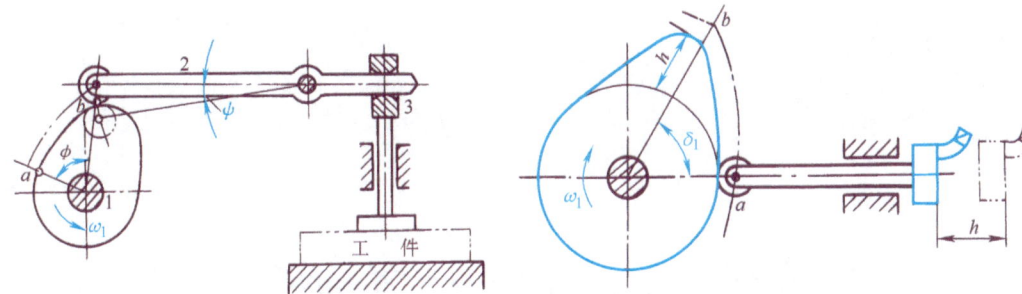

图 4-14　夹紧工件的凸轮机构　　　　图 4-15　控制刀架进给的凸轮传动

3)在高速运转下工作的凸轮传动,选择从动件运动规律时要特别考虑它的动力特性、加速度变化情况,力求避免过大的惯性力,减小冲击和振动。为此,宜选用余弦加速度运动规律,但其凸轮廓线不易加工。有时可采用几段圆弧光滑地连接起来的廓线,替代上述廓线,只要使两者的误差在允许范围内即可,这样仍可获得近似的运动规律。

在选择从动件运动规律时,除了考虑以上因素外,还应对最大速度 v_{max}、最大加速度 a_{max} 的影响加以比较。当从动件质量较大时,为了减少动量(mv),应选择 v_{max} 较小的运动规律。对于高速凸轮由于 a_{max} 越大,惯性越大,所以为了减少惯性的危害,应选择 a_{max} 值较小的运动规律。

二、凸轮轴的结构及凸轮的受力分析

凸轮轴是发动机凸轮配气机构气门传动组中的主要零件,用来驱动和控制发动机各缸气门的开启和关闭,使其符合发动机的工作次序、配气相位及气门开度的变化要求。

1. 凸轮轴的结构

如图 4-16 所示,凸轮轴由凸轮(包括进、排气凸轮)、凸轮轴轴颈等构成。对于凸轮轴下置式的发动机,凸轮轴上还具有驱动机油泵和驱动汽油泵的偏心轮。

每根凸轮轴上的凸轮数量因发动机结构形式而异,如图 4-17 所示直列四缸发动机,只装有一根凸轮轴,每个凸轮只驱动一个气门,每缸采用一进、一排两个气门,所以凸轮轴上有 8 个凸轮。凸轮的轮廓形状决定着气门的最大升程、气门开启和关闭时的运动规律及持续时间。

2. 凸轮的受力分析

凸轮轴在工作时,凸轮因受气门间歇性开启而形成周期性冲击载荷,同时凸轮与工作零件接触表面间也产生相互摩擦,因此要求凸轮表面要耐磨,且凸轮轴要具有足够的韧性和刚度。

(1)摩擦与自锁基础知识　摩擦是机械传动中普遍存在的一种自然现象,无论是静止或运动着的物体，它们之间都可以有摩擦力存在。在工程实际中，摩擦在许多情况下是作为主要因素而不能忽略的。例如汽车的摩擦制动、带传动、机床夹具夹紧工件等，均是利用摩擦力来工作的。还应注意，摩擦也有不利的方面，它会引起发热、磨损、降低精度和效率、缩短寿命等，如工作中的凸轮与从动件表面间的接触等。

按物体之间的相对运动形式不同，摩擦可分为滑动摩擦和滚动摩擦。而滑动摩擦又可根据物体之间是否存在相对滑动分为静滑动摩擦和动滑动摩擦。

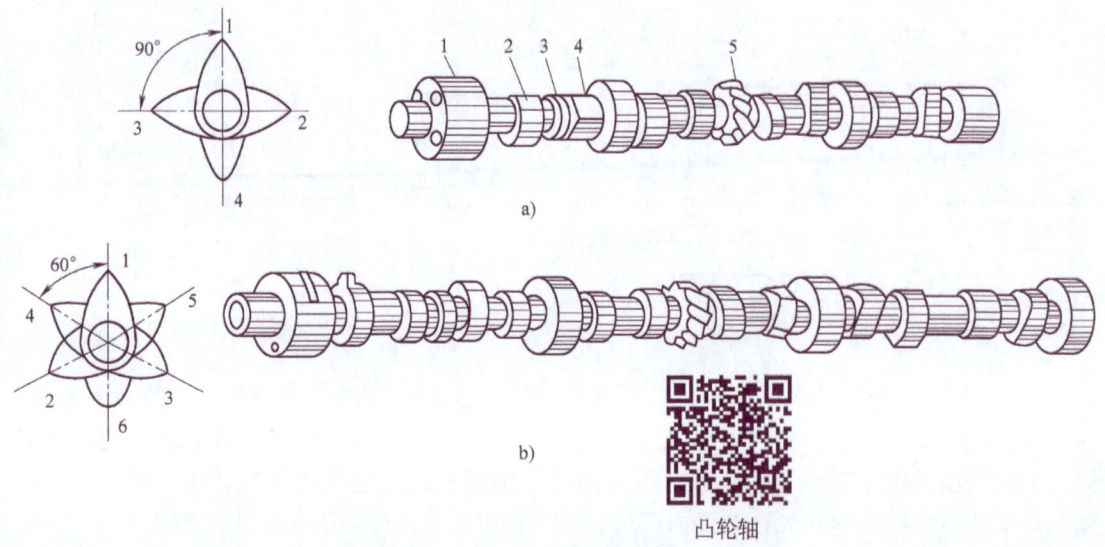

图 4-16　凸轮轴的结构
a）四缸发动机凸轮轴　b）六缸发动机凸轮轴
1—凸轮轴颈　2、4—凸轮　3—偏心轮　5—齿轮

1）静滑动摩擦。如图 4-18a 所示，放于桌面上重量为 G 的物体，如只受到重力 G 和法向力 F_N 作用而平衡，则物体在水平方向无滑动趋势，接触面之间没有摩擦力。当在物体上施加一水平拉力 F_P 后，随着 F_P 由零逐渐增加但还不够大时，物体不会向右滑动，这是因为物体与水平面之间产生了摩擦力，如图 4-18b 所示。这种在两个静止物体之间有相对滑动趋势时，接触面之间产生的彼此阻碍滑动的摩擦力称为静滑动摩擦力，简称静摩擦力，用 F_f 表示。此时，$F_f = F_P$。

若 F_P 继续增大，在某一范围内，物体仍保持静止状态，则摩擦力 F_f 会随着 F_P 而增加。

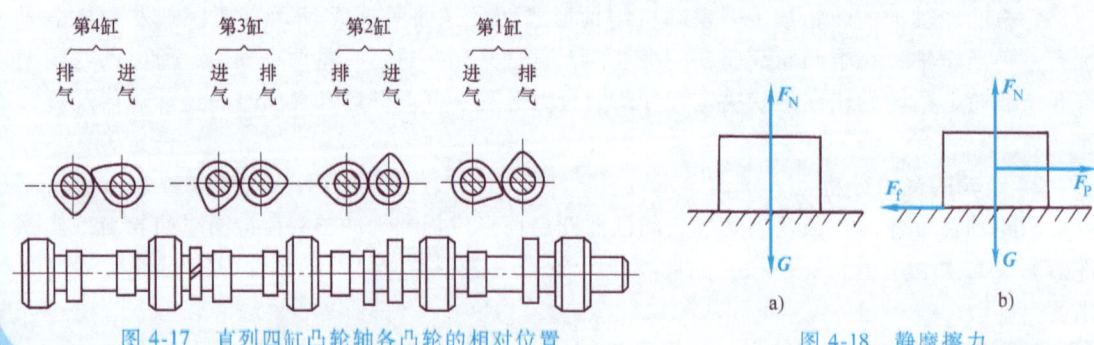

图 4-17　直列四缸凸轮轴各凸轮的相对位置　　　图 4-18　静摩擦力

然而，静摩擦力 F_f 并不能随 F_P 的增大而无限增加，当 F_P 增大到某一界限 F_{PK} 时，物体处于将要滑动而尚未滑动的临界状态。此时，静摩擦力达到最大值，称为最大静摩擦力，用 F_{fmax} 表示。试验表明，最大滑动摩擦力与两物体间的正压力 F_N 成正比，方向仍与相对滑动趋势相反，即

$$F_{fmax} = f_s F_N \tag{4-1}$$

式（4-1）称为静摩擦定律。式中，比例系数 f_s 称为静摩擦因数，其大小与两接触物体的材料性质及表面状况有关。各种材料在不同表面状况下的 f_s 值可查阅有关工程手册。由以上分析可知，静摩擦力的范围是：$0 \leq F_f \leq F_{fmax}$。

2）动摩擦力。只要拉力 F_P 稍大于 F_{PK}，物体即开始滑动。此时，两相对滑动物体接触面上产生阻滑动碍物体滑动的力，称为动滑动摩擦力，简称动摩擦力，用 F_f' 表示。试验表明，动摩擦力的大小与两接触面间的正压力 F_N 成正比，即

$$F_f' = f F_N \tag{4-2}$$

式（4-2）称为动摩擦定律。式中，比例系数 f 称为动摩擦因数，其大小除了与两接触物体材料性质、表面状况有关外，还与相对滑动速度有关，可查阅有关工程手册。一般 $f < f_s$。

3）摩擦角。如图4-19所示，当物体的接触面之间有摩擦存在时，约束面除了对物体产生法向约束反力 F_N 以外，还产生切向约束反力即摩擦力 F_f。摩擦力 F_f 与法向反力 F_N 的合力 F_R 称为全反力。全反力 F_R 作用线与法向反力 F_N 作用线之间的夹角用 φ 表示。随着拉力 F_P 的增大，摩擦力 F_f 也增大，夹角 φ 也随之加大。当摩擦力 F_f 达到最大值 F_{fmax} 时全反力 F_R，夹角 φ 也出现了最大值，用 φ_m 表示，即最大静摩擦力 F_{fmax} 时全反力 F_R 与法向约束反力 F_N 之间的夹角 φ_m，称为摩擦角。

4）当物体平衡时，总有 $F_f \leq F_{fmax}$，即夹角 $\varphi \leq \varphi_m$。因此，摩擦角 φ_m 的大小，表明了物体平衡时全反力 F_R 的作用线的位置范围。如图4-20所示，所有主动力的合力 F_Q 与接触面法线之间的夹角为 α，则当物体平衡时，根据二力平衡条件应有：F_Q 与 F_R 等值、反向、共线，即 $\alpha = \varphi$，而 $\varphi \leq \varphi_m$。

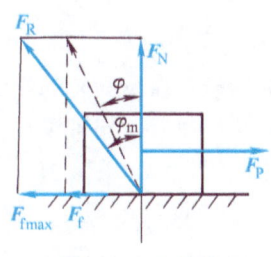

图4-19 摩擦角

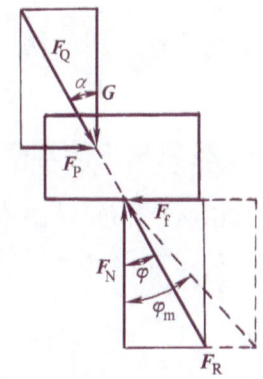

图4-20 自锁概念

因此可得出物体保持平衡时需满足的条件为

$$\alpha \leq \varphi_m \tag{4-3}$$

由式（4-3）可知，只要保持主动力的合力 F_Q 的作用线在摩擦角 φ_m 范围内，无论 F_Q 大小如何，总能保持物体平衡，这种现象称为自锁。而 $\alpha \leq \varphi_m$ 是与主动力大小无关，只与摩擦

角有关的平衡条件，称为自锁条件。

自锁现象在工程上被广泛利用，如螺旋千斤顶、起重装置中的蜗轮蜗杆，满足自锁条件时不会自行下落。而在一些机构中，则要求避免出现自锁，如汽车发动机中的凸轮机构，要求挺杆在任何位置均不发生自锁；还有自卸车中的翻斗车厢，抬起的角度也应避免自锁，使车厢内的物料能倾卸干净。因此，了解自锁的条件，可以便于利用自锁或防止自锁发生。

（2）凸轮的受力分析　凸轮工作时，不仅要保证从动件能实现预定运动规律，运动不失真，还要使机构传动时受力情况良好，工作效率高，结构紧凑。

如图4-21所示，分析凸轮传动的受力情况。当不考虑从动件与凸轮接触处的摩擦时，凸轮对从动件的作用力 F 沿接触点的法线 n—n 方向。力 F 可分解为 F_t 和 F_n 两个分力，其中分力 F_t 是克服从动件工作阻力 F_Q，并使从动件运动的有效分力；而另一分力 F_n 则是使从动件对导路压紧的力。它导致从动件在导路中运动时产生摩擦阻力，从而产生功率消耗，降低传动效率，因而 F_n 是有害分力。由图可知

$$F_n = F_t \tan\alpha \quad (4-4)$$

式中，α 为任意位置处凸轮对从动件所受力 F 的方向与从动件尖端受力点的速度方向所夹的锐角，称为压力角。

当驱动从动件运动的有效分力 F_t 一定时，有害分力 F_n 随压力角 α 的增大而增大；当 F_n 增大到一定值时，由分力 F_n 引起的摩擦阻力将超过驱动从动件的有效分力 F_t。此时，无论力 F 多大，从动件都不能被驱动，这种现象称为凸轮机构的自锁。

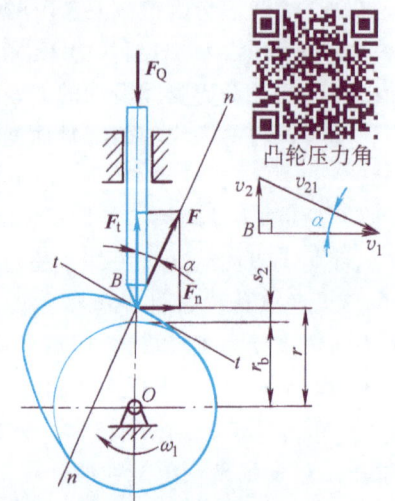

图4-21　凸轮的受力分析

由上述讨论可知，为使凸轮传动工作可靠，受力良好，避免出现自锁现象，必须对压力角加以限制。由于凸轮廓线上各点的压力角是变化的，在设计时应使最大压力角不超过许用值 $[\alpha]$，即 $\alpha_{max} \leq [\alpha]$。一般，推程时对于直动从动件取 $[\alpha] = 30°$，对于摆动从动件取 $[\alpha] = 45°$；回程时从动件通常在重力或弹簧力作用下运动，因此回程阶段压力角可以大一些，取 $[\alpha] = 70° \sim 80°$。对于平底从动件的凸轮机构，其压力角一般为常数，多数 $\alpha = 0°$。

三、凸轮机构设计与凸轮结构尺寸确定

凸轮机构的设计包括凸轮传动的类型和从动件运动规律的选择，以及凸轮的设计。根据机器的使用场合和工作要求选定凸轮传动的类型和从动件的运动规律后，便可以根据选定的基圆半径进行凸轮设计，即凸轮轮廓曲线的设计。凸轮轮廓曲线的设计方法有图解法和解析法。图解法直观、方便，在要求精度不高的场合常应用；解析法的设计原理与图解法相似，但计算精确且繁杂，若结合计算机辅助设计及制造，则可取得高效、高精度的理想效果。本节只介绍图解法。

1. 图解法设计凸轮轮廓曲线

（1）图解法的原理　当从动件的运动规律已选定并据此作出位移线图后，各种平面凸轮的轮廓曲线都可用图解法作出。图解法所依据的原理是相对运动原理，通常称为"反转法"。

在图4-22所示的对心尖顶从动件盘形凸轮机构中，当凸轮以等角速度 ω_1 绕轴心 O 转动

时，从动件、凸轮和机架三构件之间的相对运动关系是确定的。现在设想给整个凸轮机构加上一个绕 O 轴转动的公共转速 $-\omega_1$。这时，三个构件之间的相对运动关系并没有改变。但是，凸轮相对静止不动；从动件一方面随导路以角速度 $-\omega_1$ 绕 O 轴转动，同时又在自身的导路中做预期的往复运动。由于从动件尖顶始终与凸轮轮廓相接触，很显然，"反转"后凸轮的轮廓曲线就是从动件尖顶的运动轨迹。

设计凸轮轮廓曲线时，就是根据从动件的位移线图和凸轮基圆半径 r_b，求出从动件的尖顶在反转运动中的轨迹（以轨迹上的若干个点表示），该轨迹就是所求的凸轮轮廓曲线。

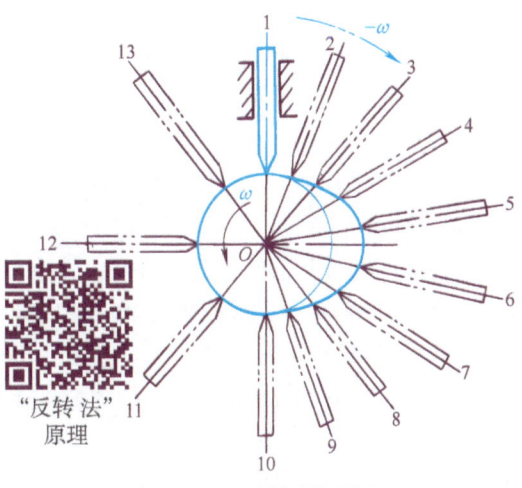

图 4-22 "反转法"原理

(2) **图解法的方法和步骤** 凸轮的形式很多，从动件的运动规律也各不相同，但是利用"反转法"绘制凸轮廓线设计的原理和步骤却是相同的。下面介绍几种常见的凸轮轮廓曲线的作法。

1) 对心直动尖顶从动件盘形凸轮轮廓曲线的绘制。

已知：从动件的运动规律，凸轮的基圆半径 r_b，凸轮以等角速度 ω_1 顺时针方向回转，设计凸轮的轮廓。

作图设计步骤：

① 选取位移比例尺和转角比例尺，作出位移线图如图 4-23b 所示。

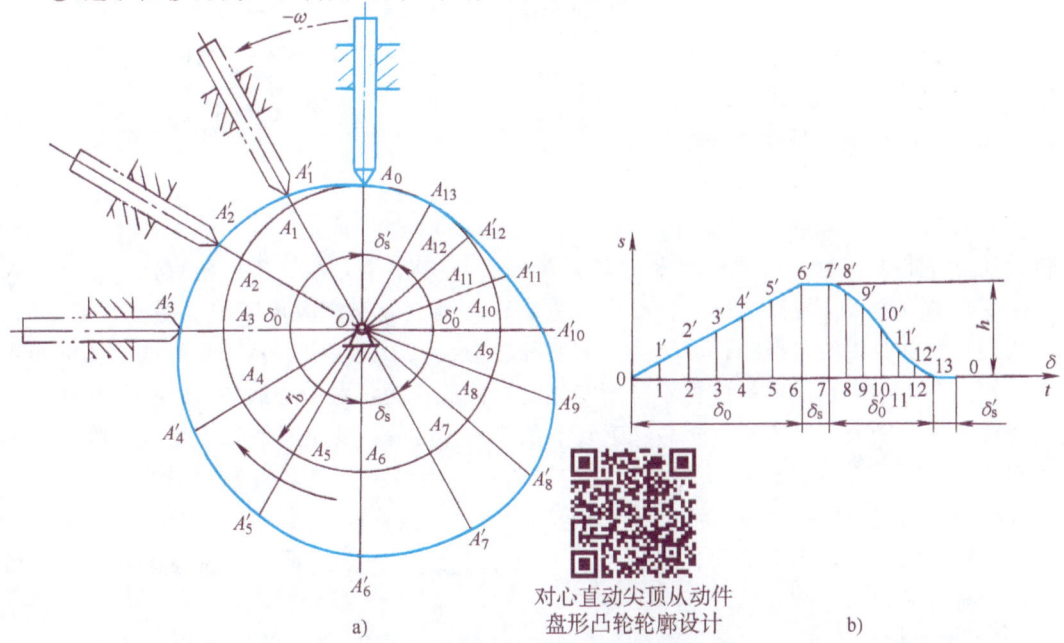

a)   b)

图 4-23 对心直动尖顶从动件盘形凸轮轮廓线的绘制

a) 轮廓线的绘制 b) 位移线图

② 用与位移线图相同的比例尺，以 r_b 为半径作基圆。从动件导路中心线 OA 与基圆的交点 A_0，即是从动件的起始（最低）位置，如图 4-23a 所示。

③ 自 OA_0 沿 $-\omega$ 方向，在基圆上取 δ_0、δ_s、δ_0'、δ_s'，并将推程运动角和回程运动角各分成与图 4-23b 横坐标上的等分数相同的若干等分（图中 δ_0 为 6 等分，δ_0' 为 6 等分），得 A_1、A_2、A_3…各点，则 OA_1、OA_2、OA_3…这一系列向径线的延长线，便是反转后从动件在导路中心线相应的各个位置。

④ 在位移线图上量取各个位移量，并在从动件各导路位置上分别量取线段 A_1A_1'、A_2A_2'、A_3A_3'…，使其分别等于位移线图上的各相应的位移量 $11'$、$22'$、$33'$…，得 A_1'、A_2'、A_3'…各点，即为在反转后从动件尖顶的运动轨迹上的一系列点。

⑤ 连接 A_1'、A_2'、A_3'…各点成光滑曲线即为所求凸轮的轮廓曲线，如图 4-23a 所示。

2）对心直动滚子从动件盘形凸轮轮廓线的绘制。如图 4-24 所示，设计这种凸轮机构的凸轮轮廓线时，先将滚子中心 A_0 看作尖顶从动件的尖端，按上述方法作出轮廓线 β_0，β_0 为反转后滚子中心的轨迹，称为凸轮的理论轮廓线。

在曲线 β_0 上任取一系列的点作为圆心、以滚子半径 r_T 为半径画一系列的圆，再作这些圆的包络线 β。β 即是所求凸轮的实际轮廓线（工作轮廓线）。由作图过程可知，r_b 是指理论轮廓线的基圆半径。

3）对心直动平底从动件盘形凸轮轮廓线的绘制。如图 4-25 所示，设计时先将从动件导路的中心线与从动件平底的交点 B 看作尖顶从动件的尖端，按照前述方法绘出

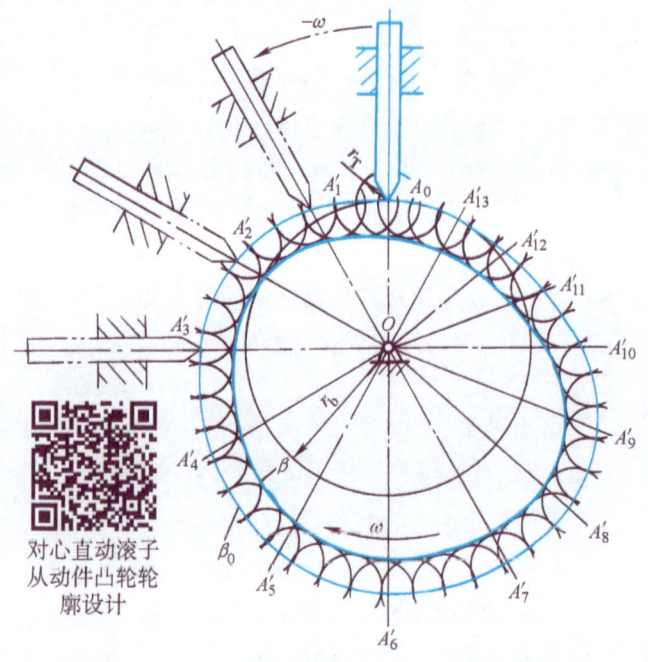

对心直动滚子从动件凸轮轮廓设计

图 4-24 对心直动滚子从动件盘形凸轮轮廓线的绘制

反转后从动件上 B 点的一系列位置 B_1、B_2、B_3…。然后过 B_1、B_2、B_3…各点作一系列代表从动件平底的直线段。导路与平底一般均为垂直；否则，应作相应角度的直线以代表平底。再作这些平底直线段的包络线，即得凸轮的实际轮廓线。由图可见，从动件平底与实际凸轮廓线的切点在运动中是随机构位置不同而变化的；因此，距导路中心线左右两侧的平底实际结构宽度必须分别大于导路至左、右最远切点的距离 m 和 l，以保证平底与轮廓始终保持相切关系。通常导路两侧的平底宽度设计成与导路中心线对称，即取 m 或 l 中的大者，再加 5~7mm 为平底总长的一半，有时则以此长为半径将平底做成圆盘形。

其他形式的凸轮轮廓曲线同样可根据"反转法"绘出，作图步骤与前述大同小异，设计时可参考有关资料。

4）计算机辅助设计方法在凸轮机构设计中的应用。用图解法设计凸轮机构其精度不高，为了得到高精度的凸轮，目前常用的是用计算机辅助设计（电算法）计算出凸轮轮廓

尺寸后，在数控机床上加工。

在凸轮机构电算法中，首先对所选择的从动件运动规律建立数学模型，然后用 Turbo C 语言或 Quick BASIC 语言编写程序，计算出从动件运动规律的点，然后根据点拟合出从动件运动规律图。计算机确定凸轮的理论轮廓线上各点的坐标后，根据从动件运动规律图在数控机床上加工出凸轮的实际轮廓线。也可以选用已有专门的软件，如 Matlab 软件进行设计制造。

2. 凸轮机构基本尺寸的确定

设计凸轮传动，不仅要保证从动件能实现预定运动规律，运动不失真，还要使机构传动时受力情况良好，工作效率高，结构紧凑。凸轮机构要满足这些要求，与凸轮的压力角和基圆半径 r_b、滚子半径 r_T 等基本尺寸的选择有关。

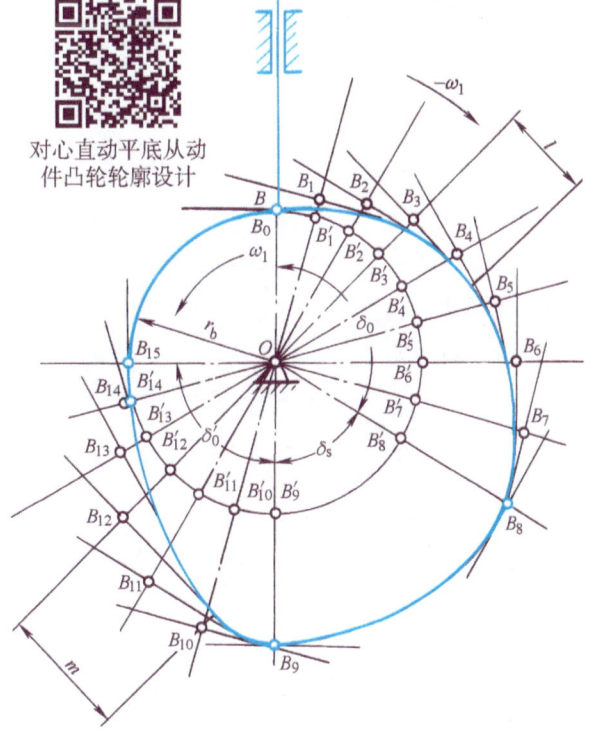

图 4-25 对心直动平底从动件盘形凸轮轮廓线的绘制

一般凸轮机构中最大压力角可能出现在下列位置：

1) 从动件的起点位置。
2) 从动件具有最大速度 v_{max} 的位置。
3) 凸轮廓线向径变化最大的部分。

设计凸轮廓线时，必须对上述位置的压力角进行校核。对滚子从动件的凸轮机构，可按理论轮廓线校核；对平底从动件的凸轮机构，其压力角一般为常数，多数 $\alpha = 0°$，可不用校核。当凸轮机构的 $\alpha_{max} > [\alpha]$ 时，可增大基圆半径 r_b 或采用偏置移动从动件凸轮机构来减小压力角。

（1）凸轮基圆半径的确定　如图 4-21 所示，凸轮与从动件在 B 点接触。设凸轮上 B 点的速度为 v_1，从动件上 B 点的速度 v_2，凸轮与从动件在 B 点的相对速度为 v_{21}，方向平行于凸轮上 B 点的切线 $t-t$，则可推导得

$$r_b = \frac{v_2}{\omega_1 \tan\alpha} - s_2 \tag{4-5}$$

由式（4-5）可知，在凸轮和从动件的运动规律（即 ω_1、v_2、s_2）给定后，压力角越大，基圆半径越小，凸轮传动机构越紧凑；但压力角过大，将超出许用值，故基圆半径不能过小。

压力角随凸轮与从动件的相对位置不同而变化，满足 $\alpha_{max} \leq [\alpha]$ 的基圆半径 r_b 很难直接算出。设计时，通常是根据具体结构条件，如凸轮传动所能占用的空间、凸轮轴直径等，并参考下列经验公式选定 r_b

$$r_b \geq (1.6 \sim 2)d \tag{4-6}$$

式中，d 为安装凸轮处轴的直径。

（2）滚子半径的选取　滚子从动件的滚子半径，从强度考虑宜取得大些；但滚子半径对凸轮实际廓线的形状有很大影响，不宜过大，否则会出现过度切割而导致运动失真。

如图 4-26 所示，β_0 为理论廓线，ρ_0 为理论廓线上某点的曲率半径，ρ 为对应点的实际廓线的曲率半径，r_T 为滚子半径。

当理论廓线内凹时，如图中的 A 点，$\rho_A = \rho_{OA} + r_T$。ρ_A 恒大于 0，凸轮实际廓线是光滑的曲线，能实现从动件的预定运动规律。

当理论廓线外凸时，如图中的 B 点，$\rho_B = \rho_{OB} - r_T$。这时可能出现三种情况：

1）若 $\rho_{OB} > r_T$，则 $\rho_B > 0$，凸轮实际廓线是光滑的曲线，如图中 B 点处。

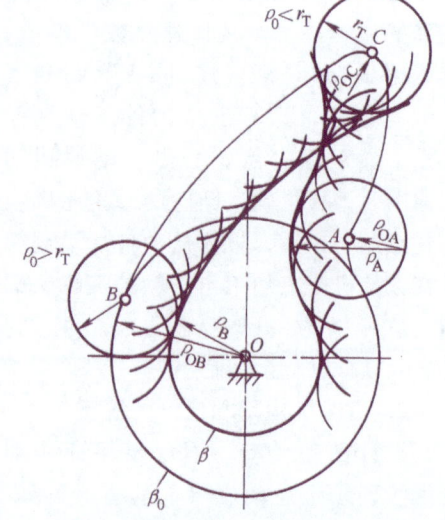

图 4-26　滚子半径与凸轮廓线的关系

2）若 $\rho_{OC} < r_T$，则 $\rho_C < 0$，这时实际廓线相交，如图中 C 点，交点以外部分曲线在加工时实际上将被切去，已不复存在，致使由这部分轮廓曲线确定的从动件的运动规律无法实现，造成从动件运动失真。

3）若 $\rho_0 = r_T$，则 $\rho = 0$，实际廓线将在这点上相交，出现尖点。因凸轮廓线上的尖点处工作时极易磨损，所以所设计的实际凸轮廓线上一般不允许出现这种尖点。

通过上述讨论可知，滚子半径 r_T 需小于外凸理论廓线最小曲率半径 ρ_{0min}，内凹部分则无此要求，设计时通常要求 $r_T \leq 0.8\rho_{0min}$，同时要求 $\rho \geq 1 \sim 5mm$。实际选用的滚子半径的大小还要受到强度、结构等的限制，不能做得太小，通常取 $r_T = (0.1 \sim 0.5)r_b$。若不满足强度及上述尺寸关系，则应加大基圆半径，重新设计。

四、凸轮的失效分析和热处理工艺

1. 凸轮常见的失效形式

如图 4-27 所示，凸轮传动机构中，凸轮轮廓与从动件之间理论上为点或线接触，接触

图 4-27　凸轮的失效
a）磨损　b）疲劳点蚀

处有相对运动并承受较大反复作用的冲击载荷接触应力,因此容易发生磨损和疲劳点蚀等失效。而且,凸轮的磨损和疲劳点蚀是不均匀的,一般凸轮的尖顶附近磨损较严重。凸轮磨损后,凸轮高度减小,影响发动机工作时的进排气阻力,使气门上下运动的速度特性改变,从而影响发动机的动力性、经济性,增大发动机的噪声。

凸轮的磨损使气门的升程规律改变和最大升程减小。如图 4-28 所示,凸轮的磨损程度可通过测量凸轮的高度 H 或凸轮升程 h 来检查。用外径千分尺或游标卡尺测量,凸轮升程为凸轮高度与基圆直径之差。若凸轮的最大升程减小值大于 0.40mm 或凸轮表面累积磨损量超过 0.80mm 时,则应更换凸轮轴。

2. 凸轮的常用材料及热处理工艺

凸轮在工作时,因受到气门间歇性开启而形成的周期性冲击载荷以及从动件间的接触摩擦,这就要求凸轮和滚子的工作表面硬度高、耐磨,有足够的表面接触强度。此外,还要求凸轮心部有较大的韧性。因此,凸轮轴的材料一般选用优质钢模锻而成,并经高频感应淬火或渗碳淬火处理,也可采用合金铸铁或球墨铸铁铸造。凸轮各轴颈的工作表面一般经热处理后精磨,以改善其耐磨性。发动机常用凸轮轴材料及热处理工艺见表 4-3。其他机械机构凸轮常用的材料及热处理工艺见表 4-4。

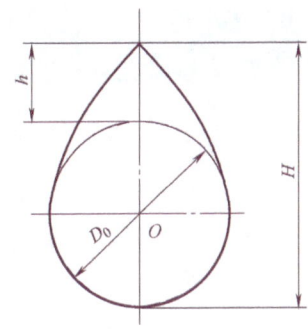

图 4-28 凸轮的高度 H 和升程 h

从动件接触端(包括尖顶、滚子或平底)可采用与凸轮相同的材料。由于从动件接触端的工作次数比凸轮工作表面上各点工作次数多,故两者的材料和硬度相同时,从动件接触端总比凸轮先磨损。但从动件比凸轮容易制造,更换也较方便。在生产实际中,从动件一般可采用 45 钢,接触端经表面淬火,表面硬度达 40~45HRC。针对高速重载或使用靠模凸轮时,可采用碳素工具钢 T8、T10 等制造,表面硬度 58~62HRC,或者采用 20Cr,经渗碳淬火,表面硬度 56~62HRC。

表 4-3 发动机常用凸轮轴材料及热处理工艺

用途	材料	预备热处理		最终热处理		
		工艺	硬度 HBW	工艺	层深/mm	硬度 HBW
小拖拉机 轿车 吉普	QT600-3 合金铸铁 45	正火 去应力退火 调质	229~302 241~302 187~229	贝氏体等温淬火 贝氏体等温淬火氮碳共渗 感应淬火	0.1~0.15 3.0~6.0	43~50 >700HV 颈 55~63 齿 45~58
载货车 拖拉机	45 QT600-3	正火 去应力退火	163~197 230~280	感应淬火 贝氏体等温淬火	2.5~5.5	颈 55~63 齿 45~58 ≥45
重型车	20 QT600-3 50	去应力退火 正火	≥170	渗碳、淬火回火 贝氏体等温淬火 感应淬火、回火	1.3~1.7 1.5~2.0	58~62 43~51 59~63
大马力柴油机	船 20CrMnTi	正火	—	渗碳、淬火回火	1.7~2.2	56~61
	机车 50Mn	退火 去应力退火	241~285	感应淬火	2~5 1.5~4	凸轮 58~62 轴颈 55~62
	45	正火		感应淬火、回火	1.3~2.5	50~55

汽车机械基础

表 4-4 其他机械机构凸轮常用的材料及热处理工艺

使用场合	材料	热处理
速度较低、载荷不大的一般场合	45	调质 230~260HBW
	HT200、HT250、HT300	170~250HBW
	QT600-3	190~270HBW
速度较高、载荷较大的重要场合	45、40Cr	表面淬火 40~50HRC
		高频淬火 52~58HRC
	20Cr、20CrMnTi	渗碳淬火 56~62HRC
	38CrMoAlA、35CrAlA	渗氮大于 60HRC

*阅读及拓展知识

其他常用间歇运动机构（棘轮、槽轮、不完全齿轮）简介

除了凸轮机构外，在许多机械中，常要求某些机构主动件连续运动或摆动，而从动件做周期性时动、时停的间歇运动，能实现间歇运动的机构称为间歇运动机构。常用的间歇运动机构可分为两类：

1) 主动件做往复摆动，从动件做间歇运动，如棘轮机构。
2) 主动件做连续转动，从动件做间歇运动，如槽轮机构、不完全齿轮机构。

1. 棘轮机构

棘轮机构按工作原理的不同可分为齿式棘轮和摩擦式棘轮机构两大类。

（1）齿式棘轮机构　齿式棘轮机构是利用棘爪与棘轮上棘齿的啮合与分离，实现周期性的间歇运动。如图 4-29a 所示，它主要由摇杆 1、棘爪 2、棘轮 3 和机架 5 等所组成。簧片 6 用来使止动爪 4 和棘轮 3 始终保持接触。棘轮 3 与 O_3 轴固联；棘爪 2 与原动件摇杆 1 铰接，而摇杆 1 则空套在 O_3 轴上并可绕 O_3 轴做往复摆动。当摇杆 1 做逆时针方向摆动时，带动棘爪 2 推动棘轮 3 沿逆时针方向转过一定角度；反之，摇杆做顺时针摆动时，止动爪 4 将阻止棘轮 3 不致被棘爪 2 带动而产生顺时针回转运动；这时棘爪 2 将在棘轮 3 的齿背上滑动，棘轮停歇不动。这样，当摇杆 1 做连续往复摆动时，棘轮 3 便只能做单向的、间歇的转动。

按棘轮轮齿分布在外缘或内缘，可分为外啮合式棘轮传动（图 4-29a）和内啮合式棘轮传动（图 4-29b）两种形式。

齿式棘轮机构轮齿的外缘或内缘上具有刚性的轮齿，按运动形式可分为三类：

1) 单动式棘轮机构。如图 4-29 所示，其运动特点是主动摇杆 1 沿某一方向摆动时，棘爪 2 推动棘轮 3 沿同一方向转过一定角度；摇杆反向摆动时，棘轮静止。

2) 双动式棘轮机构。如图

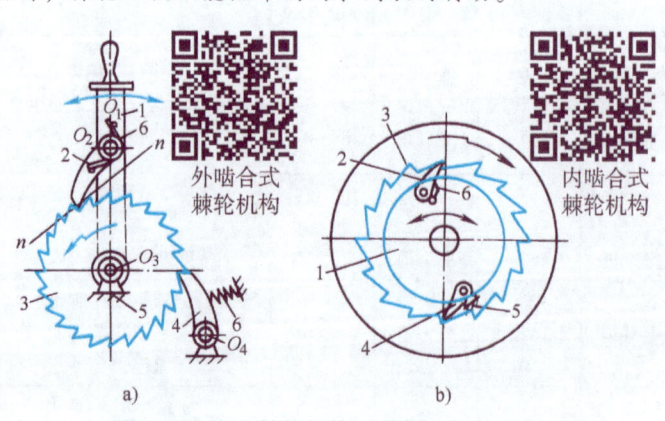

图 4-29　齿式棘轮机构（单动式棘轮机构）
a) 外啮合式棘轮传动　b) 内啮合式棘轮传动
1—摇杆　2—棘爪　3—棘轮　4—止动爪　5—机架　6—簧片

4-30所示，其运动特点是当主动件1做往复摆动时，都可使两个棘爪2和2′交替带动棘轮3沿同一方向做间歇转动。

3) 可变向棘轮机构。如图4-31a所示，棘轮的齿制成矩形，而棘爪可翻转。图中当棘爪处于粗实线位置时，摇杆的摆动将带动棘轮沿逆时针方向做间歇转动；而当棘爪绕销轴A翻转至双点画线位置时，棘轮将沿顺时针方向做间歇转动。图4-31b所示为另一种可实现可变向间歇运动的棘轮传动，它的棘爪可绕自身轴线A—A回转。当棘爪按图示位置放置时，棘轮将由棘爪带动做逆时针方向的单向间歇转动。当把棘爪提起并绕自身轴线A—A转过180°后再放下时，棘轮将由棘爪带动做顺时针方向的单向间歇转动。

图4-30 双动式棘轮机构
1—摇杆 2、2′—棘爪 3—棘轮

在棘轮机构中，要改变棘轮每次间歇转动的角度，可通过改变主动件摇杆的摆动角度的大小来实现；还可以用覆盖罩遮去摇杆摆角范围内棘轮上的一部分棘齿的办法来实现。如图4-32所示，当摇杆做逆时针方向摆动时，棘爪先在遮板上滑过，然后才嵌入棘轮齿以推动棘轮转动。只要改变遮板的位置，即改变被遮住的齿数，也就可以改变棘轮每次转动角的大小。

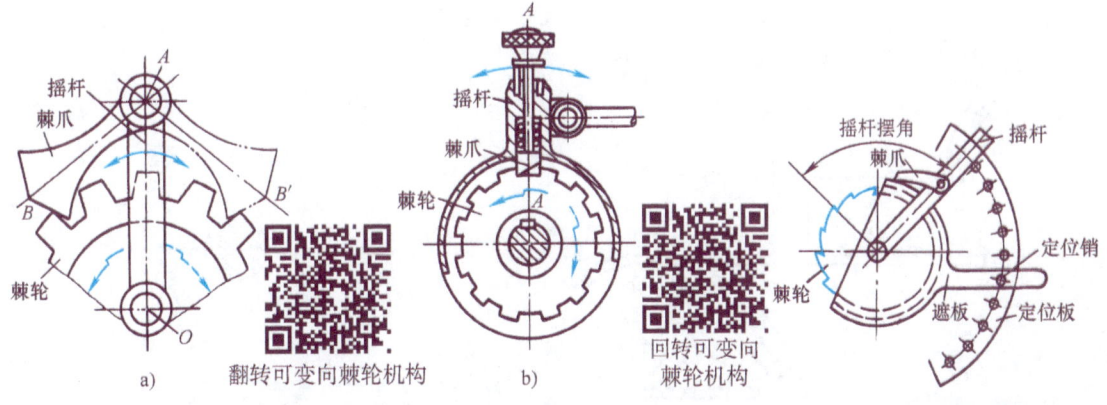

图4-31 可变向棘轮机构
a) 翻转可变向棘轮机构 b) 回转可变向棘轮机构

图4-32 带遮板的棘轮机构

(2) 摩擦式棘轮机构 在齿式棘轮机构中，无论棘轮的转动角可调与否，棘轮每次转动角的大小总是棘轮上相邻两齿所对的中心角的整倍数，即棘轮转动角及其改变仅是有级可调的。这种特性可能不满足某些机械的工作要求。若要实现棘轮转动角的无级调节，则可采用图4-33所示的无棘齿的摩擦式棘轮机构。它是靠棘爪和摩擦棘轮之间的摩擦力传递运动的，故又称摩擦式棘轮传动，其中止动爪起止动作用。

在棘轮传动中，一般是以棘爪为主动件，而棘轮则为从动件。棘爪本身的运动可由凸轮传动、连杆传动等机构来实现。

(3) 棘轮机构的特点和应用 棘轮机构在机械中应用较广，常用来实现送进、输送、制动和超越等工作要求。

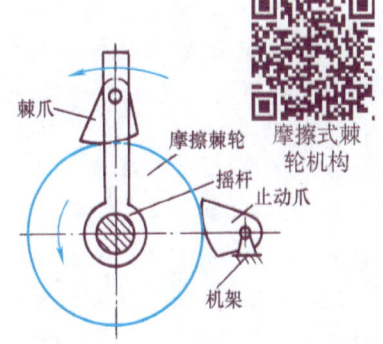

图4-33 摩擦式棘轮机构

1）送进和输送。图4-34所示牛头刨床工作台进给机构，就是利用棘轮机构实现正反间歇转动，然后通过丝杠、螺母带动工作台做横向间歇送进运动的。

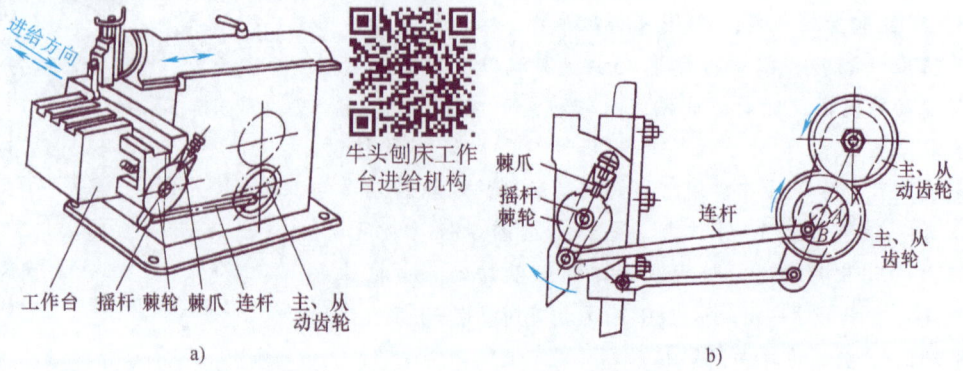

图 4-34 牛头刨床
a) 牛头刨床示意图　b) 牛头刨床工作台进给机构

图4-35所示为铸造自动线步进装置，利用棘轮机构的间歇转动实现浇注（停止）和输送（运动）两个工作要求。

2）制动。棘轮机构常用在卷扬机、提升机等需防止因自重而逆转的机械中，作为止逆停止器，如图4-36所示为卷扬机制动机构。

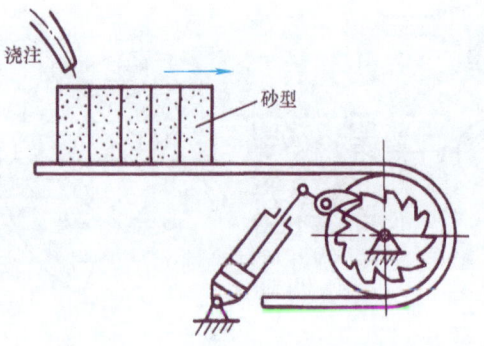

图 4-35 铸造自动线步进装置

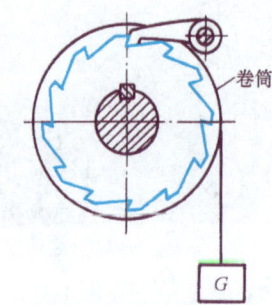

图 4-36 卷扬机制动机构

3）超越。图4-37所示为自行车后轮轴上的棘轮机构。当脚蹬踏板时，经链轮和链条带动内圈具有棘齿的链轮顺时针转动，再通过棘爪的作用，使后轮轴顺时针转动，从而驱动自行车前进。当自行车下坡时，如果不踏动踏板，后轮轴便会超越链轮而转动（称为超越运动），让棘爪在

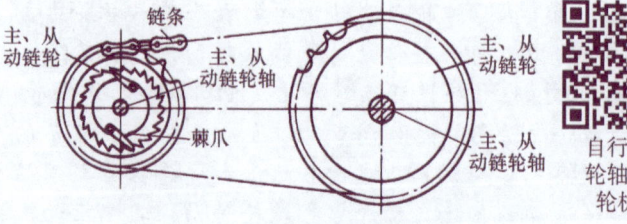

图 4-37 自行车后轮轴上的棘轮机构

棘轮齿背上滑过，从而实现不蹬踏板的自由滑行。超越在机械设备中有着广泛的应用。

若在间歇回转的棘轮上连上螺旋传动或齿轮齿条传动，则可实现间歇直线移动。

棘轮传动的结构比较简单，且棘轮每完成一次间歇运动转过的角度可以在较大范围内改变或调节，而棘轮每次运动和停止的时间之比，可以通过选择适当的驱动机构来改变，比较

单元二 汽车动力装置机构分析与应用

灵活。但棘轮传动工作时有较大的冲击和噪声,传动精度也较低,故一般只适用于低速轻载的间歇传动。

2. 槽轮机构

（1）槽轮机构的工作原理及特点　槽轮机构的工作原理如图4-38a所示,它由装有圆销A的拨盘（主动件）、具有径向槽的槽轮及机架所组成。拨盘为主动件,做匀速转动。当圆销A进入槽轮的径向槽前,槽轮上的锁止弧被拨盘上的外凸圆弧卡住,故槽轮静止不动并被锁住,槽轮不被驱动。当圆销开始进入径向槽时（如图4-38a所示位置）,被锁住的槽轮也正被松开（锁止弧的一半还与外凸圆弧接触,另一半已脱开）,此后,槽轮将被圆销A驱使而转动。当圆销A转至连心线O_1O_2的另一侧正要离开径向槽时,槽轮又静止不动并被锁住。当圆销A再次进入槽轮的另一径向槽时,上述的槽轮运动又循环一次。这样,当拨盘带动圆销A做匀速转动时,槽轮将做时停时动的单向、间歇回转运动。

（2）槽轮机构的类型及应用　根据槽轮径向槽的开口在外缘或内缘,分为外啮合式槽轮机构（图4-38a）和内啮合式槽轮机构（图4-38b）两种类型。两者都用于平行轴之间的传动,前者两轴转向相反,后者转向相同。依据机构中圆销的数目,外槽轮机构又有单圆销、双圆销和多圆销槽轮机构之分。

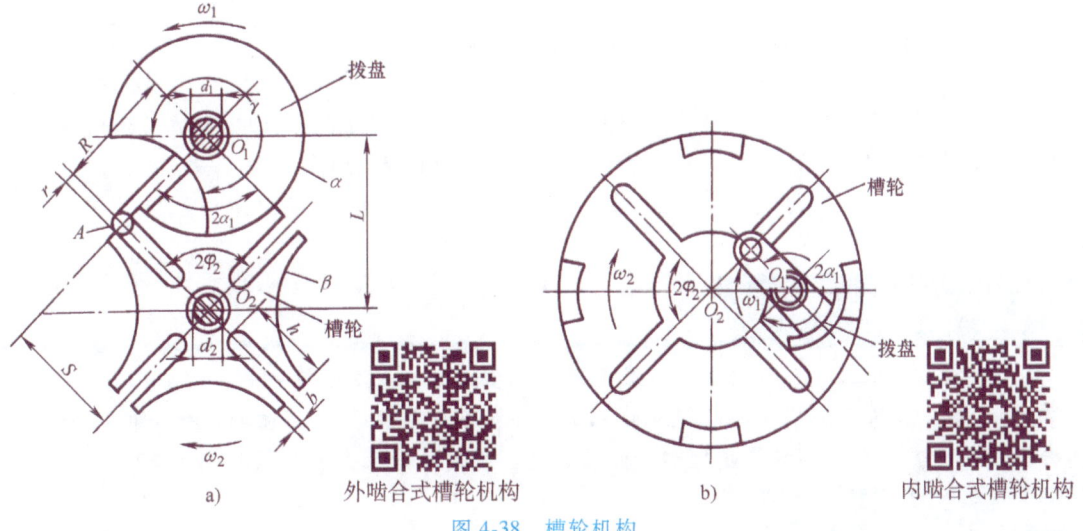

图 4-38　槽轮机构

a) 外啮合式槽轮机构　b) 内啮合式槽轮机构

上述的槽轮传动中,槽轮的径向槽和拨盘上的圆销都是对圆周均匀分布的,且各圆销的回转半径也相同,所以槽轮一转中每次的运动时间相等,每次的停歇时间也相等。若欲使槽轮一转中各次的停歇时间不相等,则拨盘上的各圆销应对圆周做不均匀分布；如欲使槽轮每次运动时间不相等,则应使各圆销的回转半径不相等。图4-39所示为不均匀停歇槽轮机构,在拨盘转一周内,槽轮每次的停歇和运动的时间均不相等。

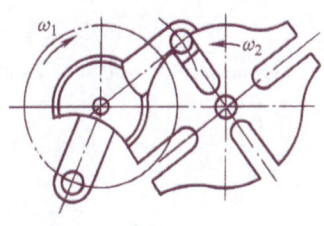

图 4-39　不均匀停歇槽轮机构

槽轮机构具有结构简单、转位迅速、工作可靠、传动效率高、比棘轮传动运转平稳和冲击小等特点,在自动生产线转位机构、电影放映机卷片机构等自动或半自动机械中获得广泛应用。但槽轮的间歇转动角度大小一经设计制成,就不能再改变。

3. 不完全齿轮机构

（1）不完全齿轮机构的工作原理和类型　　不完全齿轮机构是由渐开线齿轮机构演变而成的一种间歇运动机构。如图4-40所示，它的主动轮不是整周上布满轮齿，而是只有一个或几个齿的不完全齿轮，从动轮可以是普通厚齿齿轮（图4-40a），也可以是由正常齿和厚齿按一定的排列组成的特殊齿轮（图4-40b）。厚齿齿顶上带有锁止弧，由图4-40a可看出，主动轮转过一周时，从动轮只转过1/8周，故从动轮每转一周的过程中需停歇8次。图4-40b所示的主动轮上有四个齿，从动轮的圆周上有四个运动段和四个停歇段，而每个运动段有四个齿间与主动轮轮齿相啮合，主动轮转一周，从动轮转1/4周，从而实现当主动轮连续转动时，从动轮做转向相反的间歇运动。

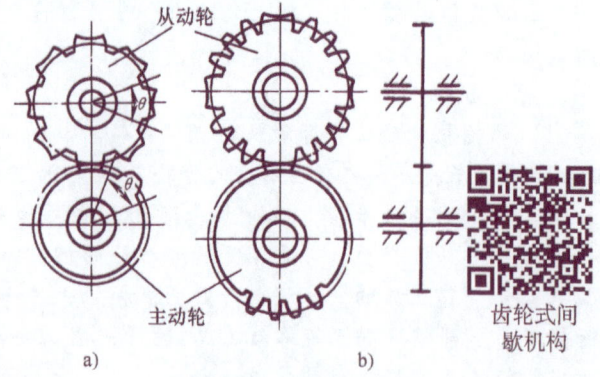

图4-40　不完全齿轮机构
a）普通厚齿齿轮　b）特殊齿轮

（2）不完全齿轮机构特点及应用　　不完全齿轮机构的特点是：工作可靠、传动的力大，而且从动轮停歇的次数、每次停歇的时间及每次转过的角度，其变化范围都比槽轮机构大得多，只要适当设计均可实现；但是不完全齿轮机构加工工艺较复杂，从动轮在运动开始和终了时有较大的冲击，为了减小冲击，可装置瞬心附加杆（设计时可参阅《机械设计手册》）。

不完全齿轮机构一般用于低速、轻载的场合，如计数机构、间歇的进给机构，有特殊运动要求的专用机械等。

拓展训练

1）除了发动机配气凸轮机构，汽车上还有哪些地方使用了凸轮机构？
2）机械设备中能够实现间歇运动的机构，除了凸轮机构、棘轮机构、槽轮机构和不完全齿轮机构外，还有哪些机构能够实现间歇运动，它们的结构是怎样的？

项目小结

1）凸轮传动机构的组成：凸轮、从动件和机架。
2）凸轮传动机构的类型。
① 按凸轮的形状和运动分类：盘形回转凸轮、平板移动凸轮、圆柱回转凸轮。
② 按从动件的形状分类：尖顶从动件、滚子从动件、平底从动件。
③ 按从动件的运动形式分类：移动从动件、摆动从动件。
3）常用凸轮从动件运动规律：等速运动规律、等加速等减速运动规律、简谐运动规律。
4）物体保持平衡时需满足的条件：$\alpha \leqslant \varphi_m$。
5）压力角：任意位置处凸轮对从动件所受力 F 的方向与从动件尖端受力点的速度方向所夹的锐角。
6）凸轮的失效形式：磨损和疲劳点蚀。
7）发动机凸轮轴的材料一般选用优质钢模锻而成，并经高频感应淬火或渗碳淬火处

单元二 汽车动力装置机构分析与应用

理,也可采用合金铸铁或球墨铸铁铸造。凸轮各轴颈的工作表面一般经热处理后精磨,提高耐磨性。

项目训练

一、填空题

1. 凸轮机构主要是由_____、_____和固定机架三个基本构件所组成。
2. 按凸轮的外形,凸轮机构主要分为_____凸轮、_____凸轮和_____凸轮三种基本类型。
3. 从动杆与凸轮轮廓的接触形式有_____、_____和平底三种。
4. 等速运动凸轮在速度换接处从动杆将产生_____冲击,引起机构强烈的振动。
5. 凸轮机构的压力角是从动件所受力的方向与_____之间所夹的锐角,凸轮的压力角越大,有效推力就越_____。
6. 两个相互接触的物体,当_____或_____时,其接触面间产生_____,这种阻力称为_____。
7. 全反力就是物体所受的_____与法向约束力的合力,对于全反力与_____形成的最大偏角 φ_m 称为_____,物体自锁的条件是摩擦角 $\varphi_m \geq$ _____。

二、选择题

1. 凸轮与从动件接触处的运动副属于(   )。
   A. 高副   B. 转动副   C. 移动副   D. 低副
2. 若要盘形凸轮机构的从动件在某段时间内停止不动,其凸轮轮廓应是(   )。
   A. 一段圆弧   B. 一段直线
   C. 一段抛物线   D. 以凸轮转动中心为圆心的一段圆弧
3. 内燃机中控制气门启闭常采用(   )机构。
   A. 连杆   B. 凸轮   C. 棘轮   D. 槽轮
4. 凸轮机构的主要优点是(   )。
   A. 结构紧凑,加工制造容易   B. 传力较大
   C. 结构简单,可以使从动件获得任意预定的运动规律
   D. 不易磨损
5. (   )从动杆常用于高速凸轮机构中。
   A. 滚子   B. 平底   C. 尖顶   D. 平底或尖顶
6. 凸轮机构中,(   )从动件可用于传递较大的动力。
   A. 滚子   B. 平底   C. 尖顶   D. 平底或滚子
7. 凸轮机构中,(   )从动件仅适用于受力不大的低速场合。
   A. 滚子   B. 平底   C. 尖顶   D. 平底或滚子
8. 凸轮机构的压力角是指(   )之间所夹的锐角。
   A. 从动件运动方向与其受力方向   B. 凸轮转动方向与其受力方向

汽车机械基础

　　C. 凸轮转动方向与从动件运动方向　　　D. 从动件受力方向与凸轮转动方向
9. 凸轮的（　　）决定了凸轮机构从动件预定的运动规律。
　　A. 转速　　　　　　B. 轮廓曲线　　　　C. 形式　　　　　　D. 基圆半径
10. 在机械工程中，有些机构要求自锁，有些则要求防止自锁，试在下列各机构中指出哪些是要求自锁的。（　　）。
　　A. 自卸车的自卸机构　　　　　　　　　B. 摇臂钻床的摇臂升降
　　C. 螺旋千斤顶　　　　　　　　　　　　D. 螺纹联接的螺栓和螺母

三、判断题

1. 静摩擦力总是大于动摩擦力。　　　　　　　　　　　　　　　　　　（　　）
2. 物体放在不光滑的平面上，一定受摩擦力的作用。　　　　　　　　　（　　）
3. 只要两物体接触面间不光滑，并受正压力作用，则接触面处的摩擦力一定不为零。
　　　　　　　　　　　　　　　　　　　　　　　　　　　　　　　　（　　）
4. 凸轮机构从动件的运动规律，应该取决于凸轮轮廓曲线。　　　　　　（　　）
5. 凸轮轮廓曲线上各点的压力角处处相同。　　　　　　　　　　　　　（　　）
6. 凸轮机构的主要缺点是较易磨损且加工较复杂。　　　　　　　　　　（　　）
7. 为了改善凸轮的磨损和受力，可以将尖顶从动件换成滚子从动件。　　（　　）
8. 凸轮机构的等加速等减速运动，是从动杆先做等加速上升，然后再做等减速下降完成的。　　　　　　　　　　　　　　　　　　　　　　　　　　　　　　　（　　）
9. 凸轮机构广泛用于自动化机械中。　　　　　　　　　　　　　　　　（　　）
10. 平底从动杆不能用于具有内凹槽曲线的凸轮。　　　　　　　　　　（　　）

四、简答题

1. 凸轮机构传动有哪些特点？试举例说明凸轮传动的应用。
2. 凸轮有哪几种形式？为什么说盘形凸轮是凸轮的最基本形式？
3. 试说明尖顶、滚子和平底从动件的优缺点，并说明它们的应用场合。
4. 凸轮机构的基本运动过程分哪几部分？
5. 凸轮机构从动件常用的运动规律有哪几种？它们分别适用于哪些场合？
6. 什么是凸轮机构的压力角？对机构传力性能有什么影响？
7. 静摩擦定律中，F_N是否等于物体的重力？为什么？
8. 如果已知静摩擦因数f_s和正压力F_N，是否$F_f = F_N f_s$？

项目五　带传动和链传动工作分析与应用

案例导入

　　一辆帕萨特 B5 1.8T 车在路上正常行驶过程中，发动机突然熄火，并无法再次正常起动。送到维修厂后维修人员对车辆进行了检查，发现油路工作正常，在对电路检查过程中发

单元二 汽车动力装置机构分析与应用

现分电器的高压分火头不转动,因此诊断为:正时带断或正时齿轮销脱落造成正时齿轮空转。把正时齿轮室盖打开,果然是正时带断了(图5-1)。请试分析该事故的原因,并对车辆进行检修。

a)
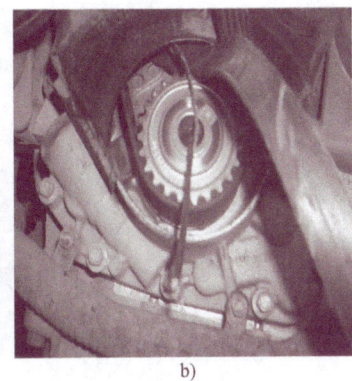
b)

c)

图5-1 故障示意图

学习指导

通过"发动机带传动和链传动的拆装与认识"项目活动,了解带传动和链传动的主要类型、特点、标准及应用,能正确选用传动类型及标准件;掌握带传动和链传动的工作原理、传动能力分析及失效形式等基本知识,能够正确进行调试和维护。

项目活动

任务七 汽车带传动、链传动装置的拆装与认识

1. 任务要点

1)在仿真教学实训室,利用汽车技术模拟仿真实训平台、图书馆及网络,查找有关带传动相关知识。

2)在示教发动机实物上,观察发动机正时带及V带传动机构如何传动,分析其工作传动路线并对正时带及V带进行拆装与调试。

2. 任务安排

请通过学习工作页(任务七、实训四)了解本项目活动任务并按计划要求实施活动,完成学习工作页相关内容的填写。

基础知识

一、带传动基础知识

带传动都是通过中间挠性件(带)传递运动和动力的,适用于两轴中心距较大的场合。如图5-2所示,一般带传动是由主动带轮、从动带轮和紧套在带轮上的传动带组成。因为传

动带是紧套在带轮上，在带与带轮之间存在一定的正压力。当主动带轮转动时，依靠带与带轮接触面上所产生的摩擦力或啮合带带动从动轮运动，从而传递一定的运动和动力。在这种场合下，与应用广泛的齿轮传动相比，它们具有结构简单，成本低等优点。因此，在汽车等机械传动中应用较广泛。

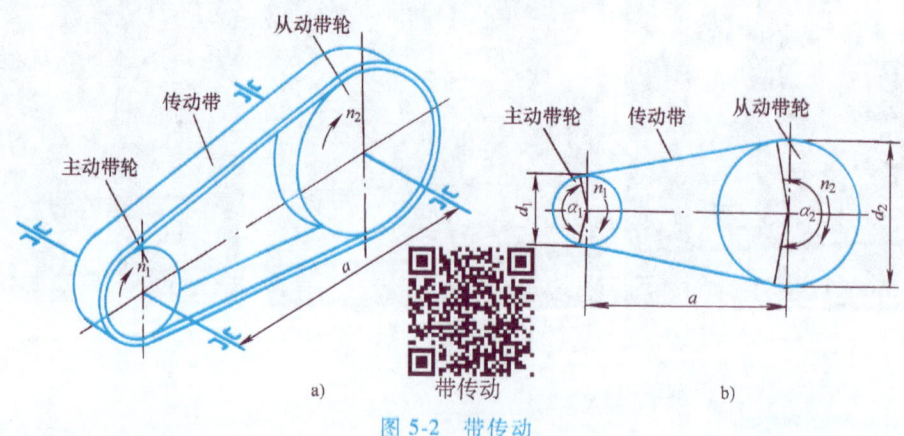

图 5-2 带传动

带传动的主要优点是：
1) 带富有弹性，能够缓冲、吸振，传动平稳，噪声低，无油污染。
2) 过载时产生打滑，可防止其他零部件的损伤，起到安全保护作用。
3) 结构简单，便于加工、装配和维修，成本低廉。
4) 适用于两轴中心距较大的传动，并可通过增减带长适应不同的中心距要求。

带传动的缺点是：
1) 带传动外廓尺寸较大，传动效率低，带的寿命短，传动中对轴的作用力较大。
2) 当带传动依靠摩擦传动时，带与带轮之间存在弹性滑动，不能保证恒定的传动比。
3) 带传动不适用于易燃易爆场合。

1. 带传动的分类及应用

带传动主要用于要求传动平稳，传动比要求不严格的中、小功率的较远距离传动。带的工作速度一般为 5~30m/s，传动比 $i \leq 7$；机械效率 η 为 0.94~0.96。

带传动按传动原理可分为摩擦式带传动和啮合式带传动。

（1）摩擦式带传动　摩擦式带传动按传动带的截面形状，可分为平带、V带、多楔带和圆带传动等，如图 5-3 所示。

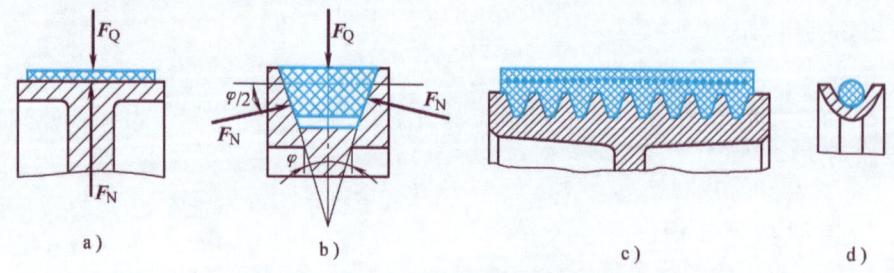

图 5-3 带传动类型和带的横截面形状
a) 平带　b) V带　c) 多楔带　d) 圆带

单元二　汽车动力装置机构分析与应用

1）平带传动。平带的截面形状为矩形，以带轮轮面相接触的内表面为工作面，主要用于两轴平行、转向相同的较远距离的传动，汽车发动机制冷设备的风扇常和发动机一起由曲轴带轮通过平带驱动，如图 5-4 所示。常用的平带有：橡胶布带、缝合棉布带、棉织带和毛织带等。

2）V 带传动。V 带的截面形状为梯形，以轮槽相接触的两侧面为工作面。V 带轮的轮槽也是梯形。根据楔面的受力分析可知，在相同初拉力和相同摩擦因数的条件下，V 带产生的摩擦力要比平带的摩擦力大。所以，V 带传动能力强，结构更紧凑，在机械传动中应用最广泛。例如汽车发动机附件（发电机、空调压缩机和水泵）常采用两根 V 带驱动，图 5-5 所示 2 气门发动机 V 带传动，曲轴通过 V 带驱动水泵和空调压缩机，再通过空调压缩机驱动发电机。

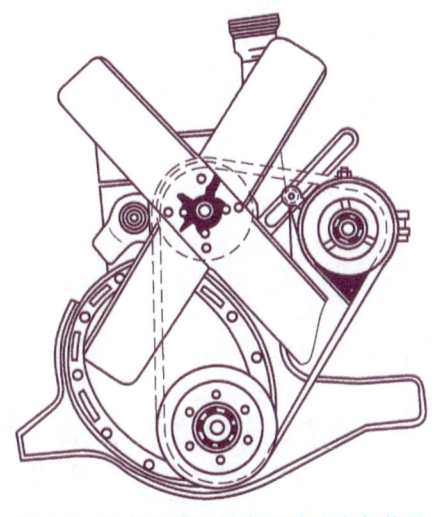

图 5-4　汽车发动机风扇驱动及张紧装置

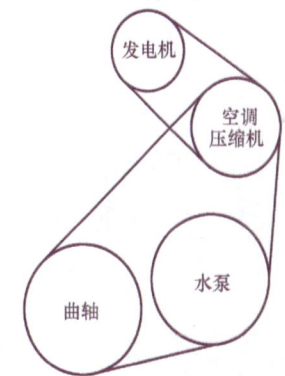

图 5-5　2 气门发动机 V 带传动

3）多楔带传动。多楔带相当于平带与多根 V 带的组合，兼有两者的优点，多用于结构要求紧凑的大功率传动中，在汽车中也很常用。图 5-6 所示为 5 气门发动机多楔带传动。

4）圆带传动。圆带的截面形状为圆形，其传递能力较小，仅用于缝纫机、仪器等低速、小功率的传动。圆带一般用皮革制成。

（2）啮合式带传动　啮合式带传动是靠传动带与带轮上的齿相互啮合来传递运动和动力的，比较典型的是图 5-7 所示的同步带传动。同步带除保持了摩擦式带传动的优点外，还具有传递功率大、传动比准确等优点，多用于要求传动平稳，传动精度较高的场合，如汽车、录音机、电子计算机、数控机床、纺织机械等。例如，在捷达、上海桑塔纳、一汽奥迪、北京切诺基等汽车发动机曲轴与凸轮轴间的传动（正时传动）均采用同步带传动，图 5-8 所示为 2 气门发动机同步带传动。

同步带的截面为矩形，带的内环表面成齿形。与摩擦式带传动中带的结构不同的是，同步带的强力层大多为钢丝绳，因此在承受载荷之后变形较小。在同步带轮轮缘上也制成与带的内环表面相对应的渐开线齿形，并由渐开线齿形带轮刀具采用展成加工而成。因此，带轮齿形的尺寸取决于其加工刀具的尺寸。

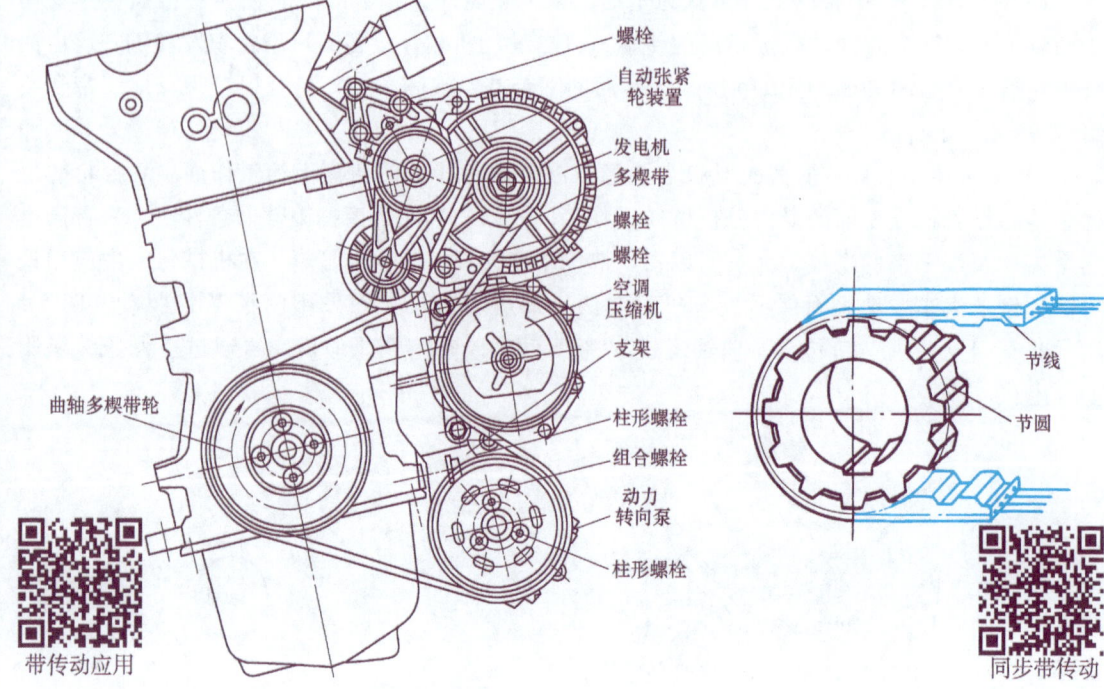

图 5-6　5 气门发动机多楔带传动　　　　　图 5-7　同步带传动

（3）带传动的传动形式　根据带传动的传动形式，带传动又可分为开式传动、交叉传动和半交叉传动三种。其中，开式传动是两个带轮轴线平行且回转方向相同的传动，如图 5-2 所示；交叉传动是两个带轮轴线平行但回转方向相反的传动，如图 5-9a 所示；半交叉传动是两个带轮轴线在空间交错的传动，如图 5-9b 所示。本项目主要介绍 V 带的开式传动。

2. 传动带类型、型号及选用

V 带按其宽度和高度相对尺寸的不同，又分为普通 V 带、窄 V 带、宽 V 带、汽车 V 带、

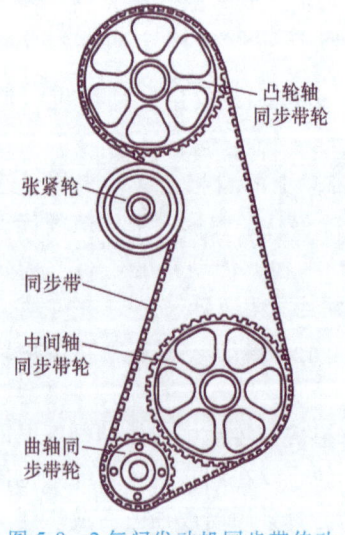

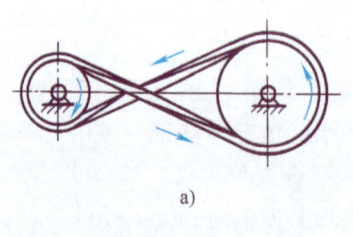

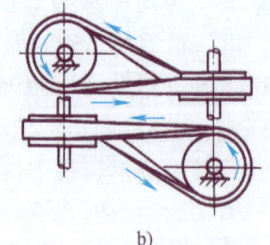

图 5-8　2 气门发动机同步带传动　　　　　图 5-9　带传动的传动形式
　　　　　　　　　　　　　　　　　　　　　a）交叉传动　b）半交叉传动

齿形V带、大楔角V带等多种类型。目前,普通V带应用最广泛。

(1)普通V带　普通V带的结构如图5-10所示,由包布、顶胶(拉伸层)、抗拉体(强力层)、底胶(压缩层)等部分构成。按抗拉体的结构不同,分为帘布芯结构和绳芯结构两种类型。其中,帘布芯结构的V带制造方便,抗拉强度好;而绳芯结构的V带柔韧性好,抗弯强度高,适用于带轮直径小、转速较高的场合。窄V带其两侧面内凹,与带轮槽侧面能很好地接触。在同样工作条件下,窄V带传动的承载能力比普通V带高1.5倍,且工作寿命长。

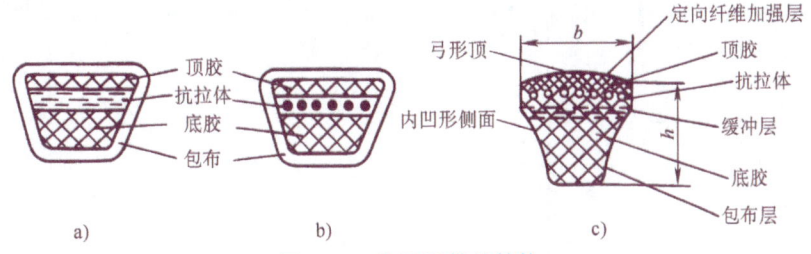

图5-10　普通V带的结构

a)帘布芯结构　b)绳芯结构　c)窄V带结构

普通V带是标准件,根据国家标准(GB/T 11544—2012)的规定,按截面尺寸不同,由小到大分为Y、Z、A、B、C、D、E七种型号,其截面尺寸见表5-1。V带的截面面积越大,其传递的功率也越大。生产中常用的是Z、A、B三种型号。

表5-1　V带截面尺寸　　　　　　　　　　　　(单位:mm)

型号	节宽 b_p	顶宽 b	高度 h	楔角 α
Y	5.3	6.0	4.0	40°
Z	8.5	10.0	6.0	
A	11	13.0	8.0	
B	14	17.0	11.0	
C	19	22.0	14.0	
D	27	32.0	19.0	
E	32	38.0	23.0	

V带是有一定厚度的环形带,没有接头。如图5-11所示,当带弯曲时,其结构中有一

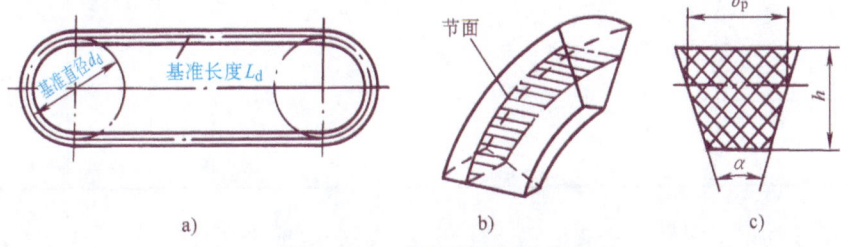

图5-11　V带的节面与尺寸

a)纵面尺寸　b)V带的节面　c)截面尺寸

长度不发生变化的中性层，称为节面。其节面的长度称为基准长度，用 L_d 表示。L_d 处的宽度称为节宽，用 b_p 表示。在带轮上与之相对应的直径称为带轮的基准直径，用 d_d 表示，它是带轮的公称直径。V 带基准长度见表 5-2。

表 5-2 V 带的基准长度 （单位：mm）

基准长度 L_d		带　型							配组公差
公称尺寸	极限偏差	Y	Z	A	B	C	D	E	
200	+8								
224	−4								
250									
280	+9								
315	−4	Y							2
355	+10								
400	−5								
450	+11								
500	−6								
560	+13								
630	−6		Z						
710	+15								
800	−7								
900	+17								
1000	−8								
1120	+19			A					
1250	−10								
1400	+23								4
1600	−11								
1800	+27								
2000	−13								
2240	+31				B				
2500	−18								8
2800	+37					C			
3150	−18								
3550	+44						D		
4000	−22								12
4500	+52							E	
5000	−26								

V 带的型号标记由型号、基准长度、标准号三部分组成。例如表示基准长度为 1420mm 的 Z 型 V 带，其标记为：Z　1420　GB/T 1171。

(2) 汽车 V 带　汽车 V 带结构（图 5-12）分为包边式 V 带（简称包布带）和切边式 V 带（简称切边带）两种，切边带又分普通式、底胶夹布式和有齿式三种形式。

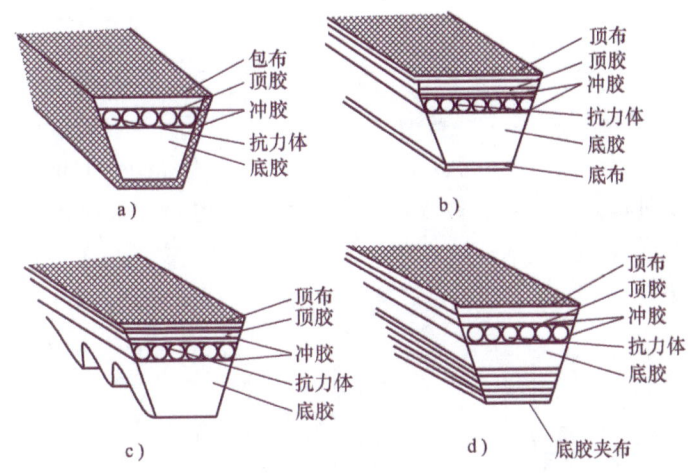

图 5-12　汽车 V 带结构
a）包布带　b）切边带（普通式）　c）切边带（有齿式）　d）切边带（底胶夹布式）

汽车 V 带是标准件，根据公称顶宽分为 AV10、AV13、AV15、AV17、AV22 五种型号，AV 后面的数字表示顶宽的大小，单位为 mm。

汽车 V 带的标记内容由型号、有效长度公称值、标准号三部分组成。例如 AV13 汽车 V 带，有效长度公称值为 1000mm，其标记为：AV13×1000　GB 12732。

(3) 汽车多楔带　汽车多楔带结构如图 5-13 所示。只采用 PK 一种型号，双面多楔带为 DPK。其规格标记内容由楔数、型号、有效长度三部分组成，如楔数为 6、有效长度为 1150 mm 的汽车多楔带，标记为 6 PK 1150。

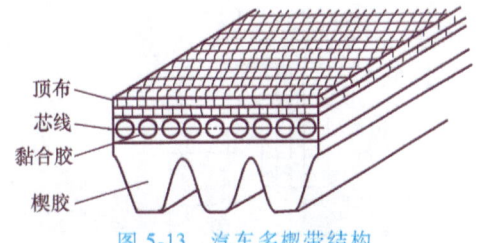

图 5-13　汽车多楔带结构

(4) 汽车同步带　汽车同步带结构如图 5-14 所示，其型号有 ZA 型和 ZB 型等，ZA 型用于较轻负荷，ZB 型用于较重负荷。两种型号的节距 C 均为 9.525mm，区别在于带齿尺寸。其规格标记内容由齿数、节距、齿形、宽度表示，如表示齿数为 80、宽度为 19 mm 的 ZA 型同步带，标记为 80 ZA 19。

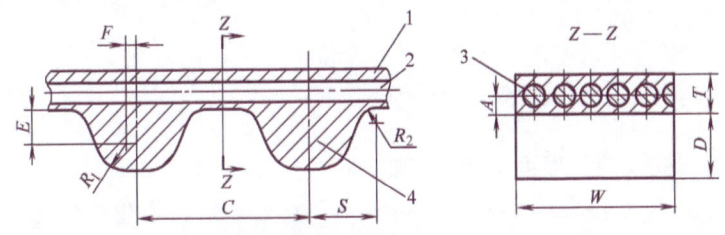

图 5-14　汽车同步带结构
1—顶布　2—芯线　3—粘合胶　4—楔胶

3. 带轮结构、材料及工艺

带轮一般是由轮缘、轮辐和轮毂三部分构成。轮缘是安装带的部位；轮毂是与轴配合的部分；轮辐是连接轮缘与轮毂的部分。带轮最常用的材料是铸铁，如 HT150、HT200，有时也采用铸钢或非金属材料等。

带轮的具体结构形式可以根据带轮直径的大小来决定。直径较小时，即 $d_d \leq (2.5\sim3)d_0$（d_0 为轴的直径）时可采用实心带轮（S 型），如图 5-15a 所示；中等直径的带轮，一般 $d_d \leq 300\text{mm}$ 时采用腹板带轮（P 型）或孔板带轮（H 型），分别如图 5-15b、c 所示；直径较大的带轮，$d_d > 300\text{mm}$ 时可采用轮辐（E 型）式，如图 5-15d 所示。

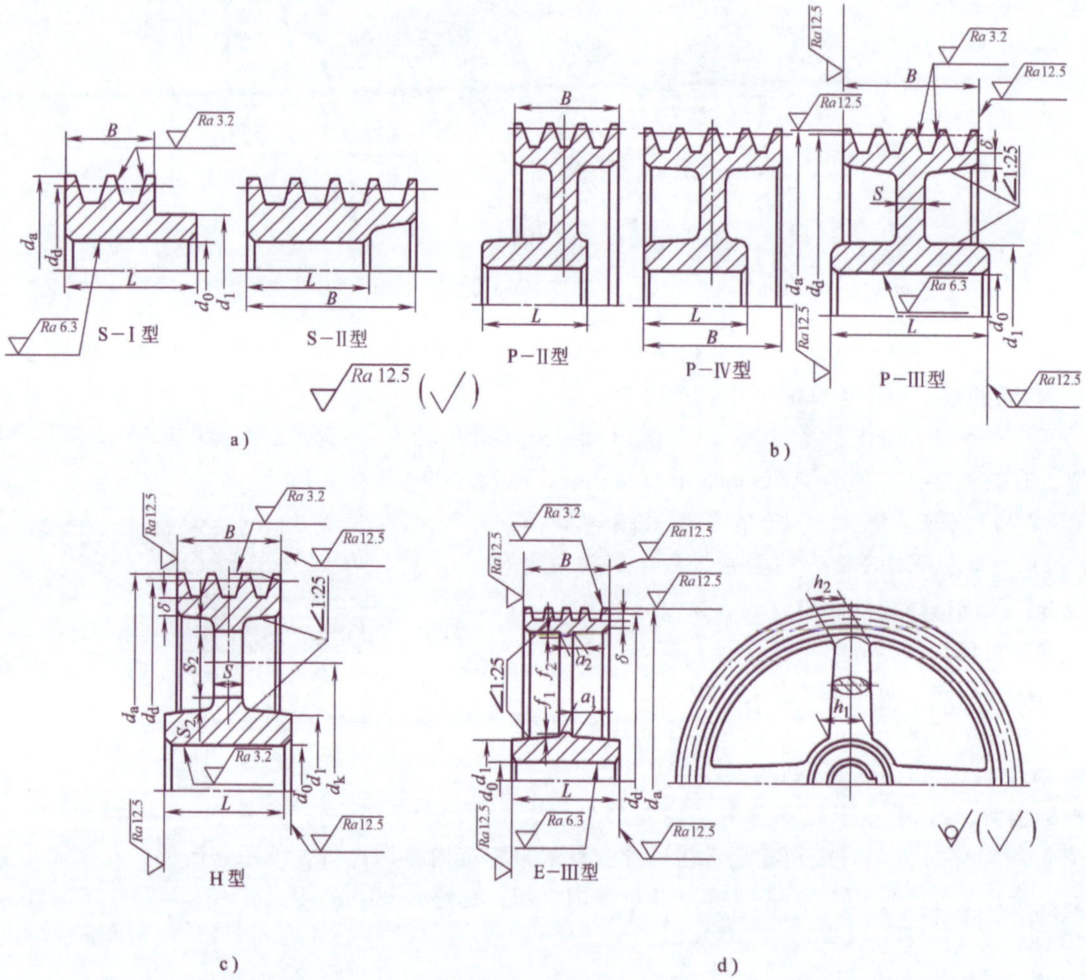

图 5-15　V 带轮结构
a）S 型　b）P 型　c）H 型　d）E 型

V 带轮的结构形式及腹板厚度的确定可参阅有关设计手册。

V 带轮轮缘截面尺寸可根据带的型号按表 5-3 确定。带轮槽角按带轮直径不同分别为 32°、34°、36°和 38°，都小于 V 带楔角 40°。这是因为带绕上带轮时的弯曲变形，其截面会发生改变而使带的楔角变小，且带轮直径越小，这种现象越明显。

表 5-3 V带轮槽型尺寸（GB/T 10412—2002）

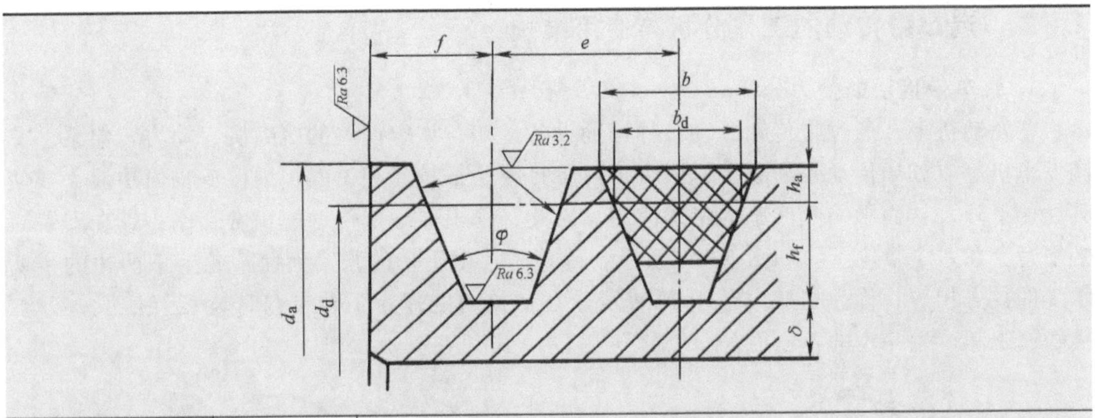

项目	符号	槽型						
		Y	Z SPZ	A SPA	B SPB	C SPC	D	E
基准宽度	b_d	5.3	8.5	11.0	14.0	19.0	27.0	32.0
基准线上槽深	h_{amin}	1.6	2.0	2.75	3.5	4.8	8.1	9.6
基准线下槽深	h_{fmin}	4.7	7.0 9.0	8.7 11.0	10.8 14.0	14.3 19.0	19.9	23.4
槽间距	e	8±0.3	12±0.3	15±0.3	19±0.4	25.5±0.5	37±0.6	44.5±0.7
槽边距	f_{min}	6	7	9	11.5	16	23	28
最小轮缘厚	δ_{min}	5	5.5	6	7.5	10	12	15
外径	d_a	$d_a = d_d + 2h_a$						
带轮槽角 φ	32°	相应的基准直径 d_d	≤60	—	—	—	—	—	—
	34°		—	≤80	≤118	≤190	≤315	—	—
	36°		>60	—	—	—	—	≤475	≤600
	38°		—	>80	>118	>190	>315	>475	>600
极限偏差		±30						

注：槽间距 e 的极限偏差适用于任何两轮槽对称中心面的距离，无论相邻还是不相邻。
V带轮表面粗糙度和几何公差见表 5-4。轮毂孔公差为 H7 或 H8，毂长上极限偏差为 IT14，下极限偏差为零。

表 5-4 V带轮表面粗糙度和几何公差

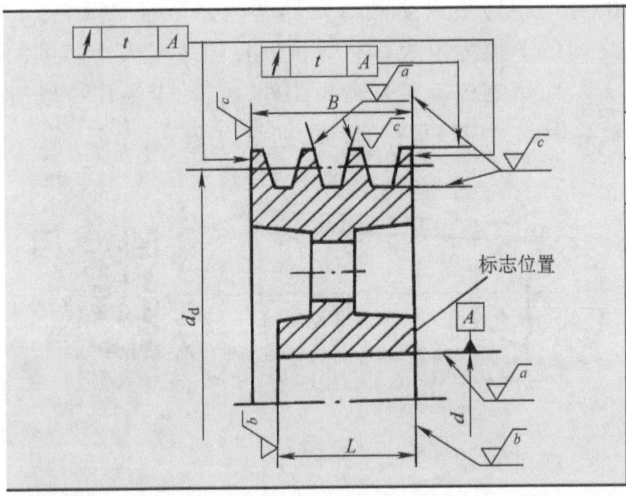

基准直径 d_d/mm	径向圆跳动 t/mm	$Ra/\mu m$		
		a	b	c
>20~100	0.20	3.2	6.3	12.5
>106~160	0.30			
>170~250	0.40			
>265~400	0.50			
>425~630	0.60			
>670~1000	0.80			
>1060~1600	1.00			
>1700~2500	1.20			

二、汽车带传动的工作分析与使用维护

1. 汽车带传动的受力分析

在发动机上,通过带传动驱动各种辅助设备运转,如空调器的压缩机、动力转向泵、交流发电机等。如果传动带断裂了,或者出现了打滑,都将使相关的辅助设备丧失功能,或使其性能下降,从而影响到汽车的正常使用。因此,为了保证带传动能正常工作,带在安装时必须紧套在两个带轮上。如图 5-16a 所示,静止时,由于带的张紧而使带轮上下两边的带所承受的拉力相等,称为初拉力,用 F_0 表示。在初拉力的作用下,带与带轮相互压紧,并在接触面之间产生一定的正压力。

图 5-16 V 带传动的受力分析
a) 静止时的受力 b) 工作时的受力

在工作时,主动轮以转速 n_1 转动,通过带与带轮接触面间产生的摩擦力,驱动从动轮以转速 n_2 转动,此时带两边的拉力不再相等。两个带轮作用在带上的摩擦力的方向如图 5-16b 所示,作用在主动轮处带上的摩擦力的方向与主动轮的转向相同;作用在从动轮处带上的摩擦力的方向与从动轮的转向相反。因此,带两边的拉力也发生变化,带进入主动轮的一边被进一步拉紧,拉力由 F_0 增大到 F_1,称为紧边;带绕出主动轮的一边则被放松,拉力由 F_0 降到 F_2,称为松边。紧边与松边的拉力差即为带传动所传递的圆周力 F_t,称为有效拉力。此时有效拉力等于摩擦力,带传动正常工作。当带速一定时,传递的功率增大,则传动带所传递的圆周力也随之增大,当有效拉力超过传动带与带轮之间摩擦力的极限值时,传动带将在带轮上全面滑动,使从动轮转速下降,传动不能正常进行,而且会加速带的磨损。为了避免这种打滑失效,要求带传动传递的有效拉力不大于其极限静摩擦力,即 $F_t \leq F_{fmax}$。因此,增大初拉力 F_0 可使传动带与带轮之间的摩擦力增大,有效拉力也随之增大,但过大的初拉力 F_0 也增大了传动带内部的应力,从而影响传动带寿命。此外,传动带工作一段时间后由于产生残余伸长,初拉力 F_0 会降低。因此,应该保持合理的初拉力 F_0。

2. 带传动的弹性滑动

传动带是弹性体,在拉力的作用下会发生弹性伸长,其弹性伸长量与拉力的大小成正比。正常工作时,紧边拉力 F_1 大于松边拉力 F_2。因此,紧边产生的弹性伸长量大于松边的弹性伸长量,如图 5-17 所示。

当带的紧边在 a 点进入主动轮 1

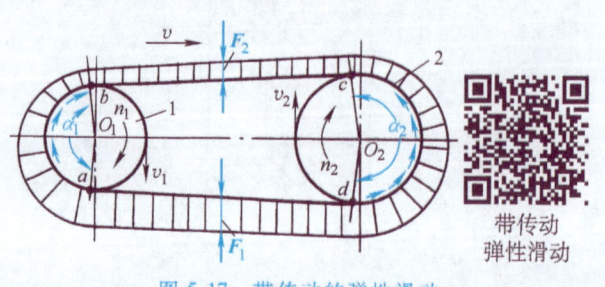

图 5-17 带传动的弹性滑动

单元二　汽车动力装置机构分析与应用

时，带速 v 与轮 1 的圆周速度 v_1 相等，但在轮 1 由 a 点转动到 b 点退出的过程中，带所受的拉力 F_1 逐渐减小到 F_2，其弹性伸长量也逐渐减小，也就是说，带在逐渐缩短，从而使带沿着主动轮 1 表面产生局部微小向后的相对滑动，造成带速 v 小于主动轮 1 的圆周速度 v_1。

同理，带进入点 c 依靠摩擦力驱动从动轮 2 转动到退出点 d 的过程中，由于带拉力由 F_2 逐渐增大到 F_1，带的弹性伸长量也增加，也就是说，带在逐渐拉长。这时带在从动轮 2 表面上产生局部微小的向前相对滑动，致使带速 v 大于从动轮 2 的速度 v_2。

上述由于带的弹性变形而引起带在轮面上滑动的现象，称为弹性滑动。弹性滑动时的摩擦是带传动特有的现象，在带工作时是不可避免的。弹性滑动会使带磨损，从而降低带的寿命，并使从动轮的速度降低，影响传动比。但由于带传动正常工作时，其滑动率 $\varepsilon \approx 1\% \sim 2\%$，比较小，在一般情况下可不予考虑。因此，带传动可近似看作平稳传动。

3. 带传动的失效形式

带传动工作时的主要失效形式是：带在带轮上打滑、传动带的磨损和疲劳断裂。

（1）打滑　带传动是靠摩擦工作的，在初拉力 F_0 一定时，当传递的有效拉力 F 超过带与轮面间的极限摩擦力时，带就会在带轮轮面上发生明显的滑动，这种现象称为打滑。当传动出现打滑现象时，虽然主动轮仍在继续转动，但从动轮及传动带有较大的速度损失，甚至完全不动。打滑是一种有害现象，它将使传动失效并加剧带的磨损。因此，在正常工作时，应当避免出现打滑现象。

弹性滑动和打滑是两个截然不同的概念，它们的区别见表 5-5。

表 5-5　弹性滑动和打滑的区别

项　目	弹性滑动	打　滑
现象	局部带在局部轮面上发生的滑动	整个带在整个轮面上发生的滑动
产生的原因	带两边的拉力差	超载
结论	不可避免	可以避免

如图 5-16b 所示，传动带与带轮接触弧所对的中心角称为包角，用 α 表示。包角越小，接触弧就会越短，接触面间产生的总摩擦力也就越小，因而能传递的圆周力也越小。如果包角过小，就容易产生打滑现象，因此带轮的包角不能太小。由于小带轮的包角 α_1 总比大带轮的包角 α_2 小，所以只需要求小带轮的包角 $\alpha_1 \geq 120°$ 即可。

（2）带的磨损　带传动是通过带与带轮间的摩擦力来实现的。当摩擦力或摩擦因数越大时传递的有效拉力也越大，同时带的磨损也加剧。当带磨损到一定程度时，会出现打滑现象，甚至断裂。

（3）带的疲劳断裂　带在工作时的应力随带的运转而变化，是交变应力。转速越高，带越短，单位时间内带绕过带轮的次数越多，带的应力变化就越频繁。长时期工作，传动带在交变应力的反复作用下会产生脱层、撕裂，最后导致疲劳断裂，从而使传动失效。

4. 带传动的张紧与调整

为了使带与带轮间产生正压力，带传动在使用前必须使带以一定的初拉力张紧在滑动轮上。另外，带在初拉力的长期作用下，会逐渐松弛，使带的初拉力减小，传动能力降低。为了保持一定的初拉力，带传动需要进行定期张紧。常用的张紧装置有下述两类。

（1）定期张紧装置　图 5-18a、b 所示为滑道式和摆架式定期张紧装置，其原理是通过螺栓调整中心距使带得到适当的张紧。对于中心距固定的带传动,可采用张紧轮来定期张紧,如图 5-18c 所示。张紧轮应置于松边内侧靠近大带轮处,以免减小小带轮的包角 α_1。

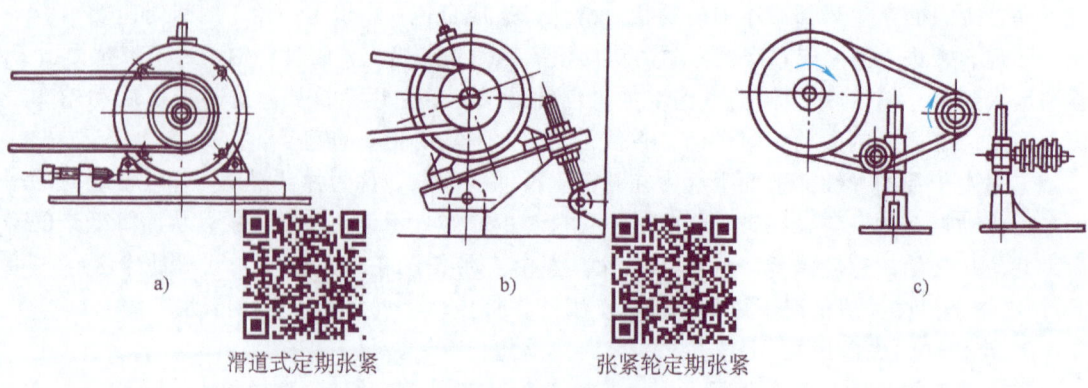

图 5-18 定期张紧装置
a)滑道式 b)摆架式 c)定期张紧用张紧轮

（2）自动张紧装置 图 5-19a、b 为滑道式和摆架式的自动张紧装置。其中,滑道式是利用外界重物使带获得一定的初拉力;摆架式是利用电动机本身的自重使带获得一定的初拉力。图 5-19c 所示为利用外界重物通过张紧轮来达到自动张紧的目的,多用于中心距固定或小带轮包角 α_1 较小的场合。

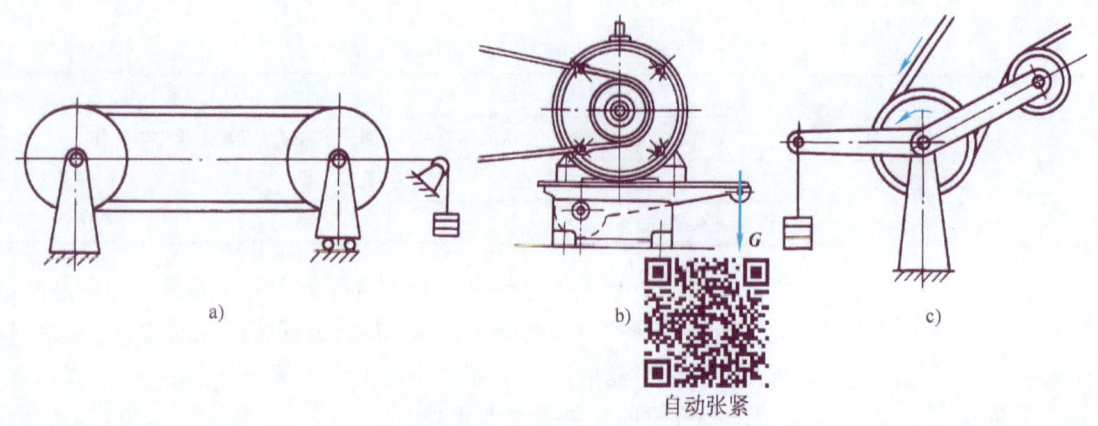

图 5-19 自动张紧装置
a)滑道式 b)摆架式 c)自动张紧用张紧轮

5. 带传动的选用

由带传动的失效形式可知,带传动的设计与选用原则是在保证带传动不打滑的条件下,使带具有足够的疲劳强度和寿命。

一般带传动的工作条件、需传递的功率、转速或传动比、外廓尺寸等要求已知。设计选用带传动时,需要确定带的型号、基准长度和带的根数、传动中心距、带轮的结构尺寸和材料、张紧方式等。具体的设计选用方法和步骤可参考 GB/T 13575.1—2008 或机械设计手册。

6. 带传动的安装与维护

正确的安装和维护是保证带传动正常工作、延长其使用寿命的有效措施,一般应注意以下几点:

单元二 汽车动力装置机构分析与应用

1) 如图 5-20a 所示,安装平行轴带传动时,各带轮的轴线必须保持规定的平行度,主、从动轮的轮槽必须调整在同一平面内,误差不得超过 20',以免带被扭曲而使其侧面过早磨损。

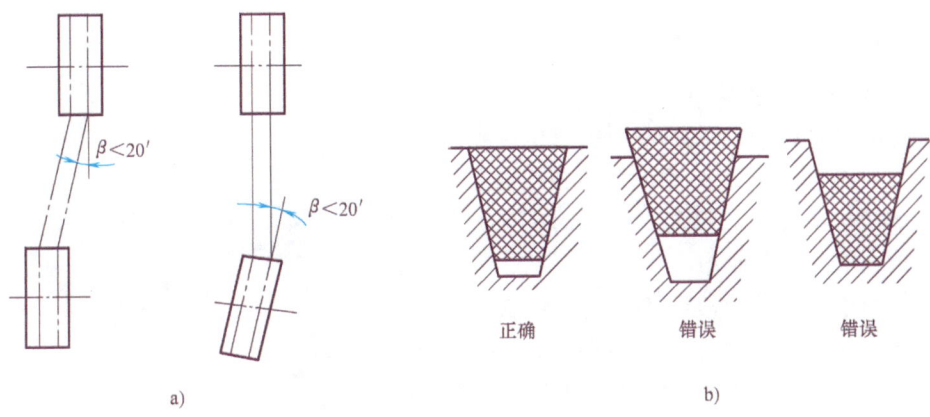

图 5-20 带轮的安装
a) 带轮的安装位置 b) V 带在轮槽中的位置

2) 安装时应按规定的初拉力张紧带,见表 5-6。对于中等中心距的带传动,传动带的张紧程度以用拇指按下 15mm 为宜,如图 5-21 所示。

表 5-6 单根普通 V 带的初拉力 F_0

型号	Z		A		B		C		D		E	
小带轮的基准直径 d_{d1}/mm	63~83	≥90	90~112	≥125	125~160	≥180	200~224	≥250	315	≥355	500	≥560
F_0	55	70	100	120	165	210	275	350	580	700	800	1050

3) 装拆时不要硬撬,应先缩小其中心距,然后再装拆传动带。

4) 多根带传动时,为避免其因长度相差太大,造成受力不均,带的配组公差应在规定的范围内(请参阅有关手册)。

5) 如图 5-20b 所示,安装时,V 带在带轮轮槽中的位置要正确,过高或过低都不利于带的正常工作。

6) 使用时,带应避免与酸、碱、油等介质接触,防止对橡胶材料的腐蚀。带传动应设

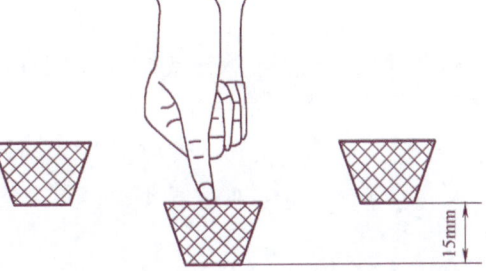

图 5-21 传动带张紧度的手工判断

防护罩,工作温度不应超过 60℃。这样既可保护人身安全,又可防止腐蚀和阳光的暴晒等。

7) 对带传动应定期检查、及时调整,新旧带、普通 V 带和窄 V 带、不同规格的 V 带均不能混合使用,发现个别带有疲劳断裂现象,应及时、全部更换同一组带。

安装完毕后,首先应检查带的初拉力,这时可以用拇指强力地按压两个带轮中间的带。按压力约为 100N,若带的压下量在 10mm 左右,则认为初拉力恰好合适。若压下量过大,则认为初拉力不足。若带几乎不出现压下量,则认为初拉力过大。初拉力不足时,带很容易

143

出现打滑；初拉力过大时，很容易损伤各种辅机的轴承。为此，应该把相关的调整螺母或螺栓拧松，把带的初拉力调整到最佳的状态。

三、汽车链传动的认识

1. 链传动的组成及其特点

链传动由链轮和跨绕两链轮的闭合链条组成，如图 5-22 所示。链轮上制有特殊齿形的齿，通过轮齿与链节相啮合而进行传动。因此，链传动是一种以链条作为中间挠性件的啮合传动。

设链传动中主动链轮的齿数为 z_1，转速为 n_1，从动链轮的齿数为 z_2，转速为 n_2。显然，在单位时间内两链轮转过的齿数 n_1z_1 和 n_2z_2 相等，即

$$n_1z_1 = n_2z_2$$

传动比

$$i = n_1/n_2 = z_2/z_1$$

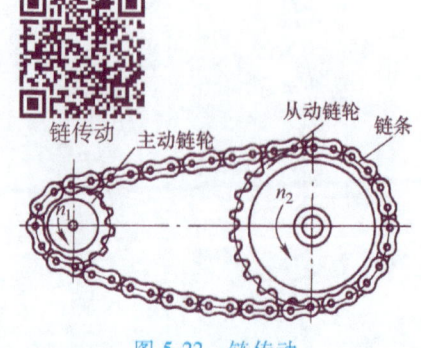

图 5-22　链传动

与带传动相比，链传动的优点是：

1）由于链传动是啮合传动，没有滑动，能保持准确的平均传动比。

2）链条安装时不需很大的初拉力，故链传动工作时作用在轴上的载荷较小，有利于延长轴承寿命，效率也比带传动高。

3）链传动对工作条件要求较低，可在恶劣环境下（如高温、多尘、油污、潮湿、易燃及腐蚀性环境等）可靠工作。

4）链传动传递功率较大，结构比较紧凑，维护方便。

其主要缺点是：运行平稳性差，从动链轮瞬时转速不均匀，高速运转时不如带传动平稳，且噪声和振动大，对制造和安装的精度要求较带传动高；不能实现过载保护。

链传动主要用于要求平均传动比准确，而且两轴间相距较远，工作条件恶劣，不宜采用带传动和齿轮传动的场合。通常链传动的传动比 $i \leq 6$，传递功率 $P \leq 100\text{kW}$，中心距 $a < 5\text{m}$，链速 $v < 15\text{m/s}$，效率为 $0.92 \sim 0.98$。

如图 5-23 所示，链传动特别适用于汽车发动机凸轮轴上置式凸轮配气机构（也有采用齿轮传动的）。

2. 链与链轮

链传动所用的链条种类很多，常用的套筒滚子链如图 5-24a 所示。它由滚子、套筒销轴、内链板和外链板组成。滚子与套筒间及销轴与套筒间均为可动的间隙配合，而套筒与内链板，销轴与外链板间则用过盈配合固联，这样可使链节与链轮啮合传动时，滚子在链轮的齿间滚动，以减少链与轮齿的磨损。如图 5-24 所示，当链节数为偶数时，内外链板

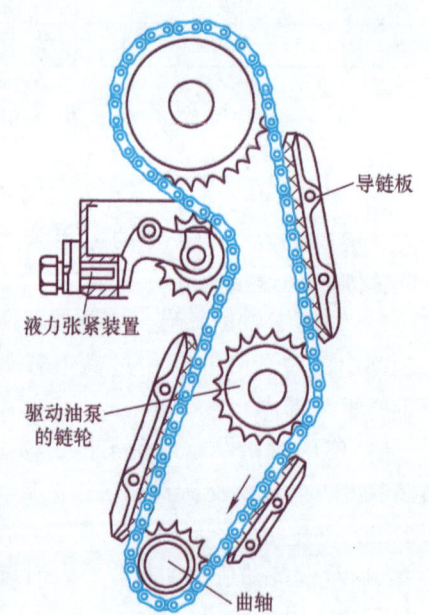

图 5-23　凸轮轴链传动装置

正好相接,可直接采用联接链节,接头处用开口销(用于大节距)或弹簧卡(用于小节距)固定,如图 5-24b 所示。当链节数为奇数时,需用过渡链节,如图 5-24c 所示,过渡链板呈弯曲形状,工作时将受附加弯矩,使链条的承载能力降低 20%,因此应尽量避免使用奇数链节。

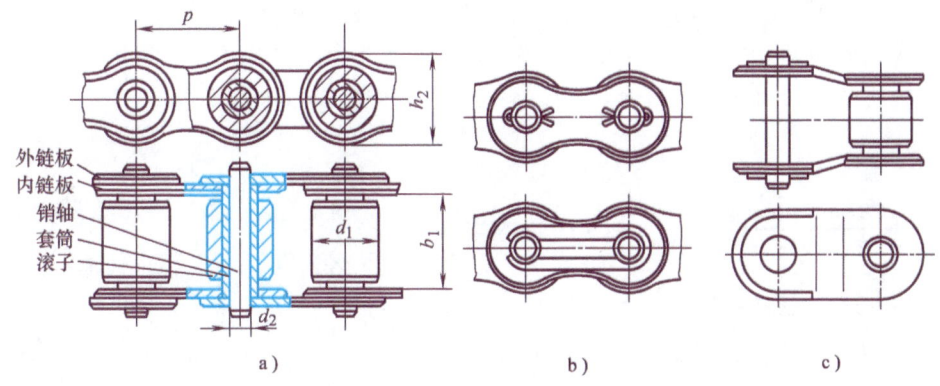

图 5-24 套筒滚子链的结构

a) 滚子链的主要几何尺寸 b) 联接链节 c) 过渡链节

滚子链的主要参数有节距 p、滚子外径 d_1 和内链节内宽 b_1。节距 p 是链条上相邻两销轴中心的距离,是链条基本特性参数。节距越大,链的各元件尺寸也越大,能传递的功率也越大。但当链轮齿数确定后,大节距会使链轮直径增大。因此在需要传递大功率的场合,一般采用双排链或多排链,图 5-25 所示为双排滚子链结构。多排链的传递功率与排数成正比,但各排链所受的载荷不易均匀,所以排数一般不超过四排。

滚子链是标准件,共分 A、B 两个系列,我国主要采用 A 系列。滚子链的规格和主要尺寸见表 5-7。

表 5-7 滚子链的规格和主要尺寸(摘自 GB/T 1243—2006)

链号	节距 p/mm	排距 p_t/mm	滚子直径 d_1/mm	内节内宽 b_1/mm	销轴直径 d_2/mm	内链板高度 h_2/mm	抗拉强度 F_u/N(单排)	每米质量 q/(kg/m)(单排)
05B	8.00	5.64	5.00	3.00	2.31	7.11	4400	0.18
06B	9.525	10.24	6.35	5.72	3.28	8.26	8900	0.40
08B	12.70	13.92	8.51	7.75	4.45	11.81	17800	0.70
08A	12.70	14.38	7.95	7.85	3.96	12.07	13800	0.60
10A	15.875	18.11	10.16	9.40	5.09	15.09	21800	1.00
12A	19.05	22.78	11.91	12.57	5.94	18.08	31100	1.50
16A	25.40	29.29	15.88	15.75	7.92	24.13	55600	2.60
20A	31.75	35.76	19.05	18.90	9.53	30.18	86700	3.80
24A	38.10	45.44	22.23	25.22	11.10	36.20	124600	5.60
28A	44.45	48.87	25.40	25.22	12.70	42.24	169000	7.50
32A	50.80	58.55	28.58	31.55	14.27	48.26	222400	10.10

滚子链的标记内容为：链号-排数×整链链节数 标准号
如 A 系列 10 号链，双排，88 节滚子链，表示为 10A-2×88 GB/T1243—2006。

链条的各零件由碳素钢或合金结构钢制成，并经热处理，以提高其强度和耐磨性。

链轮的标准齿形已有国标规定，并用标准刀具加工。链轮通常采用碳素钢或合金结构钢制成，并经热处理，以提高其强度和耐磨性。链轮的结构如图 5-26 所示。当链轮尺寸较小时，可制成如图 5-26a 所示的实心式，中等直径的链轮可制成如图 5-26b 所示的孔板式，直径较大的链轮可采用装配式，如图 5-26c、d 所示，齿圈磨损后可以更换。

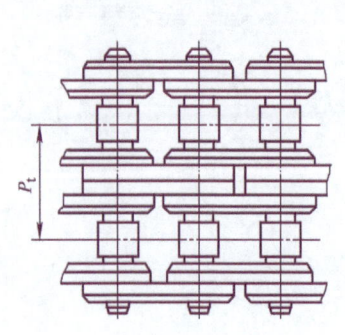

图 5-25 双排滚子链结构

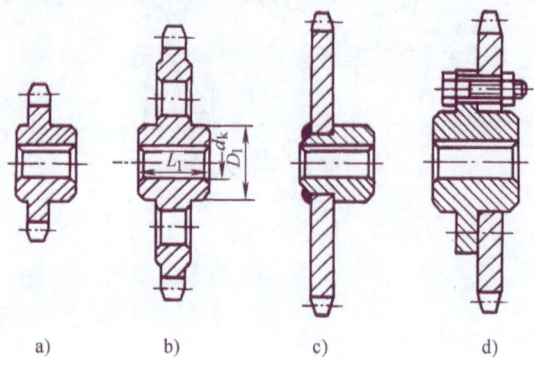

图 5-26 链轮的结构

a) 实心式 b) 孔板式 c) 焊接式 d) 螺栓联接式

3. 链传动的安装与调试

（1）链传动的布置　链传动的布置方式如图 5-27 所示，有垂直布置、倾斜布置和水平布置。其中，水平布置最好，尽量避免垂直布置。

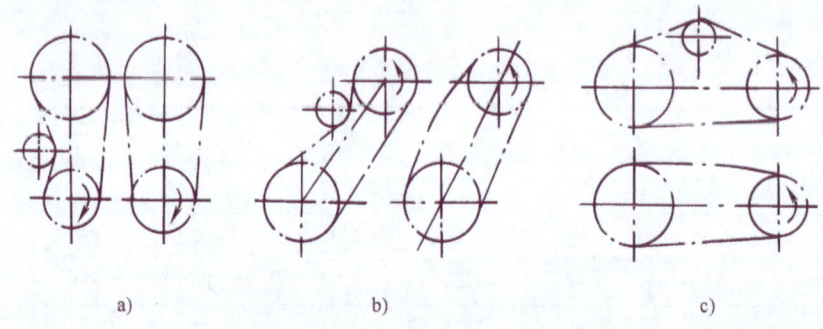

图 5-27 链传动的布置方式

a) 垂直布置 b) 倾斜布置 c) 水平布置

链传动布置时要考虑的原则有：

1) 两链轮轴线应平行，两链轮端面应位于同一铅垂面内。

2) 应使链条紧边在上，松边在下，以免松边垂度过大时干扰链与轮齿的正常啮合。

3) 为了安全与防尘，链传动应装防护罩。

（2）链传动的张紧　链传动是靠链条和链轮的啮合传递运动和转矩，不需要很大的张紧力。链传动张紧的目的是避免链条磨损后，链节距伸长而使松边产生振动、跳齿和脱链。

链传动的张紧方法有：

单元二 汽车动力装置机构分析与应用

1）通过调整链轮中心距来张紧链条。
2）采用张紧轮张紧，张紧轮常设在链条松边的内侧或外侧，如图5-27所示。
3）拆除1~2个链节，缩短链长，使链张紧。

4. 链传动的失效与维护

（1）链传动的失效形式　在正常的安装和润滑情况下，链传动的主要失效形式有以下几种。

1）链板的疲劳破坏。链条在工作过程中受到应力的作用，当应力变化达到一定的循环次数后，链条各零件将发生疲劳破坏。其中链板的疲劳破坏是链传动的主要失效形式。

2）链条铰链的磨损。当链节进入或退出啮合时，铰链的销轴与套筒间相对转动产生磨损，使链条的节距增大而脱链。磨损是开式链传动失效的主要形式。

3）销轴与套筒的胶合。当链速过高、载荷很大或润滑不良时，销轴与套筒的工作面上将发生胶合，导致链传动失效。

4）链条的拉断。重载或突然过载时，链条受到的拉力超过链条静强度，将被拉断。

（2）链传动的润滑　良好的润滑能缓和冲击、减少磨损、延长使用寿命。常用的链传动润滑剂常用L—AN32、L—AN46、L—AN68全损耗系统用油。环境温度高时选取黏度大的全损耗系统用油。

拓展训练

1）讨论分析汽车带传动和链传动的工作特点。其各有什么不同？
2）请观察日常生活接触的工具和工业中使用的设备中哪些使用了带（链）传动？请选择两三种最熟悉的机器分析带（链）传动组成与工作特点。

项目小结

1）带传动结构组成：主动轮、从动轮、传动带及机架。
2）摩擦式带传动主要类型有：平带传动、V带传动、多楔带传动和圆带传动。
3）普通V带已标准化，国家标准规定型号有Y、Z、A、B、C、D、E七种型号。
4）带传动的主要失效形式有：打滑、磨损和疲劳断裂。
5）带的弹性滑动和打滑的区别：弹性滑动是由于带传动工作中紧边和松边的拉力差还有带自身的弹性性能引起的带速和带轮表面速度不相等，是正常现象不可避免，但影响带传动的传动比准确性；打滑由负载功率过大或带过松所引起带在从动轮上滑动而轮不动，带传动的失效，也加剧了带的磨损，要尽量避免。
6）带传动的使用维护一般注意：带的型号选用、带的安装、张紧、定时检查等。
7）链传动由主动轮、从动轮、传动链条及机架组成。
8）常用链传动的链条有套筒滚子链，已标准化，链轮为标准齿形。
9）链传动主要失效形式：链板疲劳破坏、链条铰链磨损、销轴与套筒的胶合链条的拉断等。使用维护一般注意润滑。

项目训练

一、填空题

1. 带传动是以_____作为中间挠性件靠摩擦力传递运动和动力

的一种摩擦传动；链传动是以_____作为中间挠性件的啮合传动。

2. V带传动是靠带与带轮接触面间的_____力工作的。V带的工作面是_____面。

3. 当中心距不能调节时，可采用张紧轮将带张紧，张紧轮一般应放在_____的内侧，这样可以使带只受_____弯曲。为避免过分影响_____带轮上的包角，张紧轮应尽量靠近_____带轮。

4. V带传动比不恒定主要是由于存在_____。

5. 带传动的主要失效形式为_____和_____。

6. 对于高速重载的滚子链传动，应选用节距_____的_____排链；对于低速重载的滚子链传动，应选用节距_____的链传动。

7. 与带传动相比较，链传动的承载能力_____，传动效率_____，作用在轴上的径向压力_____。

8. 链传动一般应布置在_____平面内，尽可能避免布置在_____平面或_____平面内。

9. 在链传动中，当两链轮的轴线在同一平面时，应将_____边布置在上面，_____边布置在下面。

二、选择题

1. 传递同样大的圆周力时，轴上所受压力较大的传动是（　　）。
   A. 带传动　　　　　　B. 齿轮传动　　　　　C. 链传动　　　　　　D. 蜗杆传动
2. V带和平带传动相比，最主要的特点是（　　）。
   A. 传动效率高　　　　　　　　　　　　　　　B. 传动能力强
   C. 传动比准确　　　　　　　　　　　　　　　D. 圆周速度高
3. 在机械行业中应用最广泛的带传动是（　　）传动。
   A. 平带　　　　　　　B. V带　　　　　　　　C. 多楔带　　　　　　D. 同步带
4. 下列带传动的优点中，不正确的是（　　）。
   A. 传动的中心距较大　B. 能缓冲吸振　　　　C. 轴上的载荷小　　　D. 价格便宜
5. 普通V带传动中，横截面积最小的是（　　）型号的带。
   A. Y型　　　　　　　　B. A型　　　　　　　　C. E型　　　　　　　　D. Z型
6. 带传动不可用于（　　）的传动装置中。
   A. 精密仪器　　　　　B. 鼓风机　　　　　　C. 水泵　　　　　　　D. 空气压缩机
7. 关于带传动，下列说法正确的是（　　）。
   A. 打滑和弹性滑动都是可以避免的
   B. 打滑和弹性滑动都是无法避免的
   C. 打滑是可以避免的，而弹性滑动是无法避免的
   D. 打滑是不可避免的，而弹性滑动是可以避免的
8. 能在比较恶劣的工作环境下工作的传动机构是（　　）。
   A. 链传动　　　　　　B. 带传动　　　　　　C. 齿轮传动　　　　　D. 蜗杆传动

单元二　汽车动力装置机构分析与应用

三、判断题

1. 为保证带传动的传动比准确，应避免发生弹性滑动现象。（　）
2. 为保证带传动的传动比准确，应避免发生打滑现象。（　）
3. 链传动因为啮合传动而具有准确的传动比。（　）
4. 链传动因多边形效应，常将其安排在机械传动的低速级上。（　）
5. 链传动因多边形效应，常将其安排在机械传动的高速级上。（　）
6. 带传动中的弹性滑动是带传动固有的现象，不可避免。（　）
7. 带传动中的弹性滑动现象是人为的，完全可以避免。（　）
8. 为使V带两侧面与轮槽工作面紧密贴合，轮槽夹角应比V带夹角小些。（　）
9. 带传动需装张紧装置是由于打滑现象引起的。（　）
10. 带传动需装张紧装置是由于弹性滑动现象引起的。（　）

四、分析与简答题

1. 带传动按用途可分为哪几种？按带的截面形状可分为哪几种？带传动按布置形式可分为哪几种？
2. 普通V带传动和平带传动相比，有什么优缺点？
3. 带传动中弹性滑动是怎样产生的？造成什么后果？
4. 带传动中打滑是怎样产生的？打滑的有害和有利方面各是什么？
5. V带传动的失效形式是什么？带传动为什么必须安装张紧装置？
6. V带传动修理、更换带时，应注意什么？
7. 带传动为什么要张紧？常用的张紧方法有哪几种？在什么情况下使用张紧轮？张紧轮应装在什么地方？
8. 链传动有哪些主要润滑方式？各适用于什么场合？
9. 链传动为何要适当张紧？常用的张紧方法有哪些？链传动与带传动的张紧目的有何区别？
10. 与带传动相比较，链传动有哪些优缺点？

单元三
汽车传动装置零部件分析与应用

任务描述

汽车传动装置是汽车的重要组成部分,在工作中它起到了汽车动力传递的作用。轮系传动及轴系零部件是汽车机械传动的重要组成部分,其设计、使用是否合理将直接影响整台汽车的工作性能。齿轮传动有哪些类型和特点?如何实现正确传动要求?汽车轴系零部件是如何实现运动和动力传递的?轴上零件是如何实现轴向和周向固定的?在本单元中,结合传动装置的原理与结构来认识齿轮、轮系、轴、轴承、联轴器和离合器、键、螺纹等常用轴系零部件的基本知识,掌握机械通用零部件正确使用维护技能。

单元三 汽车传动装置零部件分析与应用

 学习目标

通过本单元的探讨学习,要求学生具备以下能力:
1)掌握齿轮和轴系零部件基础知识,能够进行齿轮的传动分析、失效分析及传动比计算、轴系结构分析与应用。
2)通过正确的作业要求规范完成减速器的拆装作业等训练,掌握汽车传动系统中轴系零部件的安装和维护技能。
3)通过减速器的拆装任务学习,能够正确使用拆装工具,具有运用标准、规范、手册、图册等有关技术资料的职业能力素质。

项目六 轮系传动应用与失效分析

案例导入

某汽车在行驶中发动机后部发出"咔嗒、咔嗒"有节奏的异常响声。当汽车停驶、发动机仍在运转时,这种响声依然存在,而踏下离合器踏板时,异响消失。根据故障现象,进行检查与分析,当检查到变速器上有关可疑零部件时,发现变速器第1轴齿轮有一个断齿;进一步检查,又发现与第1轴齿轮常啮合的变速器中间轴齿轮上也有一个断齿。由此可知,齿轮断齿(轮齿折断)无疑是故障的根源。

齿轮传动在汽车中得到广泛应用,如图6-1所示为汽车变速器中的齿轮传动机构。齿轮传动是利用相互啮合的齿轮副来传递运动和动力的机械传动。齿轮一旦失效,将直接影响传动机构的正常工作。通过对汽车变速器轮系的拆装和齿轮传动过程的观察,掌握渐开线齿轮传动相关知识,了解齿轮传动机构如何实现运动和动力传递。它有哪些类型和特点?变速器又是如何实现变速的?本项目将介绍这些问题。

图6-1 汽车变速器中的齿轮传动机构

学习指导

通过对汽车变速器的拆装与认识活动,对各档位相互啮合齿轮进行观察和分析,认识齿轮传动在汽车上的应用及传动特点,掌握齿轮传动的相关知识及正确使用维护齿轮传动实践技能。

汽车机械基础

任务八　汽车机械式变速器（差速器）的认识

1. 任务要点
1）认识齿轮传动机构在汽车上的应用，了解齿轮传动的特点与应用。
2）掌握渐开线齿轮的基本结构、主要参数，能进行标准齿轮几何尺寸计算。
3）掌握渐开线齿轮的啮合特性及正确啮合条件、连续传动条件、标准安装要求。

2. 任务安排
请通过学习工作页（任务八、九）了解本项目活动任务并按计划要求实施活动，完成学习工作页相关内容的填写。

 基础知识

齿轮传动是机械中应用最多的传动形式，在汽车上得到广泛应用，汽车传动机构更是齿轮应用的典型，一旦齿轮传动失效，将直接影响机器的正常工作，以下介绍有关齿轮传动基础知识，以便对齿轮进行正确应用与维护。

一、齿轮传动的类型与功用

1. 齿轮传动的分类
按照一对齿轮轴线的相互位置，可以分为平面齿轮传动和空间齿轮传动两类。
（1）平面齿轮传动　平面齿轮传动（图6-2）也称为平行轴齿轮传动，其特点是两个齿

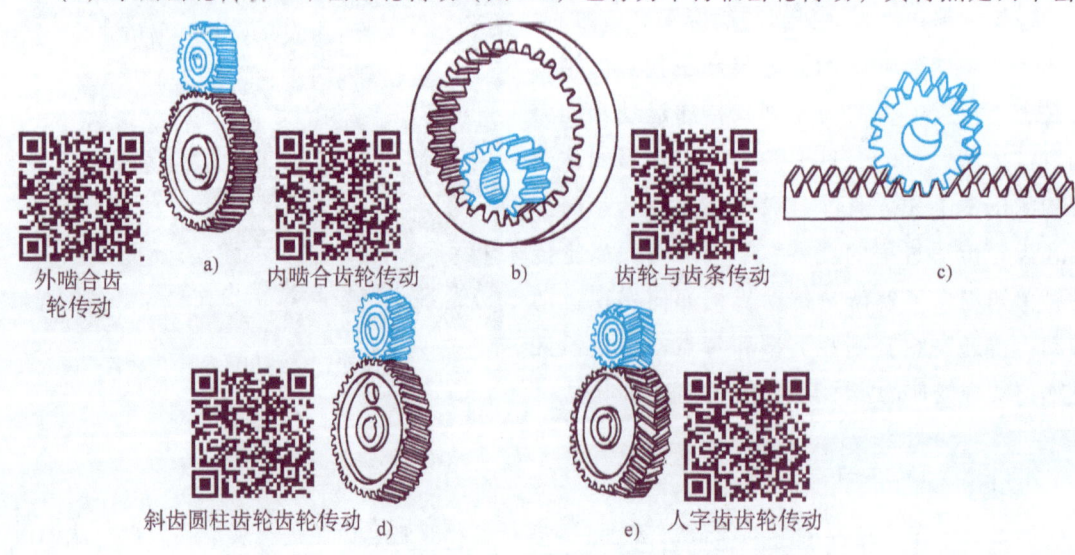

图6-2　平面齿轮传动
a) 外啮合传动　b) 内啮合传动　c) 齿轮与齿条传动　d) 斜齿圆柱齿轮传动　e) 人字齿齿轮传动

单元三 汽车传动装置零部件分析与应用

轮的轴线相互平行。所以两轮的相对运动是平面运动。

平面齿轮传动包括直齿圆柱齿轮传动（图 6-2a、b、c）、平行轴斜齿圆柱齿轮传动（图 6-2d）和人字齿齿轮传动（图 6-2e）三种。其中，人字齿齿轮可以看成是由两个螺旋角大小相等，方向相反的斜齿圆柱齿轮组成的。

圆柱齿轮根据轮齿齿线相对于齿轮素线的方向，又分为直齿圆柱齿轮（轮齿方向与齿轮母线平行）和斜齿圆柱齿轮（轮齿方向与齿轮素线方向倾斜一个角度，它称为螺旋角）两种。

根据两个齿轮的啮合方式，又分为外啮合传动、内啮合传动和齿轮与齿条传动三种。

（2）空间齿轮传动 空间齿轮传动其特点是两个齿轮的轴线不平行，所以两轮的相对运动是空间运动。它包括相交轴齿轮传动和交错轴齿轮传动两种，如图 6-3 所示。

锥齿轮传动属于相交轴齿轮传动，它的轮齿分布在圆锥的表面。按照轮齿的方向不同，分为直齿锥齿轮传动（图 6-3a）和曲齿锥齿轮传动（图 6-3b）两种。

交错轴齿轮传动有交错轴斜齿圆柱齿轮传动（图 6-3c）、蜗杆传动（图 6-3d）和准双曲面齿轮传动（图 6-3e）三种。其中，交错轴斜齿圆柱齿轮传动的轴线可以在空间交错成任意角度；蜗杆传动和准双曲面齿轮传动的轴线一般互相交错垂直。

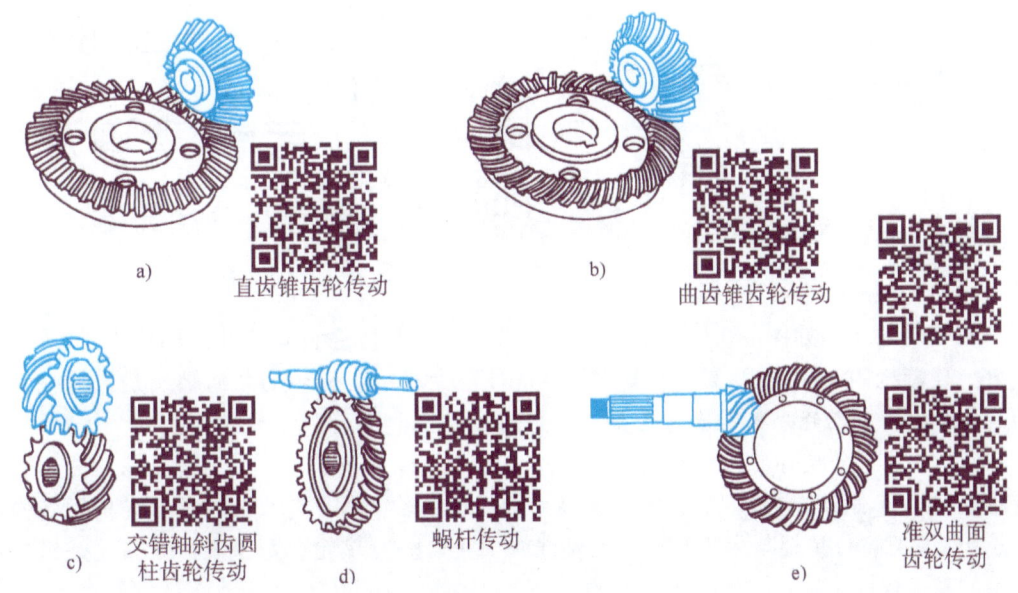

图 6-3 空间齿轮传动

a) 直齿锥齿轮传动 b) 曲齿锥齿轮传动 c) 交错轴斜齿圆柱齿轮传动 d) 蜗杆传动 e) 准双曲面齿轮传动

按照齿轮的工作条件不同，可以分为开式传动和闭式传动两种。

（1）开式齿轮传动 开式齿轮传动裸露在外，故不能防尘且润滑不良。因此，轮齿易磨损，寿命短，用于低速或低精度的场合，如水泥搅拌机齿轮、卷扬机齿轮等。

（2）闭式齿轮传动 闭式齿轮传动安装在密闭的箱体内。故密封条件好，且易于保证良好的润滑，使用寿命长，用于较重要的场合，如汽车变速器齿轮、减速器齿轮、机床主轴箱齿轮等。

153

2. 轮系的类型

在实际机械中，为了获得大传动比或变速、变向，一对齿轮传动往往不能满足工作要求，而是需要用若干对齿轮组成传动机构，如汽车中的变速器、差速器等。这种由一系列齿轮组成的传动系统，称为轮系。可见，由一对齿轮组成的机构是齿轮传动最简单的形式。

根据轮系运转时各齿轮的几何轴线位置相对于机架是否固定，轮系可分为定轴轮系、周转轮系和混合轮系。各类轮系均可以由各种类型的齿轮（圆柱齿轮、锥齿轮、蜗轮蜗杆等）组成。下面就几种常见的轮系说明其特点。

（1）定轴轮系　当轮系运动时，若各齿轮几何轴线的位置是固定不变的，则称为定轴轮系。定轴轮系按各齿轮的轴线关系又可分为平面定轴轮系和空间定轴轮系两种。其中，平面定轴轮系是由轴线互相平行的圆柱齿轮组成的，如图 6-4 所示；空间定轴轮系是包含相交轴齿轮传动或交错轴齿轮传动等在内的定轴轮系，如图 6-5 所示。

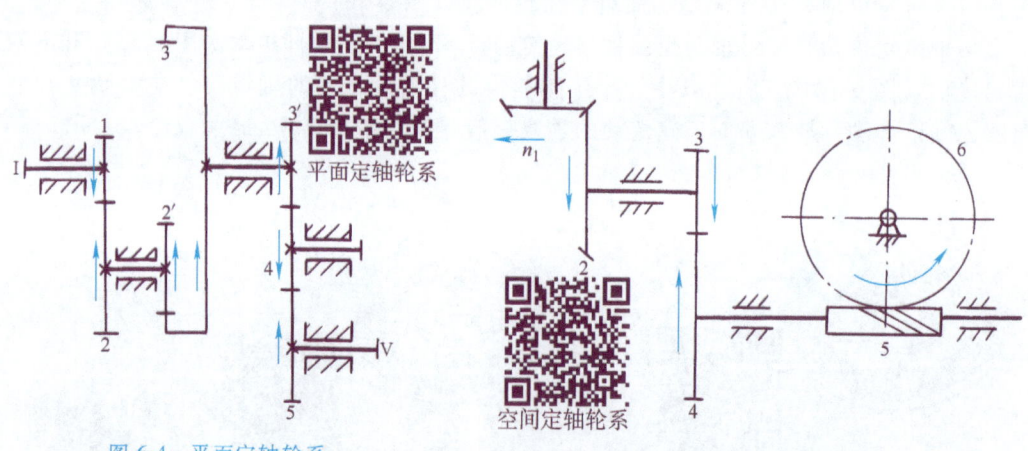

图 6-4　平面定轴轮系　　　　图 6-5　空间定轴轮系

（2）周转轮系　如图 6-6 所示的轮系中，齿轮 2 除了能绕自身的几何轴线 O_2 转动（自转）外，还能绕固定轴线 O_H 转动（公转）。这种至少有一个齿轮的几何轴线是绕另一个齿轮的几何轴线转动的轮系称为周转轮系。

图 6-6 中齿轮 2 既有自转又有公转，如同太阳系的行星一样，故称为行星轮。图示轮系中齿轮 1 的几何轴线位置固定，又和行星轮啮合，因此称为太阳轮。支持行星轮的回转构件 H，称为行星架。行星架与太阳轮的几何轴线必须重合。行星轮、行星架、太阳轮是组成周转轮系的基本构件。

周转轮系又可分为行星轮系和差动轮系。其中，行星轮系是有一个太阳轮固定不动的周转轮系，其自由度等于 1；而差动轮系是两个太阳轮都能转动的周转轮系，其自由度等于 2。

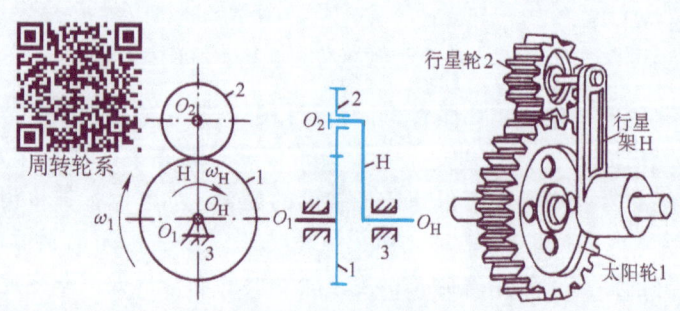

图 6-6　周转轮系

（3）混合轮系　实际机械中采用的轮系，往往不是由单一的定轴轮系或单一的周转轮系组成，而是既含有定轴轮系，又含有周转轮系。这种由两种轮系复合组成的轮系，称为混合轮系，如图6-7所示。组成混合轮系中的定轴轮系与各个单一的周转轮系，又称为组成混合轮系的基本轮系。

3. 轮系的功用

轮系广泛应用于各种机械中，它的主要功用大致可归纳为以下几个方面。

（1）实现相距较远的两轴之间的运动和动力的传递　当两轴间的中心距离较大时，采用轮系传动比采用一对齿轮传动可缩小传动装置所占空间，节省材料，减轻质量，制造安装方便，结构紧凑，如图6-8所示。但有时也因此增加了传动件，使成本有所增加。

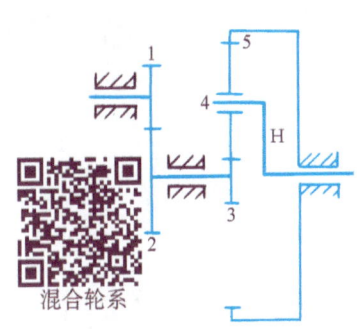

图6-7　混合轮系

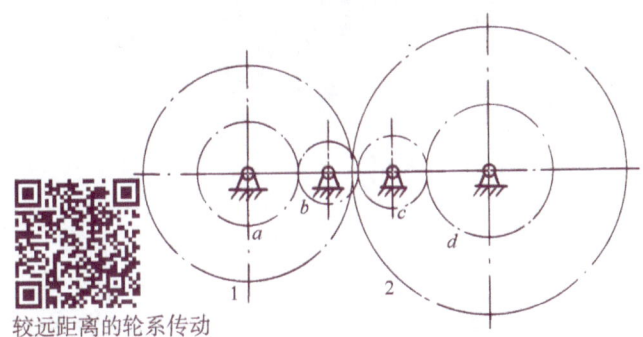

图6-8　利用轮系传递相距较远的
两轴之间的运动和动力

（2）实现变速和换向　主动轴不变时，利用轮系可使从动轴获得多种工作转速或实现转向。图6-9所示为汽车变速机构。图中轴Ⅰ为动力输入轴，轴Ⅳ为输出轴，4、6为滑移齿轮，A、B为牙嵌离合器。该变速箱可使输出轴得到四档转速。

第一档（低速档）：齿轮5、6相啮合，而齿轮3、4和离合器A、B均脱离，即1（Ⅰ）-2（Ⅱ）-5-6（Ⅳ）。

第二档（中速档）：齿轮3、4相啮合，而齿轮5、6和离合器A、B均脱离，即1（Ⅰ）-2（Ⅱ）-3-4（Ⅳ）。

第三档（高速档）：离合器A、B相嵌，而齿轮5、6和3、4均脱离，即（Ⅰ）-（Ⅳ）。

倒退档：齿轮6、8相啮合，而齿轮3、4和5、6以及离合器A、B均脱离，即1（Ⅰ）-2（Ⅱ）-7-8（Ⅲ）-6（Ⅳ）。此时，由于轮8的作用，使输出轴Ⅳ反转。

在轮系中引入惰轮（它同时与主、从动轮啮合，既作主动轮又作从动轮），可方便地实现变向要求。图6-10所示为三星轮换向机构，齿轮2和齿轮3浮套在三角形构件a的两个轴上，构件a可通过手柄使其绕轮4的轴转动。如果通过手柄转动齿轮2和齿轮3，分别位于如图6-10a和图6-10b所示位置，不改变主动轮1的转向，就可使从动轮的转向发生改变。图中齿轮2、3就是惰轮。在轮系中增加或减少一对外啮合齿轮都可改变从动轮的转动方向，汽车倒车就是用这种方法来实现的。

（3）获取大的传动比　图6-11所示为大传动比减速器，传动比高达1000。

（4）实现分路传动　在同一根主动轴带动下，利用轮系可以实现几个从动轴分路输出运动。如图6-12所示的机械式钟表机构，传动关系如下：

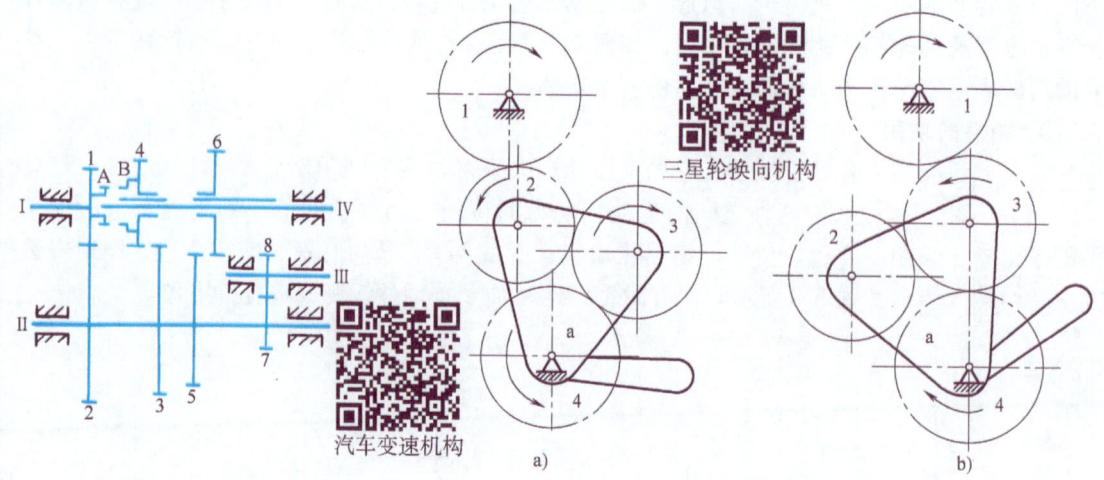

图 6-9　汽车变速机构

图 6-10　三星轮换向机构

$$（发条）N—1—2 \begin{cases} M（分针） \\ 9—10—11—12—H（时针） \\ 3—4—5—6—S（秒针） \end{cases}$$

（5）实现运动的分解和合成　将一根主动轴的转动分解成两根从动轴的转动，或将两根主动轴的转动合成为一根从动轴的转动。图 6-13 所示为汽车后桥差速器。当汽车转弯时，输入转速 n_1 分解成两车轮的转速 n_3 和 n_5。n_3 和 n_5 转速不同，使两车轮转弯时在地面上以不同的转速滚动，避免车轮与地面的滑动摩擦。

同样，利用该差动轮系也可实现运动的合成。若给定太阳轮 1 和 3 的转动，则可以合成输出行星架 H 的转动。

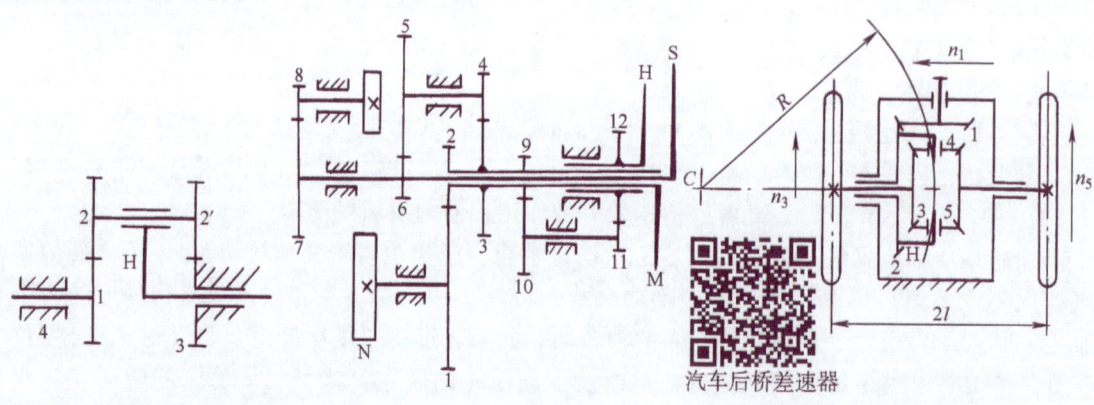

图 6-11　大传动比减速器　　图 6-12　机械式钟表机构　　图 6-13　汽车后桥差速器

二、齿轮传动基本知识

1. 齿轮传动的特点

齿轮传动与其他机械传动相比具有以下优缺点。

优点：
1) 能保证瞬时传动比的恒定，传动平稳性好，传递运动准确可靠。
2) 传动效率高，一般为 0.97~0.99。
3) 传递速度和功率范围大。传递功率可由很小到 10^5 kW，圆周速度可由很低到 300m/s。
4) 结构紧凑，工作可靠，寿命长。

缺点：
1) 传动中会产生冲击、振动和噪声。
2) 对制造精度和安装精度要求高，加工成本高。
3) 不适合远距离的两轴之间的传动。

2. 齿廓啮合基本定律

齿轮传动是依靠主动轮的轮齿依次推动从动轮的轮齿进行工作的。所以，对两轮轮齿齿廓啮合的基本条件之一是其瞬时传动比（即瞬时角速度比 $i_{12}=\omega_1/\omega_2$）应保持恒定。这是齿轮传动的基本要求之一，否则当主动轮以等角速度回转时，从动轮的角速度为变量，将产生惯性力矩，它不仅引起机器的振动和噪声，而且降低齿轮传动的精度，甚至导致轮齿过早损坏。

如图 6-14 所示，O_1 与 O_2 分别是主动轮 1 与从动轮 2 的转动中心。主动齿廓 C_1 与从动齿廓 C_2 在 K 点接触。过 K 点作齿廓 C_1 和 C_2 的公法线 n—n，与两轮连心线 O_1O_2 交于点 C。按运动规律，为使两齿廓连续传动，彼此不发生分离及互相嵌入、干涉，则必须使两齿廓在公法线 n—n 方向上无相对运动。若两轮角速度分别为 ω_1 和 ω_2，由速度几何分析得两轮的传动比为

$$i_{12}=\omega_1/\omega_2=O_2N_2/O_1N_1=O_2C/O_1C \quad (6-1)$$

由式（6-1）可知，互相啮合传动的一对齿廓，在任一位置时的传动比等于连心线 O_1O_2 被齿廓接触点的公法线所分成两线段的反比。即欲使瞬时传动比 i_{12} 保持不变，就必须使两轮齿廓在啮合过程中，过啮合点的齿廓公法线 n—n 与两轮连心线 O_1O_2 的交点 C 的位置保持不变。这个结论称为齿廓啮合基本定律。

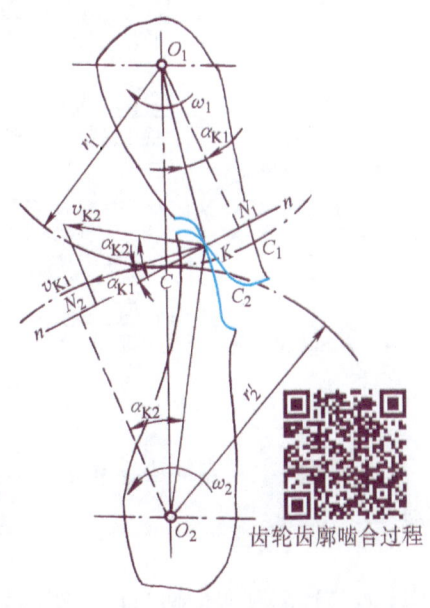

图 6-14 齿廓啮合基本定律

O_1O_2 上的定点 C 称为节点。分别以 O_1 与 O_2 为圆心、O_1C 和 O_2C 为半径所作的两个相切的圆称为节圆，它们的半径分别用 r_1' 和 r_2' 来表示。两轮连心线 O_1O_2 的长度称为齿轮副的中心距，用 a 表示。因此

$$a=r_1'+r_2' \quad (6-2)$$

传动比为 $\quad i_{12}=\omega_1/\omega_2=O_2C/O_1C=r_2'/r_1'$

凡是能实现给定传动比规律要求的一对齿廓曲线，称为共轭齿廓或共轭曲线。理论上可以作为共轭齿廓的曲线有无穷多种。但实际上，一对齿廓曲线除了需要满足传动比不变的要求外，还要考虑制造、安装和强度等其他要求。工业上通常采用渐开线、摆线和圆弧等几种曲线作为齿廓曲线。其中渐开线齿廓在通用机械设备的齿轮传动中应用最广泛。

3. 渐开线齿廓的形成及其啮合特性

(1) 渐开线齿廓的形成 如图 6-15 所示,当一条直线 BK 沿着一圆周做纯滚动时,其上任意一点 K 的运动轨迹 AK 称为该圆的渐开线,该圆称为基圆,半径用 r_b 表示。直线 BK 称为渐开线的发生线,渐开线 AK 所对的基圆圆心角 θ_K 称为渐开线的展角。

从上述渐开线的形成过程可知,它具有下列一些性质:

1) 发生线长度等于它所对应的基圆弧长,即 $\overset{\frown}{BA}=BK$。

2) 发生线的 BK 是渐开线上 K 点的法线,它必定与基圆相切。切点 B 就是渐开线上 K 点的曲率中心,即 BK 为渐开线上 K 点的曲率半径。可见,渐开线上离基圆越远的点,其曲率半径越大,渐开线越平直。

3) 渐开线的形状取决于基圆的大小,基圆越大,渐开线越平直。当基圆半径趋于无穷大时,渐开线变成一条斜直线,这就是齿条的齿廓曲线,如图 6-16 所示。

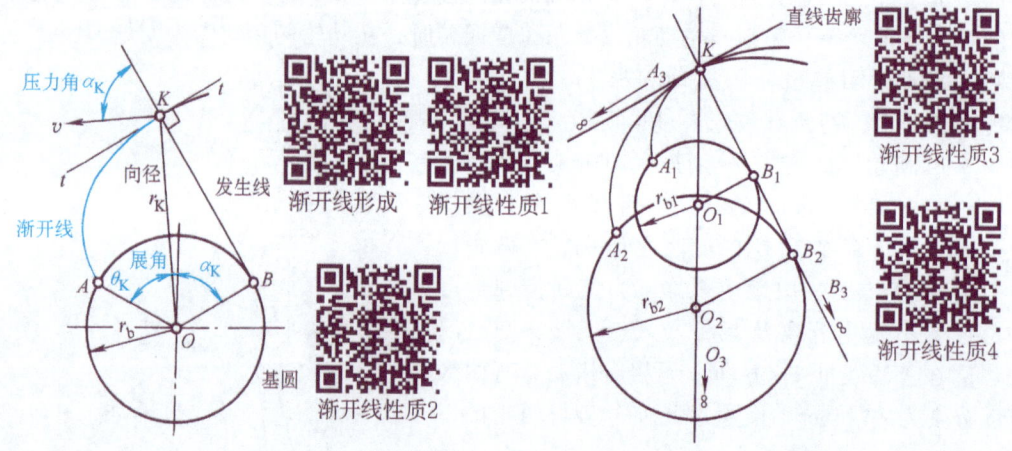

图 6-15 渐开线的形成及特性   图 6-16 不同基圆的渐开线

4) 渐开线上某点的法线(正压力作用线)与该点速度 v_K 方向所夹的锐角 α_K,称为该点的压力角。

$$\cos\alpha_K = r_b/r_K \tag{6-3}$$

式中,r_K 为任意点 K 的向径;r_b 为基圆半径。显然,压力角 α_K 随向径 r_K 的不同而变化,r_K 越大,压力角 α_K 越大。基圆上的压力角等于零。

5) 因渐开线是从基圆开始向外展开的,所以基圆内无渐开线。

(2) 渐开线齿廓的啮合特性

1) 渐开线齿廓满足齿廓啮合基本定律,能保证传动比恒定。

2) 中心距的可分性,改变中心距不会影响瞬时传动比。

3) 渐开线齿轮的啮合线和压力角恒定不变,压力作用线方向不变,传动平稳。

三、渐开线直齿圆柱齿轮传动

1. 标准渐开线直齿圆柱齿轮各部分名称及基本尺寸

(1) 齿轮的各部分名称和尺寸 标准直齿圆柱齿轮的基本尺寸如图 6-17 所示(局部图)。

1) 基圆。发生渐开线齿廓的圆,其直径(半径)用 $d_b(r_b)$ 表示。

2) 齿顶圆。过齿轮齿顶所作的圆,其直径(半径)用 $d_a(r_a)$ 表示。

3) 齿根圆。过齿轮齿根所作的圆,其直径(半径)用 $d_f(r_f)$ 表示。

4) 分度圆。在齿顶圆和齿根圆之间所假设的一个作为齿轮尺寸计算量基准的圆,其直径(半径)用 $d(r)$ 表示。

5) 齿厚。直径为 d_K 的圆上,一个齿的两侧面齿廓间的弧长称为该圆上的齿厚,用 s_K 表示。

6) 齿槽宽。直径为 d_K 的圆上,一个齿槽两侧面齿廓间的弧长称为该圆上的齿槽宽,用 e_K 表示。

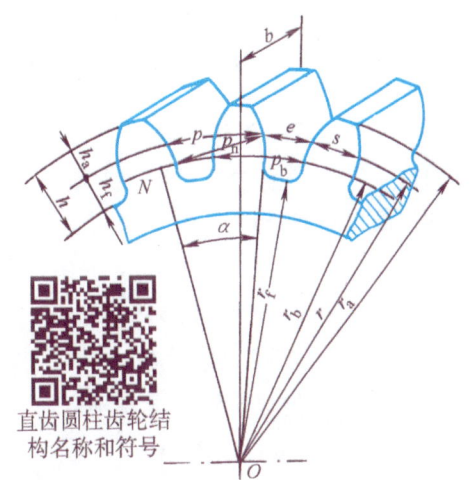

直齿圆柱齿轮结构名称和符号

图 6-17 渐开线标准直齿圆柱齿轮的基本尺寸

7) 齿距。直径为 d_K 的圆上,相邻两齿同向齿廓间的弧长称为该圆上的齿距,用 p_K 表示。故 $p_K=s_K+e_K$。基圆齿距用 p_b 表示。标准齿轮在分度圆上的齿厚 s 等于齿槽宽 e,即 $s=e=p/2$,其中 p 是分度圆齿距。

8) 齿顶高。齿顶圆和分度圆之间的径向距离,用 h_a 表示。$h_a=(d_a-d)/2$。

9) 齿根高。分度圆和齿根圆之间的径向距离,用 h_f 表示。$h_f=(d-d_f)/2$。

10) 齿高。齿顶圆和齿根圆之间的径向距离,用 h 表示。$h=h_a+h_f$。

(2) 直齿圆柱齿轮的基本参数 直齿圆柱齿轮的基本参数包括齿数、模数、压力角、齿顶高系数 h_a^* 和顶隙系数 c^*。

1) 齿数 z。齿轮整个圆周上轮齿的总数,用 z 表示。

齿轮分度圆的圆周长等于 πd 或 zp,即有分度圆直径

$$d=\frac{p}{\pi}z$$

2) 模数 m。由于上式中有无理数 π,给齿轮的计量和制造带来麻烦,因而标准规定比值 p/π 为标准值,称为模数,用 m 表示,单位为 mm,见表 6-1。因此,上式可以表示为

$$d=\frac{p}{\pi}z=mz \tag{6-4}$$

模数是齿轮的一个重要的基本参数。模数大小反映了齿距的大小,也反映了轮齿的大小。由式(6-4)可知,当齿数相同时,模数越大,齿轮的直径越大,因而承载能力越高。

表 6-1 标准模数系列(GB 1357—2008)   (单位:mm)

第一系列	1	1.25	1.5	2	2.5	3	4	5	6	8	10	12	16	20	25	32	40	50
第二系列	1.125	1.375	1.75	2.25	2.75	3.5	4.5	5.5(6.5)	7	9	11	14	18	22	28	35	45	

注:优先选用第一系列,括号内的数值尽量不用。

3) 压力角 α。对于渐开线齿轮,渐开线上某点的法线(正压力作用线)与该点速度 v

方向所夹的锐角 α_K，称为该点的压力角，如图 6-18 所示。渐开线齿廓各点的压力角是不同的。国家标准规定，以齿轮分度圆上的压力角为标准值，且 $\alpha = 20°$。

4) 齿顶高系数和顶隙系数。当确定了齿轮模数 m 和齿数 z 后，齿轮的齿顶高、齿根高和齿高可以表示为

$$h_a = h_a^* m$$
$$h_f = (h_a^* + c^*) m = h_a + c$$
$$h = (2h_a^* + c^*) m = 2h_a + c$$

式中，h_a^* 为齿顶高系数；c^* 为顶隙系数。

GB/T 1356—2001《通用机械和重型机械用圆柱齿轮 标准基本齿条齿廓》规定：对于正常齿，$h_a^* = 1$，$c^* = 0.25$；对于短齿，$h_a^* = 0.8$，$c_a^* = 0.3$。齿顶高系数 h_a^* 和顶隙系数 c^* 是决定齿高的两个齿制参数。$c = c^* m$ 称为顶隙。

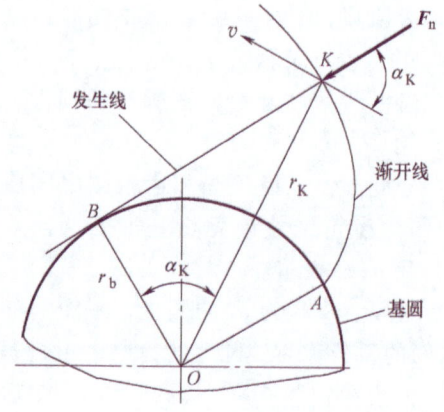

图 6-18 压力角 α

当齿轮的基本参数 m、α、h_a^*、c^* 为标准值，且分度圆上的齿厚 s 等于槽宽 e 的齿轮称为标准齿轮。

(3) 标准齿轮的基本尺寸计算

外啮合标准直齿圆柱齿轮的基本尺寸计算公式见表 6-2。对于内齿轮和齿条的计算公式，请读者自行分析得出或查找有关机械手册。

表 6-2 外啮合标准直齿圆柱齿轮的基本尺寸计算公式

名称	符号	计算公式
分度圆直径	d	$d = mz$
基圆直径	d_b	$d_b = mz\cos\alpha$
齿顶圆直径	d_a	$d_a = m(z + 2h_a^*)$
齿根圆直径	d_f	$d_f = m(z - 2h_a^* - 2c^*)$
齿顶高	h_a	$h_a = h_a^* m$
齿根高	h_f	$h_f = (h_a^* + c^*) m$
齿高	h	$h = (2h_a^* + c^*) m$
齿距	p	$p = \pi m$
齿厚	s	$s = \dfrac{\pi m}{2}$
槽宽	e	$e = \dfrac{\pi m}{2}$
基圆齿距	p_b	$p_b = \pi m \cos\alpha$
中心距	a	$a = \dfrac{m(z_1 + z_2)}{2}$

2. 渐开线直齿圆柱齿轮啮合传动

一对齿轮啮合传动时，必须保证两齿轮间相邻的各对轮齿逐一啮合，不得出现传动中断、轮齿撞击、齿廓重叠等现象。

（1）渐开线齿轮正确啮合的条件　一对渐开线齿廓能保证定传动比，但并不表明任意两个渐开线齿廓都能相互配对传动。如图6-19所示，一对渐开线齿轮啮合传动时，它们的齿廓啮合点都沿着啮合线 N_1N_2 移动。因此，当前一对轮齿在啮合线上的 K 点接触时，后一对轮齿应同时在啮合线的另一点 K' 啮合。要保证两对轮齿能正确啮合，必须使相邻两齿同侧齿廓在啮合线 N_1N_2 上走过的齿距（即法向距离）相等，并都等于 KK'。根据渐开线的性质可知，KK' 分别等于两轮的基圆齿距 p_{b1} 和 p_{b2}，即 $KK' = p_{b1} = p_{b2}$。

由于 $\pi d_b = p_b z$，而 $d_b = mz\cos\alpha$，所以 $p_b = \pi m \cos\alpha$，即得

$$\pi m_1 \cos\alpha_1 = \pi m_2 \cos\alpha_2$$

由于模数与压力角都已标准化，故得渐开线直齿圆柱齿轮的正确啮合条件为

$$m_1 = m_2 = m \qquad \alpha_1 = \alpha_2 = \alpha \tag{6-5}$$

即两轮的模数和压力角应分别相等。

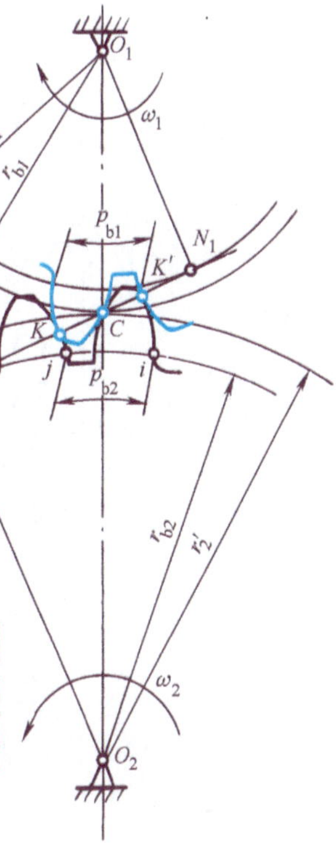

一对模数和压力角均相等的标准齿轮安装时，若使两轮的分度圆相切，即节圆与分度圆重合，则称为标准安装，如图6-20所示；标准安装齿轮能实现无侧隙啮合传动，两轮心之间的距离称为标准中心距。

对于一对标准安装的标准直齿圆柱齿轮，其分度圆上的齿厚等于槽宽，即

$$s_1 = e_1 = s_2 = e_2 = \frac{\pi m}{2}$$

这时，一轮齿顶到另一轮齿根之间留有顶隙 $c = c^* m$（以利于储存润滑油做齿轮传动润滑，以及用于补偿传动中心距安装误差、轮齿的热变形、弹性变形等），但在相啮合的齿廓之间理论上是没有侧隙的（实际留有的微小齿侧间隙是由齿厚公差来保证的，其作用与顶隙相同）。可见，由于标准齿轮副无侧隙啮合时两齿轮的分度圆相切，所以标准中心距为

$$a = r_1 + r_2 = \frac{1}{2}m(z_1 + z_2) \tag{6-6}$$

式中，r_1 和 r_2 是两轮的分度圆半径。

（2）齿轮连续传动的条件　为了保证一对渐开线齿轮能够连续传动，必须做到前一对啮合轮齿在脱离啮合之前，后一对轮齿必须进入啮合，否则传动就会中断。

图6-21为两个齿轮轮齿啮合的过程。当主动轮以齿根拨动从动轮齿顶，其接触点在啮合线 N_1N_2 上的 B_2 点，即开始啮合点；当主动轮转动到以齿顶拨动从动轮的齿根时，其接触点在啮合线 N_1N_2 上移至 B_1 点，一对齿轮啮合即告终止，B_1 点为啮合终止点（如图中所

图6-19　一对渐开线齿轮的传动过程

示一对双点画线齿廓)。可见,实际上两齿轮只在线段 B_1B_2 上啮合。B_1B_2 称为实际啮合线,N_1N_2 为理论啮合线。因此,要使一对齿轮能连续传动,只有当前一对轮齿的啮合到达啮合终点 B_1 时,后一对轮齿已进入 B_2 点啮合,即保证一对齿轮平稳连续传动的条件是

$$B_1B_2 \geq B_2K$$

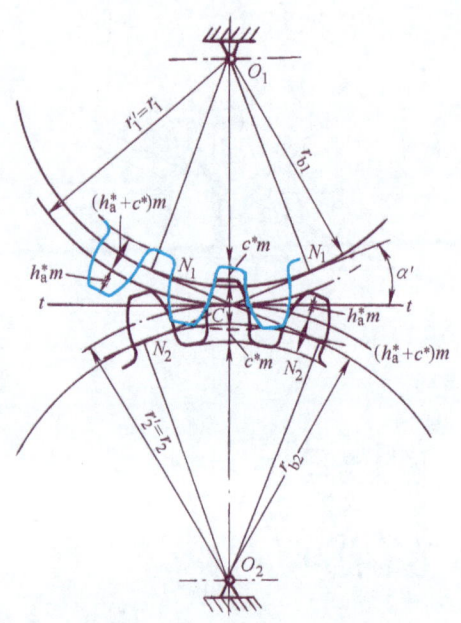

图 6-20 标准齿轮副无侧隙啮合

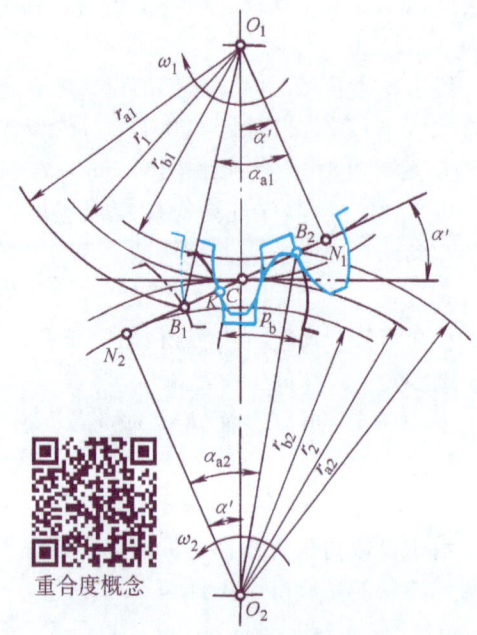

图 6-21 齿轮轮齿啮合的过程

由渐开线的特性可知,线段 B_2K 等于基圆的齿距 p_b,即 $B_2K=p_b$,故上式改写为

$$B_1B_2 \geq p_b$$

实际啮合线 B_1B_2 与基圆齿距 p_b 的比值称为齿轮传动的端面重合度,用 ε_α 表示,则渐开线齿轮连续传动的条件为

$$\varepsilon_\alpha = B_1B_2/p_b \geq 1 \tag{6-7}$$

从理论上讲,$\varepsilon_\alpha=1$ 能保证齿轮连续传动。但因齿轮制造和安装的误差,实际上必须使 $\varepsilon_\alpha>1$。在一般机械制造中,要求 $\varepsilon_\alpha>1.1\sim1.4$。

四、斜齿圆柱齿轮传动

1. 斜齿圆柱齿轮齿面的形成和特点

斜齿圆柱齿轮是为了弥补直齿圆柱齿轮传动的不足,适应高速、重载传动的要求发展起来的渐开线圆柱齿轮。

齿轮有一定宽度,实际直齿圆柱齿轮齿廓的形成如图 6-22a 所示,当发生面沿基圆柱做纯滚动时,发生面上一条与基圆柱切线 NN' 相平行的直线 KK' 形成渐开线曲面。一对直齿圆柱齿轮传动时,两齿轮渐开线曲面的瞬时接触线是与轴线平行的一条直线,如图 6-22b 所示。因此,轮齿沿整个齿宽同时进入啮合或退出啮合,传动平稳性较差,容易产生冲击、振动和噪声,不适用于高速与重载传动。

斜齿圆柱齿轮齿廓曲面的形成与直齿圆柱齿轮相似。如图 6-23 所示,当发生面 S 在基

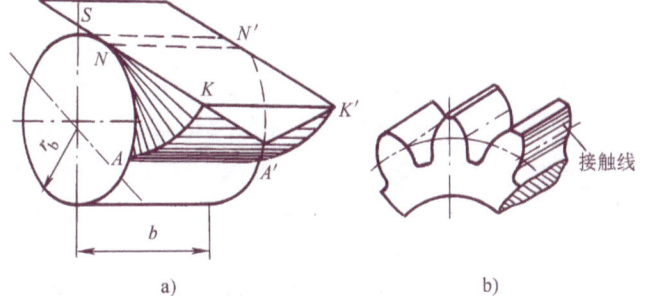

图6-22 直齿圆柱齿轮的渐开曲面的形成及齿面接触线
a) 直齿圆柱齿轮渐开线曲面的形成 b) 直齿圆柱齿轮齿面接触线

圆柱上做纯滚动时,其上一条与基圆柱轴线偏斜的直线 KK'(偏斜角 β_b 称为斜齿圆柱齿轮基圆柱上的螺旋角)上各点在空间形成的轨迹,在与基圆柱轴线垂直的平面内都是一条渐开线。因此,斜齿圆柱齿轮端面上的齿廓曲线仍然是渐开线。这些渐开线的集合即是斜齿圆柱齿轮的齿廓曲面,称为渐开螺旋面,如图6-23a所示。这相当于将直齿圆柱齿轮的两个端面相对平行地扭转一个角度后形成的齿廓曲面。斜齿圆柱齿轮齿廓曲面与基圆柱的交线 AA' 称为基圆柱上的螺旋线。

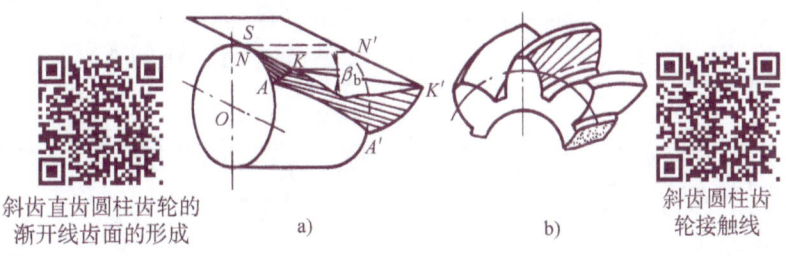

图6-23 斜齿圆柱齿轮齿廓曲面的形成与接触线
a) 斜齿圆柱齿轮齿廓曲面的形成
b) 斜齿圆柱齿轮的接触线

当一对平行轴斜齿圆柱齿轮啮合传动时,轮齿齿面是由前端面进入啮合,由后端面退出啮合,它们的接触线是由短逐渐变长,再由长逐渐变短,如图6-23b所示。

与直齿圆柱齿轮传动相比,平行轴斜齿圆柱齿轮啮合传动具有传动平稳性好,减少了冲击、振动和噪音等优点,在高速与大功率的传动中应用广泛。其缺点是齿面正压力可分解为有害的轴向力,增加支承部件的压力,采用人字齿轮可消除轴向力的影响。

2. 斜齿圆柱齿轮的基本参数和尺寸计算

(1) 斜齿圆柱齿轮的基本参数 标准斜齿圆柱齿轮的基本参数包括:法向模数 m_n、齿数 z、法向压力角 α_n、法向齿顶高系数 h_{an}^*、法向顶隙系数 c_n^* 和螺旋角 β。

斜齿圆柱齿轮分度圆柱面展开图如图6-24所示,由于斜齿圆柱齿轮的齿廓曲面是渐开线螺旋面,在加工斜齿圆柱齿轮的时候,刀具通常沿着螺旋线方向进行切

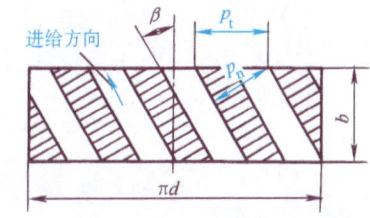

图6-24 斜齿轮分度圆柱面的展开图

削,斜齿轮齿廓曲面的法向参数(用下角标 n 标识)与刀具的标准参数相同。因此,标准规定斜齿圆柱齿轮的法向参数为标准值。斜齿圆柱齿轮端面上的齿廓曲线是渐开线,计算斜齿圆柱齿轮的几何尺寸一般是按照端面参数(用下标 t 识别)进行的。

(2)斜齿圆柱齿轮的几何尺寸计算 由于斜齿圆柱齿轮的端面齿形也是渐开线,所以将斜齿圆柱齿轮端面参数代入直齿圆柱齿轮的几何尺寸计算公式,就可以得到斜齿圆柱齿轮相应的几何尺寸计算公式,见表 6-3。

表 6-3 外啮合标准斜齿圆柱齿轮的几何尺寸

序号	名称	符号	计算公式与说明
1	法向模数	m_n	由斜齿轮承载能力确定,并按表 6-1 取为标准值
2	端面模数	m_t	$m_t = \dfrac{m_n}{\cos\beta}$
3	法向压力角	α_n	$\alpha_n = 20°$
4	端面压力角	α_t	$\alpha_t = \arctan\dfrac{\tan\alpha_n}{\cos\beta}$
5	螺旋角	β	β 一般取 $8° \sim 20°$
6	齿顶高	h_a	$h_a = h_{an}^* m_n$,齿顶高系数 $h_{an}^* = 1$
7	齿根高	h_f	$h_f = (h_{an}^* + c_n^*) m_n$,顶隙系数 $c_n^* = 0.25$
8	全齿高	h	$h = h_a + h_f = (2h_{an}^* + c_n^*) m_n$
9	分度圆直径	d	$d_1 = m_t z_1 = \dfrac{m_n z_1}{\cos\beta}$;$d_2 = m_t z_2 = \dfrac{m_n z_2}{\cos\beta}$
10	齿顶圆直径	d_a	$d_{a1} = d_1 + 2h_a$;$d_{a2} = d_2 + 2h_a$
11	齿根圆直径	d_f	$d_{f1} = d_1 - 2h_f$;$d_{f2} = d_2 - 2h_f$
12	基圆直径	d_b	$d_{b1} = d_1 \cos\alpha_t$;$d_{b2} = d_2 \cos\alpha_t$
13	中心距	a	$a = \dfrac{1}{2}(d_1 + d_2) = \dfrac{m_n(z_1 + z_2)}{2\cos\beta}$

从表 6-3 中斜齿圆柱齿轮副中心距的计算公式可知,在两轮齿数 z_1、z_2 和模数 m_n 已定的情况下,可以通过在一定范围内调整螺旋角的大小来凑配中心距,而不一定采用齿轮副变位的方法凑配中心距。

(3)斜齿圆柱齿轮的正确啮合条件 一对外啮合斜齿圆柱齿轮的正确啮合条件是:齿轮副的法向模数和法向压力角分别相等,而且螺旋角大小相等、旋向相反,即

$$\left. \begin{array}{l} m_{n1} = m_{n2} = m \\ \alpha_{n1} = \alpha_{n2} = \alpha \\ \beta_1 = -\beta_2 \text{(内啮合时 } \beta_1 = \beta_2\text{)} \end{array} \right\} \quad (6-8)$$

五、锥齿轮传动

锥齿轮机构用来传递两轴相交的运动和动力。其轮齿分布在一个圆锥的锥面上,一对锥齿轮传动相当于一对节圆锥做纯滚动。锥齿轮传动和圆柱齿轮传动相似,因此可将有关的各"圆柱"都变成"圆锥"考虑,如锥齿轮有分度圆锥、齿顶圆锥、齿根圆锥和基圆锥等。一对锥齿轮的锥顶通常重合于一点,这个点就是两轮轴线的交点。两轴间的交角为轴交角 Σ,多数情况下 $\Sigma=90°$。

按锥齿轮轮齿的形状,锥齿轮传动可分为三种:直齿锥齿轮传动(图6-3a)、弧齿锥齿轮传动和曲面锥齿轮传动(图6-3b)。其中直齿锥齿轮的设计、制造和安装都比较简单,所以应用较广,在汽车机械中广泛应用于减速机构。随着设计加工技术的不断提高,弧齿锥齿轮传动和曲面锥齿轮传动也不断得到推广应用,如弧齿锥齿轮传动机构应用于红旗CA7220型轿车驱动桥的主减速器和差速器中。与弧齿锥齿轮传动相比,准双曲面锥齿轮传动(图6-3e)不仅具有更好的工作平稳性,更高的轮齿弯曲强度和接触强度的优点,而且具有主动齿轮轴线相对从动齿轮轴线偏移的特点。这一特点在保证汽车离地间隙一定的情况下,可以使汽车重心降低,有利于提高汽车的行驶稳定性。这种齿轮传动的缺点是齿面间的相对滑动速度较大,不能用普通齿轮润滑油润滑,而是需要加入特殊的防刮伤添加剂润滑,以防齿面磨损,影响寿命。在一汽奥迪100、捷达、高尔夫和上海桑塔纳等轿车均采用准双曲面锥齿轮传动的主减速器。本节只介绍直齿锥齿轮。

1. 锥齿轮的齿廓形成

锥齿轮齿廓的形成与圆柱齿轮相似,其不同点在于用基圆锥代替了基圆柱。如图6-25所示,发生面 S 与基圆锥的母线相切。当平面 S 沿基圆锥做纯滚动时,平面上一条与基圆锥母线 ON 相交的直线 OK 将在空间描绘出一渐开线曲面。该曲面即为直齿锥齿轮的齿廓曲面。直线 OK 上各点的轨迹都是渐开线。由于 K 点描绘出的渐开线 NK 上各点均与锥顶 O 等距,故该渐开线必定在一以锥顶 O 为中心,以 OK 为半径的球面上,称为球面渐开线。

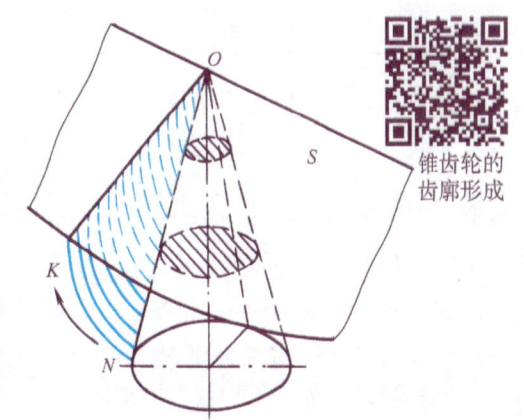

图 6-25 锥齿轮的齿廓形成

2. 锥齿轮的传动比

如图6-26所示,两轮的分度圆锥面与节圆锥面重合,δ_1、δ_2 分别为两轮的分度圆锥角。由图可知,两轮的分度圆直径 $d_1=2OC\sin\delta_1$,$d_2=2OC\sin\delta_2$,故传动比为

$$i_{12}=\omega_1/\omega_2=d_2/d_1=z_2/z_1=\sin\delta_2/\sin\delta_1$$

因多数情况下,轴交角 $\Sigma=\delta_1+\delta_2=90°$,故

$$i_{12}=\omega_1/\omega_2=d_2/d_1=z_2/z_1=\tan\delta_2 \tag{6-9}$$

3. 锥齿轮的基本参数和尺寸

(1)基本参数 对于直齿锥齿轮,为便于尺寸计算和测量,标准规定以大端参数为标准值,即锥齿轮基本参数:模数 m、压力角 $\alpha=20°$、齿顶高系数 $h_{a1}^*=1$、顶隙系数 $c^*=0.2$ 等,均就大端而言。锥齿轮模数见表6-4。锥齿轮的几何尺寸如分度圆直径、齿顶圆直径、齿根圆直径和齿高等,也均为大端的端面尺寸。

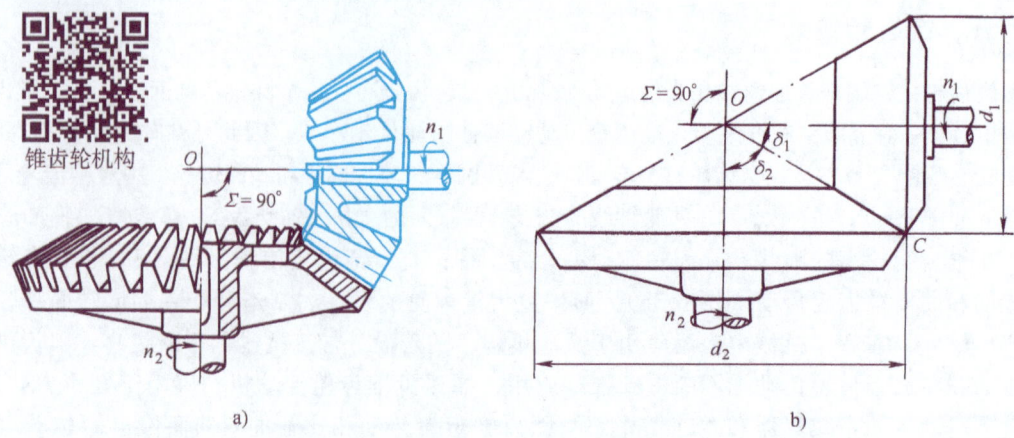

图 6-26 锥齿轮机构

表 6-4 锥齿轮模数（GB 12368—1990）

（单位：mm）

…	1	1.125	1.25	1.375	1.5	1.75	2	2.25	2.5
2.75	3	3.25	3.5	3.75	4	4.5	5	5.5	
6	6.5	7	8	9	10	…			

（2）标准锥齿轮的几何尺寸计算　锥齿轮的齿高是由大端到小端逐渐收缩的，称为收缩齿锥齿轮。按顶隙不同，这类齿轮可分为正常收缩齿、等顶隙收缩齿及双重收缩齿三种。本节仅介绍正常收缩齿的锥齿轮。图 6-27 所示为一对正常收缩齿的标准锥齿轮传动，其两轮分度圆锥、齿顶圆锥和齿根圆锥具有同一个锥顶 O。标准锥齿轮的基本尺寸计算见表 6-5。

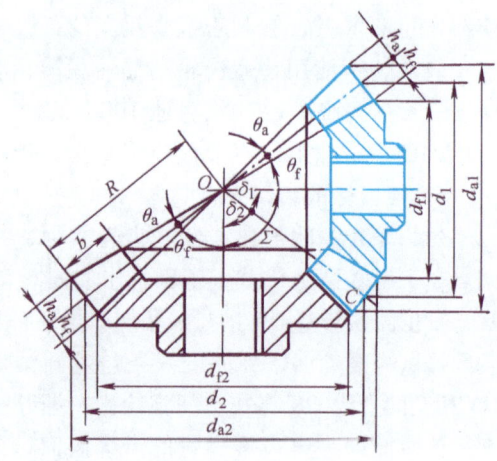

图 6-27 正常收缩齿的标准锥齿轮传动

表 6-5 标准锥齿轮的基本尺寸计算（$\Sigma = 90°$）

名称	符号	计算公式
分度圆锥角	δ	$\delta_1 = \mathrm{arccot}\dfrac{z_2}{z_1}$；$\delta_2 = \arctan\dfrac{z_2}{z_1}$
分度圆直径	d	$d = mz$
齿顶圆直径	d_a	$d_a = d + 2h_a^* m\cos\delta$
齿根圆直径	d_f	$d_f = d - 2(h_a^* + c^*)m\cos\delta$
锥距	R	$R = \dfrac{mz}{2\sin\delta} = \dfrac{m}{2}\sqrt{z_1^2 + z_2^2}$
齿顶角	θ_a	$\theta_a = \arctan\dfrac{h_a^* m}{R}$
齿根角	θ_f	$\theta_f = \arctan\dfrac{(h_a^* + c^*)m}{R}$

(续)

名称	符号	计算公式
顶圆锥角	δ_a	$\delta_a = \delta + \theta_a$
根圆锥角	δ_f	$\delta_f = \delta - \theta_f$
齿宽	b	$b \leq \dfrac{R}{3}$

(3) 正确啮合条件　一对直齿锥齿轮的正确啮合条件为：两齿轮的大端模数和压力角分别相等。即

$$\left.\begin{array}{l} m_1 = m_2 = m \\ \alpha_1 = \alpha_2 = \alpha \\ \delta_1 + \delta_2 = 90° \end{array}\right\} \tag{6-10}$$

式中，$\delta_1 + \delta_2 = 90°$ 是保证锥齿轮副做纯滚动时两个节圆锥顶重合，且齿面成线接触的条件。

六、蜗杆传动简介

1. 蜗杆传动的特点和类型

蜗杆传动是由蜗杆和蜗轮组成的传动装置。蜗杆类似于螺杆，蜗轮类似于一个具有凹形轮缘的斜齿轮，如图 6-28 所示。一般蜗杆为主动件，蜗轮为从动件，通常两轴在空间交错成 90°。蜗杆传动今已广泛用于汽车等各种机器和仪器中的减速装置。

与其他传动机构相比，蜗杆传动的主要优点是：传动比大，在动力传动中一般 $i = 8 \sim 100$，在分度机构中传动比 i 可达 1000；传动平稳，噪声低；结构紧凑，在一定条件下可以实现自锁。但蜗杆传动效率低，发热量大，磨损较严重。因此，蜗轮齿圈部分常用减摩性能好的有色金属（如青铜）制造，成本较高。

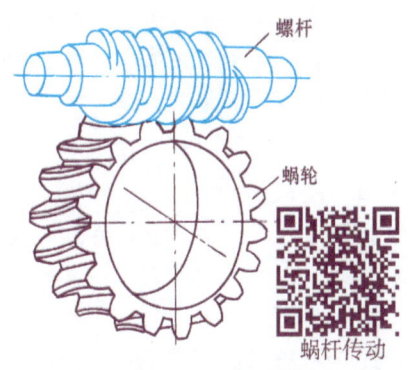

图 6-28　蜗杆传动

根据蜗杆的不同形状，蜗杆传动可分为圆柱蜗杆传动、环面蜗杆传动、锥蜗杆传动三种类型，如图 6-29 所示。

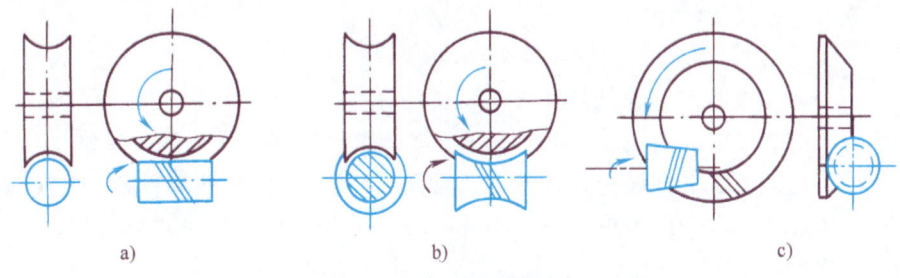

图 6-29　蜗杆传动的类型
a) 圆柱蜗杆传动　b) 环面蜗杆传动　c) 锥蜗杆传动

圆柱蜗杆按螺旋齿面在相同截面内其齿廓曲线形状不同又分为：阿基米德蜗杆（ZA 蜗杆）、法向直廓蜗杆（ZN 蜗杆）和渐开线蜗杆（ZI 蜗杆）。其中，以阿基米德蜗杆加工最

简便，在机械传动中应用广泛。

2. 蜗杆传动的主要参数

图 6-30 所示为阿基米德蜗杆传动，通过蜗杆轴线并垂直于蜗轮轴线的中间平面为主平面，在该平面上蜗杆的齿轮为直线，蜗轮的齿形为渐开线。因此，在主平面内，两者的啮合关系相当于齿条与齿轮的传动。

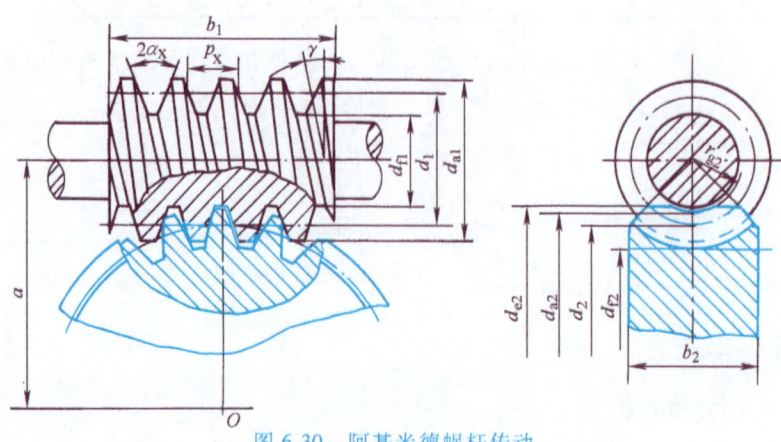

图 6-30 阿基米德蜗杆传动

（1）模数 m、压力角 α 与正确啮合条件 如图 6-30 所示，垂直于蜗轮轴线且通过蜗杆轴线的平面，称为中间平面。它对蜗杆是轴面，对蜗轮为端面。在中间平面内，蜗杆与蜗轮的啮合就相当于渐开线齿条与齿轮的啮合。GB 10085—1988 规定：中间平面上的基本参数为标准值，即蜗杆的轴向参数（下角标为 a1）m_{a1}、α_{a1}，蜗轮的端面参数（下角标为 t2）m_{t2}、α_{t2} 等为标准值。

蜗杆传动的正确啮合条件是：在中间平面内，蜗杆与蜗轮的模数 m 和压力角 α 分别相等，即

$$\left. \begin{array}{c} m_{a1} = m_{t2} = m \\ \alpha_{a1} = \alpha_{t2} = \alpha \end{array} \right\} \tag{6-11}$$

压力角的标准值 $\alpha = 20°$，一般在动力传动中，推荐用 $\alpha = 20°$；在分度传动中，推荐用 α 为 15° 或 12°。

（2）传动比 i、蜗杆头数 z_1 和蜗轮齿数 z_2 设蜗杆头数（齿数）为 z_1，即蜗杆旋线的数目，蜗轮齿数为 z_2，其传动比为

$$i = n_1 / n_2 = z_2 / z_1 \tag{6-12}$$

式中，n_1 和 n_2 分别为蜗杆和蜗轮的转速（r/min）。

蜗杆头数 z_1 的选择与传动比、传动效率及制造的难易程度有关。蜗杆头数一般取 $z_1 = 1$、2、4。对于传动比大或要求自锁的蜗杆传动，常取 $z_1 = 1$，但传动效率较低。在传递功率较大时，为提高传动效率可采用多头蜗杆，取 $z_1 = 2$ 或 4，但此时的加工难度增加。

不同传动比 i 时，蜗杆头数 z_1 与蜗轮齿数 z_2 的推荐值可参见表 6-6。

表 6-6 各种传动比时推荐的 z_1、z_2 值

传动比 i	7~13	14~27	28~40	>40
蜗杆头数 z_1	4	2	2、1	1
蜗轮齿数 z_2	28~52	28~81	28~80	>40

3. 蜗杆传动的润滑

润滑对于蜗杆传动来说,具有特别重要的意义。由于摩擦产生的热量大,所以要求工作时有良好的润滑条件,以提高蜗杆传动效率,防止胶合及减少磨损。

闭式蜗杆传动所用的润滑油的黏度和润滑方法,主要根据相对滑动速度和载荷类型进行选择,可参考表 6-7。

表 6-7 蜗杆传动的润滑油黏度和润滑方法

相对滑动速度 v_s/(m/s)	0~1	0~2.5	0~5	>5~10	>10~15	>15~25	>25
工作条件	重载	重载	中载	—	—	—	—
黏度 ν_{40}/(m²/s)	900	500	350	220	150	100	80
给油方法	油池润滑			油池润滑或喷油润滑	压力喷油润滑及其压力/MPa		
					0.7	2	3

应当指出,对于青铜蜗轮,不允许采用抗胶合能力强的活性润滑油,以免腐蚀青铜齿面。对于开式传动,则采用黏度较高的齿轮油或润滑脂进行润滑。

七、轮系传动比计算

在轮系中,输入轴与输出轴的角速度(或转速)之比称为轮系的传动比,用 i_{ab} 表示,下标 a、b 分别为输入轴和输出轴的代号,即 $i_{ab}=\omega_a/\omega_b=n_a/n_b$。计算轮系传动比不仅要确定它的数值,而且要确定两轴的相对转动方向,这样才能完整表达输入轴与输出轴之间的关系。

1. 定轴轮系的传动比计算

(1)定轴轮系中齿轮传动方向的确定 定轴轮系各轮的相对转向可以通过逐对齿轮标注箭头的方法来确定。一对齿轮传动的转动方向,如图 6-31 所示。一对平行轴外啮合齿轮

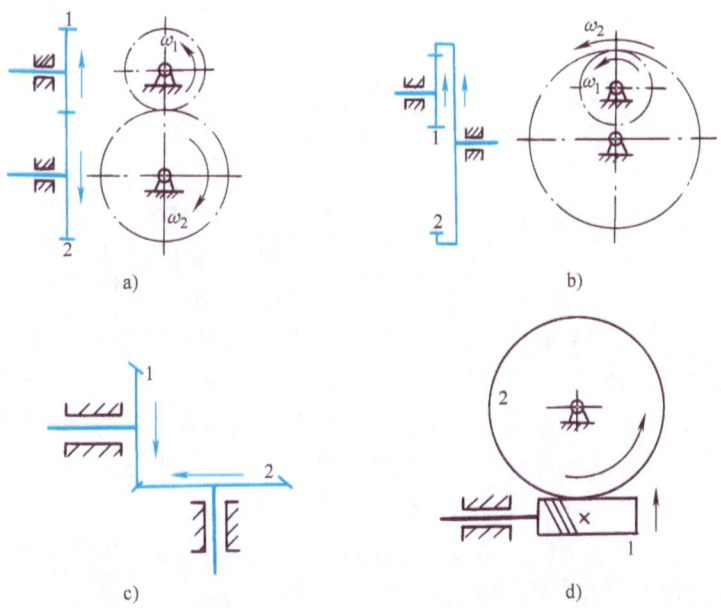

图 6-31 一对齿轮传动的转动方向

a)一对平行轴外啮合齿轮 b)一对平行轴内啮合齿轮 c)一对锥齿轮 d)一对蜗杆蜗轮

（图6-31a），其两齿轮转向相反，故用方向相反的箭头表示。一对平行轴内啮合齿轮（图6-31b），其两齿轮转向相同，故用方向相同的箭头表示。一对锥齿轮传动时，在节点具有相同速度，故表示转向的箭头或同时指向节点（图6-31c），或同时背离节点。蜗轮的转向不仅与蜗杆的转向有关，而且与其螺旋线方向有关。具体判断时，可根据"左右手法则"来判断，也可把蜗杆看作螺杆，蜗轮看作螺母来考察其相对运动。例如，图6-31d中的右旋蜗杆按图示方向转动时，可借助右手判断如下：拇指伸直，其余四指握拳，令四指弯曲方向与蜗杆转动方向一致，则拇指的指向（向左）即是螺杆相对螺母前进的方向。按照相对运动原理，螺母相对螺杆的运动方向应与此相反，故蜗轮上的啮合点应向右运动，从而使蜗轮逆时针转动。同理，对于左旋蜗杆，则应借助左手按上述方法分析判断。按照上述规则，可以判断各定轴轮系所有齿轮的转动方向。

（2）定轴轮系传动比的计算

① 平面定轴轮系。如图6-4所示，该轮系均由圆柱齿轮组成，它们的轴线均固定而且相互平行，故为平面定轴轮系。当输入轴与输出轴的转动方向相同时，轮系的传动比为正，否则为负。前面提到，一对齿轮啮合传动时，它们的角速度之比（传动比）与两齿轮的齿数成反比；外啮合时两齿轮转向相反，内啮合时两齿轮转向相同。下面，据此推出定轴轮系的传动比计算公式。

设 I 为输入轴，V 为输出轴，各齿轮齿数分别为 z_1、z_2、$z_{2'}$、z_3、$z_{3'}$、z_4 及 z_5，各齿轮转速分别为 n_1、n_2、$n_{2'}$、n_3、$n_{3'}$、n_4 及 n_5，则该定轴轮系中各对齿轮的传动比为

$$i_{12} = \frac{n_1}{n_2} = -\frac{z_2}{z_1}$$

$$i_{2'3} = \frac{n_{2'}}{n_3} = \frac{z_3}{z_{2'}}$$

$$i_{3'4} = \frac{n_{3'}}{n_4} = -\frac{z_4}{z_{3'}}$$

$$i_{45} = \frac{n_4}{n_5} = -\frac{z_5}{z_4}$$

将以上各式相乘，因为齿轮2、2′及齿轮3、3′分别在同一轴上，所以 $n_2 = n_{2'}$、$n_3 = n_{3'}$，经过整理得到

$$i_{15} = \frac{n_1}{n_5} = -\frac{z_2 z_3 z_4 z_5}{z_1 z_{2'} z_{3'} z_4}$$

上面右式的分子为各对啮合齿轮的从动齿轮的齿数乘积，分母为主动齿轮的齿数乘积，"-"号是由于经过三次外啮合，转向改变了三次，$(-1)^3 = -1$，内啮合不改变转向，不予考虑。上式表明，定轴转动轮系的传动比等于第一个齿轮与最后一个齿轮的转速（角速度）比，其数值等于组成该轮系的各对啮合齿轮传动比的连乘积，也等于各对啮合齿轮中所有从动齿轮齿数的乘积与所有主动齿轮齿数的乘积之比。

以上结论可推广到一般情况。设轮1为起始主动齿轮，第 k 个轮为最末从动齿轮，经过了 m 次外啮合后，则轮系的传动比为

$$i_{1k} = (-1)^m \frac{\text{从轮} 1 \sim k \text{ 各对啮合齿轮的从动齿轮齿数乘积}}{\text{从轮} 1 \sim k \text{ 各对啮合齿轮的主动齿轮齿数乘积}} \tag{6-13}$$

② 空间定轴轮系。如图6-5所示，由于该轮系有的轴线不是相互平行的，不能用转向相同或相反来描述参与啮合的齿轮的转向。空间定轴轮系传动比的大小仍然可用式（6-13）计算，但是$(-1)^m$没有意义，代入该公式计算时可以不考虑符号，齿轮的转向应通过画箭头的方法确定。

例6-1 在图6-4中，各齿轮齿数$z_1=18$、$z_2=24$、$z_{2'}=20$、$z_3=60$、$z_{3'}=20$、$z_4=20$、$z_5=34$，$n_1=1428 \text{r/min}$。求传动比i_{15}、轮5的转速n_5并确定轮5的转向。

解： 因为该轮系中各轴的轴线相互平行，为平面定轴轮系，则由式（6-13）可得

$$i_{15}=\frac{n_1}{n_5}=(-1)^3\frac{z_2 z_3 z_4 z_5}{z_1 z_{2'} z_{3'} z_4}=-\frac{24\times 60\times 34}{18\times 20\times 20}=-\frac{34}{5}$$

$$n_5=n_1/i_{15}=-(1428\times 5/34)\text{r/min}=-210\text{r/min}$$

n_5的结果为负值，说明轮5转向与轮1相反。

在图6-4所示轮系中，齿轮4和两个齿轮啮合，它既是前一级的从动轮，又是后一级的主动轮。虽然齿数z_4在式（6-13）的分子和分母上各出现一次，不影响传动比的大小，但改变转向，这种不影响传动比数值大小而只起到改变转向作用的齿轮，称为惰轮或过桥齿轮。

例6-2 计算图6-9所示汽车变速机构的4档传动比。已知$z_1=22$、$z_2=43$、$z_3=40$、$z_4=25$、$z_5=26$、$z_6=38$、$z_7=20$、$z_8=19$。

解： 在图6-9所示的汽车变速机构中，存在滑移齿轮4、6，使输出轴有四档转速，即主动轴与输出轴的传动比有四档，而且所有齿轮的轴线相互平行，为定轴轮系。

1) 当5、6齿轮啮合时，$i_{14}=\dfrac{n_1}{n_4}=(-1)^2\dfrac{z_2 z_6}{z_1 z_5}=\dfrac{43\times 38}{22\times 26}=2.857$

2) 当3、4齿轮啮合时，$i_{14}=\dfrac{n_1}{n_4}=(-1)^2\dfrac{z_2 z_4}{z_1 z_3}=\dfrac{43\times 25}{22\times 40}=1.222$

3) 离合器A、B相嵌，即（Ⅰ）—（Ⅳ），$i_{14}=\dfrac{n_1}{n_4}=1$

4) 齿轮6、8相啮合时，$i_{14}=\dfrac{n_1}{n_4}=(-1)^3\dfrac{z_2 z_8 z_6}{z_1 z_7 z_8}=-\dfrac{43\times 19\times 38}{22\times 20\times 19}=-3.714$，由于轮8的作用，使输出轴Ⅳ反转，即倒退档。

从上面分析可知，档位越低，传动比越大，车速越低。反之，档位越高，传动比越小，车速越高。

2．周转轮系的传动比计算

周转轮系中行星轮运动不是绕固定轴线的简单转动，所以其传动比不能直接用求解定轴轮系传动比的方法来计算。但是，若能使行星架变为固定不动，并保持周转轮系中各个构件之间的相对运动不变，则周转轮系就转化成为一个假想的定轴轮系，便可由式（6-13）列出该假想定轴轮系传动比的计算式，从而求出周转轮系的传动比。

在图6-32a所示的周转轮系中，设n_H为行星架H的转速。根据相对运动原理，当给整个周转轮系加上一个绕轴线O_H的大小为n_H、方向与n_H相反的公共转速$-n_H$后，行星架H便静止不动了，而各构件间的相对运动并不改变。这样，所有齿轮几何轴线的位置全都固定，原来的周转轮系便成了定轴轮系，如图6-32b所示。该定轴轮系，称为原来周转轮系的

转化轮系，见表6-8。

表6-8 周转轮系及其转化轮系各构件的转速

构件	原来的转速	转化轮系中的转速	构件	原来的转速	转化轮系中的转速
1	n_1	$n_1^H = n_1 - n_H$	3	n_3	$n_3^H = n_3 - n_H$
2	n_2	$n_2^H = n_2 - n_H$	H	n_H	$n_H^H = n_H - n_H = 0$

转化轮系中各构件的转速 n_1^H、n_2^H、n_3^H 及 n_H^H 的右上方都有上角标 H，表示这些转速是各构件对行星架 H 的相对转速。

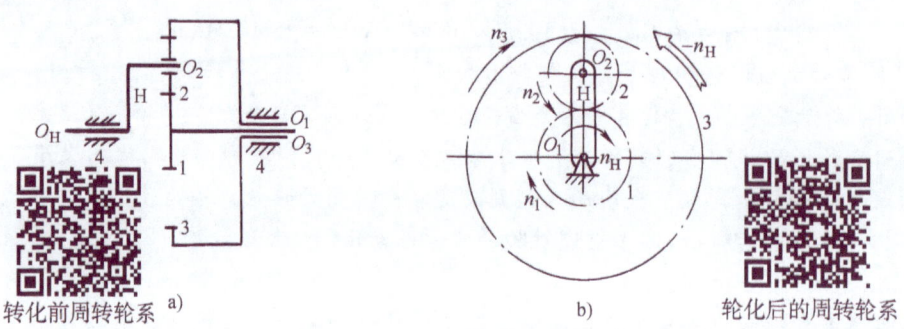

图 6-32 周转轮系及转化轮系
a) 转化前周转轮系 b) 转化后周转轮系

既然周转轮系的转化轮系是一个定轴轮系，就可应用求解定轴轮系传动比的方法，求出其中任意两个齿轮的传动比来。

根据传动比定义，转化轮系中齿轮 1 与齿轮 3 的传动比 i_{13}^H 为

$$i_{13}^H = \frac{n_1^H}{n_3^H} = \frac{n_1 - n_H}{n_3 - n_H} \tag{6-14}$$

应注意区分 i_{13} 和 i_{13}^H，前者是两轮真实的传动比；而后者是假想的转化轮系中两轮的传动比。

转化轮系是定轴轮系，且其起始主动轮 1 与最末从动轮 3 轴线平行，故由定轴轮系传动比计算公式可得

$$i_{13}^H = \pm \frac{z_2 z_3}{z_1 z_2} \tag{6-15}$$

合并式（6-14）和式（6-15）可得

$$i_{13}^H = \frac{n_1^H}{n_3^H} = \frac{n_1 - n_H}{n_3 - n_H} = \pm \frac{z_2 z_3}{z_1 z_2}$$

现将以上分析推广到一般情形。设 n_G 和 n_K 为周转轮系中任意两个齿轮 G 和 K 的转速，n_H 为行星架 H 的转速，则有

$$i_{GK}^H = \frac{n_G^H}{n_K^H} = \frac{n_G - n_H}{n_K - n_H} = (\pm 1)\frac{\text{齿轮 G 和 K 之间所有从动轮齿数的乘积}}{\text{齿轮 G 和 K 之间所有主动轮齿数的乘积}} \tag{6-16}$$

单元三 汽车传动装置零部件分析与应用

应用式（6-16）时，齿轮 G 为起始主动轮，K 为最末从动轮，中间各轮的主从地位应按这一假定去判别。转化轮系中齿轮 G 和齿轮 K 的相对转向，用画箭头的方法判定。转向相同时，i_{GK}^H 为"＋"；转向相反时，i_{GK}^H 为"－"。在利用式（6-16）求解未知转速或齿数时，必须先确定 i_{GK}^H 的"＋""－"。

应当强调，只有两轴平行时，两轴转速才能代数相加。因此，式（6-16）只用于齿轮 G、K 和行星架 H 的轴线平行的场合。将 n_G、n_K、n_H 中的已知转速代入求解未知转速时，必须代入转速正负号。

上述这种运用相对运动的原理，将周转轮系转化成假想的定轴轮系，然后计算其传动比的方法，称为相对速度法或反转法。

例 6-3 在图 6-33 所示的行星轮系中，各轮的齿数为：$z_1 = 27$、$z_2 = 17$、$z_3 = 61$。已知 $n_1 = 6000 \text{r/min}$，求传动比 i_{1H} 和行星架 H 的转速 n_H。

解： 将行星架视为固定，画出转化轮系中各轮的转向，如图 6-33 中虚线箭头所示（虚线箭头不是齿轮的真实转向，只表示假想的转化轮系中的齿轮转向，两者不可混淆）。由式（6-16）得

$$i_{13}^H = \frac{n_1^H}{n_3^H} = \frac{n_1 - n_H}{n_3 - n_H} = -\frac{z_2 z_3}{z_1 z_2} = \frac{61}{27}$$

图中轮 1、3 虚线箭头反向，故取"－"，由此得

$$i_{13}^H = \frac{n_1 - n_H}{0 - n_H} = -\frac{61}{27}$$

解得

$$i_{1H} = n_1/n_H = 1 + 61/27 \approx 3.26$$

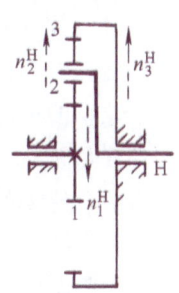

图 6-33 行星轮系

设 n_1 的转向为正，则

$$n_H = n_1 / i_{1H} = (6000/3.26) \text{r/min} \approx 1840 \text{r/min}$$

n_H 的转向和 n_1 相同。

利用式（6-16）还可以计算出行星轮 2 的转速 n_2，即

$$i_{12}^H = \frac{n_1^H}{n_2^H} = \frac{n_1 - n_H}{n_2 - n_H} = -\frac{z_2}{z_1}$$

代入已知数值解得

$$n_2 \approx -4767 \text{r/min}$$

式中，负号表示 n_2 的转向与 n_1 相反。

例 6-4 在图 6-34 所示锥齿轮组成的差动轮系中，已知 $z_1 = 60$、$z_2 = 40$、$z_{2'} = z_3 = 20$，若 n_1 和 n_3 均为 120r/min，但转向相反（如图中实线箭头所示），求 n_H 的大小和方向。

解： 将 H 固定，画出转化轮系各轮的转向，如虚线箭头所示，由式（6-16）得

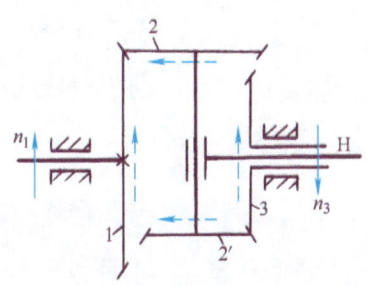

图 6-34 差动轮系

$$i_{13}^H = \frac{n_1^H}{n_3^H} = \frac{n_1 - n_H}{n_3 - n_H} = +\frac{z_2 z_3}{z_1 z_{2'}}$$

上式中的"+"号是由轮1和轮3虚线箭头同向确定的,与实线箭头无关。设实线箭头朝上为正,则将 $n_1 = 120 \text{r/min}$、$n_3 = -120 \text{r/min}$ 代入上式得

$$(120 - n_H)/(-120 - n_H) = (+)40/60$$

解得

$$n_H = 6000 \text{r/min}$$

n_H 的转向与 n_1 相同,箭头朝上。

注意:本例中行星轮2—2′的轴线和齿轮1(或齿轮3)及行星架H的轴线不平行,所以不能利用式(6-16)来计算 n_2。

3. 混合轮系的传动比计算

混合轮系结构复杂,不能直接引用定轴轮系或周转轮系的公式对混合轮系进行传动比计算,而必须首先搞清楚轮系的组成,<u>找出构成混合轮系的各个单一的周转轮系和定轴轮系,分别列出其传动比的计算式,最后结合构件的连接关系,对上述各计算式联立求解,即可求出混合轮系的传动比</u>。分析时,应注意按照轮系的传动路线进行。

在混合轮系中区分定轴轮系部分和周转轮系部分的关键,在于确定是否存在行星轮。在若干个啮合传动的齿轮中,如果各轮轴线都是固定不动的,这部分就是一个定轴轮系。如果某轮的轴线绕另外的轴线转动,该轮为行星轮,支承行星轮的构件为行星架,与行星轮啮合的即为太阳轮,这部分就是一个周转轮系。有两个活动太阳轮的就是差动轮系,有一个活动行星轮和一个固定太阳轮的就是行星轮系。如图6-13所示的汽车后桥变速器为混合轮系,齿轮1、2啮合传动是定轴轮系运动,行星架H与轮2固接,随轮2一起转动,齿轮3、5均能绕轴线转动,为两个活动的太阳轮,故4—3—5—H构成差动轮系。

例6-5 如图6-35所示轮系中,已知齿轮齿数 $z_1 = 20$、$z_2 = 40$、$z_{2'} = 20$、$z_3 = 30$、$z_4 = 80$,求传动比 i_{1H}。

解 1)因为齿轮3的轴线可动,齿轮3为行星轮,与齿轮3相啮合的齿轮2′、4的轴线与行星架H的轴线重合,是太阳轮,即3—2′—4—H构成周转轮系。因为齿轮1和2的轴线固定,所以1—2构成定轴轮系。

2)在周轮轮系3—2′—4—H中,可得

$$i_{2'4}^H = \frac{n_{2'}^H}{n_4^H} = \frac{n_{2'} - n_H}{n_4 - n_H} = -\frac{z_4}{z_{2'}}$$

3)在定轴轮系1—2中,可得

$$i_{12} = n_1/n_2 = -z_2/z_1$$

将各已知量代入上面两个式子中,并注意 $n_2 = n_{2'}$、$n_4 = 0$,可得

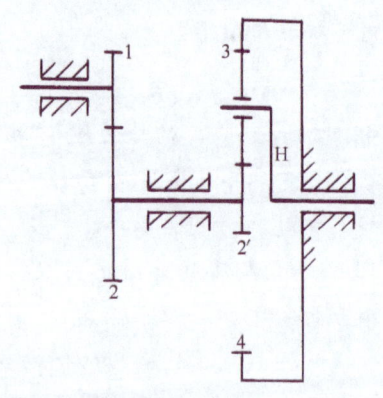

图6-35 混合轮系

$$(n_{2'}-n_H)/-n_H = -80/20$$

$$n_1/n_2 = -40/20$$

求解得

$$i_{1H} = n_1/n_H = -10$$

传动比 i_{1H} 为负值，说明齿轮 1 与行星架 H 转向相反。

*阅读及拓展知识

一、齿轮的加工方法及变位齿轮的概念

渐开线齿轮轮齿的加工方法很多，如铸造法、冲压法、热轧法、切削法等，其中最常用的为切削法。切削法又可分为仿形法和展成法两种。仿形法是最简单的切齿方法（图6-36），这种方法简单，无须专用机床，生产率低，精度差，齿轮主要参数（模数、齿数、变位系数等）的任何一个发生改变都要更换刀具，仅适用于单件生产及精度要求不高的齿轮加工。目前在齿轮加工中，展成法是最常用的一种加工方法。展成法是利用一对齿轮（或齿轮与齿条）啮合时其共轭齿廓互为包络线的原理来切齿的。若把其中一个齿轮（或齿条）做成刀具，则可以切出与它共轭的渐开线齿廓。用展成法切齿的常用刀具有齿轮插刀、齿条插刀或齿轮滚刀。展成法的优点：同一模数的齿轮使用同一把刀具，生产效率高，加工精度高。其缺点：需要专用机床。

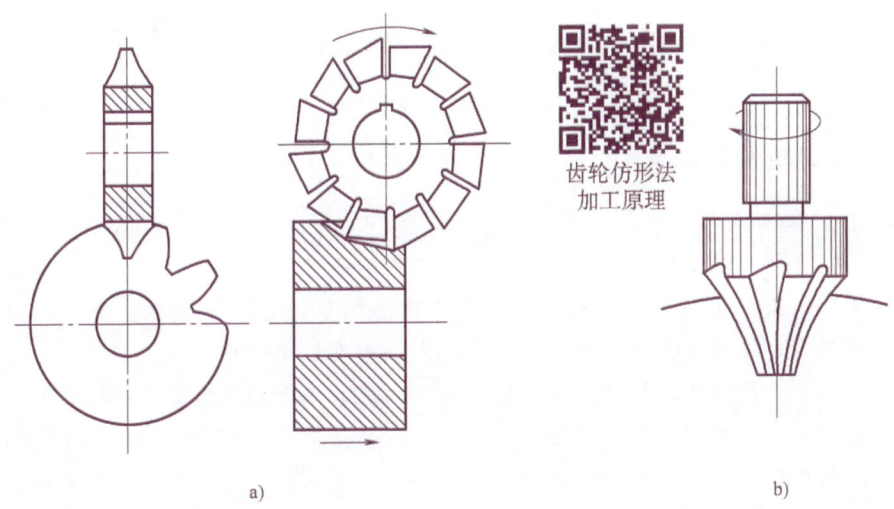

图 6-36 齿轮仿形法加工原理
a) 盘状铣刀 b) 指状铣刀

在切制齿轮时，如果标准渐开线直齿圆柱齿轮轮齿少于最少齿数（$z_{min} = 17$），加工时往往会发生刀具将被加工齿轮齿根的渐开线齿廓切去一部分的现象，这种现象称为根切，如图6-37所示。根切的产生会削弱轮齿的弯曲强度，而且当刀具进给到齿廓的工作段时，会引起重合度下降，将破坏定传动比传动，影响传动的平稳性。因此，要力求避免根切。

为了防止根切，被加工齿轮的齿数 z 不得少于 z_{min}。但许多时候必须要求齿轮的齿数 $z<z_{min}$（如在汽车上使用的外啮合齿轮机油泵中的齿轮 $z<z_{min}$），则在加工时，需要将刀具向远离轮坯中心径向移动一段距离来切制齿轮。这种将刀具移动一段距离加工出来的齿轮称为变位齿轮。刀具移动的距离称为变位量，用 xm 表示（m 为模数，x 为变位系数）。当刀具远离轮坯中心移动时称为正变位，这时的变位系数 x 为正值，所切出的齿轮称为正变位齿轮；当刀具靠近轮坯中心移动时称为负变位，这时的变位系数 x 为负值，所切出的齿轮称为负变位齿轮。变位齿轮与标准齿轮相比会有某些参数发生变化，如齿厚、齿顶高和齿根高。

采用变位齿轮的目的除了能避免根切外，还可以用来配凑中心距，使实际中心距 $a=m(z_1+z_2)/2$ 在不等于标准中心距的情况下也能正常传动。此外，正变位齿轮的齿根部齿厚增大，可以提高齿轮的强度和使用寿命，这些优点都是标准直齿圆柱齿轮所不能做到的。

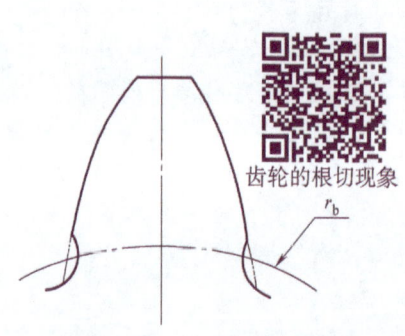

图 6-37 齿轮的根切现象

图 6-38 圆弧齿轮传动

二、圆弧齿轮传动简介

1. 圆弧齿轮啮合原理

在 20 世纪 50 年代以前，机械传动中主要是应用端面齿廓为渐开线和摆线的齿轮。近年来，开始出现端面齿廓为圆弧的圆柱齿轮，称为圆弧圆柱齿轮，简称圆弧齿轮，如图 6-38 所示。许多国家对它进行了试验研究，并已在汽车、重型机械等领域推广应用。

如前所述，渐开线直齿圆柱齿轮依靠端面齿廓的连续啮合就能保证其连续传动。渐开线斜齿圆柱齿轮传动除了端面重合度 ε_t 以外，还有一个由于齿的倾斜面产生的附加重合度。圆弧齿轮传动则摆脱了对端面齿廓的依赖，而完全依靠附加重合度。这种齿轮的端面齿廓为圆弧形，如图 6-38 所示。通常将小齿轮齿廓做成外凸圆弧形，大齿轮做成内凹圆弧形，且凹齿的圆弧半径 ρ_2 稍大于凸齿的圆弧半径 ρ_1，两齿廓只能在一点 K 接触，故又称为圆弧点啮合齿轮。

如图 6-39 所示，当两齿廓在 K 点接触时，凸齿廓的圆弧中心在 C 点，凹齿廓的圆弧中心在 M 点，K、C 和 M 三点在一直线上。当小齿轮转过一个角度 $\Delta\varphi_1$，同时大轮以一定的传动比转过 $\Delta\varphi_2$ 之后（如图中双点画线所示），两个端面齿廓之间就一定会出现间隙而脱离接触。显然，如果用这样的端面齿廓做成直齿轮（$\beta=0$），则重合度为零，不可能实现连续传动。

为了实现连续传动,将这两个端面齿廓分别沿两轮节圆柱上的两条旋向相反的螺旋线平行移动,形成一凹一凸两个齿廓曲面,如图6-40所示。假设开始时这一对齿廓曲面在图示位置相接触,即其上端面齿形在 K 点相啮合。当两轮相对转过一个角度后,上端面脱离接触,而小轮上的 K_1' 和大轮上的 K_2' 点转到啮合线上 K' 点接触;若两轮继续相对传动, K_1'' 和 K_2'' 点将转到啮合线上 K'' 点接触……依此类推,当齿轮连续转动时,啮合点将从上端面的 K 点开始,沿着啮合线 KK''' 下行至下端面的啮合点 K''' 结束,从而实现连续传动。图中 $KK_1'K_1''$ 和 $KK_2'K_2''$ 分别为小轮和大轮的接触迹线。这种具有一条啮合线的圆弧齿轮称为单圆弧齿轮。

由图6-40可见,在每个端截面中,过啮合点 K 的公法线都通过连心线上的定点 C(节点),所以圆弧齿轮的齿廓曲面能保证定传动比。

圆弧齿轮的端面重合度为零。要保证连续传动只有依靠附加重合度,即

$$\varepsilon = b\tan\beta/(\pi m t) = b\sin\beta/(\pi m n) > 1 \tag{6-17}$$

式中,b 为齿宽;β 为螺旋角。

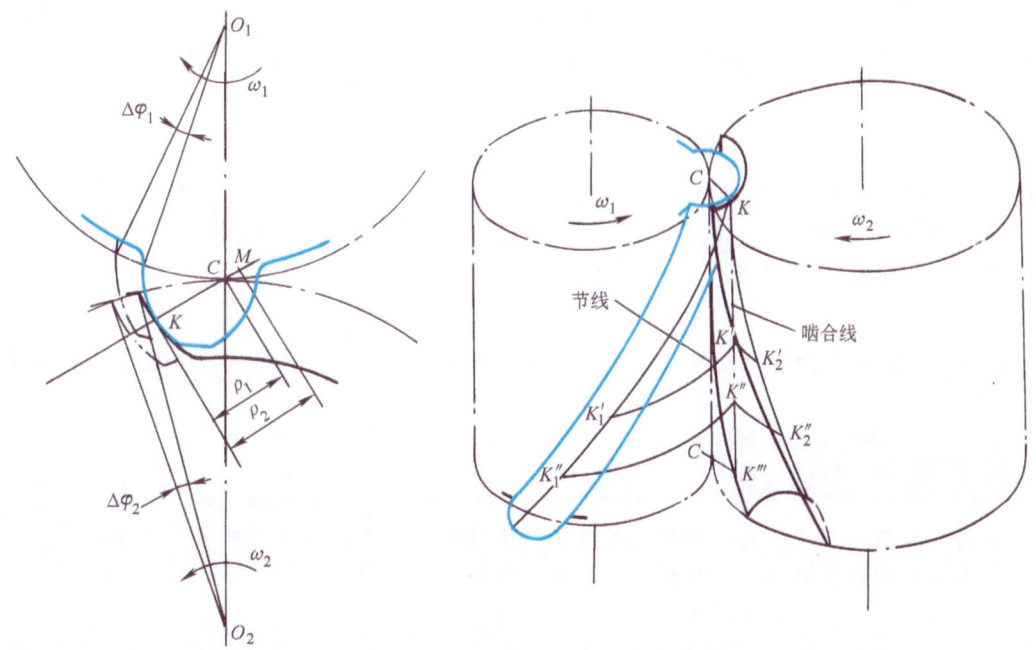

图6-39 圆弧齿轮的端面齿廓   图6-40 圆弧齿轮传动的啮合过程

由于圆弧齿轮的齿面接触强度随螺旋角 β 的增大而迅速降低,所以 β 的数值必须限制在一定范围内。为了保证附加重合度大于1,这种齿轮必须有足够的齿宽。

以上是就端面齿形为圆弧来讨论的。实际上,为了便于加工,通常多把法向做成圆弧齿形,这时齿轮的端面只是近似的圆弧齿形。

2. 单圆弧齿轮的优缺点

(1) 优点

1) 齿面接触强度高。

2) 齿廓形状对润滑有利,传动效率较高。

3) 齿面容易磨合。

4) 无根切，故齿数可较少，最少齿数主要受轴的强度和刚度限制。

(2) 缺点

1) 对中心距及切齿深度的精度要求较高，这两者的误差会使圆弧齿轮传动的承载能力显著下降。

2) 噪声较大，故高速传动中其应用受到限制。

3) 通常轮齿弯曲强度较低。

4) 切削同一模数凸圆弧齿廓和凹圆弧齿廓需要不同的滚刀，加工成本高。

3. 双圆弧齿轮

由以上分析可知，单圆弧齿轮主要适用于承载能力受齿面接触强度限制的、中速条件下的重载或中载传动。因此，为了克服单圆弧齿轮轮齿弯曲强度弱等一系列缺点，后来研制出了双圆弧齿轮。这种齿轮是在单圆弧齿轮的基础上发展起来的，其特点是大小齿轮的齿顶部分都做成凸齿，齿根部分都做成凹齿。它具有两条啮合线，两轮啮合时，每对齿均有两个啮合点，一个啮合点在齿顶，另一啮合点在齿根，且这两个啮合点不在同一截面上，其轴向距离为 h。一般双圆弧齿轮的齿宽 b 都大于 h，这时两轮将是多齿和多点接触。与单圆弧齿轮相比，其优点为：

1) 因是多点接触，故使载荷分散，相应地降低了接触应力和弯曲应力。此外，由于其轮齿根部较强，故其弯曲强度有明显的提高。

2) 正因为是多点接触，提高了传动的平稳性，故振动和噪声均较小。

3) 互相啮合的一对齿轮可用同一把刀具来加工。

双圆弧齿轮传动目前已在高速大动力的齿轮传动中获得较为广泛的应用。传动时最少有两对齿同时接触承受载荷，因而大大提高了轮齿弯曲强度。除此以外，它还具有单圆弧齿轮的全部优点。

拓展训练

1. 讨论分析曲轴正时齿轮机构的组成，了解齿轮副装配关系及转矩传动路线。
2. 在汽车中找出其他一些齿轮传动机构，分析轮系的组成。
3. 找一对齿轮，实地测量齿轮齿数及齿顶圆直径，计算齿轮的模数及其他基本尺寸。

任务九　齿轮性能检测及失效分析

1. 任务要点

1) 分析齿轮结构、失效的概念、失效的形式和材料及工艺等特性。
2) 掌握汽车齿轮基本参数检测方法及量具的规范操作应用。
3) 能判断齿轮失效类型及提出防范措施。
4) 掌握齿轮常见润滑方式。

2. 任务安排

请通过学习工作页（任务八、九、实训五）了解本项目活动任务并按计划要求实施活动，完成学习工作页相关内容的填写。

单元三　汽车传动装置零部件分析与应用

基础知识

一、齿轮传动的失效形式、材料应用及结构

1. 齿轮传动的失效形式

齿轮传动是由轮齿啮合来传递运动和动力的。因此，齿轮传动除了运动平稳外，还必须有足够的承载能力。分析齿轮失效的目的是找出齿轮传动失效的原因，制订强度计算准则，或提出防止失效的措施，提高其承载能力和使用寿命。齿轮传动失效主要发生在轮齿上，其主要失效形式有以下五种。

（1）轮齿折断　轮齿折断是指齿轮上一个或多个齿的整体或局部的断裂。通常轮齿的折断有两种：一种是严重过载或受到强烈冲击载荷时发生的突然折断，称为过载折断；另一种是在载荷的多次重复作用下，弯曲正应力超过疲劳极限时，齿根处将产生疲劳裂纹，并逐步扩展，最终导致轮齿的折断，称为疲劳折断，如图6-41所示。

增大齿根处过渡圆角半径，提高齿面加工精度，可以降低应力集中。在齿根处施以喷丸、碾压等冷作强化处理方法，都可以提高轮齿的抗折断能力。

（2）齿面点蚀　齿面点蚀是指齿轮工作时，对齿廓工作面某一点来说，轮齿齿面在法向力的作用下将产生接触应力，并按脉动循环变化。当齿面在过高的交变接触应力的反复作用下，齿面金属将呈小块脱落，形成麻点状的凹坑，使齿轮不能正常工作而失效，这种失效称为齿面疲劳点蚀，疲劳点蚀一般出现在齿根表面靠近节线处，如图6-42所示。开式齿轮传动（齿轮外露、润滑不良的齿轮传动），由于磨损严重，一般不会出现点蚀。

齿面抗点蚀能力主要与齿面硬度有关。齿面硬度越高，抗点蚀能力越强。提高齿面硬度和减少齿面表面粗糙度，采用黏度大的润滑油都有助于提高齿面接触疲劳强度，防止点蚀的发生。

（3）齿面磨损　齿面磨损是指在开式齿轮传动中，灰尘、沙粒及铁屑等进入齿面间，在轮齿的相互滚碾作用下，使齿面产生磨损从而导致渐开线齿形被破坏，轮齿变薄，齿侧间隙增大，引起噪声和系统振动，甚至轮齿折断的现象，如图6-43所示。

采用闭式传动，保持润滑油的清洁，提高齿面硬度，减小齿面表面粗糙度，均可有效地减少齿面磨损。

图6-41　轮齿折断　　　　图6-42　齿面点蚀　　　　图6-43　齿面磨损

（4）齿面胶合　高速重载齿轮传动中，由于齿面间的压力大，产生的摩擦热过大，润滑效果差使两齿面间某些接触点熔焊在一起，随后被撕开，从而使齿面上滑动速度较大的齿

顶和齿根处产生沿相对滑动方向的撕裂痕迹的现象，称为齿面胶合，如图 6-44 所示。低速重载的齿轮，油膜遭破坏也会发生胶合现象。

为防止产生胶合现象，低速传动选用黏度大的润滑油，高速传动选用含抗胶合剂的润滑油。此外，适当提高表面硬度及降低表面粗糙度也都是有效的方法。

（5）齿面塑性变形　齿面塑性变形是指在重载作用下，当齿面硬度不够时，齿面上可能产生局部的塑性变形，使齿廓失去正确的齿形的现象，如图 6-45 所示，塑性变形影响齿轮的正确啮合。适当提高齿面硬度，可防止或减轻齿面的塑性变形。

图 6-44　齿面胶合

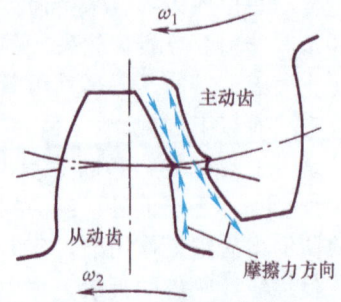

图 6-45　齿面塑性变形

2. 齿轮的材料应用

在选择齿轮材料和热处理时，应使齿面具有足够的硬度和耐磨性，以防止齿面点蚀、磨损和胶合失效；同时轮齿的心部应具有足够的强度和韧性，以防止轮齿折断。齿轮硬度常用洛氏硬度法或布氏硬度法来测量。

为满足上述要求，齿轮多使用钢、铸铁等金属材料，并经热处理，见表 6-9；也可以使用工程塑料等非金属材料。

表 6-9　齿轮常用金属材料、热处理、极限应力、许用应力和主要应用

材料	热处理	硬度	R_{Hlim}/MPa	$[R_H]$/MPa	R_{bblim}/MPa	$[R_{bb}]$/MPa	主要应用
灰铸铁	—	140~280HBW	265~390	240~350	35~70	25~50	适用于低速、轻载、无冲击的开式齿轮传动
球墨铸铁	—	140~300HBW	330~560	300~500	130~180	90~125	可用于中速、中载并有轻微冲击的闭式传动中
铸钢	正火	110~210HBW	245~330	220~300	90~130	60~90	可作为一般用途的传动齿轮，如减速器中配对齿轮中的大齿轮和其他大齿轮
碳素钢	正火	110~210HBW	300~400	270~360	120~160	85~110	
铸素钢	调质	130~210HBW	280~360	250~320	110~135	75~95	具有较高的承载能力，可用于较重要的齿轮传动，如纺织机械、农业机械（如拖拉机）用齿轮，通用减速器齿轮、机床一般传动齿轮
碳素钢	调质	130~210HBW	375~445	340~400	135~165	95~115	
合金铸钢	调质	200~360HBW	360~580	320~520	150~200	105~140	
合金钢	调质	200~360HBW	450~665	400~600	190~250	130~175	
调质钢	表面淬火	48~58HRC	970~1100	870~990	230~280	160~200	经表面硬化处理，齿面硬度高，心部又有良好的韧性，可用于高速、重载和高精度要求的各种重要齿轮，如汽车、坦克、直升飞机的变速齿轮等
渗碳钢	渗碳淬火	56~63HRC	1300	1170	310	220	
调质钢	渗氮（短时）	31~57HRC	650	580	230	160	
	渗氮（长时）	45~57HRC	780	700	260	180	
渗氮钢	渗氮	54~65HRC	1120	1010	270	190	

注：1. 表中的 R_{Hlim} 和 R_{bblim} 为齿轮材料和热处理按一般检验（ML）时的极限应力值（即取下限值），如按常规检验（MQ）或严格检验（ME）时表中值应相应增大（可查 GB/T 10063—1988）。
　　2. 表中的许用应力，取 $[R_H] = 0.9\sigma_{Hlim}$（即取安全系数 $S_H = 1.1$）；$[R_{bb}] = 0.7R_{Hlim}$（即取安全系数 $S_{bb} = 1.4$）。在危险性较大、可靠性要求较高时，应取较大的安全系数和较小的许用应力。
　　3. 表中的应力值与硬度值之间呈线性关系。
　　4. 对于长期双向工作的齿轮，表中的许用弯曲应力 $[R_{bb}]$ 应乘以 0.7。

下面再提出几点注意事项，供齿轮选材时参考：

1) 当齿轮的齿面硬度≤350HBW 时称为软齿面齿轮。如表 6-9 中的铸铁齿轮和经正火或调质处理的钢齿轮均属此类。软齿面齿轮工艺简单、生产率高，故比较经济。但因齿面硬度不高，限制了承受能力，故适用于载荷、速度、精度要求均不太高的场合。当齿面硬度＞350HBW 时，称为硬齿面齿轮，如表 6-9 中经表面淬火或渗氮等表面硬化处理后的齿轮均属此类。这类齿轮因齿面硬度高，承载能力也高，但成本相应也较高，故适用于载荷、速度和精度要求均很高的重要齿轮，如汽车、飞机等变速齿轮传动。

2) 在一对软齿面齿轮传动中，与大齿轮相比，小齿轮的齿根弯曲疲劳强度较低，且轮齿工作次数多，容易疲劳和磨损。为了使大、小齿轮的使用寿命相接近，应使小齿轮的齿面硬度较大齿轮高 30~50HBW，这可以通过选用不同的材料或不同的热处理来实现。

3) 由于锻钢的力学性能优于同类铸钢，所以齿轮材料应优先选用锻钢。对于结构形状复杂的大型齿轮（d_a>500mm），因受到锻造工艺或锻造设备条件的限制而难于进行锻造时，应采用铸钢制造，如低速、重载的轧钢机、矿山机械的大型齿轮。

4) 在小功率和精度要求不高的高速齿轮传动中，为了减少噪声，其小齿轮常用尼龙、夹布胶木、酚醛层压塑料等非金属材料制造。但配对的大齿轮仍应采用钢或铸铁制造，以利于散热。

3. 圆柱齿轮的结构

圆柱齿轮结构一般分为轮缘、轮毂和轮辐三部分，其中，轮缘的齿面及轮毂的内孔是主要的功能面。现以中、小尺寸直齿圆柱齿轮为例进行结构说明。

（1）齿轮轴　对于直径较小的钢质齿轮，如果齿根圆直径与轴直径相差很小，可以将齿轮与轴制成一体，称为齿轮轴，如图 6-46 所示。齿轮轴易于装配，有助于增加轴系的刚性。但是锻造毛坯和齿轮加工困难，如果齿轮失效，轴也同时报废。

（2）实心式齿轮　对于齿顶圆直径 d_a≤200mm 的齿轮，可以将齿轮轮辐制成与齿宽相等的实心式结构，如图 6-47 所示。它的结构简单，制造方便。为了便于装配和减少边缘应力集中，齿轮孔边缘和齿顶边缘应该切制出倒角。

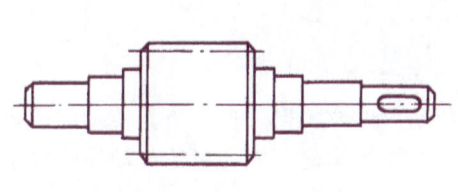

图 6-46　齿轮轴

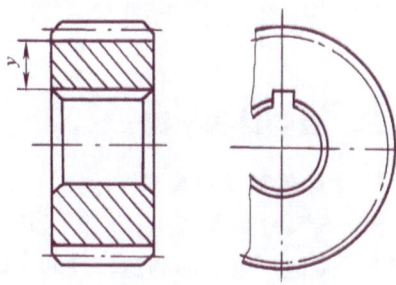

图 6-47　实心式齿轮

（3）辐板式齿轮　对于齿顶圆直径 200mm≤d_a≤500mm 的齿轮，可以将齿轮制成辐板式结构，如图 6-48 所示。若毛坯的批量小，则采用自由锻结构。为了减轻重量和满足加工及搬运的需要，齿轮的辐板上常对称开有 4~6 个孔。对于模锻齿轮，在结构设计中要有必要的模锻斜度和较大的过渡圆角。

对于齿顶圆直径 d_a>500mm 齿轮，由于齿轮毛坯制造受到锻造设备的限制，一般将齿轮制成铸造的轮辐式结构，轮辐的截面是十字形，如图 6-49 所示。

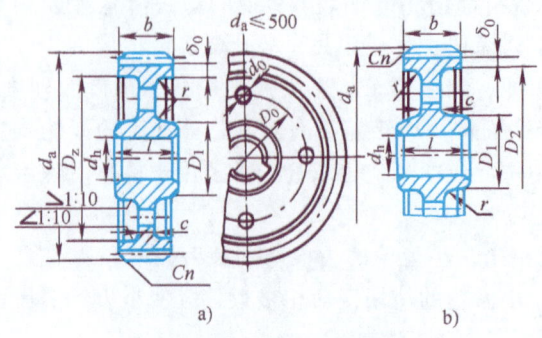

图 6-48　辐板式齿轮
a）模锻圆柱齿轮　b）自由锻圆柱齿轮

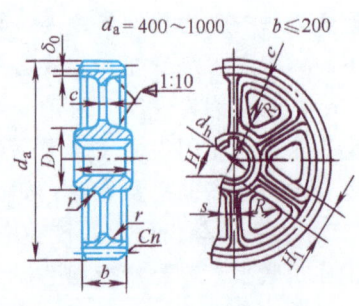

图 6-49　铸造的轮辐式齿轮

（4）镶套齿轮　对于尺寸较大而需要用贵金属（相对而言，如 45 号钢和 40Cr）齿轮，要采用组装齿轮结构，以节约材料，如图 6-50 所示。

（5）焊接齿轮　对于单件或小批量生产的大齿轮，可以采用焊接结构，如图 6-51 所示。

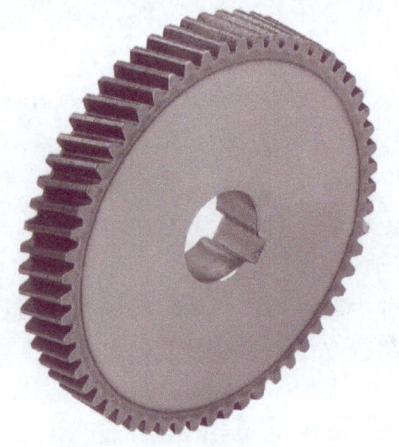

图 6-50　镶套齿轮

图 6-51　焊接齿轮

二、齿轮结构检测

1. 齿轮传动使用要求

齿轮传动应用很普遍，广泛地应用于传递运动和动力以及精密分度。齿轮传动的质量和效率主要取决于齿轮的制造精度和齿轮副的安装精度。按照用途不同，齿轮传动使用要求主要有以下四个方面。

（1）传递运动的准确性　传递运动的准确性就是要求从动齿轮在一转范围内的最大转角误差不超过规定的数值，以使齿轮在一转范围内传动比的变化尽量小，满足传递运动的准确性要求。由于齿轮副的制造误差和安装误差，使从动齿轮的实际转角与理论转角产生偏离，导致实际传动比与理论传动比产生差异。

（2）传动平稳性　齿轮传动瞬时传动比的变化会引起齿轮传动中的冲击、振动和噪声。传动的平稳性是指要求齿轮在一转范围内多次重复的瞬时传动比的变化尽量小，以减小齿轮

单元三 汽车传动装置零部件分析与应用

传动中的冲击、振动和噪声，保证传动平稳性要求。

（3）载荷分布的均匀性　齿轮传动中如果齿面的实际接触不均匀会引起应力集中，引起齿面磨损加剧、早期点蚀甚至折断。因此，必须保证啮合齿面沿齿宽和齿高方向的实际接触面积，使齿面上的载荷分布均匀，以保证齿轮传动有较高的承载能力和较长的使用寿命。

（4）侧隙的合理性　装配好的齿轮副啮合传动时，非工作齿面间应留有一定的间隙，用以储存润滑油，补偿因温度变化和弹性变形引起的尺寸变化，以及齿轮的制造误差、安装误差等影响，防止齿轮传动时出现卡死或烧伤现象。

不同用途和不同工作条件的齿轮及齿轮副，对上述要求的侧重点也不同。例如精密机床、分度齿轮和测量仪器的读数齿轮主要要求传递运动的准确性，对传动平稳性也有一定的要求，当需要可逆转传动时，应对侧隙加以限制，以减小反转时的空行程误差，而对载荷分布均匀性要求不高。汽车、拖拉机和机床的变速齿轮主要要求传递运动的平稳性，以减小振动和噪声。轧钢机械、起重机械和矿山机械等重型机械中的低速重载齿轮主要要求载荷分布的均匀性，以保证足够的承载能力。汽轮机和涡轮机中的高速重载齿轮，对运动的准确性、平稳性和承载的均匀性均有较高的要求，同时还应具有较大的间隙，以储存润滑油和补偿受力产生的变形。

根据齿轮传动强度计算出齿轮的基本参数和尺寸后，还必须进行结构设计，确定齿轮的结构形状、尺寸和精度，以及毛坯、材料、加工方法、生产批量、使用要求及特性等相关因素。通常是先按直径大小选定合适的结构形式，再根据推荐使用的经验数据和制造工艺进行结构设计。针对不同的齿轮结构形式，可以采用不同齿轮传动润滑方式。

2. 齿轮精度、公差选用与常用检测方法

（1）齿轮精度　制造和安装齿轮传动装置时，不可避免地要产生误差。为了保证齿轮传动的质量，对其误差要有所限制，即有精度要求。GB/T 10095.1—2008 和 GB/T 10095.2—2008 规定了渐开线圆柱齿轮传动的精度等级和公差。GB/T 11365—1989 规定了锥齿轮传动精度等级和公差。两标准齿轮精度等级分为13级，0级最高，12级最低。由于目前1、2级精度的加工工艺水平和测量手段尚难以达到，一般不用，最常用的为6~9级。齿轮的精度等级应根据齿轮传动的用途、使用条件、传动功率、圆周速度以及经济性等技术要求来选择，其允许的圆周速度和应用见表6-10。

表6-10　齿轮常用精度等级、允许的圆周速度和应用

精度等级	圆周速度 v (m/s)				应　用
	直齿圆柱齿轮		斜齿圆柱齿轮		
	>350HBW	≤350HBW	>350HBW	≤350HBW	
6	18	15	36	30	航空制造业中的重要齿轮
7	12	10	25	20	金属切削机床中的进给齿轮，航空制造业中的一般齿轮，具有较高速度的减速器齿轮
8	6	5	12	9	航空与汽车、拖拉机制造业中的不重要齿轮，纺织机械、农业机械中的重要齿轮，一般减速器齿轮
9	4	3	8	6	纺织机械、农业机械中的不重要齿轮

（2）齿轮、齿轮副的公差项目和代号　按误差特性和它们对传动性能的影响，GB/T 10095.1—2008 和 GB/T 10095.2—2008 对渐开线圆柱齿轮传动的齿轮和齿轮副规定了22个

公差项目,其中对齿轮为 16 个项目,对齿轮副为 6 个项目。齿轮、齿轮副的公差项目及代号见表 6-11。

表 6-11 齿轮、齿轮副的公差项目及代号(GB/T 10095.1—2008 和 GB/T 10095.2—2008)

项目名称	代号	项目名称	代号	项目名称	代号	项目名称	代号
切向综合偏差	F_i'	公法线长度变动偏差	F_W	轴向齿距极限偏差	$\pm F_{px}$	齿轮副的切向综合偏差	F_{ic}'
齿切向综合偏差	f_i'	齿廓形状偏差	f_f	螺旋线形状偏差	$f_{f\beta}$	齿轮副的齿切向综合公差	f_{ic}'
径向综合偏差	F_i''	单个齿距极限偏差	$\pm f_{pt}$	齿厚极限偏差 上极限偏差 下极限偏差 公差	E_{ss} E_{si} T_s	齿轮副的接触斑点	j_t
齿径向综合偏差	f_i''	基圆齿距极限偏差	$\pm f_{pb}$			齿轮副的侧隙	j_n
齿距累积偏差	F_p	齿向偏差	F_β	公法线平均长度极限偏差 上极限偏差 下极限偏差 公差	E_{Wms} E_{Wmi} E_{Wm}	齿轮副的中心距极限偏差	$\pm f_a$
k 个齿距累积偏差	$F_{\mu k}$						
齿圈径向圆跳动偏差	F_r	接触线偏差	F_b			轴线的平行度公差	f_x、f_y

(3) 齿轮的各项公差和极限偏差的分组和检验分组 一般说来,齿轮传动的用途不同,其使用要求也不同。对于仪器、仪表中的读数齿轮和机床中的分度齿轮等,它们工作时传力小、速度低,这类齿轮称为计数齿轮。其使用要求主要是传递的运动要正确,即要求较高的运动精度。因此,要求控制齿轮在一转内的转角误差,即一转内的传动比要正确。对于汽车、飞机等机械中的动力齿轮。其传递的功率很大,转速也很高,这类齿轮称为传递齿轮。其使用要求是传动时应平稳,无冲击、振动和噪声,即要求较高的平稳性精度。因此,要求控制齿轮在每一齿内的转角误差,即瞬时传动比要恒定。对于矿山、冶金、起重等机械的齿轮,其传递的转矩很大,但转速一般较低,这类齿轮称为承载齿轮,其使用要求主要是齿面接触良好,即要求较高的接触精度。

为此,国家标准根据各公差项目对三类传动精度的不同影响相应分为三个公差组:主要反映运动精度的第Ⅰ公差组、主要反映工作平稳性精度的第Ⅱ公差组以及主要反映接触精度的第Ⅲ公差组,见表 6-12。在具体检测时,不必检测公差组中的全部公差项目,只需检测检验分组中任意一组(一项或两项)合格即可。

表 6-12 齿轮公差项目的分组

公差组	公差与极限偏差	对性能的主要影响
Ⅰ	F_i'、F_i''、F_p、F_r、F_W、F_{pk}	传递运动的准确性
Ⅱ	f_i'、f_i''、f_f、$\pm f_{pt}$、$\pm f_{pb}$、$f_{f\beta}$	传动的平稳性
Ⅲ	接触斑点、F_β、$\pm F_{px}$、F_b	载荷分布的均匀性

注:表中公差与极限偏差的代号的说明见表 6-11 或请参阅有关书籍。

显然,根据使用要求的不同,允许各项公差组选用不同的等级精度;但在同一公差组内,各项公差与极限偏差应保持相同的公差等级。

(4) 齿轮副的检验和公差

1) 接触斑点。齿轮副的接触斑点反映接触精度，故接触斑点的分布位置和大小合格时，单个齿轮的第Ⅲ公差组项目可不予考核。接触斑点的具体要求见表 6-13。

表 6-13 接触斑点的具体要求

接触斑点	精度等级											
	1	2	3	4	5	6	7	8	9	10	11	12
按高度不小于	65	65	65	60	55	50	45	40	30	25	20	15
按长度不小于	95	95	95	90	80	70	60	50	40	30	30	30

2) 侧隙要求。为了保证齿轮副在啮合传动时，不因工作温升造成热变形而卡死，也不因齿轮副换向时有过大的空行程而产生冲击、振动和噪声，要求齿轮副的轮齿齿侧之间在法向（传动方向）上留有一定的间隙，称为侧隙。即一方面应保证必要的最小极限侧隙 j_{nmin}，另一方面应控制最大极限侧隙 j_{nmax}。

齿轮副的侧隙取决于轮齿的厚度和齿轮副的中心距。因此规定了14种齿厚极限偏差，分别用代号 C~S 表示，见表 6-14。也可用齿距极限偏差 $\pm f_{pt}$ 反映齿轮副的侧隙偏差，见表 6-15。与此同时，又规定了中心距极限偏差 $\pm f_a$，见表 6-16。

表 6-14 齿厚极限偏差（f_{pt} 的倍数）

偏差代号	C	D	E	F	G	H	J	K	L	M	N	P	R	S
偏差值	+1	0	-2	-4	-6	-8	-10	-12	-16	-20	-25	-32	-40	-50

表 6-15 齿距极限偏差 $\pm f_{pt}$

分度圆直径/mm		法向模数/mm	精度等级									
大于	到		1	2	3	4	5	6	7	8	9	10	11	12
—	125	≥1~3.5	1.0	1.6	2.5	4.0	6	10	14	20	28	40	56	80
		>3.5~6.3	1.2	2.0	3.2	5.0	8	13	18	25	36	50	71	100
		>6.3~10	1.4	2.2	3.6	5.5	9	14	20	28	40	56	80	112
125	400	≥1~3.5	1.1	1.8	2.8	4.5	7	11	16	22	32	45	63	90
		>3.5~6.3	1.4	2.2	3.6	5.5	9	14	20	28	40	56	80	112
		>6.3~10	1.6	2.5	4.0	6.0	10	16	22	32	45	63	90	125

表 6-16 中心距极限偏差 $\pm f_a$

第Ⅱ公差组精度等级	齿轮副的中心距 a/mm										
	>30~50	>50~80	>80~120	>120~180	>180~250	>250~315	>315~400	>400~500	>500~630	>630~800	>800~1000
5~6	12.5	15	17.5	20	23	26	28.5	31.5	35	40	45
7~8	19.5	23	27	31.5	36	40.5	44.5	48.5	55	62	70
9~10	31	37	43.5	50	57.5	65	70	77.5	87	100	115
11~12	80	90	110	125	145	160	180	200	220	250	280

(5) 齿轮精度在图样上的标注　在齿轮零件图上应标注齿轮的精度等级和齿厚偏差的代号。例如，7FL 表示齿轮的三个公差组的精度等级均为7级，其齿厚上、下极限偏差分别为 F 和 L。又如，7-6-6GM 表示齿轮的第Ⅰ公差组的精度等级为7级，第Ⅱ、第Ⅲ公差组的

精度等级均为6级。齿厚的上、下极限偏差分别为G和M。

三、齿轮传动的润滑和效率

齿轮传动的润滑，可以减轻磨损、减少摩擦损耗、降低噪音、散热和防锈。

1. 润滑方式

齿轮传动的润滑方式，主要根据齿轮圆周速度的大小来选择。

（1）浸油润滑　当齿轮的圆周速度$v>12m/s$时，通常将大齿轮浸入油池中进行润滑。如图6-52a所示，浸油深度为1~2个齿高。浸油深度过大会增大齿轮的搅油阻力，并使油温升高。在多级齿轮传动中，可采用带油轮将油带到未浸入油池内的轮齿齿面上，如图6-52b所示，同时可将油甩到齿轮箱壁面上散热，使油温下降。

（2）喷油润滑　当齿轮圆周速度$v>12m/s$时，由于圆周速度大，齿轮搅油剧烈，且因离心力较大，会使黏附在齿廓上的油被甩掉，因此不宜采用浸油润滑，可采用喷油润滑。即用油泵将具有一定压力的油经喷油器喷到啮合的齿面上，如图6-52c所示。

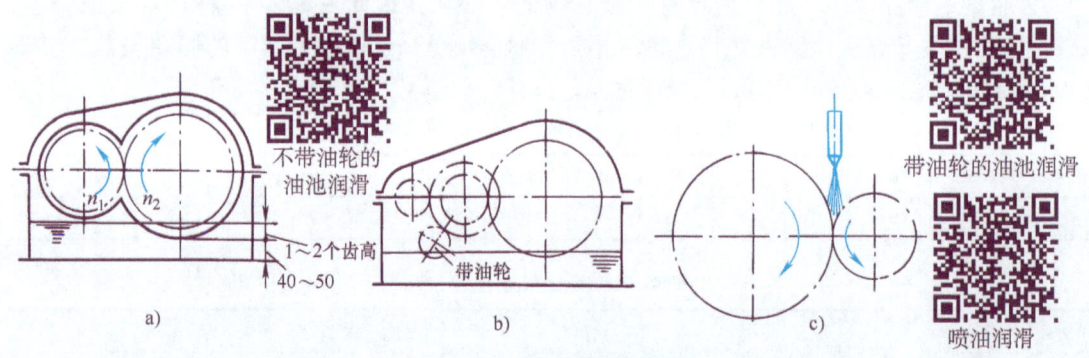

图6-52　油池润滑和喷油润滑

a）不带油轮的油池润滑　b）带油轮的油池润滑　c）喷油润滑

2. 润滑剂的选择

齿轮传动常用的润滑剂有润滑油和润滑脂。选用润滑油时主要考虑的是油的黏度，一般来讲，转速越高，所用油的黏度越低，反之越高。对于变速、变载、重载或者频繁起停等的齿轮传动，宜用黏度高的润滑油。润滑油的黏度通常根据齿轮的承载情况和圆周速度选取。闭式齿轮传动常用的润滑油黏度值可参考表6-17选用。

表6-17　闭式齿轮传动润滑油黏度推荐用值

齿轮材料	强度极限 R_m/MPa	圆周速度 v/(m/s)						
		<0.5	0.5~1	1~2.5	2.5~5	5~12.5	12.5~25	>25
		运动黏度 $\nu/(10^{-6}m^2/s)$（40℃）						
塑料、铸铁、青铜	—	350	220	150	100	80	55	—
钢	450~1000	500	350	220	150	100	80	55
	1000~1250	500	500	350	220	150	100	80
渗碳或表面淬火的钢	1250~1580	900	500	500	350	220	150	100

注：对于多级齿轮传动，应采用各级传动圆周速度的平均值来选取润滑油黏度。

3. 齿轮传动效率

齿轮传动的功率损耗主要包括啮合中的摩擦损耗、搅动润滑油的油阻损耗以及轴承中的摩擦损耗。计入上述损耗时，齿轮传动（采用滚动轴承）的平均效率见表6-18。

表6-18 齿轮传动（采用滚动轴承）的平均效率

传动装置	6级或7级精度的闭式传动	8级精度的闭式传动	开式传动
圆柱齿轮	0.98	0.97	0.95
锥齿轮	0.97	0.96	0.93

*阅读及拓展知识

一、齿轮的强度校核

1. 直齿圆柱齿轮的受力分析和强度校核

（1）直齿圆柱齿轮的受力分析　为了对齿轮（以及轴和轴承）等零件（部）件进行设计计算，首先必须对齿轮进行受力分析，求出其所受到的作用力。图6-53所示为直齿圆柱齿轮的受力分析，表达了在标准安装下的一对标准直齿圆柱齿轮在节点P啮合时主动轮的受力情况。当忽略不计摩擦力时，主动轮上所受的法向力 F_{n1} 垂直于齿面，并可分解为圆周力 F_{t1} 和径向力 F_{r1}。因此有

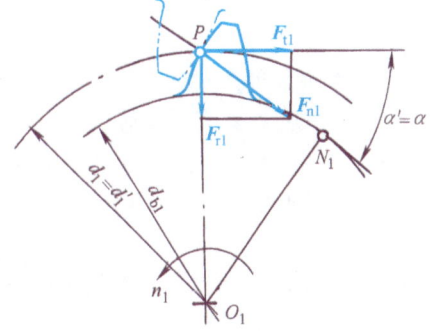

图6-53 直齿圆柱齿轮的受力分析

$$\left. \begin{array}{l} F_{t1} = \dfrac{2T_1}{d_1} \\ F_{r1} = F_{t1}\tan\alpha \\ F_{n1} = \dfrac{F_{t1}}{\cos\alpha} \end{array} \right\} \quad (6\text{-}18)$$

式中，T_1 为主动小齿轮所传递的转矩（N·mm）；d_1 为主动小齿轮的分度圆直径（mm）；α 为压力角，$\alpha = 20°$。

显然，从动大齿轮上所受的力与此大小相等、方向相反。

因此，两齿轮所受各力的方向可归纳为：主动轮上的圆周力与其圆周速度方向相反，从动轮上的圆周力与其圆周速度方向相同；两齿轮的径向力分别指向各自的轮心。根据作用力与反作用力的原则可得到两齿轮力的关系有：$F_{t1} = -F_{t2}$；$F_{r1} = -F_{r2}$；$F_{n1} = -F_{n2}$。

（2）齿根弯曲强度的校核计算　齿轮的弯曲强度，通常是以齿根处为最弱。齿根危险截面的弯曲强度校核公式可写成

$$R_{bb} = \dfrac{KF_t Y_{Fa} Y_{Sa}}{bm} \leq [R_{bb}] \quad (6\text{-}19)$$

式中，R_{bb} 为齿根危险截面所受到的弯曲正应力（MPa）；b 为齿宽（mm）；m 为模数（mm）；F_t 为圆周力（N）；K 为载荷系数，见表6-19；Y_{Sa}、Y_{Fa} 分别为应力修正系数和齿形系数，见表6-20；$[R_{bb}]$ 为齿轮材料的许用弯曲正应力（MPa）。

表 6-19 载荷系数 K

原动机	工作机械的载荷类型		
	均匀	中等冲击	大的冲击
电动机	1~1.2	1.2~1.6	1.6~1.8
多缸内燃机	1.2~1.6	1.6~1.8	1.9~2.1
单缸内燃机	1.6~1.8	1.8~2.0	2.2~2.4

表 6-20 应力修正系数 Y_{Sa} 和齿形系数 Y_{Fa}

$z(z_v)$	17	18	19	20	21	22	23	24	25	26	27	28	29
Y_{Fa}	2.97	2.91	2.85	2.80	2.76	2.72	2.69	2.65	2.62	2.60	2.57	2.55	2.53
Y_{Sa}	1.52	1.53	1.54	1.55	1.56	1.57	1.575	1.58	1.59	1.595	1.60	1.61	1.62
$z(z_v)$	30	35	40	45	50	60	70	80	90	100	150	200	∞
Y_{Fa}	2.52	2.45	2.40	2.35	2.32	2.28	2.24	2.22	2.20	2.18	2.14	2.12	2.06
Y_{Sa}	1.625	1.65	1.67	1.68	1.70	1.73	1.75	1.77	1.78	1.79	1.83	1.865	1.97

注：1. 基准齿形的参数为 $\alpha=20°$、$h_a^*=1$、$c^*=0.25$、$\rho=0.38m$（m 为模数，ρ 为曲率半径）。

2. 对内齿轮：当 $\alpha=20°$、$h_a^*=1$、$c^*=0.25$、$\rho=0.15m$ 时，齿形系数 $Y_{Fa}=2.053$，应力修正系数 $Y_{Sa}=2.65$。

（3）齿面接触强度的计算 齿面接触强度计算的目的是防止齿面发生点蚀。齿面产生点蚀的主要原因是轮齿啮合时，齿廓接触处产生的接触应力 R_H 超过了材料的许用接触应力 $[R_H]$。

一对钢制齿轮传动时的齿面接触强度校核公式为

$$R_H = \frac{11000}{a}\sqrt{\frac{(\mu+1)^3 KT_1}{\mu b}} \leq [R_H] \tag{6-20}$$

式中，R_H 为齿廓接触处产生的接触应力（MPa）；a 为中心距（mm）；b 为齿宽（mm）；μ 为大齿轮齿数 z_2 与小齿轮齿数 z_1 之比，称为齿数比；$T_1=9550P/n_1$，为小齿轮的转矩（N·m）；$[R_H]$ 为齿轮材料的许用接触应力（MPa）。

若两个齿轮的材料分别为钢与灰铸铁，或灰铸铁与灰铸铁，则应将式（6-20）中的 11000 分别改为 9590 或 8328。

2. 斜齿圆柱齿轮的受力分析与强度校核

如图 6-54a 所示为一对斜齿圆柱齿轮啮合传动时，主动轮 1 上的受力情况：当忽略不计摩擦力时，在分度圆上作用于齿宽中点 P 的正压力 F_{n1}（法向力）位于法向平面内并垂直于齿面。F_{n1} 可分解为三个互相垂直的力：圆周力 F_{t1}、径向力 F_{r1} 和轴向力 F_{x1}。因此有

$$\left. \begin{array}{l} F_{t1}=\dfrac{2T_1}{d_1} \\[4pt] F_{r1}=F_{t1}'\tan\alpha_n=\dfrac{F_{t1}\tan\alpha_n}{\cos\beta} \\[4pt] F_{x1}=f_{t1}\tan\beta \end{array} \right\} \tag{6-21}$$

式中，T_1 为主动齿轮所传递的转矩（N·mm）；d_1 为主动齿轮的分度圆直径（mm）；α_n 为分度圆法向压力角，$\alpha_n=20°$；β 为螺旋角。

显然,从动齿轮上所受的力与此大小相等、方向相反。

因此,两轮所受各力的方向可归纳为:主动轮上的圆周力与其圆周速度方向相反,从动轮上的圆周力与其圆周速度方向相同;两齿轮的径向力分别指向各自的轮心;轴向力 F_{x1} 的方向则根据斜齿圆柱齿轮轮齿的旋向、齿轮的转动方向,利用左右手法则来判断。左旋用左手,右旋用右手。用手握住主动齿轮的轴线,拇指沿着轴线方向,其余四指指示的方向即为主动齿轮的轴向力 F_{x1} 的作用方向(图6-54b),作用在从动轮上的轴向力 F_{x2} 的方向与 F_{x1} 方向相反。

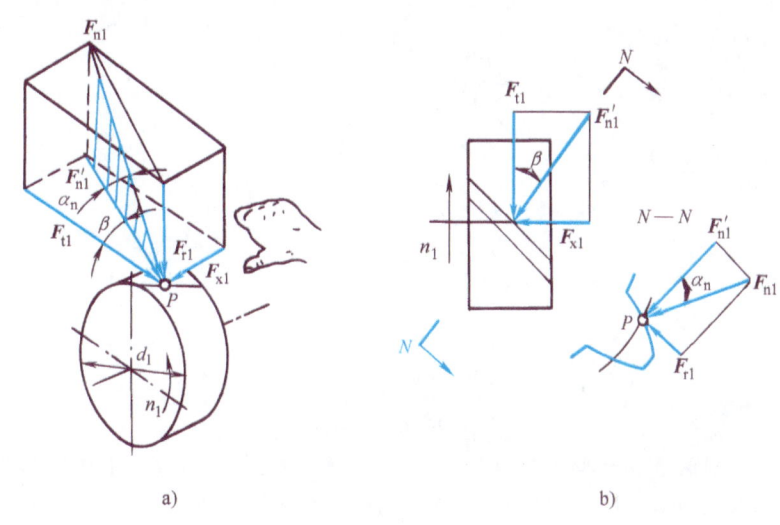

图 6-54 斜齿圆柱齿轮的受力分析与方向判断
a) 受力分析 b) 方向判断

斜齿圆柱齿轮的强度校核计算可近似用当量直齿圆柱齿轮的强度计算来代替,其基本原理与直齿圆柱齿轮传动相同,只需加以修正(具体计算方法可参考机械设计手册或相关资料,本书从略)。

3. 蜗杆传动的受力分析

(1)蜗轮的转向判断 当已知蜗杆的螺旋方向和转动方向时,可根据螺旋副的运动规律,用"左右手法则"来确定蜗轮的转动方向。

图 6-55 所示为蜗杆受力分析与蜗轮转向判定。当右旋蜗杆按图示方向转动时,可用右手来判定蜗轮的转动方向:四指沿着蜗杆转动方向弯曲,则拇指伸直的指向就是蜗杆在啮合点 C 所受轴向力 F_{a1} 的方向。蜗轮在啮合点 C 所受圆周力 F_{t2} 与 F_{a1} 是一对作用力与反作用力,也即 F_{t2} 与 F_{a1} 的方向相反,从而判断出蜗轮在圆周力 F_{t2} 作用下的转动方向为逆时针,如图 6-55c 所示。

同理,当蜗杆为左旋时,则用左手按同样的方法来判定蜗轮的转动方向。

(2)蜗杆和蜗轮的受力分析 蜗杆传动的受力分析与斜齿圆柱齿轮传动相似。如图6-55所示,蜗杆为主动件,蜗杆齿的螺旋方向为右旋。若不计齿面间的摩擦力,蜗轮作用于蜗杆上的法向力 F_{n1},在节点 C 处可分解为三个互相垂直的分力:圆周力 F_{t1}、径向力 F_{r1}、轴向力 F_{a1}。由图可知,蜗杆上的轴向力 F_{a1} 等于蜗轮上的圆周力 F_{t2},蜗杆上的径向力 F_{r1} 等于蜗轮上的径向力 F_{r2},蜗杆上的圆周力 F_{t1} 等于蜗轮上的轴向力 F_{a2}。这些对应力的大小相等、

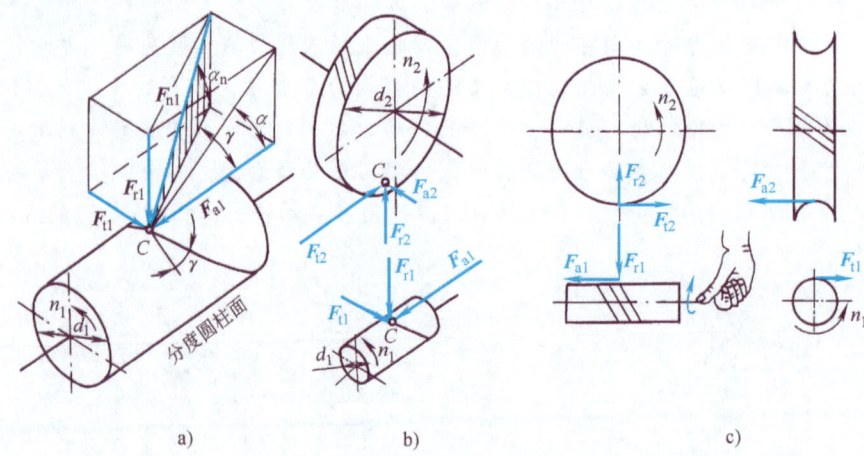

图 6-55 蜗杆受力分析与蜗轮转向判定

a) 蜗杆受力分析 b) 蜗轮受力分析 c) 蜗轮转向判定

方向相反。各分力可按下式计算

$$F_{t1} = 2T_1/d_1 = -F_{a2}$$
$$F_{a1} = 2T_2/d_2 = -F_{t2}$$
$$F_{r1} = F_{t2}\tan\alpha = -F_{r2}$$
(6-22)

式中，F_{a1}、F_{a2} 分别为作用于蜗杆和蜗轮上的轴向力（N）；F_{t1}、F_{t2} 分别为作用于蜗杆和蜗轮上的圆周力（N）；F_{r1}、F_{r2} 分别为作用于蜗杆和蜗轮上的径向力（N）；d_1、d_2 为蜗杆和蜗轮的分度圆直径（mm）；α 为压力角；T_1、T_2 分别为作用在蜗杆和蜗轮上的转矩（N·mm），$T_2 = T_1 i\eta$，η 为蜗杆传动的效率，i 为传动比。

蜗杆所受的圆周力 F_{t1} 和径向力 F_{r1} 方向判别方法与斜齿圆柱齿轮相同：作用在主动蜗杆啮合点上的圆周力 F_{t1} 的方向与其啮合转向相反，径向力 F_{r1} 的方向由啮合点指向蜗杆的轴线，轴向力 F_{a1} 的方向决定于螺旋线的旋向和蜗杆的转向，用前面提到的左右手法则来判定。

作用在蜗轮上的力可根据作用力与反作用力原理由式（6-22）计算。

(3) 蜗杆传动的失效形式及强度计算准则　蜗杆传动的失效形式与齿轮传动基本相同，有胶合、磨损、疲劳点蚀和轮齿折断。由于蜗杆传动啮合面间的相对滑动速度较大，效率低，发热量大。在润滑和散热不良时，以胶合和磨损为主要失效形式。而蜗轮无论在材料的强度和结构方面均较蜗杆弱，所以失效多发生在蜗轮轮齿上，设计时只需对蜗轮进行承载能力计算即可。

在闭式蜗杆传动中，如果散热条件不良，易使温升过高，出现胶合现象，导致传动失效。而在开式蜗杆传动中，轮齿的磨损是难以避免的。因此在设计时，蜗杆传动强度计算准则为：闭式蜗杆传动按蜗轮轮齿的齿面接触疲劳强度进行设计计算，按齿根弯曲疲劳强度校核，并进行热平衡验算；开式蜗杆传动，因为目前对蜗杆传动中磨损的计算尚无成熟的方法，故按保证齿根弯曲疲劳强度进行设计。具体的强度校核读者可查阅有关资料。

二、汽车齿轮润滑材料的应用

齿轮润滑材料包涵了油润滑和脂润滑，通常齿轮润滑油用于闭式传动，齿轮润滑脂用于

单元三 汽车传动装置零部件分析与应用

开式传动。通常密封性差的地方、高温一般采用润滑脂，高速运动、滑动类一般用油润滑，齿轮润滑通常用齿轮油。

车辆齿轮油就是用于汽车驱动桥、转向器和变速箱齿轮的润滑油（这里通常指驱动桥齿轮油），其工作条件与发动机润滑油不同，在使用中一般温度不高。但随着汽车性能的提高，车速越来越快，而驱动桥齿轮箱的体积则越来越小，由此使得传动齿轮的表面接触承载力和转矩急剧增大。为避免干摩擦，需要齿轮油在齿面上形成坚固的油膜，减轻震动和噪声，同时又对其润滑、冷却、防腐及抗磨性提出了特殊的要求。

1. 车辆齿轮油在传动中的作用

车辆齿轮油在传动中的作用如下：

1) 降低齿轮及其他部件的磨损，这对保证齿轮装置正常传动和齿轮寿命十分重要。
2) 降低摩擦，因而降低功率损失。
3) 分散热量，具有冷却的作用。
4) 防止腐蚀和生锈。
5) 降低噪声、振动和齿轮之间的冲击。
6) 冲洗污染物，特别是冲洗齿面上的固体颗粒，以免造成磨粒磨损。

2. 车辆齿轮油的主要性能

（1）极压抗磨性　在正常运转条件下，齿轮经常处于弹性流体动力润滑状态，当汽车在重载荷下起动、爬坡或遇到冲击载荷时，齿面接触区中有相当部分处于边界润滑状态，因此齿轮油要求能在较高的负荷下还能保持有足够的油膜。齿轮油的黏度增加有利于承载能力的提高，但黏度太大会增加摩擦损失，所以车辆齿轮油中一般都加有极压抗磨添加剂。

（2）热氧化安全性　氧化使齿轮油的黏度增加，生成油泥，影响油的流动。氧化产生腐蚀性的物质，加速金属的腐蚀和锈蚀，氧化生成的极性沉淀物会吸附极性添加剂，随沉淀一起从油中析出。沉淀覆盖在零件表面，形成有机物薄膜，影响散热。

（3）腐蚀性　车辆齿轮油中所含极性添加剂都有活性基团，它与表面金属反应生成有机膜，以防止在重负荷时油膜破裂引起擦伤，增加极压性能。但活性基团又会造成齿轮装置中滑动轴承、同步器中的某些铜或铜合金部件的腐蚀和锈蚀。因此，车辆齿轮油的配方必须仔细地平衡，兼顾极压性和腐蚀性。

（4）消泡性　齿轮传动时将空气带入油中，形成泡沫。泡沫如存在于齿面上，会破坏油膜的完整性，易造成润滑失效。泡沫的导热性差，易引起齿面过热，使油膜破坏；严重时，油常从齿轮箱的通气孔中逸出。因此，齿轮油要具有良好的消泡性。

（5）储存安定性　长期储存，特别是在高温或低温下储存时，车辆齿轮油的某些添加剂可能析出，或油中的添加剂相互反应，生成不溶于油的物质。因此，要避免在高温或低温下长期储存。

3. 车辆齿轮油的分类和规格

在我国，车辆齿轮油的分类与发动机机油一样，采用美国汽车工程师学会（SAE）的车辆齿轮油的分类和美国石油学会（API）的车辆齿轮油使用性能分类。

（1）SAE车辆齿轮油黏度分类　SAE车辆齿轮油的黏度分类见表6-21。该分类的黏度级号有两组共7种。

汽车机械基础

表6-21 SAE车辆齿轮油的黏度分类

SAE黏度级号	达到150Pa·s的最高温度/℃	100℃运动黏度/(mm²/s) 最 低	100℃运动黏度/(mm²/s) 最 高
70W	-55	4.1	—
75W	-40	4.1	—
80W	-26	7.0	—
85W	-12	11.0	<24.0
90	—	13.5	<41.0
140	—	24.0	—
250	—	41.0	—

带字母W为冬季用齿轮油，是根据齿轮油黏度达到150Pa·s和100℃时的最小运动黏度划分的。低温黏度规定为150Pa·s，超过这一黏度，驱动桥准双曲面齿轮式主减速器主动齿轮轴承的润滑条件恶化，易发生损坏；不带字母W的为夏季用齿轮油，黏度等级根据100℃的运动黏度范围划分的。

车辆齿轮油也有多级油，常见的多级齿轮油有75W/90、80W/90、85W/90和85W/140等黏度等级。例如80W/90表示这种油在冬季使用时相当于80W，其-26℃表面黏度不大于150Pa·s。在夏天使用时相当于90号，其100℃运动黏度控制在13.5~24.0mm²/s。由于多级齿轮油具有良好的低温启动性和良好的高温润滑性，能够同时满足不同地区、不同季节温度下齿轮润滑的要求，因此通常使用多级车辆齿轮油。

（2）API车辆齿轮油使用性能分类 API车辆齿轮油使用性能等级，根据工作条件的苛刻程度，划分为GL-1~GL-6 6级，见表6-22。

表6-22 API车辆齿轮油使用性能分类

分类	使用说明	用 途
GL-1	在低齿面压力、低滑动速度下的汽车弧齿锥齿轮、涡轮式驱动桥以及各种手动变速器规定用GL-1级齿轮油。直馏矿油能满足这类情况的要求，可以加入抗氧剂、缓蚀剂和消泡剂改善其性能，但不加摩擦改进剂和极压剂	汽车手动变速器，包括拖拉机和货车手动变速器
GL-2	汽车涡轮式驱动桥，由于其负荷、温度和滑动速度的状况，用GL-1级齿轮油不能满足要求，规定用GL-2级齿轮油，通常都加有脂肪类物质	蜗杆传动装置
GL-3	滑动速度和负荷比较苛刻的汽车手动变速器和弧齿锥齿轮的驱动桥规定用GL-3级油。这种使用条件要求润滑油的负荷能力比GL-1级齿轮油和GL-2级齿轮油高，但比GL-4级齿轮油要低	苛刻条件的手动变速器和弧齿锥齿轮的驱动桥
GL-4	在低速高扭矩、高速低扭矩下工作的各种齿轮，特别是客车和其他各种车用的准双曲面齿轮，规定用GL-4级齿轮油，适用于其抗摩擦性能等于或优于CRC RGO-105参考油	手动变速器，弧齿锥齿轮和使用条件不太苛刻的准双面齿轮
GL-5	在高速冲击载荷、高速低扭矩、低速高扭矩条件下工作的各种齿轮，特别是客车和其他车用的准双面齿轮，规定用GL-5级齿轮油。适用于其抗摩擦性能等于或优于CRC RGOC-110参考油	适用于工作条件缓和或苛刻的准双曲面齿轮及其他各种齿轮。可用于手动变速器
GL-6	在高速冲击条件下运转的轿车和其他车辆的各种齿轮，特别是大偏移距的准双面齿轮，偏移距大于50mm或接近大齿轮直径的25%，规定用GL-6级齿轮油，其抗摩擦性能应等于或优于参考油L-1000	—

单元三 汽车传动装置零部件分析与应用

（3）我国的车辆齿轮油分类　我国根据 GB/T 7631.7—1995 润滑剂和有关产品（L类），并参照国际标准和国际先进标准，把车辆齿轮油分为普通车辆齿轮油、中负荷车辆齿轮油和重负荷车辆齿轮油三种，见表 6-23。

表 6-23　我国车辆齿轮油与 API 汽车变速器和驱动桥润滑剂使用分类

我国油名及代号	API 品种	特性和使用说明	使用部位
普通车辆齿轮油（CKC）	GL-3	适用于中等速度和负荷比较苛刻的手动变速器和弧齿锥齿轮的驱动桥	手动变速器、弧齿锥齿轮的驱动桥
中负荷车辆齿轮油（CKD）	GL-4	适用于在低速高扭矩、高速低扭矩下操作的各种齿轮，特点是客车和其他各种车辆的准双曲面齿轮	手动变速器、弧齿锥齿轮和使用条件不太苛刻的准双曲面齿轮的驱动桥
重负荷车辆齿轮油（CKE）	GL-5	适用于在高速冲击负荷、高速低扭矩和低速高扭矩下操作的各种齿轮，特别是客车和其他各种车辆的准双曲面齿轮	操作条件缓和或苛刻的准双曲面齿轮及其他各种齿轮的驱动桥，也可用于手动变速器

4. 车辆齿轮油的选用

正确选用车辆齿轮油应遵守以下三个原则：

（1）根据工作条件苛刻程度，正确选择车辆齿轮油的质量等级　车辆齿轮油质量等级的选择主要依据齿轮形状、齿面载荷、车型和工况而定。在汽车传动机构中，如变速箱中齿轮都是直齿圆柱齿轮和斜齿圆柱齿轮，而且负荷和滑动速度不大，采用普通齿轮油即可满足要求。后桥齿轮箱中主传动齿轮的工作条件较为苛刻。如主传动齿轮采用弧齿锥齿轮，由于与变速器中齿轮相比负荷大、速度高，当处于高负荷状态时应选用含硫磷型极压抗磨剂的 GL-4 级中负荷车辆齿轮油。而进口汽车和国产高级的后桥主传动齿轮都采用准双曲面齿轮结构，这种齿轮要求使用含极压抗磨剂多的 GL-5 级重负荷车辆齿轮油才能满足润滑要求。我国汽车齿轮油质量等级使用情况见表 6-24。

表 6-24　我国汽车齿轮油质量等级使用情况

汽车类型		代表车型	用油等级
汽油车	轿车	奥迪、捷达、标致、富康、桑塔纳	GL-4 或 GL-5
	微型车	吉利、长安、伟建、昌河、五菱	GL-4 或 GL-5
	轻型载货汽车	CA120、BJ130、NJ131、NJ1061、金杯	GL-4
	中型载货汽车	CA141、CA1091、EQ140、EQ1090E、EQ144	GL-4
	吉普车	BJ212、BJ213、切诺基、BJ2020	GL-4 或 GL-5
柴油车	轻型载货汽车	依维柯、兰箭、五十铃、庆铃	GL-5
	中型载货汽车	解放、东风	GL-4
	重型载货汽车	斯太尔、奔驰、太脱拉、新黄河、红岩	GL-4 或 GL-5
	大客车	丹东 680 等	GL-4
	矿山车	LN-392	GL-5

有的齿轮变速机构有含铜机件，要求用柴油机油，不允许使用对铜有腐蚀作用的极压型齿轮油。

（2）根据当地季节气温选择车辆齿轮油黏度级别　黏度级别的选择可按最低使用温度和传动机构最高运行温度来选择。在选用时，一般齿轮油的倾点应低于使用环境最低温度 3~5℃，运转速度越高的齿轮要求黏度越低。工作时温度越高要求润滑黏度越大，以保证油

193

膜有一定厚度不易破裂，但黏度过高会使齿轮啮合部位难以得到必要的润滑量。因此，选择黏度要适当。汽车齿轮油黏度级别的选择见表6-25。

表6-25 汽车齿轮油黏度级别的选择

SAE 黏度等级	使用气温范围	SAE 黏度等级	使用气温范围
75W/90	-40℃以上地区全年通用	90	-10℃以上地区全年通用
80W/90	-30℃以上地区全年通用	140	重负荷、炎热夏季
85W/90	-20℃以上地区全年通用		

（3）准确把握车辆齿轮油的换油周期　车辆齿轮油在使用中同样存在着质量变化与质量控制的问题。汽车齿轮油的换油标准，因使用条件的不同而有差别。普通车辆齿轮油换油指标见表6-26。

表6-26 普通车辆齿轮油换油指标（SH/T 0475—1992）

项目		换油指标	试验方法
100℃运动黏度变化率(%)	超过	-10~20	本标准3.2条
水分(%)	大于	1.0	GB/T 260
酸值增加值/(mgHOH/g)	大于	0.5	GB/T 8030
戊烷不溶物(%)	大于	2.0	GB/T 8926
铁含量[①](%)	大于	0.5	SH/T 0197

① 铁含量测定方法允许采用原子吸收光谱法。

齿轮油的使用中还应注意如下几个问题：

1) 不能用普通齿轮油代替准双曲面齿轮油，也不能用其他油品代替齿轮油。

2) 大部分多级准双曲面齿轮油颜色特征不明显，似柴油机油，在使用和储存中不要混淆；要注意防止混入水分和杂质，否则容易引起车辆齿轮油变质。

3) 更换新齿轮油时，应尽量将汽油放净，将齿面和齿轮箱洗净，以免影响新油的使用性能。

拓展训练

1) 讨论分析汽车变速器中采用的齿轮类型，其结构如何，采用了哪些材料？
2) 寻找一些失效齿轮，分析齿轮失效形式及原因。

项目小结

1) 轮系是由一系列齿轮组成的传动系统，分定轴轮系、周转轮系和混合轮系。
2) 定轴轮系：轮系传动中，各齿轮的轴线位置都是固定的。
3) 周转轮系：轮系传动中，至少有一个齿轮的轴线位置绕另一齿轮的中心转动。周转轮系由太阳轮、行星轮、行星架组成。
4) 齿轮的基本参数和主要尺寸有：模数 m、齿数 z、压力角 α、齿顶高系数 h_a^*、顶隙系数 c^*、分度圆直径 d、中心距 a。
5) 一对齿轮正确啮合条件。
直齿圆柱齿轮：

斜齿圆柱齿轮：
$$\left.\begin{array}{l}m_1=m_2=m\\m_{n1}=m_{n2}=m\\\alpha_1=\alpha_2=\alpha\\\alpha_{n1}=\alpha_{n2}=\alpha\\\beta_1=-\beta_2(内啮合时\beta_1=\beta_2)\end{array}\right\}$$

锥齿轮：
$$\left.\begin{array}{l}m_1=m_2=m\\\alpha_1=\alpha_2=\alpha\\\delta_1+\delta_2=90°\end{array}\right\}$$

6) 轮系传动比计算。

传动比：在轮系中，输入轴与输出轴的角速度（或转速）之比称为轮系的传动比，用 i_{ab} 表示，下标 a、b 分别为输入轴和输出轴的代号，即 $i_{ab}=\omega_a/\omega_b=n_a/n_b$。

定轴轮系传动比计算：

$$i_{1k}=(-1)^m\frac{从轮1\sim k各对啮合齿轮的从动轮齿数乘积}{从轮1\sim k各对啮合齿轮的主动轮齿数乘积}$$

周转轮系传动比计算：

$$i_{GK}^H=\frac{n_G^H}{n_K^H}=\frac{n_G-n_H}{n_K-n_H}=(\pm1)\frac{齿轮G和K之间所有从动轮齿数的乘积}{齿轮G和K之间所有主动轮齿数的乘积}$$

7) 齿轮主要失效形式：轮齿折断、齿面点蚀、齿面磨损、齿面胶合、齿面塑性变形。

项目训练

一、填空题

1. 按齿轮的齿廓曲线不同，齿轮又可分为_____、_____和_____三种。
2. 渐开线直齿圆柱齿轮正确啮合的条件为：两齿轮的_____和_____必须分别相等并为标准值。
3. 齿轮主要失效形式有_____、_____、齿面磨损、_____及齿面塑性变形。
4. 斜齿圆柱齿轮按其齿廓渐开线螺旋线的旋向，可以分为_____和_____两种。
5. 由_____组成的传动系统称为轮系。
6. 在轮系中，_____的轮系，称为定轴轮系；_____的轮系，称为周转轮系。
7. 定轴轮系的传动比是指_____之比。
8. 轮系中加入惰轮，只会改变轮系_____，而不会改变传动比的_____。
9. 汽车手动变速器用的是_____轮系，驱动桥中的差速器称为_____轮系。

二、选择题

1. 两轴在空间交错 90°的传动，若已知传递载荷及传动比都较大，则宜选用（   ）。
   A. 弧齿锥齿轮传动　　　　B. 斜齿锥齿轮传动　　　　C. 蜗杆传动

2. 高速重载齿轮传动中，当散热条件不良时，齿轮的主要失效形式是（　　）。
   A. 轮齿折断　　　　　　　　B. 齿面点蚀　　　　　　　　C. 齿面磨损
   D. 齿面胶合　　　　　　　　E. 齿面塑性变形
3. 低速重载软齿面齿轮传动，主要失效形式是（　　）。
   A. 轮齿折断　　　　　　　　B. 齿面点蚀　　　　　　　　C. 齿面磨损
   D. 齿面胶合　　　　　　　　E. 齿面塑性变形
4. 一般开式齿轮传动的主要失效形式是（　　）。
   A. 齿面胶合　　　　　　　　　　　　　　　　　　　　　B. 齿面点蚀
   C. 齿面磨损或轮齿折断　　　　　　　　　　　　　　　　D. 齿面塑性变形
5. 齿轮传动中，齿面胶合常发生在哪种工作场合？（　　）
   A. 闭式软齿面传动　　　　　　　　　　　　　　　　　　B. 闭式硬齿面传动
   C. 低速、重载的传动　　　　　　　　　　　　　　　　　D. 高速、重载的传动
6. 一对圆柱齿轮，在确定大小齿轮的齿宽时，通常把小齿轮的齿宽做得比大齿轮大一些，其主要原因是（　　）。
   A. 为了使小齿轮的弯曲强度和接触强度比大齿轮高一些。
   B. 为了便于安装，保证接触线长度。
   C. 为了使传动平稳，提高效率。
7. 齿轮标准压力角和标准模数均在（　　）上。
   A. 分度圆　　　　　　　　　B. 基圆　　　　　　　　　　C. 齿根圆
8. 斜齿圆柱齿轮的压力角有法向压力角和端面压力角两种，规定以（　　）为标准值。
   A. 法向压力角　　　　　　　B. 端面压力角
9. 一对渐开线齿轮正确啮合，已知：$m_1 = 3mm$，$z_1 = 30$，$a = 120mm$，则配对的齿轮参数为（　　）。
   A. $m_2 = 2mm$，$z_2 = 30$　　B. $m_2 = 3mm$，$z_2 = 50$　　C. $m_2 = 4mm$，$z_2 = 60$
10. 一对渐开线齿轮传动，当中心距略有改变时，其（　　）不变。
    A. 啮合角　　　　　　　　　B. 传动比　　　　　　　　　C. 节圆　　　　　D. 啮合线

三、判断题

1. 齿轮参数中最基本的参数是齿数、模数和压力角。　　　　　　　　　　　　　　（　　）
2. 渐开线形状取决于基圆的大小。　　　　　　　　　　　　　　　　　　　　　　（　　）
3. 两齿轮模数相同时，其渐开线齿廓曲线一致。　　　　　　　　　　　　　　　　（　　）
4. 轮系的传动比，是指轮系中首末两齿轮的齿数比。　　　　　　　　　　　　　　（　　）
5. 轮系可实现运动合成，但不可实现运动分解。　　　　　　　　　　　　　　　　（　　）
6. 轮系中的某一个中间齿轮，可以既是前级的从动轮，又是后级的主动轮。　　　　（　　）
7. 定轴轮系中的所有齿轮的轴线位置都是固定的。　　　　　　　　　　　　　　　（　　）
8. 标准斜齿圆柱齿轮的正确啮合条件是：两齿轮的端面模数和压力角相等，螺旋角相等，旋向相反。　　　　　　　　　　　　　　　　　　　　　　　　　　　　　　（　　）
9. 标准直齿锥齿轮，规定以小端的几何参数为标准值。　　　　　　　　　　　　　（　　）
10. 锥齿轮的正确啮合条件是：两齿轮的小端模数和压力角分别相等。　　　　　　（　　）

四、计算题

1. 已知一对外啮合标准直齿圆柱齿轮的中心距 $a=160$mm，齿数 $z_1=20$、$z_2=60$，求模数和分度圆直径。

2. 已知一对渐开线标准直齿圆柱齿轮传动，小齿轮的齿数 $z_1=26$，传动比 $i_{12}=2.5$，模数 $m=3$mm，试求大齿轮的齿数、主要几何尺寸及中心距。

3. 在图6-56所示的轮系中，已知各轮齿数为 $z_1=15$，$z_2=25$，$z_{2'}=15$，$z_3=30$，$z_{3'}=1_5$，$z_4=30$，$z_{4'}=2$（右旋蜗杆），$z_5=60$。求该轮系的传动比 i_{15}，并判断蜗轮5的转向。

4. 如图6-57所示轮系，已知各轮的齿数为 $z_1=50$，$z_2=30$，$z_{2'}=20$，$z_3=100$，试求轮系的传动比 i_{1H}。

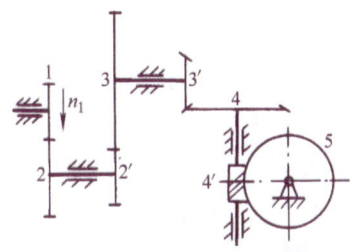

图6-56 求定轴轮系传动比

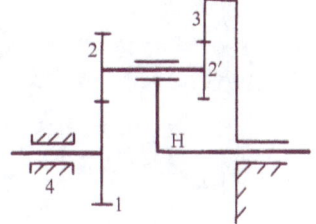

图6-57 求周转轮系传动比

五、简答题

1. 渐开线标准直齿圆柱齿轮的几何尺寸由哪些基本参数决定？
2. 节圆和分度圆、啮合角和压力角有何区别？
3. 一个渐开线标准齿轮，其齿根圆与基圆能否重合？为什么？
4. 齿轮传动的主要失效形式有哪些？齿轮传动的设计准则通常是按哪些失效形式确定的？
5. 如何选择齿轮传动的润滑方式及润滑剂？如何确定齿轮浸油深度？又如何保证多级闭式传动的全润滑问题？
6. 什么是标准齿轮？什么是标准安装？什么是标准中心距？
7. 什么是周转轮系？如何判定？
8. 如何根据定轴轮系或转化轮系构中首轮的转向判定末轮的转向？
9. 轮系传动主要有哪些功用？
10. 什么是混合轮系？如何求混合轮系的传动比？

项目七 轴系零部件结构分析与应用

案例导入

某商用车发生变速箱异响，维修检查发现中桥过桥箱内主动齿轮端内侧有一个轴套未装。因为轴套未装，造成主动齿轮轴向窜动量过大，油底壳铁皮被主动齿轮撞击破损，主动齿轮内侧轴承损坏。

汽车在工作运行时，是靠其内部的各种传动机构以及与各种零部件，如轴、轴承、联轴器、螺栓及弹簧等配合来传递动力和运动的，其中的零部件基本可归属为轴系零部件。轴系零部件是汽车机械的重要组成部分，其设计、使用是否合理将直接影响整台汽车的工作性能。轴系零部件一旦失效，将会影响汽车的正常工作。图 7-1 所示为变速器结构图，试说明轴的类型、功用及轴上零件是如何实现周向、轴向固定的。

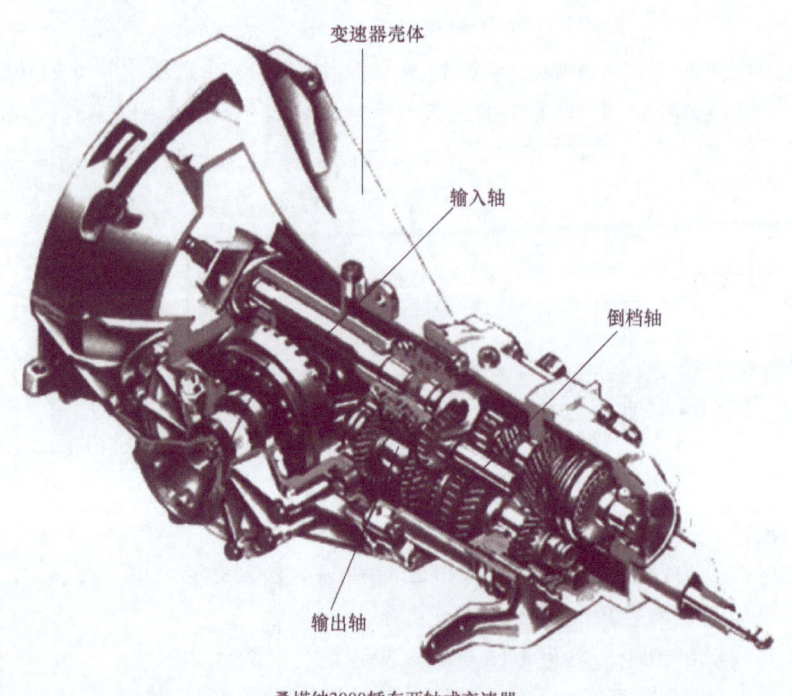

桑塔纳2000轿车两轴式变速器

图 7-1　变速器结构图

学习指导

通过轴系结构拆装认识，掌握轴系零部件类型、应用、结构特点及要求等知识，解决轴系零部件材料、类型选择、轴上零件定位和固定、选用方法、轴与轴承的装配关系和装配要求等方面的问题。

项目活动

任务十　汽车轴系结构分析

1. 任务要点

1）了解常用轴的功用、材料及类型（受力、受力分析）的选择。
2）了解常用轴的结构特点及应用。
3）了解轴上零件的定位和固定方法。
4）掌握轴的变形（扭、弯、组合变形）分析。

单元三 汽车传动装置零部件分析与应用

2. 任务安排

请通过学习工作页（任务十、实训六）了解本项目活动任务并按计划要求实施活动，完成学习工作页相关内容的填写。

 ## 基础知识

轴是机械中的重要零件，其功能主要是传递运动和动力，支承其他回转件，如齿轮、带轮等。机器的工作能力和工作质量在很大程度上与轴有关，轴一旦失效，轻者机器必停止工作维修或更换，重者会造成严重事故。因此，对轴的类型及结构、失效形式及判断认识十分重要。

一、轴的功用、类型及材料应用

1. 轴的分类

轴的功能主要是支承回转件，并传递运动和动力。

轴一般根据其承受的载荷和结构形状来分类。根据所受载荷的不同，轴可分为心轴、转轴和传动轴三种，见表 7-1。

表 7-1　轴的类型

种类		图例	受力简图	特点
心轴	固定心轴	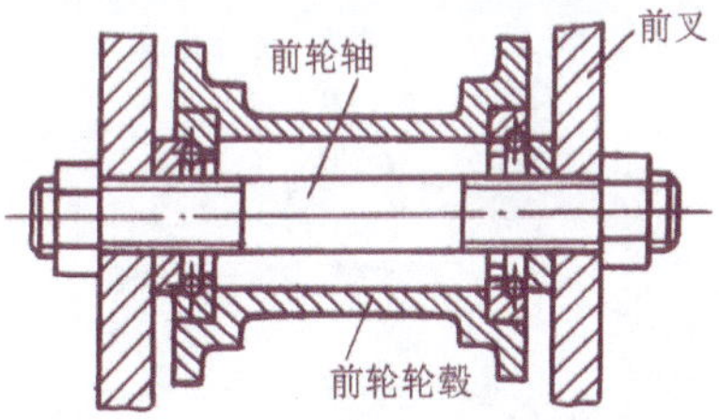 （前轮轴、前叉、前轮轮毂）	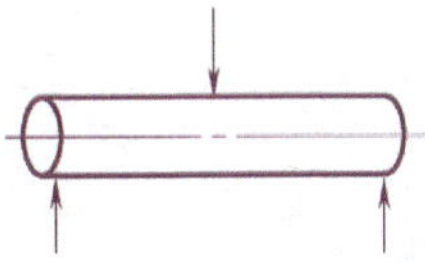	工作时只承受弯矩作用
	转动心轴	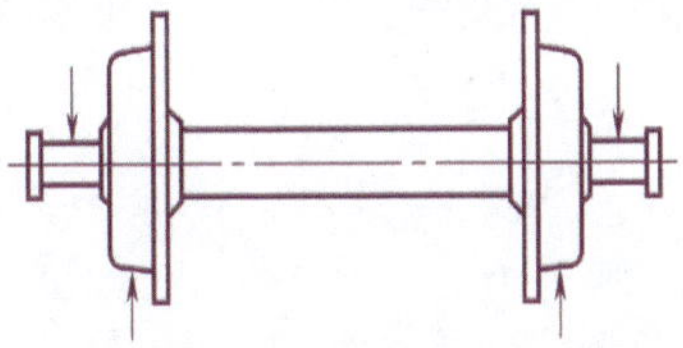	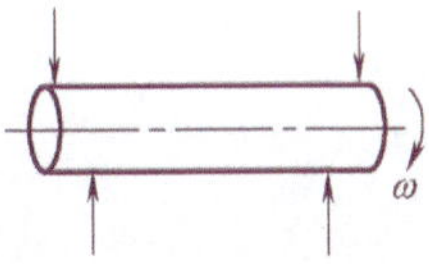	
转轴		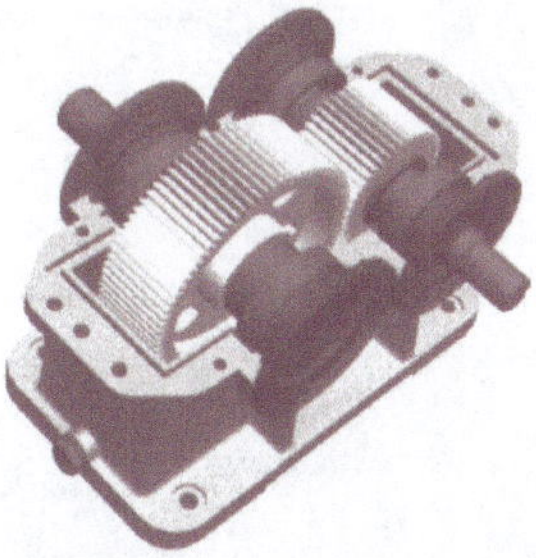	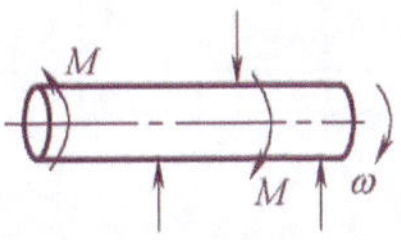	工作时既传递转矩又承受弯矩

199

（续）

种类	图例	受力简图	特点
传动轴	接发动机变速器　传动轴　接后桥传动装置	M　M　ω	工作时主要传递转矩

按照轴的结构形状不同，轴可分为直轴（图 7-2）和曲轴（图 7-3a）；光轴（图 7-2a）和阶梯轴（图 7-2b）；空心轴（图 7-2c）和实心轴（图 7-2a、b）；刚性轴（图 7-2 和图 7-3a）和挠性轴（图 7-3b）。曲轴多用于往复式机械中，如汽车发动机等；在发动机凸轮配气机构中摇臂轴采用了空心轴；挠性轴的轴线能按使用要求随意变化，可将机械运动灵活传递到所需的位置。阶梯轴广泛应用于汽车变速器等各种机械设备中。

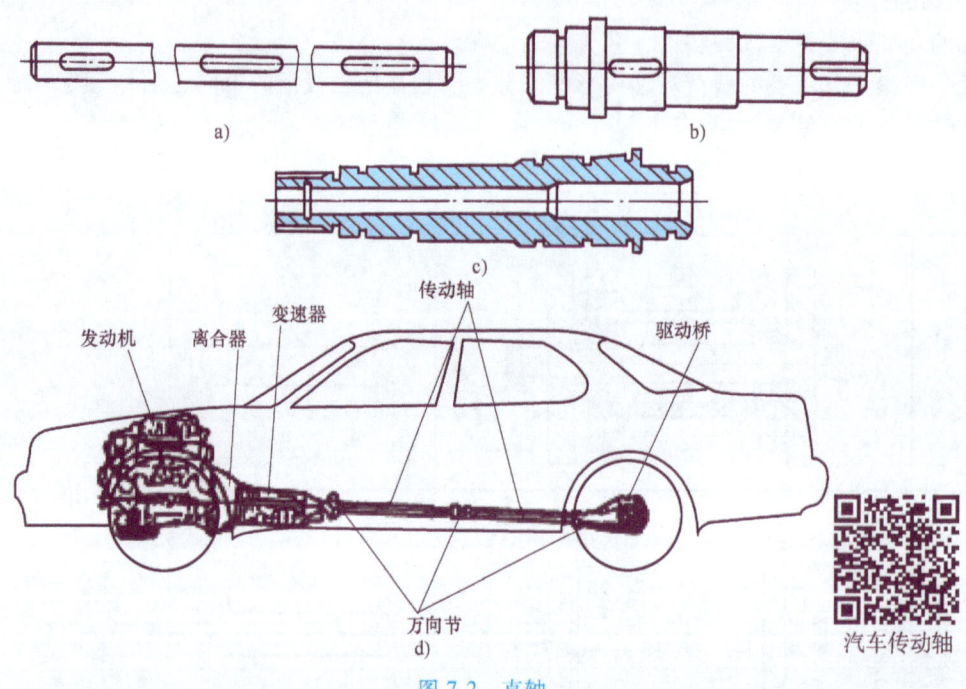

图 7-2　直轴

a）光轴　b）阶梯轴　c）空心轴　d）汽车传动轴

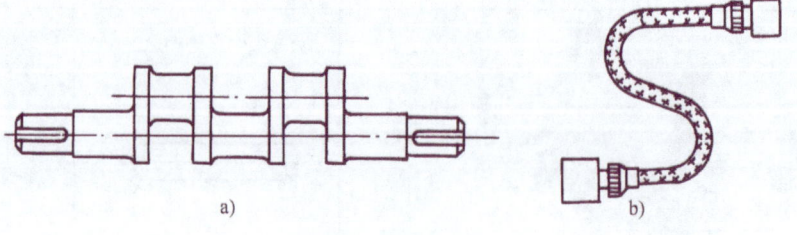

图 7-3　曲轴和挠性轴

a）曲轴　b）挠性轴

单元三 汽车传动装置零部件分析与应用

2. 轴的材料

轴作为一个回转件,在工作时受弯曲或扭转变形作用,大多产生交变应力。因此,其主要的失效形式为疲劳断裂,还可能因为刚度不足而产生过大的弯曲变形和扭转变形,影响轴上零件的正常工作。

轴的材料种类很多,选择时应考虑以下因素:根据轴的工作载荷特点及失效形式,轴的材料首先应具有一定的疲劳强度和刚度;另外,轴与轴上零件有相对运动的表面还应有一定的耐磨性;同时还应满足工艺性和经济性方面的要求,故轴的常用材料主要选用碳素钢和合金钢。

碳素钢可分为普通碳素结构钢和优质碳素结构钢。常用的有35、40、45、50钢,其中以45钢应用最普遍。与合金钢相比,碳素钢价廉、对应力集中的敏感性小,并且经过正火或调质等热处理后,其综合力学性能都会有很大的改善和提高。例如上海桑塔纳发动机曲轴就是采用50钢锻制而成,先正火后半精加工,最后经中频感应淬火后再精加工。对于不重要或受力较小的轴,一般无须热处理,可直接采用Q235等普通碳素结构钢。

合金钢比优质碳素结构钢有更高的力学性能和淬火性能。常用的有20Cr、40Cr、35CrMo、40MnB、40CrNi等,通常用于重载、高速或有特殊要求的轴,如耐高温、耐蚀、耐磨等场合。由于常温下合金钢和碳素钢的弹性模量相差很小,因此用合金钢代替碳素钢并不能提高轴的刚度,反而增加成本。

形状复杂的轴,可采用铸钢、合金铸铁和球墨铸铁制造,如球墨铸铁可用来代替合金钢作为内燃机曲轴、凸轮轴等。国产汽车上多数应用稀土球墨铸铁加工制造曲轴。球墨铸铁具有成本低、吸振性能好、耐磨性好、对应力集中敏感性低等优点。但铸铁件品质不易控制,可靠性较差。

轴的常用材料及其主要力学性能见表7-2。

表7-2 轴的常用材料及其主要力学性能

材料牌号	热处理	毛坯直径/mm	硬度HBW	抗拉强度 R_m/MPa	屈服强度 R_{eL}/MPa	许用弯曲极限 $[R_m]$/MPa	应用说明
碳素结构钢 Q235 Q275				440 580	240 280	43 53	不重要或载荷不大的轴
优质碳素结构钢 45	正火、正火、回火 正火、回火 调质	25 ≤100 >100~300 ≤200	≤240 170~217 162~217 225~271	600 600 580 650	360 300 290 360	55 55 53 61	应用最为广泛,强度和韧性较好
合金钢 40Cr	调质	25 ≤100 >100~300	241~266 241~266	1000 750 700	800 550 550	90 72 70	用于载荷较大而无大冲击的重要轴
合金钢 20Cr	渗碳淬火回火	15 30 ≤60	表面 56~62HRC	850 650 650	550 400 400	76	用于强度、韧性和耐磨性均较高的轴
合金钢 20CrMnTi	渗碳淬火回火	15 15	表面 65~62HRC	1100	850	100	性能略优于20Cr
球墨铸铁 QT400-15 QT600-3			156~197 197~269	400 600	300 420	30 42	曲轴、凸轮轴、水泵轴

二、轴的结构及工艺分析

轴一般由轴头、轴身、轴颈三部分组成。图7-4所示为减速器输入轴的结构，轴上与传动零件或联轴器、离合器相配的部分称为轴头；与轴承相配的部分称为轴颈，连接轴头和轴颈的部分称为轴身。

轴的结构形状和尺寸受到很多因素的影响，如轴上载荷的大小、分布及性质，轴上零件的数目、类型、布置及固定方式，轴的加工和装配方法等。因此，在设计时要根据具体的工况，综合考虑各种影响因素，经济合理地确定轴的结构。

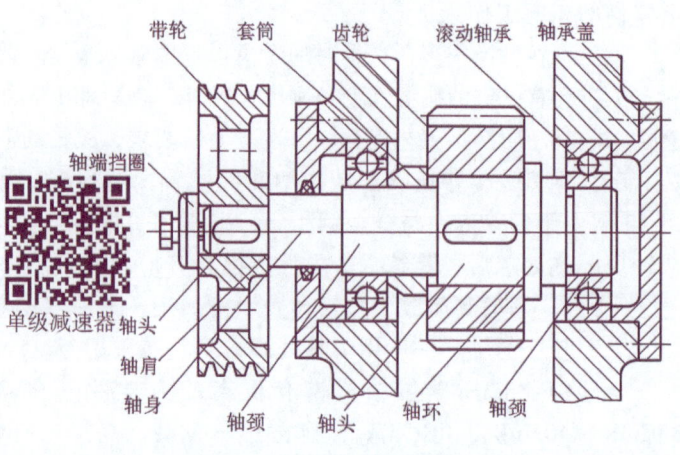

图7-4 减速器输入轴的结构

1. 轴上零件的定位和固定

轴上零件的定位和固定是两个不同的概念。定位是针对装配而言的，是为了保证轴上零件的准确安装位置；固定是针对工作而言的，是为了使轴上零件在运转中保持原位不动。但两者又相互联系，通常作为轴的结构措施，既起固定作用又起定位作用。

（1）轴上零件的周向定位和固定 周向定位和固定是指将轴上的零件在圆周方向进行定位和固定。为了保证轴上零件能够传递运动和扭矩，零件在轴上必须有可靠的周向定位和固定。常用的周向定位和固定方式有键联接、花键联接、销联接、过盈配合等结构，见表7-3。

表7-3 轴上零件常用的周向定位和固定方式

定位与固定方法	简 图	特点与应用
键联接		平键:对中性好，可用于较高精度、高转速及受冲击或变载荷作用的场合。楔键:不适于要求严格对中、有冲击载荷及高速回转的场合,但能承受单向的轴向力
花键联接		承载能力高,定心性和导向性好,但制造困难,成本高
销联接		结构简单,用于受力不大,同时需要周向定位和固定的场合

（续）

定位与固定方法	简图	特点与应用
过盈配合		结构简单，对中性好，承载能力高，同时起轴向固定作用，不适于经常拆卸的场合。常与平键联合使用，以承受大的循环、振动和冲击载荷
成形联接		成形联接，可承受大载荷，对中性好，但制造困难
胀接		对中性好，压紧力可以调整，多次拆卸仍能保持良好的配合，但结构复杂

（2）轴上零件的轴向定位和固定　轴向定位和固定是指将轴上的零件沿轴线方向进行定位和固定。轴上零件的轴向定位通常采用轴肩或轴环，见表7-4。轴肩或轴环处应有过渡圆角，且圆角半径 r 不宜太小，以免产生应力集中。为了使零件端面能与轴肩或轴环平面接触，零件孔口处的圆角半径 R 或倒角 C 应大于轴上圆角半径 r，轴环的高度可取为 $1.4h$（h 为轴肩高度）。

轴上零件除了要求正确定位外，还要求可靠的轴向固定，以防止轴上零件工作时产生轴向移动。常用的固定方式有套筒、圆螺母、轴端挡圈、弹性挡圈、紧定螺钉和圆锥面等结构，见表7-5。此外，还有盖板式（如汽车中十字万向节中滚针轴承的轴向定位方式）、瓦盖式和挡圈固定式定位和固定方式。

表7-4　轴上零件常用的轴向定位方式及尺寸　　　　　　　　　　（单位：mm）

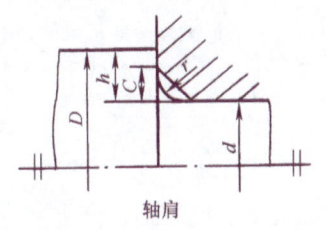
轴肩

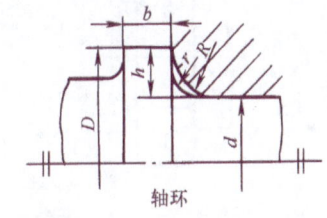
轴环

轴径 d	>10~18	>18~30	>30~50	>50~80	>80~120	>120~180	>180~260	>260~360	>360~500
轴上圆角 r	1	1.5	2	2.5	3	4	5	6	8
零件倒角 C 或圆角 R	1.5	2	2.5	3	4	5	6	8	10
轴肩高度 h	定位轴肩：$h=(1.5\sim2)C$ 或 $h=(1.5\sim2)R$；非定位轴肩：$h=1\sim3$ 或更小								

注：1. 受有轴向力的定位轴肩取大值，没有轴向力的定位轴肩取小值。
　　2. 为了拆卸滚动轴承的方便，安装滚动轴承处的轴肩高度另有规定，可直接由滚动轴承标准中查取。

表 7-5 轴上零件常用的轴向固定方式、特点及应用

类型	固定方式及简图	结构特点及应用
圆螺母	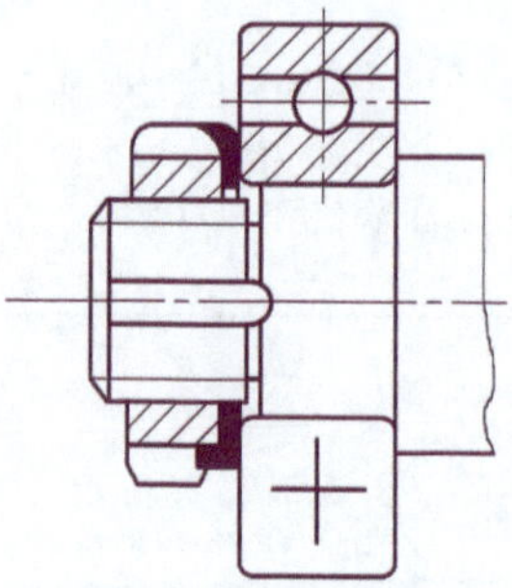	固定可靠，装拆方便，可承受较大轴向力，能调整轴上零件之间的间隙。为防止松脱，必须加止动垫圈或使用双螺母。由于在轴上切制了螺纹，使轴的强度降低。常用于轴上零件距离较大处及轴端零件的固定
套筒	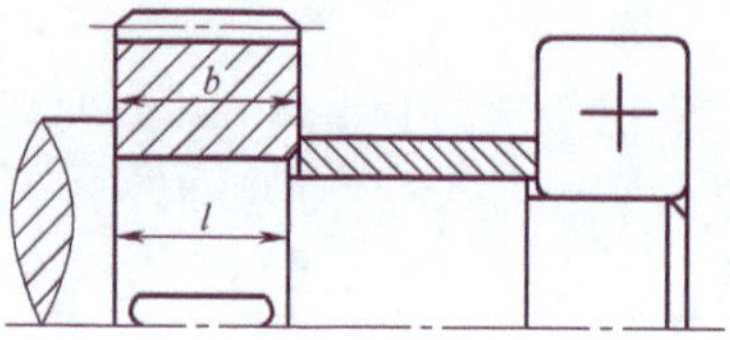	结构简单，定位可靠。常用于轴上零件间距离较小的场合，当轴的转速很高时不宜采用
轴端挡圈	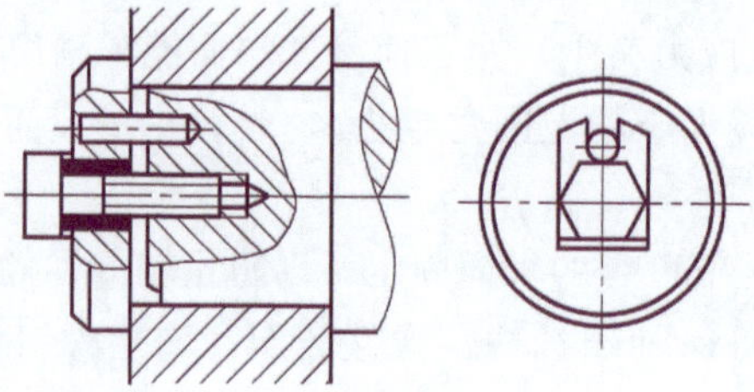	工作可靠，结构简单，可承受剧烈振动和冲击载荷。使用时，应采用止动垫片、防转螺钉等防松措施。应用广泛，适用于固定轴端零件
弹性挡圈	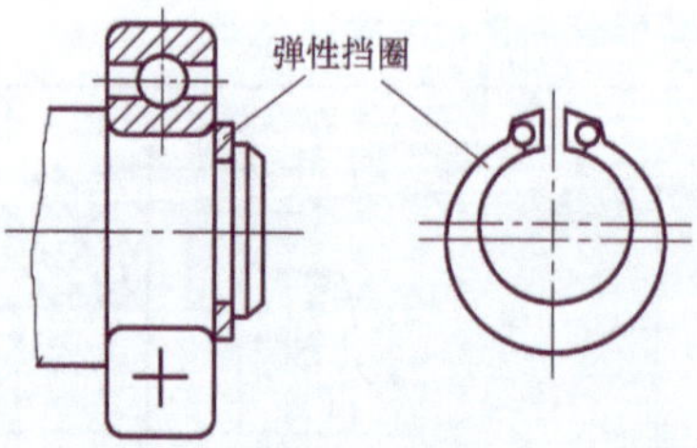	结构简单紧凑，装拆方便，只能承受很小的轴向力，但需要在轴上切槽，这将引起应力集中。常用于滚动轴承的固定
轴端挡板	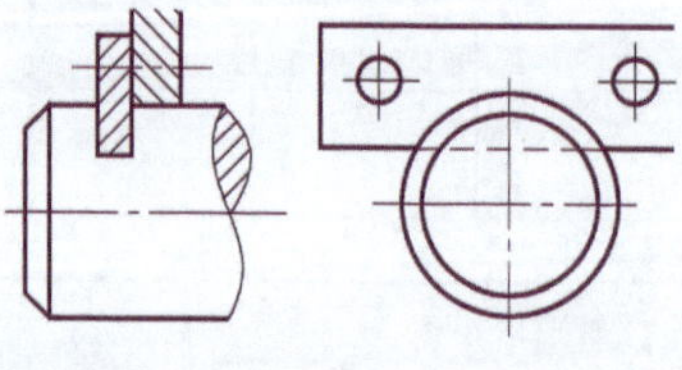	适用于心轴上零件的固定和轴端固定

单元三 汽车传动装置零部件分析与应用

2. 轴的结构工艺性

轴在其制造加工、装配、使用维修过程中都需要对其结构提出要求，即轴的结构工艺性要求。主要有下面几点内容：

1) 为了便于轴上零件安装和拆卸，一般轴的结构多设计成中间粗、两端细的阶梯轴形状。非定位或固定作用的轴肩高度一般可取 1~3mm，特殊情况下还可取得小一些。安装轴承的轴肩（或套筒）高度应小于轴承内圈厚度。

2) 为了避免损伤相配合的零件，轴上各段的轴端要有倒角或过渡圆角，并且同一轴上的圆角、倒角尺寸应尽量相同，便于加工。

3) 磨削段要留砂轮越程槽（图 7-5a），螺纹段要留退刀槽（图 7-5b），螺纹前导段的直径应小于螺纹小径。

4) 同一轴上有几个键槽时应开在同一素线上，避免多次装夹。

轴的结构工艺要求尺寸均有标准，设计时可查阅相关的设计手册。

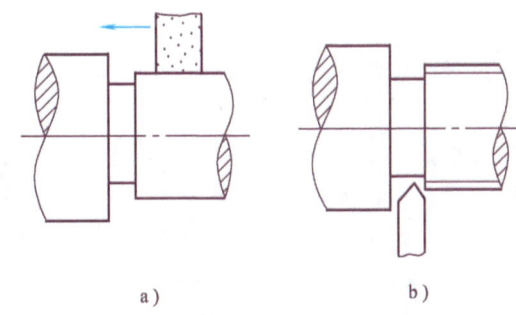

图 7-5 砂轮越程槽和退刀槽
a) 砂轮越程槽 b) 退刀槽

*阅读及拓展知识

一、轴的变形分析

轴在工作时受弯曲或扭转变形，时常受到交变应力的作用而产生疲劳断裂，还可能因为刚度不足而产生过大的弯曲变形和扭转变形，影响轴上零件的正常工作。

1. 轴的扭转变形

（1）扭转的概念 如图 7-6 所示，当杆件在垂直于杆轴线的若干平面内受到转向不同的外力偶作用，其相应的变形特点是：直杆的各横截面绕轴线产生相对转动，纵向线变成螺旋线。这种变形称为扭转。

工程上受到扭转的杆件很多。如图 7-7 所示转向盘轴，在操纵汽车方向时，双手在转向盘上施加一力偶作用，转向盘轴的另一端受转向器的阻力偶作用，使转向盘轴受扭；又如汽车传动轴、电动机轴、搅拌器轴、车床主轴等，都受扭转作用。工程上将受到扭转或以扭转

图 7-6 扭转变形

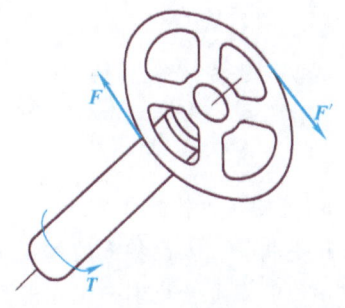

图 7-7 转向盘轴

205

为主要变形的直杆统称为轴。

(2) 外力偶矩、扭矩和扭矩图

1) 外力偶矩的计算。在分析轴扭转时的强度、刚度条件之前,首先要分析轴的受力情况。在工程实际中,作用在轴上的外力偶矩 T 往往不是直接给出来的,而是要通过已知的轴所传递功率 P 和轴的转速 n 给出。它们之间的关系如下

$$T = \frac{9550P}{n} \tag{7-1}$$

式中,T 为轴所受的外力偶矩(N·m);P 为轴所传递的功率(kW);n 为轴的转速(r/min)。

从式(7-1)可看出,轴所承受的力偶矩与传递的功率成正比,与轴的转速成反比。当轴所传递的功率相同时,则高速轴所受的外力偶矩较小,低速轴所受外力偶矩较大。因此在同一传动系统中,低速轴的轴径要大于高速轴轴径。

2) 扭矩。当已知作用在轴上的所有外力偶矩后,即可用"截面法"计算圆轴扭转时各横截面上的内力。如图7-8a所示AB轴,在其两端垂直于杆轴线平面内,作用有一对反向力偶,杆件处于平衡状态。为了求出轴的内力,用一假想截面 m—m 将轴一分为二,先研究左段的平衡,其上受一外力偶矩 T 作用,要使左段平衡,m—m 截面上必有一力偶 M_n 与外力偶矩 T 相平衡,即截面上的内力是一力偶矩。

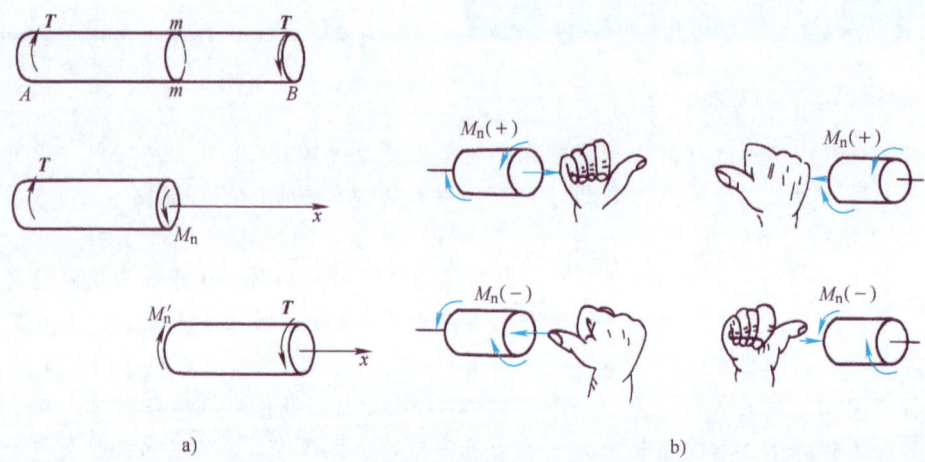

图7-8 扭转内力
a) 扭矩计算 b) 扭矩正负号

根据平衡条件得

$\sum M_X = 0$ $M_n - T = 0$

$M_n = T$

M_n 是轴在扭转时截面上的内力偶矩,称为扭矩。如果研究右段的平衡,会得到同一截面上大小相等、方向相反的扭矩 M'_n。

扭矩的正负号规定如下:用右手螺旋定则判断,右手四指绕向表示扭矩绕轴线方向,则大拇指指向与截面外法线方向一致时扭矩为正,反之扭矩为负,如图7-8b所示。同一截面

的扭矩符号是一致的，如上例中扭矩 M_n、M'_n 均为正。

3) 扭矩图。当轴上作用有两个以上外力偶时，则轴上各段扭矩 M_n 的大小和方向有所不同。为了形象地表达轴上各截面的扭矩大小和符号的变化情况，可用扭矩图来表示，如图 7-9 所示。

在扭矩图上，以横轴表示轴上截面的位置，纵轴表示扭矩的大小，正扭矩画在纵轴正向，负扭矩画在负向。根据扭矩图可清楚地看出轴上扭矩随截面的变化规律，便于分析轴上的危险截面，以便进行强度计算。

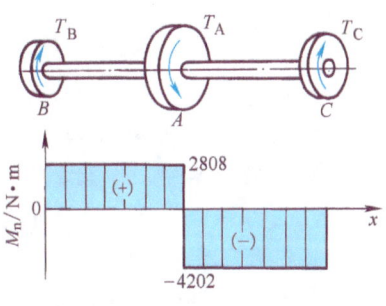

图 7-9　传动轴扭矩图

2. 轴的弯曲变形

在工程实际中，经常遇到很多承受载荷后发生弯曲变形的构件，如汽车梁式车架中各横梁、桥式起重机的横梁、火车轮轴等，如图 7-10 所示。这类构件受力的共同特点是对于各外力垂直于杆件轴线，变形时轴线变成了曲线，这种变形称为弯曲。心轴、转轴都产生弯曲变形。

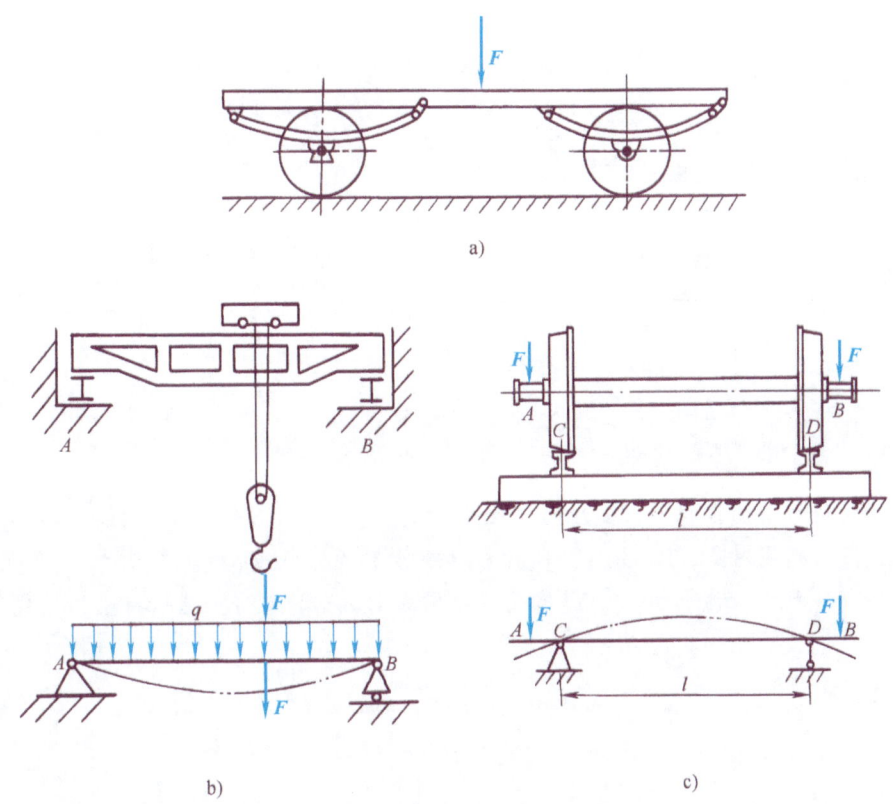

图 7-10　弯曲变形的实例
a) 汽车横梁　b) 桥式起重机横梁　c) 火车轮轴

(1) 工程上弯曲构件模型　工程上将以弯曲变形为主的杆件统称为梁，按照梁的支座形式不同将其分为三类，分别为：

1）简支梁。梁的一端可简化为固定铰链约束，另一端可简化为活动铰链约束，如图7-11a所示。图7-10中的桥式起重机横梁即可简化为简支梁。

2）外伸梁。梁的约束简化情况同简支梁，但梁的一端或两端外伸，如7-11b所示。图7-10中的汽车横梁、火车轮轴即可简化为外伸梁。

3）悬臂梁。梁的一端自由、另一端有约束，且该约束为固定端约束，如图7-11c所示。

在进行分析计算时，为了方便起见，往往忽略梁的外形因素，只用梁的轴线和相应约束符号表示。这些图形称为梁的计算简图。图7-11a、b、c所示均为梁的计算简图。梁的支座之间的距离 l 称为跨度。

（2）弯曲变形的内力：剪力和弯矩　为了研究轴弯曲的强度和刚度条件，需分析弯曲变形轴上各截面的内力，并使用截面法求出内力。如图7-12所示简支梁AB，受集中力 F_1 和 F_2 作用而平衡。

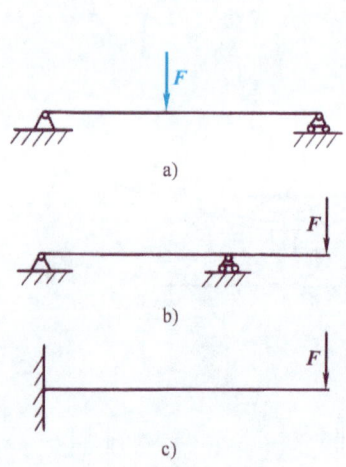

图7-11　梁的类型
a）简支梁　b）外伸梁　c）悬臂梁

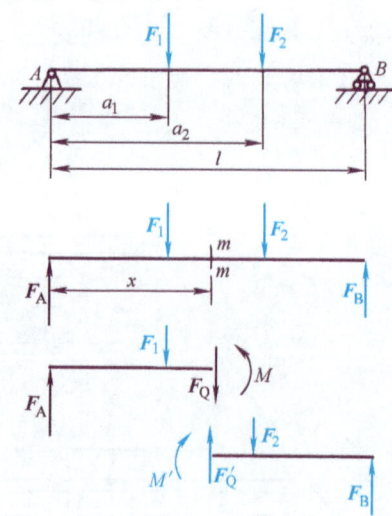

图7-12　梁截面的内力

首先运用静力平衡方程求出支座约束反力 F_A、F_B，然后在梁上取一截面 m—m 分析其内力。以左段为研究对象，如图7-12所示，其上受到主动力 F_1 和约束反力 F_A 作用，一般 $F_1 \neq F_A$（设 $F_1 < F_A$），则外力 F_A、F_1 有使左段梁向上运动的趋势。为保持平衡，截面 m—m 上应有一个与横截面相切的内力 F_Q。

$$\sum F_y = 0 \qquad F_A - F_1 - F_Q = 0$$
$$F_Q = F_A - F_1$$

式中，内力 F_Q 称为剪力，其作用线平行于截面并通过截面形心。

另外，F_A 和 F_1 有使梁做顺时针转动的趋势。为保持平衡，截面 m—m 上还应有一个逆时针方向的内力偶 M，求各力对截面形心 O 的矩的代数和有

$$\sum M_O(F) = 0 \qquad M + F_1(x - a_1) - F_A x = 0$$

$$M = F_A x - F_1(x - a_1)$$

式中，内力偶矩 M 称为弯矩，其作用在梁的纵向对称面内；x 为截面 m—m 到支座 A 之间的距离。

由以上的分析计算可得如下结论：梁受外力作用发生弯曲时，横截面上的内力包括剪力 F_Q 和弯矩 M，它们的大小可通过静力平衡方程求出。剪力 F_Q 的大小等于截面一侧梁段上所有外力的代数和，即

$$F_Q = \sum F_L \text{ 或 } F_Q = \sum F_R$$

式中，F_L 为截面左侧梁段上的力；F_R 为截面右侧梁段上的力。

弯矩 M 的大小等于截面一侧所有外力对该截面形心 O 的力矩的代数和，即

$$M = \sum M_O(F_L) \text{ 或 } M = \sum M_O(F_R)$$

对于同一截面，取截面左侧和右侧轴段为研究对象，所求得的剪力和弯矩应该大小相等、方向（或转向）相反。

二、轴的强度及刚度校核

轴在工作时的应力大多产生交变应力，其主要的失效形式为疲劳断裂。除此以外，还可能因为集中力和扭矩的作用，产生过大的弯曲变形和扭转变形，影响轴上零件的正常工作。因此，在设计的过程和应用中应根据轴所受载荷特点分别对轴进行疲劳强度校核和刚度校核。

对瞬时过载很大的轴，应力性质较接近于静应力，可能产生塑性变形，还应按最大载荷进行静强度计算。

1. 轴的强度计算

（1）扭转强度条件及应用　为了保证轴在扭转时能安全工作，必须使轴上危险截面上最大切应力 $\tau_{\max}$ 不超过材料的许用切应力 $[\tau]$。这种方法适用于只承受扭矩的传动轴的精确计算，也可用于既受弯矩又受扭矩的轴的近似计算。其强度条件为

$$\tau = \frac{M_n}{W_p} = \frac{9.55 \times 10^6 P}{0.2 d^3 n} \leqslant [\tau] \tag{7-2}$$

式中，τ 为轴的扭转切应力（MPa）；M_n 为轴上危险截面的扭矩（N·mm）；W_p 为危险截面的抗扭截面系数（mm^3），对圆形截面轴 $W_P = \frac{\pi d^3}{16} \approx 0.2 d^3$；$P$ 为传递的功率（kW）；n 为轴的转速（r/min）；d 为轴的直径（mm）；$[\tau]$ 为许用扭转切应力（MPa）。

所谓危险截面，对于等截面轴是指扭矩最大的截面；而对于阶梯轴应该是扭矩大而抗扭截面系数小的截面，需综合考虑 M_n 和 W_p 两个因素来定。对于许用切应力 $[\tau]$，可通过 $[R]$ 来近似确定：

塑性材料　　　　　　　　　　　$[\tau] = (0.5 \sim 0.6)[R]$

脆性材料　　　　　　　　　　　$[\tau] = (0.8 \sim 1.0)[R^+]$

应用圆轴扭转时的强度条件，可解决工程上的三类问题，即强度校核，截面设计和许可

载荷或许可功率的计算。

（2）弯曲强度条件及其应用　由弯曲试验研究，弯曲构件横截面存在正应力和切应力，很多情况下，构件弯曲引起的失效以正应力为主。为保证构件弯曲强度，应首先找出最大应力所在截面即危险截面，以及求出最大应力 R_{max}。为了保证梁能安全工作，应将最大应力控制在许可范围之内，即梁的弯曲强度条件为

$$R_{max} = \left(\frac{M}{W}\right)_{max} \leq [R] \tag{7-3}$$

式中，M 和 W 分别为危险截面的弯矩和抗弯截面系数；$[R]$ 为梁材料的许用正应力。

但对于如铸铁等一些脆性材料，其抗压能力远大于抗拉能力。为了充分利用材料，工程上常把梁的横截面做成与中性轴不对称的形状，使中性轴偏向受拉一侧，其最大拉应力和最大压应力分别在中性轴两侧距中性轴最远处，其强度条件为

$$R^+_{max} = \frac{My_1}{I_z} \leq [R^+]$$

$$R^-_{max} = \frac{My_2}{I_z} \leq [R^-] \tag{7-4}$$

式中，I_z 为截面对中性轴的惯性矩，是一个与截面形状、尺寸有关的几何量；M 为梁截面上的弯矩；y 为截面上点距中性轴的距离；$[R^+]$ 为材料的许用拉应力；$[R^-]$ 为材料的许用压应力。

利用以上弯曲强度条件，可以解决工程实际中三类问题，即弯曲强度校核、梁的截面设计及梁的许可载荷计算。

（3）按弯扭合成强度计算　当轴的支点和轴上载荷大小、方向和作用点确定后，即可求出轴的支承反力，画出弯矩图和扭矩图，从而按弯扭合成强度计算校核轴的强度，其步骤如下：

1）作轴的计算简图并求支反力。通常近似将轴承宽度的1/2处作为支反力的作用点，并将由轴上零件传递的力分解为水平分力 F_H 和垂直分力 F_V，分别求出这两个面的支反力。

2）作出弯矩图。首先计算水平面弯矩 M_H 和垂直面弯矩 M_V，并画出两平面对应的弯矩图，再进行弯矩合成，即 $M = \sqrt{M_H^2 + M_V^2}$，画出合成弯矩图。

3）计算扭矩 T 并作扭矩图。

4）根据已经作出的合成弯矩图与扭矩图，用第三强度理论求出当量弯矩 M_e。其计算公式为

$$M_e = \sqrt{M^2 + (rT)^2} \tag{7-5}$$

式中，r 取决于扭转切应力的循环特性。由于材料承受不同循环特性应力的能力是不同的。对于不变的扭矩，取 $r = [R_{bb}]_{-1}/[R_{bb}]_{+1} = 0.3$；对于脉动扭矩，取 $r = [R_{bb}]_0/[R_{bb}]_{+1} = 0.6$；对于对称的扭矩，取 $r = 1$。若扭矩的变化不清楚，一般按脉动循环处理。其中 $[R_{bb}]_{-1}$、$[R_{bb}]_0$、$[R_{bb}]_{+1}$ 分别为对称循环、脉动循环及静应力状态下的许用弯曲正应力，见表7-6。

单元三 汽车传动装置零部件分析与应用

表 7-6 轴的许用弯曲正应力　　　　　　　　　　　　　　　（单位：MPa）

材料	R_{bb}	$[R_{bb}]_{+1}$	$[R_{bb}]_0$	$[R_{bb}]_{-1}$
碳素钢	400 500 600 700	130 170 200 230	70 75 95 110	40 45 55 65
合金钢	800 900 1000 1200	270 300 330 400	130 140 150 180	75 80 90 110
铸钢	400 500	100 120	50 70	30 40

5) 按照弯扭组合强度校核轴危险截面强度或计算轴径。

校核轴危险截面的当量应力

$$R_e = \frac{M_e}{W} = \frac{\sqrt{M^2+(rT)^2}}{0.1d^3} \leq [R_{bb}]_{-1} \tag{7-6}$$

按弯扭组合强度计算轴径

$$d = \sqrt[3]{\frac{M_e}{0.1[R_{bb}]_{-1}}} \tag{7-7}$$

式中，W 为轴径的抗弯截面系数（mm^3），在计算时，对花键轴截面可视为直径等于平均直径的圆形截面；$[R_{bb}]$ 为轴材料的许用弯曲正应力（MPa），由于按照弯扭组合强度计算的当量应力是对称循环性质，所以按表 7-6 取对称循环下材料的许用弯曲正应力 $[R_{bb}]_{-1}$。

例 7-1　图 7-13 所示为一个单级减速器的输出轴。已知标准斜齿圆柱齿轮的圆周力 $F_t = 7000N$、径向力 $F_r = 2700N$、轴向力 $F_a = 1200N$，分度圆直径 $d = 400mm$，轴的材料选用 45 钢并经调质处理（210HBW）。试校核轴的强度。

解： 1) 作计算简图，求支反力和弯矩。图 7-13a 所示为轴的结构草图，图 7-13b 所示为轴的空间受力图。取轴承宽度的 1/2 处为支承点 A 与 B，在齿轮宽度的 1/2 处为齿轮作用力作用点 C。将齿轮作用力分解到水平面（圆周力 F_t 使轴在 H 面上产生弯曲变形）和垂直面（径向力 F_r 和轴向力 F_a 使轴在 V 面上产生弯曲变形）上，再分别计算弯矩和作出弯矩图。

① 求出水平面支反力 F_{AH} 和 F_{BH}，画出水平面弯矩图，如图 7-13c 所示。

由平衡条件

$$\sum M_B = F_{AH} \times (178+72) - F_t \times 72 = 0$$

解得

$$F_{AH} = \frac{F_t \times 72}{178+72} = \frac{7000 \times 72}{250} N = 2016N$$

由平衡条件

$$\sum Y = F_{AH} + F_{BH} - F_t = 0$$

解得

$$F_{BH} = F_t - F_{AH} = (7000 - 2016) N = 4984N$$

211

水平面弯矩图中，在集中力作用的 C 处，弯矩图发生转折。则 C 处的弯矩为

$$M_{CH} = F_{AH} \times 178 = 2016 \times 178 \text{N} \cdot \text{mm} = 358848 \text{N} \cdot \text{mm} \approx 359 \text{N} \cdot \text{m}$$

② 求垂直面支反力 F_{AV} 和 F_{BV}，画出垂直面弯矩图，如图 7-13d 所示。

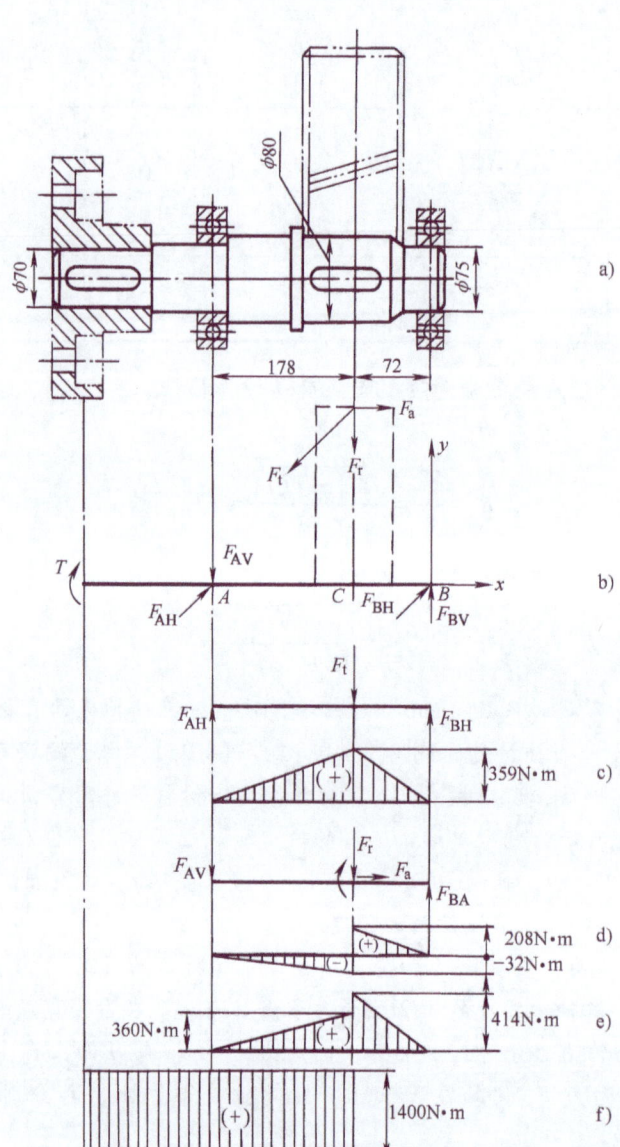

图 7-13 输出轴的强度计算

a）结构草图 b）空间受力图 c）水平面弯矩图 d）垂直面弯矩图 e）合成弯矩图 f）扭矩图

由平衡条件

$$\sum M_B = F_{AV} \times (178+72) + F_a \frac{d}{2} - F_r 72 = 0$$

解得

单元三　汽车传动装置零部件分析与应用

$$F_{AV} = \frac{F_r 72 - F_a \dfrac{d}{2}}{178 + 72} = \frac{2700 \times 72 - 1200 \times 400/2}{250} \text{N} = -182\text{N}（方向向下）$$

由平衡条件

$$\Sigma Y = -F_{AV} + F_{BV} - F_r = 0$$

解得

$$F_{BV} = F_r + F_{AV} = (2700 + 182)\text{N} = 2882\text{N}$$

在 C 处左侧的垂直面弯矩

$$M'_{CV} = F_{AV} \times 178 = -182 \times 178 \text{N} \cdot \text{mm} = -32396 \text{N} \cdot \text{mm} \approx -32 \text{N} \cdot \text{m}$$

在 C 处右侧的垂直面弯矩

$$M''_{CV} = F_{BV} \times 72 = 2882 \times 72 \text{N} \cdot \text{mm} = 207504 \text{N} \cdot \text{mm} \approx 208 \text{N} \cdot \text{m}$$

集中力偶作用在 C 处，弯矩图发生突变，突变值等于集中力偶的大小，即弯矩图突变值。

突变值　$|M'_{CV}| + M''_{CV} = (32396 + 207504)\text{N} \cdot \text{mm} = 239900 \text{N} \cdot \text{mm} \approx 240 \text{N} \cdot \text{m}$

集中力偶　$F_a \dfrac{d}{2} = 1200 \times \dfrac{400}{2} \text{N} \cdot \text{mm} = 240000 \text{N} \cdot \text{mm} = 240 \text{N} \cdot \text{m}$

这可以用来检验垂直面的计算过程是否正确。

③ 计算合成弯矩，画出合成弯矩图，如图 7-13e 所示。

C 左侧处合成弯矩

$$M'_C = \sqrt{M_{CH}^2 + M'^{2}_{CV}} = \sqrt{359^2 + (-32)^2} \text{N} \cdot \text{m} = 360 \text{N} \cdot \text{m}$$

C 右侧处合成弯矩

$$M''_C = \sqrt{M_{CH}^2 + M''^{2}_{CV}} = \sqrt{359^2 + 208^2} \text{N} \cdot \text{m} = 414 \text{N} \cdot \text{m}$$

2）计算扭矩，画出扭矩图，如图 7-13f 所示

$$T = F_r \dfrac{d}{2} = 7000 \times \dfrac{400}{2} \text{N} \cdot \text{mm} = 1400000 \text{N} \cdot \text{mm} = 1400 \text{N} \cdot \text{m}$$

3）计算危险截面的当量弯矩。由合成弯矩图和扭矩图可见，C 处的内力最大，按照式 (7-5) 计算该处的当量弯矩。由题意知，该轴为一般的转轴。对一般的转轴可视其扭矩为脉动循环性质，取扭矩修正系数 $r = 0.6$，则

$$M_e = \sqrt{M^2 + (rT)^2} = \sqrt{414^2 + (0.6 \times 1400)^2} \text{N} \cdot \text{m} = 936 \text{N} \cdot \text{m}$$

4）计算 C 处的轴径。45 钢调质后的抗拉强度由表 7-2 查得为 $R_m = 650 \text{MPa}$。由于是转轴，查表 7-6 得到对应的对称循环下材料的许用弯曲正应力 $[R_{bb}]_{-1} = 60 \text{MPa}$，按照式 (7-7) 有

$$d = \sqrt[3]{\dfrac{M_e}{0.1[R_{bb}]_{-1}}} = \sqrt[3]{\dfrac{936000}{0.1 \times 60}} = 53.8 \text{mm}$$

由于 C 处有一个键槽，故将直径增大 5%，即

$$d_C = d \times 1.05 = 53.8 \times 1.05 \text{mm} = 56.5 \text{mm}$$

由于该处实际直径为 80mm，故轴的弯扭组合强度足够。

2. 轴的刚度校核计算

轴受弯矩和扭矩作用后，会产生弯曲变形和扭转变形。如果轴的刚度不足，变形过大就会影响轴的正常工作。例如蜗杆过长、刚性不足、弯曲变形过大时，会使轮齿在啮合过程中发生偏载现象；电动机轴弯曲变形过大时，会改变转子和定子之间的间隙而影响电动机性能；机床主轴弯曲变形过大时，会影响加工精度等。因此，设计轴时常提出刚度要求。

轴的弯曲变形用挠度 y 和偏转角 θ 来表示，轴的扭转变形用扭转角 φ 来表示。为使轴具有足够的刚度，不致因变形过大而失效，设计时必须根据工作要求，将其变形量限制在允许范围内，即

$$\left.\begin{array}{l} y \leqslant [y] \\ \theta \leqslant [\theta] \\ \varphi \leqslant [\varphi] \end{array}\right\} \tag{7-8}$$

式 (7-8) 即轴正常工作的刚度条件。式中 $[y]$、$[\theta]$、$[\varphi]$ 值见表 7-7。

表 7-7 轴的许用挠度 $[y]$、许用偏转角 $[\theta]$ 和许用扭转角 $[\varphi]$

适用范围	许用挠度 $[y]$ /mm	适用范围	许用偏转角 $[\theta]$ /rad	适用范围	许用扭转角 $[\varphi]$ /(°/m)
一般用途的轴	$(0.0003 \sim 0.0005)l$	滑动轴承	0.001		
刚度要求较高的轴	$0.0002l$	深沟球轴承	0.005	一般传动	$0.5 \sim 1$
感应电动机轴	0.1Δ	调心球轴承	0.05	较精密传动	$0.25 \sim 0.5$
安装齿轮的轴	$(0.01 \sim 0.05)m_n$	圆柱滚子轴承	0.0025	重要传动	<0.25
安装蜗轮的轴	$(0.02 \sim 0.05)m_t$	圆锥滚子轴承	0.0016		

注：l—支承间跨距（mm）；Δ—电动机定子与转子间的间隙（mm）；m_n—齿轮法向模数；m_t—蜗轮端面模数

(1) 扭转变形的计算 所谓扭转角，是指变形时圆轴上任意两截面相对转过的角度，如图 7-14 所示，其单位是 rad。

由理论分析可证明，扭转角 φ 与扭矩 T 以及两截面间距离 l 成正比，而与材料的切变模量 G 及轴截面的极惯性矩 I_P 成反比。即

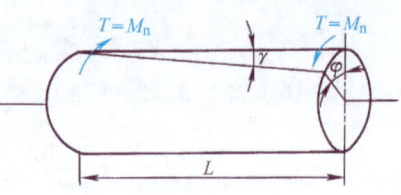

图 7-14 轴扭转时的变形

$$\varphi = \frac{Tl}{GI_P} = \frac{32Tl}{G\pi d^4} \tag{7-9}$$

式中，T 为扭矩（N·mm）；l 为轴受扭矩作用的长度（mm）；G 为材料的切变模量（MPa）；d 为轴径（mm）；I_P 为轴截面的极惯性矩（mm^4）。GI_P 称为抗扭刚度，反映了圆轴的材料和横截面尺寸两个方面因素抵抗扭转变形的能力，GI_P 越大，圆轴抵抗扭转变形的能力就越强。

对阶梯轴，其扭转角 φ 的计算式为

$$\varphi = \frac{1}{G} \sum_{i=1}^{n} \frac{T_i l_i}{I_{Pi}} \tag{7-10}$$

式中，T_i、I_{Pi}、l_i 分别为阶梯轴第 i 段上所传递的转矩、长度和极惯性矩，单位同式 (7-9)。

(2) 弯曲变形计算 计算轴在弯矩作用下所产生的挠度 y 和转角 θ 的方法很多。常用的

方法有两种：

1）按挠度曲线的近似微分方程式积分求解。

2）变形解法。

对于等直径轴，用1）较简便；对于阶梯轴，用2）较适宜。实际工程中，可按叠加法进行计算（可参考手册计算）。

3. 提高轴疲劳强度的措施

轴的破坏大多为疲劳破坏。提高轴的抗疲劳破坏强度的关键是减小应力集中，提高轴的表面质量。减小轴上应力集中的主要措施见表7-8。提高轴的表面质量可通过提高轴的表面精度、进行热处理或表面强化处理等方法来实现。

表7-8 减小轴上应力集中的主要措施

圆角	简图				
	措施	加大圆角半径 $r/d>0.1$ 减小直径差 $D/d<1.15\sim1.2$	用内凹圆角 加大圆角半径	设中间环，加大圆角半径	加退刀圆角
横孔	简图	k_e 减小 $30\%\sim40\%$			
	措施	不通孔改成通孔		孔边倒角或滚珠辗压	压入弹珠模量小的衬套
键	简图				
	措施	键槽底部加圆角	用圆盘铣刀加工键槽	增大花键直径	花键加退刀槽
过盈配合	简图	k_e 减小 $30\%\sim40\%$ $r>(0.1\sim0.2)d$	k_e 减小约 40% $d_1=(1.06\sim1.08)d$	k_e 减小 $15\%\sim25\%$	k_e 减小 $15\%\sim25\%$
	措施	增大配合处直径	轴上加卸载槽并滚压	轮毂上加卸载槽	减小轮毂两端厚度

注：k_e 为有效应力集中系数，其减小值为概略值。

拓展训练

1. 讨论分析汽车传动中采用了哪些类型的轴？分析各轴结构特点。

2. 结合实际车型，讨论汽车传动装置中的轴系零部件的结构与材料、失效形式、轴上零件的定位、固定及组合设计问题。

任务十一　轴承结构认识

1. 任务要点

1）了解轴承的分类与应用。
2）掌握滑动轴承结构特点及装配要求。
3）掌握滚动轴承的类型、代号表示方法及其选用原则。
4）了解轴承组合结构的设计与安装。

2. 项目活动任务安排

请通过项目学习工作页（任务十一、实训三）了解本项目活动任务并按计划要求实施，完成学习工作页相关内容的填写。

 基础知识

轴承是汽车传动机构中重要的支承零件，作为通用零件也广泛应用于其他各种机器、仪器和器械中，其主要作用是支承转动（或摆动）的运动零件，保证轴和轴上传动件的回转精度，减少摩擦和磨损，并承受载荷。轴承一旦失效，将会影响轴的正常运转和轴上零件的正常工作。根据轴承工作时摩擦性质的不同，轴承分为滑动轴承和滚动轴承两大类。将分别介绍这两类轴承的结构、类型、材料、润滑、尺寸确定及选用。

一、滑动轴承的类型与应用

图 7-15 所示为曲轴与连杆结构示意图。曲轴的连杆轴颈与连杆大头、曲轴的主轴颈与机体的连接，都是通过滑动轴承来减少转动副之间的摩擦并支承它们，从而把活塞的直线往复运动转变为曲轴的旋转运动，向外输出功率。

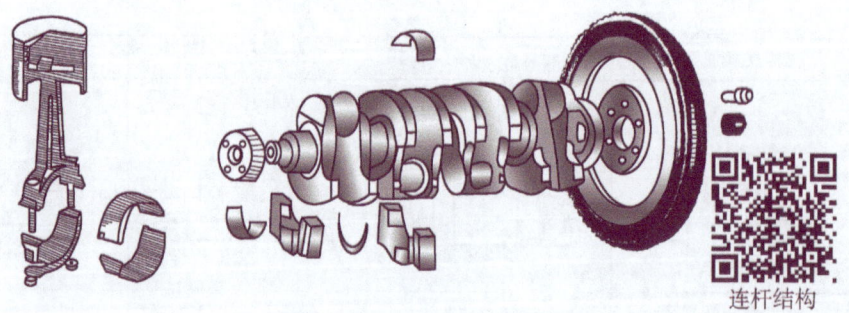

连杆结构

图 7-15　曲轴与连杆结构示意图

1. 滑动轴承的类型

滑动轴承按所受载荷的方向分为径向滑动轴承（图 7-16a）和推力滑动轴承（图 7-16b）。

（1）径向滑动轴承　径向滑动轴承主要承受径向载荷。常用的径向滑动轴承，我国已制定有关标准，通常可根据工作条件选用。径向滑动轴承主要结构形式有整体式和对开式两大类。

1）整体式滑动轴承。图 7-17 所示为整体式轴承（JB/T 2560—2007），由轴承座和轴套（瓦）等组成。轴承座和轴套采用较紧的配合，一般为 H8/s7。轴承座用螺栓与机座联接，顶部设有安装注油杯的螺纹孔，轴套上开有油槽。这种轴承构造简单，成本低，但磨损后无法修整，且装拆不方便，轴颈只能从端部装入。因此，粗重的轴和具有中间轴颈（如内燃机曲轴）的轴就不便或无法安装。所以，整体式轴承常用于低速、轻载的间歇工作机械中，如手动机械、农业机械等。

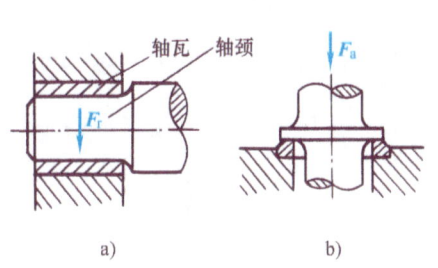

图 7-16　滑动轴承受载情况
a）径向滑动轴承　b）推力滑动轴承

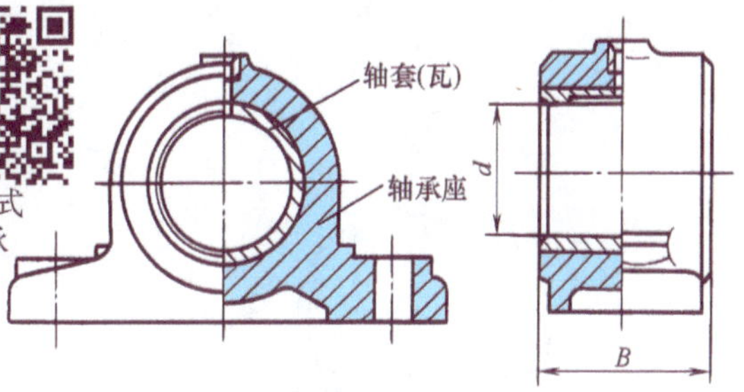

图 7-17　整体式轴承

这类轴承座的标记为：HZ×××轴承座 JB/T 2560—2007。其中，H 表示滑动轴承座，Z 表示整体轴承座，××× 表示轴承座内径（mm）。标准规格为 HZ020～HZ140。

2）对开式滑动轴承。图 7-18 所示为对开式正滑动轴承，由轴承座、轴承盖、剖分的上、下轴瓦和双头螺柱等组成。轴承盖和轴承座的剖分面常制成阶梯状，以便于轴承盖和轴承座对中和防止横向错动。对开式滑动轴承结构较复杂，但装拆时不必从轴端装入或取出。另外，通过适当增减轴瓦剖分面间的调整垫片，修刮轴瓦表面等措施可调节轴颈与轴承之间的间隙。故对开式滑动轴承装拆和维修方便，应用广泛。例如汽车发动机中曲轴就采用了对开式滑动轴承支承。

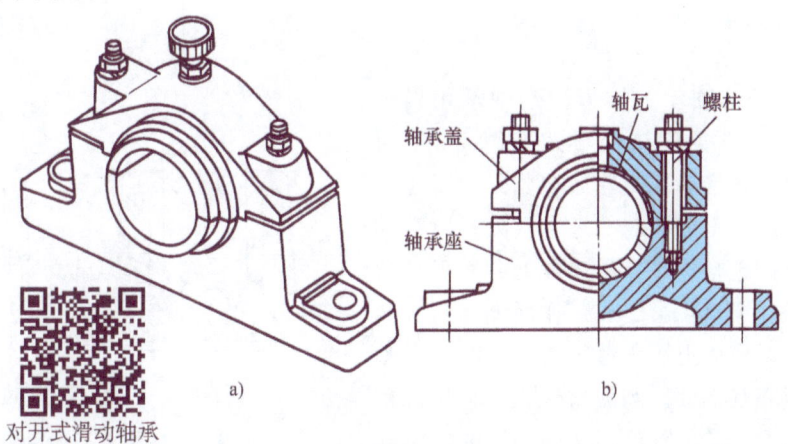

图 7-18　对开式正滑动轴承

对开式二（或四）螺柱正滑动轴承（JB/T 2561—2007 或 JB/T 2562—2007）轴瓦与座孔的配合为 H8/m7，轴承座标记为：H2×××轴承座 JB/T 2561—2007（或 H4×××）。其中 H 表示滑动轴承座，2（或 4）表示螺柱数，×××表示轴承内径（mm）。标准规格为 H2030～H2160（H4050～H4220）。

当轴承上的总载荷方向与垂直剖分面的轴承中心线的夹角超过 35°时，采用此种轴承。如图 7-19 所示的汽车柴油机斜切口连杆大头就采用了图 7-20 所示的对开式四螺柱斜滑动轴承（JB/T 2563—2007）。这类轴承的剖分面与水平面成 45°角，其特点与对开式正滑动轴承相同。标记为：HX×××轴承座 JB/T 2563—2007，其中 H 表示滑动轴承座，X 表示斜座，×××表示轴承内径（mm）。标准规格为 HX050～HX220。

还有一些特殊结构的轴承，如自位滑动轴承、锥形表面可调间隙轴承等，选用时可参阅有关书籍。

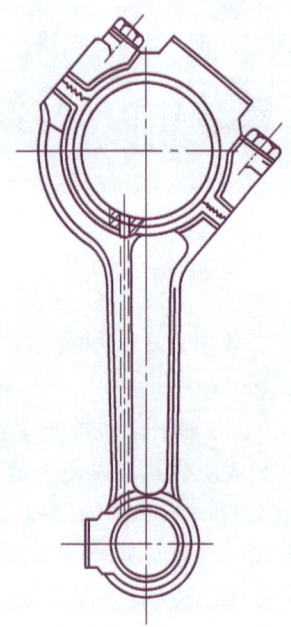

图 7-19　汽车柴油机斜切口连杆大头

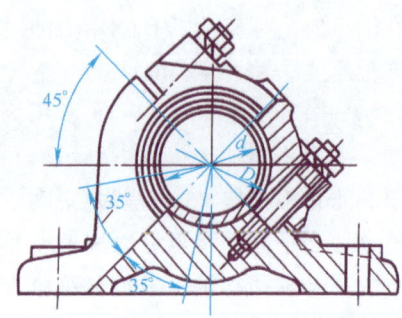

图 7-20　对开式四螺柱斜滑动轴承

（2）推力滑动轴承　推力滑动轴承用以承受轴向载荷，其常见的结构形式如图 7-21a 所示。轴颈端面与止推轴瓦组成摩擦副。由于工作面上相对滑动速度不等，越靠近中心处相对滑动速度越小，磨损越轻；越靠近边缘处相对滑动速度越大，磨损越严重，会造成工作面上压强分布不均。为避免工作面上压强严重不均，相对滑动端面通常采用环状端面。当载荷较大时，可采用多环轴颈，如图 7-21b 所示，这种结构的轴承能承受双向轴向载荷。

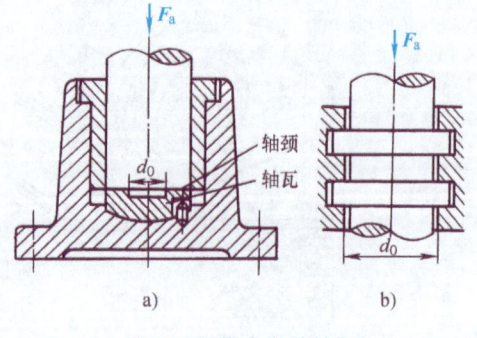

图 7-21　推力滑动轴承
a）空心式　b）多环式

单元三 汽车传动装置零部件分析与应用

上述结构形式的推力轴承由于轴颈端面与止推轴瓦之间为平行平面的相对滑动,不易形成流体动力润滑,故轴承通常处在边界润滑状态下工作,多用于低速轻载机械。推力滑动轴承的基本尺寸可根据轴颈的直径利用经验公式计算确定。

2. 轴瓦结构

轴瓦是轴承中与轴颈直接接触的重要元件,其结构对轴承性能有很大的影响。为使轴瓦既有一定的强度,又具有良好的减摩性,同时节省贵重材料,降低成本,常在轴瓦表面浇注或轧制一层减摩性好的材料(如轴承合金)称为轴承衬。为使轴承衬可靠地贴合在轴瓦表面上,可采用如图 7-22 所示的结合形式(图中涂黑层表示轴承衬)。

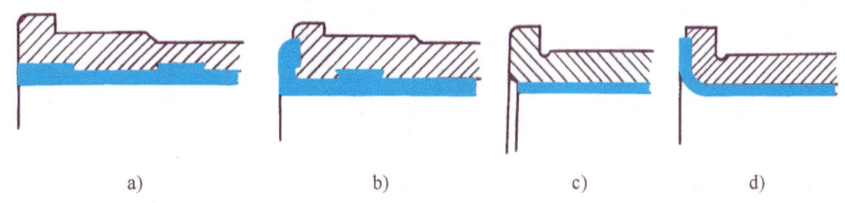

图 7-22 轴瓦与轴承衬的结合形式

轴瓦结构也分为整体式和对开式两种。整体式轴瓦是一圆柱形轴套,结构如图 7-23 所示,又分不带挡边和带挡边两种结构。其基本尺寸、公差参见 GB/T 7308—2008。对开式轴承的轴瓦由上、下两部分组成,如图 7-24 所示。两端的凸肩用于防止轴瓦轴向窜动,也可用螺钉或销钉定位。

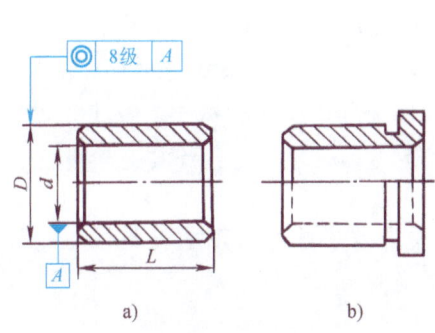

图 7-23 轴套的结构形式
a) 一般轴套 b) 带挡边轴套

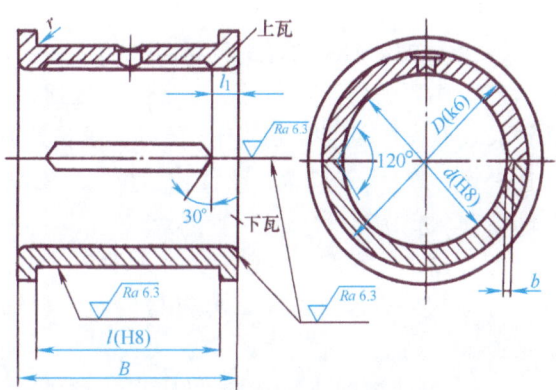

图 7-24 径向滑动轴承的轴瓦

为了将润滑油引入轴承,并布满于工作表面,轴瓦上开有供油孔、油沟、油槽;供油孔和油沟应开在轴瓦的非承载区,否则会降低油膜承载能力,如图 7-25 所示。油沟的轴向长度一般取轴瓦宽度的 80% 左右,不能开通,以免润滑油自油沟端部大量泄漏(端泄)。常见油沟形式如图 7-26 所示。

对一些重型机器轴承的轴瓦,其上常开设油室,如图 7-27 所示。它可使润滑空间增大,并起储油和保证润滑油稳定供应的作用。

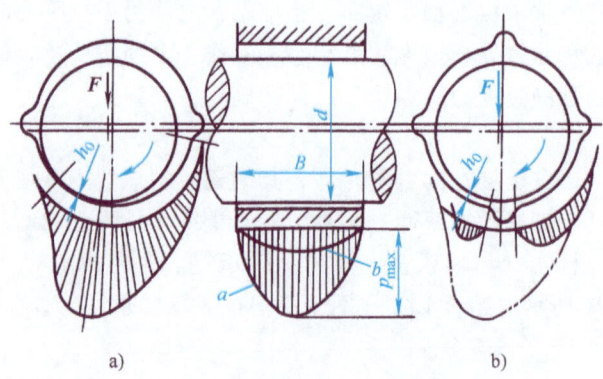

图 7-25 油沟布置对油膜承载能力的影响
a) 正确 b) 错误

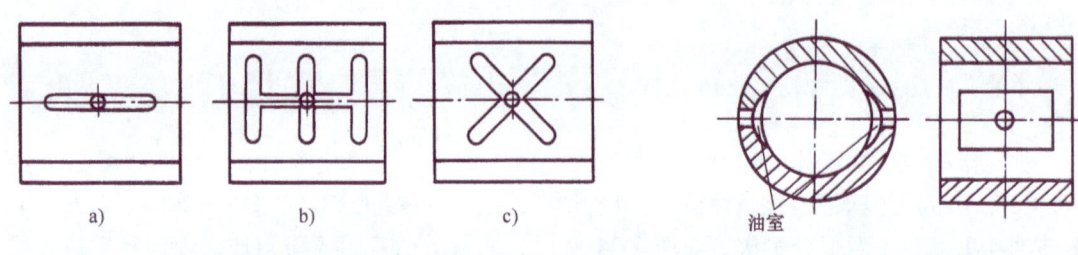

图 7-26 常见油沟形式
a) 轴向 b) 周向 c) 斜向

图 7-27 油室

3. 滑动轴承的失效形式及材料

（1）主要失效形式　滑动轴承的失效通常由多种原因引起，失效形式也有多种，有时几种失效形式并存，相互影响。所以，很难把各种失效形式截然分开。最常见的失效形式是轴瓦磨损、胶合（烧瓦）、疲劳破坏和由于制造工艺原因而引起的轴承衬脱落。其中，最主要的是轴瓦磨损和胶合。

（2）轴承材料的性能要求　在滑动轴承中，轴承座和轴承盖通常选用铸铁制造。所以，轴承材料主要是指轴瓦和轴承衬材料。根据轴承的主要失效形式，对轴承材料的主要要求是：

1) 良好的减摩性、耐磨性和抗胶合性。
2) 良好的磨合性、顺应性、嵌入性和塑性。
3) 足够的抗压强度和疲劳强度。
4) 良好的导热性、加工工艺性、热胀系数低、耐蚀等。

应该指出的是，对轴承材料性能的上述要求是全面的，有些性能彼此有联系，有些性能则相互矛盾；任何一种材料很难全面满足这些要求。因此，选用轴承材料时，应根据轴承的具体工作条件，有侧重地选用较合适的材料。

（3）常用轴承材料　常用轴承材料有：轴承合金、青铜、铸铁、粉末冶金材料及非金属材料。

1) 轴承合金（可称巴氏合金）。轴承合金有锡锑轴承合金和铅锑轴承合金两类。它们

单元三　汽车传动装置零部件分析与应用

各以较软的锡或铅做基体，悬浮锑锡及铜锡硬晶粒，软基体具有良好的磨合性、顺应性和嵌入性，硬晶粒则起耐磨作用。轴承合金由于其特有的金属组织，具备了作为轴承材料的优良性质，并且易浇注，但由于其机械强度较低、价格高，故通常作为轴承衬材料，浇注在青铜、钢或铸铁轴瓦上，如图7-22所示。

锡基轴承合金的热胀系数低、摩擦因数小、耐蚀、易磨合、抗胶合能力强，常用于高速、重载机械。铅基轴承合金较脆，不宜承受较大载荷，常用于中速、中载机械。

2）青铜。在一般机械中，有50%的滑动轴承采用青铜材料。青铜主要有锡青铜、铅青铜和铝青铜等。

锡青铜和铅青铜既有较好的减摩性和耐磨性，又有足够的强度，且熔点高，但磨合性较差，适用于重载、中速机械。

铝青铜的强度和硬度都较高，但抗胶合能力差，适用于重载、低速机械。

3）铸铁。常用的铸铁材料有灰铸铁和耐磨铸铁。由于铸铁材料塑性差、磨合性差，故只在低速、轻载或不重要的场合采用。

4）其他材料。除了上述常用的三种金属材料外，轴承材料还可采用粉末冶金材料和非金属材料。

用粉末冶金材料制成的轴承，称为含油轴承。由于这种材料具有多孔组织，轴承在工作前经润滑油浸泡，其材料孔隙中吸存了润滑油。工作时，由于轴颈转动的抽吸作用及热膨胀作用，使孔隙中储存的润滑油流出而润滑轴承。含油轴承在一定的使用期限内不必加油，可自行润滑。这种轴承主要用于轻载、低速和不易注油的场合。

非金属轴承材料中应用最多的是各种塑料、尼龙、夹布胶木等。塑料材料具有摩擦因数低、抗压强度高、耐磨性好等优点，但导热能力差，易变形。因此，应注意冷却。

常用轴瓦材料的性能及其比较见表7-9。

表7-9　常用轴瓦材料的性能及其比较

轴瓦材料		许用值			最高工作温度 $t/℃$	最小轴颈硬度 HBW	性能比较[2]					特性及用途举例
		$[p]/$ MPa	$[v]/$ (m/s)	$[pv]$[1]$/$ (MPa·m/s)			抗胶合性	顺应性	嵌入性	疲劳强度	耐蚀性	
锡锑轴承合金	ZSnSb11Cu6	平稳载荷			150	150	1	1	5	1		用于高速、重载下工作的重要轴承。变载荷下易疲劳，价高
		20	80	20								
		冲击载荷										
		20	60	15								
铅锑轴承合金	ZPbSb16Sn16Cu2	15	12	10	150	150	1	1	5	3		用于中速、中等载荷的轴承，不宜受显著的冲击载荷
锡青铜	ZCuSn10P1	15	10	15	280	300~400	5	5	1	2		用于中速、重载及受变载荷的轴承
	ZCuSn5Pb5Zn5	5	3	10								用于中速、中等载荷的轴承

(续)

轴瓦材料		许用值			最高工作温度 $t/℃$	最小轴颈硬度 HBW	性能比较[2]					特性及用途举例
		$[p]/$ MPa	$[v]/$ (m/s)	$[pv]$[1]$/$ (MPa·m/s)			抗胶合性	顺应性	嵌入性	疲劳强度	耐蚀性	
铅青铜	ZCuPb30	21~28	12	30	250~280	300	3	4	4	2	4	用于高速、重载轴承,能承受变载荷及冲击载荷;用于低速、重载轴承。润滑要充分
铝青铜	ZCuAl10Fe3	15	4	12	280	280	5	5	5	2	5	
灰铸铁	HT150、HT200、HT250	0.1~6	0.75~3	0.3~4.5	150	200~250	4	5	5	1	1	用于低速、轻载的不重要轴承,价格低
粉末冶金材料	多孔铁	21	7.6	1.8	125	—						常用于载荷平稳、低速及加油不方便处,轴颈最好淬火、径向间隙为轴径的0.15%~0.2%
	多孔青铜	14	4	1.6	125	—						
非金属轴承材料	酚醛塑料	40	12	0.5	110	—						抗胶合性好,强度高,导热性差,可用水润滑,易膨胀,间隙应大一些
	聚四氟乙烯	3.5	0.25	0.035	280	—						摩擦因数低,自润滑性好,耐蚀性好
	碳-石墨	4	12	0.5	420	—						用于要求清洁工作的机器中。有自润滑性,耐化学腐蚀
	橡胶	0.35	20		80	—						用于与水、泥浆接触的轴承,能隔振,降低噪声,减小动载,补偿误差,导热性差
	木材	14	10	0.4	90	—						有自润滑性,耐油、酸及其他化学药品

①[pv]值为混合摩擦润滑下的许用值。
②性能比较:1为最佳;2为良好;3为较好;4为一般;5为最差。

4. 滑动轴承的润滑

润滑的目的是减少摩擦,降低磨损,同时还有散热冷却、缓冲吸振、密封和防锈等

单元三　汽车传动装置零部件分析与应用

作用。

（1）润滑剂及其选用　润滑剂主要有固体润滑剂、润滑脂、液体润滑剂和气体润滑剂四种，其中最常用的是液体润滑剂（润滑油）和润滑脂。

1）润滑油及其选用。润滑油是滑动轴承中应用最广的一种润滑剂。最常用的润滑油是矿物油，对于特殊工况还可以采用合成油。润滑油最主要的物理性能指标是黏度。它反映了润滑油流动时内摩擦阻力的大小。黏度越大，内摩擦阻力越大，流动性越差，承载后润滑油不易流失，有利于形成压力油膜。黏度的表示方法很多，主要有动力黏度、运动黏度、相对黏度。

工业上常用运动黏度标定润滑油的黏度。根据国家标准，润滑油产品油牌号一般按40℃时的运动黏度平均值（单位mm^2/s，$1mm^2/s=10^{-6}m^2/s$）划分。例如L-FC46润滑油表示在40℃时，其运动黏度平均值为$46mm^2/s$。

润滑油的选用主要指润滑油黏度的选择。选择黏度时，主要考虑轴承压强、滑动速度、工作温度、摩擦表面状况及润滑方式等条件。一般原则是：

① 在压强大或有冲击、变载荷等工作条件下，应选用黏度较大的油。

② 滑动速度高时，应选用黏度低的油。

③ 轴承散热条件差，工作温度高，应选用黏度较大的油。

④ 摩擦表面粗糙或未经磨合，应选用黏度较大的油。

滑动轴承常用润滑油牌号的选择见表7-10。

表7-10　滑动轴承常用润滑油牌号的选择

轴颈圆周速度 $v/(m/s)$	轻载（$p_m<3MPa$）工作温度（10~60℃）		中载（$p_m=3~7.5MPa$）工作温度（10~60℃）		重载（$p_m>7.5~30MPa$）工作温度（20~80℃）	
	运动黏度 $\nu_{40}/(mm^2/s)$	适用油牌号	运动黏度 $\nu_{40}/(mm^2/s)$	适用油牌号	运动黏度 $\nu_{40}/(mm^2/s)$	适用油牌号
0.3~1.0	60~80	L-AN[①]46 L-AN68	85~115	L-AN100	10~20	L-AN100 L-AN150
1.0~2.5	40~80	L-AN46 L-AN68	65~90	L-AN100 L-AN150		
5.0~9.0	15~50	L-AN15 L-AN22 L-AN32				
>9.0	5~22	L-AN7 L-AN10 L-AN15				

① 表示全损耗系统用油。

2）润滑脂及其选用。润滑脂是由润滑油（主要是矿物油）和各种增稠剂（如钙、钠、锂等金属皂）混合制成，属于半固体润滑剂。最常用的润滑脂有钙基润滑脂（钙脂）、钠基润滑脂（钠脂）和锂基润滑脂（锂脂）。润滑脂的主要性能指标是锥入度、滴点和耐水性。

锥入度是表征润滑脂黏稠程度的指标，锥入度越小，润滑脂越稠；反之，流动性越好。润滑脂稠度大，不易流失，但摩擦功耗大，不宜在温度变化大或高速运转条件下使用，一般在轴承相对滑动速度v低于1~2m/s时或不便注油的场合使用。

润滑脂的选择主要根据轴承的工作温度、压强和速度进行。滑动轴承润滑脂的选择见表 7-11。滑动轴承的加脂周期见表 7-12。

表 7-11 滑动轴承润滑脂的选择

轴承压强 p/MPa	轴颈圆周速度 v/(m/s)	最高工作温度/℃	润滑脂牌号
<1.0	≤1.0	75	钙、锂基脂 L—XAAMHA3,ZL—3
1.0~6.5	0.5~5.0	55	钙、锂基脂 L—XAAMHA2,ZL—2
>6.5	≤0.5	75	钙、锂基脂 L—XAAMHA3,ZL—3
≤6.5	0.5~5.0	120	钠、锂基脂 L—XACMGA2,ZL—2
1.0~6.5	≤0.5	110	钙钠基脂 ZGN—2
1.0~6.5	≤1.0	50~100	锂基脂 ZL—3

表 7-12 滑动轴承的加脂周期

工作条件	偶尔工作、不重要的轴承		间断工作		连续工作			
					工作温度			
					<40℃		40~100℃	
	转速/(r/min)							
	<200	>200	<200	>200	<200	>200	<200	>200
加脂周期	5天一次	3天一次	2天一次	1天一次	1天一次	每班一次	每班一次	每班一次

（2）润滑方法和润滑装置　为保证轴承良好的润滑状态，除合理选择润滑剂外，合理选择润滑方法和润滑装置也是十分重要的。下面介绍常用的润滑方法和润滑装置。

1）油润滑。油润滑的润滑方法有间歇供油润滑和连续供油润滑两种。间歇供油润滑有手工油壶注油和油杯注油。这种润滑方法只适用于低速、不重要的轴承或间歇工作的轴承。对于重要轴承，必须采用连续供油润滑。连续供油方法及装置主要有以下几种：

① 油杯滴油润滑。图 7-28 和图 7-29 所示分别为针阀油杯和芯捻油杯。针阀油杯可调节

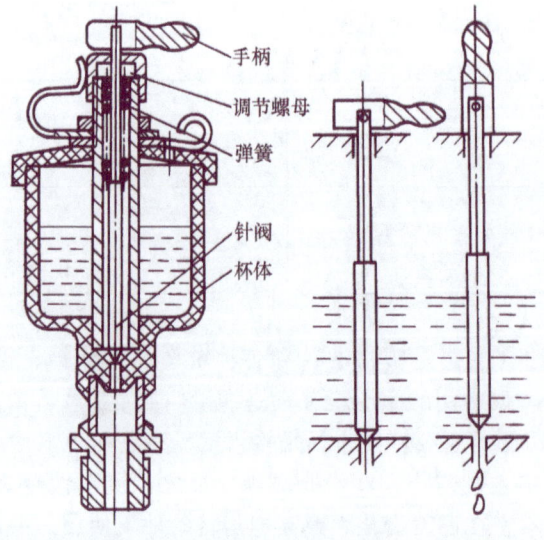

图 7-28　针阀油杯

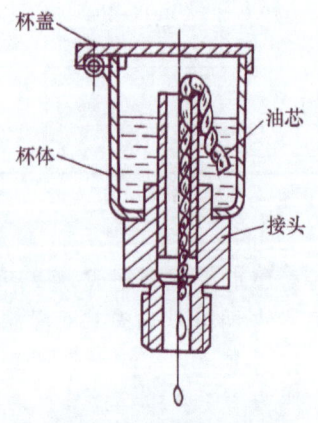

图 7-29　芯捻油杯

单元三 汽车传动装置零部件分析与应用

滴油速度以改变供油量,在轴承停止工作时,可通过油杯上部的手柄关闭油杯停止供油。芯捻油杯利用毛细管作用将油引到轴承工作表面上,这种方法不易调节供油量。

② 浸油润滑。将部分轴承直接浸入油池中润滑,如图7-30所示。

③ 飞溅润滑。飞溅润滑主要用于减速器、内燃机等机械中轴承的润滑。通常直接利用传动齿轮或甩油环(图7-31)将油池中的润滑油溅到轴承上或壁箱上,再经油沟导入轴承工作面以润滑轴承。

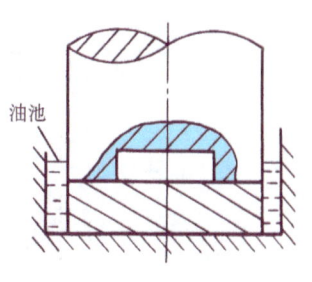

图7-30 浸油润滑

甩油环根据安装特点分为松环和固定环两种。松环指油环松套在轴上,如图7-31a所示,靠摩擦力随轴转动,将附着在油环上的油飞溅到壁箱上,经油沟导入轴承或直接甩到轴承工作面上以润滑轴承。如果在油环内表面开上窄的沟槽,如图7-31c所示,供油量会明显增大,轴的温度也会显著降低。松环适用于$v \leqslant 20 \mathrm{m/s}$、运转比较平稳的轴承。

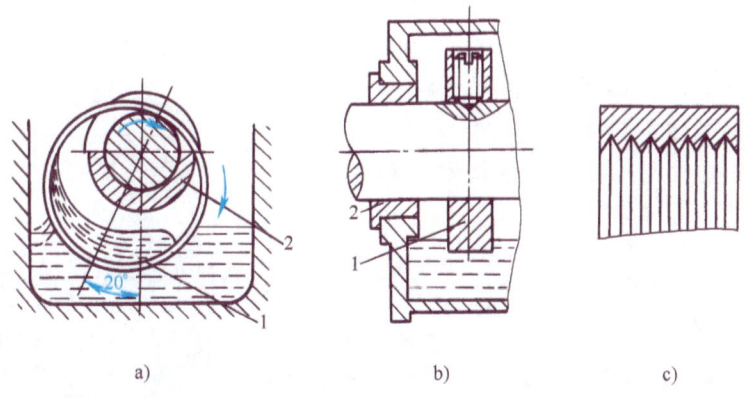

图7-31 飞溅润滑装置
a) 松环润滑 b) 固定环润滑 c) 沟槽环
1—甩油环 2—轴承

如图7-31b所示,油环通过紧固螺钉或其他方式固定在轴上,称为固定环。这种结构主要适用于低速,通常在$v \leqslant 13 \mathrm{m/s}$、范围内应用。

④ 压力循环润滑。如图7-32所示,压力循环润滑是一种强制润滑方法。润滑油泵将一定压力的油经油路导入轴承,润滑油经轴承两端流回油池,构成循环润滑。这种供油方法供油量充足,润滑可靠,并有冷却和冲洗轴承作用。但润滑装置结构复杂,费用较高。常用于重载、高速和载荷变化较大的轴承中。

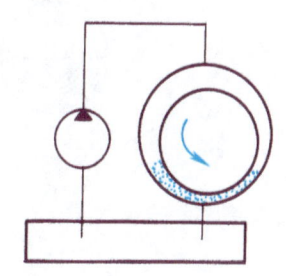

图7-32 压力循环润滑装置

2)脂润滑。润滑脂只能间歇供给。如图7-33所示,常用润滑装置有旋盖注油油杯和压注油杯。旋盖注油油杯靠旋紧杯盖将杯内润滑脂压入轴承工作面;压注油杯靠油枪压注润滑脂至轴承工作面。

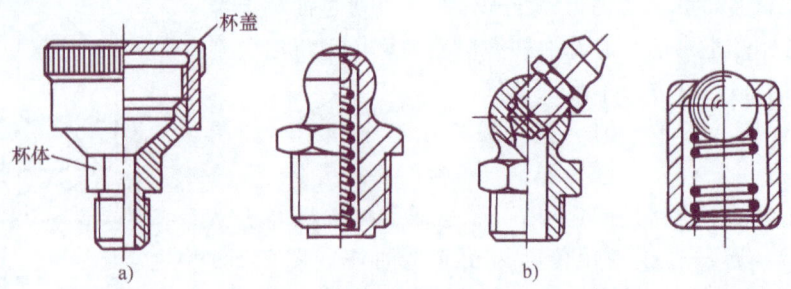

图 7-33 脂润滑装置
a) 旋盖注油油杯　b) 压注油杯

二、滚动轴承的类型与应用

滚动轴承是依靠滚动体与轴承座圈之间的滚动接触来工作的轴承，用于支承旋转零件或摆动零件。其广泛应用于各种机械设备中，如汽车变速器、分动器等，全部采用滚动轴承。滚动轴承的尺寸已标准化，并由专门的轴承厂批量生产。在滚动轴承的应用及设计中，只是根据具体的载荷、转速、旋转精度和工作条件等方面的要求，正确地选择轴承的类型和型号（尺寸）及进行轴承的组合设计。

1. 滚动轴承的结构

滚动轴承一般由外圈、内圈、滚动体和保持架组成，如图 7-34 所示。通常内圈紧套在轴颈上，随轴一起转动；外圈固定在机座或零件的轴承孔内，起支承作用。内、外圈上加工有滚道。工作时，滚动体在内、外圈滚道上滚动，形成滚动摩擦。保持架使滚动体均匀地相互隔开，以避免滚动体之间的摩擦和磨损。滚动体是滚动轴承的核心元件，其形状如图 7-35 所示，有球形滚动体、短圆柱形滚子、圆锥形滚子、鼓形滚子及滚针等。

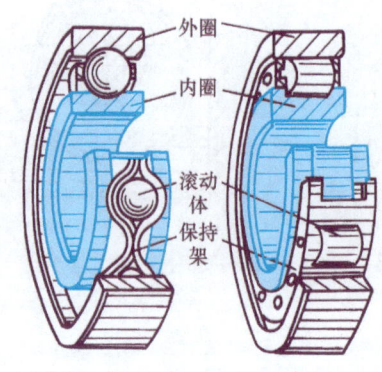

图 7-34 滚动轴承

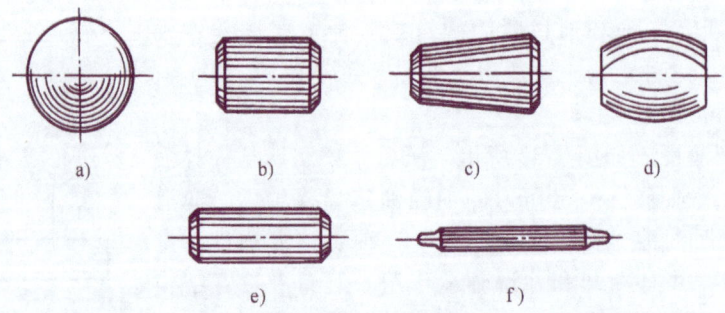

图 7-35 滚动体形状
a) 球形滚动体　b) 短圆柱滚子　c) 圆锥滚子　d) 鼓形滚子　e) 长圆柱滚子　f) 滚针

滚动体和内、外圈间是点或线接触，表面接触应力大，故滚动体和内、外圈的材料应选用强度高、耐磨性和冲击韧度好的轴承钢制造，如 GCr15、GCr15SiMn 等，热处理后的硬度应不低于 61~65HRC，工作表面要求磨削抛光。保持架多用低碳钢板冲压制成，也可用有色金属合金或塑料制成。

2. 滚动轴承主要类型及其特性

滚动轴承类型较多，可以适应各种机械装置的多种要求。按滚动体的形状可分为球轴承和滚子轴承。球形滚动体与内、外圈是点接触，滚子滚动体与内、外圈是线接触。在相同条件下，球轴承制造方便、价格低、运转时摩擦损耗少，但承载能力和抗冲击能力不如滚子轴承。

按轴承所承受载荷的方向或公称接触角的不同，滚动轴承可分为向心轴承和推力轴承（GB/T 271—2017）。轴承公称接触角是指滚动轴承的滚动体与外圈滚道接触点的法线和轴承径向平面的夹角 α，如图 7-36 所示。α 越大，滚动轴承承受轴向载荷的能力也越大。

向心轴承主要用于承受径向载荷，$0°\leqslant\alpha\leqslant45°$。向心轴承分为：径向接触轴承，$\alpha=0°$，如图 7-36a 所示；角接触向心轴承，$0°<\alpha\leqslant45°$，如图 7-36c 所示。推力轴承主要用于承受轴向载荷，$45°<\alpha\leqslant90°$，如图 7-36b 所示。推力轴承又可分为：轴向接触轴承，$\alpha=90°$；角接触推力轴承，$45°<\alpha<90°$。

按滚动体的列数，滚动轴承分为单列、双列及多列。

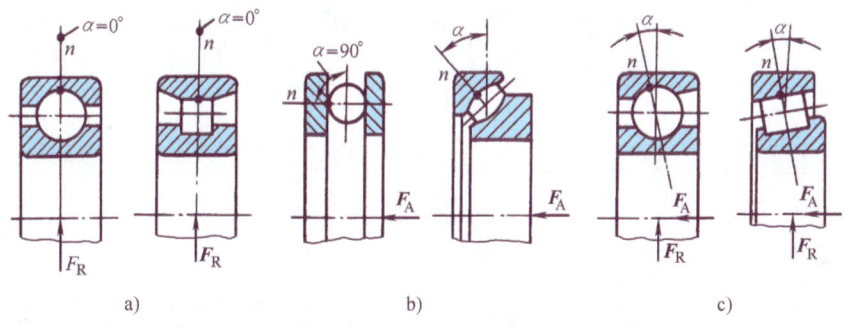

图 7-36 滚动轴承接触角

a) 径向接触轴承　b) 推力轴承　c) 角接触向心轴承

根据国家标准 GB/T 271—2017《滚动轴承　分类》规定，滚动轴承按轴承所承受的载荷方向及结构的不同进行分类。常用滚动轴承的类型、性能特点及应用见表 7-13。

表 7-13　常用滚动轴承的类型、性能特点及应用

类型及代号	结构简图及标准号	载荷方向	特点及应用
调心球轴承 1	GB/T 281—2013	↕	主要承受径向载荷，能自动调心 适用于多支承传动轴，刚性较差的轴以及不能精确对中的支承处

(续)

类型及代号	结构简图及标准号	载荷方向	特点及应用
调心滚子轴承 2	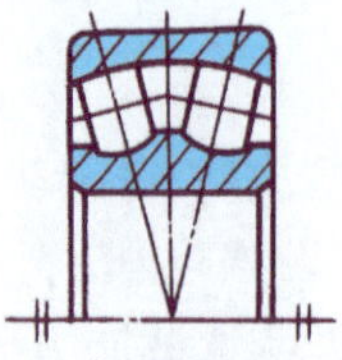 GB/T 288—2013	 ↕	轴承外圈的内表面是球面，主要承受径向载荷及一定的双向轴向载荷，但不能承受纯轴向载荷，允许角偏位为 0.5°～2° 常用在长轴或受载荷作用后有较大的弯曲变形及多支点的轴上
圆锥滚子轴承 3	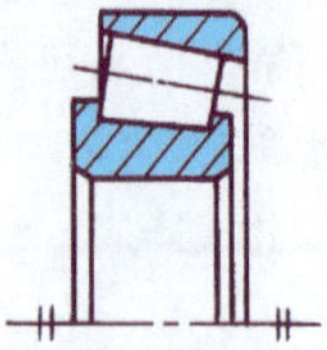 GB/T 297—2015	 ↥→	其特点与角接触球轴承相似，但承载能力比它大；内外圈可分离，间隙容易调整；摩擦阻力较大，极限转速较低 常用于转速不太高，刚性好，轴向和径向载荷很大的轴上，如斜齿圆柱齿轮轴、蜗杆减速器轴、机床主轴
推力球轴承 5	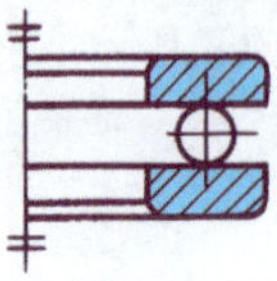 GB/T 301—2015	↓	只能承受单向的轴向载荷，极限转速很低 适用于转速较低、仅有轴向载荷的轴，如起重吊钩、千斤顶、机床主轴等
深沟球轴承 6	 GB/T 276—2013	 ↔	主要承受径向载荷，也能承受一些轴向载荷（双向）；结构简单，摩擦因数小，极限转速高。但要求轴的刚度大，承受冲击能力差 常用于小功率电动机、齿轮变速器等
角接触球轴承 7	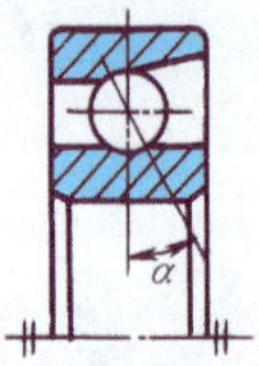 70000C型（α=5°） 70000AC型（α=25°） 70000B型（α=40°） GB/T 292—2007	 ↥→	能承受径向及单向的轴向载荷，接触角α有15°、25°和40°三种，α角较大，承受轴向载荷的能力也越大，极限转速高 用于转速较高，刚性较好，并同时承受径向和轴向载荷（通常成对使用）的轴，如机床主轴、蜗杆减速器等
圆柱滚子轴承 N	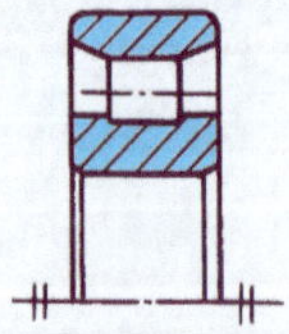 GB/T 283—2007	 ↕	只能承受径向载荷，承载能力比同尺寸的轴承大，耐冲击能力也较大，内外两圈允许做微量的相对轴向移动，但不允许偏斜 适用于刚性较大、对中良好的轴，常用于大功率电动机、人字齿轮减速器上

3. 滚动轴承代号

滚动轴承的类型多，加之同一系列中有不同的结构、尺寸精度及技术要求，为便于组织生产和选用，国家标准规定每一滚动轴承用同一形式的一组数据表示，称为滚动轴承代号，

单元三　汽车传动装置零部件分析与应用

并打印在滚动轴承端面上。GB/T 272—1993规定的滚动轴承代号的构成见表7-14。

表7-14　滚动轴承代号的构成（GB/T 272—1993）

前置代号	基本代号					后置代号						
	第5位	第4位	第3位	第2位	第1位							
		尺寸系列代号										
分部件代号	类型代号	宽度系列代号	直径系列代号	内径代号		内部结构代号	密封防尘结构代号	保持架及材料代号	特殊轴承材料代号	公差等级代号	游隙代号	多轴承配置代号	其他代号

（1）基本代号　基本代号用于表明滚动轴承的内径、直径系列和类型，一般最多为五位。

1）内径代号。用基本代号右起一、二位数字表示。00、01、02和03分别代表内径尺寸为10mm、12mm、15mm、17mm。内径代号从04到96时，乘以5即为轴承内径尺寸，代表20mm～480mm的内径；内径小于10mm、大于等于500mm和等于22mm、28mm、32mm的轴承，其内径表示法可见GB/T 272—1993。

2）直径系列代号。用基本代号右起第三位数字表示。它反映了具有相同内径的轴承在外径和宽度方面的变化，按7、8、9、0、1、2、3、4、5的顺序，外径依次增大，轴承的承载能力也相应增大。

3）宽（高）度系列代号。用基本代号右起第四位数字表示。它反映了具有相同内径和外径尺寸的轴承，宽度尺寸的不同变化。按8、0、1、2、3、4、5、6的顺序，宽度依次增大。正常宽度的轴承代号为"0"。多数轴承在代号中不标出宽度系列代号0，但对调心滚子轴承和圆锥滚子轴承，宽度系列代号0要标出。

直径系列代号和宽（高）度系列代号统称为尺寸系列代号，见表7-15。组合排列时，宽（高）系列在前，直径系列在后；不同尺寸系列的轴承比较见图7-37所示。

4）类型代号　见表7-13。

表7-15　尺寸系列代号

直径系列	向心轴承								推力轴承			
	宽度系列代号								高度系列代号			
	8	0	1	2	3	4	5	6	7	9	1	2
	宽度尺寸依次递增→								宽度尺寸依次递增→			
	尺寸系列代号											
7	—	—	17	—	37	—	—	—	—	—	—	—
8	—	08	18	28	38	48	58	68	—	—	—	—
9	—	09	19	29	39	49	59	69	—	—	—	—
0	—	00	10	20	30	40	50	60	70	90	10	—
1	—	01	11	21	31	41	51	61	71	91	11	—
2	82	02	12	22	32	42	52	62	72	92	12	22
3	83	03	13	23	33	—	—	—	73	93	13	23
4	—	04	—	24	—	—	—	—	74	94	14	24
5	—	—	—	—	—	—	—	—	—	95	—	—

注：表中"—"表示不存在此种组合。

（2）后置代号　轴承的后置代号是用字母和数字等表示轴承的内部结构、公差等级、游隙、材料等特殊要求，置于基本代号右边，并与基本代号空半个汉字距离或用符号"-"、"/"分隔。下面仅介绍表7-14中所列的几个常用代号。

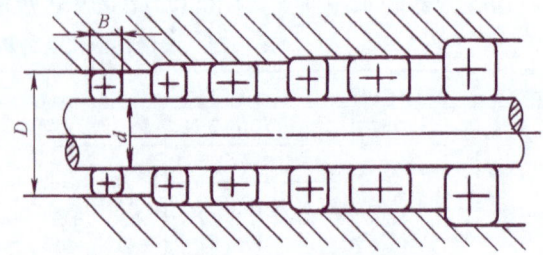

图7-37　不同尺寸系列的轴承比较

1）内部结构代号。同一类型轴承有不同的内部结构时，用规定的字母表示其差别。例如，角接触球轴承分别用C、AC、B代表三种不同的公称接触角 $\alpha=15°$、$25°$、$40°$；用E表示加强型。

2）公差等级代号。为不同的尺寸精度和旋转精度的特定组合。共6个级别，由高到低依次为2级、4级、5级、6x级、6级和0级（相当于旧标准的B、C、D、Ex、E、G级精度），代号为/P2、/P4、/P5、/P6x、/P6、/P0。0级是普通级，在轴承代号中省略不标出；6x级仅用于圆锥滚子轴承。

3）游隙代号。游隙是指轴承在无载荷作用时，一个套圈相对另一个套圈在某一个方向的可移动距离。轴承径向游隙系列有6个组别，从小到大分别是1组、2组、0组、3组、4组、5组，0组游隙是常用的，在轴承代号中省略不标出，其余游隙代号分别为：/C1、/C2、/C3、/C4、/C5。目前工程实际中通常使用的游隙是3组。

后置代号的其他项目用得较少，用时可查GB/T 272—1993。

（3）前置代号　轴承的前置代号用于表示轴承的分部件，用字母表示。当轴承的某些分部件具有某些特点时，就在基本代号前加上相应的字母。如用L表示可分离轴承的可分离套圈，K表示轴承的滚动体与保持架组件等。

例7-2

说明轴承代号6203、7312AC/P5、33215/P63的含义。

解：

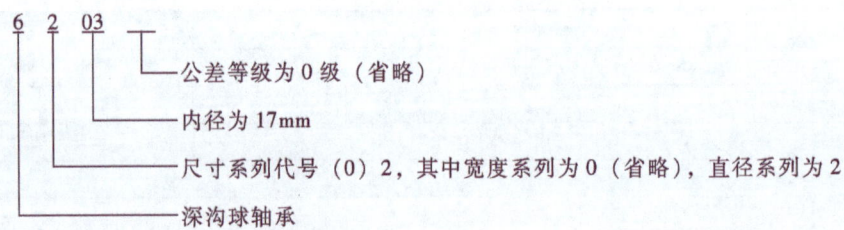

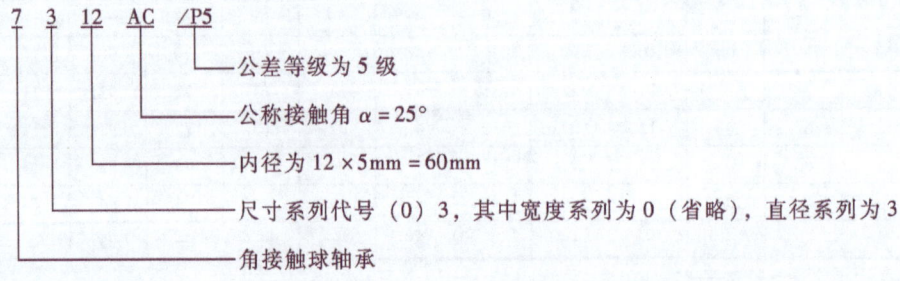

单元三　汽车传动装置零部件分析与应用

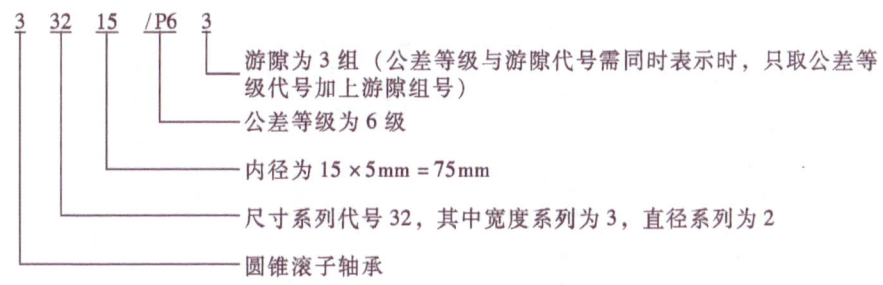

游隙为3组（公差等级与游隙代号需同时表示时，只取公差等级代号加上游隙组号）
公差等级为6级
内径为 $15 \times 5\text{mm} = 75\text{mm}$
尺寸系列代号32，其中宽度系列为3，直径系列为2
圆锥滚子轴承

4. 滚动轴承的失效形式

滚动轴承的失效形式主要有三种：疲劳点蚀、塑性变形和磨损。

（1）疲劳点蚀　滚动轴承工作时，在滚动体、内圈、外圈的接触表面将产生接触应力。由于它们之间的相对运动及受力的周期性变化，如图7-38所示，使得其表面受脉动循环接触应力作用。当接触应力超过材料的极限应力时，滚动体、内圈或外圈的表面将发生疲劳点蚀。这使轴承运转时产生振动、噪声，温度升高，最后导致不能正常工作。

（2）塑性变形　在重载或冲击载荷的作用下，可能使滚动体和套圈滚道表面接触处的局部应力超过材料的屈服强度，产生永久性凹坑，出现振动、噪声，破坏轴承的正常工作。

图7-38　滚动轴承的受力情况

（3）磨损　在润滑不良、密封不当的情况下，粉尘、杂质进入轴承中，造成磨粒磨损而使轴承失效。

此外，由于安装、维护、使用不当，特别是在高速、重载条件下工作的轴承，由于摩擦产生高温而使轴承产生胶合、卡死现象，或由于离心力过大而使保持架破坏，使轴承不能正常工作，寿命缩短。

综上所述，对于制造良好、安装维护使用正常的轴承，最常见的失效形式是疲劳点蚀和塑性变形，应针对疲劳点蚀进行接触疲劳承载能力计算和针对塑性变形进行静强度计算。

5. 滚动轴承的润滑与密封

润滑和密封直接影响到滚动轴承的寿命，设计时和使用中应予以注意。

（1）滚动轴承的润滑　润滑的主要目的是减少摩擦与磨损，同时也有吸收振动、散热降温、减缓腐蚀的作用。常用的滚动轴承润滑剂有润滑油和润滑脂两种，选用时根据轴承的 dn 值来确定，见表7-16。这里 d 为轴承内径（mm），n 是轴承的转速（r/min），dn 值间接表示了轴颈的圆周速度。一般在 $dn<(15\sim20)\times10^4$（mm·r/min）时采用脂润滑，超过这一范围时宜采用油润滑。

表7-16　滚动轴承的 dn 值　　　　（单位：10^4mm·r/min）

轴承类型	润滑脂	润滑油			
		油浴	滴油	喷油	油雾
深沟球轴承	16	25	40	60	>60
调心球轴承	16	25	40		

231

（续）

轴承类型	润滑脂	润滑油			
		油浴	滴油	喷油	油雾
角接触球轴承	16	25	40	60	>60
圆柱滚子轴承	12	25	40	60	>60
圆锥滚子轴承	10	16	23	30	
调心滚子轴承	8	12		25	
推力球轴承	4	6	12	15	

润滑油的主要优点是摩擦阻力小，散热效果好；缺点是易于流失。因此，在工作时要保证有充足的供油。它主要用于速度较高或工作温度较高的轴承。润滑油的种类较多，最常用的润滑油是全损耗系统用油（矿物油之一种）。具体选用时，可根据轴承的工作温度、dn 值及当量动载荷来确定。常用的润滑方式是浸油润滑、滴油润滑和喷油润滑等，其工作原理与滑动轴承的润滑方式一致。

润滑脂的优点是不易流失，便于密封和维护，充填一次可运转较长时间（可达数个月）；缺点是摩擦阻力较大，不利于散热。润滑脂常常采用人工方式定期更换，润滑脂的加入量一般应是轴承空隙体积的 1/3~1/2。

（2）滚动轴承的密封 密封的作用是防止灰尘、杂质等进入轴承，并阻止轴承内的润滑剂流失。密封方法分两大类，即接触式密封和非接触式密封。接触式密封是在轴承盖内放置毡圈或皮碗等弹性软材与转轴直接接触而起到密封作用，有毡圈密封和皮碗密封两种形式，如图 7-39 所示；非接触式密封是利用狭小间隙来起到密封作用，有间隙式密封和迷宫式密封两种形式，如图 7-40 所示。

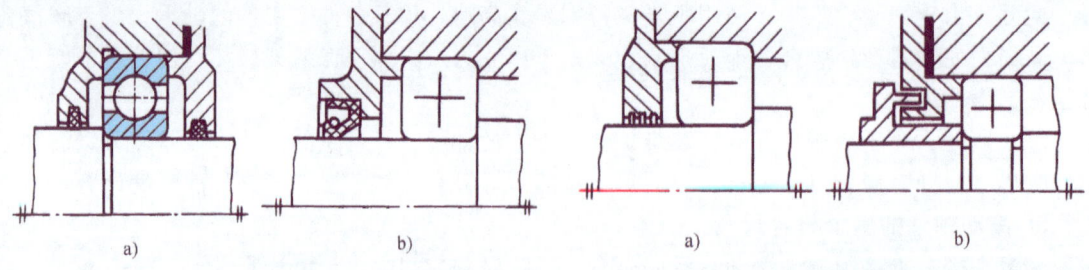

图 7-39 接触式密封
a）毡圈密封 b）皮碗密封

图 7-40 非接触式密封
a）间隙式密封 b）迷宫式密封

密封方法的选择与润滑剂的种类、工作环境、温度、密封表面的圆周速度有关。毡圈密封是将工业毛毡制成的环片，嵌入轴承盖上的梯形槽内，与转轴间摩擦接触，以起到使箱体内外隔断的作用；其结构简单，价格低廉，但毡圈易磨损，常用于工作温度不高的脂润滑场合。皮碗密封的密封件为专业厂家提供的标准件，有多种不同的结构和尺寸。它广泛用于较低转速的油润滑或脂润滑场合，密封效果较好，但在高速时易发热。

非接触密封避免了接触式密封中密封件与转轴直接接触、易磨损的缺点，适用于高速场合。间隙式密封是通过轴承盖与轴颈间较长的环状间隙（0.1~0.3mm），并填充润滑剂来达到密封的目的。迷宫式密封是通过旋转件与固定件之间构成迂回曲折的小间隙来实现密封。工程中，往往将几种密封装置组合起来使用，发挥各自的优点，提高密封效果。

单元三 汽车传动装置零部件分析与应用

*阅读及拓展知识

一、滚动轴承的组合设计

1. 滚动轴承的轴向定位与固定

轴承安装在轴上需进行轴向定位与固定，以防止轴向窜动；同时，还要预留适当间隙，以保证工作温度变化时，轴能自由伸缩，不发生变形。滚动轴承的常见支承配置形式有如下两种：

（1）双支点单向固定（两端固定） 双支点单向固定是指两端轴承各限制一个方向的轴向移动，对于整根轴两个轴向方向都受到限制，故这种配置也称为两端固定。如图7-41a、b所示，两个圆锥滚子轴承（或用两个角接触球轴承）在两端由轴承端盖顶住轴承外圈限制轴向移动。两端固定的支承方式在轴向载荷不大时，也可以采用一对深沟球轴承来实现，如图7-41c所示。

这种支承固定形式的缺点是：当两个支点跨距较大，而轴因某种原因受热伸长时，在两端限制了轴的热伸长，使得轴挠曲过度或甚至导致轴承卡死。因此，在工作温度太高的场合（如细长的蜗杆轴或高温环境）不宜采用这种支承形式。在采用一对深沟球轴承作为两端固定支承时，要注意在一端的轴承外圈与轴承端盖之间留出适当的间隙，以补偿轴的热伸长，如图7-41c所示；对于角接触球轴承或圆锥滚子轴承，也应该在安装时使轴承内留有轴向游隙，如图7-41b所示。

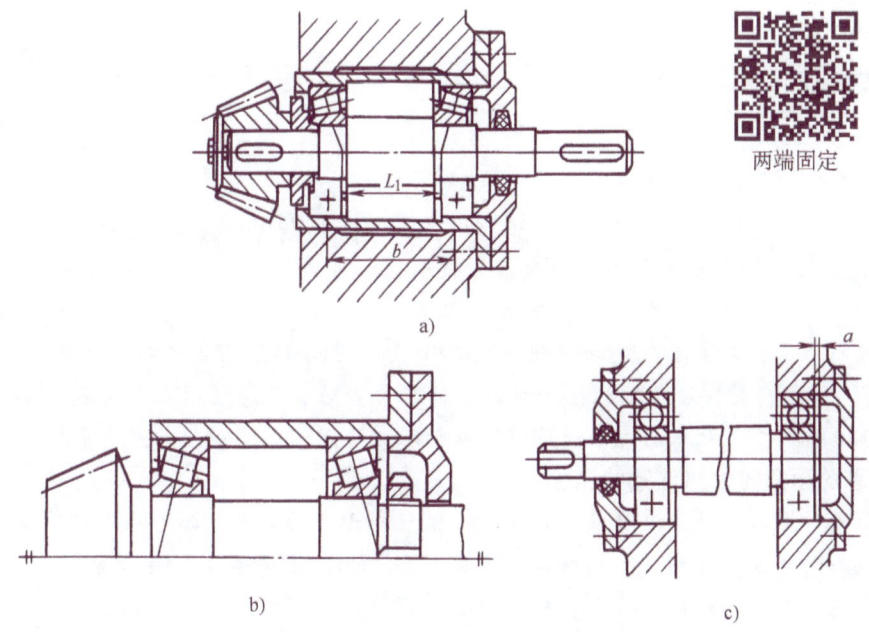

图7-41 双支点单向固定
a）正装场合 b）反装场合 c）深沟球轴承支承场合

两端固定的支承配置形式结构简单，易于安装调整，适用于温度变化不大、跨距较小的轴。

此外，对于角接触球轴承或圆锥滚子轴承，采取双支点单向固定的轴承支承形式时，到底是采用哪种排列好不能一概而论，要视具体情况分析而定。例如悬臂布置的齿轮轴以反装方式为好，因这时两个轴承的载荷中心向外扩展而使实际支点更接近齿轮的受力点。但是如果齿轮是位于两个支点之间的两端支承方式，那么在没有其他悬臂传动件（如齿轮、带轮、链轮）时，则以正装方式为好，因这样使两个支点的实际跨距向内缩小，从而可提高系统的刚度。

（2）单支点双向固定（一端固定，一端游动） 单支点双向固定形式是指一个支承的轴承内、外圈双向固定，即轴的轴向双向移动用一个支点来限制。如图7-42a所示，左端的深沟球轴承的内、外圈两个端面均为轴向固定，图7-42b所示的左端采用两个置于同一支点的角接触球轴承（或一对圆锥滚子轴承）来做轴向限位，承受双向轴向载荷；而在另一个支点上则采用一个向心轴承（如深沟球轴承或圆柱滚子轴承等）仅做径向支承，允许轴向自由移动，以补偿轴的热伸长，故这种配置也称为"一端固定，一端游动"。这种支承形式适用于温度变化较大的轴。

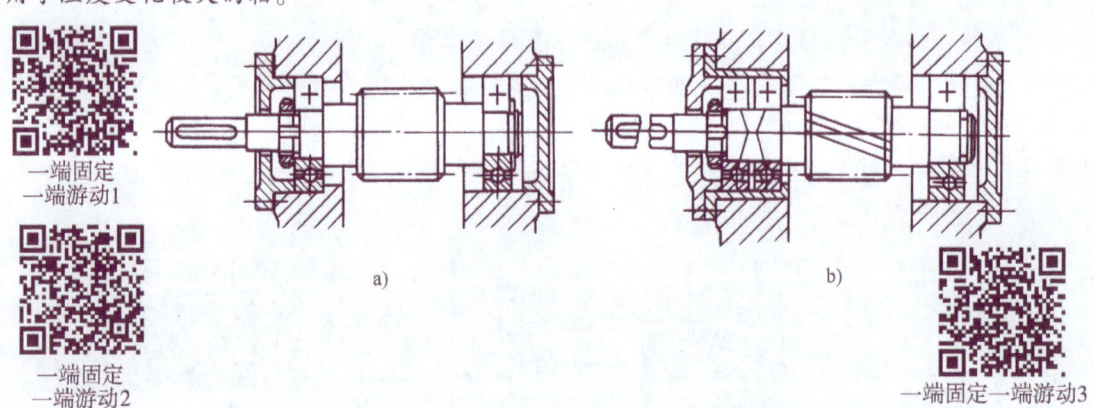

图7-42 单支点双向固定
a）深沟球轴承支承方式 b）两个置于同一支点的角接触球轴承支承方式

在一个支点上成对安装同型号向心推力轴承时，可以将这对轴承近似看作一个双列轴承，其载荷中心（即支反力作用点）可认为就在这对轴承总宽度的中心，轴向外载荷即由这个双列轴承承受；其基本额定动载荷可按单个向心推力轴承C值的1.625倍（角接触球轴承）或1.71倍（圆锥滚子轴承）来计算；计算当量动载荷的径向载荷系数X和轴向载荷系数Y，可由轴承手册中相应的双列角接触球轴承或双列圆锥滚子轴承来查取。

2. 轴承的预紧与轴向位置的调整

所谓轴承的预紧，就是在安装时用某种方法在轴承中产生并保持一轴向力，使滚动体与内、外圈接触处产生预变形，以消除轴承中的游隙。预紧能提高轴承旋转精度，增加轴承装置的刚性，减少机器工作时的振动，但同时也会减少轴承的寿命，如机床主轴就常常采用预紧轴承。图7-41a、图7-42所示是通过增减轴承端盖处调整垫片的厚度来调整轴承外圈的轴向距离，使轴承达到理想的游隙或所求的预紧程度；图7-41b所示是通过轴上圆螺母的进退来调整两个轴承内圈之间的轴向距离，以达到相同的目的。图中轴承套杯与箱体之间的垫片则是用来调整整个轴系的轴向位置，以保持小锥齿轮与配对的大锥齿轮有正确的啮合位置。

3. 滚动轴承的配合

由于滚动轴承是标准件，为了便于互换和适应大量生产，选择配合时就应以轴承为基准件，即轴承内圈与轴颈的配合采用基孔制，轴承外圈与座孔的配合采用基轴制。

滚动轴承的配合是指内圈与轴颈、外圈与座孔的配合；这关系到轴承的传力及其游隙的调整，也影响到轴承的定位精度，需要在设计时合理确定。例如，若轴承内圈与轴颈的配合太松，工作时就可能出现相对运动，这是不允许的。一般说来，在载荷方向不变时，转动圈应比固定圈的配合紧些。通常内圈与轴一起转动。当转速越高、载荷越大、工作温度越高时，内圈与轴颈应采用越紧的配合；而外圈与座孔间（特别是需要做轴向游动或经常装拆的场合）常采用较松的配合。轴颈公差带带号常取 n6、m6、k6、js6 等；座孔的公差带代号常用 K7、J7、H7 和 G7 等，具体选用可参考 GB/T 275—2015。

二、滑动轴承与滚动轴承的选用

1. 选用时应考虑的问题

选择轴承时，一般应从机械对轴承性能的要求，轴承对工作环境、工作条件的适应性，轴承的价格和供货，安装维护方便等几个方面考虑。在考虑轴承的承载性、适应性和经济性的原则下，滚动轴承和滑动轴承在选用时应考虑的具体问题如下。

（1）机械对轴承性能的要求　主要包括承载能力的大小，允许的速度范围，起动时摩擦力矩的大小及摩擦功耗，对外界和自身振动的抵抗能力，起动、停车的频繁程度，运转时的噪声水平，径向精度，安装结构要求及其润滑简易程度等因素。

（2）轴承对工作环境和条件的适应性　主要包括是否高温、低温或温度变化范围很大，有无腐蚀性气体或污染，周围有无含尘空气，是否潮湿或干湿交替，有无废屑或磨粒污染，有无辐射，是否在真空下工作，有无近处机械传来的振动等因素。

（3）经济性　主要指轴承的寿命，轴承本身及其附属装置的费用，保证轴承正常工作的维护费用等因素。

2. 优先选用原则

滚动轴承和滑动轴承的性能在前面已经进行了详细的介绍，两者的优先选用原则如下。

(1) 滑动轴承的优先选用原则

1) 轴承工作时有大的冲击和振动或载荷极大。
2) 对寿命、可靠性要求很高。
3) 定心精度要求很高，工作转速极高。
4) 某些特殊的工作环境（高温、低温、腐蚀、辐射等）。
5) 轴向尺寸小或轴孔直径很大，需要剖分轴承的场合。

(2) 滚动轴承的优先选用原则

1) 用户强调经济性的要求。
2) 在工作转速不高的工作范围内。
3) pv 值（摩擦功耗的表征值）超过滑动轴承的允许范围。
4) 要求轴向尺寸紧凑，同时承受轴向载荷和径向载荷。
5) 需要经常起动、停车的场合。

汽车机械基础

3. 滑动轴承类型的选择

选择滑动轴承时，应从轴承载荷、轴颈的直径和转速等参数考虑。一般原则如下：

1) 承受径向载荷的选择径向轴承，承受轴向载荷的选择止推轴承，同时承受径向、轴向载荷的选择径向和止推轴承的组合形式。

2) 低速、轻载、手动机械，选用整体式滑动轴承。

3) 中速、高速，载荷大，选用对开式滑动轴承。

4. 滚动轴承类型的选择

在选择轴承类型时，应从具体工作条件出发，考虑各类轴承的特点及应用场合，从中选出比较合适的轴承类型。具体选择时可参考以下几点。

（1）考虑所承受载荷的大小、方向、性质和转速的高低

1) 当载荷较大或有冲击载荷时，宜用滚子轴承；当载荷较小时，宜用球轴承。

2) 当只受径向载荷时，或虽同时受径向和轴向载荷，但以径向载荷为主时，选用向心轴承。当只受轴向载荷时，一般选用推力轴承；而当转速很高时，可用角接触球轴承或深沟球轴承。当径向和轴向载荷都较大时，采用角接触轴承。

3) 当转速较高时，宜用球轴承；当转速较低时，可用滚子轴承，也可用球轴承。

（2）考虑刚度、调整性能、结构尺寸大小、轴承的装卸和经济性等要求

1) 当要求支承具有较大刚度时，应用滚子轴承。

2) 当轴的弯曲变形大或轴承孔座同轴度较差时，或跨度大而对支承有调心要求时，应选用调心轴承。

3) 为便于轴承的拆装，可选用内、外圈可分离的轴承。

4) 从经济角度看，球轴承比滚子轴承便宜，精度低的轴承比精度高的轴承便宜，普通结构轴承比特殊结构轴承便宜。

滚动轴承的型号及尺寸选用计算，主要是防止轴承在预期寿命内发生疲劳点蚀，可按轴承承载能力的要求进行寿命计算，具体可参考机械设计手册。

拓展训练

1. 通过发动机曲轴拆装实践，了解滑动轴承结构及应用。
2. 结合实际车型，讨论汽车传动装置中的轴承类型及应用。

任务十二　汽车联轴器、离合器的认识与装配

1. 任务要点

1) 认识并熟悉联轴器、离合器在汽车上的应用。

2) 认识离合器类型、特点和结构。

3) 认识联轴器类型、特点和结构。

2. 任务安排

请通过学习工作页（任务十二、实训三）了解本项目活动任务并按计划要求实施活动，完成学习工作页相关内容的填写。

单元三 汽车传动装置零部件分析与应用

基础知识

汽车用联轴器和离合器如图 7-43 所示。离合器位于发动机与变速器之间,其主动部件与发动机的飞轮联接,从动部件与变速器联接,可实现发动机和变速器的暂时分离和逐渐接合,以切断或传递发动机向变速器输出的动力。联轴器主要用于轴与轴之间的联接,以实现两轴的运动和动力传递。

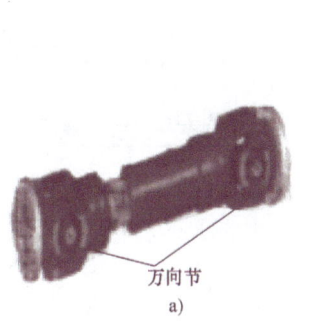
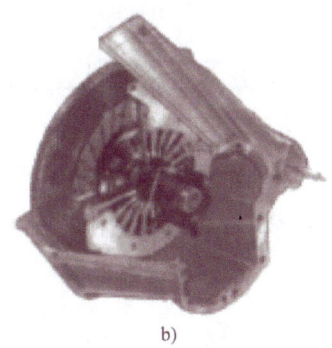

图 7-43 汽车用联轴器(万向节)和离合器
a) 万向节 b) 离合器

联轴器和离合器通常用来联接两轴并传递运动和转矩。有时也可以作为一种安全装置用来防止被联接件承受过大的载荷,起到过载保护的作用。有的联轴器还可以改变所联接两轴的相对位置。联轴器联接两轴只有在机器停止运转、经拆卸后才能使两轴分离。而离合器联接的两轴可在机器运转时方便地实现分离与接合。

联轴器所联接的两轴,由于制造及安装误差、承载后的变形及温度变化的影响,往往存在某种程度的相对位移与偏斜。因此,设计联轴器时要从结构上采取各种不同的措施,使联轴器具有补偿各种偏移的性能。联轴器和离合器是常用构件,大多已经标准化,一般只需要根据工作要求正确选择它们的类型和尺寸,必要时对其中易损的薄弱环节进行承载能力的校核计算。

一、联轴器类型与应用

联轴器一般由两个半联轴器及联接件组成。半联轴器与主动轴、从动轴常采用键、花键等联接。联轴器联接的两轴一般属于两个不同的机器或部件,由于存在制造、安装误差,运转时零件的受载变形,以及其他外部环境或机器自身的多种因素,都可使被联接的两轴相对位置发生变化,出现如图 7-44 所示的相对位移。

联轴器除了能传递所需的转矩外,还应具有补偿两轴

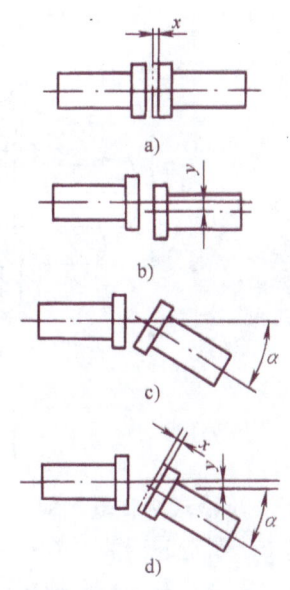

图 7-44 两轴之间的相对位移
a) 轴向偏移 b) 径向偏移
c) 角偏移 d) 综合偏移

237

线的相对位移或偏差、减振与缓冲及保护机器等功能。

1. 固定式刚性联轴器

固定式刚性联轴器由刚性传力件组成，联接件之间不能相对运动，因此不能补偿两轴线相对位移，对两轴安装的精度要求较高，若两轴线发生相对位移，会在轴、联轴器和轴承上引起附加载荷；适用于无冲击、轴的对中性好的场合。

（1）套筒联轴器 套筒联轴器如图7-45所示，套筒的材料通常用45钢，适用于轴径小于70mm的对中性较好的场合。其径向尺寸小、结构简单，可根据不同轴径自行设计制造，在仪器中应用较广。

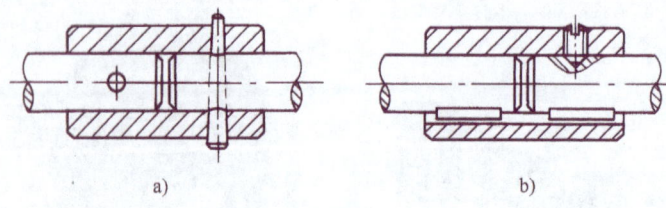

图7-45 套筒联轴器

a）销联接的套筒联轴器 b）单键联接的套筒联轴器

（2）凸缘联轴器 凸缘联轴器由两个带凸缘的半联轴器组成，半联轴器分别由键与所在轴联接，然后两个半联轴器用螺栓联接。对中和传力的方式有两种：如图7-46a所示，利用凸肩和凹槽的两个半联轴器的相互嵌合来对中，靠预紧普通螺栓在凸缘边接触表面产生的摩擦力传递转矩；如图7-46b所示，通过六角头加长杆螺栓与孔的紧配合对中，靠螺杆承受挤压与剪切传递转矩。

凸缘联轴器结构简单、传递转矩大，传力可靠、对中性好、装拆方便、应用广泛，但不具有位移补偿功能，应按标准选用。

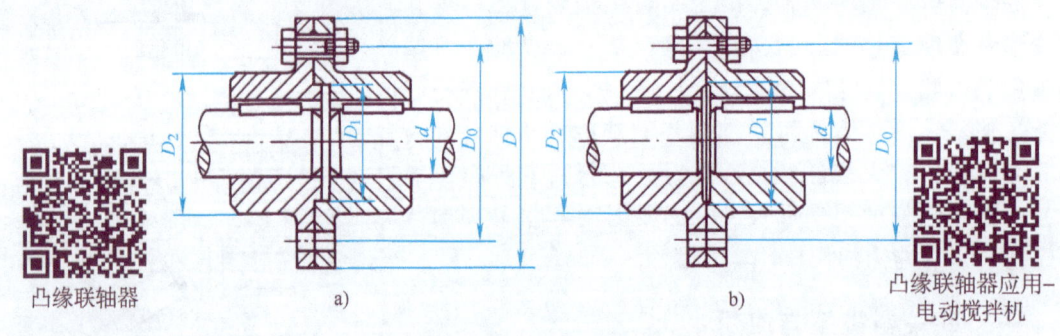

图7-46 凸缘联轴器

a）用凸肩和凹槽对中 b）用配合螺栓联接对中

2. 可移式刚性联轴器

由于制造、安装误差和工作时零件变形等原因，被联接的两轴不一定能保证精确对中时，宜采用具有补偿两轴相对偏移能力的可移式刚性联轴器。这类联轴器能补偿两轴相对轴向偏移 Δx、径向偏移 Δy、角偏移 $\Delta \alpha$ 和这些偏移组合的综合偏移（图7-44），否则会在联轴器、轴和轴承中产生附加载荷，甚至引起强烈振动。

单元三 汽车传动装置零部件分析与应用

可移式刚性联轴器由构成动联接的零件组成，具有一个或几个方向的活动度，因此可以补偿两轴的相对位移。

（1）齿式联轴器　齿式联轴器是允许综合位移刚性联轴器中具有代表性的一种联轴器。图 7-47a、图 7-47c 所示分别为齿式联轴器的结构和位移补偿示意图。由两个带有内齿及凸缘的外套筒和两个带有外齿的内套筒组成。两个外套筒用螺栓联接，两个内套筒用键与两轴联接，内外齿啮合传递转矩。

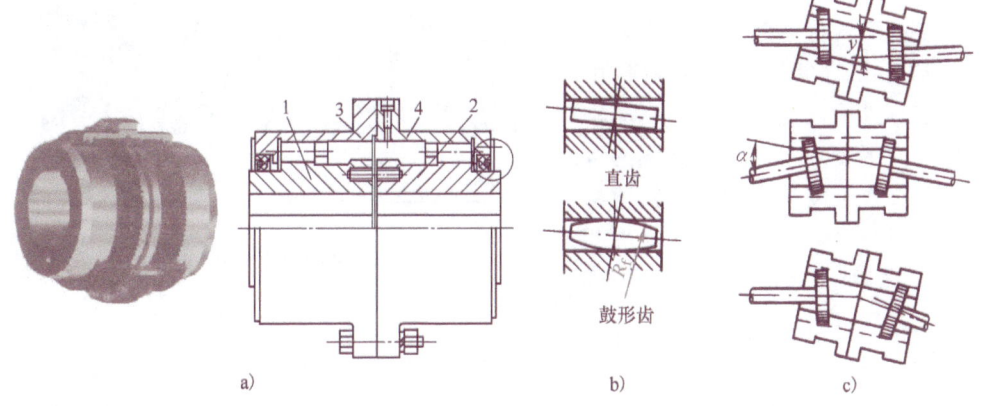

图 7-47　齿式联轴器

a）齿式联轴器的结构图　b）齿形示意图　c）位移补偿示意图

齿式联轴器齿环上常用压力角为 20° 的渐开线齿廓，齿的形状有直齿和鼓形齿两种，如图 7-47b 所示，后者称为鼓形齿联轴器（JB/T 8854.1—2001）。由于内、外齿啮合时具有较大的顶隙和侧隙。因此，这种联轴器具有径向、轴向和角度位移补偿的功能。由于内、外齿廓均为渐开线，故制造和安装精度要求较高，成本高。但传递载荷能力与位移补偿能力强，在汽车、重型机械中广泛应用。

（2）滑块联轴器　滑块联轴器如图 7-48 所示，由两个具有径向通槽的半联轴器和一个具有相互垂直凸榫的十字滑块组成。由于滑块的凸榫能在半联轴器的凹槽中移动，故而补偿了两轴间的位移。为了减少滑动引起的摩擦，要予以一定的润滑并对工作表面进行热处理以提高硬度。

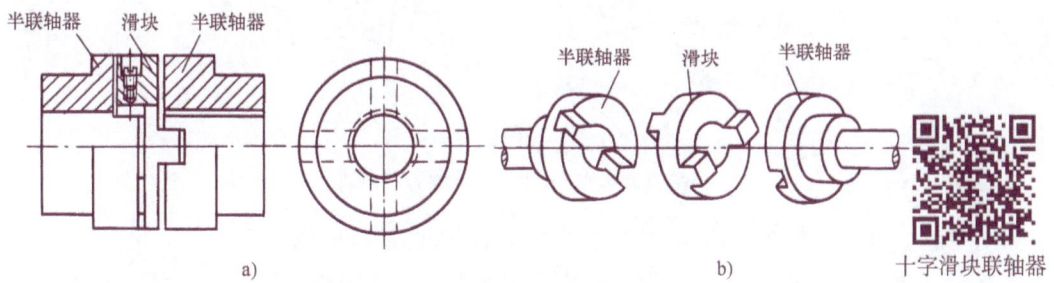

图 7-48　滑块联轴器

a）结构示意图　b）零件示意图

滑块联轴器常用 45 钢制造。要求较低时也可以采用 Q275，且无须热处理。

在刚性可移式联轴器中还有万向联轴器，简称为万向节，它是汽车传动系中重要的常用传动装置。

3. 弹性联轴器

弹性联轴器依靠弹性元件的弹性变形来补偿两轴的相对位移,改善轴和支承的工作条件,降低联轴器所受的瞬间过载;并有改变轴系刚度,消减振动,避免共振的作用。

(1) 簧片式联轴器　簧片式联轴器如图 7-49 所示,其弹性元件由若干组弹簧片组成,弹簧片沿径向成辐射状分布,每组弹簧片的一端为固定端,与支承块构成固定联接,另一端为自由端,与相连零件构成可动联接,当联轴器传递转矩时,簧片与花键轴接触的可动端相对于固定端发生弯曲变形,使两半联轴器相对扭转某一角度。为增大联轴器的缓冲和吸振效果,每组簧片间的

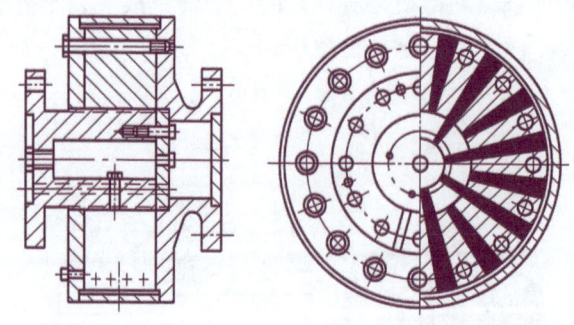

图 7-49　簧片式联轴器

空腔中充满润滑油,在交变载荷作用下,簧片左右弯曲变形,形成油腔的压力变化,迫使润滑油经簧片两侧的缝隙从一侧流至另一侧,产生较大的黏性摩擦阻尼。

簧片式联轴器的弹性元件根据结构与功能的需要,一般制成各种片状、卷板状和圆柱状等结构形式。由于其结构紧凑、变形量大、安全可靠,因此簧片式联轴器具有较好的弹性和阻尼特性,适用于载荷变化较大有扭转振动的轴系,如重型车辆、船舶、内燃机和柴油发电机组等设备。

如图 7-50 所示,簧片式联轴器根据簧片组结构不同,可分为可逆转联轴器和不可逆转联轴器两种。

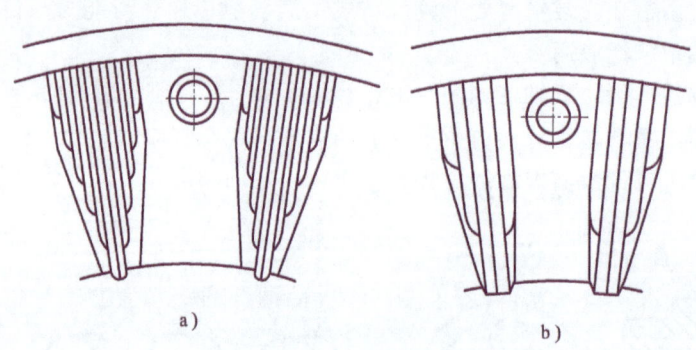

图 7-50　簧片式联轴器的分类
a) 可逆转联轴器　b) 不可逆转联轴器

(2) 弹性套柱销联轴器　弹性套柱销联轴器的构造与凸缘联轴器类似,不同之处是用有弹性的柱销代替了刚性的螺栓。图 7-51 中的弹性套常用耐油橡胶制造,作为缓冲吸振元件。柱销材料为 45 钢,半联轴器用铸铁或铸钢制造,其与轴的配合可以采用圆柱或圆锥配合孔。

弹性套柱销联轴器易制造、易拆卸、成本低,但弹性套易磨损、寿命较短,适于载荷平稳、正反转或起动频繁、转速高的中小功率的两轴联接。

(3) 弹性柱销联轴器　弹性柱销联轴器的构造也与凸缘联轴器的构造相仿。图 7-52 所

示为弹性的柱销将两个半联轴器联接起来。为防止柱销脱落,采用了挡板。柱销多用尼龙或酚醛布棒等弹性材料制造。

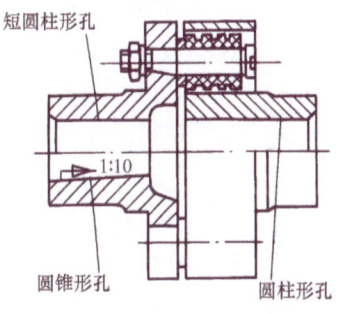

图 7-51　弹性套柱销联轴器

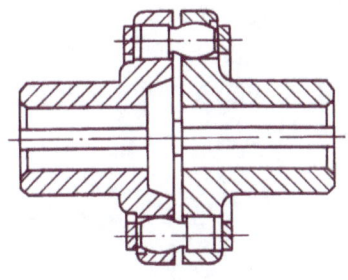

图 7-52　弹性柱销联轴器

弹性柱销联轴器虽然与上述的弹性套柱销联轴器十分相似,但其制造容易、不用润滑、拆装方便、载荷传递能力更大、结构更为简单,使用寿命及缓冲吸振能力更强。因此,适用于安装底座刚性好,轴向窜动较大,正反转或起动频繁,转速较高的场合;但由于尼龙柱销材料的缘故,对温度较敏感,工作温度限制在 -20~70℃ 的范围内。

二、万向节类型与应用

万向节是汽车万向传动装置中实现变角度传动的一种联轴器,它可以分为刚性万向节和挠性万向节。刚性万向节又可分为不等速万向节(十字轴式)、准等速万向节(双联式、三销轴式等)和等速万向节(球笼式、球叉式等)。

下面介绍汽车中常用的几种万向节。

1. 十字轴式刚性万向节

(1) 单个十字轴式刚性万向节　十字轴式刚性万向节主要用于两轴交叉的传动,在汽车传动系中应用最为广泛,它允许相邻两轴的最大夹角为 $\alpha_{max} = 35°~45°$。一般由一个十字轴、两个万向节叉和四个滚针轴承等机件组成。

如图 7-53 所示为解放 CA3258P 型汽车上使用的十字轴式刚性万向节。万向节叉 1 和万

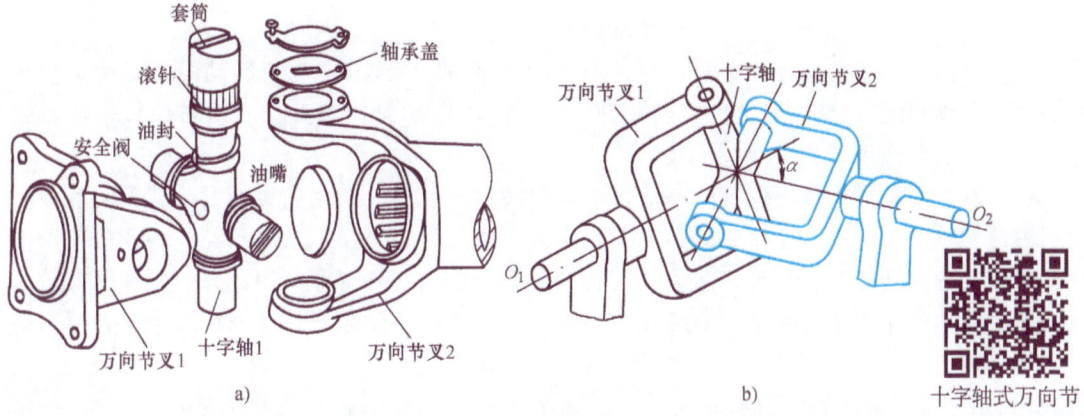

图 7-53　十字轴式刚性万向节
a) 结构零件示意图　b) 结构示意图

向节叉 2 分别与前、后传动轴后端凸缘盘用四个螺栓相联接。两个万向节叉的两对孔通过四个滚针轴承（由滚针和套筒组成）分别与十字轴的两对轴颈相铰接构成转动副。这样，当主动轴转动时，从动轴既可随之转动，又可绕十字轴中心在任意方向摆动。为了润滑轴承，十字轴的轴颈上套着装在金属座圈内的油封，以防止润滑油流失或灰尘进入轴承。

刚性万向节结构简单、传动效率较高，但其不足之处是对于单个万向节而言，在输入轴和输出轴之间有偏转角的情况下，其两轴的瞬角速度不相等，这就是单个万向节的不等速性，如图 7-54 所示。

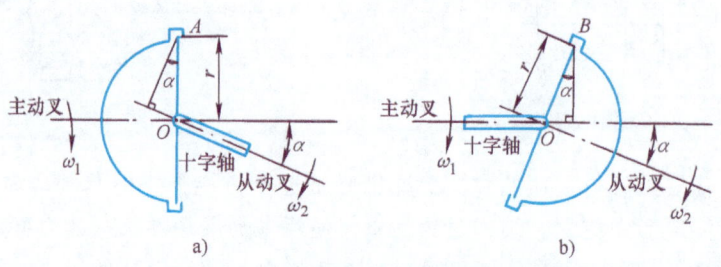

图 7-54　十字轴式刚性万向节角速度分析
a）主动叉在垂直位置　b）主动叉在水平位置

1) 如图 7-54a 所示，当主动叉在垂直位置，十字轴平面与主动轴相垂直时，十字轴上 A 点的瞬时圆周速度 v_A 为

$$v_A = \omega_1 r = \omega_2 r \cos\alpha$$

所以

$$\omega_1 = \omega_2 \cos\alpha$$

式中，ω_1 为主动叉角速度；ω_2 为从动叉角速度；r 为十字轴旋转半径；α 为两轴偏转角。

此时 $\omega_2 > \omega_1$，即从动轴的转速大于主动轴的转速。

2) 如图 7-54b 所示，当主动叉转到水平位置，十字轴平面与从动轴相垂直时，十字轴上 B 点的瞬时圆周速度 v_B 为

$$v_B = \omega_1 r \cos\alpha = \omega_2 r$$

所以

$$\omega_2 = \omega_1 \cos\alpha$$

此时 $\omega_2 < \omega_1$，即从动轴的转速小于主动轴的转速。

由上面两个位置的角速度分析可见，若主动叉从 0°开始以 ω_1 匀速转动时，从动叉角速度 ω_2 的变化则由快到慢；当主动叉转过 90°后，从动叉 ω_2 又由慢变快。即主动叉每转过半圈，从动叉的角速度变化一个周期。

（2）双十字轴式刚性万向节　一般，两轴偏转角 α 越大，转角差也越大，即万向节传动的不等速性越严重。单个十字轴式万向节传动的不等速性，将使从动轴及与其相联的传动部件产生严重的扭转振动，从而产生附加的交变载荷，影响部件寿命。因此，当两轴间有较大偏转角时，单个十字轴万向节不宜采用。在汽车上，万向传动装置往往采用双十字轴万向节来实现等速传动，但必须满足如下两个条件，如图 7-55 所示。

1) 第一万向节两轴偏转角 α_1 与第二万向节两轴偏转角 α_2 相等，即 $\alpha_1 = \alpha_2$。

2) 传动轴两端的两个万向节叉（即第一万向节的从动叉与第二万向节的主动叉）在同一平面内。

单元三 汽车传动装置零部件分析与应用

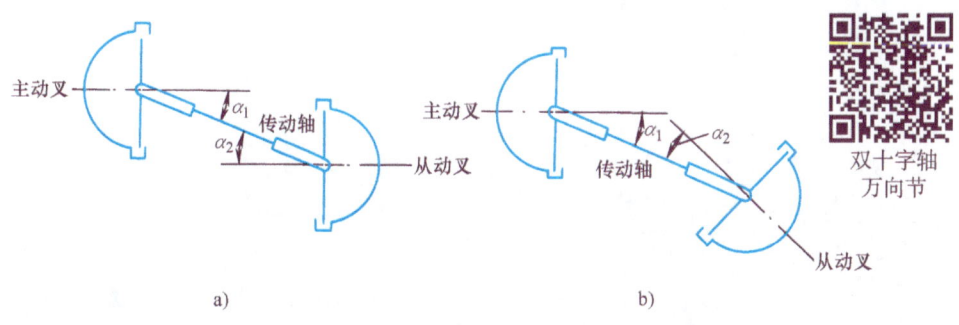

图 7-55 双十字轴万向节等速传动布置
a) 平行排列 b) 等腰式排列

在上述两个条件中，条件2) 完全可以由传动轴和万向节叉的正确装配来保证，而条件1) 只有通过机械的总体布置设计和装配工艺来实现。

2. 准等速万向节和等速万向节

(1) 准等速万向节 准等速万向节是根据上述万向节等速传动的原理设计的，常见的有双联式和三销轴式。

1) 双联式万向节。双联式万向节是将双十字轴万向节中的传动轴长度缩短至最小而得到的一种万向节，如图 7-56 所示。双联叉 3 即相当于处于同一平面上的两个万向节叉及传动轴。欲使轴 1 和 2 的角速度相等，应保证两轴间的夹角相等，即 $\alpha_1 = \alpha_2$。为此，有的双联式万向节的结构中装有分度机构，以使双联叉 3 的轴线平分所联两轴的夹角。

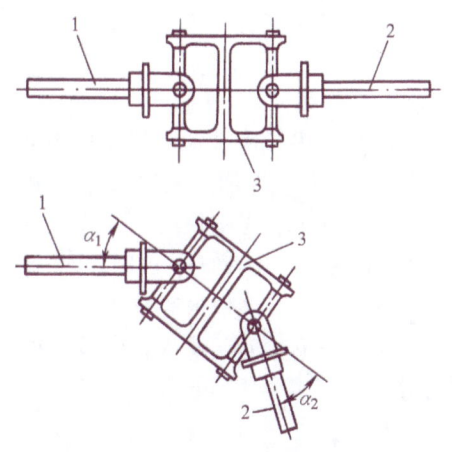

图 7-56 双联式万向节示意图
1、2—轴 3—双联叉

双联式万向节可使两轴之间有较大的夹角，并具有结构简单、制造方便、工作可靠等优点。因此，在转向驱动桥中应用较广泛，如北京切诺基、延安 SX2150、斯泰尔等汽车均采用了这种结构。

2) 三销轴式万向节。三销轴式万向节是由双联式万向节演变而来的一种准等速万向节。图 7-57 所示为三销轴式万向节。它主要由主动偏心轴叉 2、从动偏心轴叉 4 和两个三销轴 1、3 组成。主、从动偏心轴叉 2 和 4 分别与转向驱动桥的内、外半轴制成一体。叉孔中心线与叉轴中心线互相垂直交叉。两轴叉由两个三销轴 1 和 3 联接。三销轴的大端有一穿通的轴承孔，其中心线与小端轴颈中心线重合，靠近大端两侧的两个轴颈，其中心与小端轴颈中心线垂直相交，形成了 Q_1-Q_1'、Q_2-Q_2' 和 $R-R'$ 三根轴线。

三销轴式万向节的最大特点是允许相邻两轴有较大夹角，可达 45°，但所占空间较大。在转向驱动桥中若采用这种万向节，可使汽车获得较小的转弯半径，提高汽车的机动性。

(2) 等速万向节 等速万向节的基本原理是从结构上保证万向节在工作中，其传力点始终位于两轴夹角的平分面上。图 7-58 所示为等速万向节工作原理，一对大小相同的锥齿

243

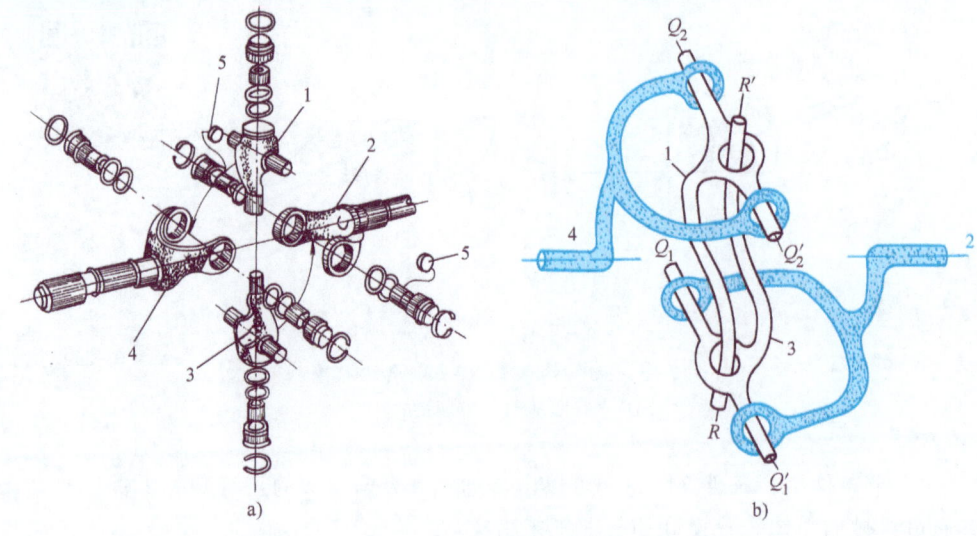

图 7-57 三销轴式万向节
a) 零件示意图 b) 结构示意图
1、3—三销轴 2—主动偏心轴叉 4—从动偏心轴叉 5—推力垫片

轮传动,两齿轮的接触点 P 位于两齿轮轴线夹角 α 的平分面上,由 P 点到两轴的垂直距离都等于 r。在 P 点处两齿轮的圆周速度是相等的,即两齿轮及轴的旋转角速度也相同。

目前在汽车上应用较广泛的等速万向节有球笼式、球叉式及组合式等速万向节。

1) 球笼式等速万向节。图 7-59 所示为球笼式等速万向节,其主要由保持架(球笼)、六个钢球、星形套和球形壳组成。星形套以其内花键与主动轴联接,钢球分别位于六条由星形套和球形壳形成的凹槽内,由保持架保持在同一平面内,动力由主动轴输入,经钢球和球形壳输出。

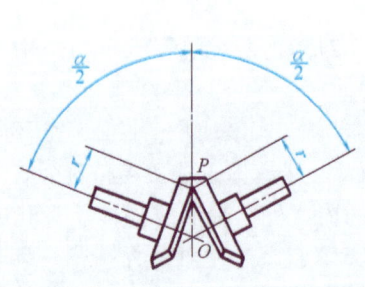

图 7-58 等速万向节工作原理

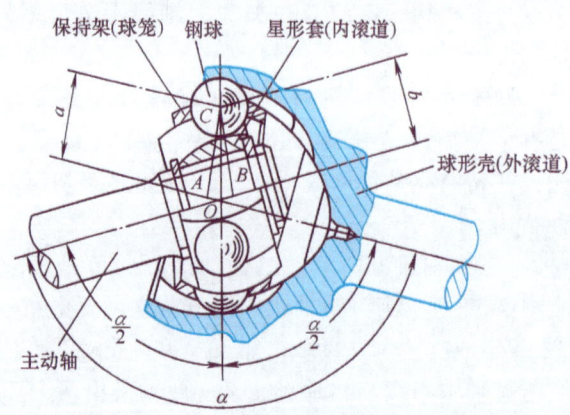

图 7-59 球笼式等速万向节

外滚道的中心 A 与内滚道的中心 B 分别位于万向节中心 O 的两侧,并且到 O 点的距离也相等。钢球中心 C 到 A、B 两点的距离也相等。保持架的内、外球面,内环的外球面和外环的内球面均以万向节中心为球心。当两轴交角变化时,保持架可沿内、外球面滑动,以保持六个钢球在同一平面。由于 $OA = OB$, $CA = CB$, CO 是公共边,则 $\triangle COA$ 与 $\triangle COB$ 为全等

三角形，故∠COA=∠COB，即钢球C始终处于α角的角平分面上，确保了钢球中心到主动轴与从动轴的距离a和b始终相等，从而使主动轴和从动轴以相等的角速度旋转。

球笼式万向节中六个钢球都传力，它们受力均匀，承载能力强，可允许两轴最大夹角为42°。各种轿车，如红旗世纪星、一汽奥迪200、捷达/高尔夫和上海桑塔纳等，多采用这种万向节。

2）球叉式等速万向节。如图7-60所示，球叉式等速万向节主要由主动叉、从动叉、四个传力钢球和一个中心钢球等零件组成。在主、从动叉上各有四个弧形凹槽，两个叉对合后形成四个钢球的滚道。四个传力钢球分别放置在此滚道之中。两叉中心的凹槽中放置中心钢球以定中心。

主动叉与从动叉上钢球的圆弧形滚道的圆心分别是O_1与O_2，两滚道中心圆弧半径相等，而且$O_1O=O_2O$。由于传力钢球处于由主、从动叉共同形成的滚道中，因而不论两轴夹角如何变化，传力钢球中心一定处于两圆弧滚道的交点处，也即处在两轴交角的平分面上。这就是球叉式万向节的等速传动原理。

球叉式万向节结构简单，允许最大夹角为32°~33°。这种万向节在工作时，只有两个钢球传力，另两个钢球在反转时受力，所以这种万向节钢球及滚道易磨损，影响使用寿命。其多用于转向驱动桥中，如北京BJ2020和解放CA30A型汽车。

球叉式万向节与球笼式万向节相比，结构简单，承载能力小，易磨损，不便于拆装，允许最大夹角小。

3）组合式等速万向节。组合式等速万向节结构如图7-61所示，球叉的三个直槽与三个传力球相配合，三个球销制成一个整体，分别定位在球笼上。联接卡簧上的三爪分别卡入球叉的三个菱形槽内，防止球笼脱离球叉。在弹簧的作用下，中心球座始终与球叉内凹面接触，起定心作用。这种万向节工作时，动力由半轴输入，经球叉、传力球、球销，最后经球笼输出。

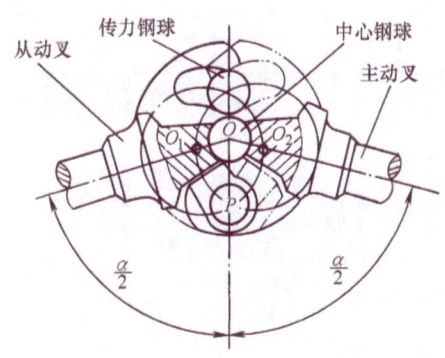

图7-60　球叉式等速万向节

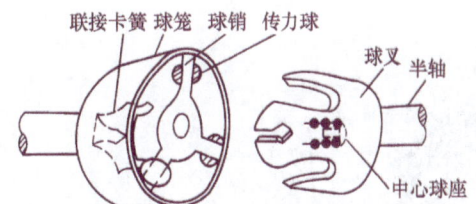

图7-61　组合式等速万向节

组合式等速万向节结构较紧凑，适合空间小的场合选用。

三、离合器类型与应用

1. 离合器的功用与分类

离合器主要用于机器运转过程中传递动力和运动时，在主、从动轴之间具有分离与接合功能的装置。在汽车传动系中，离合器直接与发动机相联，它可以实现汽车的起动、停车、变速的平顺换档。由于内燃机只能在无载荷的情况下起动,所以在汽车起步前必须先将发动机与驱动轮之间的传动路线切断;另外,汽车在换档和制动前也需要切断动力传递。为此,在发动机与变速器之间设有离合器。由于离合器是在不停车的状况下进行两轴的接合与分离,因而离合器应保证离合迅速、平稳、可靠,操纵方便,耐磨且散热好。

离合器的形式很多,常用的有嵌入式离合器和摩擦式离合器。嵌入式离合器依靠齿的嵌合来传递转矩和运动;摩擦式离合器则依靠工作表面间的摩擦力来传递转矩和运动。离合器的操纵方式可以是机械的、液力的和电磁的等,此外还可以制成自动离合器。自动离合器不需要外力操纵即可根据一定的条件自动分离或接合,如自动档汽车中的应用。以下主要介绍目前汽车中广泛使用的摩擦式离合器。

2. 摩擦式离合器

(1) 单片摩擦式离合器 如图 7-62 所示,单片摩擦式离合器主要是利用两圆盘面的压紧或松开,使摩擦力产生或消失,以实现两轴的接合或分离。

操纵拨叉,使从动盘左移,以压力 F 将其压在主动盘上,从而使两圆盘接合;反向操纵拨叉,使从动盘右移,则使两圆盘分离。

单片摩擦式离合器结构简单,但径向尺寸大,而且只能传递不大的转矩。它常用于轻型机械上,如多用于中型或轻型载货汽车上。

(2) 多片离合器 多片离合器的结构如图 7-63a 所示,有两组摩擦盘(片),内、外摩擦片分别带有凹槽和凸齿,如图 7-63b、c 所示。其主动轴、外壳与一组外摩擦片组成主动

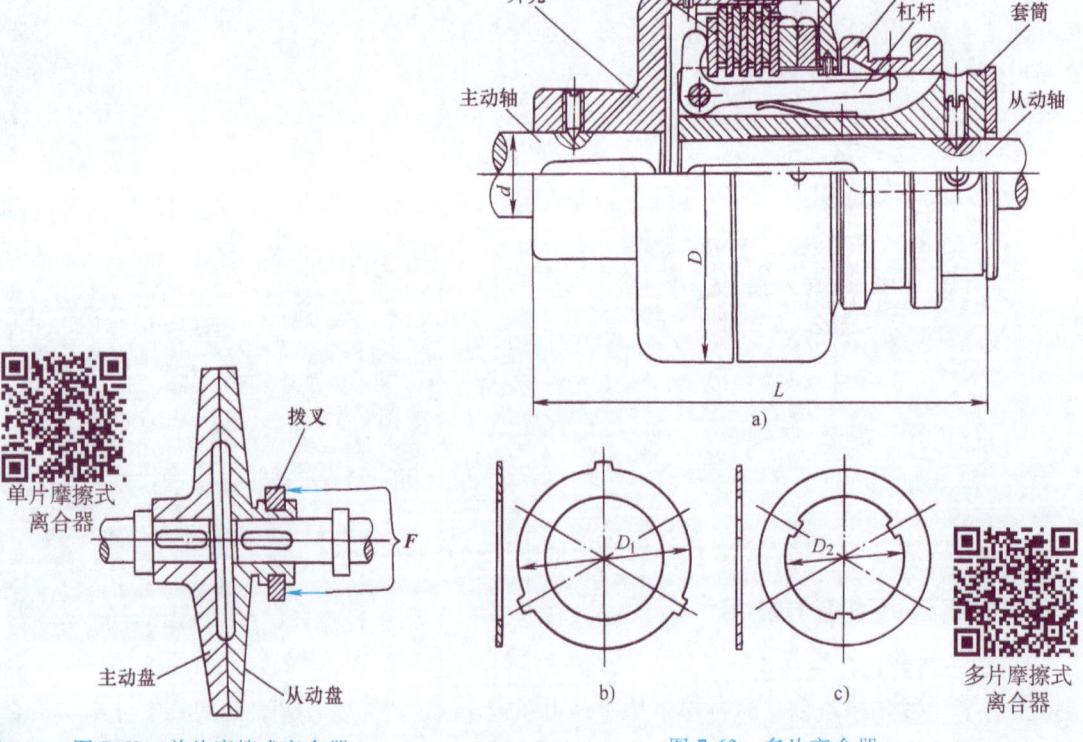

图 7-62 单片摩擦式离合器　　　　图 7-63 多片离合器

部分，其中外摩擦片可沿外壳的槽移动。从动轴、套筒与一组内摩擦片组成从动部分，其中内摩擦片可在套筒的槽上滑动。当滑环向左移动时，使杠杆绕支点顺时针转动，通过压板将两组摩擦片压紧，于是主动轴带动从动轴一起转动；反过来，滑环向右移动时，杠杆下面的弹簧使杠杆绕支点逆时针转动，两组摩擦片松开，于是主动轴与从动轴脱开。

由于多片离合器采用两组摩擦片，摩擦面积比单片离合器大大增加，可传递转矩的能力显著增大，但结构比较复杂。因此，主要应用在重型机械中，如中、重型载货汽车上。

（3）膜片弹簧离合器 图 7-64 所示为膜片弹簧离合器，碟形膜片弹簧用优质钢板制成，其形状如图 7-64b 所示，其上开有若干个径向切槽，切槽的内端开通，外端为圆孔，每两切槽之间的钢板形成一个弹性杠杆，它既是压紧弹簧又是分离杠杆。

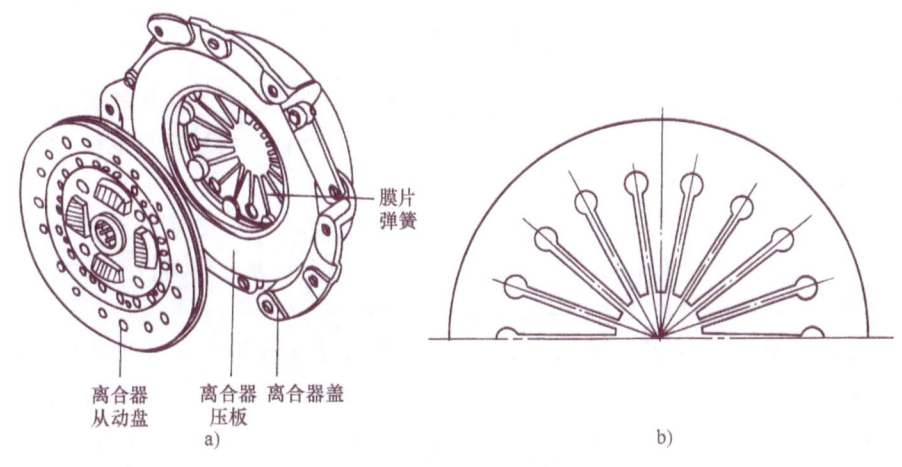

图 7-64 膜片弹簧离合器
a）结构示意图 b）膜片弹簧的形状

如图 7-65 所示，膜片弹簧离合器的压紧装置由压盘、离合器盖、膜片弹簧、支承圈、分离钩等组成。膜片弹簧中间的两侧有支承圈，用铆钉装在离合器盖上。支承圈为膜片弹簧工作时的支点。如图 7-65a 所示，在离合器盖未装到飞轮上时，膜片弹簧不受力，处于自由状态。此时，离合器盖与飞轮之间有一距离 L。如图 7-65b 所示，当把

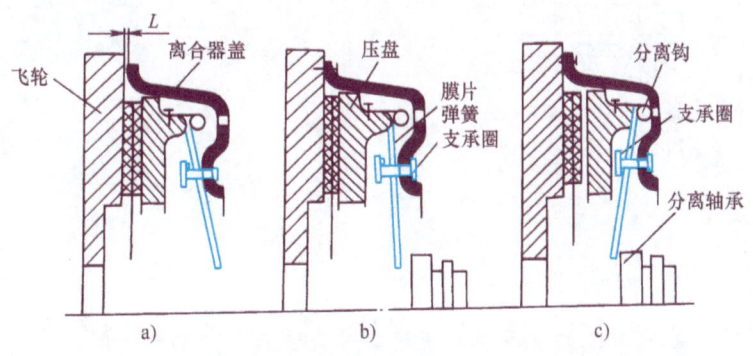

图 7-65 膜片弹簧离合器工作原理
a）安装前的位置 b）接合位置 c）分离位置

离合器盖靠向飞轮时，支承圈压迫膜片弹簧，使其发生弹性变形（锥角变小）。这样，膜片弹簧的反弹力使其外缘对压盘及从动盘产生压紧力，从而使离合器处于压紧状态。如图7-65c所示，当离合器分离时，分离轴承左移，膜片弹簧被压在支承圈上，膜片弹簧内缘前移，其径向截面以支承圈为支点转动（膜片弹簧呈反锥形），其外缘通过分离钩拉动压盘而使离合器分离。

膜片弹簧离合器具有结构简单、轴向尺寸小、弹性好、弹力不受离心力影响等优点，因此在汽车（尤其轿车）上得到了广泛的应用，如奥迪、捷达、上海桑塔纳、南京依维柯等均采用膜片弹簧离合器。

*阅读及拓展知识

挠性万向节

挠性万向节的特点是其传力元件采用夹布橡胶盘、橡胶块、橡胶环等弹性元件，从而保证在相交两轴间不发生机械干涉。由于弹性元件变形量有限，故挠性万向节一般用于夹角较小（3°~5°）的两轴间和有微量轴向位移的传动场合。

图7-66所示为自卸汽车挠性万向节。它由一个十字轴式刚性万向节、传动轴和一个挠性万向节组成。大圆盘用螺栓固定在飞轮上，联接圆盘与花键毂相铆接，而大圆盘与联接圆盘则通过四副弹性联接件相联接。中心轴用来使花键毂与飞轮同心。

弹性联接件结构如图7-67所示。在由两半对合的外壳中装有带衬套的两块橡胶块，其中一个橡胶块衬套通过螺栓与大圆盘固定（图7-66），另一个则与联接圆盘固定。这样，大圆盘通过四个螺栓将动力传至四个弹性联接件的各个橡胶块，再经各个外壳、另一个橡胶块和螺栓传给联接圆盘，最后经花键毂和十字轴式万向节传给变速器。

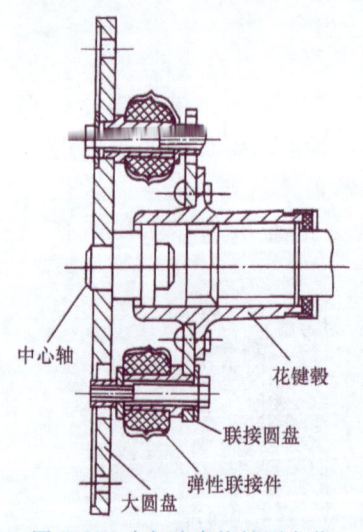

图7-66 自卸汽车挠性万向节

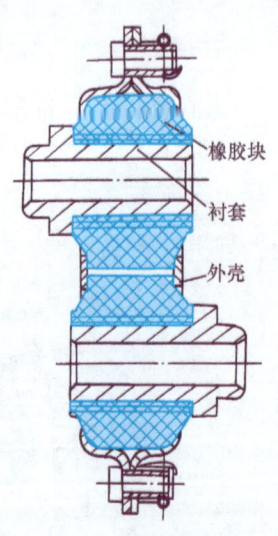

图7-67 弹性联接件

挠性万向节安装在车架上的发动机与变速器或变速器与分动器之间，可使装配方便，不需轴线严格对正，并能消除工作中车架变形对传动的不利影响。挠性万向节不但结构简单，不需润滑，且具有缓冲和减振作用。

单元三　汽车传动装置零部件分析与应用

任务十三　常用联接件的认识与应用

1. 任务要点
1）认识键联接的类型、结构特点及应用场合。
2）认识螺纹联接的类型、结构特点及应用维护。
3）了解键的失效形式和强度校核、参数选择等。

2. 任务安排
请通过学习工作页（任务十三）了解本项目活动任务并按计划要求实施活动，完成相关内容的填写。

 基础知识

为了便于制造、安装、使用、运输及维修，一般情况下，机器是由许多零部件按一定工作要求，用不同联接方法组合而成的。联接一般由联接件和被联接件组成。按照联接件和被联接件是否可以相互运动，机械联接分为两大类：一类是机器工作时，联接件与被联接件可以有相对运动，称为机械动联接，如各种运动副、联轴器、离合器等，这在有关项目活动中分别给予了介绍；一类则是机器工作时，联接件与被联接件间不允许产生相对运动，称为机械静联接，通常所说的联接主要指静联接。

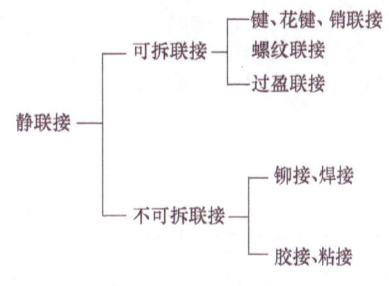

图7-68　静联接分类

机械静联接按拆卸性质又可分为两类：一类是可拆联接，另一类是不可拆联接，如图7-68所示。可拆联接是不损坏联接中的任一零件，即可将被联接件拆开的联接，如螺纹联接、键联接及销联接等。这种联接经多次装拆无损于其使用性能。不可拆联接是必须破坏或损伤联接件或被联接件才能拆开的联接，如焊接、铆接及黏接等。

一、键联接的类型与应用

键联接由键、轴与轮毂所组成，主要用来实现轴和轴上零件（如带轮、齿轮和联轴器等）之间的周向固定，以传递转矩和运动。有的还能实现轴上零件的轴向固定或轴向滑动。在汽车及其他机械中有广泛的应用，如图7-69所示。

常用的键可分为平键、半圆键、楔键和切向键等，且均已标准化。

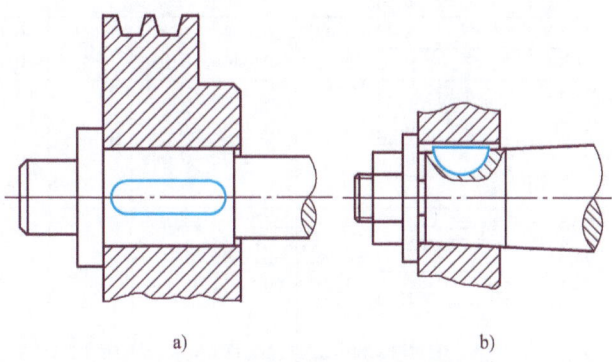

图7-69　键联接在汽车中的应用
a）减速器带轮与轴的平键联接　b）内燃机中锥轴与轮毂的半圆键联接

249

1. 平键联接

如图7-70a所示，装配后平键的两侧面是工作面。工作时，靠轮毂和轴上键槽与键侧面的相互挤压来传递转矩，键的上表面与轮毂上的键槽底之间留有间隙。平键联接具有结构简单、装拆方便，对中性较好等优点，因而得到广泛应用。常用的平键有普通平键和导向平键两种。

（1）普通平键 普通平键用于静联接，按结构分为圆头（A型，图7-70b）、方头（B型，图7-70c）及单圆头平键（C型，图7-70d）三种。用A型和C型键时，轴上的键槽是用指状铣刀加工的；键在键槽中的轴向固定较好，但键槽两端会引起较大的应力集中。用B型键时，键槽是用盘铣刀加工的，应力集中较小。普通平键结构简单，装拆方便，对中性好，易于加工，故应用较广，但不能承受轴向力，常用于相配零件要求定心性好和转速较高的静联接。其中A型键应用最广，C型键则多用于轴端。平键联接剖面尺寸可查GB/T 1095—2003，普通平键尺寸可查GB/T 1096—2003。常用的平键和键槽尺寸见表7-17。

图7-70 普通平键联接的结构和类型
a）结构图 b）A型 c）B型 d）C型

表7-17 平键和键槽尺寸（摘录）　　　　　　　　　　　　（单位：mm）

轴 公称直径 d	键尺寸 $b \times h$	键槽									
		宽 度						深 度				半径 r	
		基本尺寸 b	极限偏差					轴 t_1		毂 t_2			
			松联接		正常联接		紧密联接	基本尺寸	极限偏差	基本尺寸	极限偏差	最小	最大
			轴 H9	毂 D10	轴 N9	毂 JS9	轴和毂 P9					
10～12	4×4	4	+0.030 0	+0.078 +0.030	0 -0.030	±0.015	-0.012 -0.042	2.5	+0.1 0	1.8	+0.1 0	0.08	0.16
12～17	5×5	5						3.0		2.3			
17～22	6×6	6						3.5		2.8		0.16	0.25
22～30	8×7	8	+0.036 0	+0.098 +0.040	0 -0.036	±0.018	-0.015 -0.051	4.0		3.3			
30～38	10×8	10						5.0		3.3			
38～44	12×8	12						5.0		3.3			
44～50	14×9	14	+0.043 0	+0.120 +0.050	0 -0.043	±0.0215	-0.018 -0.061	5.5	+0.2 0	3.8	+0.2 0	0.25	0.40
50～58	16×10	16						6.0		4.3			
58～65	18×11	18						7.0		4.4			
65～75	20×12	20						7.5		4.9			
75～85	22×14	22	+0.052 0	+0.149 +0.065	0 -0.052	±0.022	-0.022 -0.074	9.0		5.4		0.40	0.60
85～95	25×14	25						9.0		5.4			
95～110	28×16	28						10		6.4			
键的长度	6、8、10、12、14、16、18、20、22、25、28、32、36、40、50、56、63、70、80、90、100、110、125、140、160、180、200、220、250、280、320、360												

注：1. 在零件图中，轴槽深用 t_1 或 $(d-t_1)$ 标注，轮毂槽深用 t_2 或 $(d+t_2)$ 标注。
　　2. $(d-t_1)$ 和 $(d+t_2)$ 两组组合尺寸的极限偏差按相应的 t_1 和 t_2 极限偏差选取，但 $(d-t_1)$ 极限偏差应取负号。

普通平键标记包括类型 键宽×键长，通常圆头普通平键类型不标出。

例如，圆头普通平键（A）型 键宽 16mm，键高 10mm，键长 100mm。

标记为：GB/T 1096—2003 键 16×10×100。

例如，平头普通平键（B）型 键宽 16mm，键高 10mm，键长 100mm。

标记为：GB/T 1096—2003 键 B16×10×100。

（2）导向平键 导向平键常用于动联接（图 7-71a），如汽车变速器中的滑动齿轮与轴之间的联接。导向平键除实现周向固定外，由于轮毂与轴之间均为间隙配合，故还允许轴上零件（滑动齿轮）做轴向移动，构成动联接。为防止松动，用两个圆柱头螺钉将键固定在轴槽中；为拆卸方便，在键中部制有起键螺孔。

导向平键一般较长。当被联接零件滑移的距离较大时，宜采用滑键联接，如图 7-71b 所示。滑键固定在轮毂上，与轮毂同时在轴上的键槽中做轴向滑移。

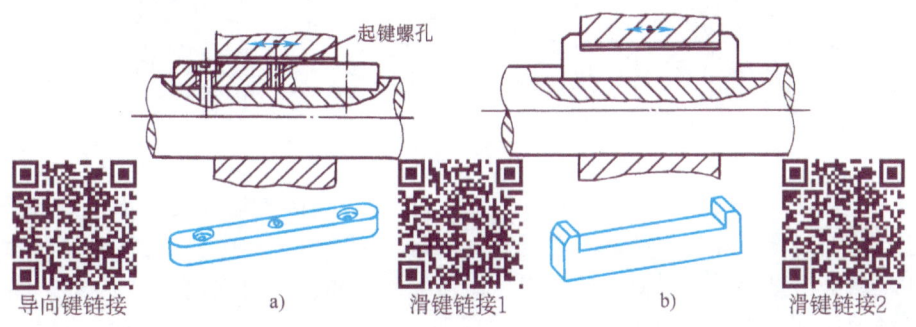

图 7-71 导向平键和滑键联接

a）导向平键联接 b）滑键联接

2. 半圆键联接

如图 7-72a 所示，半圆键（GB/T 1099.1—2003）与平键一样也是以两侧面为工作面来传递转矩。由于其侧面为半圆形，因而半圆键能在轴槽中摆动以适应毂槽底面的倾斜，装配方便，定心性好；但因键槽较深，对轴的强度削弱较大，故仅适用于轻载或位于轴端、特别是锥形轴端的联接，如图 7-72b 所示。

图 7-72 半圆键联接

a）结构图 b）应用场合

3. 楔键联接和切向键联接

楔键的上下两面是工作面，如图 7-73 所示。键的上表面和毂槽的底面各有 1∶100 的斜度，装配时需沿键的轴向楔紧，楔紧后上下工作面上产生很大的预紧力 N，工作时主要靠预紧力 N 产生的摩擦力 fN 传递转矩 T，并能单方向承受轴向力和轴向固定零件。由于楔紧后会使轴与轮毂产生偏心，因而楔键仅适用于对定心精度要求不高、载荷平稳的低速场合。楔键分为普通楔键和钩头楔键两种，钩头楔键的钩头是方便拆键用。

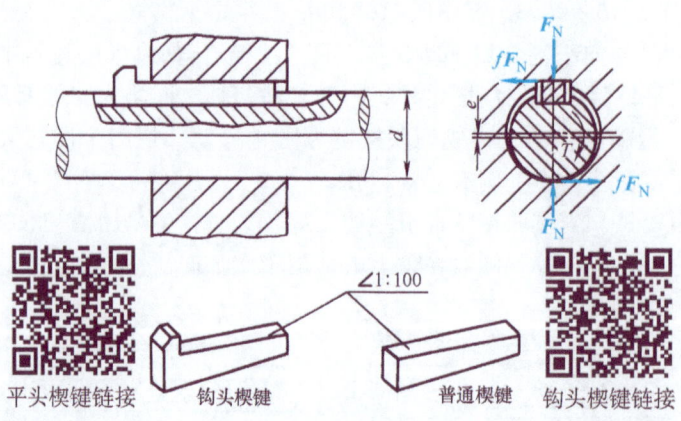

图 7-73　楔键联接

切向键（GB/T 1974—2003）是由两个斜度为 1∶100 的单边楔键组成，如图 7-74a 所示，装配后将两者楔紧在轴和轮毂之间，其上下两面是工作面，其中一个工作面通过轴线使工作面上的压力沿轴的切线方向作用，可传递很大的转矩。一对切向键只能传递单向转矩，当需要传递双向转矩时应采用两对互成 120°分布的切向键，如图 7-74b 所示。切向键用于低速、重载、定心精度要求不高的场合。

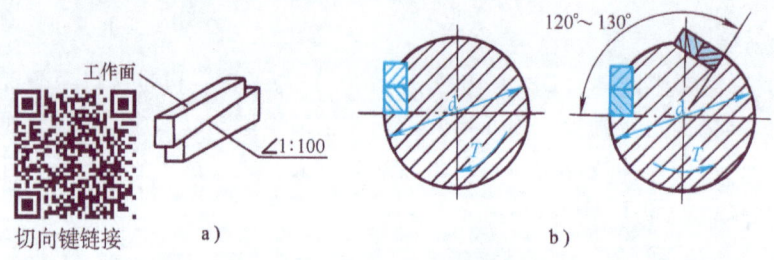

图 7-74　切向键联接

a）结构图　b）两对切向键的组合应用

二、花键联接的类型与应用

1. 花键联接的类型

花键联接是由周向均布的多个键齿的花键轴与带有相应的键齿槽的轮毂相配合而组成的可拆联接，如图 7-75a 所示，齿的侧面是工作面。由于是多齿传递载荷，且键和轴做成一体，所以花键联接与平键联接相比，承载能力强，对轴的强度削弱小，定心性和导向性好。但齿根仍有应力集中，加工需专用设备和量刃具，制造成本高。因此，花键联接适用于载荷较大和定心要求较高的静联接和动联接，在飞机、汽车、拖拉机、机床制造和农业机械中应用广泛。

单元三 汽车传动装置零部件分析与应用

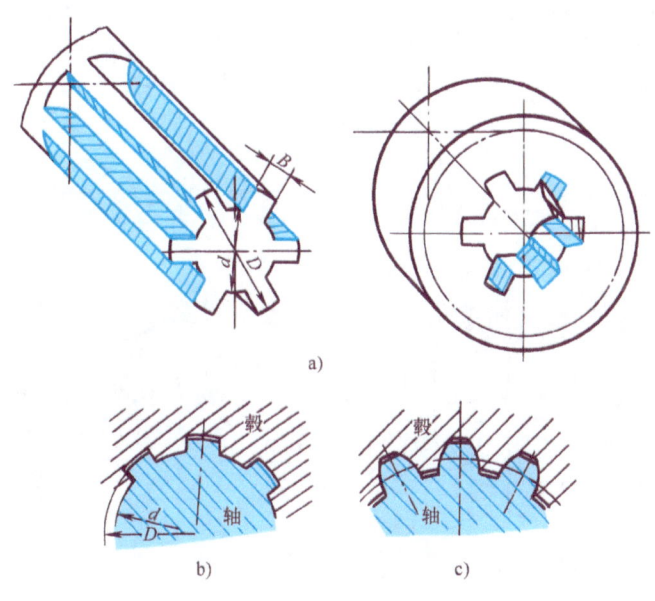

图 7-75 花键联接
a) 零件示意图 b) 矩形花键 c) 渐开线花键

花键按其齿形不同，分为矩形花键、渐开线花键。

（1）矩形花键 如图 7-75b 所示，齿侧边为直线，廓形简单，加工方便，应用广泛。国家标准 GB/T 10952—2005 规定，其尺寸规格用 $N×d×D×B$ 表示键数、小径、大径和键宽；按传递载荷的大小、齿数和齿高的不同，其尺寸分为四个尺寸系列，即轻系列、中系列、重系列及补充系列。轻系列的承载能力小，多用于静联接。中系列适用于中等载荷的静联接或仅在空载下移动的动联接。重系列的承载能力较大，多用于动联接。

标准还规定矩形花键采用小径定心，这种定心方式的定心精度高、稳定性好，内、外花键小径均可在热处理后磨削加工，以消除热处理变形。

（2）渐开线花键 如图 7-75c 所示，两侧边齿形为渐开线。国家标准 GB/T 5104—2008 规定，渐开线花键齿形的标准压力角为 30°。渐开线花键联接的定心方式有按齿宽定心和按大径定心两种。齿宽定心方式具有自动定心作用，各齿受力均匀，应用较广；大径定心方式常用于径向载荷较大的动联接，需用专用滚刀和插刀切齿。渐开线花键可用加工齿轮的方法制造，工艺性好，易获得较高的精度和互换性，齿根强度高，应力集中小，寿命长。因此，常用于载荷较大、定心精度要求较高以及尺寸较大的联接。

2. 花键的选用

设计花键联接时，根据使用要求和工作条件以及被联接件的结构特点选择花键联接的类型和尺寸，然后验算其强度。花键的键齿数 N、小径 d、大径 D 和键宽 B 等尺寸系列已标准化，详见设计手册。

三、螺纹联接类型与应用

1. 螺纹形成及主要参数

（1）螺纹的形成和分类 如图 7-76 所示，将底边长 πd_2 的直角三角形 ABC 纸片绕在直

径为 d_2 的圆柱面上,并使其底边 BC 和圆柱面底周边重合,则斜边 AB 在圆柱面上形成的一条曲线即为螺旋线。再取一个通过圆柱面轴线的牙型平面 N（如矩形、三角形、梯形）,使其沿螺旋线移动,则此牙型平面的空间轨迹即构成螺纹,如图 7-77 所示。

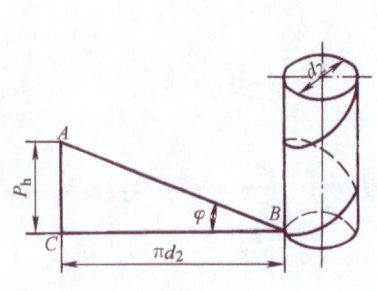

图 7-76　螺旋线的形成

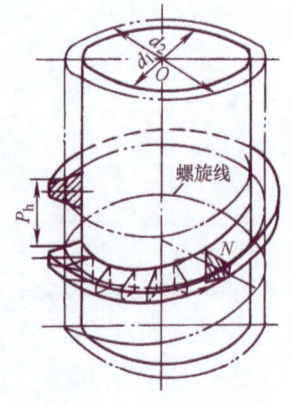

图 7-77　螺纹的形成

按照牙型平面 N 的不同,可将螺纹分为普通螺纹、管螺纹、梯形螺纹、锯齿形螺纹等,其特点和应用见表 7-18。除矩形螺纹外,均已标准化,相关参数可参考 GB/T 14791—2013。

表 7-18　常用螺纹的特点和应用

螺纹类型	牙 型 图	特点和应用
普通螺纹	60°	牙型角 $\alpha=60°$,当量摩擦因数大,自锁性能好。同一公称直径,按螺矩 P 的大小分为粗牙和细牙。粗牙螺纹用于一般联接,细牙螺纹常用于细小零件和薄壁件的联接,也可用于微调机构
55°非密封管螺纹	55°	牙型角 $\alpha=55°$,牙顶有较大的圆角,内、外螺纹旋合后无径向间隙。该螺纹为英制细牙螺纹,公称直径近似为管子内径,紧密性好,用于压力在 1.5MPa 以下的管路联接
梯形螺纹	30°	牙型角 $\alpha=30°$,牙根强度高,对中性好,传动效率较高,是应用较广的传动螺纹
锯齿形螺纹	30°/3°	工作面的牙侧角为 3°,非工作面的牙侧角为 30°,传动效率较梯形螺纹高,牙根强度也高,用于单向受力的传动螺旋机构,如用于轧钢机的压下螺旋和螺旋压力机等机械上
矩形螺纹		牙侧角为 0°,传动效率高,但牙根强度差,磨损后无法补偿间隙,定心性能差,一般很少采用

注：除管螺纹采用英制（以每英寸牙数表示螺距）外,其他螺纹均采用米制。

单元三 汽车传动装置零部件分析与应用

按照圆柱表面上螺旋线的数目,又可将螺纹分为单线螺纹(图 7-78a)和多线螺纹(图 7-78b)。为制造方便,螺纹线数一般不超过 4。单线螺纹自锁性好,常用于联接;多线螺纹传动效率较高,常用于传动。

按照螺旋线绕行方向,还可将螺纹分为右旋螺纹(图 7-78a,标注时可省略)和左旋螺纹(图 7-78b,标注代号为 LH)。右旋螺纹应用最广。

此外,根据螺纹是分布在内圆柱面上还是外圆柱面上,可以将其分为圆柱内螺纹和圆柱外螺纹,两者共同组成螺旋副,如图 7-79 所示。一般内螺纹的尺寸参数用大写字母表示,外螺纹的尺寸参数用小写字母表示。

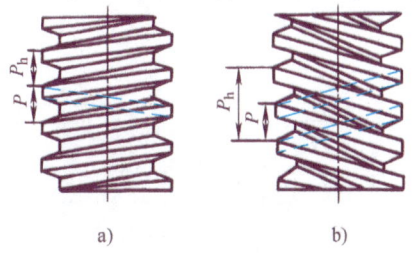

图 7-78 螺纹的线数和旋向
a)单线右旋螺纹 b)多线左旋螺纹

(2)螺纹的基本参数和尺寸 下面以普通螺纹为例说明螺纹的基本参数和几何尺寸,如图 7-79 所示。

1)大径 $d(D)$:螺纹的最大直径,与外螺纹牙顶(内螺纹牙底)相重合的假想圆柱直径,它是螺纹的公称直径。

2)小径 $d_1(D_1)$:螺纹的最小直径,与外螺纹牙底(内螺纹牙顶)相重合的假想圆柱直径。

3)中径 $d_2(D_2)$:螺纹的牙厚与牙间相等的假想圆柱直径。

4)螺距 P:相邻两牙在中径上对应两点间的轴向距离。根据螺距的大小,普通螺纹可分为粗牙(螺距可不标注)和细牙。

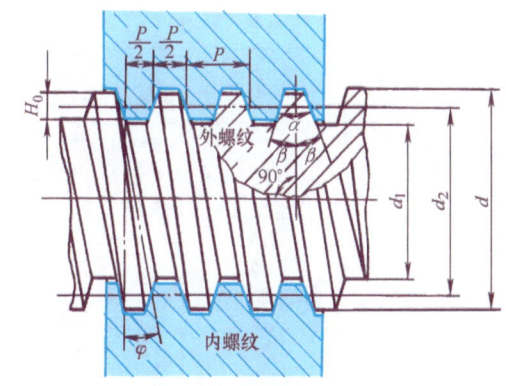

图 7-79 螺纹的基本参数

5)导程 P_h:同一条螺旋线上的相邻两牙在中径上对应两点间的轴向距离。设螺旋线数为 n,则 $P_h = nP$。(见图 7-78)

6)螺纹升角 φ:在中径圆柱上,螺旋线的切线与垂直于螺纹轴线的平面间的夹角,其展开形状如图 7-76 所示。计算公式为

$$\varphi = \arctan \frac{np}{\pi d_2} \qquad (7-11)$$

7)牙型角 α:轴向剖面内,螺纹牙型两侧边的夹角。

8)牙侧角 β:轴向剖面内,螺纹牙型两侧边与螺纹轴线的垂线间的夹角。对三角形、梯形等对称牙型,$\beta = \dfrac{\alpha}{2}$。

9)螺纹接触高度 H_0:内外螺纹相互旋合后,螺纹接触面的径向距离。

国家标准 GB/T 14791—2013 规定了普通螺纹的基本尺寸和标注方法,见表 7-19。

表 7-19　螺纹直径与螺距、普通螺纹的基本尺寸（GB/T 14791—2013）

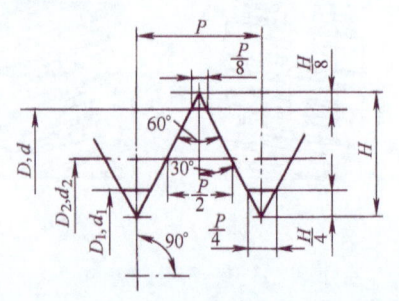

$H = 0.866P$
$d_2 = d - 0.6495P$
$d_1 = d - 1.0825P$
式中，D, d——内、外螺纹大径
　　　D_2, d_2——内、外螺纹中径
　　　D_1, d_1——内、外螺纹小径
　　　P——螺距
螺纹标记示例
M24　表示公称直径 24mm，螺距 3mm 的右旋粗牙普通螺纹
M24×1.5 LH　表示公称直径 24mm，螺距 1.5mm 的左旋细牙普通螺纹

公称直径	粗牙			细牙
（大径）D, d	螺距	中径 D_2, d_2	小径 D_1, d_1	螺距 P
3	0.5	2.675	2.459	0.35
4	0.7	3.545	3.242	
5	0.8	4.480	4.134	0.5
6	1	5.350	4.918	
8	1.25	7.188	6.647	
10	1.5	9.026	8.376	1.25, 1, 0.75
12	1.75	10.863	10.106	1.5, 1.25, 1, 0.5
(14)	2	12.701	11.835	1.5, 1
16	2	14.701	13.835	
(18)	2.5	16.376	15.294	2, 1.5, 1
20	2.5	18.376	17.294	
(22)	2.5	20.376	19.294	
24	3	22.052	20.752	
(27)	3	25.052	23.752	
30	3.5	27.727	26.211	

注：优先选用不带括号的公称直径。

2. 螺纹联接件的基本类型及应用

在机械制造中常见的螺纹联接件有螺栓、双头螺柱、螺钉、螺母和垫圈等。常见的螺纹联接件的结构形式和尺寸都已标准化，设计时应根据有关标准选用。螺纹联接件的结构特点及应用见表 7-20。

表 7-20　螺纹联接件的结构特点及应用

类型	图例	结构特点及应用
六角头螺栓	（图）	种类很多，应用最广，分为 A、B、C 三级，通用机械制造中多用 C 级。螺杆可制出一段螺纹或全螺纹，螺纹可用粗牙或细牙（A、B）级

单元三 汽车传动装置零部件分析与应用

（续）

类型	图例	结构特点及应用
双头螺柱	A型 B型	双头螺柱两端都有螺纹，两端螺纹可相同或不同，双头螺柱可带退刀槽或制成全螺纹，双头螺柱的一端常用于旋入铸铁或有色金属的螺孔中，旋入后即不拆卸；另一端则用于安装螺母，以固定其他零件
螺钉	十字槽盘头　六角头 内六角圆柱头　一字开槽沉头　一字开槽盘头	螺钉头部形状有六角头、圆柱头、圆头、盘头和沉头等，头部旋具槽有一字槽、十字槽和内六角孔等形式。十字槽螺钉头部强度高，对中性好，易于实现自动化装配；内六角圆柱头螺钉能承受较大的扳手力矩，联接强度高，可代替六角头螺栓，用于要求结构紧凑的场合
紧定螺钉		紧定螺钉的末端形状，常用的有锥端、平端和圆柱端。锥端适用于被顶紧零件的表面硬度较低或不经常拆卸的场合；平端接触面积大，不伤零件表面，常用于顶紧硬度较大的平面或经常拆卸的场合；圆柱端压入轴上的凹坑中，适用于紧定空心轴上的零件位置
六角螺母		根据六角螺母厚度的不同，分为标准、厚、薄等三种。六角螺母的制造精度和螺栓相同，分为A、B、C三级，分别与相同级别的螺栓配用

（续）

类型	图例	结构特点及应用
圆螺母	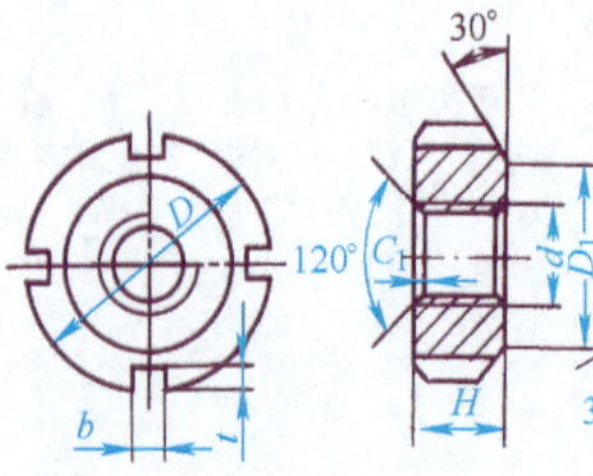 （圆螺母、止动片图示） 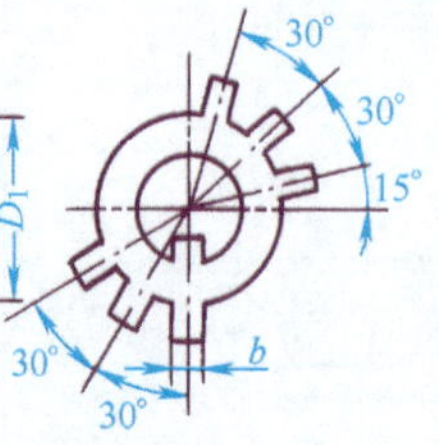	圆螺母常与止动垫圈配用，装配时将垫圈内舌插入轴上的槽内，而将垫圈的外舌嵌入圆螺母的槽内，螺母即被锁紧。它常作为轴上零件的轴向固定用
垫圈	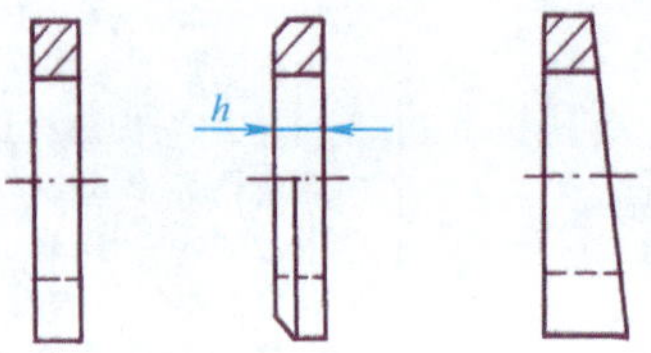 （垫圈图示）	垫圈是螺纹联接中不可缺少的零件，常放置在螺母和被联接件之间，起保护支承面等作用。平垫圈按加工精度分为A级和C级两种，用于同一螺纹直径的垫圈又分为特大、大、普通和小四种规格；特大垫圈主要在铁木结构上使用；斜垫圈只用于倾斜的支承面上

　　根据 GB/T 197—2003 的规定，螺纹联接件分为三个精度等级，其代号为 A、B、C 级。A 级精度的公差小，精度最高，用于要求配合精度高、防止振动等重要零件的联接；B 级精度多用于受载较大且经常装拆、调整或承受变载荷的联接；C 级精度多用于一般的螺纹联接。常用的标准螺纹联接件（螺栓、螺钉），通常选用 C 级精度。

3. 螺纹联接的基本类型及应用

　　根据螺纹联接件的类型不同，常用的螺纹联接有螺栓联接、双头螺柱联接、螺钉联接和紧定螺钉联接。

　　（1）**螺栓联接**　常见的普通螺栓联接如图 7-80a 所示。这种联接的结构特点是被联接件上的通孔和螺栓间留有间隙，故通孔的加工精度低，结构简单，装拆方便，使用时不受被联接件材料的限制，因此应用极广。

　　图 7-80b 所示是六角头加长杆螺栓联接。孔和螺杆多采用基轴制过渡配合（H7/m6、H7/n6）。这种联接能精确固定被联接件的相对位置，并能承受横向载荷，但螺栓成本较高，对孔的加工精度要求也较高。

　　（2）**双头螺柱联接**　如图 7-81 所示，双头螺柱联接适用于结构上不能采用螺栓联接的场合。例如被联接件之一太厚不宜制成通孔，材料又比较软（如用铝镁合金制造的发电机壳体），且需要经常拆装时，往往采用双头螺柱联接。

　　（3）**螺钉联接**　如图 7-82 所示，螺钉联接的特点是螺钉直接拧入被联接件的螺纹孔，不用螺母，在结构上比双头螺柱联接简单、紧凑。其用途与双头螺柱联接相似，但如经常拆装时，易使螺纹孔磨损，可能导致被联接件报废，故多用于受力不大，或不需要经常拆装的场合。

单元三　汽车传动装置零部件分析与应用

图 7-80　螺栓联接
a) 普通螺栓联接　b) 六角头加长杆螺栓联接
螺纹余留长度 l_1
静载荷　$l_1 \geq (0.3 \sim 0.5)d$
变载荷　$l_1 \geq 0.75d$
螺纹伸出长度 $a \approx (0.2 \sim 0.3)d$

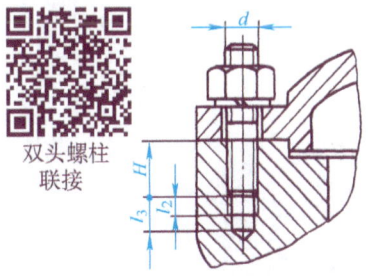

图 7-81　双头螺柱联接
拧入深度 H，当螺孔材料为：
钢或青铜　　$H \approx d$
铸铁　　　　$H = (1.25 \sim 1.5)d$
铝合金　　　$H = (2 \sim 2.5)d$
$l_2 = (0.3 \sim 0.5)d$　　$l_3 = (0.7 \sim 1.2)d$

（4）紧定螺钉联接　紧定螺钉联接是利用拧入被联接件的螺纹孔中的螺钉末端，顶住另一零件的表面（图 7-83a）或顶入相应的凹坑中（图 7-83b），以固定两个零件的相对位置，并可以传递不大的力或转矩。

图 7-82　螺钉联接

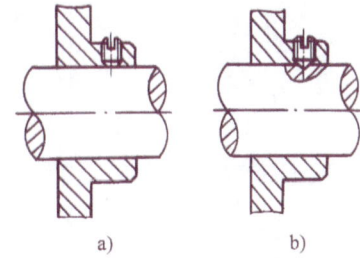

图 7-83　紧定螺钉联接
a) 平端紧定螺钉联接　b) 锥端紧定螺钉联接

4. 螺纹联接的预紧和防松

（1）螺纹联接的预紧　多数螺纹联接在装配时都需要拧紧，使联接在承受工作载荷之前，预先受到力的作用。这个预加作用力称为预紧力，用 F_Q 表示。预紧的目的在于增强联接的可靠性和紧密性，以防止受载后被联接件之间出现缝隙或发生相对滑移。预紧力不足时，显然达不到目的。但预紧力过大时，则可能使联接过载，甚至疲劳断裂。装配时需要预紧的螺纹联接称为紧联接；不需要预紧的螺纹联接称为松联接。

如图 7-84 所示，拧紧螺母时，施于螺母的拧紧力矩（扳手力矩）T，需克服螺纹间的摩擦力矩和螺母环形支承面上的摩擦力矩。对于 M10~M68 的常用粗牙普通钢螺栓，拧紧力矩的近似计算式为 $T \approx 0.2 F_Q d$（d 为螺栓的公称直径；F_Q 为预紧力）。

上式表明，对于已知直径 d 的螺纹联接件，拧紧力矩 T 与预紧力 F_Q 成线性关系。因此，对于只靠经验而对预紧力不加控制的重要联接，不宜采用小于 M12~M16 的螺纹联接件，以免预紧时联接件发生过载失效。对于重要的联接，装配时需要用指示式扭力扳手或定力矩扳手，以达到控制预紧力的目的。

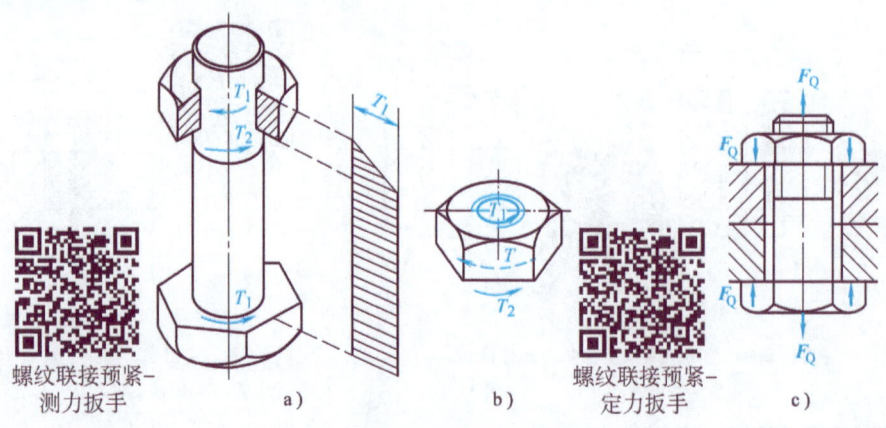

图 7-84 螺纹的预紧

（2）螺纹联接的防松　对于冲击振动的变载荷，或温度变化较大的环境，可能在某一瞬间联接中的摩擦力消失。虽然螺纹联接的参数仍然满足自锁条件（$\varphi \leqslant \rho_v$），但仍可能松动，甚至松脱，这不仅影响机器正常工作，有时还会造成严重事故。因此在这种情况下，必须采取必要的防松措施。常见的防松方法见表 7-21。

表 7-21　常用的防松方法

利用附加摩擦力防松	弹簧垫圈	对顶螺母	尼龙圈锁紧螺母
	弹簧垫圈材料为弹簧钢，装配后垫圈被压平，其反弹力能使螺纹间保持压紧力和摩擦力	利用两螺母的对顶作用使螺栓始终受到附加拉力和附加摩擦力的作用；结构简单，可用于低速重载场合	螺母中嵌有尼龙圈，拧上后尼龙圈内孔被胀大而箍紧螺栓
采用专门防松元件防松	槽形螺母和开口销	圆螺母用带翅垫片	止动垫片
	槽形螺母拧紧后，用开口销穿过螺栓尾部小孔和螺母的槽，也可以用普通螺母拧紧后再配钻开口销孔	使垫片内翅嵌入螺栓（轴）的槽内，拧紧螺母后将垫片外翅之一折嵌于螺母的一个槽内	将垫片折边，以固定螺母和被联接件的相对位置

单元三　汽车传动装置零部件分析与应用

（续）

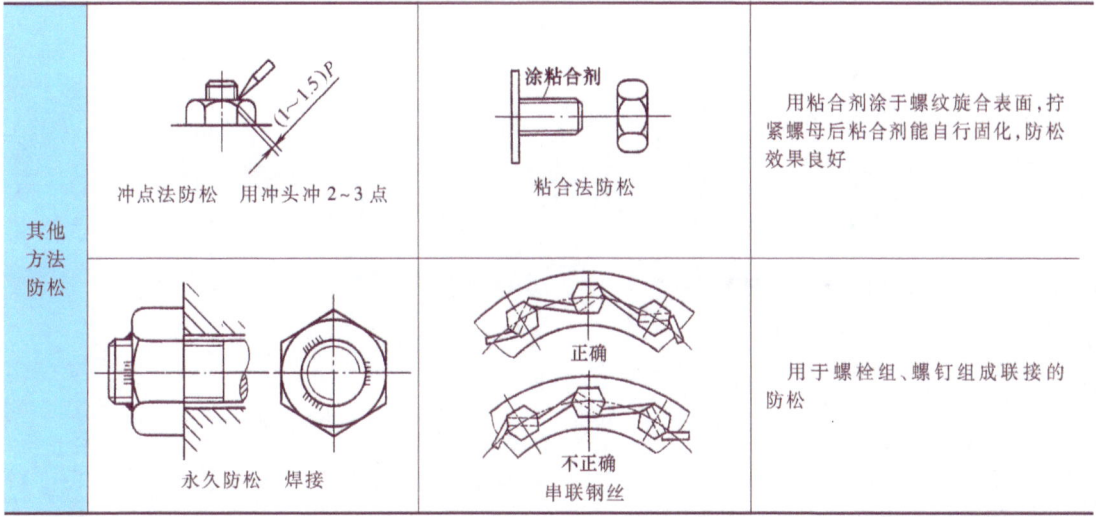

四、紧固联接

常用的紧固联接有销联接、焊接、粘接、铆钉联接和过盈联接，它们在汽车制造中得到广泛的应用。

1. 销联接

销联接主要用来固定零件之间的相对位置，如图7-85a所示；也用于轴与轮毂的联接或其他零件的联接，并可传递不大的载荷，如图7-85b所示；还可作为安全装置中的过载剪断元件，称为安全销，如图7-85c所示。

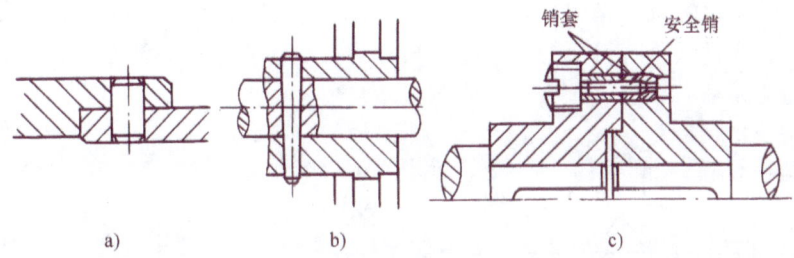

图7-85　销的用途
a) 圆柱销　b) 圆锥销　c) 安全销

销根据其形状可分为圆柱销、圆锥销、槽销、开口销及特殊形状的销等，其中圆柱销、圆锥销、开口销均已标准化。

圆柱销联接中，销与销孔有微量过盈，经过多次装拆，其定位精度会降低。圆锥销联接中，销和销孔均具有1∶50的锥度，使其有可靠的自锁性能，安装方便，定位精度高，可以多次装拆而不会影响其定位精度。因此，对于需多次拆装的场合，宜采用圆锥销。端部带螺纹的圆锥销（图7-86a）可以用于不通孔或拆卸困难的场合。开尾圆锥销（图7-86b）在装入销孔后，把末端开口撑开，能保证销不致松脱，适用于有冲击和振动的场合。槽销上沿圆柱面或圆锥面的素线方向用滚压或模锻方法制出三条纵向凹槽（图7-86c），将槽销压入销孔后，它的凹槽即产生了收缩变形，借材料的弹性变形固定在销孔中，故能承受振动和变载荷。

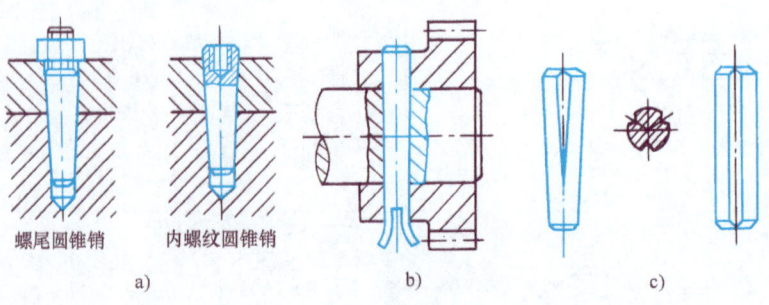

图 7-86 圆锥销和槽销
a）端部带螺纹的圆锥销 b）开尾圆锥销 c）槽销

对受载荷的销联接，一般做剪切与挤压计算即可，要求其结构不易松脱并拆装方便。对于安全销联接，直径应按过载剪断计算。

2. 焊接

焊接是利用局部加热的方法使两个以上的金属元件在连接处形成原子间的结合而构成的不可拆连接。焊接的方法很多，常用的有电弧焊、气焊等，其中尤以电弧焊应用最广。

电弧焊是利用电焊机的低压电流通过焊条（为一个极）与被联接件（为另一个极）形成的电路，在两极间引起电弧来熔化被联接件部分的金属和焊条，使熔化金属混合并填充接缝而形成焊缝。被焊接材料主要为低碳钢和低碳合金钢；有时也有中碳钢，但其焊接性低于低碳钢。焊条材料一般应与被焊材料相同或接近。与铆接相比，焊接具有重量轻、强度高、工艺简单等优点，所以应用日益广泛。在单件生产情况下，对结构形状复杂或尺寸较大的零件，如图 7-87a 所示的减速箱体、汽车机架等零件，采用焊接代替铸造，可使制造周期缩短，成本降低；大的锻件也可用分开制造后再经焊接成为整体的办法获得，如图 7-87b 所示的齿轮可焊接成整体，以方便制造，并降低成本。

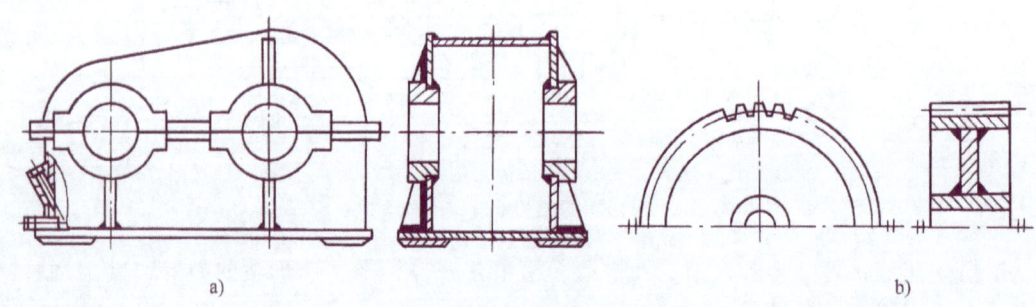

图 7-87 焊接实例
a）减速箱体 b）焊接齿轮

3. 粘接

粘接是用胶粘剂把两个工件连接在一起，并使接合处获得所需连接强度的连接方法。随着合成高分子胶粘剂的出现，促进了粘接技术的迅速发展，在汽车制造中得到广泛的应用。

单元三 汽车传动装置零部件分析与应用

粘接是多种因素综合作用的结果，是靠胶粘剂和工件接合面之间的机械作用、吸附作用和扩散作用等实现连接。粘接强度受到胶粘剂和工件材料及粘接工艺的影响。

常用的胶粘剂有酚醛乙烯、聚氨脂、环氧树脂等。

粘接接头的设计如图 7-88 所示，应尽量使胶层受剪（图 7-88a），避免出现扯离或剥离的现象。为避免接头边缘的剥离，可采用加固件（图 7-88b）、卷边（图 7-88c）或做成凹座（图 7-88d）等措施。由于胶粘剂的强度一般低于金属零件的强度，所以应使接头具有足够的粘接面积。

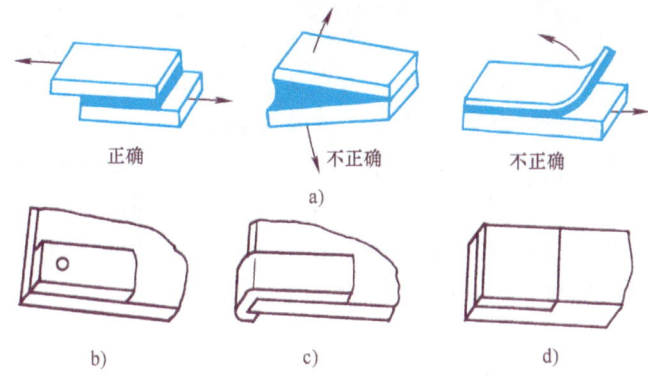

图 7-88 粘接接头的设计

a) 粘接接头的受力 b) 螺钉加固 c) 卷边加固 d) 凹座

4. 铆钉联接

如图 7-89a 所示，铆钉联接是利用具有钉杆和预制头的铆钉通过被联接件的预制孔，然后利用铆枪施压再制出另一端的铆头构成的不可拆联接。铆钉已标准化，一般都采用钢制实心铆钉。铆钉头有多种形式，其中以半圆头铆钉应用最广，其他钉头形式只用于特殊情况，如沉头铆钉（图 7-89b）用于联接表面光滑的场合；平截头铆钉（图 7-89c）用于要求耐蚀的场合。

铆钉和被铆件一起形成铆缝。根据工作要求铆缝分三种：强固铆缝、强密铆缝、紧密铆缝。

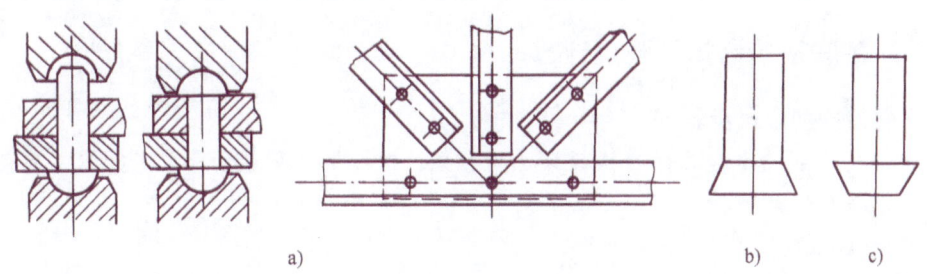

图 7-89 铆钉联接及铆钉头

a) 铆钉联接的过程 b) 沉头铆钉 c) 平截头铆钉

铆钉联接具有工艺简单、耐冲击和牢固可靠等优点；但结构一般较为笨重，被联接件上由于有钉孔而受到较大的削弱，铆接时噪声很大，影响工人健康，铆钉联接的应用已逐渐减少。

5. 过盈联接

过盈联接是利用包容件（如轮毂）与被包容件（如轴）间存在过盈量实现的联接，如图 7-90a 所示。圆柱面过盈联接后，由于材料的弹性，在配合面之间的径向变形产生压力 p，工作时靠此压力产生的摩擦力来传递转矩 T 和轴向力 F_a，如图 7-90b 所示。其承载能力主要取决于过盈量的大小。

过盈量不大时，一般用压入法装配。为方便压入，孔口和轴端的倒角尺寸均有一定的要求，如图 7-90c 所示。过盈量大时，可用温差法装配，即加热包容件或冷却被包容件以形成装配间隙。用温差法装配，不像压入法那样会擦伤配合表面。一般情况下，拆开过盈联接要用很大的力，常会使零件配合表面或整个零件损坏，故属不可拆联接。但如果装配过盈量不大，或者过盈量虽大而采取适当的装拆方法，则这种联接也是可拆的。近年来，利用高压油压入联接的配合表面来拆卸过盈联接时，配合表面不受损坏，可实现多次装拆，应用日渐广泛。

过盈联接结构简单，同轴性好，对轴的削弱小，耐冲击性能好，对配合面的加工精度要求高。滚动轴承内圈与轴、蜗轮齿圈与轮心均为过盈联接的实例。

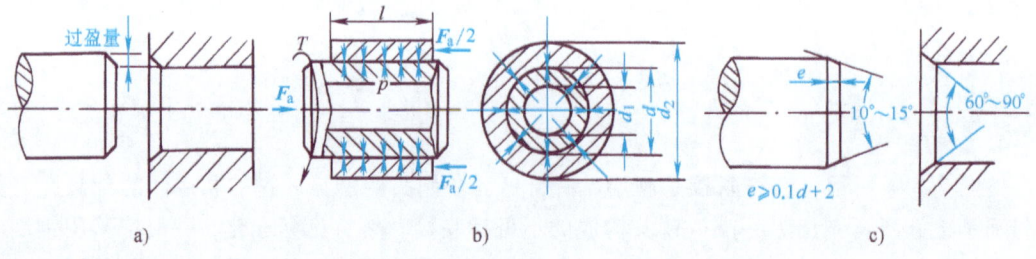

图 7-90 过盈联接
a）示意图 b）受力分析 c）尺寸要求

*阅读及拓展知识

一、平键联接的选择和强度计算

1. 平键联接的选用步骤

1）根据工作要求和使用特性选择合适的类型。选择键的类型主要应考虑以下因素：
① 传递转矩的大小。
② 对中性要求。
③ 轮毂是否需要做轴向移动及滑移距离大小。
④ 键在轴的中部或端部等。

2）按轴的直径从标准中选择键的宽度 b、高度 h、轴上及轮毂上槽深 t_1、t_2。

3）按轴的结构设计确定键的长度 L，使键长 L 小于轮毂长度 5~10mm，且键长不宜超过 (1.6~1.8)d，以免载荷分布不均，并要符合标准中规定的长度系列。

4)进行强度校核。静联接普通平键的主要失效形式为键或被联接件中最弱的接触工作面被压溃。动联接导向键和滑键的主要失效形式为联接工作面产生过量的磨损。

2. 剪切和挤压的概念

如图 7-91 所示,当构件受到一对大小相等、方向相反、距离较近的力作用时,构件截面间发生相对错动的变形,称为剪切。工程上受剪切作用的构件很多,尤其是联接件,如键、螺栓、铆钉、销钉等。

构件受剪切作用的同时,由于构件之间互相接触并压紧,所以往往还伴随着挤压,从而使构件出现局部变形。因此,剪切是一种较为复杂的局部受载形式,有时还伴随有弯曲发生。但由于力的作用距离很近,弯曲已不是主要的。对于受剪切的构件,其主要的破坏形式一是剪切变形或被剪断,二是受压面被压溃。在对受剪构件进行强度计算时,应从这两个方面来考虑。

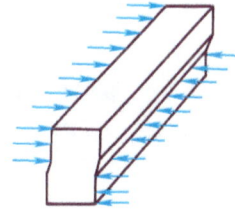

图 7-91 剪切概念

3. 剪切和挤压的实用计算法

工程上受剪切作用的构件,其内部应力的性质和分布规律很复杂,要进行精确计算很困难。对这类构件的强度计算一般采用实用计算法,也称为假定计算法。近似地认为剪力在截面上均匀分布,由此可得截面上应力的计算公式为

$$\tau = \frac{F_Q}{A} \tag{7-12}$$

式中,τ 为剪切面上的切应力;A 为剪切面面积。

为保证受剪切构件能安全工作,应将切应力 τ 限制在许可范围内。因此,抗剪强度条件为

$$\tau = \frac{F_Q}{A} \leqslant [\tau] \tag{7-13}$$

式中,$[\tau]$ 为许用切应力,可通过试验以及类似于许用正应力 $[\sigma]$ 的计算方法,由抗剪强度极限 τ_b 除以安全系数 n 得出,即 $[\tau] = \tau_b/n$。安全系数可根据实际经验并针对具体情况来定。

假设挤压力在挤压面上均匀分布,用平均挤压应力或名义挤压应力表示挤压应力,即

$$\sigma_{jy} = \frac{F_{jy}}{A_{jy}} \tag{7-14}$$

式中,σ_{jy} 为挤压应力;F_{jy} 为总挤压力;A_{jy} 为挤压面的计算面积。挤压面计算面积的计算需根据挤压面的形状来确定:

1) 当挤压面为平面时,挤压面的计算面积等于实际接触挤压面面积。如图 7-92 所示的键联接,$A_{jy} = lh/2$。

2) 当挤压面为半圆柱面时,挤压面的计算面积等于半圆柱接触投影的面积。如图 7-93 所示的铆钉,当承压面为右半圆柱面时,$A_{jy} = bd$。这样计算出来的挤压应力 σ_{jy} 较接近半圆柱面上的最大挤压应力 σ_{jymax}(B 点应力)。

4. 平键联接的强度计算

根据平键联接的传力原理分析及应力分析,可得平键联接的挤压强度条件为

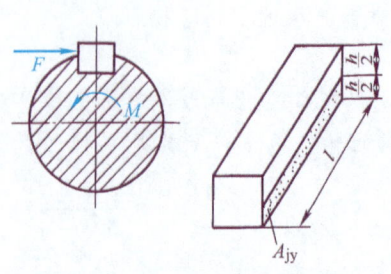 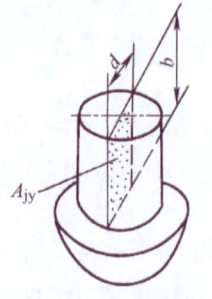 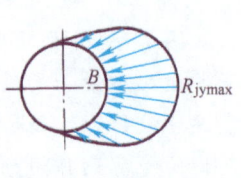

图 7-92 平面挤压面　　　　　　　图 7-93 圆柱挤压面

$$\sigma_p = \frac{4T}{dhl} \leq [\sigma_p] \tag{7-15}$$

式中：σ_p 是平键所受工作应力（MPa）；T 是联接传递的转矩（N·mm）；d 是轴的直径（mm）；h 是键的高度（mm）；l 是键的工作长度（mm），对不同形式的键，其取值参见图7-94；$[\sigma_p]$ 是键联接的许用应力（MPa），见表7-22。

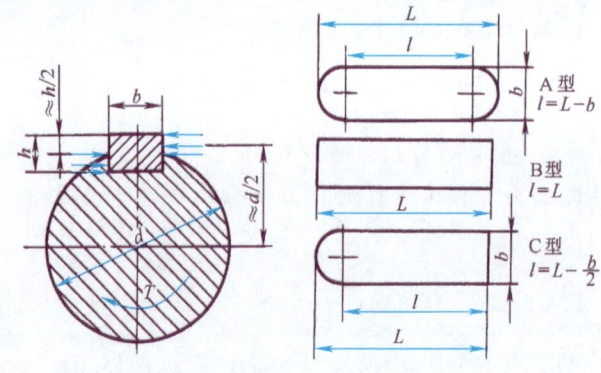

图 7-94 平键联接的强度计算

表 7-22 键联接的许用应力　　　　　　　　　　　　　　（单位：MPa）

许用应力	联接方式	轮毂或键的材料	载荷性质		
			静载荷	轻微冲击	冲击
$[\sigma]$	静联接	钢（键）	125~150	100~120	60~90
		铸铁（轮毂）	70~80	50~60	30~45
	动联接	钢（键）	50	40	30

注：1. $[\sigma_P]$ 按键与轮毂中力学性能较弱的材料选取。对静联接，$[\sigma_P]$ 是指许用挤压应力；对动联接，$[\sigma_P]$ 是指许用压强。
　　2. 动联接的相对滑动表面经表面火，则 $[\sigma_P]$ 应提高2~3倍。
　　3. 若强度不足，可采用两个键按180°布置，考虑载荷的均匀性，在强度计算中按1.5个键计算。

例 7-3　汽车发动机正时齿轮与轴用平键联接，如图7-95所示。已知轴的直径 $d=70$mm，键的尺寸为 $b \times h \times l = 20$mm $\times 12$mm $\times 100$mm，传递的力偶矩 $M=2$kN·m，键的材料的许用切应力 $[\tau]=80$MPa，$[\sigma_{jy}]=200$MPa，试校核键的强度。

解：1) 计算键上受到的剪力和挤压力，由平衡条件得

$$F\frac{d}{2} = M$$

$$F = \frac{2M}{d} = \frac{2 \times 2 \times 10^3}{70} \text{kN} = 57\text{kN}$$

即 $F_{jy} = F = 57\text{kN}$，剪力 $F_Q = 57\text{kN}$。

2) 校核键的抗剪强度。键的切应力为

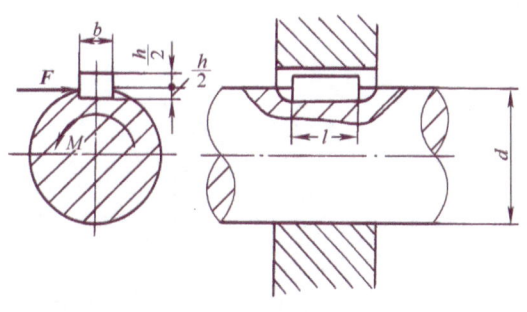

图 7-95　平键联接

$$\tau = \frac{F_Q}{A} = \frac{57 \times 10^3}{bl} = \frac{57 \times 10^3}{20 \times 100}\text{MPa} = 28.5\text{MPa}$$

因为 $\tau = 28.5\text{MPa} < [\tau]$，所以键的抗剪强度足够。

3) 校核抗挤压强度。键的挤压应力为

$$R_{jy} = \frac{F_{jy}}{A_{jy}} = \frac{57 \times 10^3}{hl/2} = \frac{2 \times 57 \times 10^3}{12 \times 100}\text{MPa} = 95\text{MPa}$$

由于 $R_{jy} = 95\text{MPa} < [R_{jy}]$，所以键的抗挤压强度也足够。

二、螺栓联接的结构设计

一般情况下，大多数螺栓都是成组使用的，因此设计时应注意合理地布置各个螺栓的位置，全面考虑受力、装拆、加工、强度等方面因素。

1. 螺栓位置

在布置螺栓位置时，各螺栓间及螺栓中心线与机体壁之间应留有扳手空间，以便于装拆，如图 7-96 所示，图中尺寸 A、B、C、D、E 应足够大。

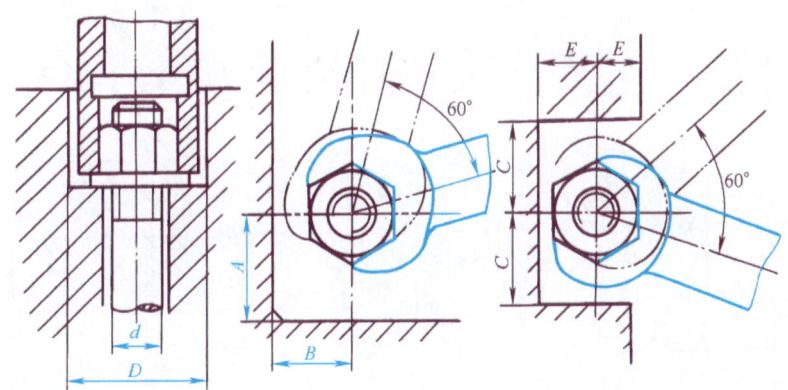

图 7-96　扳手空间

2. 螺栓组的布置

螺栓组的布置应遵循下列原则：

1) 螺栓组的布置应力求对称、均匀。通常将接合面设计成轴对称的简单几何形状，如图 7-97 所示，以便于加工，并应使螺栓组的对称中心与接合面形心重合，以保证接合面受

力比较均匀。

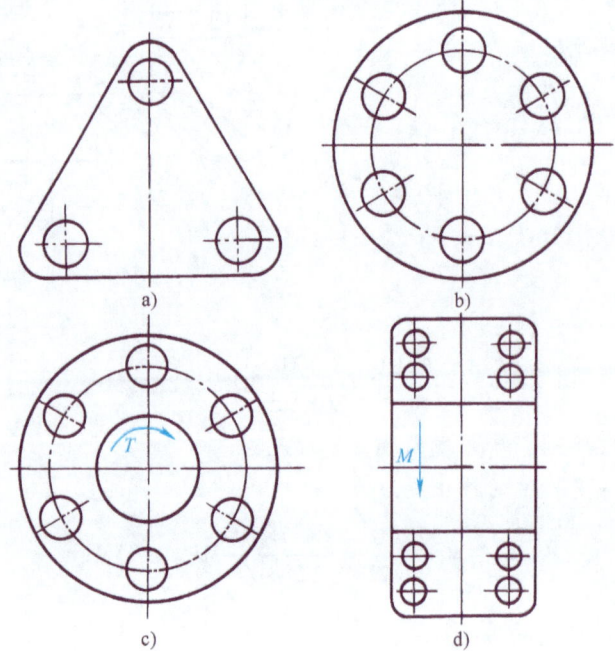

图 7-97 螺栓组的布置
a) 三角形布置　b)、c) 圆形布置　d) 长方形布置

2) 对承受弯矩或扭矩的螺栓组联接，应尽量将螺栓布置在靠近接合面的边缘，以便充分和均衡地利用各个螺栓的承载能力，如图 7-97c、d 所示。

3) 螺栓数目应取为 2、3、4、6 等易于分度的数目，以便加工，如图 7-97 所示。

3. 提高螺栓强度的措施

(1) 改善螺纹牙间的载荷分配　采用普通螺栓和螺母时，螺栓的轴向载荷在旋合螺纹各圈间的分配是不均匀的，从螺母支承面算起的第一圈处受力最大，自下而上各圈螺纹上的受力递减分布，如图 7-98 所示。为了改善这种受力不均的程度，常采用悬置螺母、环槽螺母、内斜螺母或采用钢丝螺套等改善措施，如图 7-99 所示。

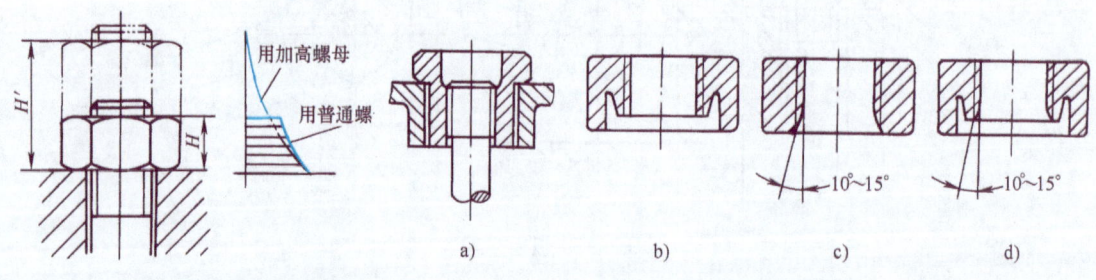

图 7-98 旋合螺纹间的载荷分布　　图 7-99 均载螺母的结构
a) 悬置螺母　b) 环槽螺母　c) 内斜螺母　d) 钢丝螺套

(2) 减小应力集中　螺栓上螺纹、螺栓头和螺杆的过渡处都会产生应力集中，对螺栓的强度影响很大。增大牙根圆角半径，加大螺栓头部与螺杆交接处的过渡圆角、切制卸载槽

以及采用退刀槽等,均可缓和应力集中,提高疲劳强度,如图7-100所示。

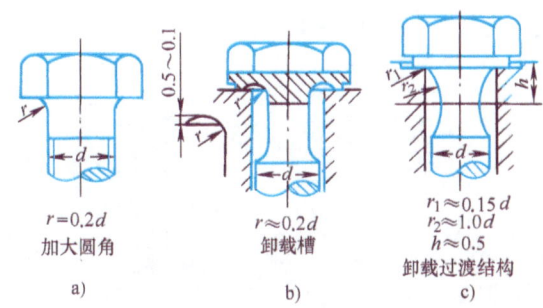

图7-100 减小应力集中的结构

(3) 避免附加弯曲正应力 由于制造和装配误差以及被联接件的变形或由于支承面不平,都将在螺栓中引起附加弯曲正应力,严重降低螺栓的强度。因此,应从工艺和结构上采取措施,防止附加弯曲正应力,如规定支承面的加工要求;为减小被联接件的加工面,常制成凸台或沉头座(图7-101a、b),采用斜垫圈(图7-101c)或球面垫圈的自动调位螺栓(图7-101d)等。

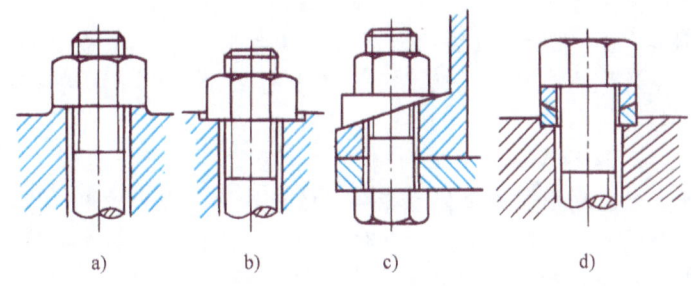

图7-101 支承面的结构
a) 凸台 b) 沉头座 c) 斜垫圈 d) 球面垫圈

(4) 减小螺栓联接所受的横向载荷 承受横向载荷的普通螺栓联接,为了使被联接件的接合面之间获得足够大的摩擦力以平衡外载荷,需要给螺栓施加很大的预紧力,或采用图7-102所示的减载装置,如套筒、键、销钉和止口等,或采用六角头加长杆螺栓,减小螺栓尺寸,使联接可靠。

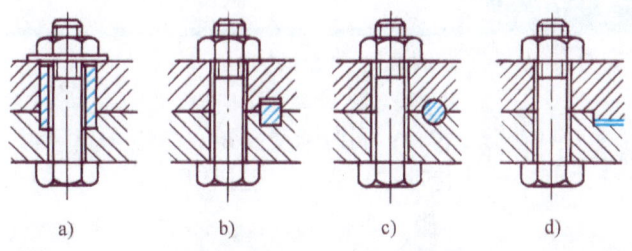

图7-102 减载装置
a) 套筒减载 b) 键减载 c) 销钉减载 d) 止口减载

（5）降低螺栓联接的轴向工作载荷　减小螺栓刚度，如图7-103所示，采用腰杆状螺栓和空心螺栓，或增大被联接件的刚度，如在被联接件接合面之间不采用图7-104a所示的垫片密封，而改为图7-104b所示的密封圈密封，都可以降低螺栓的轴向工作载荷，从而提高联接强度。

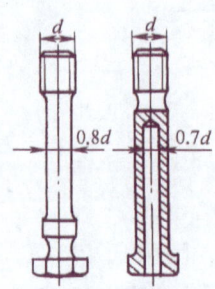

图7-103　腰杆状螺栓与空心螺栓

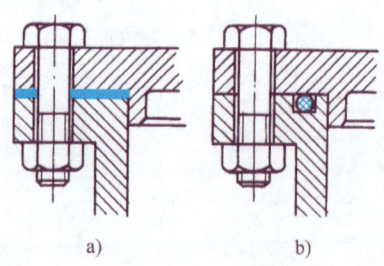

图7-104　气缸密封
a) 垫片密封　b) 密封圈密封

4. 螺栓联接的尺寸选择

螺栓联接的尺寸选择主要是指联接中螺栓直径、螺母、垫圈等的确定。螺栓直径是根据强度原则确定的，与其相配的螺母、垫圈等的结构尺寸可直接由螺栓公称尺寸按照标准选取。

螺栓联接按装配时是否预紧，分为松螺栓联接和紧螺栓联接。

（1）松螺栓联接　这种联接在装配时螺母不需拧紧。螺栓只在工作时才受拉力作用，如拉杆、起重吊钩等的螺栓联接均属此类。其尺寸选择可参考《机械设计手册》或有关拉伸强度的计算内容。

（2）紧螺栓联接　这种联接在装配时螺母需拧紧。在拧紧力矩作用下，螺栓除受预紧力而产生拉应力外，还受到螺旋副摩擦力矩引起的扭转切应力的作用。

对用于一般场合的紧螺栓联接，不管联接是受横向载荷还是轴向载荷，其螺栓直径的选择均可用类比法或经验公式确定。对重要场合的紧螺栓联接，可参考有关资料或《机械设计手册》中的有关内容，对联接进行强度计算。

拓展训练

1) 在汽车中找出常用联接，分析其结构特点。
2) 对实际车型进行螺纹联接的拆装，分析各联接如何控制拧紧力矩。
3) 结合实际车型，分析螺栓联接的失效形式及防松方法。

项目小结

1) 轴的功用：支承传动零件、传递运动和动力。
2) 轴的类型
　　按承受载荷分　心轴：只承受弯矩
　　　　　　　　　转轴：同时承受扭矩、弯矩
　　　　　　　　　传动轴：主要承受扭矩
　　按结构形状分　直轴与曲轴
　　　　　　　　　光轴与阶梯轴
　　　　　　　　　空心轴与实心轴
　　　　　　　　　刚性轴与挠性轴

单元三 汽车传动装置零部件分析与应用

3）阶梯轴的结构：轴头、轴颈、轴身。

4）阶梯轴结构的主要影响因素：轴上载荷的大小、分布及性质，轴上零件的数目、类型、布置及固定方式，轴的加工和装配方法等。

5）轴上零件的固定方式 $\begin{cases} 周向固定方式：键联接、花键联接、销联接、紧定螺钉、\\ \qquad\qquad\qquad 过盈配合、非圆轴等 \\ 轴向固定方式：套筒、圆螺母、轴端挡圈、弹性挡圈、\\ \qquad\qquad\qquad 紧定螺钉和圆锥面 \end{cases}$

6）轴承的类型（按受力特点分） $\begin{cases} 滑动轴承 \begin{cases} 径向轴承（有整体式、剖分式） \\ 推力轴承 \end{cases} \\ 滚动轴承 \begin{cases} 向心轴承 \ 0°\leqslant\alpha\leqslant 45° \\ 推力轴承 \ 45°<\alpha\leqslant 90° \end{cases} \end{cases}$

7）滚动轴承的主要失效形式：疲劳点蚀、磨损、塑性变形。

8）键联接的类型：平键、半圆键、楔键和切向键。

9）常用螺纹联接的类型：螺栓联接、双头螺柱联接、螺钉联接和紧定螺钉联接。

项目训练

一、填空题

1. 根据轴所起的作用以及承受载荷性质的不同，轴可分为_____、_____、_____和_____三大类。

2. 内燃机曲轴兼有_____和_____的双重功用。

3. 滚动轴承主要由_____、_____、_____和保持架组成。

4. 根据滑动轴承所能承受的载荷方向，将主要承受径向载荷的滑动轴承称为_____，主要承受轴向载荷的滑动轴承称为_____。

5. 剖分式滑动轴承由_____、_____、_____、_____和_____等组成。

6. 联轴器和离合器是用来联接两轴，并在其间传递运动和_____的装置。

7. 联轴器与离合器的共同点是_____，它们的区别是_____。

二、选择题

1. 自行车轮的轴是_____。
   A. 心轴　　　　　B. 转轴　　　　　C. 传动轴

2. 自行车中链轮的轴是_____。
   A. 心轴　　　　　B. 转轴　　　　　C. 传动轴

3. 汽车发动机、变速器、通过万向联轴器带动后轮差速器的轴是_____。
   A. 心轴　　　　　B. 转轴　　　　　C. 传动轴

4. 铁路车辆的车轮轴是_____。
   A. 心轴　　　　　B. 转轴　　　　　C. 传动轴

5. 最常用来制造轴的材料是_____。

A. 20 钢　　　　B. 45 钢　　　　C. 40Cr　　　　D. 38CrMoAlA

6. 设计承受很大载荷的轴，宜选用的材料是_____。

A. Q275　　　B. 45 钢（正火）　　C. 40Cr（调质）　　D. QT500-7 铸铁

7. 轴环的用途是_____。

A. 作为轴加工时的定位面　　　　B. 提高轴的强度

C. 提高轴的刚度　　　　　　　　D. 使轴上零件获得轴向固定

8. 若套装在轴上的零件，它的轴向位置需要任意调节，常用的周向固定方法是_____。

A. 键联接　　　B. 销钉联接　　　C. 紧定螺钉联接　　　D. 紧配合联接

9. 增大阶梯轴过渡处的圆角半径，其优点是_____。

A. 使零件的轴向定位比较可靠

B. 降低应力集中，提高轴的疲劳强度

C. 使轴的加工方便

10. 滚动轴承内圈与轴颈、外圈与座孔的配合_____。

A. 均为基轴制　　　　　　　　B. 前者基轴制，后者基孔制

C. 均为基孔制　　　　　　　　D. 前者基孔制，后者基轴制

11. 为保证轴承内圈与轴肩端面接触良好，轴承的圆角半径 r 与轴肩处圆角半径 r_1 应满足的关系_____。

A. $r=r_1$　　　B. $r>r_1$　　　C. $r<r_1$　　　D. $r\leq r_1$

12. 某轮系的中间齿轮（惰轮）通过一滚动轴承固定在不转的心轴上，轴承内、外圈的配合应满足_____。

A. 内圈与心轴较紧、外圈与齿轮较松

B. 内圈与心轴较松、外圈与齿轮较紧

C. 内圈、外圈配合均较紧

D. 内圈、外圈配合均较松

13. 滚动轴承的代号由前置代号、基本代号和后置代号组成，其中基本代号表示_____。

A. 轴承的类型、结构和尺寸　　　　B. 轴承组件

C. 轴承内部结构变化和轴承公差等级　　D. 轴承游隙和配置

14. 滚动轴承的类型代号由_____表示。

A. 数字　　　　　　　　　　　B. 数字或字母

C. 字母　　　　　　　　　　　D. 数字加字母

15. 阶梯轴上最常用的轴上零件轴向固定的方法是_____。

A. 轴肩和轴环　　B. 轴套　　C. 轴端挡圈　　D. 弹性挡圈

三、判断题

1. 曲轴在工作中既传递动力又传递运动，因此是传动轴。　　　　　　（　　）

2. 滑动轴承能够承受较大的载荷，是由于其接触面较大的原因。　　（　　）

3. 轴系上应重点保证润滑的零件是传动零件（如齿轮）和轴承。　　（　　）

4. 联轴器和离合器在联接和传动作用上是相同的。　　　　　　　　（　　）

单元三 汽车传动装置零部件分析与应用

5. 汽车变速箱与后桥之间的轴是传动轴，它的功用是传递运动和动力。（ ）
6. 转轴工作时，其横截面上只承受拉、压正应力。（ ）
7. 轴上与轴承相配的部分称为轴头。（ ）
8. 对于形状较复杂的轴（如曲轴）常采用球墨铸铁铸造加工。（ ）
9. 键联接只能用于轴与轴上零件的周向固定。（ ）
10. 螺栓联接预紧的目的是增强联接的强度。（ ）
11. 键联接设计时，键的截面尺寸通常根据传递转矩的大小来确定。（ ）
12. 定轴轮系中所有齿轮的轴都是固定的。（ ）
13. 汽车变速箱与后桥之间的轴是转轴，它的功用是传递运动和动力。（ ）
14. 为了保证润滑，轴瓦上的油沟应开在轴承的承载区。（ ）

四、简答题

1. 轴的功用是什么？根据所受的载荷不同，轴可分为哪几种类型？各举例说明。
2. 轴的常用材料有哪些？对轴的材料的基本要求是什么？
3. 图7-105所示为斜齿圆柱齿轮、轴、轴承组合结构图。齿轮用油润滑，轴承用脂润滑，编写序号列出图中各设计结构不合理之处，并指出不合理的原因。（注：不必改正）

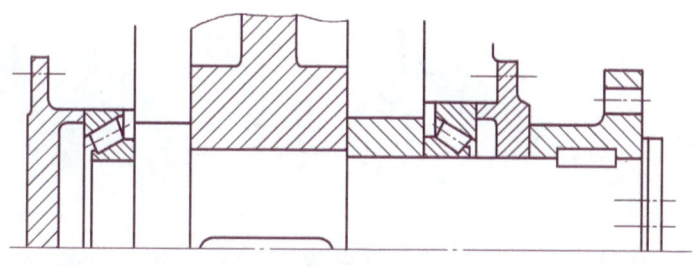

图7-105 简答题3图

4. 滑动轴承适用于哪些场合？滑动轴承的常用材料有哪些？
5. 滚动轴承与滑动轴承相比有何特点？
6. 说明以下几个代号的含义：6120、7210AC、N210E、51210、30316、7305B/P4。
7. 滚动轴承的额定动载荷和当量动载荷有何关系？
8. 螺纹联接有哪几种主要类型？各适用于什么场合？
9. 螺纹联接为什么要考虑防松？常用的防松方法有哪几种？
10. 键联接有哪些类型？各有什么特点？各应用于什么场合？
11. 普通平键联接的主要失效形式是什么？平键剖面尺寸 $b×h$ 及标准长度 L 如何确定？
12. 花键联接有哪几种类型？说明各种类型花键的应用场合和定心方式。
13. 选择一款轿车，了解其中采用了哪些类型齿轮传动机构及采用了哪些轴和轴承，各用在何处。
14. 了解东风汽车或解放汽车使用了哪些类型的联轴器、离合器。

单元四
汽车行驶装置工作分析与应用

任务描述

汽车行驶装置（行驶系统）的功用是承受由发动机经传动系统传来的转矩，并通过驱动轮与路面间的附着作用，产生路面对驱动轮的牵引力，以保证汽车正常行驶；支承全车，传递并承受路面作用于车轮上的各向反力及其形成的力矩；缓和由于路面不平而对车身造成的冲击，并衰减其振动，保证汽车行驶的平顺性；与转向系统协调工作，实现汽车行驶方向的正确控制，保证汽车操纵的稳定性。

汽车行驶装置一般由车架（或承载式车身）、车桥、车轮和悬架等组成，如图 8-1 所示。

本单元的任务是研究汽车行驶装置主要组成构件的基本结构特点、运动特性、受力特点

单元四 汽车行驶装置工作分析与应用

和承载能力分析等问题,以及高分子材料、陶瓷材料和复合材料等非金属和新型材料在汽车中的应用。同时,扼要地介绍有关国家标准和规范等知识。

通过本单元的学习探讨,要求学生具备以下能力:

1) 掌握汽车行驶装置的结构组成、运动特性、受力特点和材料选用等相关知识。
2) 能够运用相关国家标准和规范,解决车架、车桥和悬架弹簧等汽车行驶装置主要构件的承载能力分析、零部件失效分析和使用维护等方面的问题。
3) 了解汽车行驶系统工作及拆装作业基本要求,具备汽车维修的基本职业能力素质。

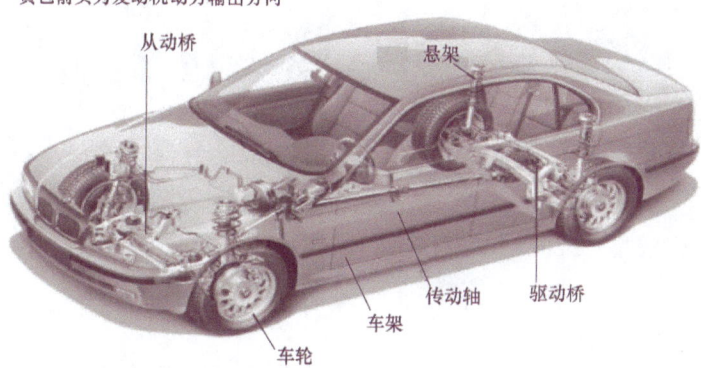

图 8-1 汽车行驶装置结构示意图

项目八 行驶装置力学分析与应用

案例导入

一辆雪铁龙桑蒂雅轿车返厂维修,据车主反映,此车之前曾因为发生严重碰撞事故进厂维修,当时该车的前部由于碰撞发生严重变形,进厂维修后,更换了散热器框架、散热器、发动机胶垫、变速器固定胶垫等部件。车主领车回去使用后,感到转向盘抖动厉害、驾驶舒适性下降,要求进厂返修。技术员试车后发现,该车起动后车身振动厉害,行驶时向左跑偏,但不太严重。在车内能够明显感受到车在抖动,因此诊断为车身随发动机共振现象。

如图 8-2 所示,对整车进行检查发现:发动机前部扭力支架固定螺栓全部松动、没有紧固,说明修复该车的维修人员已经发现此车的共振现象,并判断故障点为扭力支架位的联接;两前减振器上支座高度有误差,测量结果显示减振器上支点与前风挡柱下尖角位的距离存在 20mm 的差距。打开前风挡下集水板,发现两 A 柱内侧都有明显的折痕存在。再仔细查

275

看整个车身，又发现该车两前门有点后翘，前翼子板中折线前部翘起 30mm 左右，但整体看所有缝隙比较均匀，两翼子板固定孔均有修整的痕迹。因此，提出的解决方案是：拆去发动机、变速器、前悬架系统、两翼子板、前保险杠等部件，对该车进行彻底的大梁测量和校正。请对该车进行检修。

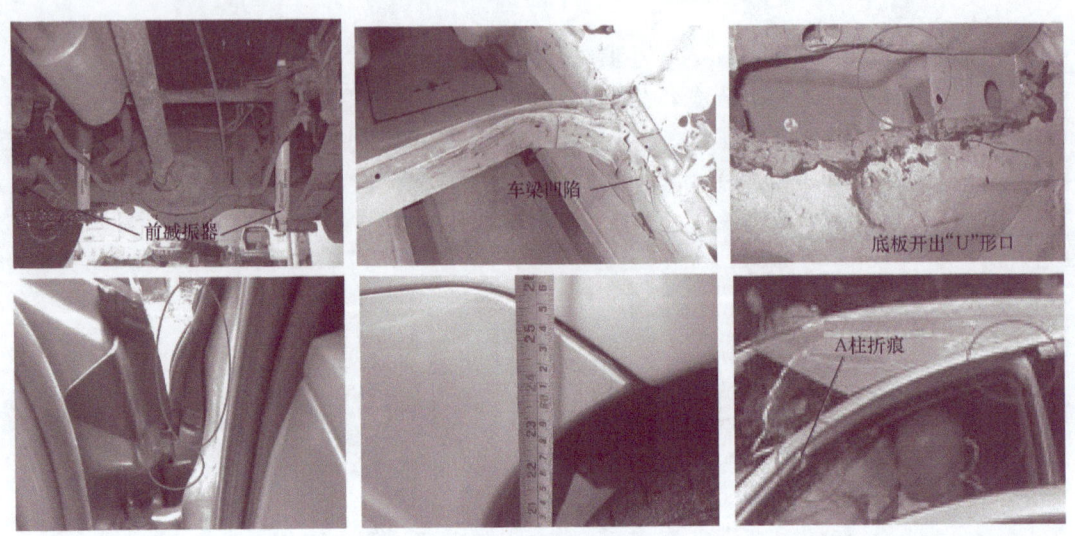

图 8-2　故障情况示意图

学习指导

通过对汽车行驶系统的认识与行驶装置结构及工作分析，掌握行驶系统运动特性、受力特点及梁的弯曲变形，了解悬架弹簧及车轮等主要组成部件的结构特点和承载能力等知识和内容，并能够对汽车常用非金属材料和新型材料等知识有初步的认识。

项目活动

任务十四　汽车行驶系统的认识与分析

1. 任务要点

1）在示教底盘实物上，认识及观察底盘行驶系统各组成构件的总体结构，分析各组成构件的功能。

2）分析汽车行驶系统结构的受力特点及承载能力。

3）认识摩擦的类型，了解汽车运动中的摩擦现象及应用。

4）了解弹簧的类型及在汽车上的应用。

2. 任务安排

请通过学习工作页（任务十四）了解本项目活动任务并按计划要求实施活动，完成学习工作页相关内容的填写。

单元四 汽车行驶装置工作分析与应用

 基础知识

一、汽车行驶系统结构受力分析

汽车是最常见的一种公路交通运输工具，而且大多数汽车采用轮式行驶系统。其结构特点是通过轮胎直接与地面接触支承车辆，并通过轮胎的滚动使汽车行驶。

1. 汽车行驶系统的结构认识

如图 8-3 所示，汽车行驶系统一般由车架（或承载式车身）、车桥（前后车桥）、车轮和悬架（前后悬架）等组成。车架是全车装配与支承的基础，它将汽车的各相关总成连接成一个整体，并与行驶系统共同支承汽车的质量。前、后车轮分别安装在前桥和后桥上，支承着车桥和汽车。为了减少汽车在行驶中受到的各种冲击与振动，车桥与车架之间通过弹性系统——前、后悬架进行连接。在一些轿车中，为了提高其舒适性，采用断开式车桥，两侧车轮的心轴分别通过各自的弹性元件与车架连接，受力作用时互不干扰，故称为独立悬架系统。

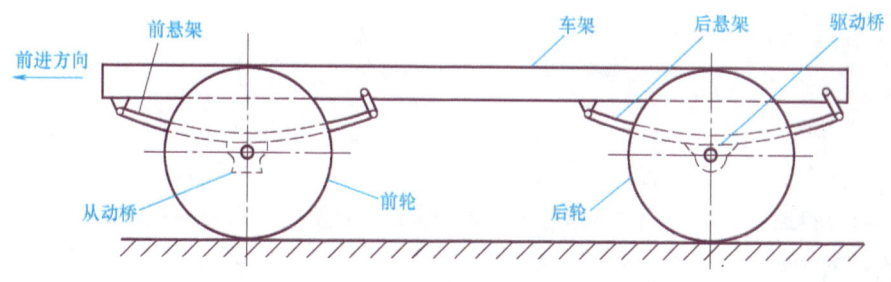

图 8-3 汽车行驶系统结构

2. 汽车行驶系统的运动特性及受力分析

如图 8-4 所示，汽车行驶系统的受力情况分析如下：在垂直方向上，受到汽车的总重力 G 并通过车架、悬架车桥和车轮传到地面，同时引起的地面垂直反力 N_1、N_2 分别作用于前后车轮上；在水平方向上，发动机的动力通过传动系统传到驱动后轮上，产生转矩 M_k，通过轮胎与地面的附着作用，产生推动汽车前进的纵向反力——牵引力 F_t；汽车在制动时，同样产生一个与 M_k 相反的制动转矩，作用于车轮上产生一个与汽车行驶方向相反的制动力，迫使汽车减速或停车。

汽车的驱动力 F_t 须克服驱动轮本身所遇到的滚动阻力，由车架经从动前悬架传给从动桥，使从动车轮克服其滚动阻力；另外通过驱动桥、驱动后悬架传给车架，最后经车身克服空气阻力、上坡阻力、加速阻力。只有当驱动力足以克服上述各种阻力之和时，汽车才能保持前进。

由于驱动力作用在驱动轮与地面接触处，此力对车轮中心产生的反力矩，使汽车前部具有向上抬起的趋势，从而使作用于前轮上的垂直载荷减小，后轮上的垂直载荷增加。汽车突然加速行驶时，这种作用更加明显。

汽车机械基础

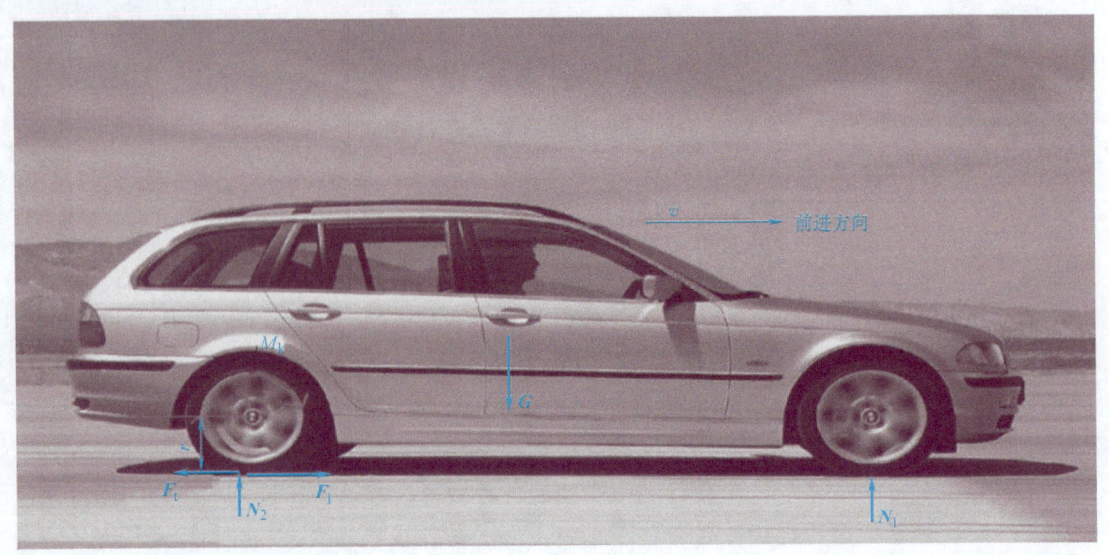

图 8-4 汽车驱动力产生示意图

$F_1 = M_K/r$　　　　汽车行驶所受阻力
M_K——为汽车车　　加速阻力 F_f
　　轮的转矩　　　空气阻力 F_W
r——为汽车车　　上坡阻力 F_i
　　轮的半径　　　总阻力 $\sum F = F_f + F_W + F_i$

同样，汽车制动时，地面将作用于车轮一个与汽车行驶方向相反的制动力。同样，有使汽车后部向上抬起、前部下沉的趋势，从而使作用于后轮上的垂直载荷减小，前轮上的垂直载荷增大。紧急制动时，作用尤其明显。

3. 汽车行驶系统的承载能力分析

汽车行驶系统中车架、车桥和悬架等组成构件，在外载荷的作用下主要发生弯曲变形。如图 8-5 所示，根据力学模型简化，各构件按梁的弯曲强度条件进行承载能力计算。

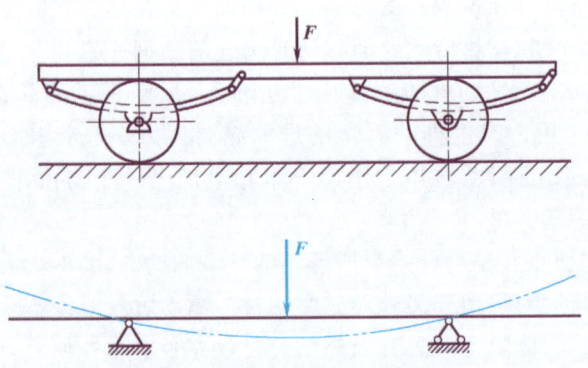

图 8-5 汽车横梁的弯曲变形

例 8-1 图 8-6a 所示汽车钢板弹簧，由 10 块宽度 $b = 75$mm、厚度 $t = 10$mm 的板条组成，$[R] = 400$MPa，$E = 2 \times 10^5$Pa，试求载荷 F 的许用值 $[F]$。

解: 1) 画钢板弹簧的受力简图,如图 8-6b 所示。

2) 画出钢板弹簧的弯矩图,如图 8-6c 所示,求得最大弯矩为

$$M_C = \frac{F}{4} \times 1000$$

危险截面在中点 C。C 截面如图 8-6d 所示,由 10 个矩形小截面叠成,其抗弯截面系数为

$$W_C = \frac{b(10t)^2}{6}$$

3) 根据强度条件,确定许可载荷 $[F]$

$$R_{\max} = \frac{M_C}{W_C} \leq [R]$$

$$\frac{250F}{10^2 bt^2/6} \leq [R]$$

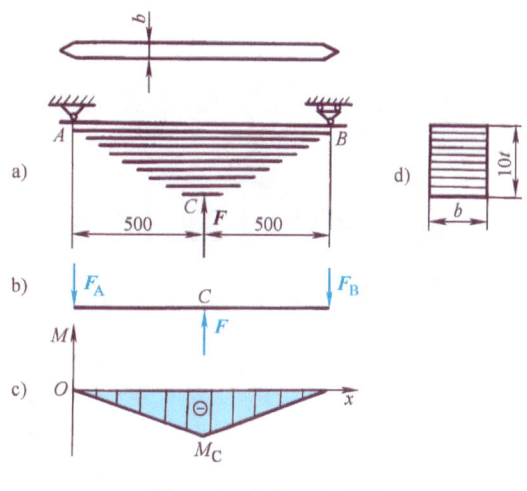

图 8-6 汽车钢板弹簧

$$F \leq \frac{10^2 \times 75 \times 10^2 \times 400}{6 \times 250} \text{N} = 200 \times 10^3 \text{N}$$

因此,梁上许可载荷 $[F] = 200 \text{kN}$。

4. 提高梁的弯曲强度的主要措施

通过分析和计算可知,提高梁弯曲强度的关键在于减少弯曲正应力 $R_{\max}$。根据弯曲强度条件

$$R_{\max} = \frac{M_{\max}}{W_z} \leq [R]$$

可知,要使 $R_{\max}$ 减小,可从 $M_{\max}$ 和 W_z 两个方面考虑,一是在相同载荷的情况下设法减小最大弯矩 $M_{\max}$;二是在截面面积相同的情况下增大抗弯截面系数 W_z。在其他条件相同情况下,选择不同轴或选择不同的截面形状,均能使梁的弯曲正应力降低,使其弯曲强度提高,以满足经济要求。为此可采取以下几项措施:

(1) 合理布置梁的支座和载荷 在载荷相同的情况下,梁的支座安排不同、载荷布置不同均可使最大弯矩发生变化,可通过合理布置梁的支座和载荷来降低最大弯矩值。如图 8-7a 所示受均布载荷作用的简支梁,其弯矩最大值为 $M_{\max} = ql^2/8$。若将支座改为图 8-7b 所示位置,则从弯矩图可知最大弯矩 $M'_{\max} = ql^2/40$,是原来的 1/5,弯曲承载能力提高了 4 倍。

又如图 8-8a 所示,受集中力 F 作用的简支梁 AB,其最大弯矩为 $M_{\max} = Fl/4$。若在梁上增加一副梁,如图 8-8b 所示,则集中力通过副梁作用于 C、D 点,弯矩最大值 $M_{\max}$ 减小为 $Fl/8$,比原来降低了一半。因此,承载能力提高了一倍。集中力作用下的简支梁,将载荷作用点靠近支座或设法将载荷分散作用,都将显著地降低最大弯矩值。在工程上,常将轴上齿轮尽可能靠近轴承,就是出于这一原因。

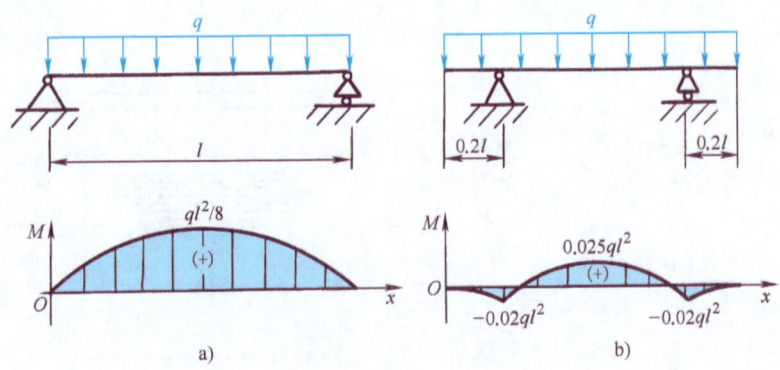

图 8-7 合理布置梁的支座

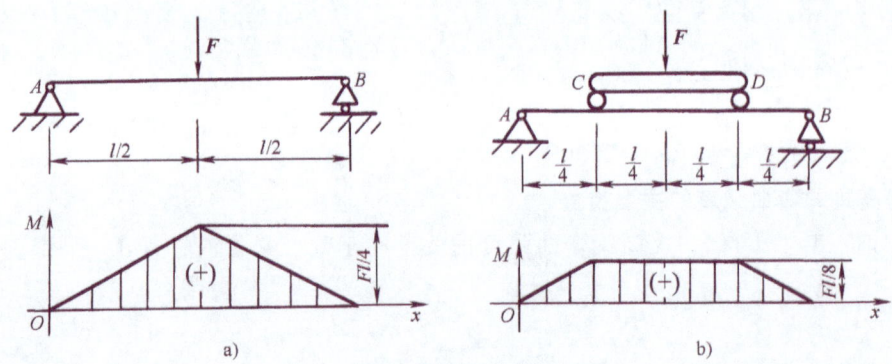

图 8-8 合理布置梁的载荷

（2）选择合理的截面形状　由弯曲强度条件可知，抗弯截面系数 W_z 越大，梁的抗弯曲强度越高。因此，应尽量选择横截面面积较小，而抗弯截面系数大的截面形状，即 W_z/A 值大的截面是合理截面。工程中常用截面的 W_z/A 值如下，设各式中 $h=d=D$。

圆形截面　　　$\dfrac{W_z}{A} = \dfrac{\pi d^3/32}{\pi d^2/4} = 0.125\,d$

矩形截面　　　$\dfrac{W_z}{A} = \dfrac{bh^2/6}{bh} = 0.167h$

工字钢　　　　$\dfrac{W_z}{A} = (0.27 \sim 0.31)h$

槽钢　　　　　$\dfrac{W_z}{A} = (0.27 \sim 0.31)h$

圆环形　　　　$\dfrac{W_z}{A} = 0.205\,d$

单元四 汽车行驶装置工作分析与应用

从弯曲正应力的分布可知,横截面上、下边缘处正应力最大,而靠近中性轴处的正应力很小。为了物尽其用,可将截面挖空,使材料得到充分利用,提高经济性。

对于抗拉、压强度相等的材料,可选对称于中性轴的截面,使最大拉应力、压应力同时接近许用应力值;而对于抗拉、压强度不等的材料,一般抗压强度大于抗拉强度,最好采用中性轴靠近受拉一侧的截面,可实现最大拉应力和最大压应力同时接近许用拉、压应力。

(3) 采用等强度梁　一般情况下,梁截面上弯矩随截面位置不同而变化。若能在弯矩较大处采用较大截面、弯矩较小处采用较小截面,就能实现全梁强度基本相等,即等强度梁。如图8-9a所示的悬臂梁,图8-9b所示的阶梯轴,及图8-9c所示汽车车架上的纵梁等,均为等强度梁。采用等强度梁既能满足强度要求,又减少了材料的消耗。

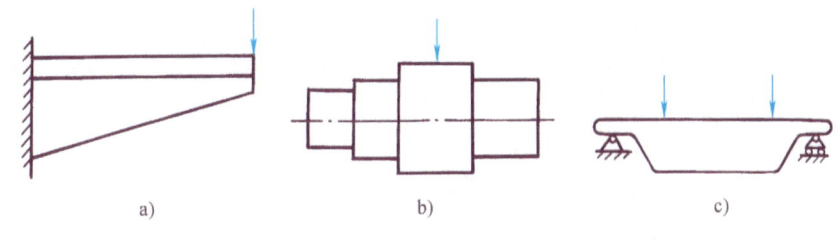

图 8-9　等强度梁

二、车轮滚动摩擦分析

滚动摩擦是指一物体沿另一物体的表面做相对滚动或有相对滚动趋势时,接触表面产生的摩擦。汽车在行驶过程中,车轮在地上能够"向前"滚动,是由于车轮与地面之间有"滚动摩擦"。如图8-10所示,某一时刻,轮胎上的一点与地面接触,由于它处于圆周运动状态,而有一个沿切线方向向后的力F_t,即有"相对于地面向后"的运动趋势,但是由于受到摩擦作用而并没有发生相对于地面的位移,使得轮胎上部的其他点因为下方有了一个"着力点",才能继续向下转动而陆续与地面前方的点接触。

图 8-10　车轮滚动示意图

下面以车轮滚动为例,介绍滚动摩擦的规律。如图8-11a所示,水平面上有一重为G的车轮,处于静止状态。

由平衡条件可知,有

$$F_N = -G$$

在车轮上轮心处加一水平力F_p,此时,支承面会产生一摩擦阻力F_f,阻止车轮的滑动,如图8-11b所示。由于F_p和F_f构成一对力偶,因此车轮向前滚动。由此可见,摩擦阻力F_f除阻止车轮滑动外,还有促使车轮滚动的作用。若车轮和支承面都是绝对刚性的,则车轮会由于无任何阻力而滚动不停。但事实上,车轮和支承面都不会绝对刚性的,多少会发生一

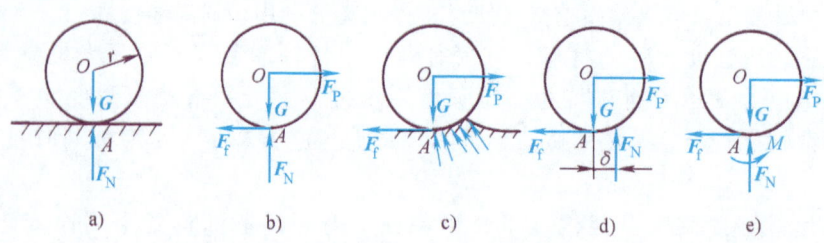

图 8-11　车轮滚动摩擦受力分析

定的变形。假设车轮较支承面硬，则当车轮向前滚动时，接触面 A 处会产生凹坑，其前缘会受到挤压变形而凸起。此时，支承面的约束反力的合力 F_N 偏移 G 的作用线 δ 距离，与 G 形成一对力偶，G、F_N 成为滚动阻力，如图 8-11c、d 所示。

利用力的平移原理，将 F_N 平移到 A 点，如图 8-11e 所示，则产生的附加力偶为 $M = F_N\delta$，称为滚动摩擦力偶矩。当车轮平衡时，有

$$\sum M_A(F) = 0 \quad M = F_N\delta = F_P r$$

由 $M = F_P r$ 可知，M 随 F_P 的大小而变化。当 F_P 增大到使车轮处于将滚而未滚的临界状态时，M 也增加到了最大值

$$M_{max} = \delta_m F_N$$

式中，δ_m 是法向反力 F_N 偏移量 δ 的最大值，称为滚动摩擦因数，与接触物体材料性质有关。

由以上分析可知，摩擦阻力偶 M 的大小与车重成正比，轮胎的气压越低或车的载重量越大，轮胎与路面的接触面就展得越宽、支承力的前移量 δ 就越大，因而阻力矩也就越大，为了保证车辆继续前进就需要动力系统继续输出更大的扭矩来克服摩擦阻力偶 M_{max}，即 $F_P r > \delta_m F_N$。因此，作用于车轮上的水平力应满足以下条件

$$F_P > \frac{F_N \delta_m}{r}$$

在工程上，若将笨重的物体置于滚轴上将其搬动，如图 8-12 所示，比直接放于地面上拖动会省力很多，这说明滚动比滑动阻力小。

三、弹簧的类型及应用

如图 8-13 所示，弹簧是汽车悬架减振系统广泛应用的一种弹性零件。在受外载荷作用后能产生较大的弹性变形；外载荷卸除时，变形消失恢复原形。弹簧的这种性质，使它在很多机构和机器中起着各不相同的作用。另外，弹簧还能把机械功或动能转变为变形能，或把变形能转变为动能或机械功，所以弹簧又是转换能量的零件。

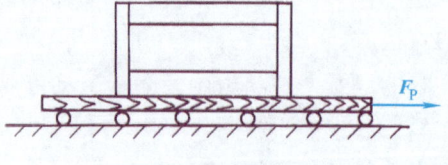

图 8-12　滚动实例

1. 弹簧的功用

弹簧在机械中作为弹性零件，主要功用有：

单元四 汽车行驶装置工作分析与应用

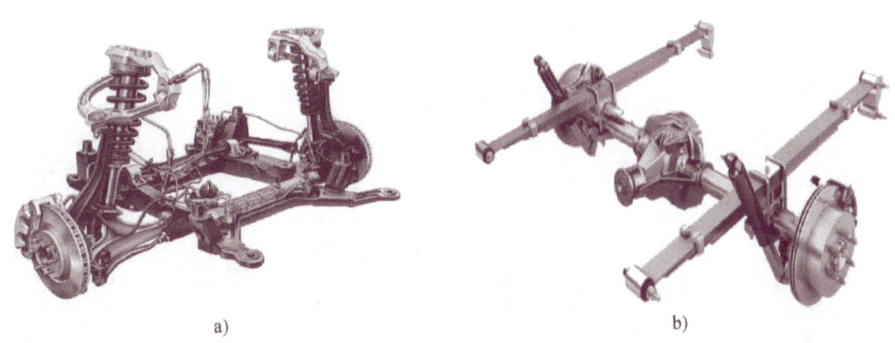

图 8-13 汽车悬架减振系统

1）控制机构的运动或零件的位置，如凸轮机构、离合器、阀门以及各种调速器中的弹簧。
2）缓冲及吸振，如板弹簧（图 8-14a）、各种缓冲器及弹性联轴器中的弹簧。
3）储存能量作为动力源，如钟表、仪器中使用的弹簧发条。
4）测量载荷的大小，如弹簧秤中的弹簧（图 8-14b）。

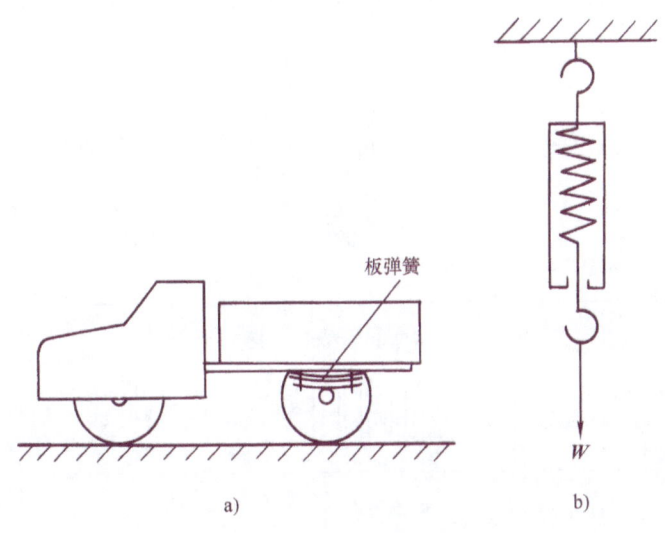

图 8-14 弹簧的应用
a）板弹簧　b）弹簧秤

2. 弹簧的种类

弹簧的种类很多，按外形分，有螺旋弹簧、板弹簧、环形弹簧、碟形弹簧和平面涡卷弹簧等。螺旋弹簧按其形状又可分为圆柱螺旋弹簧和截锥螺旋弹簧等。

按其受载荷的性质分，有压缩弹簧、拉伸弹簧、扭转弹簧、弯曲弹簧等。弹簧的主要类型和特点见表 8-1。

表 8-1 弹簧的主要类型和特点

类型		承载形式	简图	特点及应用
螺旋弹簧	圆柱	压缩	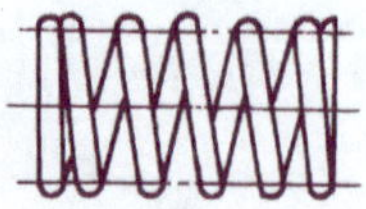	刚度稳定,结构简单,制造方便;应用范围最广,适用于各种机械
		拉伸	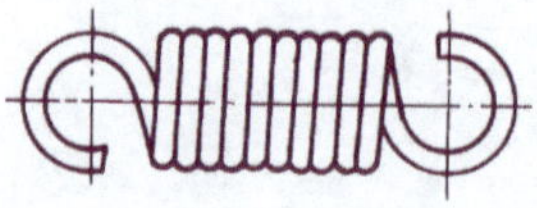	
		扭转	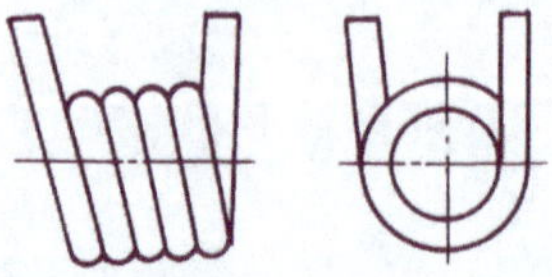	主要用于各种装置中的压紧和储能
螺旋弹簧	截锥	压缩	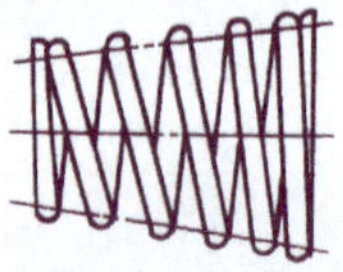	稳定性好,结构紧凑,刚度随载荷而变化,多用于需承受较大载荷和减振的场合
碟形弹簧		压缩	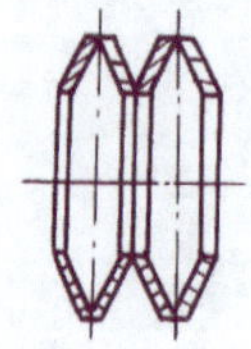	刚度大,缓冲吸振能力强,适用于载荷很大而弹簧轴向尺寸受限制的地方;具有变刚度的特性
环形弹簧		压缩		能吸收较多能量,有很高的缓冲和吸振能力,用于重型设备的缓冲装置
平面涡卷弹簧		扭转	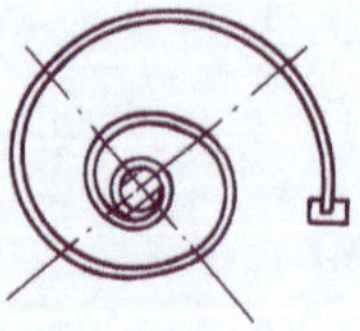	变形角大,能储存的能量大,轴向尺寸很小,多用作仪器、钟表中的储能弹簧
板弹簧		弯曲		缓冲和减振性能好,多板弹簧减振能力强。主要用于汽车、拖拉机、火车车辆的悬架装置

另外按承受载荷的循环次数 N 的不同,弹簧还可分为三类:Ⅰ类弹簧($N>10^6$ 次的弹簧),如内燃机气门弹簧、电磁制动器弹簧;Ⅱ类弹簧($N=10^3\sim10^5$ 次和受冲击的弹簧),如调速器弹簧、安全阀弹簧、一般车辆弹簧;Ⅲ类弹簧($N<10^3$ 和受静载荷的一般弹簧),如摩擦式安全离合器弹簧等。

3. 弹簧的材料

弹簧在机械中常承受具有冲击性的载荷,所以弹簧材料应具有高的弹性极限、疲劳极限、一定的冲击韧度、塑性和良好的热处理性能等。常用的材料有优质碳素弹簧钢、合金弹簧钢和有色金属合金。

(1)碳素弹簧钢 碳的质量分数在 0.6%~0.9% 之间,如 65、70、85 等碳素弹簧钢。这类钢价廉,热处理后具有较高的强度、适宜的韧性和塑性。国家标准 GB/T 4357—2009 规定:碳素弹簧钢按抗拉强度分为低抗拉强度、中等抗拉强度、高抗拉强度,分别用符号 L、M、H 代表;按照弹簧载荷特点分为静载荷和动载荷,分别用 S 和 D 代表。弹簧的类型代码由载荷分类代码和抗拉强度等级代码组成,有 SL、SM、SH、DM、DH 等类型,对应不同类型的直径范围和抗拉强度不同。$\phi1\sim\phi13$mm 碳素弹簧钢丝的抗拉强度要求见表 8-2。

表 8-2 $\phi1\sim\phi13$mm 碳素弹簧钢丝的抗拉强度要求 (单位:MPa)

钢丝直径/mm	抗拉强度				
	SL 型	SM 型	DM 型	SH 型	DH 型
1.0	1720~1970	1980~2220	1980~2220	2230~2470	2230~2470
1.2	1670~1910	1920~2160	1920~2160	2170~2400	2170~2400
1.4	1620~1860	1870~2100	1870~2100	2110~2340	2110~2340
1.6	1590~1820	1830~2050	1830~2050	2060~2290	2060~2290
1.8	1550~1780	1790~2010	1790~2100	2020~2240	2020~2240
2.0	1520~1750	1760~1970	1760~1970	1980~2200	1980~2200
2.25	1490~1710	1720~1930	1720~1930	1940~2150	1940~2150
2.5	1460~1680	1690~1890	1690~2150	1900~2110	1900~2110
2.8	1420~1640	1650~1850	1650~1890	1890~2100	1890~2100
3.0	1410~1620	1630~1830	1630~1850	1840~2040	1840~2040
3.2	1390~1600	1610~1810	1610~1830	1820~2020	1820~2020
3.6	1350~1560	1570~1760	1570~1810	1770~1970	1770~1970
4.0	1320~1520	1530~1730	1530~1760	1740~1930	1740~1930
4.5	1290~1490	1500~1680	1500~1680	1690~1880	1690~1880
5.0	1260~1450	1460~1650	1460~1650	1660~1830	1660~1830
5.6	1230~1420	1430~1610	1430~1610	1620~1800	1620~1800
6.0	1210~1390	1400~1580	1400~1580	1590~1770	1590~1770
7.0	1160~1340	1350~1530	1350~1530	1540~1710	1540~1710
8.0	1120~1300	1310~1480	1310~1480	1490~1660	1490~1660
9.0	1090~1260	1270~1440	1270~1440	1450~1610	1450~1610
10.0	1060~1230	1240~1400	1240~1400	1410~1570	1410~1570
11.0	—	1210~1370	1210~1370	1380~1530	1380~1530
12.0	—	1170~1320	1170~1320	1350~1500	1350~1500
13.0	—	1160~1310	1160~1310	1320~1470	1320~1470

（2）合金弹簧钢　承受变载荷、冲击载荷或工作温度较高的弹簧，需采用合金弹簧钢，常用的有硅锰钢和铬矾钢等。

（3）有色金属合金　在潮湿、酸性或其他腐蚀性介质中工作的弹簧，宜采用有色金属弹簧钢，常用的有硅青铜、锡青铜、铍青铜等。

弹簧也可用非金属材料如橡胶、塑料、软木等制成，如弹性套柱销联轴器中的弹性套是用橡胶制成的。

螺旋弹簧的常用材料和许用应力见表8-3。

表8-3　螺旋弹簧的常用材料和许用应力

类别	牌号	Ⅰ类	Ⅱ类	Ⅲ类	用温度/℃	范围	
碳素弹簧钢丝	SL、SM、SH 等级	$0.3R_m$	$0.4R_m$	$0.5R_m$	$-40\sim120$		价廉易得，热处理后强度较高，但尺寸大了不易淬透，多用于制作小弹簧
合金钢丝	60Si2Mn	480	640	800	$-40\sim200$	$45\sim50$HRC	弹性和耐回火性好，易于脱碳，适用于制造受重载的大弹簧
	50CrVA	450	600	750	$-40\sim210$		有较高的疲劳极限，弹性、淬透性和耐回火性好，常用于制造受变载荷的弹簧
	60Si2CrVA	570	760	950	$45\sim50$	$47\sim52$HRC	强度高，弹性好，耐高温，适用于承受重载荷的弹簧
不锈钢丝	40Cr13	450	600	750	$-40\sim300$	$48\sim53$HRC	耐蚀，耐高温，适用于受腐蚀介质影响的弹簧
青铜丝	QSi3-1	270	360	450	$-40\sim120$	$90\sim100$HRW	耐蚀，防磁，适用于机械或仪表中的弹簧
	QSn4-3	270	360	450			

选择弹簧材料时应充分考虑弹簧的工作条件（载荷的大小及性质、工作温度和周围介质的情况）、功用及经济性等因素，一般应优先采用碳素弹簧钢丝。

四、汽车常用高分子材料的应用

由于全球汽车工业向节能化、环保化发展，高分子材料、陶瓷材料和复合材料等非金属材料在汽车中的应用越来越广，如用于汽车车架、轮胎、内外饰件等结构件及功能件，在应用中要注意高分子材料的类型、性能特点及保养方法。

高分子材料又称为高分子化合物或高分子聚合物（简称高聚物），是以高分子化合物为主要组分的有机材料，可分为天然高分子材料和合成高分子材料两大类。汽车工业常用的高分子材料有塑料、橡胶、涂装材料、胶粘剂、合成纤维等。

1. 塑料

塑料是一种以有机合成树脂为主要组成的高分子材料，它通常可在加热、加压条件下塑造或固化成型，得到所需的固体制品，故称为塑料。它具有质量轻、比强度高、耐蚀、消声、隔热、良好的减摩性、耐磨性和绝缘性等优点，但也存在着强度低、耐热性差、耐疲劳性差、修理性不好、耐候性差、耐蠕变性差、尺寸不稳定和废弃处理困难等缺点。

塑料的主要成分是有机合成树脂，也可加入增强材料、填料、增塑剂、固化剂、稳定剂、着色剂和阻燃剂等，如图 8-15 所示。

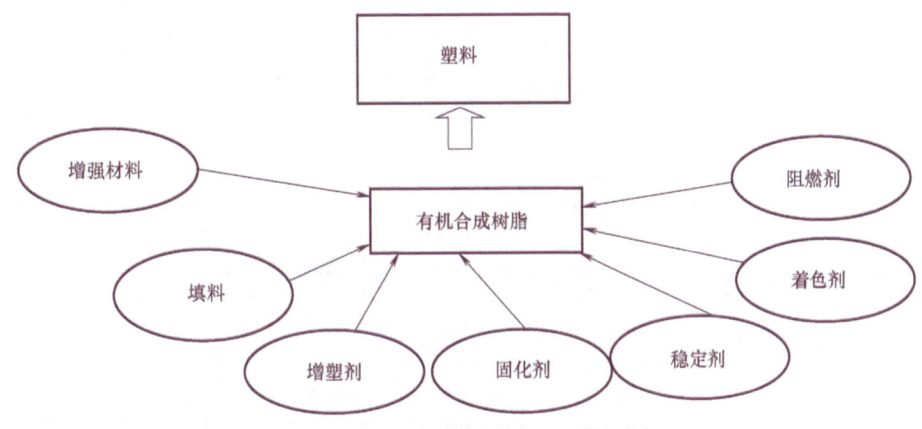

图 8-15　塑料的基本组成

(1) 塑料的分类

1) 按照塑料的物理化学性能分，可分为热塑性工程塑料和热固性工程塑料两类。其中热塑性工程塑料占塑料总量的 70% 以上，是指在按特定的温度范围内能反复加热软化和冷却硬化的塑料，如聚乙烯、聚氯乙烯、聚丙烯塑料等；而热固性工程塑料因受热或其他条件能固化成不溶性物料的塑料，如酚醛塑料、环氧塑料等。

2) 按照塑料的用途分，可分通用塑料、工程塑料和特种塑料三种。通用塑料一般指量大、用途广、成型性好、力学性能表现一般、价廉的塑料，主要品种有聚乙烯、聚氯乙烯、聚丙烯、聚苯乙烯塑料等；工程塑料一般是指能承受一定的外力作用，并有良好的力学性能和尺寸稳定性，在高、低温和较苛刻的环境条件下仍能保持其优良的力学性能、耐磨性，可以作为工程结构件的塑料。主要品种有聚酰胺、聚砜、聚苯醚、环氧树脂等；特种塑料一般是指具有一定的功能和应用要求的塑料，如耐辐射塑料、超导电塑料、医用塑料、导磁塑料、感光塑料等。这类塑料包括氟塑料、有机硅塑料、聚酰亚胺等。

(2) 塑料在汽车上的应用

汽车工业的发展同塑料工业的发展是密不可分的。据了解，塑料件应用于汽车领域始于 20 世纪 50 年代，1959 年福特汽车公司首先将聚氯乙烯溶胶应用于汽车制造业。20 世纪 60 年代中期，已有少量的塑料件开始商业化生产。20 世纪 70 年代合成树脂工业的迅速发展，为其在汽车领域的应用打下了坚实的基础。特别是 20 世纪 80 年代，轿车工业的快速发展促使车用材料也紧紧围绕着环保、节能、安全、舒适性和低成本这五个主题展开。目前，塑料在整车重量中的比例占到 10%~15%，其他各类材料的比例为：钢铁 65%~70%，铝 5%~10%，玻璃 2%~4%。

近年来，汽车轻量化已成为汽车材料发展的主要方向。汽车轻量化为塑料工业的发展提供了广阔的空间。据业内专家介绍，发达国家已将汽车用塑料量的多少作为衡量汽车设计和制造水平的一个重要标志。汽车一般部件重量每减轻 1% 可节油 1%；运动部件每减轻 1% 可节油 2%。国外汽车自身重量同过去相比已减轻 20%~26%。预计在未来的 10 年内，轿车自身的重量还将继续减轻20%，而塑料在汽车中的应用将使汽车轻量化成为现实。

从现代汽车使用的材料看，无论是外装饰件、内装饰件，还是功能与结构件，到处都可以看到塑料制件的应用。外装饰件的应用特点是以塑代替钢，减轻汽车自重，主要部件有保险杠、挡泥板、车轮罩、导流板等；内装饰件的主要部件有仪表板、车门内板、副仪表板、杂物箱盖、座椅、后护板等；功能与结构件主要有油箱、散热器水室、空气过滤器罩、风扇叶片等。图8-16所示为现代承载式汽车上使用塑料件的部位。

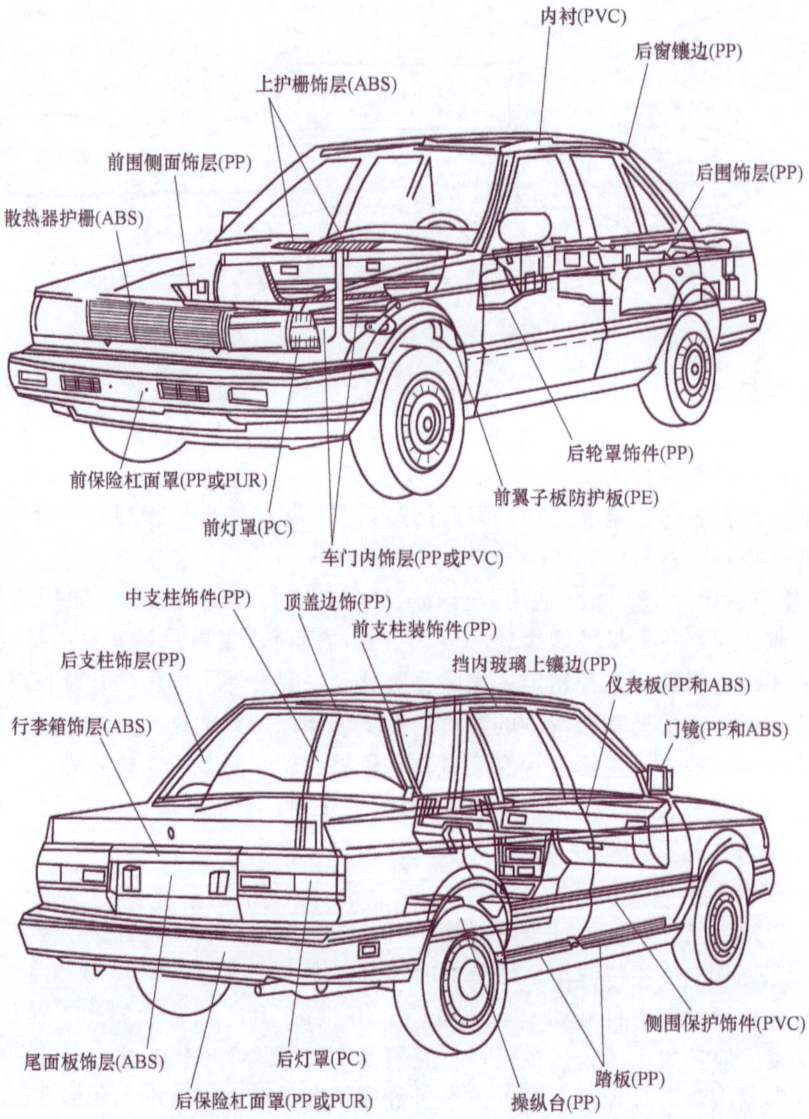

图 8-16　现代承载式汽车上使用塑料件的部位

汽车用塑料按照用途可分为内饰件用塑料、工程塑料和外装件用塑料。

1）内饰件用塑料。汽车内饰用塑料要求具备吸振性能好、手感好、耐用性好的特点，以满足安全、舒适、美观。内饰件用塑料主要有：聚氨酯（PUR）泡沫、聚氯乙烯（PVC）、聚丙烯（PP）和ABS等。如图8-17所示，它们用于制作坐垫、仪表板、扶手、

单元四　汽车行驶装置工作分析与应用

头枕、门内衬板、顶棚里衬、地毯、控制箱、转向盘等内饰塑料制品。在内饰件方面，汽车和内饰制造商不断推出新型内饰材料，满足用户舒适性和安全感。

2) 工程塑料。工程塑料在汽车上主要用作结构件，要求塑料具有足够的强度、抗蠕变性及尺寸稳定性等特性。汽车上常用的工程塑料有聚丙烯（PP）、聚乙烯（PE）、聚苯乙烯（PS）、ABS、聚酰胺（PA）、聚甲醛（POM）、聚碳酸酯（PC）、酚醛树脂（EP）等。采用工程塑料取代金属制造汽车配件，可直接取得汽车轻量化效果，还可改善汽车的某些性能，如防腐蚀、防锈蚀、减振、控制噪声、耐磨等。

图 8-17　塑料在汽车内饰件中的应用

3) 外装件用塑料。汽车的外装件包括传动轴、车架、发动机罩等，要求具备高强度，因此多采用纤维增强塑料基复合材料制造。

汽车常用塑料的名称、变形温度及应用见表 8-4。

表 8-4　汽车常用塑料的名称、变形温度及应用

名称（符号）	变形温度/℃	应用
聚氨酯（PUR） 热固型泡沫塑料① 热塑性塑料	80 60	为汽车的主要内饰材料 用于制造汽车坐垫、汽车仪表板、扶手、头枕等缓冲材料 用于制造汽车保险杠、仪表板、挡泥板、前端部、发动机罩等大型部件
聚氯乙烯（PVC）	55~75	在汽车上的用量占汽车用塑料总量的20%~30%，主要用于制造各种表皮材料和电线外皮。例如聚氯乙烯人造革用于汽车坐垫、车门内板及其他装饰覆盖件上；聚氯乙烯地毯则用于货车驾驶室等部件
聚丙烯（PP）	50~110	聚丙烯主要用于通风采暖系统、发动机的某些配件及外装件，汽车转向盘、仪表板、前、后保险杠、加速踏板、蓄电池壳、空气滤清器、冷却风扇、风扇护罩、散热器格栅、转向机套管、灯壳、电线外皮等
聚乙烯（PE）	40~82	用于制造油箱、挡泥板、转向盘、各种液体储罐、车厢内饰件及衬板等
ABS 树脂（ABS）	70~107	散热器护栅、驾驶室仪表盘、控制箱、装饰类、灯壳、嵌条类
丙烯树脂（PMMA）	70~98	灯玻璃类
聚酰胺（PA）	80~182	用于制造燃油滤清器、空气滤清器、机油滤清器、正时齿轮、水泵壳、水泵叶轮、风扇、制动液罐、动力转向液罐、刮水器齿轮、前照灯壳、百叶窗、轴承保持架、熔丝盒、速度表齿轮等
聚甲醛（POM）	—	各种阀，如排水阀、空调器阀；各种叶轮，如水泵叶轮、暖风器叶轮、油泵叶轮；轴套及衬套，如行星齿轮和半轴垫片、钢板弹簧吊耳衬套；轴承保持架等机件；各种电气开关及电气仪表上的小齿轮；各种手柄及门销等
聚碳酸酯（PC）	140	保险杠、刻度板、加热器底板
聚酯树脂（UP）①	60~205	挡泥板、车身装饰件、轮毂防尘罩、加热装置、驾驶室仪表盘
聚乙烯（PE）	—	制动衬片、离合器摩擦片
饱和聚酯 对苯二甲酸丁二醇酯（PBT）、聚对苯二甲酸乙二醇酯（PET）	—	后窗通风格栅、车尾板通风栅、前挡泥板延伸部分、灯座、车牌支架等车身部件，点火线圈架、开关、插座等电气元器件，冷却风扇、刮水器杆、油泵叶轮和壳体、镜架、各种手柄等机件

① 为热固性塑料。

2. 橡胶

橡胶是以生胶为原料，加入适量的硫化剂、硫化促进剂、硫化活性剂、防焦剂、防老剂、补强填充剂、软化剂、着色剂等配合剂，经硫化后得到的一种材料。橡胶具有高弹性、黏弹性好、强度大、可塑性高、耐磨性好以及绝缘、隔声、防水、缓冲、吸振性能好等特性，因此橡胶广泛地应用于弹性材料、密封材料、减振防振材料和传动材料，在汽车工业生产中有着重要的地位，是一项重要的汽车工业材料。

（1）常用的橡胶材料　生产上常用的橡胶材料有天然橡胶、合成橡胶和再生胶。

1）天然橡胶。天然橡胶材料是指以天然胶为生胶制成的橡胶材料，代号为 NR。天然橡胶属于通用橡胶。它具有优良的弹性，弹性温度范围为 $-70 \sim +130℃$；具有较高的强度和优异的抗疲劳性、耐磨性、耐寒性、防水性、绝热性和绝缘性；具有良好的可加工性。其缺点是耐老化性和耐候性差，耐油性和耐溶剂性较差，易溶于汽油和苯类等溶剂，易受强酸侵蚀，且易自燃。

天然橡胶材料有广泛的用途，大量用于制造各类轮胎，尤其是子午线轮胎和载重汽车轮胎。另外，还用于制造胶带、胶管、各种工业用橡胶制品，以及胶鞋等日常生活用品和医疗卫生制品。

2）合成橡胶。随着石油工业的迅速发展，合成橡胶由于原料来源丰富、成本低廉，在各行各业得到了广泛应用，也成为汽车工业的一种重要的材料。合成橡胶的种类繁多，可分为通用合成橡胶和特种合成橡胶。常用合成橡胶的名称、特性和用途见表 8-5。

表 8-5　常用合成橡胶的名称、特性和用途

名称	代号	主要原料	特性（与天然橡胶比较）	主要用途
丁苯橡胶	SBR	丁二烯 苯乙烯	较高的耐磨、耐候、耐热、耐老化、耐油性；但弹性、耐寒性、可加工性等差	为产量和消耗量最大的通用合成橡胶。多用于制造轮胎、通用橡胶工业制品及生活日用品
顺丁橡胶	BR	丁二烯	很高的弹性、良好的耐低温性、优异的耐磨耗、耐热、耐老化性，生产成本低；但抗拉强度、抗撕裂性较差，可加工性差。	大部分用于制造轮胎，特别是乘用轮胎，也可用于制造胶带、胶管、胶辊等
氯丁橡胶	CR	2-氯-1 3-丁二烯	抗拉强度较高，耐老化性、耐候性、耐热性、耐油性良好，不易燃烧，气密性好；但储存稳定性、绝缘性、耐寒性较差，加工时对温度敏感	广泛用于制造轮胎胎侧、耐热运输带、耐油耐蚀胶管、容器衬里、汽车和拖拉机配件、胶版、胶辊、电线电缆外皮、门窗密封条等
异戊橡胶	IR	异戊二烯	综合性能最好，各种物理、力学性能、绝缘性、耐水性、耐老化性均优于天然橡胶，但强度、硬度略差，成本较高	与天然橡胶相似，用于制造轮胎的胎面胶、胎体胶、胎侧胶，也可制作胶带、胶管、胶鞋、工业制品、医疗制品和食品用制品
丁基橡胶	IIR	异丁烯 异戊二烯	气密性非常好，化学稳定性很高，极好的耐热耐老化性、耐候性、耐寒性、绝缘性、减振性、耐化学药品性；但可加工性不好，耐油、耐溶剂性差	广泛用于制造充气轮胎的内胎，电线电缆绝缘材料，以及胶布、压力容器衬里、防振橡胶制品等

单元四　汽车行驶装置工作分析与应用

（续）

名称	代号	主要原料	特性（与天然橡胶比较）	主要用途
丁腈橡胶	NBR	丁二烯 丙烯烃	优异的耐油性，良好的耐磨性、耐老化性、气密性、耐热性等；但耐寒性、绝缘性较差	广泛用于耐油橡胶制品，如油封、轴封、垫圈等。还可制作耐油胶管、输送带、胶辊等
乙丙橡胶	ERM EPDM	乙烯 丙烯	耐老化性能、耐候性、耐蚀性优异，很好的弹性；但可加工性差	制造耐热运输带、蒸汽胶管、耐蚀密封件，以及垫片、密封条、散热器胶管等汽车零件
丙烯酸酯橡胶	ACM ANM	丙烯酸酯	很高的稳定性，良好的耐热、耐老化、耐油性；但耐旱、耐水差，弹性和耐磨性不够好	制造汽车的耐热密封垫、油封和耐热耐油海绵制品
氯醇橡胶		环氧氯丙烷	具有优良的耐臭氧性、耐热耐老化性、耐寒性、耐油性；但密度较大	制造汽车、飞机及仪器仪表等的橡胶配件，还可制造胶管、胶布、印刷胶辊、耐油和耐高低温的密封制品
聚氨酯橡胶	AUEU	聚酯、聚醚、二异氰酸脂	强度高，耐磨耗性高，优异的弹性、耐老化性、气密性、耐油性、耐溶剂性；但耐水性差	制造胶带、耐油胶管、胶辊以及耐磨耗的工业橡胶制品
硅橡胶		硅氧烷	优异的耐高低温性能，在-100~+300℃保持弹性，以及耐臭氧老化、耐热氧老化、耐候老化、绝缘、稳定性好；但强度、耐磨耗较低，价格昂贵	多用于航空业的密封、减振及绝缘材料
氟橡胶		含氟单体	耐热氧老化性能极好，耐高温、耐化学腐蚀、耐油性能优异；但耐寒性、可加工性差，价格昂贵	多用于国防工业部门制作各种密封材料；也用于化学工业、电力等部门

3）再生胶。再生胶是硫化胶的边角废料和废旧橡胶制品经粉碎、化学和物理方法加工后，去掉硫化胶的弹性，恢复塑性和黏性，可重新再硫化的橡胶。再生胶对于环保和生产资料的再利用有着重要的意义。再生胶的主要特性是强度较低、硫化速度快、操作比较安全，并有良好的耐老化性，加工容易，成本低廉。

再生胶广泛地用于各种橡胶制品的生产。轮胎工业中用于制造垫带、钢丝圈胶、三角胶条、封口胶条等。汽车上也用作胶板、橡胶地毯、汽车用橡胶零件等。再生胶也可用于制作胶管、胶带及各种模型制品，还可用于制造胶鞋的鞋底、海绵胶等。

（2）橡胶制品在汽车上的应用　橡胶是汽车常用的一种重要材料。一辆轿车上的橡胶件重量占车重的4%~5%。轮胎是汽车的主要橡胶件，此外还有各种橡胶软管、密封件、减振垫等三百余件。

1）轮胎。轮胎是汽车上的重要部件之一，其结构如图8-18所示。轮胎的主要材料有生胶（包括天然橡胶、合成橡胶、再生胶）、骨架材料即纤维材料（包括棉纤维、人造丝、尼龙、聚酯、玻璃纤维、钢丝等）及炭黑等。

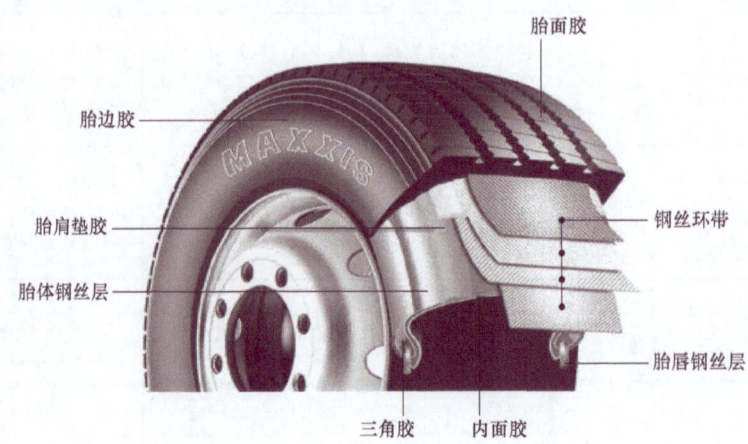

图 8-18 轮胎的结构示意图

生胶是轮胎最重要的原材料，轮胎用的生胶约占轮胎全部原材料质量的 50%。载重汽车轮胎以天然橡胶为主，而轿车轮胎则以合成橡胶为主。

天然橡胶在许多性能方面优于通用型合成橡胶，其主要特点是强度高、弹性高，生热和滞后损失小，耐撕裂，有着良好的工艺性、内聚性和黏着性。用它制成的胎耐刺扎，特别对使用条件苛刻的轮胎，其胎面上层胶大多采用天然橡胶。

轮胎用合成橡胶中，丁基橡胶是一种特种合成橡胶，具有优良的气密性和耐老化性。用它制造的内胎，气密性比天然橡胶内胎好，使用中不必经常充气，轮胎使用寿命也相应提高。它又是无内胎轮胎密封层的最好材料。

2）其他橡胶配件。除轮胎以外，汽车用橡胶配件还有各种胶管、传动带、油封，以及高压密封、减振缓冲胶垫、窗玻璃密封条等。这些零部件应用于轿车的各部位，数量虽然不大，但对汽车的性能和质量却起着相当重要的作用。

3. 涂装材料

涂装材料是一种呈液态的或粉末状态的有机物质，可以采用不同的工艺将其涂覆在物体表面上，形成黏附牢固、具有一定强度的连续固态薄膜。这样涂覆形成的膜通称涂膜，又称漆膜或涂层。涂料对所形成的涂膜而言是涂膜的半成品，涂料只有经过使用即施工到被涂件的表面形成涂膜后才能表现出其作用。

（1）涂料的作用

1）保护作用。涂料在物件表面形成一层保护膜，能阻止或延迟材料在大气等各种介质中的锈蚀、腐朽和风化等破坏现象的发生和发展，使材料的使用寿命延长。

2）装饰作用。涂料可以改善材料表面的外观形象，起到美化的作用。

3）特殊功能作用。涂料能够提供多种不同的特殊功能，如改善材料表面的力学、物理、化学和微生物学等方面的性能。

（2）常用汽车涂料　汽车涂装修补采用的材料包括漆前处理材料、涂料、漆后处理材料和辅助材料等。汽车涂装修补常用材料的作用与分类见表 8-6。

单元四 汽车行驶装置工作分析与应用

表 8-6 汽车涂装修补常用材料的作用与分类

名　称	作　用	分　类
漆前处理材料	漆前清除被涂表面上所有污物	脱脂、除锈、磷化及钝化材料
涂料	涂覆在物体表面上，干燥固化后形成连续的、牢固附着的一层膜	底漆、中间涂料、面漆、抗石击涂料、密封涂料、腻子及修补涂料
漆后处理材料	修饰喷完面漆后出现的漆膜表面缺陷和提高防锈性能	增光、抛光及保护材料
辅助材料	消除涂层表面的缺陷，提高平整度，同时也为了防止噪声、振动、热量的产生与传播	打磨、擦净、遮蔽、密封、仿生、绝热材料

4. 胶粘剂

胶粘剂和密封胶在汽车工业中是粘接各种零件和防漏的重要材料之一。它在汽车的防振、隔热、防漏、防松和降噪等方面起着重要的作用。我国每辆汽车上胶粘剂和密封胶的用量约达 30kg，其中车身用胶量居首位。在我国已开发并应用于生产中的汽车胶粘剂品种四十余种，如点焊密封胶、焊缝密封胶、折边密封胶、风窗玻璃胶粘剂等。不同品种的胶粘剂其性能差异较大，适用范围也不相同。胶粘剂的各种性能，还与所加入的填料、固化剂、稀释剂、增韧剂等的性能与数量密切相关。因此，应用中要正确选用胶粘剂，保证胶接件的质量及使用要求。

汽车用胶粘剂应用举例见表 8-7。

表 8-7 汽车用胶粘剂应用举例

零件名称	被粘接体	胶粘剂	使用方法
制动器衬片	衬片 钢	腈基酚醛树脂	加热加压粘接
离合器摩擦片	摩擦片 钢	腈基酚醛树脂	加热加压粘接
前发动机罩	钢板 钢板	腈氯乙烯或橡胶系	自动喷射
门玻璃撑条	玻璃 钢	环氧树脂系	高频热压
风窗玻璃密封带	橡胶 玻璃或涂漆板	聚氨酯系	排气
皮革顶棚	皮革 涂漆板	腈基橡胶系	喷涂
坐垫织物	纺织物 纺织物	丁基橡胶	滚筒
车门玻璃密封带	聚氯乙烯 尼龙毛绒	聚氨酯系	静电植绒
后组合灯	乙烯酸 聚丙烯	环氧树脂系	热压
安全缓冲垫	聚氨酯泡沫 ABS 树脂	氯丁橡胶	刷子涂

5. 合成纤维

合成纤维是以石油、天然气、煤和石灰石等为原料，经过提炼和化学反应合成的高分子化合物，再将其熔融或溶解后纺丝制得的纤维。

合成纤维具有比天然纤维和人造纤维在物理、化学性能和力学性能更优异的性能，如强度高、密度小、弹性好、耐磨、耐酸碱性好、不霉烂、不怕虫蛀、隔热、隔光、隔声、密封性、绝缘性较好等，而且表面较光亮，纤维强力高，色泽牢固鲜艳，耐皱性、耐磨性、耐冲击性好，并具有良好的化学稳定性，在一般条件下耐汗液、海水、肥皂、碱液等的侵蚀，不

293

易发霉。其缺点是耐热性一般。

合成纤维除广泛用作衣料等生活用品，在汽车上多用于内部装饰，也大量用于汽车、飞机轮胎帘子线、传动带、渔网、索桥、船缆、降落伞及绝缘布等。

*阅读及拓展知识

汽车常用复合材料的应用

复合材料是指由两种或两种以上的、物理和化学性质不同的物质，撷取各组成成分的优点组合起来而得到的一种多相固体材料。复合材料的性能最大的特点是它具有对所组成材料相互取长补短的良好综合性能，比原组成材料具有的性能要更加优异。由于复合材料与传统金属材料相比，具有重量轻、比强度高、比模量高、疲劳性能好、减振性能好、成型工艺简单、可实现复杂零件集成化生产、对环境污染更小等优点，使得许多种类型的复合材料在车身轻量化过程中得到了施展才能的舞台，并在汽车的轻量化进程中大显身手。汽车常用复合材料有如下几种。

1. 高分子基复合材料（FRP）

FRP是汽车轻量化的最重要的材料，现在FRP在汽车工业中已得到广泛应用。由于FRP的大量应用，使轿车的平均密度大为降低。如图8-19所示，目前利用FRP制作的汽车部件有：车身车顶壳体、发动机部件、仪表盘、阻流板、车灯、前隔栅、夹层板、后制动板等。FRP中较典型的有玻璃纤维增强塑料和碳纤维增强塑料。其中：

图8-19　高分子基复合材料（FRP）在汽车中的应用

（1）玻璃纤维增强塑料　玻璃纤维增强塑料是指由玻璃纤维与热固性树脂或热塑性树脂复合的材料。通常又称为玻璃钢，它是20世纪40年代发展起来的第一代复合材料。由于它具有高强度、价格低、来源丰富、工艺性能好等特点，比普通塑料有更高的强度（包括抗拉、抗弯、抗压）和冲击韧性，热胀系数小，尺寸稳定性好，在汽车行业有广泛的应用。

根据基体的不同，玻璃钢又可分为热塑性和热固性两大类。

热塑性玻璃钢是以玻璃纤维为增强剂和以热塑性树脂为粘结剂制成的复合材料。玻璃纤维柔软如丝,比玻璃的强度和韧性高得多,其抗拉强度可达1000~3000MPa,比高强度钢还高出两倍;耐热性高,在250℃以下力学性能变化不大;化学稳定性好,主要缺点是脆性较大。但玻璃纤维与合成树脂结合在一起,便形成了性能较好的玻璃钢。应用较多的热塑性树脂是尼龙、聚烯烃类、聚苯乙烯类、热塑性聚酯和聚碳酸酯五种,但以尼龙的增强效果最好。汽车上常用的热塑性玻璃钢是聚苯乙烯玻璃钢、尼龙66玻璃钢,主要用于制作汽车内饰材料、汽车仪表壳罩、汽车灯罩等(图8-20)。

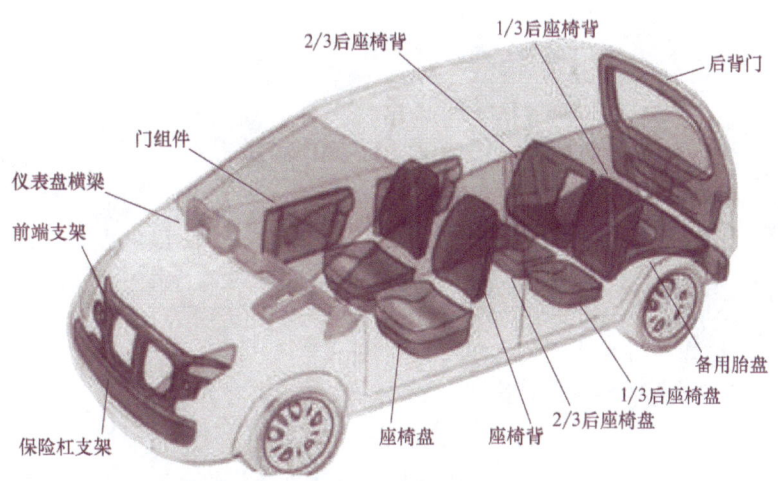

图8-20 热塑性玻璃钢在汽车中的应用

热塑性玻璃钢同热塑性塑料相比,基体材料相同时,强度和疲劳性能可提高2~3倍以上,冲击韧性提高2~4倍,蠕变强度提高2~5倍,达到或超过了某些金属的强度。例如40%玻璃纤维增强尼龙的强度超过了铝合金而接近镁合金的强度,因此可以用来取代这些金属。在汽车发动机气缸盖等部位采用了玻璃纤维强化热塑性树脂(GFRTP),比用铸铁制造的同样部件的重量减轻45%;汽车底盘采用了玻璃纤维补强树脂(GFRP),其重量比钢铁材料减轻80%,从20世纪80年代起,已被世界各大汽车公司采用。

热固性玻璃钢是以玻璃纤维为增强剂和以热固性树脂为粘结剂制成的复合材料。常用的热固性树脂为酚醛树脂、环氧树脂、不饱和聚酯树脂和有机硅树脂等四种。酚醛树脂出现最早,环氧树脂性能较好,应用都较普遍。热固性玻璃纤维增强塑料集中了其组成材料的优点,即质量轻、比强度高、耐蚀性好、介电性能优越、成型性能良好的工程材料。它们的比强度比铜合金和铝合金高,甚至比合金钢还高;但刚度较差,仅为钢的1/10~1/5,耐热性不高(低于200℃),容易老化、蠕变等。汽车常用的热固性玻璃钢为聚酯树脂玻璃钢。

(2)碳纤维增强塑料 碳纤维增强塑料是指具有基体和碳纤维复合特性的复合材料,主要是以环氧树脂基体、以碳纤维为基体的环氧树脂基碳纤维增强塑料。它的抗拉强度和疲劳强度高,密度低,耐磨性好,耐蚀性好,热膨系数小,能导电,延伸率小,抗冲击性差。常用的碳纤维补强树脂基复合材料(CFRP)的比强度高、质量轻、抗冲击,根据碳纤维编织取向和含量的合理设计,灵活利用材料的各向异性和可调刚性,可将CFRP压制成所需的形状。例如由CFRP制成的驱动轴,一根可代替两根钢铁轴,使重量减轻60%,并大幅度降低车内噪声,还可使车身前后方向振动大幅降低。

碳纤维增强塑料将是汽车工业大量使用的增强材料。目前要求汽车耗油量逐年下降，要使汽车轻量化、发动机高效化、车型阻力小等，都要求有质轻和一才多能的轻型结构材料，而碳纤维增强塑料则是最理想的材料。如图 8-21 所示，碳纤维增强塑料主要的应用有：发动机系统中的推杆、连杆、摇杆、水泵叶轮、传动系统中的传动轴、离合器片、加速装置及其罩等；底盘系统中的悬架、弹簧片、框架、散热器等；整车车身的制造以及车体上的车顶内外衬、地板、侧门等。如图 8-22 所示，宝马 MCV 纯电动车成为世界上第一款采用碳纤维车身的量产车型。

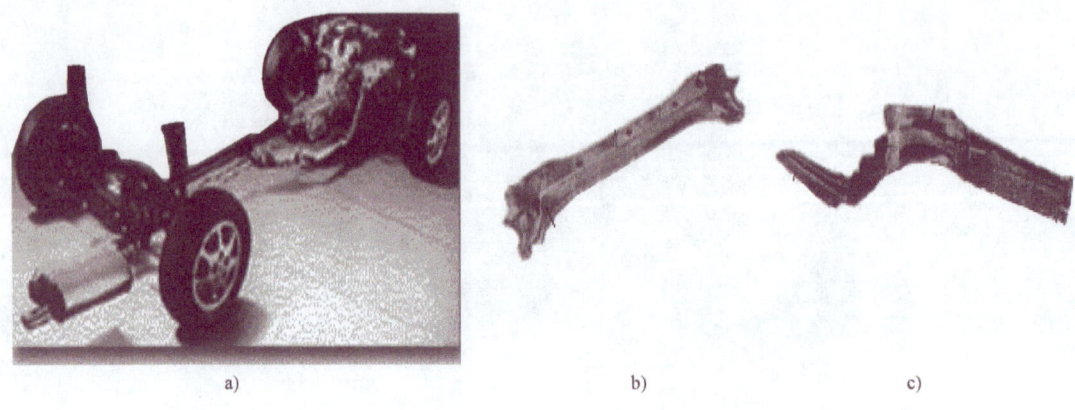

图 8-21　碳纤维增强塑料在汽车中的应用

图 8-22　宝马 MCV 纯电动车碳纤维车身

2. 金属基复合材料

金属基复合材料通常是由低强度、高韧性的基体和高强度、高弹性模量的纤维组成的。金属基复合材料的基体大多采用铝、铜、铝合金、铜合金、镁合金和镍合金。增强材料一般为纤维状、颗粒状和晶须状的碳化硅、硼、氧化铝和碳纤维，要求具有高的强度和弹性模量

单元四 汽车行驶装置工作分析与应用

（抵抗变形及断裂）、高抗磨性（防止表面损伤）与高化学稳定性（防止与空气和基体发生化学反应）。

汽车工业上应用碳化硅颗粒铝合金基复合材料发展最快。它的强度比中碳钢好，与钛合金相近而又比铝合金略高，其耐磨性也比钛合金、铝合金好，密度只有钢的1/3，与铝相近。汽车上用来制作汽车活塞、制动部件等。

另外，纤维补强金属基复合材料（FRM），是利用纤维的特性制造轻质结构材料的成功例子。常用的纤维（或晶须）有SiC、B、Al_2O_3和C等材料。与FRP相比，FRM在耐高温和力学性能等方面有一定的优势。1982年，日本丰田汽车公司使用了FRM材料制造的活塞环。由于Al_2O_3短纤维、碳纤维和硼酸铝晶须强化的金属基复合材料，抗磨性好，耐热性提高，由这种材料制造的活塞环就可以减少重量，从而使发动机的重量减轻。

3. 陶瓷基复合材料

陶瓷具有耐高温、抗氧化、高弹性模量和高抗压强度等优点，但由于脆性大经不起冲击和热冲击，因而限制了陶瓷的使用。20世纪80年代以来，通过在陶瓷材料中加入颗粒、晶须及纤维等得到的陶瓷基复合材料，使得陶瓷的韧性大大提高。

陶瓷基复合材料具有高强度、高弹性模量、低密度、耐高温、高的耐磨性和良好的韧性，目前已用于高速切削工具和内燃机部件上。汽车工业的研究重点是替代金属制造发动机的零部件。汽车发动机部件以至整机，用陶瓷材料可以提高热效率、无须水冷，而且比硬质合金的重量轻得多。例如，采用氮化硅陶瓷复合材料制造发动机的涡轮增压器，比镍基热合金涡轮增压器的重量减轻34%，起动到10^4r/min所需的时间缩短了36%。日本五十铃公司研发的发动机用氮化硅材料制成气门。如图8-23所示，三菱公司采用陶瓷复合材料制成的发动机摇臂，在使用中效果良好，可以充分发挥其耐热性、耐磨性优良的特性。

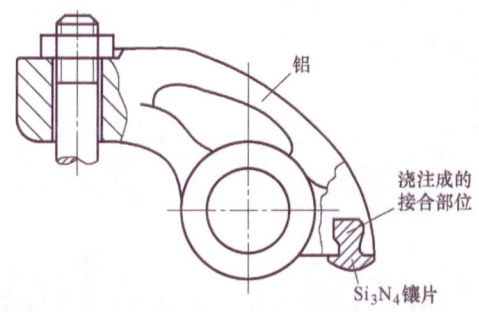

图8-23 陶瓷摇臂

拓展训练

1）讨论分析汽车运行时，行驶装置中车架、车桥、悬架的受力特点以及车轮的定位。

2）本单元认识了汽车常用非金属材料性能及应用，请结合日用品和机械产品，分析其材料特性及选用。

项目小结

1）汽车行驶装置的结构：汽车行驶系统一般由车架（或承载式车身）、车桥（前后车

汽车机械基础

桥）、车轮和悬架（前后悬架）等组成。

2）行驶系统的受力：汽车行驶系统中车架、车桥和悬架等组成构件，在外载荷的作用下主要发生弯曲变形，按弯曲变形分析承载能力。

3）弹簧在汽车上的主要应用：悬架减振系统起缓冲及吸振作用，控制机构的运动或零件的位置。

4）弹簧的类型。

从外形分：螺旋弹簧、板弹簧、环形弹簧、碟形弹簧和平面涡卷弹簧等。

从其受载荷的性质分：压缩弹簧、拉伸弹簧、扭转弹簧、弯曲弹簧等。

5）汽车工业常用高分子材料的类型：塑料、橡胶、合成纤维、车用涂料、胶粘剂。

项目训练

一、填空题

1. 汽车行驶装置一般由_____、_____、车轮和_____等组成。

2. 由梁的弯曲正应力分布规律可知，为了充分利用材料，应尽可能将梁的材料聚集于离中性轴_____处，从而提高梁的承载能力。

3. 复合材料是由两种或两种以上_____同性能的材料通过一定工艺方法固结成一体的多相材料；其组成相一般有_____材料和增强材料，常用的纤维增强材料有_____、_____和_____。

4. 塑料是由_____和填料、_____、_____、稳定剂等添加剂制成的一种高分子材料。

5. 合成纤维是以_____、_____、煤和_____等为原料，经过提炼和化学反应合成的高分子化合物，再将其熔融或溶解后纺丝制得的纤维。

二、简答题

1. 请举出汽车零件中主要发生弯曲变形的一些例子。
2. 弹簧有哪些功能？试举例说明。
3. 弹簧有哪些类型？列举应用实例。
4. 对弹簧的材料有哪些要求？在选材上应考虑哪些问题？
5. 高分子材料在性能上有什么特点？汽车上常用的高分子材料有哪些？
6. 试列举出汽车上常用的热塑性塑料和热固性塑料，并说明它们的性能特点和用途。
7. 根据汽车轮胎结构选材的需要列举出汽车轮胎常用的橡胶材料。
8. 汽车上应用的复合材料的种类有哪些？

参 考 文 献

[1] 卢晓春. 汽车机械基础 [M]. 3 版. 北京. 机械工业出版社，2017.
[2] 卢晓春，谢少芳. 汽车机械基础技术应用. 北京：清华大学出版社，2011.
[3] 覃群，郭锋. 汽车机械基础 [M]. 北京：北京理工大学出版社，2010.
[4] 王凤军. 汽车维护与保养实训 [M]. 北京：冶金工业出版社，2009.
[5] 隋明阳. 机械基础 [M]. 北京. 机械工业出版社，2008.
[6] 李明惠. 汽车应用材料 [M]. 3 版. 北京. 机械工业出版社，2017.
[7] 屈殿银，刁维芹. 汽车发动机构造与维修 [M]. 2 版. 北京. 机械工业出版社，2017.
[8] 王凤军. 汽车维护与保养实训 [M]. 北京. 冶金工业出版社，2009.
[9] 杨智勇. 汽车拆装与维护 [M]. 北京. 中国人民大学出版社，2009.
[10] 张红伟. 汽车底盘结构与维修 [M]. 西安. 西安电子科技大学出版社，2007.
[11] 曾文，王朝帅. 汽车传动系统 [M]. 北京. 机械工业出版社，2008.
[12] 覃群，郭锋. 汽车机械基础 [M]. 北京，北京理工大学出版社，2010.
[13] 胡勇. 汽车机械基础 [M]. 北京. 机械工业出版社，2008.
[14] 贺萍. 汽车传动技术 [M]. 北京. 机械工业出版社，2009.
[15] 原方. 工程力学 [M]. 2 版. 北京. 清华大学出版社，2012.
[16] 陈海明，高建平. 汽车机械常识 [M]. 上海：复旦大学出版社，2007.
[17] 冯学敦. 汽车机械基础 [M]. 北京：机械工业出版社，2011.
[18] 杨智勇. 汽车拆装与维护 [M]. 北京. 中国人民大学出版社，2009.
[19] 贾华生，邢月先. 公差配合与技术测量 [M]. 北京：北京理工大学出版社，2012.
[20] 张皓阳. 公差配合与技术测量 [M]. 北京：人民邮电出版社，2012.
[21] 何秋梅. 机械设计与制造基础 [M]. 北京：清华大学出版社，2013.
[22] 李清明. 汽车发动机机械系统维修 [M]. 北京：机械工业出版社，2013.
[23] 王党生，孙旭. 汽车机械基础 [M]. 北京：清华大学出版社，2011.
[24] 马霄. 互换性与测量技术基础 [M]. 北京：北京理工大学出版社，2008.

目 录

一、任务工作页 ……………………………………………………………………… 1
任务一 汽车机械总体认识 …………………………………………………………… 1
任务二 机构简图绘制 ………………………………………………………………… 4
任务三 汽车发动机连杆机构传动分析 ……………………………………………… 8
任务四 汽车发动机连杆机构失效认识 ……………………………………………… 12
任务五 零部件材料的应用认识 ……………………………………………………… 15
任务六 汽车发动机凸轮配气机构的认识 …………………………………………… 17
任务七 汽车带传动装置的拆装与认识 ……………………………………………… 20
任务八、九 汽车轮系传动应用 ……………………………………………………… 24
任务十 汽车轴系结构分析 …………………………………………………………… 29
任务十一 轴承结构认识 ……………………………………………………………… 34
任务十二 汽车联轴器、离合器的认识与装配 ……………………………………… 39
任务十三 常用联接件的认识与应用 ………………………………………………… 44
任务十四 汽车行驶系统的认识与分析 ……………………………………………… 50

二、实训工作页 …………………………………………………………………… 54
实训一 平面机构运动简图的测绘和分析 …………………………………………… 54
实训二 金属材料拉伸、压缩力学性能试验与分析 ………………………………… 56
实训三 发动机凸轮配气机构拆装 …………………………………………………… 63
实训四 发动机带传动、链传动安装与拆卸 ………………………………………… 65
实训五 齿轮零件性能检测 …………………………………………………………… 67
实训六 主减速器拆装与轴系结构分析 ……………………………………………… 69

学习工作页

一、任务工作页

任务一　汽车机械总体认识

任务描述：

汽车是一个机械系统，是由许多相对独立的机构和构件组成的。一般汽车由发动机、底盘传动及控制部分和车轮及车身结构部分组成，通过这三大部分实现汽车基本的行驶功能，也可以配置辅助系统增强安全行驶功能。对汽车的运用维护需要掌握汽车机械组成相关基本知识：1）认识汽车各结构总成；2）辨认汽车各总成中典型零部件和机构；3）认识汽车零部件的应用材料。

任务活动：

1. 标出下图中汽车各部分名称。

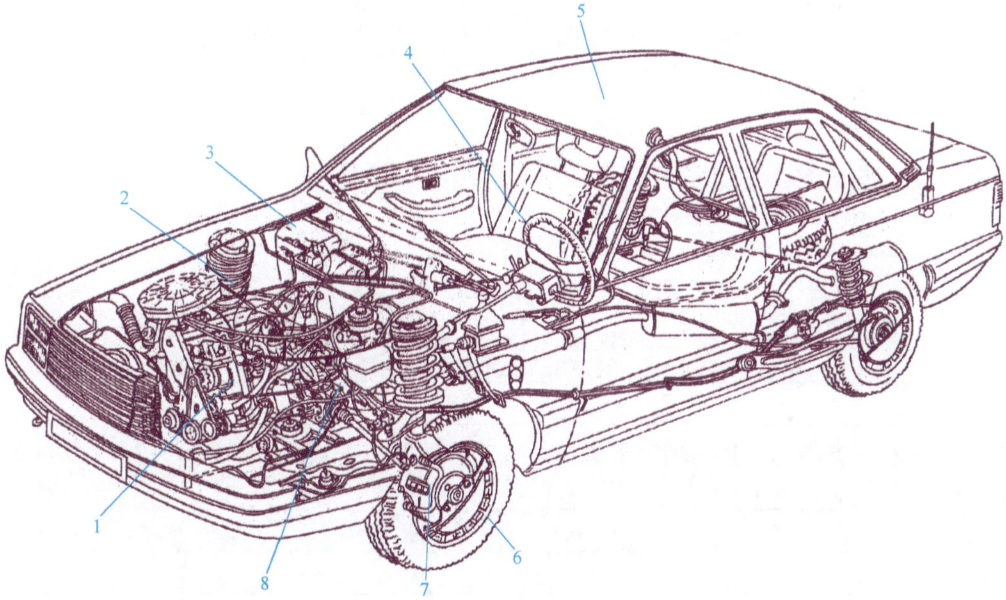

1 _____	2 _____
3 _____	4 _____
5 _____	6 _____
7 _____	8 _____

汽车机械基础

2. 标出单缸内燃机各部件名称。

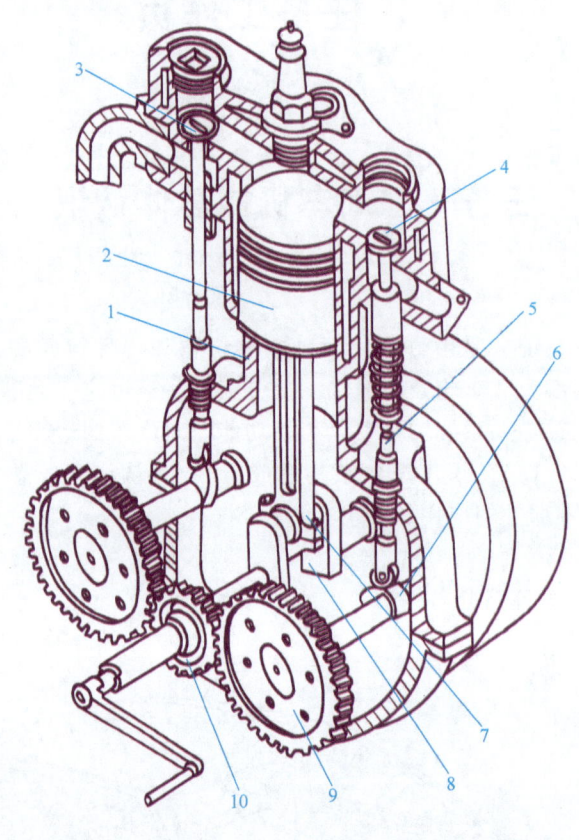

1 _____ 2 _____
3 _____ 4 _____
5 _____ 6 _____
7 _____ 8 _____
9 _____ 10 _____

3. 一部完整的机器就其功能来讲，一般都含哪几个基本组成部分？

_____
_____
_____

4. 机器具有哪三个特征？

_____
_____
_____
_____

学习工作页

5. 区分机器、机构、构件、零件等概念。

6. 写出组成机器的常用传动机构。

7. 写出你所认识的机械通用件名称。

8. 写出你所认识的汽车零部件名称及应用材料类型。

9. 了解汽车运行材料的类型及应用。

任务二 机构简图绘制

任务描述：

汽车的动力来源于内燃机（俗称发动机），发动机的主要传动机构有：曲柄连杆机构、凸轮配气机构和气门正时机构。在车辆维修故障分析等实际工作中，需要判断传动机构的结构和运动与哪些因素有关，以及它是否具有确定的相对运动，这是对机构进行结构分析的基本任务。对汽车动力装置结构进行分析需要：1）对汽车发动机各结构组成部分进行认识；2）绘制发动机平面机构简图；3）分析连杆机构传动特性及其自由度。

任务活动：

1. 认识发动机曲柄连杆机构及其组成，标出各部分名称。

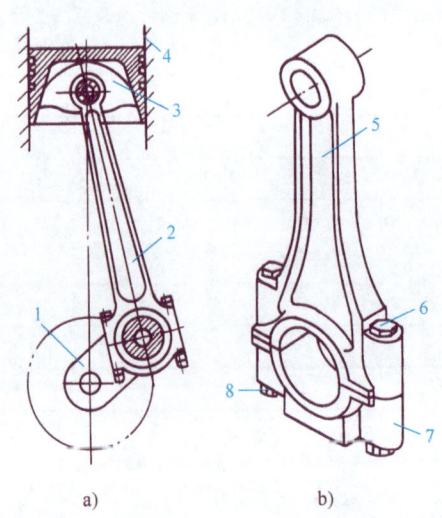

a)   b)

1 _____   2 _____
3 _____   4 _____
5 _____   6 _____
7 _____   8 _____

2. 以汽车发动机曲柄连杆机构为例，区分机构中的机架、原动件、从动件等各组成。

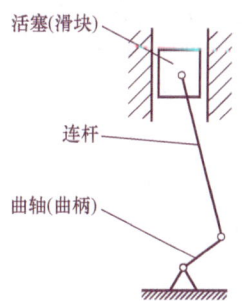

3. 运动副是什么？运动副的类型都有哪些？

4. 什么是机构运动简图，其绘制步骤如何？

5. 下面平面运动副都是什么副，画出其符号。

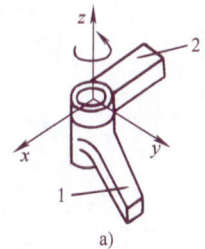 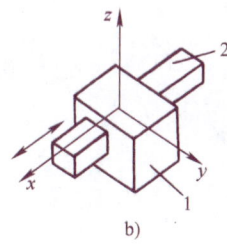 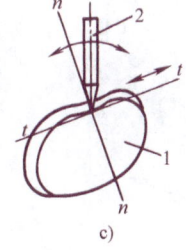 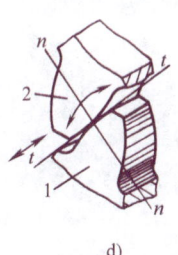

a)　　　　　　b)　　　　　　c)　　　　　　d)

6. 绘制常用机构和运动副的简图符号。

名称	代表符号	名称	代表符号
杆的固定连接		链传动	
零件与轴的固定			
齿轮齿条传动		外啮合圆柱齿轮机构	
锥齿轮传动			
蜗杆传动		内啮合圆柱齿轮机构	

7. 绘制内燃机的机构运动简图。

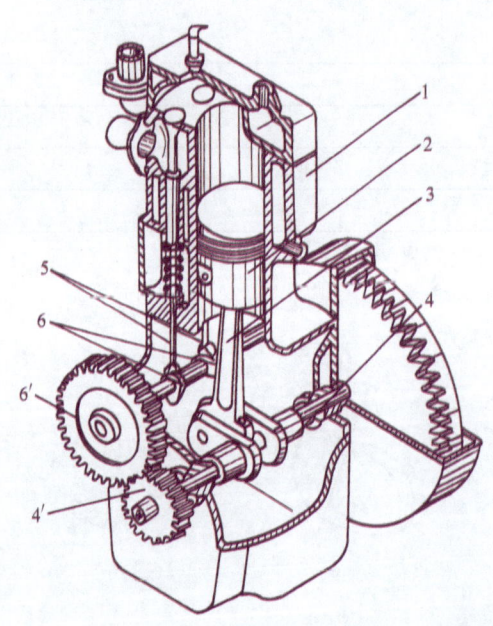

内燃机的组成
1—缸体　2—活塞　3—连杆　4—曲轴　4′、6′—齿轮
5—进、排气门推杆　6—凸轮

8. 分析上题内燃机机构的组成，并计算内燃机机构的自由度。

任务三　汽车发动机连杆机构传动分析

任务描述：

平面连杆机构是由一些刚性构件采用低副（转动副和移动副）连接组成的平面机构。其类型很多，但构件的形状大多数是杆状的（称为杆），其中最简单、应用最广的是由四个构件（杆）组成的平面四杆机构，包括铰链四杆机构和滑块四杆机构。目前，平面连杆传动机构已广泛应用于汽车和其他各种机械、仪表及操纵机构中，如汽车发动机中的活塞—连杆机构、汽车前轮的转向机构、发动机回转式柱塞油泵和刮水器等。对汽车发动机连杆机构进行传动和受力分析需要：1）对汽车发动机连杆机构进行组成认识与结构分析；2）对汽车发动机连杆机构进行受力分析；3）对汽车发动机连杆机构进行运动特性分析。

任务活动：

1. 什么是平面连杆机构？

_____
_____
_____
_____

2. 什么是铰链四杆机构？指出图中铰链四杆机构中的机架、连架杆、连杆、曲柄、摇杆等构件。

_____
_____
_____
_____
_____

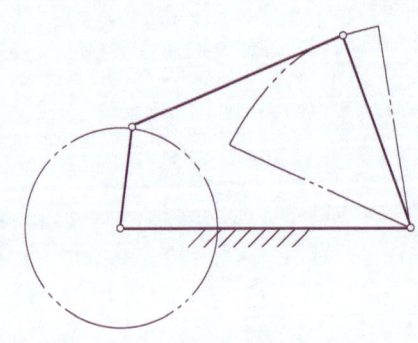

3. 完成下表,列出铰链四杆机构的三种基本形式、运动特点及应用。

序号	机构类型	机构简图	运动形式转化	应用举例
1				
2				
3				

4. 铰链四杆机构的演化形式都有哪些?各举一例说明其应用。
_____
_____
_____
_____

5. 图示机构分别是什么机构?

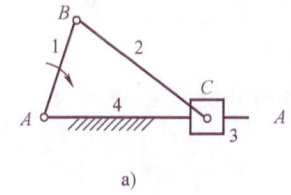 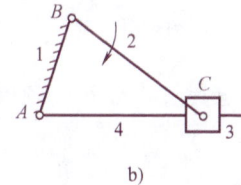 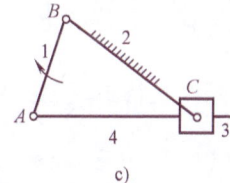 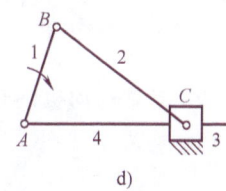

      a)   b)   c)   d)

a) _____   b) _____
c) _____   d) _____

6. 写出力的概念、力的三要素、力的平行四边形定则。
_____
_____
_____
_____

7. 什么是二力构件？并指出图中哪一个构件是二力构件。

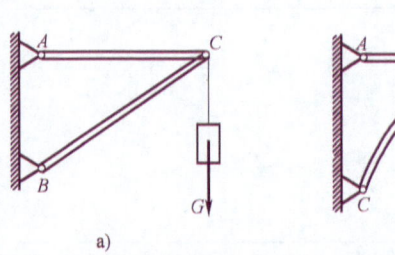

8. 工程上常见的约束类型有光滑面约束和光滑铰链约束，请将下图的约束反力画出来。

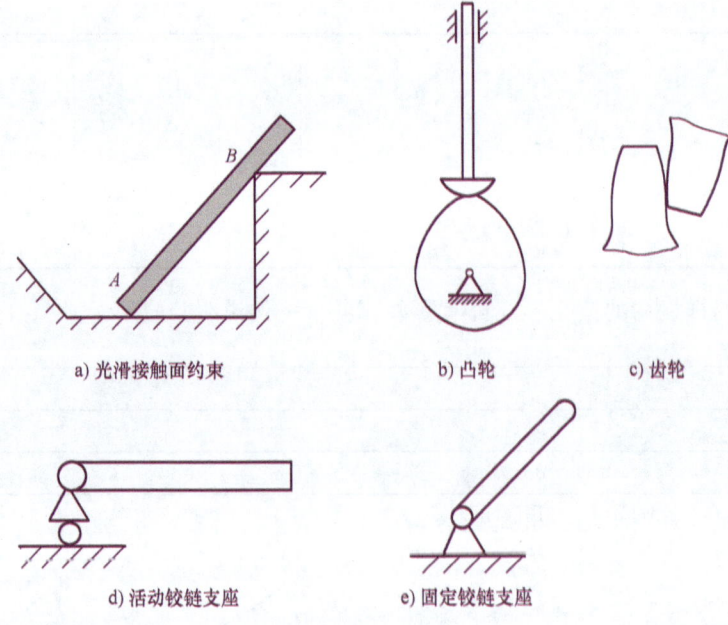

a) 光滑接触面约束　　b) 凸轮　　c) 齿轮

d) 活动铰链支座　　e) 固定铰链支座

9. 请对发动机凸轮配气机构中气门挺杆进行受力分析并画出其受力图。

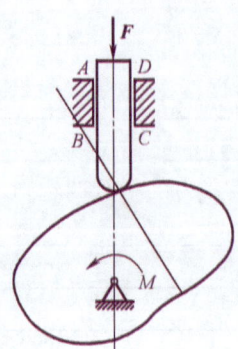

10. 机构的急回特性是指什么？请在图中标出极位夹角。

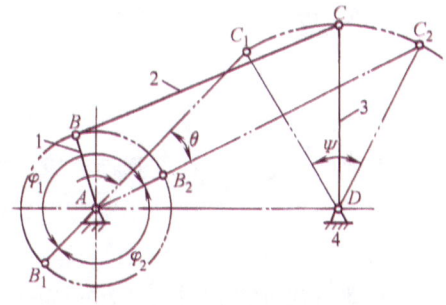

11. 压力角是指什么，在图中标出压力角，并说明压力角的作用。

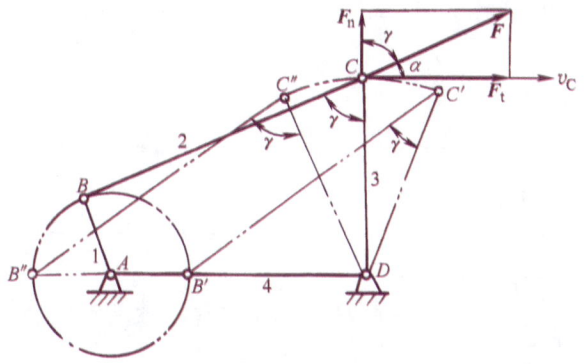

12. 什么是机构的死点位置？什么情况下机构存在死点位置？哪些机构存在死点位置？

任务四　汽车发动机连杆机构失效认识

任务描述：

在发动机故障分析中，常发现因发动机连杆变形而失效。在外力作用下，保证构件正常地工作而不致在使用寿命期限内失效，是构件承载能力分析所要研究的内容。分析构件的变形特点，并做出正确的强度计算，分析构件承载能力，是保证汽车及其他机器安全工作的重要问题。对汽车发动机连杆机构进行失效分析需要：1）对汽车发动机连杆机构失效进行认识；2）分析连杆失效形式与拉伸（压缩）等变形特点；3）分析发动机活塞连杆组的结构、材料及工艺特性。

任务活动：

1. 强度、刚度、稳定性分别指什么？

_____

_____

_____

2. 当杆件受力形式不同时，发生的变形也各异，其基本形式可归纳为以下四种，请写出基本形式的名称。

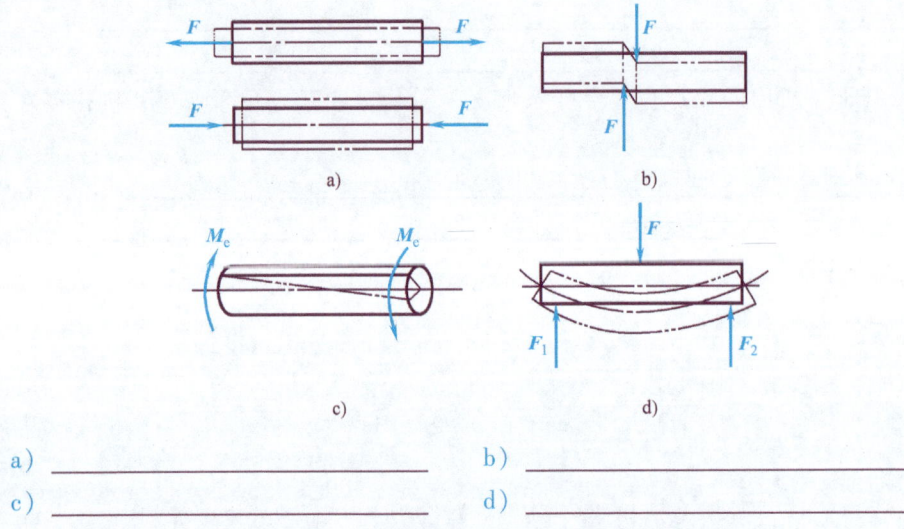

a) _____　　b) _____

c) _____　　d) _____

3. 什么是内力？可采用什么方法求解内力，并说明求解步骤。

_____

_____

_____

_____

4. 理解应力的概念。

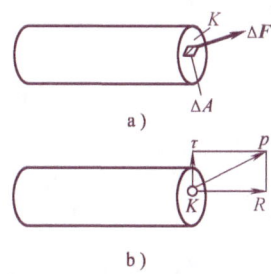

5. 认识杆件的轴向拉伸与压缩。

1) 什么是轴向拉压变形？举例说明工程中常见的拉压杆。
_____
_____
_____

2) 轴向拉压杆外力 F 沿杆轴线方向，内力的合力 F_N 也作用于轴线，称为_____。轴力的正负号规定如下：轴力的正负号由杆件的变形确定，当轴力沿轴线离开截面，即与横截面外法线方向一致时为_____，这时杆件受_____；反之轴力为负，杆件受_____。

3) 拉压杆横截面上的正应力计算公式为_____。

6. 材料的力学性能有哪些？
_____
_____
_____

7. 认识材料在拉伸和压缩时的力学性能。

低碳钢拉伸时的力-位移曲线和应力-应变曲线如图所示，写出低碳钢的拉伸过程，在图中标出每个阶段，并说明每个阶段的特点。

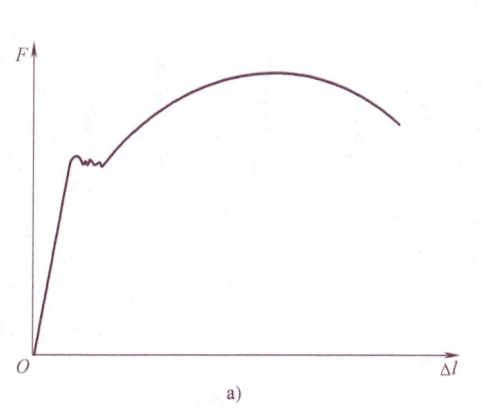
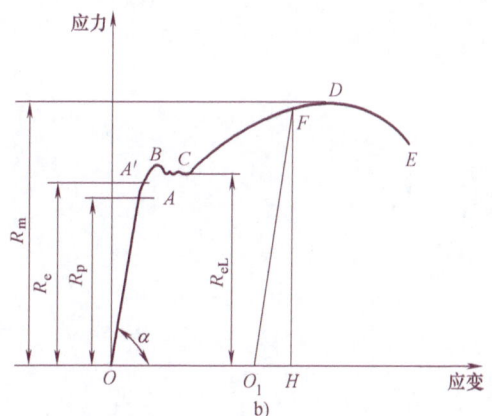

低碳钢的力-位移和应力-应变曲线
a) 力-位移曲线　b) 应力-应变曲线

8. 材料的屈服强度和强度极限分别指什么？材料的延伸率和断面收缩率又是什么？

9. 材料的许用应力是指什么？材料的许用应力如何确定？写出其表达式。

10. 请写出拉压杆的强度条件计算公式。应用该公式可解决工程中的什么问题？

学习工作页

任务五　零部件材料的应用认识

任务描述：

通过对发动机及活塞连杆组的观察与认识，可以发现，其结构零件的材料以金属材料为主，每一个零件的材料都是不同的，不同的结构零件是如何考虑选材的？零部件的选材、加工、使用性能及维护，都与材料密切相关，必须了解汽车常用金属材料的性能、分类、特点及应用；1）对金属材料的基本知识（类型、牌号、应用）进行认识；2）分析钢铁材料性能影响因素；3）认识发动机主要零部件材料应用及性能控制。

任务活动：

1. 什么是钢铁材料？碳素钢和铸铁又是指什么材料？

2. 钢的常用热处理方法有哪些？

3. 钢铁材料的种类很多，请写出钢铁材料的分类。

4. 碳素钢常用的分类方法有哪些？

5. 普通碳素结构钢的牌号由什么组成？常用牌号有哪几种？举例说明其在工程上的应用。

汽车机械基础

6. 优质碳素结构钢的牌号如何表示，其在汽车上都有哪些应用？

7. 铸铁的种类有哪些？铸铁的性能特点如何？

8. 灰铸铁的牌号由什么组成，举例说明。了解灰铸铁的性能及应用。

9. 球墨铸铁的牌号由什么组成，举例说明。了解球墨铸铁的性能及应用。

10. 列表说明汽车发动机主要零件的用材情况。

代表零件	材料种类及牌号	使用性能要求	主要失效方式
缸体、缸盖、飞轮、正时齿轮			
缸套、排气门座等			
曲轴等			
活塞销等			
连杆、连杆螺栓、曲轴等			
各种轴承、轴瓦			
排气门			
气门弹簧			
活塞			
支架、盖、罩、挡板、油底壳等			

任务六　汽车发动机凸轮配气机构的认识

任务描述：

凸轮传动是通过凸轮与从动件之间的接触来传递运动和动力的，是一种常用的高副机构，只要作出适当的凸轮轮廓，就可以使从动件得到预定的复杂运动规律，设计简单。因此，在各种机械设备中很常用，尤其在汽车及其他自动化、半自动化机器的控制机构中应用更广。对汽车发动机凸轮配气机构运动分析及结构进行认识必须：1）对凸轮传动机构的组成、分类进行认识；2）对发动机配气机构及其他机构的传动规律进行认识；3）分析汽车运动构件的结构、摩擦、失效、材料及工艺。

任务活动：

1. 认识凸轮传动机构的组成，了解传动原理。

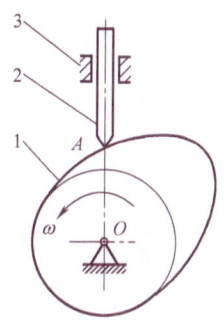

1 _____　　　2 _____

3 _____

2. 认识凸轮传动机构的特点及其应用。

优点：_____

_____

缺点：_____

_____

应用：_____

_____

3. 写出下列各凸轮机构的类型名称，并举例说明其应用。

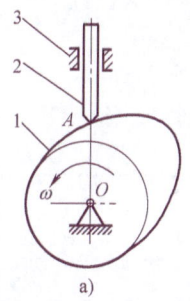　　　　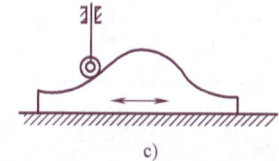

　　　　a)　　　　　　　　　　b)　　　　　　　　　　c)

名称：_____

应用：_____

4. 按从动件的形状可分为尖顶从动件、滚子从动件和平底从动件，请写出下列各凸轮机构属于哪种形式，并分析三种从动件结构的特点及应用。

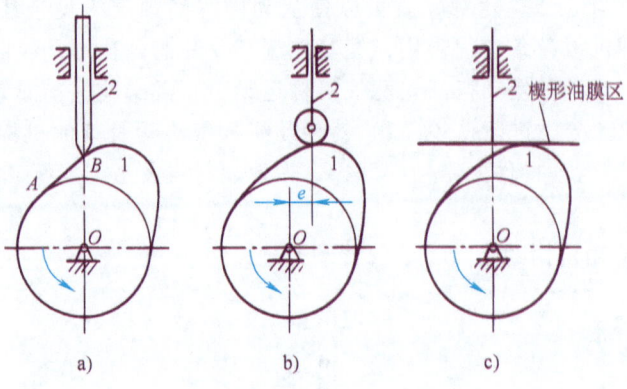

名称：

特点：

应用：

5. 以对心移动尖顶从动件盘形凸轮机构为例，分析凸轮机构的工作过程（在图上标出凸轮轮廓及转角的相对应行程）。

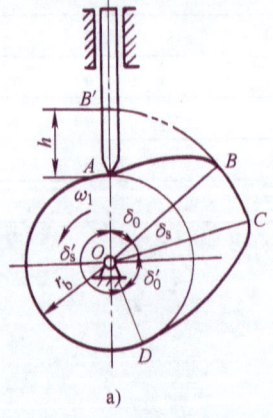 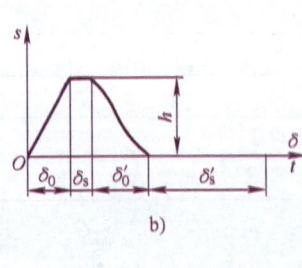

_____
_____
_____

学习工作页

6. 认识凸轮从动件常用运动规律，分析其运动特性及应用。

常用运动规律	运动特性	应用

7. 凸轮机构的压力角是指什么，分析压力角有何意义？标出下列凸轮机构的压力角。

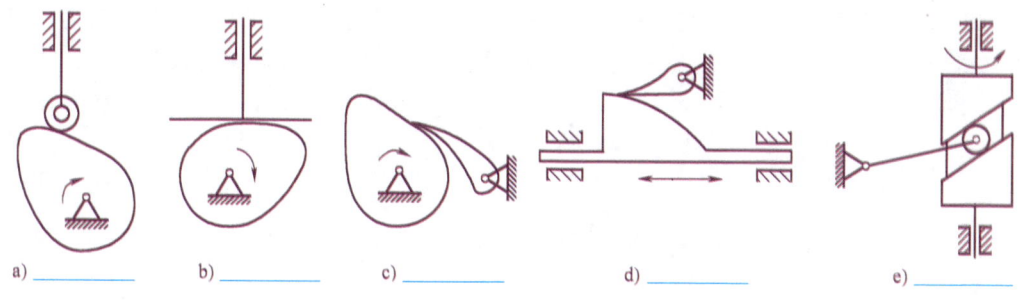

a) _____   b) _____   c) _____   d) _____   e) _____

8. 凸轮的基圆半径大小对凸轮轮廓及传力性能有何影响？

9. 凸轮常见的失效形式有哪些？

10. 凸轮和从动件常用的材料有哪些？了解其相应热处理工艺。

11. 什么是间歇运动机构？认识常用的间歇运动机构有哪些？

任务七　汽车带传动装置的拆装与认识

任务描述：

带传动都是通过中间挠性件（带）传递运动和动力的，适用于两轴中心距较大的场合。与应用广泛的齿轮传动相比，具有结构简单、成本低等优点。因此，在汽车等机械传动中应用较广泛。对汽车带传动装置进行认识必须：1）对发动机带（链）式正时传动机构进行拆卸、安装和调试；2）对带（链）传动的基本知识（类型、牌号、选用）进行认识；3）分析带（链）传动的弹性滑动与防松以及常见的失效形式。

任务活动：

1. 认识带传动机构的组成，了解传动原理。

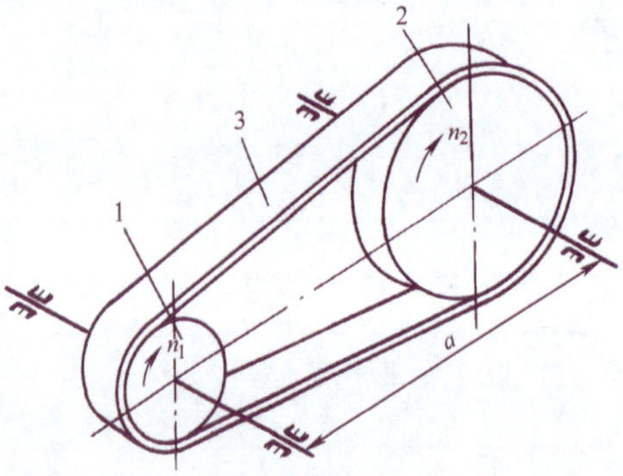

a) 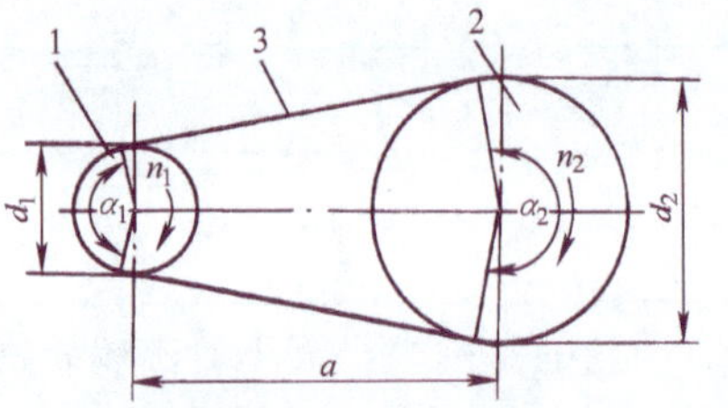　　　　　　　　　　b)

组成：1 _____ 2 _____ 3 _____

传动原理：_____

2. 认识带传动机构的特点及其应用。

优点：_____

缺点：_____

应用：_____

3. 认识带传动的分类，带传动按传动原理可分为摩擦式和啮合式带传动，写出下列各带传动的类型名称，并说明其应用。

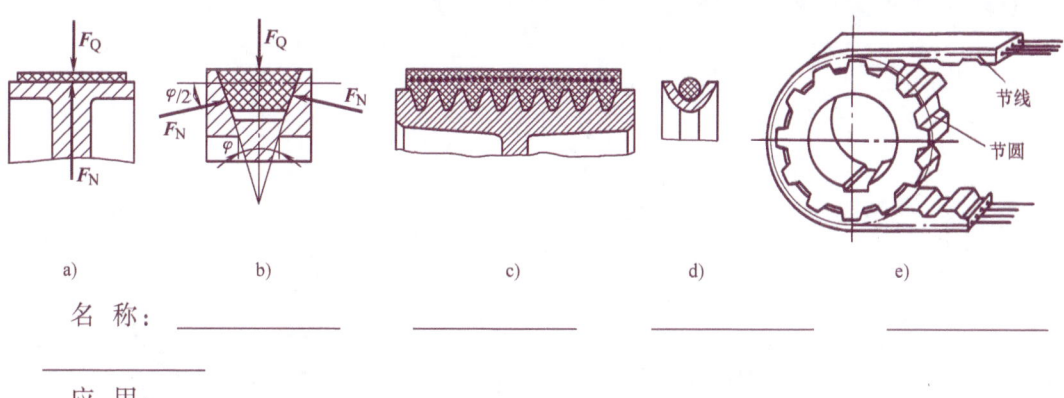

a)　　　　　　b)　　　　　　c)　　　　　　d)　　　　　　e)

名　称：_____　_____　_____　_____

_____

应　用：_____

4. 认识带传动类型、型号及选用。

1) 普通 V 带是标准件，根据国家标准（GB/T 11544—2012）的规定，按截面尺寸不同，由小到大分为_____、_____、_____、_____、_____、_____、_____七种型号。

2) 写出图中 V 带各尺寸值的含义。

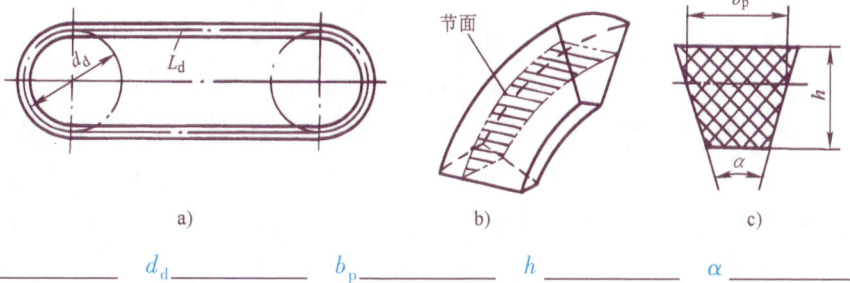

a)　　　　　　　　　b)　　　　　　　　　c)

L_d_____　d_d_____　b_p_____　h_____　$α$_____

3) V 带的型号标记由带型号、基准长度、标准号三部分组成。如表示基准长度为 1420mm 的 Z 型 V 带，其标记为_____。

5. 认识带轮结构、材料及工艺。

1) 带轮一般是由轮缘、轮辐和轮毂三部分构成。轮缘是_____的部位；轮毂是_____的部分；轮辐是_____的部分。

2) 带轮最常用的材料是_____，如_____；有时也可以采用_____或_____等。

3) 写出以下 V 带轮结构形式的名称。

a)　　　　　　b)　　　　　　c)　　　　　　d)

名称：_____ _____ _____ _____

6. 认识带传动的受力分析。

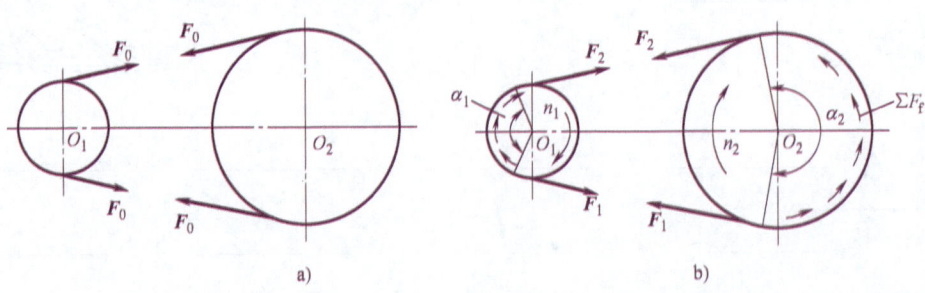

a)   b)

图 a 所示为静止时的受力，静止时，由于带的张紧而使带轮上下两边的带所承受的拉力相等，称为_____，用 F_0 表示。在初拉力的作用下，带与带轮相互压紧，并在接触面之间产生一定的正压力。

图 b 所示为工作时的受力，工作时，带两边的拉力也发生变化，带进入主动轮的一边被进一步拉紧，拉力由 F_0 增大到 F_1，称为_____；带绕出主动轮的一边则被放松，拉力由 F_0 降到 F_2，称为_____。带传动所传递的圆周力 F_t 为_____，称为_____。此时有效拉力等于摩擦力，带传动正常工作。当带速一定时，传递的功率增大，则传动带所传递的圆周力也随之增大，当有效拉力超过传动带与带轮之间摩擦力的极限值时，传动带将在带轮上全面滑动，使从动轮转速下降，传动不能正常进行，而且会加速带的磨损。为了避免打滑，要求带传动传递的_____，即_____。因此，增大初拉力 F_0 可使传动带与带轮之间的摩擦力增大，有效拉力也随之增大，但过大的初拉力 F_0 也增大了传动带内部的应力，从而影响传动寿命。此外，传动带工作一段时间后由于产生残余伸长，初拉力 F_0 会降低。因此，应该保持_____。

7. 认识带传动的失效形式。

1) 带传动工作时的主要失效形式是：_____、_____ 和 _____。

2) 区别弹性滑动和打滑两个现象，完成下表。

项 目	弹性滑动	打 滑
现象		
产生的原因		
结论		

8. 带传动需要进行定期张紧，常用的张紧装置有定期张紧装置和自动张紧装置两类，写出图中张紧装置的名称。

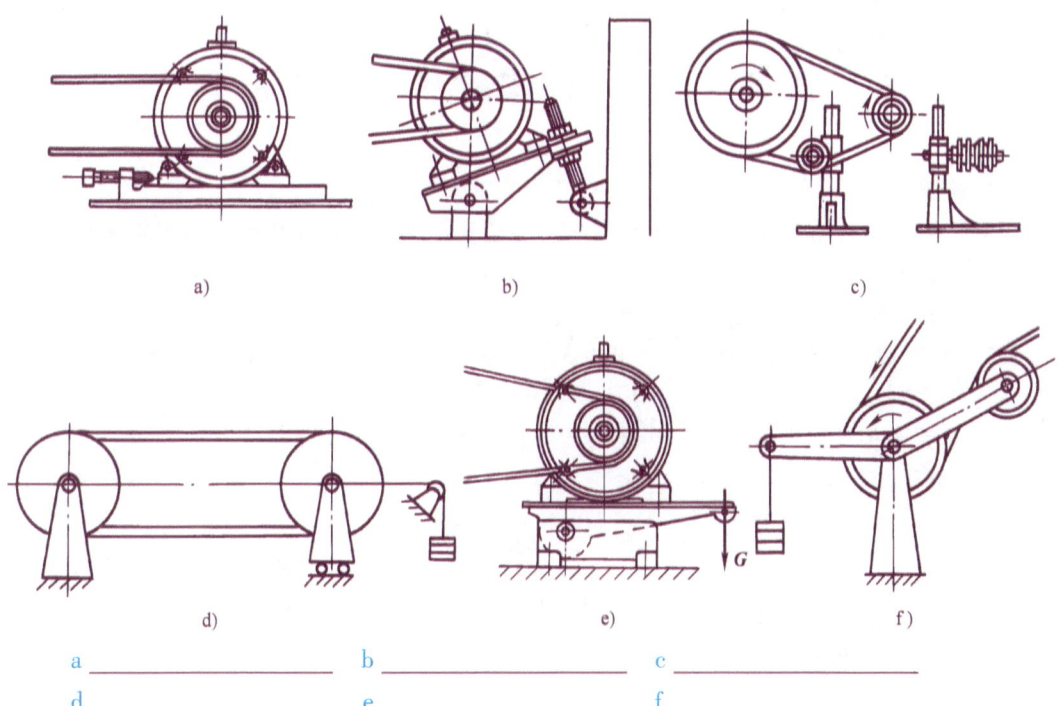

a) _____ b) _____ c) _____

d) _____ e) _____ f) _____

任务八、九　汽车轮系传动应用

任务描述：
　　齿轮传动是利用相互啮合的齿轮副来传递运动和动力的机械传动，汽车轮系是汽车传动装置的重要组成部分，其结构设计、使用是否合理将直接影响整台汽车的工作性能。通过汽车轮系传动的学习，达到相关的知识点的认识：1）齿轮结构、材料的认识；2）齿轮使用性能结构认识与维护；3）轮系结构的认识与在汽车的运用。

任务活动：
1. 轮系结构认识：由一系列齿轮组成的传动系统，称为轮系。
1）请写出下面常见的轮系名称。

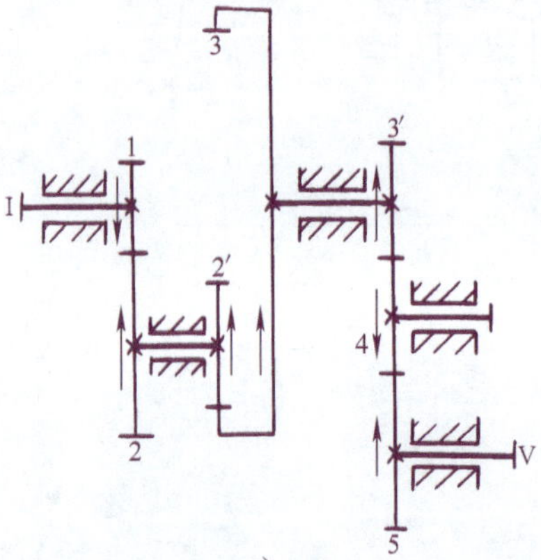

a) 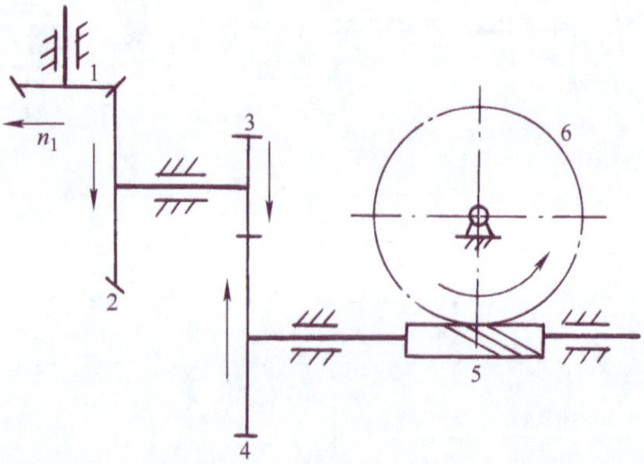 _____　　b) _____

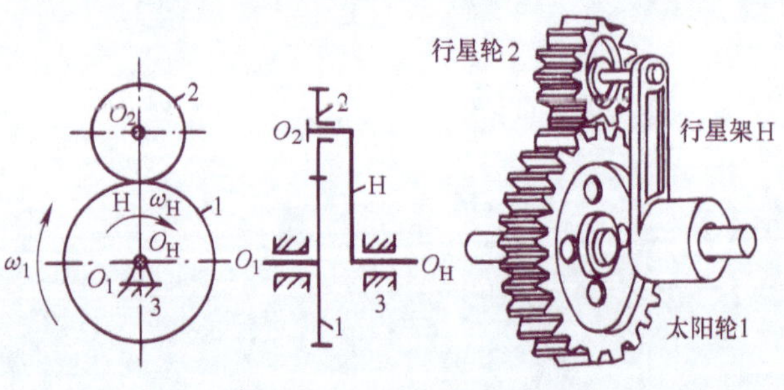

c) _____　　d) _____

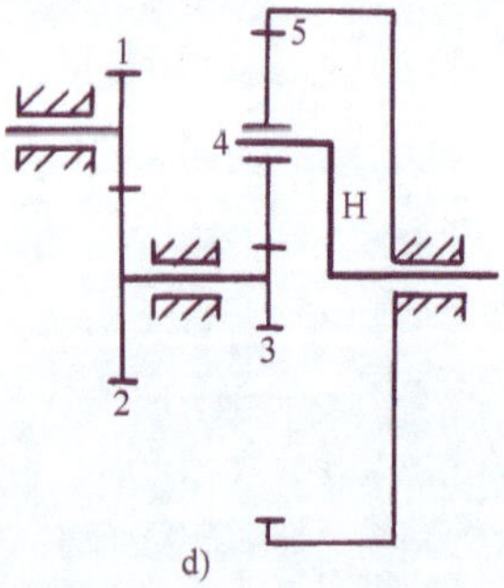

2）图 a 中，外啮合齿轮有_____对，内啮合齿轮有_____对，如 1 轴为输入轴，主动轮分别有轮_____，从动轮有_____轮，惰轮是_____轮。图 c 中，1 是_____轮，2 是_____轮，H 是_____。

3）汽车手动变速器用的是_____轮系，驱动桥中的差速器称为_____轮系。

2. 轮系广泛应用于汽车及其他各种机械中，请写出下图分别为哪一种轮系。

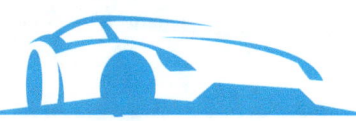

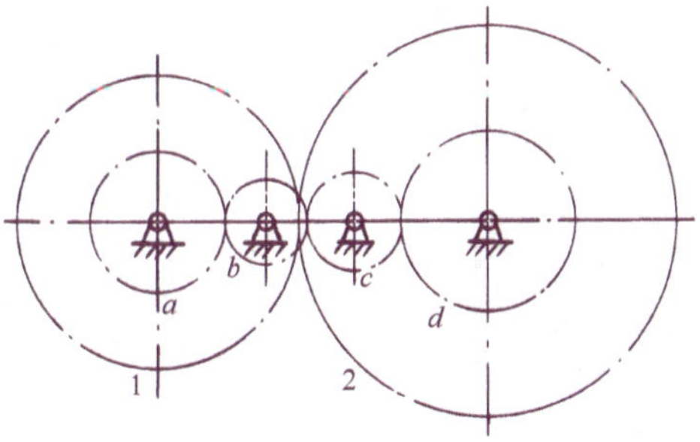

a)

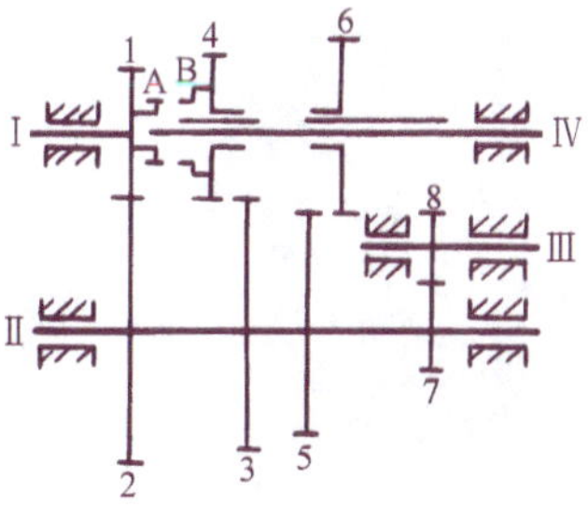

b)

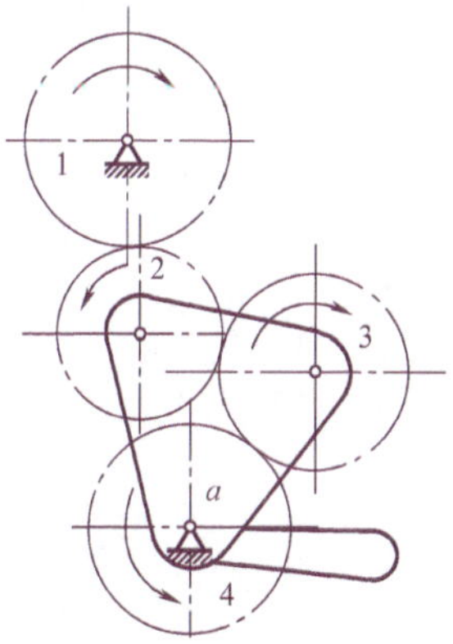

c)

a) ______________ b) ______________ c) ______________

d)

e)

f)

d) ______________ e) ______________ f) ______________

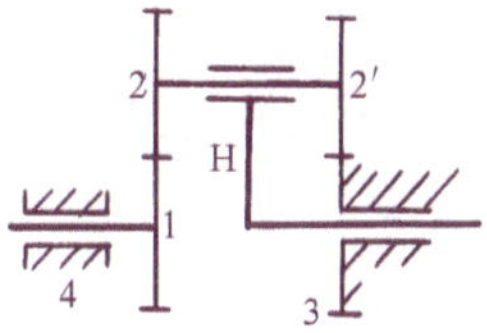

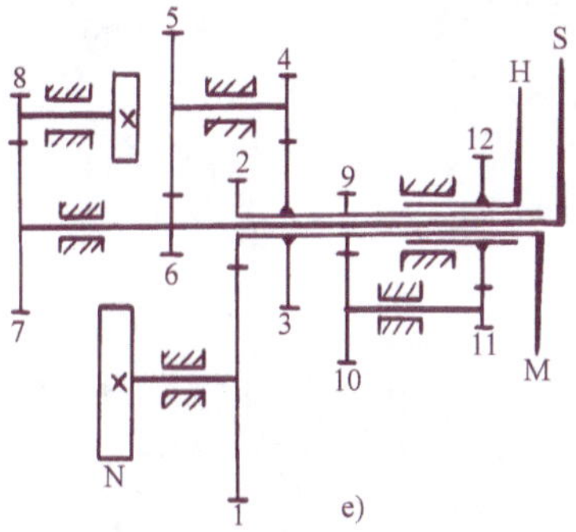

3. 按照一对齿轮轴线的相互位置，可以分为平面齿轮传动和空间齿轮传动两类。请写出下图齿轮传动的类型名称。

（1）平面齿轮传动

a)

b)

c)

a) ______________ b) ______________ c) ______________

d)

e)

d) ______________ e) ______________

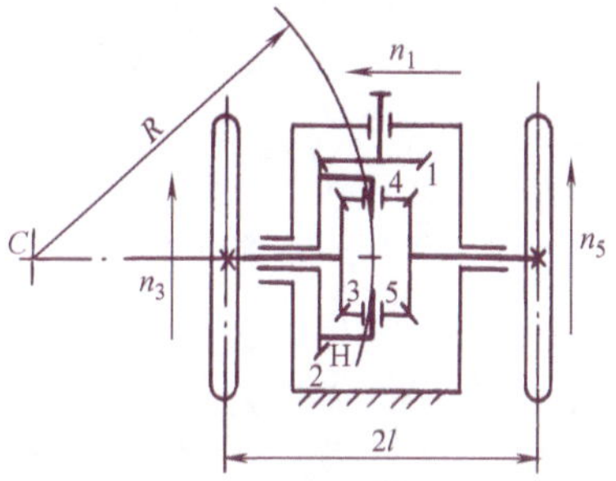

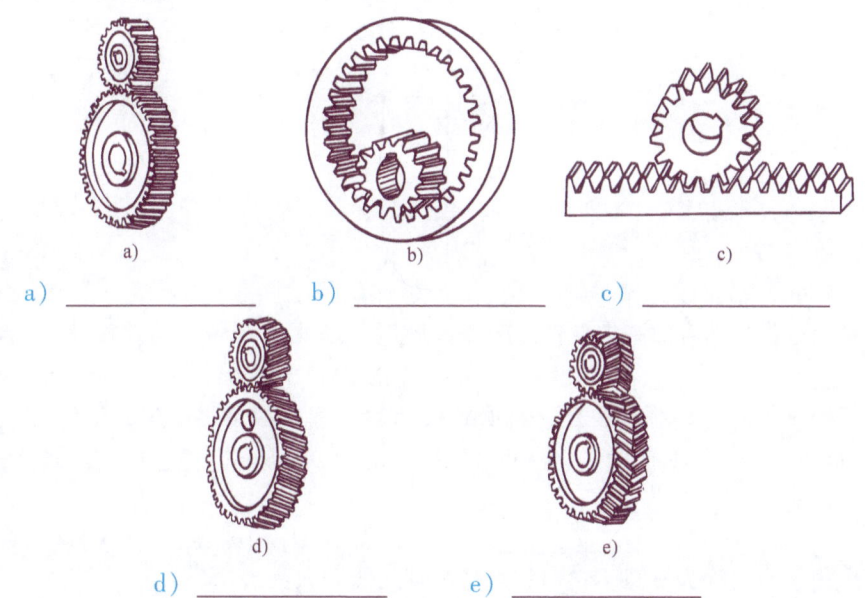

（2）空间齿轮传动

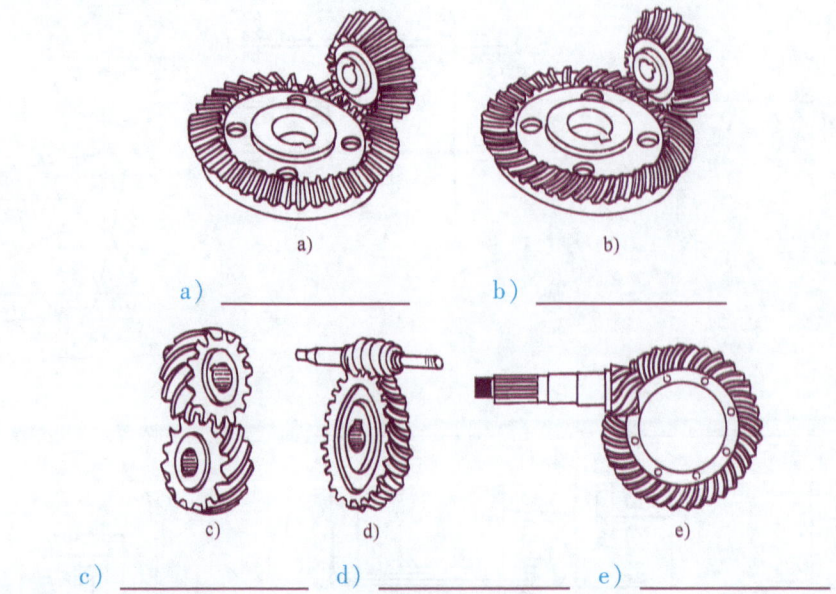

a) _____ b) _____

c) _____ d) _____ e) _____

4. 认识齿廓啮合基本定律。

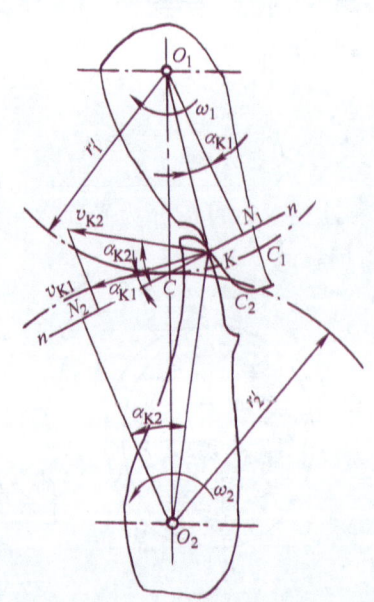

两轮轮齿齿廓啮合的基本条件之一是其瞬时传动比（即瞬时角速度比 $i_{12}=\omega_1/\omega_2$）应保持_____。

欲使瞬时传动比 i_{12} 保持不变，就必须使两轮齿廓在啮合过程中，过啮合点的齿廓公法线 n—n 与两轮连心线 O_1O_2 的交点 C 的位置保持_____。这个结论称为_____。

O_1O_2 上的定点 C 称为_____。分别以 O_1 与 O_2 为圆心、O_1C 和 O_2C 为半径所作的两个相切的圆称为节圆，它们的半径分别用 r'_1 和 r'_2 来表示。

两轮连心线 O_1O_2 的长度称为齿轮的_____，用 a 表示，则 $a =$_____。

5. 请在图中标出渐开线、发生线、向径、压力角、基圆、展角的相应位置。

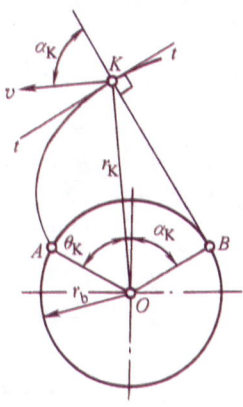

6. 认识齿轮结构。

1) 如图所示，写出标准直齿圆柱齿轮各基本尺寸代号的名称：

m—_____，z—_____，s—_____，
e—_____，b—_____，h_a—_____，
h_f—_____，h—_____，r_b—_____。

2) 写出以下代号名称及计算公式：

d—_____，$d =$_____。
p—_____，$p =$_____。

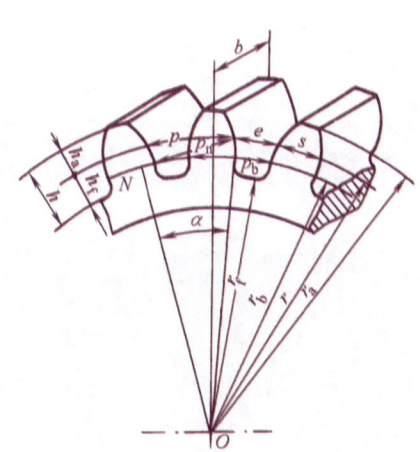

3) 直齿圆柱齿轮的基本参数包括_____、_____、_____、_____、_____。

7. 渐开线直齿圆柱齿轮正确啮合的条件是_____；保证齿轮连续传动的条件是_____。

8. 齿轮传动的失效形式有哪些？

_____
_____
_____

9. 认识轮系传动比的计算。轮系传动比的计算应包括两个内容：一是计算传动比的大小，二是确定齿轮的转动方向。

1）请写出定轴轮系传动比计算公式_____

2）在下图中根据给出的输入轮的转向，画出其他齿轮的转向。

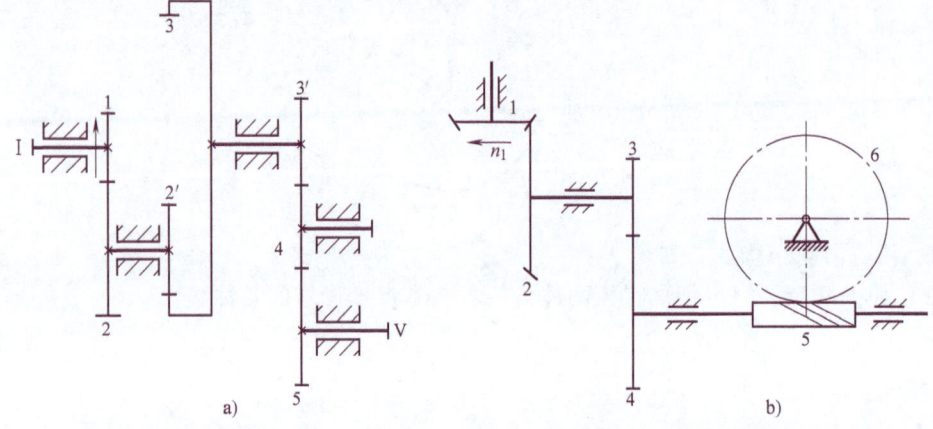

a)　　　　　　　　　　　b)

任务十 汽车轴系结构分析

任务描述：

轴是机械中的重要零件，其功用主要是承受扭矩与弯矩，支承其他回转件，如齿轮、带轮等，并传递运动和动力。通过汽车轴系结构的学习，达到相关的知识点的认识：1) 了解常用轴的功用、材料及类型（受力、受力分析）的选择；2) 了解常用轴的结构特点及应用；3) 了解轴上零件的定位和固定方法。

任务活动：

1. 认识轴的类型。

1) 根据所受载荷的不同，轴可分为三种类型，请写出下面三种图例分别代表哪一种轴，并写出其受力特点及应用场合。

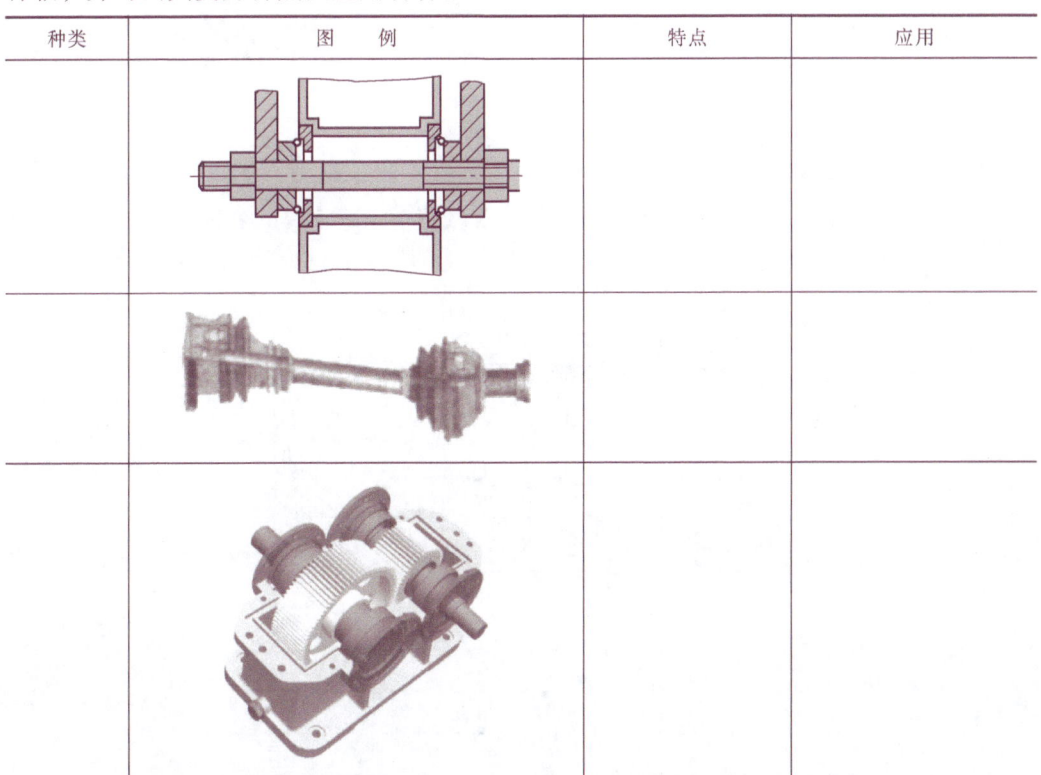

种类	图例	特点	应用

2) 按照轴的结构形状不同又可分为以下几种类型，请写出各种轴的名称。

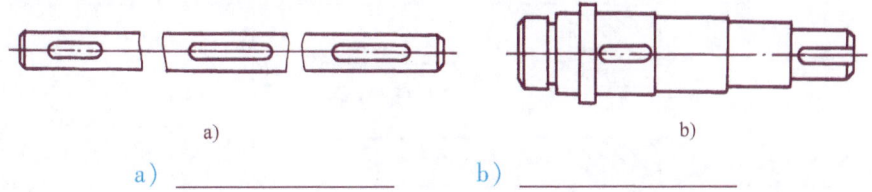

a) _____   b) _____

29

汽车机械基础

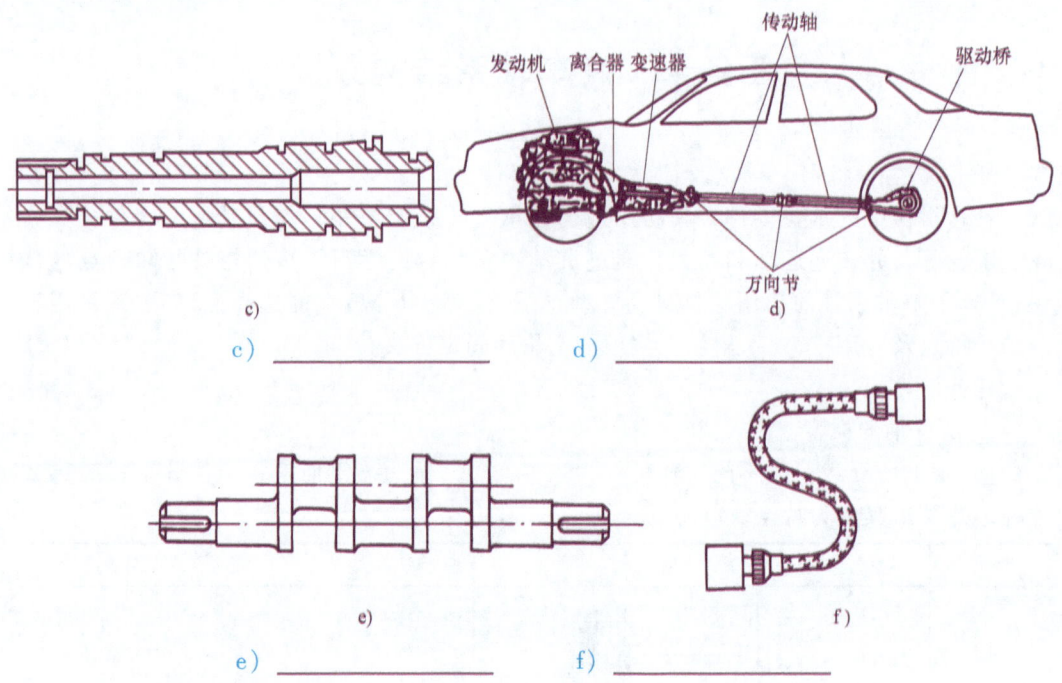

c) _____   d) _____

e) _____   f) _____

2. 认识轴的结构，轴一般由轴头、轴身、轴颈三部分组成，下图所示为减速器输出轴，读懂阶梯轴结构且按图上标示的各序号指出各零件或轴段的名称。

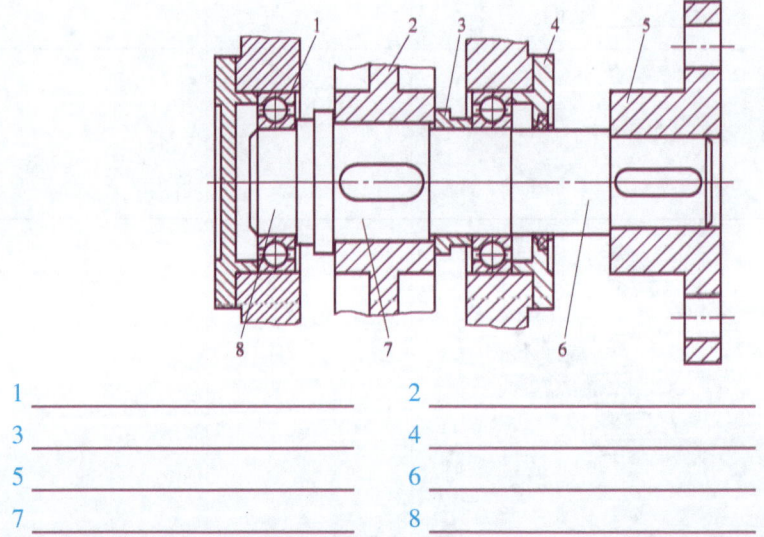

1 _____   2 _____
3 _____   4 _____
5 _____   6 _____
7 _____   8 _____

3. 请根据下表的图例写出常用轴上零件的周向定位和固定方法及其特点与应用。

定位与固定方法	简　图	特点与应用

30

（续）

定位与固定方法	简　图	特点与应用
	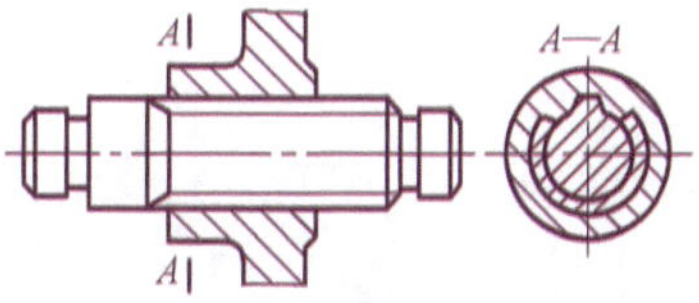	
	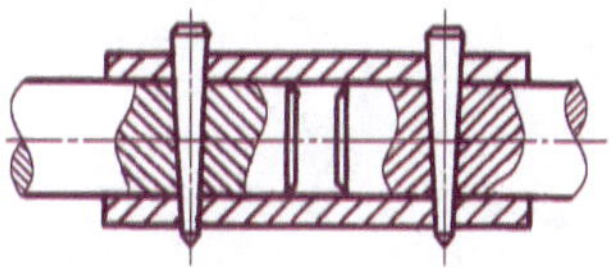	
	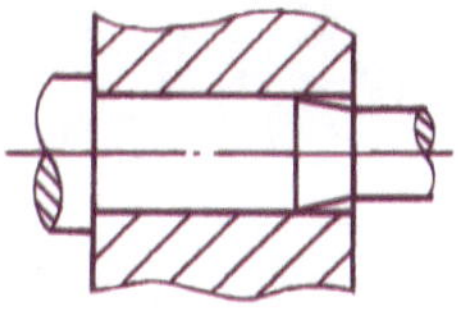	
	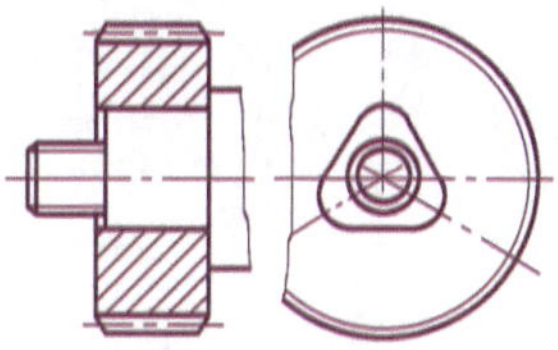	
	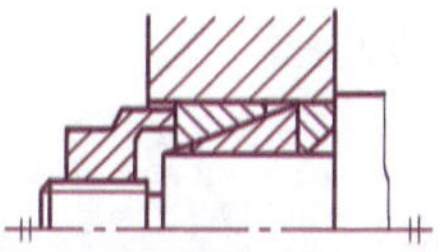	

4. 请根据下表的图例写出常用轴上零件的轴向定位和固定方法及其特点与应用。

定位与固定方法	简　图	特点与应用
	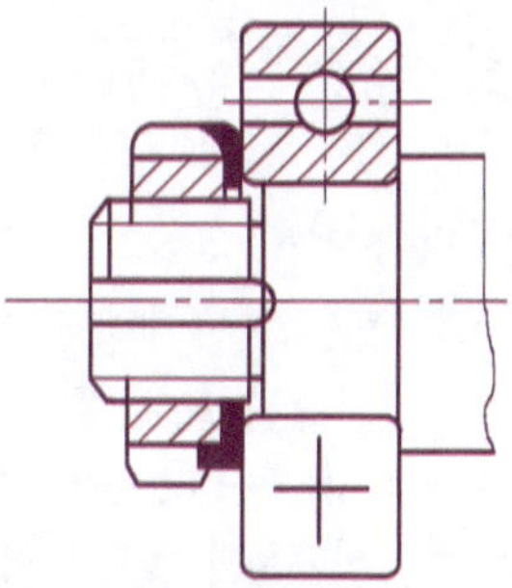	

（续）

定位与固定方法	简　图	特点与应用
	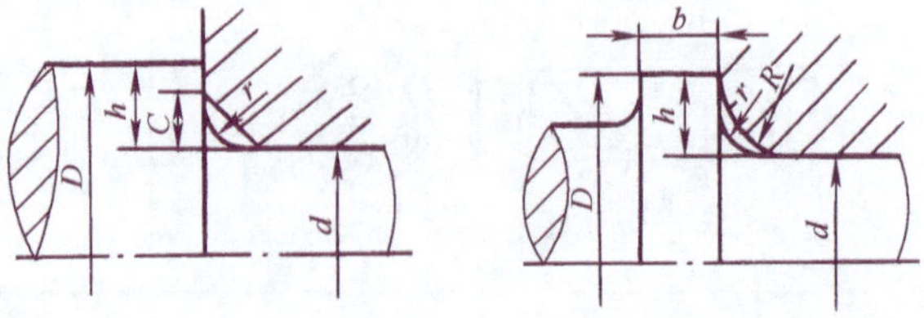	
	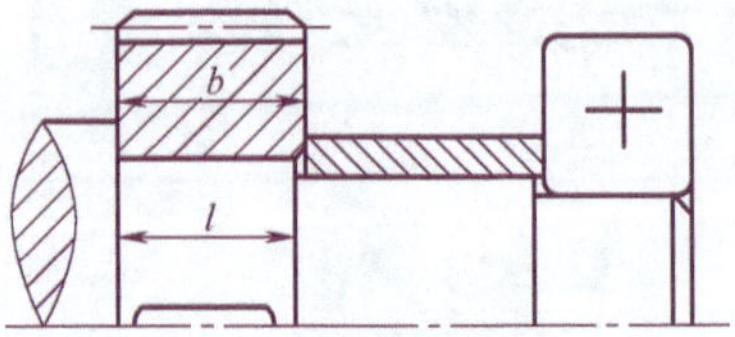	
	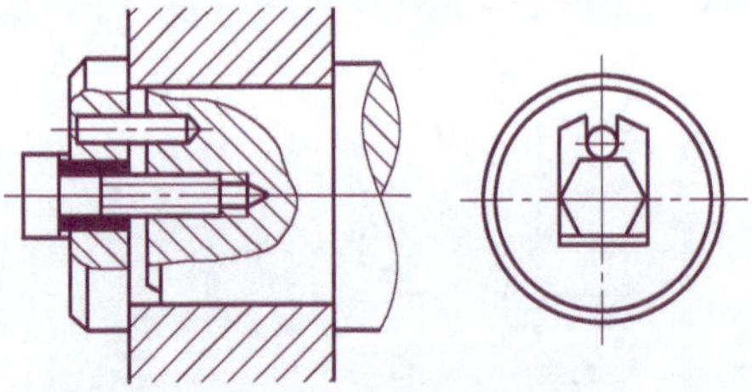	
	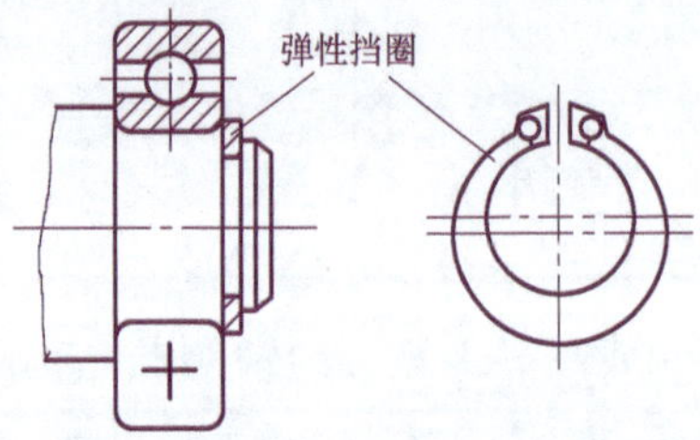	

5. 认识轴的结构工艺性要求。

1）为了便于轴上零件安装和拆卸，一般轴的结构设计成_____的阶梯轴形状。

2）安装轴承的轴肩（或套筒）高度应_____轴承内圈厚度。

3）为避免损伤相配合的零件，轴上各段的轴端要有倒角或过渡圆角，并且同一轴上的圆角、倒角尺寸应尽量_____，便于加工。

4）下图 a 和 b 所示分别表示加工时应留的槽，请填写名称。其中图 a 所示为_____加工时要留的槽，图 b 所示为_____加工时要留的槽。

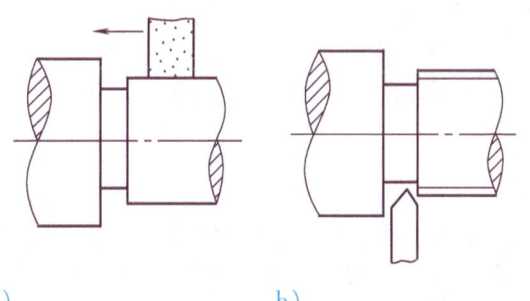

a) _____ b) _____

5) 螺纹前导段的直径应_____螺纹小径。

6) 同一轴上有多个键槽时应开在_____，避免多次装夹。

任务十一 轴承结构认识

任务描述：
轴承是汽车传动机构中重要的支承零件，也广泛应用于其他各种机器、仪器和器械中，其主要作用是支承转动（或摆动）的运动零件，保证轴和轴上传动件的回转精度，减少摩擦和磨损，并承受载荷。通过汽车轴承结构的学习，达到相关的知识点的认识：1）了解轴承的分类与应用；2）掌握滑动轴承结构特点及装配要求；3）掌握滚动轴承的类型、代号表示方法及其选用原则；4）了解轴承组合结构的设计与安装。

任务活动：

1. 滑动轴承按所受载荷的方向分为两种类型，请写出下图中滑动轴承的类型名称。

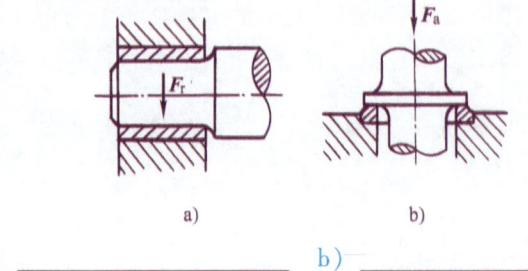

a) _____ b) _____

2. 径向滑动轴承，主要承受径向载荷。径向滑动轴承主要结构形式有整体式和对开式两类。请写出下图中径向轴承的类型名称及各序号名称。

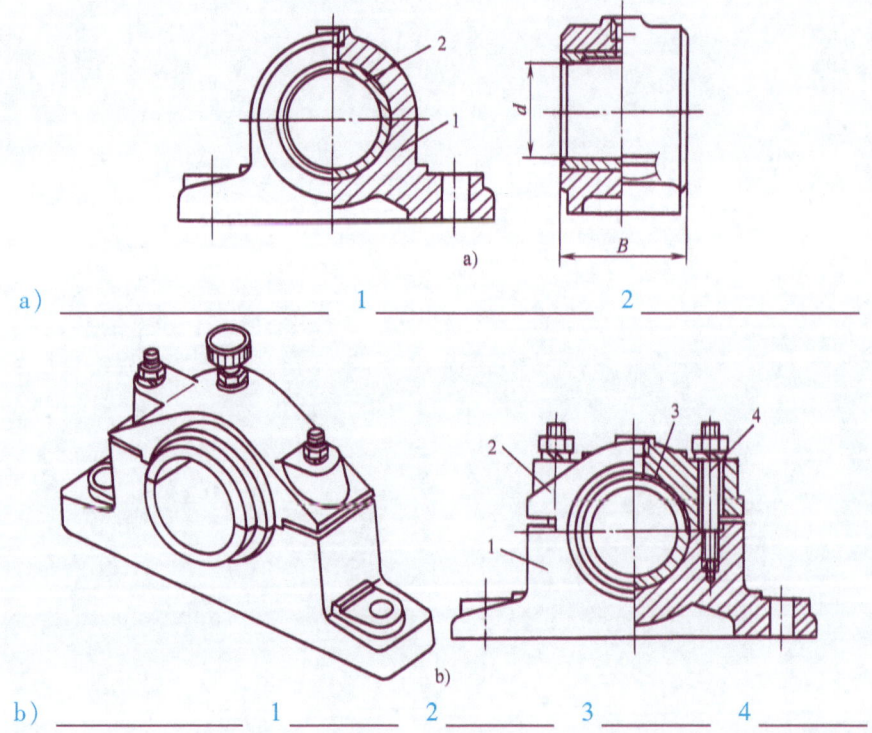

a) _____ 1 _____ 2 _____

b) _____ 1 _____ 2 _____ 3 _____ 4 _____

3. 推力滑动轴承用以承受轴向载荷，其常见的结构形式如下图，请写出下图中推力滑动轴承的类型名称及各序号名称。

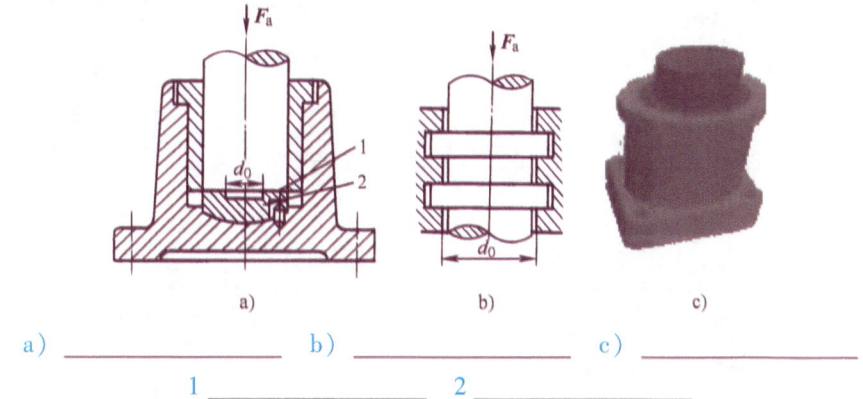

a) _____ b) _____ c) _____

1 _____ 2 _____

4. 滑动轴承最主要的失效形式是_____和_____。

5. 请写出下图中滑动轴承常用的润滑方法和润滑装置名称。

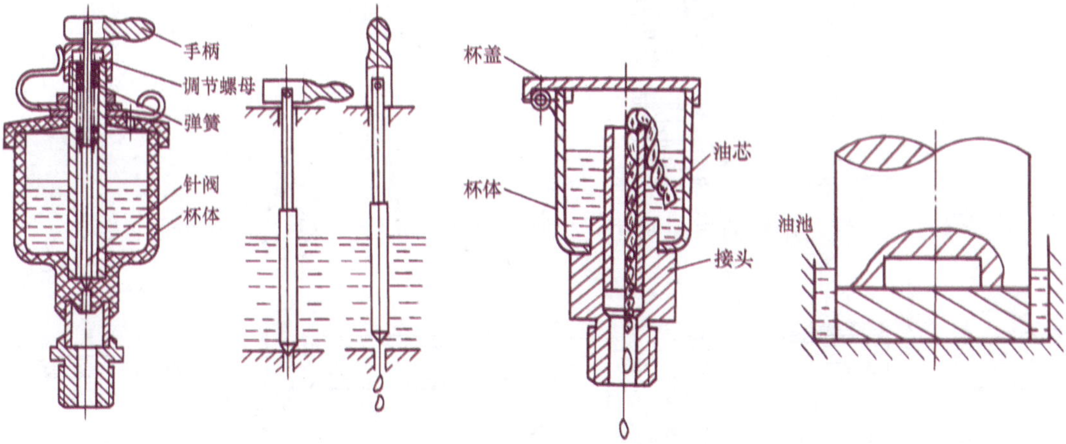

a) _____ b) _____ c) _____

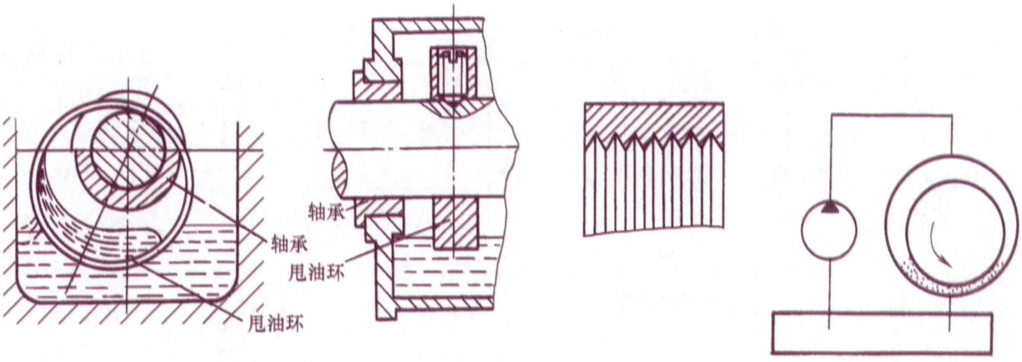

d) _____ e) _____

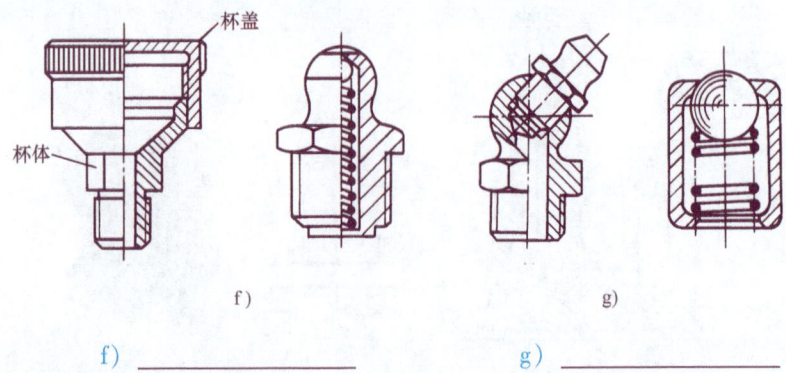

f)   g)

f) _____   g) _____

6. 认识滚动轴承的结构，请写出下图中滚动轴承各组成部分的名称。

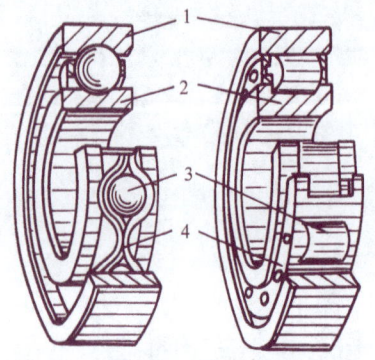

1 _____ 2 _____
3 _____ 4 _____

7. 滚动体是滚动轴承的核心元件，其形状如下图所示，请写出滚动体形状名称。

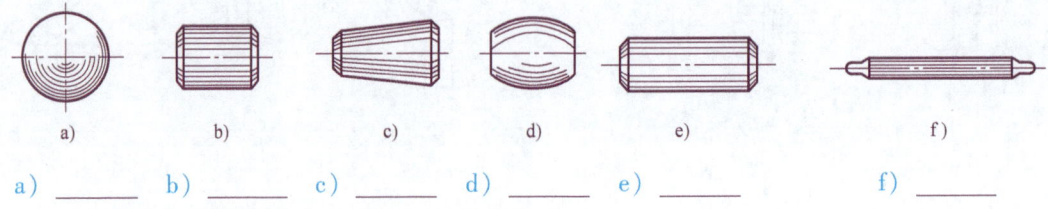

a)   b)   c)   d)   e)   f)

a) ____ b) ____ c) ____ d) ____ e) ____   f) ____

8. 认识滚动轴承的类型，请完成下图。

$$\text{滚动轴承分类}\begin{cases}\text{按滚动体形状分为}\begin{cases}\underline{\qquad}\end{cases}\\\text{按轴承所承受载荷的方向}\\\text{或公称接触角的不同分为}\begin{cases}\underline{\text{（主要承受径向载荷）}}\begin{cases}\alpha=0°\\0°<\alpha\leq45°\end{cases}\\\underline{\text{（主要承受轴向载荷）}}\begin{cases}\alpha=90°\\45°<\alpha<90°\end{cases}\end{cases}\\\text{按滚动体的列数分为}\begin{cases}\underline{\qquad}\end{cases}\end{cases}$$

9. 轴承的公称接触角是指什么？下图几种轴承分别是什么轴承，并标出其公称接触角。

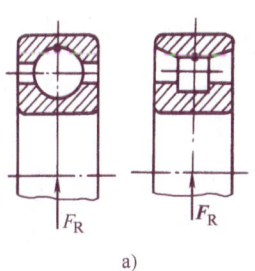
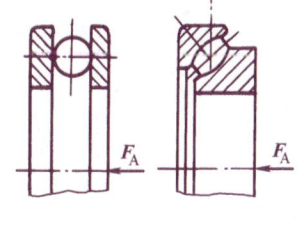
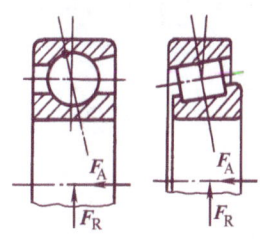

a)   b)   c)

a) _____   b) _____   c) _____

_____

_____

10. 认识常用滚动轴承的类型，完成下表。

类型及代号	结构简图及标准号	载荷方向	类型及代号	结构简图及标准号	载荷方向
	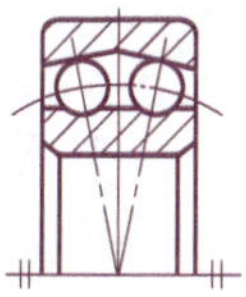 GB/T 281			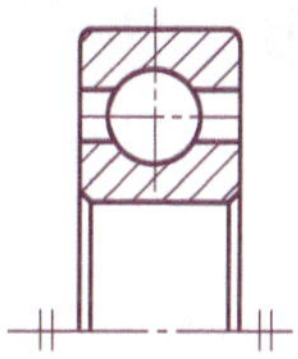 GB/T 276	
	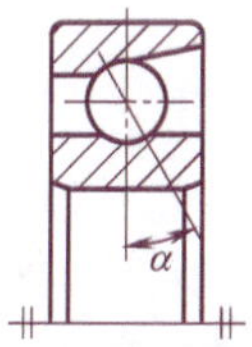 GB/T 288			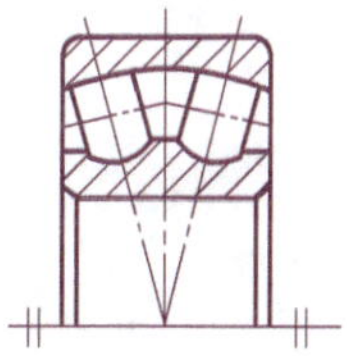 7000C 型($\alpha=5°$) 70000AC 型($\alpha=25°$) 70000B 型($\alpha=40°$) GB/T 292	
	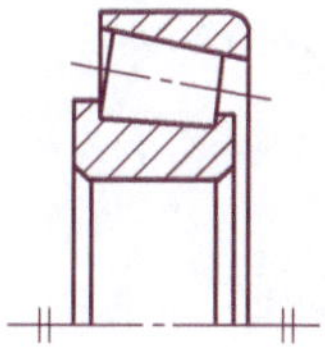 GB/T 297			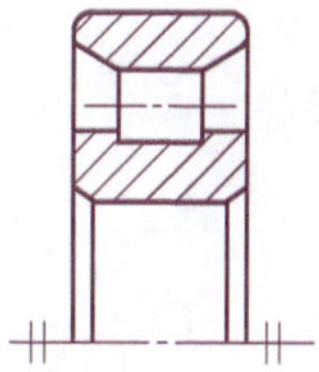 GB/T 283	
	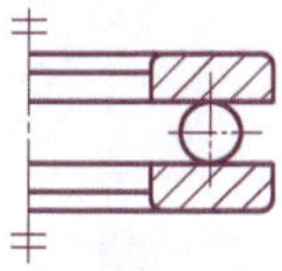 GB/T 304				

37

11. 认识滚动轴承的代号,完成下表。

前置代号	基本代号					后置代号(组)					
成套轴承分部件代号	第5位	第4位	第3位	第2位	第1位	内部结构代号	密封与防尘结构及材料代号	保持架及材料代号	轴承材料代号	配置	其他
	尺寸系列代号										

12. 滚动轴承的失效形式主要有哪些?

_____

_____

13. 请写出下图滚动轴承的密封形式。

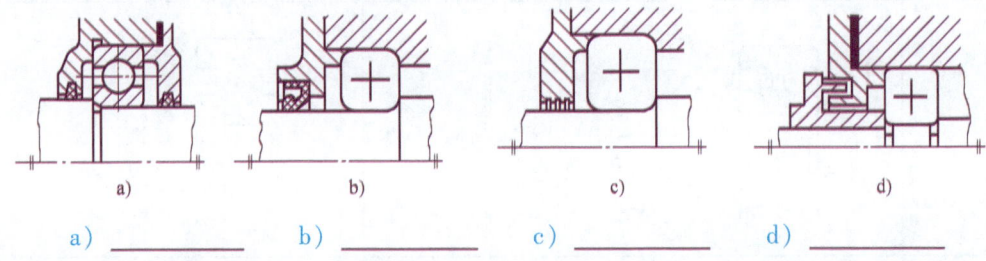

a)　　　　　　　b)　　　　　　　c)　　　　　　　d)

a) _____　　b) _____　　c) _____　　d) _____

任务十二　汽车联轴器、离合器的认识与装配

任务描述：

联轴器和离合器通常用来联接两轴并传递运动和转矩。有时也可以作为一种安全装置用来防止被联接件承受过大的载荷，起到过载保护的作用。通过汽车联轴器、离合器结构的学习，达到相关的知识点的认识：1）认识并熟悉联轴器、离合器在汽车上的应用；2）认识离合器类型、特点和结构；3）认识联轴器类型、特点和结构。

任务活动：

1. 联轴器和离合器在汽车中起什么作用？说明两者的区别。
_____
_____
_____

2. 联轴器联接的两轴相对位置会发生变化，出现下图所示的相对位移或偏差，请写出每个图形代表哪一种相对位移。

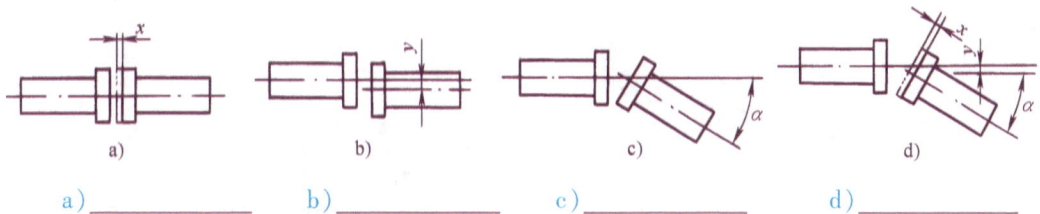

a) _____　　b) _____　　c) _____　　d) _____

3. 固定式刚性联轴器由刚性传力件组成，联接件之间不能相对运动，其常见的结构形式如下图所示，请写出下图中固定式刚性联轴器的类型名称。

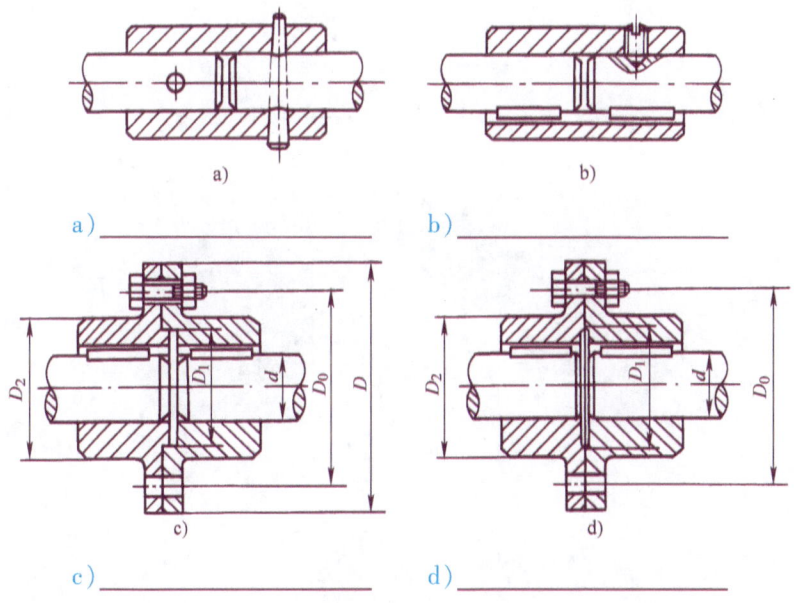

a) _____　　　　　　　　b) _____

c) _____　　　　　　　　d) _____

4. 可移式刚性联轴器可以补偿两轴的相对位移，其常见的结构形式如下图所示，请写出下图中可移式刚性联轴器的类型名称。

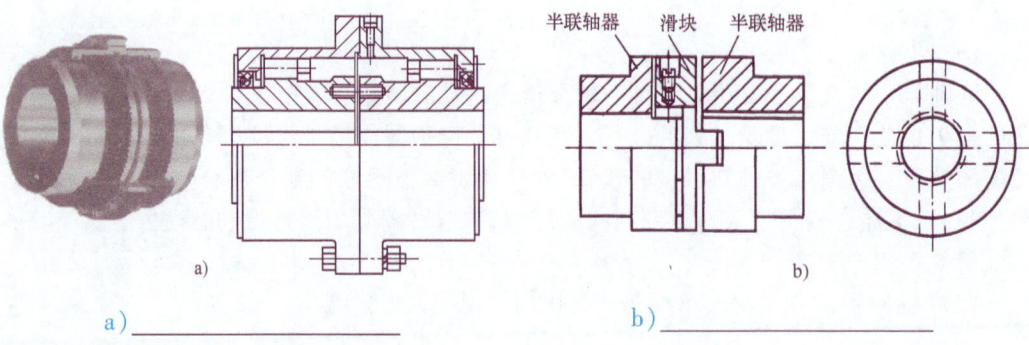

a) _____　　　　　　　　b) _____

5. 弹性联轴器依靠弹性元件的弹性变形来补偿两轴的相对位移，其常见的结构形式如下图所示，请写出下图中可移式刚性联轴器的类型名称。

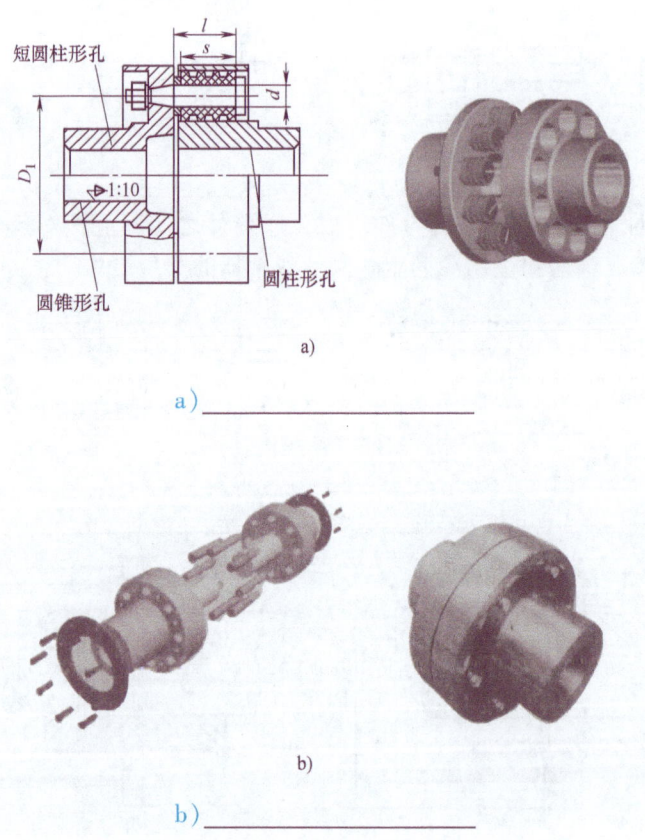

a) _____

b) _____

6. 万向节是汽车万向传动装置中实现变角度传动的一种联轴器，请写出下图中各万向节的类型名称及各序号名称。

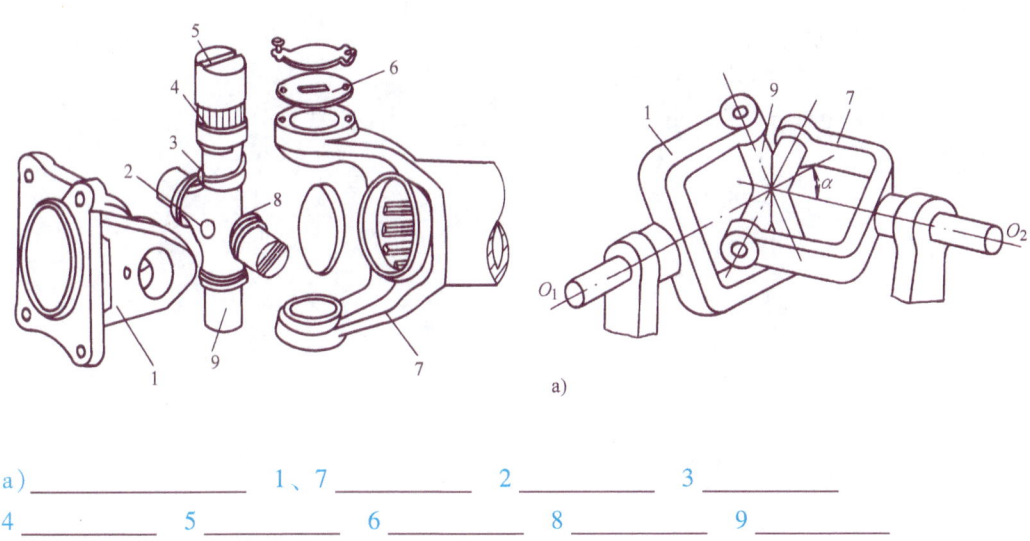

a) _____ 1、7 _____ 2 _____ 3 _____
4 _____ 5 _____ 6 _____ 8 _____ 9 _____

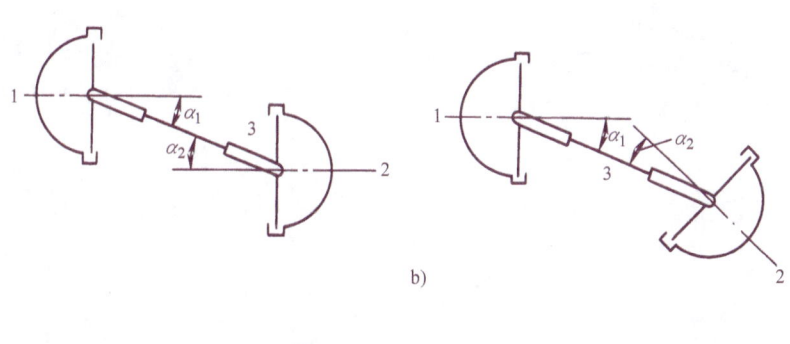

b) _____ 1 _____ 2 _____ 3 _____

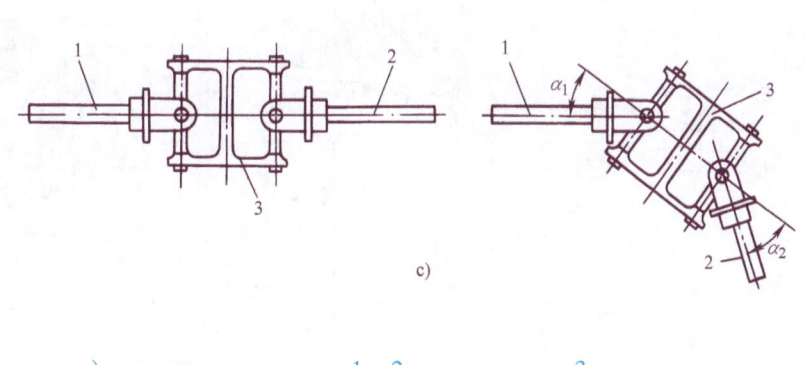

c) _____ 1、2 _____ 3 _____

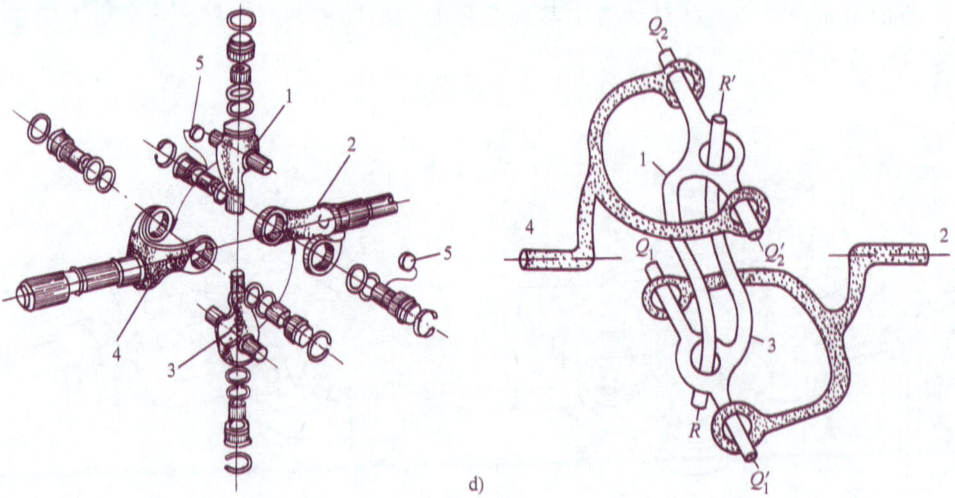

d) _____ 1、3 _____ 2 _____ 4 _____ 5 _____

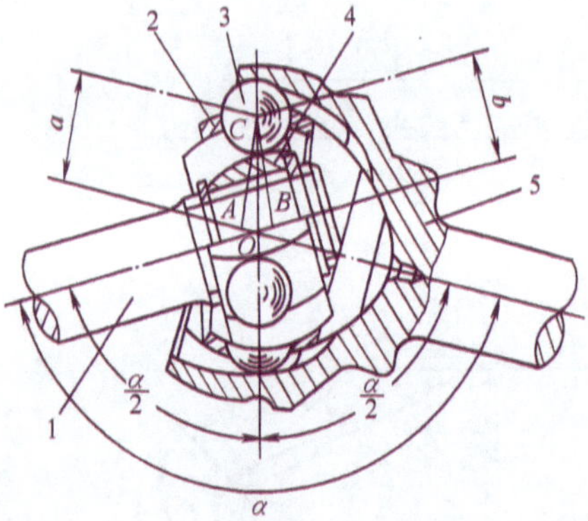

e) _____ 1 _____
2 _____ 3 _____
4 _____ 5 _____

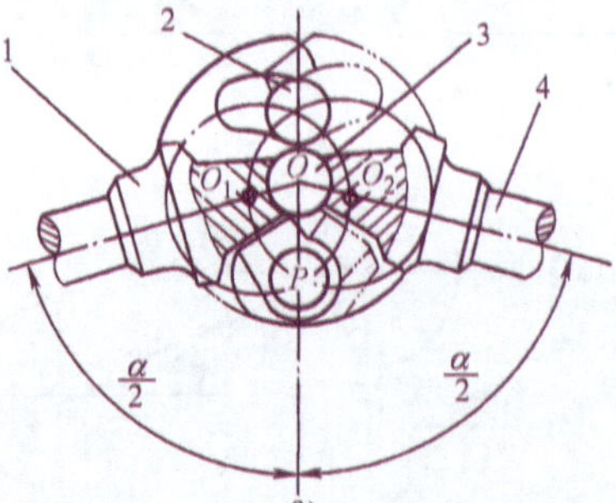

f) _____ 1 _____
2 _____ 3 _____
4 _____

7. 认识摩擦式离合器，请写出图中离合器的类型名称。

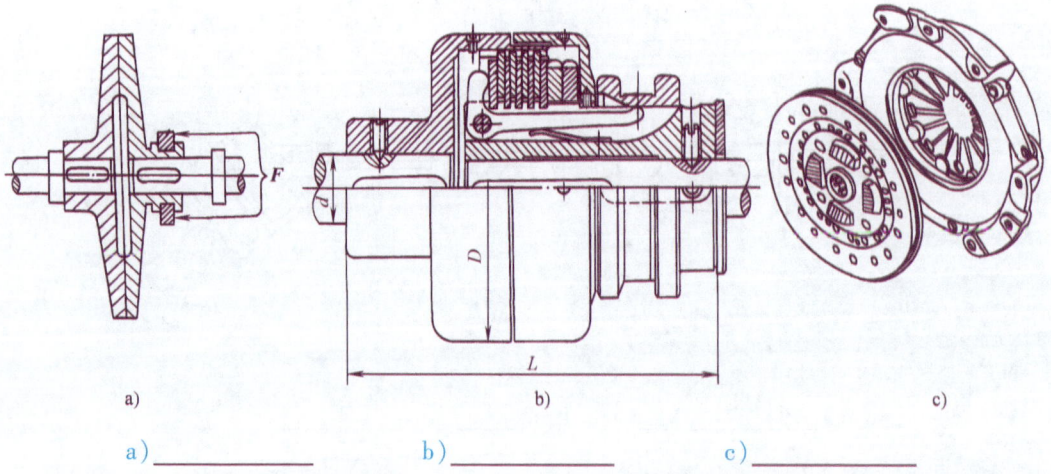

a) _____ b) _____ c) _____

8. 认识膜片弹簧离合器，请写出下图离合器的工作位置及各部件名称。

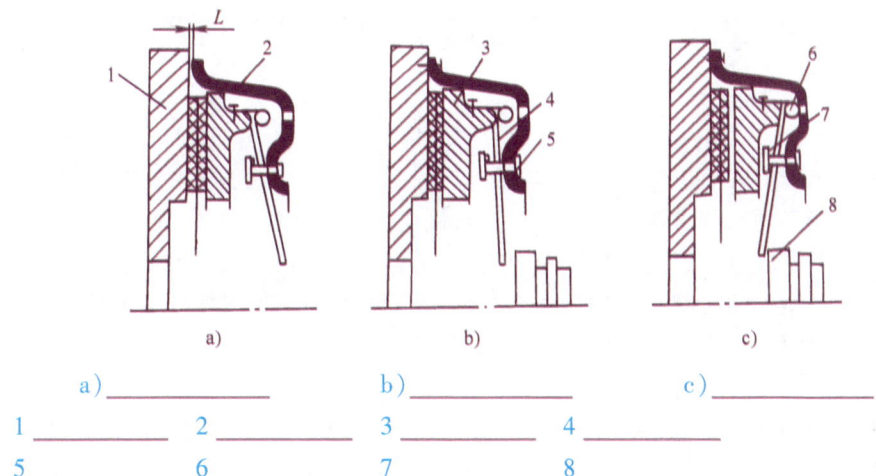

a)　　　　　　　　　　b)　　　　　　　　　　c)

a)_____　　　b)_____　　　c)_____

1_____　2_____　3_____　4_____

5_____　6_____　7_____　8_____

43

任务十三　常用联接件的认识与应用

任务描述：

为了便于制造、安装、使用、运输及维修，一般情况下，机器是由许多零部件按一定工作要求，用不同联接方法组合而成的。联接一般由联接件和被联接件组成。通常所说的联接主要指静联接。通过常用联接类零件的学习，达到相关的知识点的认识：1）认识键联接的类型、结构特点及应用场合；2）认识螺纹联接的类型、结构特点及应用维护；3）了解键的失效形式和强度校核、参数选择等。

任务活动：

1. 按照联接件和被联接件是否可以相互运动，机械联接分为动联接和静联接，通常所说的联接主要指静联接，静联接按拆卸性质又可分为两类，如下图所示，请写出常见的联接类型名称。

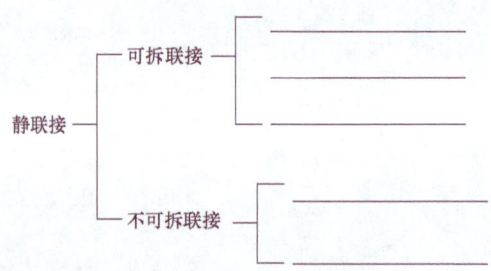

2. 请说明键联接的组成及作用，并写出常用键的名称。
_____
_____

3. 认识平键联接。常用的平键有普通平键和导向平键两种。

1）普通平键联接常用于_____联接，请写出下图中普通平键的类型名称。

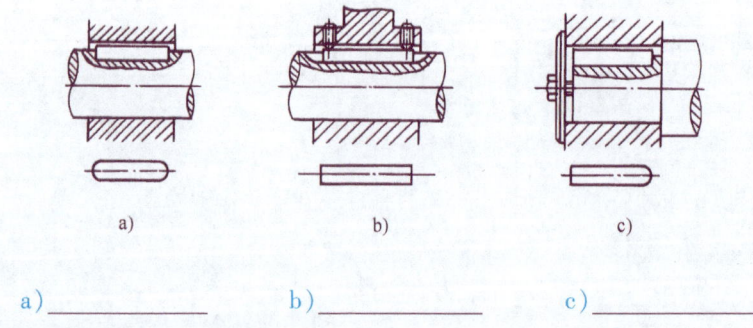

a)　　　　　　　　　b)　　　　　　　　　c)

a)_____　　b)_____　　c)_____

2）导向平键常用于_____联接，请写出下图中导向平键的类型名称。

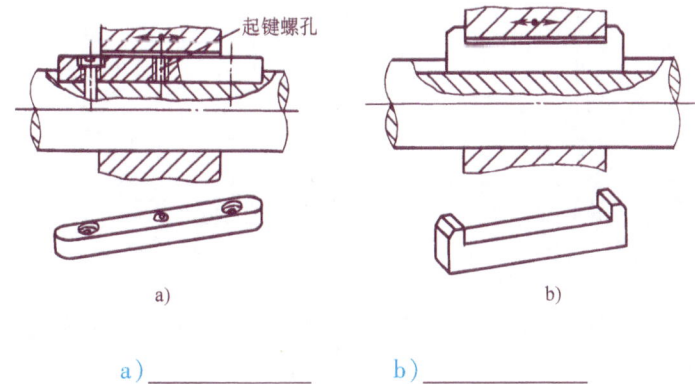

a)＿＿＿＿＿＿＿＿＿＿　　b)＿＿＿＿＿＿＿＿＿＿

4. 请写出下图中各种键的名称及其应用场合。

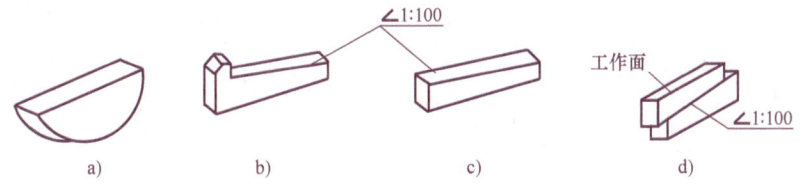

名称：＿＿＿＿＿＿＿　＿＿＿＿＿＿＿　＿＿＿＿＿＿＿　＿＿＿＿＿＿＿

应用场合：＿＿＿＿＿＿　＿＿＿＿＿＿　＿＿＿＿＿＿　＿＿＿＿＿＿

5. 认识花键联接的结构，请说明其特点及应用，并写出下图中花键联接的类型名称。

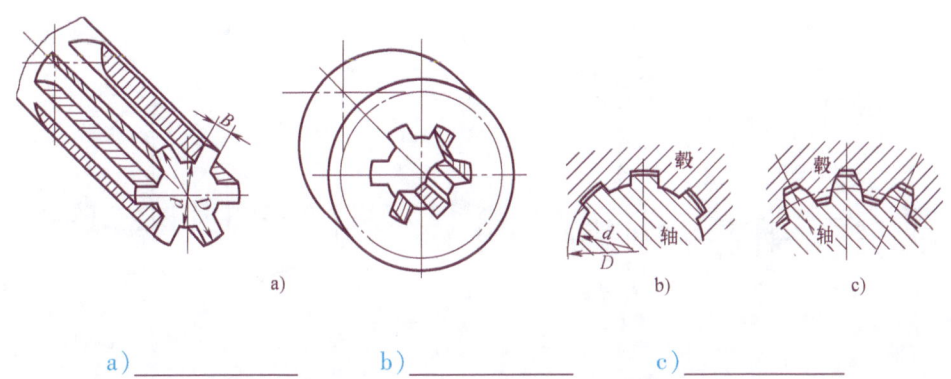

a)＿＿＿＿＿＿＿　　b)＿＿＿＿＿＿＿　　c)＿＿＿＿＿＿＿

6. 请写出下图中螺纹的类型名称。

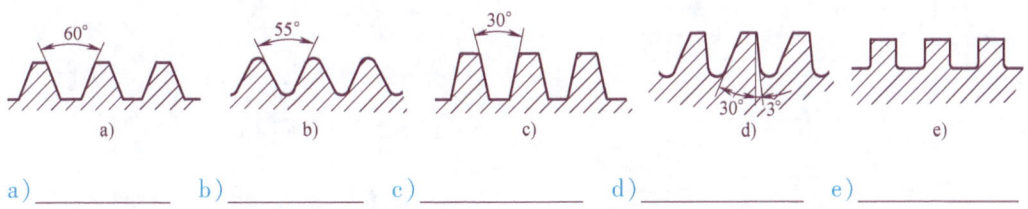

a)＿＿＿＿＿　b)＿＿＿＿＿　c)＿＿＿＿＿　d)＿＿＿＿＿　e)＿＿＿＿＿

7. 认识螺纹的基本参数和几何尺寸，写出普通螺纹的各基本尺寸代号的名称。

45

汽车机械基础

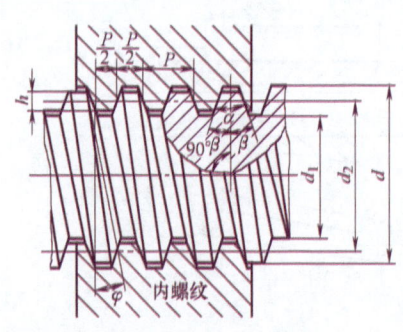

$d(D)$ _____,
$d_1(D_1)$ _____,
$d_2(D_2)$ _____,
P _____,
φ _____,
α _____,
β _____,
h _____。

8. 请写出常见的螺纹联接件类型。

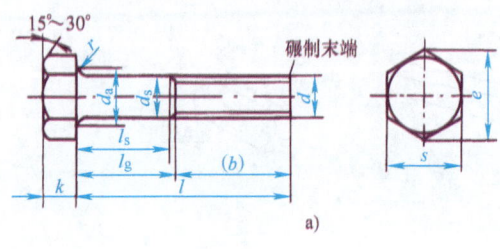

a) _____ b) _____

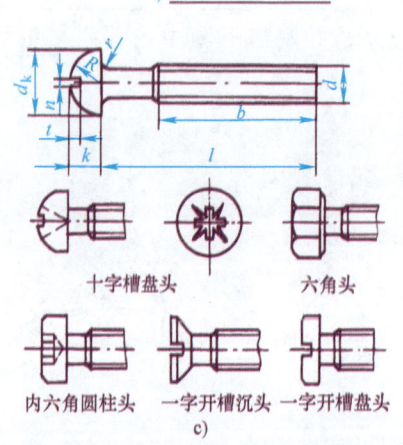

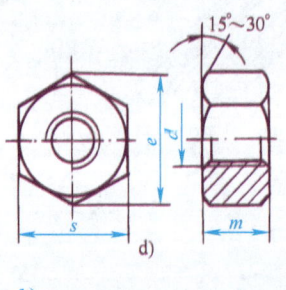

c) _____ d) _____

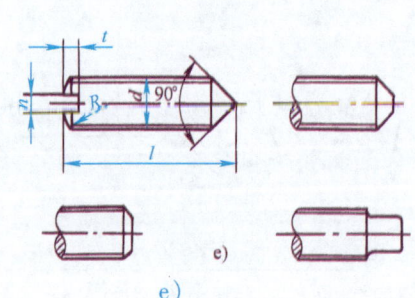

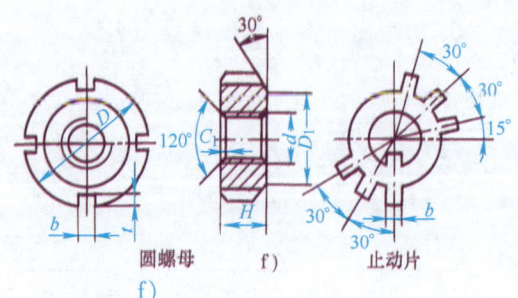

e) _____ f) _____

46

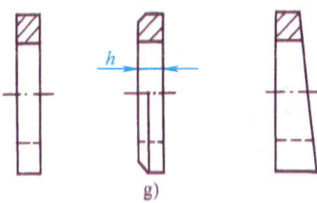

g) _____

9. 请写出下图常用的螺纹联接的类型名称，结构特点及应用。

类型	图例	结构特点及应用
	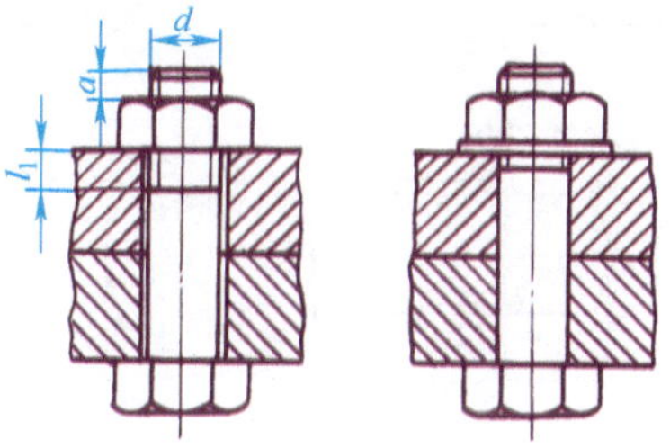	
	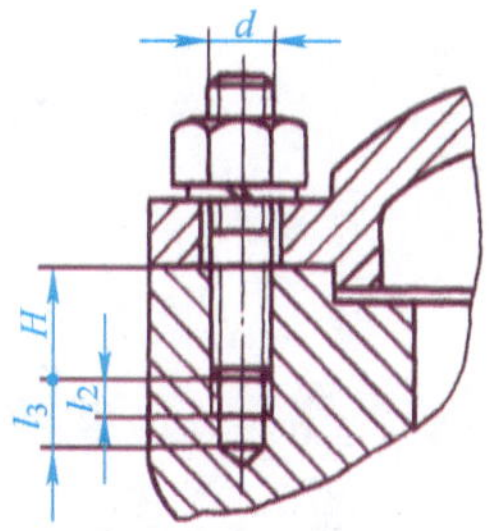	
	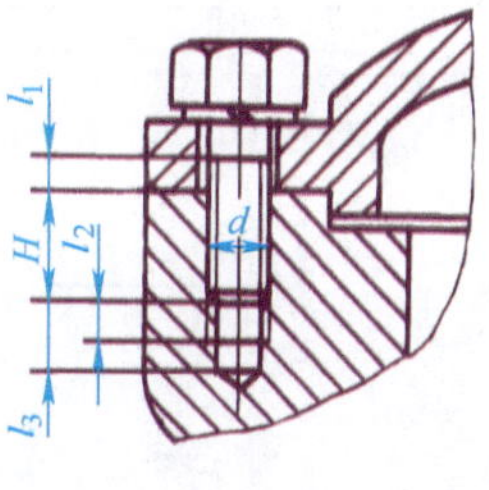	
	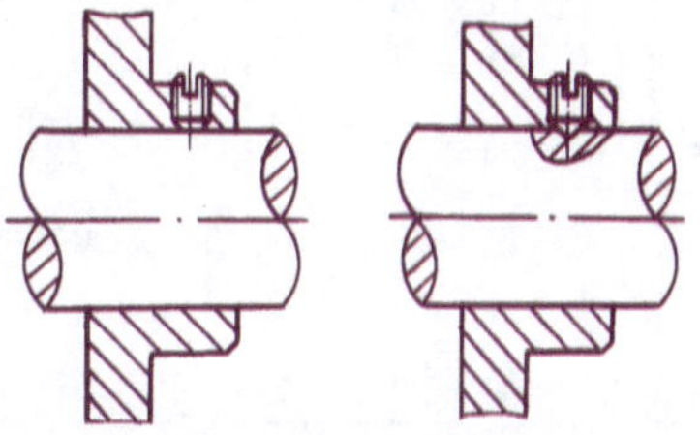	

47

10. 请写出下图中常见的螺纹联接防松方法。

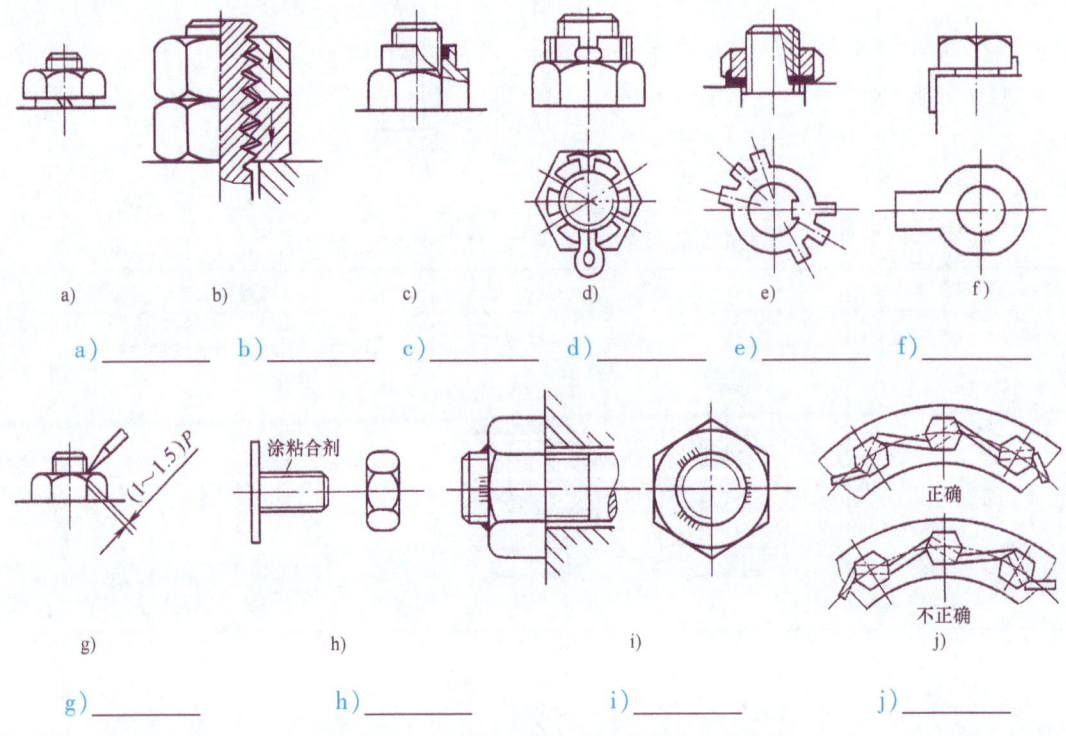

a) _____ b) _____ c) _____ d) _____ e) _____ f) _____

g) _____ h) _____ i) _____ j) _____

11. 请写出常用的紧固联接的类型名称。

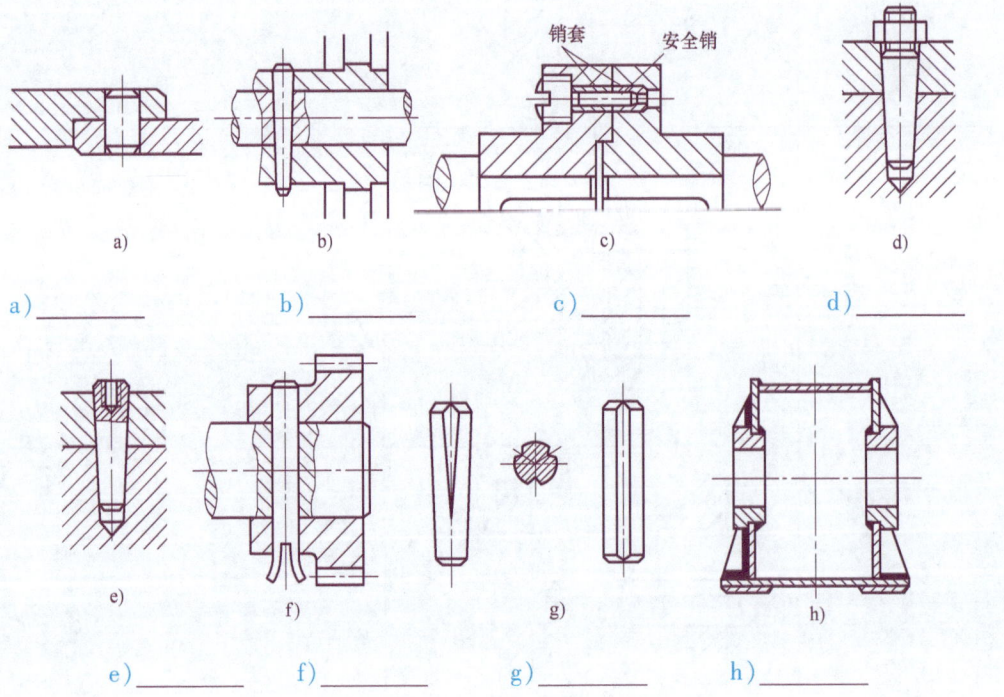

a) _____ b) _____ c) _____ d) _____

e) _____ f) _____ g) _____ h) _____

学习工作页

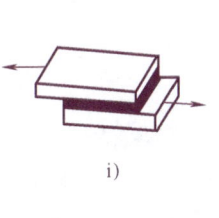

i)

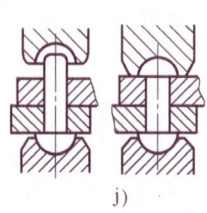

j)

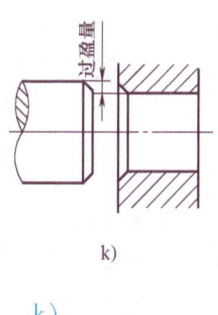

k)

i) _____ j) _____ k) _____

汽车机械基础

任务十四　汽车行驶系统的认识与分析

任务描述：

汽车行驶系接受由发动机经传动系传来的转矩，并通过驱动轮与路面间的附着作用，产生路面对驱动轮的牵引力，以保证汽车正常行驶，并支承全车，保证汽车行驶的平顺性和操纵的稳定性。对汽车行驶系的认识与结构分析必须：1）分析汽车行驶装置主要组成构件的一些基本结构特点、运动特性、受力特点和承载能力；2）了解结构件应用材料。高分子材料、陶瓷材料和复合材料性能特点及应用。

任务活动：

1. 查找相关资料，比较分析汽车行驶系示教实物，完成以下任务：

1）汽车行驶系由_____、_____、_____和_____等部分组成，其功能是：
_____
_____。

2）梁的平面弯曲是指：_____。
平面弯曲梁截面内应力的分布有什么特点？_____。
汽车的车架在行驶系中有什么作用？_____。
结合汽车实物试对下图所示车架进行受力分析，画出力学模型。

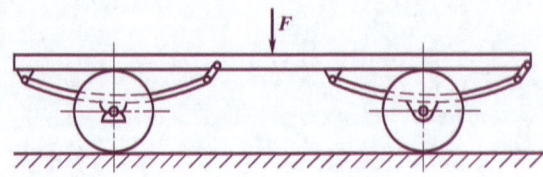

2. 转向车轮有什么功用？试对下图所示转向装置中的车轮进行受力分析，补画车轮受力分析图。

a)

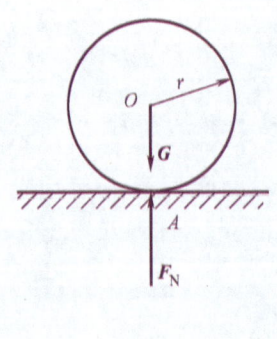

b)

3. 提高梁的弯曲强度的主要措施有哪些？

_____

_____

根据弯曲强度条件_____，要使 R_{max} 减小，可从 M_{max} 和 W_z 两个方面考虑，一是_____；二是_____。

主要措施：

1) _____。

2) _____。

3) _____。

4. 弹簧的功用

弹簧在机械中作为弹性元件，主要功用有：

1) _____。

2) _____。

3) _____。

4) _____。

5. 认识弹簧的类型及应用，请完成下表的填写。

弹簧的主要类型和特点

类型	承载形式	简图	特点及应用
螺旋弹簧	圆柱	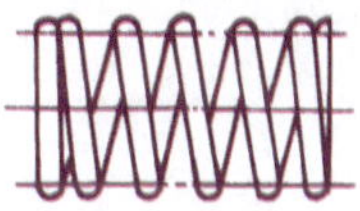	刚度稳定，结构简单，制造方便；应用范围最广，适用于各种机械
螺旋弹簧	截锥	压缩	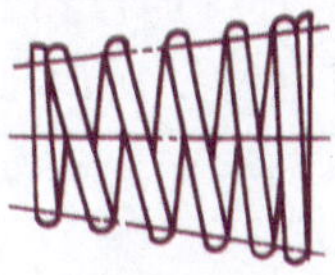 稳定性好，结构紧凑，刚度随载荷而变化，多用于需承受较大载荷和减振的场合
碟形弹簧 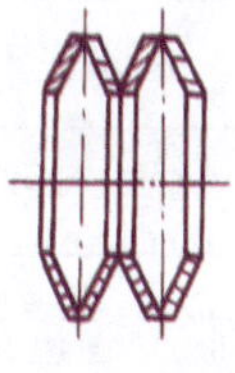			

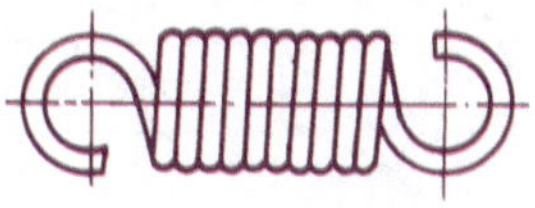

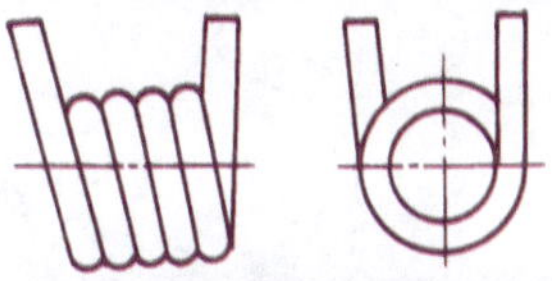

(续)

类型	承载形式	简图	特点及应用
环形弹簧			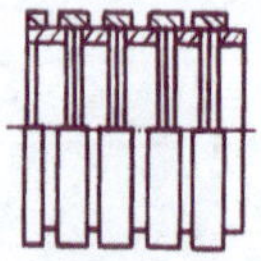 能吸收较多能量,有很高的缓冲和吸振能力,用于重型设备的缓冲装置
平面涡卷弹簧			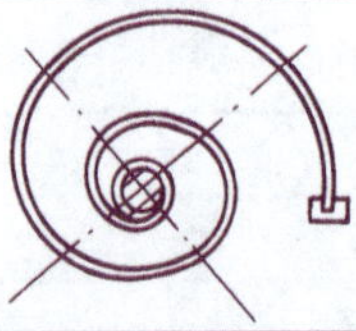 变形角大,能储存的能量大,轴向尺寸很小,多用作仪器、钟表中的储能弹簧
			 缓冲和减振性能好,多板弹簧减振能力强。主要用于汽车、拖拉机、火车车辆的悬架装置

6. 高分子材料又称为_____或_____(简称高聚物),是以高分子化合物为主要组分的有机材料,可分为_____高分子材料和_____高分子材料两大类。汽车工业常用的高分子材料有:_____、_____、_____、_____、_____等。

7. 塑料是一种以_____为主要组成的高分子材料,也可加入各种添加剂材料,改善其性能及外观等。请完成下图,填写主要添加剂。

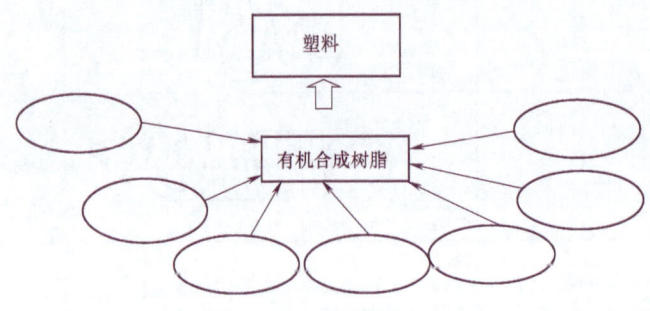

塑料的基本组成

8. 汽车用塑料按照用途可分为内饰件用塑料、外装件用塑料和工程塑料,举例说明汽车结构零件用材(写出零件名称及所用材料)。

	零件或结构	材料名称
内饰件用塑料		
外装件用塑料		
工程塑料		

9. 橡胶是以_____为原料,加入适量的_____等配合剂,经硫化

后得到的一种材料。橡胶广泛用于_____、_____、_____和_____。

10. 举例说明橡胶在汽车上的应用。

11. 认识汽车轮胎的结构示意图，回答下面问题。

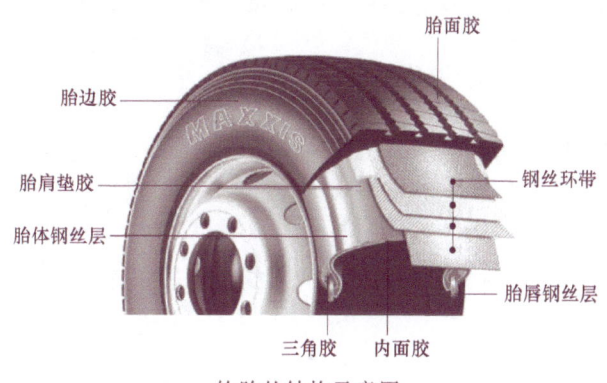

轮胎的结构示意图

轮胎的结构由哪几部分组成？

根据胎面花纹的不同可分为几种常见类型？它们分别适用于哪些车型上？

汽车常用轮胎材料有哪些？

二、实训工作业

实训一　平面机构运动简图的测绘和分析

一、实训目的
1) 进一步认识机构的组成。
2) 能读懂和绘制机构或机器运动简图。
3) 掌握根据实际机械或模型的结构测绘机构运动简图。
4) 验证和巩固机构自由度的计算。

二、实训要求
1) 正确判断运动副及其数量。
2) 绘制出 2~4 种平面机构的运动简图。
3) 对照实验机械模型,理解计算机构自由度的目的。

三、实训设备和工具
1) 机械实物或模型多个。
2) 钢直尺、外卡钳等工具。
3) 铅笔、橡皮、草稿纸等（自备）。

四、实训步骤
1) 分析被测机器或模型的结构组成,用手拨动机器,使其慢慢地运动,从原动件开始仔细观察机构运动,分清各个运动单元,确定组成机构的构件数。
2) 根据相互连接两构件的接触情况和相对运动的性质,判断各运动副的类型。
3) 确定某一瞬时的机构位置（要求这一位置时各构件不相互重叠）,选取视图平面（一般取平行于机构运动的平面）。
4) 在草稿纸上按规定的符号徒手画出机构简图。用数字 1、2、3 分别标注各构件,用字母 A、B、C 分别标注各运动副。
5) 测量机构的运动学尺寸（如回转副的中心距,移动副导路间的夹角等）任意假定原动件的位置,并按一定的比例将机构简图草图画成机构运动简图。
6) 计算机构的自由度。

五、思考题
1) 一个正确的平面机构运动简图,应能说明哪些内容?
_____
_____

2）测绘机构运动简图时，原动件的位置、比例尺任意假定，会不会影响简图的正确性？

3）计算机构的自由度，对测绘机构运动简图有何帮助？

六、实训报告

序号	机构名称	机构简图	自由度

实训二　金属材料拉伸、压缩力学性能试验与分析

一、实训目的
1) 理解金属材料的拉伸、压缩试验的基本原理。
2) 掌握金属材料的拉伸、压缩试验的基本方法。
3) 能理解金属材料的性能指标内涵。
4) 能正确安全进行金属材料的性能指标测试。
5) 测定低碳钢的屈服强度 R_{eL}、抗拉强度 R_m、断后伸长率 A、断面收缩率 Z，测定铸铁的抗拉强度 R_m。

二、实训要求
1) 测定低碳钢的力学性能：屈服强度 R_{eL}、抗拉强度 R_m、断后伸长率 A 及断面收缩率 Z。
2) 测定铸铁的力学性能：抗拉强度 R_m。

三、实训设备、工具及材料
1) 万能材料试验机、划线机。
2) 游标卡尺。
3) 低碳钢、铸铁材料拉伸试样。

四、试验机工作原理
本试验采用 WE-300A 型液压式万能材料试验机进行试验。（略）

五、试样
为了使试验结果可以相互比较，必须对试样、试验机及试验方法做出明确具体的规定，GB/T 228.1—2010《金属材料　拉伸试验　第1部分：室温试验方法》中规定对金属拉伸试样通常采用圆形和矩形两种试样。

对于圆截面比例试样　　　　　$\dfrac{L_0}{d_0} = 10$

对于矩形比例试样，规定 $\dfrac{L_0}{\sqrt{S_0}} = 11.3$ 或 5.65

式中，L_0 为试样的原始标距；d_0 为试样直径（取标距内三处最小的一处平均值）；S_0 为矩形试样原始横截面积。

本试验采用圆截面比例试样。

为了便于比较各种材料在拉伸和压缩时的力学性能，必须对试样、试验机及试验方法做出明确具体的规定，拉伸试样按国标 GB/T 228.1—2010 制作，压缩试样按 GB/T 7314—2017 制作。

如图1所示，拉伸试样采用哑铃状，由工作部分、圆弧过渡部分和夹持部分组成。若以 L_0 表示试样工作部分标距，d_0 表示试样直径，则拉伸试样有短试样（$L_0 = 5d_0$）和长试样（$L_0 = 10d_0$）两种。本试验采用长试样。

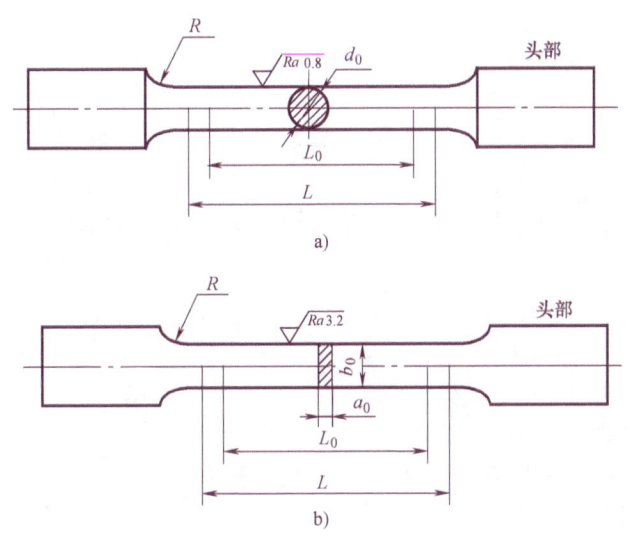

图 1 圆形拉伸试样

压缩试样通常为圆柱形，如图 2 所示。试样受压时，两端面与试验机压头间的摩擦力很大，约束了试样的横向变形，试样越短，影响越大，试验结果越不准确。因此，试样应有一定的长度。但是，试样太长又容易产生纵向弯曲而失稳。铸铁压缩试验时取 $L_0 = (1 \sim 2)d_0$。

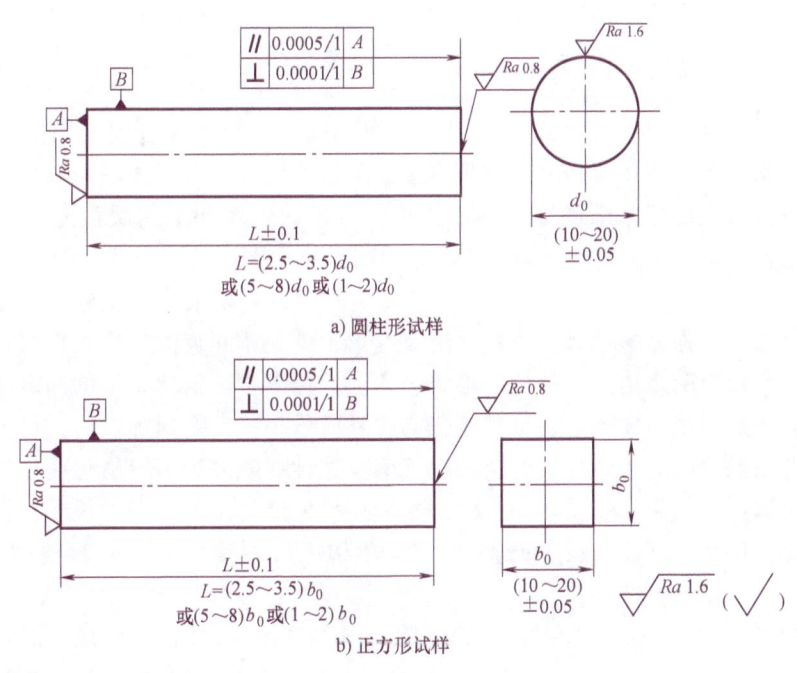

图 2 压缩试样

六、实训原理

1. 低碳钢拉伸试验

将试样安装于试验机的夹头内,之后匀速缓慢加载(加载速度对力学性能是有影响的,速度越快,所测的强度值就越高),直至将试样拉断。低碳钢试样在静拉伸试验中,通常可直接得到拉伸曲线,即 F-ΔL 曲线,如图 3 所示。用准确的拉伸曲线可直接换算出应力-应变曲线。观察拉伸曲线可见试样依次经过弹性阶段、屈服阶段、强化阶段和缩颈阶段四个阶段,其中前三个阶段是均匀变形的。

(1) 弹性阶段 弹性阶段是指拉伸图 3 上的 OA' 段。在弹性阶段,存在一比例极限点 A,对应的应力为规定塑性延伸强度 R_p,此部分载荷与变形是成比例的,材料的弹性模量 E 应在此范围内测定。

(2) 屈服阶段 屈服阶段对应拉伸图 3 上的 BC 段。在低碳钢的拉伸曲线上,当载荷增加到一定数值时出现锯齿现象。屈服阶段中一个重要的力学性能就是屈服强度。低碳钢材料存在上屈服强度和下屈服强度,不加说明,一般指下屈服强度。上屈服强度对应拉伸图中

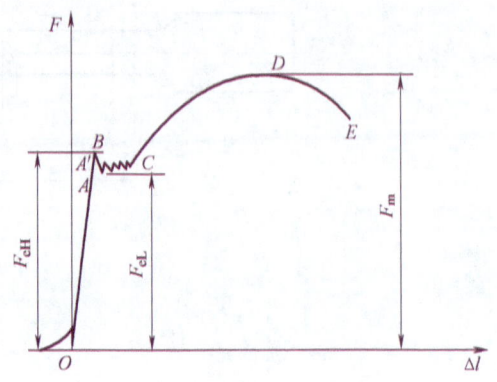

图 3 低碳钢的拉伸曲线

的 B 点,记为 F_{eH},即试样发生屈服而力首次下降前的最大力值。下屈服强度记为 F_{eL},是指不计初始瞬时效应的屈服阶段中的最小力值。金属材料的屈服是宏观塑性变形开始的一种标志。

一般通过指针法或图示法来确定屈服强度,综合起来具体做法可概括为:当屈服出现一对峰谷时,则对应于谷底点的位置就是屈服强度;当屈服阶段出现多个波动峰谷时,则除去第一个谷值后所余最小谷值点就是屈服强度。用上述方法测得屈服载荷,然后计算出最低应力的屈服强度即下屈服强度,下屈服强度和上屈服强度:$R_{eL} = F_{eL}/S$,$R_{eH} = F_{eH}/S$。

(3) 强化阶段 强化阶段对应于拉伸图 3 中的 CD 段。变形强化标志着材料抵抗继续变形的能力在增强。这也表明材料要继续变形,就要不断增加载荷。在强化阶段如果卸载,弹性变形会随之消失,塑性变形将会永久保留下来。强化阶段的卸载路径与弹性阶段平行。卸载后重新加载时,加载线仍与弹性阶段平行。重新加载后,材料的规定塑性延伸强度明显提高,而塑性性能会相应下降。这种现象称为形变硬化或冷作硬化。冷作硬化是金属材料的宝贵性质之一。工程中利用冷作硬化工艺的例子很多,如挤压、冷拔、喷丸等。D 点是拉伸曲线的最高点,载荷为 F_m,对应的应力是材料的抗拉极限,记为 R_m,$R_m = F_m/S$。

(4) 缩颈阶段 缩颈阶段对应拉伸图 3 中的 DE 段。载荷达到最大值后,由于材料本身存在缺陷,于是均匀变形转化为集中变形,导致形成缩颈。缩颈阶段,承载面积急剧减小,试样承受的载荷也不断下降,直至断裂。断裂后,试样的弹性变形消失,塑

性变形则永久保留在破断的试样上。材料的塑性性能通常用试样断后残留的变形来衡量。轴向拉伸的塑性性能通常用断后伸长率和断面收缩率来表示，计算公式为：

断后伸长率　　　　　　$A = (L_u - L_0)/L_0 \times 100\%$

断面收缩率　　　　　　$Z = (S_0 - S_u)/S_0 \times 100\%$

塑性材料缩颈部分的变形在总变形中占很大比例，研究表明，低碳钢试样缩颈部分的变形占塑性变形的80%左右。测定断后伸长率时，缩颈部分及其影响区的塑性变形都包含在内，这就要求断口位置到最邻近的标距端线的距离不小于$L/3$，此时可直接测量试样标距两端的距离得到L_1。否则就要用移位法（见有关资料）使断口居于标距的中央附近。若断口落在标距之外，则试验无效。

（5）试样标距对断后伸长率A的影响　把试样断裂后的塑性伸长量ΔL分成均匀变形阶段的伸长量ΔL_1和缩颈阶段的伸长量ΔL_2两部分。研究表明，ΔL_1沿试样标距长度均匀分布，ΔL_2主要集中于缩颈附近。远离缩颈处的变形较小，ΔL_1要比ΔL_2小得多，一般ΔL_1不会超过ΔL_2的5%。试验与理论研究表明，ΔL_1与试样初始标距长度L成正比，而ΔL_2与试样横截面面积的大小S有关，断后伸长率为$A = \Delta L/L = \alpha + \beta\sqrt{S}/L$，其中$\alpha$、$\beta$是材料常数。则对于同一种材料，只有在试样的$\sqrt{S}/L$值为常数的条件下，其断后伸长率$A$才是常数。若面积$S$相同时，$L$大，则$A$小；反之，则$A$大。故有$A > A_{11.3}$。

2. 铸铁拉伸试验

铸铁是典型的脆性材料，拉伸曲线如图4所示，可以近似认为经弹性阶段直接断裂。断裂面平齐且为闪光的结晶状组织，说明是由拉应力引起的。其强度指标也只有抗拉强度R_m，用试验测得的最大力值F_m，除以试样的原始面积S_0，就得到铸铁的抗拉强度R_m，即$R_m = F_m/S_0$。

拉伸试样在拉伸试验机的夹头中固定后，施加拉伸载荷，随着载荷的增加，试样逐渐产生拉伸变形，直到断裂。拉伸载荷F和变形量L之间的关系曲线，可在试验机上自动绘出，得到拉伸图。试验中还可以随时记录出F_{eL}、F_m等载荷值。拉断的试样，再对起来，可测出拉伸后的长度L_u和最小直径d_1。因而可测出R_{eL}、R_m、A、Z等项性能指标。

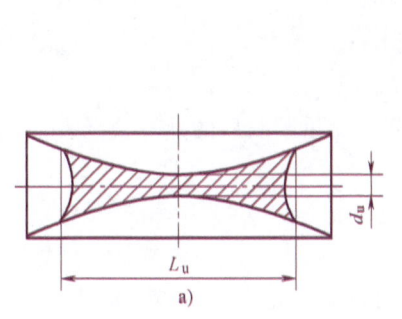
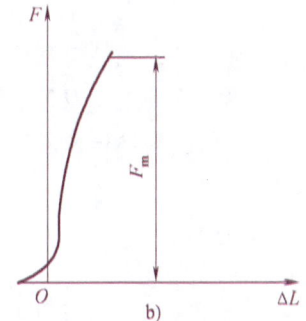

图4　铸铁的拉伸曲线

3. 铸铁压缩试验

铸铁在压缩试验过程中，压缩曲线有明显的非线性。试样在到达最大压缩载荷时有明显的塑性变形，圆柱形被压缩成鼓形，最后破坏。测出压缩破坏载荷 F_m，按式 $R_{my} = F_m/S$ 计算铸铁的抗压强度 R_{my}。进行压缩试验时，常用球面支承加载，以保证试样端面与垫板均匀接触、均匀受压和压力通过试样轴线。如图 5 所示，给出了铸铁压缩试验的支承、曲线和断口情况。

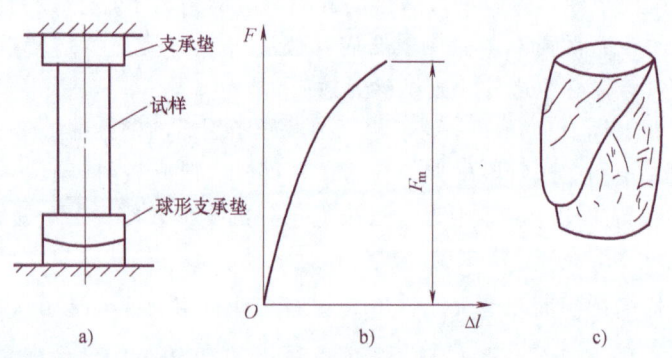

图 5　铸铁压缩试验

a）压缩试验时球形支承垫　b）铸铁的压缩曲线　c）铸铁试样在压缩下的破坏

七、实训步骤及试验中应注意的问题

1. 试验步骤

1）试验前要了解拉伸试验机的工作原理和操作规程，切实掌握试验要领。

2）将试样在划线机上划线，在试样中间取 $10d_0$（长试样）或 $5d_0$（短试样）作为标距长度（计算长度）。

3）测量试样的直径和长度，将试样装入试验机中，两端夹紧，并使试样进入受力状态，安装自动绘图装置。

4）开动试验机，缓慢而均匀地使试样产生变形。

5）注意观察测力指针转动、自动绘图情况和试样变形现象。

6）测力指针出现倒退情况时，说明材料发生屈服现象，立即记录屈服时的载荷 F_{eL}。

7）过了屈服强度后，加载可稍快，直到断裂。

8）停机，由测力指针上读取最大载荷 F_m。

9）取下试样，将断裂试样两段对在一起，测量断裂后的计算长度 L_u 和断裂口处的最小直径 d_u。

10）填写试验报告。

2. 实训中应注意的问题

1）试验中应将试验数据处于所选用分度盘测量范围的 20%～80%，才能保证试验读数的准确度。

2）试验中绘图仪得到的仅为 $F\text{-}\Delta L$ 图，需要换算才能得到 $R\text{-}\varepsilon$（应力-应变）图

（曲线）。绘图仪选用的比例为最大一圈的 1∶1 的比例较为直观，横向每小格代表 30N，纵向每小格代表 1mm。

八、实训报告

1. 试样尺寸按下表填写

材料	试验前	试验后
低碳钢试样	直径 d_0 = ＿＿ mm 计算长度 L_0 = ＿＿ mm 截面面积 S_0 = ＿＿ mm²	拉断后直径 d_u = ＿＿ mm 计算长度 L_u = ＿＿ mm 拉断后截面面积 S_u = ＿＿ mm²
铸铁试样	直径 d_0 = ＿＿ mm 计算长度 L_0 = ＿＿ mm 截面面积 S_0 = ＿＿ mm²	拉断后直径 d_u = ＿＿ mm 计算长度 L_u = ＿＿ mm 拉断后细颈处截面面积 S_u = ＿＿ mm²

2. 载荷按下表填写

性能指标	低碳钢试样	铸铁试样
屈服载荷		
最大载荷		
断裂载荷		

3. 试验结果整理，按下表填写

性能指标	低碳钢	铸铁
屈服强度		
抗拉强度		
断后伸长率		
断面收缩率		

九、思考题

1）为什么要采用比例试样？

2）强化阶段后的弹性变形和塑性变形在拉伸图上如何表示？

3）断后伸长率 A 在应力-应变曲线上如何表示？

4）分析铸铁的破坏方式和破坏原因。

5）低碳钢、铸铁材料力学性能有什么区别？

实训三　发动机凸轮配气机构拆装

一、实训目的
1）了解发动机配气机构的组成和工作原理。
2）了解凸轮机构组成、类型特点。
3）了解凸轮、顶杆结构、失效形式、常用材料及工艺。
4）通过盘形凸轮来了解从动件的运动规律。
5）正确认识主动件和从动件的概念。
6）了解凸轮机构是如何控制气门关闭的。

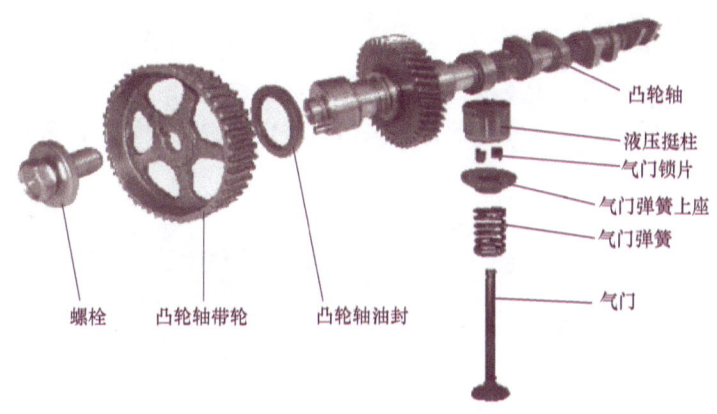

发动机凸轮配气机构

二、实训要求
1）凸轮机构组成、传动特性分析。
2）观察凸轮结构、失效形式、材料。
3）顶杆的受力摩擦分析。
4）仔细观察凸轮旋转一周，分析从动件的运动规律。
5）观察凸轮轴上所有凸轮转动一周，相对应的气门是如何完成进气和出气的。

三、实训设备和工具
1）汽车仿真教学实训室。
2）发动机及翻转台若干。
3）拆卸器、螺旋压力机、扳手、锤子、铜棒等拆装工具。

四、实训步骤
1）在汽车仿真教学实训室，利用汽车技术模拟仿真实训平台、网络，模拟拆装发动机。了解发动机凸轮配气机构的组成和各零件的结构。
2）先将气缸体放在发动机拆装翻转台上，再将气缸体的气缸底翻到上面，并拆卸气缸底盖。

3）取出压条和衬垫。

4）用扭力扳手旋转凸轮轴。

5）放好磁性架，调好百分表。

6）观察旋转凸轮轴一周时，气门的上升和下降情况，分别示意凸轮不同位置改变气门的情况。

7）为了便于测量气门的移动距离，借助于百分表移动来近似测量移动距离，将百分表的指针靠近凸轮的轮廓表面，旋转凸轮轴，读出百分表的数据，并记录凸轮旋转不同角度时百分表的不同数据。

8）整理。

① 清点工具、量具。

② 清理场地。

③ 检查实验记录。

五、注意事项

1）拆装过程中不准用锤子或其他工具打击任何零件。

2）拆装过程中同学之间要相互配合与关照，做到轻拿轻放，以防砸伤手脚。

学习工作页

实训四　发动机带传动、链传动安装与拆卸

一、实训目的

1）了解V带传动、同步带传动、链传动的类型、特点和应用场合。

2）了解带的材料。

3）了解带传动安装、调试、使用与维护技能。

二、实训要求

1）观察发动机带传动系统的组成。

2）拆卸与安装、调试发动机至曲轴的V带。

3）拆卸与安装正时带。

4）拆卸与安装链传动。

5）了解发动机传动带的使用现状及发展动向。

三、实训设备和工具

1）仿真教学实训室。

2）发动机若干台。

3）扳手、螺钉旋具、卡钳、锤子、铜棒等拆装工具。

四、实训步骤

1. 拆装V带

1）观察发动机带传动系统的组成。

2）启动发动机，观察带传动工作状态。

3）停机，打开发动机，观察V带的形状，用手感觉V带安装的松紧，观察传动系统的组成。

4）用扳手旋松螺母，拿下V带。

5）用螺钉旋具旋下螺钉，可拿下带轮。

6）根据拆卸的逆步骤，把V带安装回去。注意调整V带的松紧度。

2. 拆卸同步带

1）打开发动机，观察同步带的形状，用手感觉同步带安装的松紧度。

2）观察同步带传动系统的张紧装置，拆卸正时带。

3）用扳手旋松螺母。

4）用卡钳旋松张紧轮。

5）先拆下曲轴和水轴的轮盘，可拆下同步带。

6）根据拆卸的逆步骤，安装同步带。注意调整带的松紧度。

3. 整理

1）清点工具、量具。

2）清理场地。

3）检查实验记录。

65

五、思考题

1）在拆装过程中应该注意哪些问题？如何注意这些问题？

2）如何安装、调试 V 带和同步带？

3）V 带安装得过松、过紧对其工作有什么影响？

4）仔细观察 V 带、带轮，试说明为什么不同的传动系统带和带轮的结构不同。

5）观察同步带的结构，分析其与普通 V 带的区别。

6）分组讨论正时带的安装步骤，列出操作计划。

六、注意事项

1）拆装过程中不准用锤子或其他工具打击任何零件。
2）拆装过程中同学之间要相互配合与关照，做到轻拿轻放，以防砸伤手脚。

实训五　齿轮零件性能检测

一、实训目的
1) 齿轮硬度的测试。
2) 齿轮齿顶圆、齿根圆、分度圆的测量。
3) 齿轮模数、齿数、中心距、齿高的计算。
4) 齿轮的检测。

二、实训要求
1) 掌握洛氏硬度计的使用。
2) 能正确使用游标卡尺测量齿轮的齿顶圆、齿根圆、分度圆。
3) 掌握齿轮模数、齿数、中心距、齿高的计算。
4) 掌握加工过程中的各种误差测量。

三、实训设备和工具
硬度计、内外卡钳、钢直尺、游标卡尺、径向圆跳动仪、齿轮公法线千分尺、齿厚游标卡尺。

四、实训步骤
1) 在洛氏硬度计上测试出齿轮的硬度。
2) 用游标卡尺测量齿轮的齿顶圆、齿根圆、分度圆。
3) 计算齿轮模数、齿数、中心距、齿高的值。
4) 在径向圆跳动仪上测量齿轮节圆误差、轮齿的直线度误差。
5) 用齿轮公法线千分尺检验齿轮的公法线误差。
6) 用齿厚游标卡尺检验并计算齿厚误差。

五、思考题
1) 为什么齿轮加工后要检测节圆误差、轮齿的直线度误差？

_____

_____

2) 用齿厚游标卡尺检验并计算齿厚误差后，如何用公式计算齿轮的齿厚误差？

_____

_____

3) 决定齿廓形状的基本参数有哪些？

_____

_____

4) 测量公法线长度时，把游标卡尺的量尺放在渐开线齿廓的不同位置上，对所测

得的公法线长度有无影响？为什么？

5) 齿轮的哪些误差会影响本实验的测量精度？

实训六　主减速器拆装与轴系结构分析

一、实训目的
1) 认识汽车轴系零部件。
2) 了解轴的结构，掌握轴上零件的定位、轴系与箱体的定位方式。
3) 轴上联接零件的功用、类型、安装方式。

二、实训要求
1) 完成减速器中某轴系部件的拆装与分析。
2) 观察与分析轴的工艺结构、类型和联接零件。
3) 完成减速器组装、调试。

三、实训设备和工具
1) 主减速器若干台。
2) 拆卸器、螺旋压力机、扳手、锤子、铜棒等拆装工具。
3) 游标卡尺、内外卡钳、百分表、塞尺、钢直尺、铅丝和颜料。

四、实训步骤
1) 拆卸前先观察减速器的外部形状，分析它的传动方式、级数、输入轴和输出轴、附件及其功用。
2) 拧下轴承端盖上的螺栓，取下轴承端盖及调整垫片。
3) 拧下上下箱体联接螺栓及轴承旁联接螺栓。
4) 把上箱体取下。
5) 观察箱内各零件的相对位置，初步了解其作用及相互关系。
6) 逐级取下轴上的轴承、齿轮等，观察轴的结构，测量阶梯轴的各段直径、测量阶梯轴不同直径处的长度。测量齿轮轮毂宽度和轴承宽度，与安装齿轮处的长度和安装轴承处的长度进行尺寸比较。
7) 测量轴的安装尺寸，了解轴承的安装、拆卸、固定、调整方法（包括与其相关的轴承端盖结构、调整垫片结构和挡油环结构）。
8) 了解并掌握轴上零件的轴向、径向固定方法。
9) 画出装配示意图，测量和计算减速器的主要参数（齿数 z、各级传动比 i）。
10) 在拆卸过程中，要注意观察和思考箱体的形状、轴系定位和固定方式、润滑密封方法和零件所用材料等。
11) 分析轴的形状、尺寸，以及配合段、过渡段等部位的结构与强度、刚度、加工工艺等的关系；分析轴上所设置的工艺结构及其合理性。测量轴的主要尺寸及主要零部件的尺寸。
12) 装配减速器，并检查装配情况。
① 检查齿轮转动是否灵活。
② 检测两齿轮的接触情况、齿侧隙、轴向游隙等。

13）整理。
① 清点工具、量具。
② 清理场地。
③ 检查实验记录。

五、思考题

1）在拆装过程中应该注意哪些问题？如何注意这些问题？
_____
_____

2）轴的结构设计中如何考虑零件的布置、拆卸和使用要求？
_____
_____
_____
_____

3）轴的结构设计应考虑哪些问题？
_____
_____

六、注意事项

1）拆装过程中不准用锤子或其他工具打击任何零件。
2）拆装过程中同学之间要相互配合与关照，做到轻拿轻放，以防砸伤手脚。

七、实训报告

1）作减速器传动示意图。

2）轴的类型是_____。
3）轴承的类型是_____。
4）轴的支承结构形式是_____。
5）轴上传动零件。

固定方式 传动零件	周向固定	轴向固定	
		左端	右端
箱内			
箱外			

6）轴承的固定。

部位	型号	内圈固定		外圈固定	
		左端	右端	左端	右端
轴左端					
轴右端					

7）密封形式是＿＿＿＿＿＿＿＿＿＿＿＿＿＿＿＿＿＿＿＿＿＿＿＿＿＿＿＿＿＿＿＿＿＿
＿＿＿

8）润滑装置是＿＿＿＿＿＿＿＿＿＿＿＿＿＿＿＿＿＿＿＿＿＿＿＿＿＿＿＿＿＿＿＿＿＿
＿＿＿

9）绘制轴系结构装配示意图一张。

＿＿＿
＿＿＿
＿＿＿
＿＿＿

10）减速器参数为＿＿＿＿＿＿＿＿＿＿＿＿＿＿＿＿＿＿＿＿＿＿＿＿＿＿＿＿＿＿＿＿＿
＿＿＿